W0069896

Zhou Haohui

18/4

DIE BLINDE
TOCHTER

Aus dem Englischen von Julian Haefs

WILHELM HEYNE VERLAG
MÜNCHEN

Die Originalausgabe SI WANG TONG ZHI DAN: LI BIE QU erschien
erstmals 2014 bei Beijing Times Chinese Press, Beijing.

Sollte diese Publikation Links auf Webseiten Dritter enthalten,
so übernehmen wir für deren Inhalte keine Haftung,
da wir uns diese nicht zu eigen machen, sondern lediglich auf deren
Stand zum Zeitpunkt der Erstveröffentlichung verweisen.

Penguin Random House Verlagsgruppe FSC® N001967

Deutsche Erstausgabe 09/2022
Copyright © 2014 by Zhou Haohui
German rights authorized by China Educational Publications
Import & Export Corporation Ltd.
Copyright © 2022 der deutschsprachigen Ausgabe
by Wilhelm Heyne Verlag, München,
in der Penguin Random House Verlagsgruppe GmbH,
Neumarkter Str. 28, 81673 München
Redaktion: Sven-Eric Wehmeyer
Printed in der EU
Umschlaggestaltung: FAVORITBUERO unter Verwendung von
Shutterstock.com / matrioshka
Satz: Vornehm Mediengestaltung GmbH, München
Druck und Bindung: CPI books GmbH, Leck
ISBN: 978-3-453-44149-1

www.heyne.de

INHALTSVERZEICHNIS

PROLOG

Das Restaurant *Grüner Frühling* war für sein elegantes Ambiente und exzellentes Essen bekannt. Momentan rückte jedoch beides in den Hintergrund.

Das Mädchen ließ ihren Bogen sanft über die Saiten gleiten, und wie aus einem magischen Springbrunnen plätscherte die Melodie bis in den hintersten Winkel des Saals. Es war ein verträumter Rhythmus, durch den eine melancholische Unterströmung lief, wie durch das Herz der Interpretin.

Alle Gäste lauschten gebannt. Sie gaben sich Mühe, so leise wie möglich zu kauen, ihre Kiefer bewegten sich kaum. Derweil tanzten ihre Gedanken zwischen den schwebenden Noten umher, verloren im Dickicht aufkeimender Erinnerungen.

Es war pure Musik, eine wundersame Sprache, die jede Grenze zu überwinden vermag.

Die eine Person aber, die von dieser Sprache am meisten geliebt zu werden schien, war die Musikerin selbst. Zart biss sie sich auf die weiche Unterlippe, die Augen fest geschlossen, alle Sinne ganz auf die dünnen Saiten konzentriert.

Eine Elegie.

Dies war eine von Chopins feinsten Kompositionen, die sie in der Vergangenheit allerdings nur selten dargebracht hatte, aus Angst, das Klavierstück könnte bei der Transposition auf die Violine seinen Zauber verlieren.

Nun war ihr klar, dass sie sich geirrt hatte. Hatte man ein Musikstück wirklich verstanden, konnte einen die bloße Wahl eines anderen Instruments nicht daran hindern, dem Wesen des Stücks Ausdruck zu verleihen.

Als die letzte Note verklang, herrschte einen Moment lang vollkommene Stille, ehe der Applaus einsetzte – erst vereinzelt, dann stimmten mehr und mehr Gäste ein.

Das Klatschen wurde lauter, aber das Mädchen schien es gar nicht wahrzunehmen, saß nur reglos da, als sei sie in eine Trance verfallen oder warte auf etwas Bestimmtes.

In ihrer gegenwärtigen Stimmung konnte aller Applaus der Welt nicht mit dem schwachen Duft einer einzigen Lilie konkurrieren.

Bald schwoll der Applaus ab. Ein Kellner kam auf die Bühne, berührte das Mädchen sanft an der Schulter und flüsterte behutsam: »Gehen wir. Der Mann, auf den du wartest, ist heute nicht gekommen.«

Voll Verzweiflung riss das Mädchen die Augen auf. Ihre Pupillen waren groß und schwarz, aber gänzlich ohne Leben. Trotzdem hefteten sie sich an einen bestimmten Tisch im Restaurant, während Schmerz und Verwirrung in ihrer Miene miteinander rangen.

KAPITEL EINS

GEFÄNGNIS

Langsam stiegen die Temperaturen wieder, die ersten Blumen blühten, gleißendes Sonnenlicht überspülte die Erde und hauchte allen Dingen neues Leben ein. Aber selbst unter einem wolkenlos blauen Himmel gibt es Orte, die die Sonne nicht erreichen kann.

Hier wurde das Sonnenlicht von einer hohen Mauer abgeblockt, einem kalten, abschreckenden Bauwerk aus Steinplatten, jede einen halben Meter breit. Über der Mauer schimmerte ein Elektrozaun, der die knospende Welle des Frühlings unerreichbar fernhielt, sodass der Innenbereich weiter kalt und isoliert dalag, als herrsche noch immer tiefster Winter.

Jenseits der Mauer lag die einsame Ebene außerhalb der Stadt. Endlos erstreckten sich Felder in alle Richtungen, nirgendwo ein Anzeichen menschlicher Besiedlung. Nur ein blau-weißer Polizeibus näherte sich auf der schmalen Straße zwischen den Feldern, um schließlich nahe der Südseite der Mauer zum Stehen zu kommen.

Ein bewaffneter Polizist sprang vom Beifahrersitz und ging auf die Mauer zu, einen Aktenordner unter den Arm geklemmt. Bald blieb er vor dem mächtigen Metalltor stehen, neben dem ein großes Schild in fetten schwarzen Lettern verkündete: **Erstes Gefängnis Chengdu**.

Der Beamte wurde durch eine Seitentür eingelassen. Rund zehn Minuten später öffnete sich langsam das Haupttor, und er marschierte hinaus. Als er wieder auf dem Beifahrersitz saß, sagte er: »Papierkram erledigt. Wir müssen zu Block Nummer 4, Hochsicherheitstrakt.«

Auf seinen Befehl hin lenkte der Fahrer den Bus durch das breite Tor, das sich dicht hinter ihnen mit dumpfem Aufprall schloss und abermals alles Sonnenlicht aussperrte.

Hinten im Bus befanden sich zwei weitere bewaffnete Polizisten, die acht Sträflinge bewachten. Sie alle hatten die Köpfe kahl geschoren und saßen mit Hand- und Fußfesseln in zwei Sitzreihen. Beim Klang des Tores hob ein junger Mann mit Brille plötzlich den Kopf und versuchte, durchs Fenster zu schauen.

»Was guckst du da? Kopf runter!«, bellte einer der Wächter. Hastig senkte der junge Mann den Blick, einen Ausdruck nackter Angst im Gesicht.

Hinter der großen Mauer erstreckten sich lange Gebäude. Der Fahrer schien die Route zu kennen, und der Bus schlängelte sich durch die Gassen, bis er zwischen einem bestellten Feld und einer Reihe flacher, fabrikähnlicher Bauten entlangrollte. Er parkte schließlich neben einem separat stehenden, kastenförmigen Turm – oder genauer, einer luftdichten Metallkiste. Das gesamte Gebäude war in mattem Grauweiß gehalten, ein erbarmungslos nichtssagender Würfel, dessen Fassade lediglich von einigen wenigen sehr kleinen Fenstern durchbrochen wurde, die allesamt mit dicken Eisengittern gesichert waren, sogar in den obersten Etagen.

Drei Wachmänner näherten sich dem Bus, während einer der Polizisten hinten im Fahrzeug Anweisungen gab. »Fesseln entfernen, Sachen aufheben, in einer Reihe aussteigen.«

Der Sprecher öffnete die Hecktür des Busses, sprang heraus und warf den Sträflingen einen Schlüsselbund vor die Füße. Folgsam schlossen sie nacheinander die Handschellen auf, nahmen ihre Taschen und schlurften in einer Reihe aus dem Wagen.

Unsicher beäugte der Junge mit der Brille das abschreckende Gebäude. Zwischen den wuchtigen Mithäftlingen wirkte er dürr wie ein Schilfrohr. Die bewaffneten Polizisten, die ihre Fracht erfolgreich abgeliefert hatten, entfernten sich mit dem Bus, die Gefängniswärter nahmen die Neuankömmlinge in ihre Obhut.

Der mittlere der drei Wachleute schien eindeutig der Anführer zu sein. Er sah aus wie Mitte dreißig, war nicht sonderlich groß, dafür aber athletisch gebaut, und erweckte einen insgesamt professionellen Eindruck. Seine Tigeraugen fielen sofort auf: Leuchtende Pupillen und nach oben gewölbte Augenwinkel verliehen ihm ein intelligentes, fast würdevolles Aussehen. Als er den Blick über die Neuen schweifen ließ, senkten sie allesamt die Köpfe. Nicht einer von ihnen traute sich, seinen Blick zu erwidern.

Genau diese Reaktion hatte er erzielen wollen. Er sagte nicht mehr als: »In einer Reihe folgen.«

Niemand wagte Unruhe zu stiften. Die acht Verurteilten folgten den Wachleuten in einer geraden Linie in das Gebäude. Der Eingang befand sich im Südosten des Kastens hinter einem weiteren Eisentor. Zweimal kurz hintereinander knickte der schmale Gang scharf ab, ehe sie das eigentliche Gebäude betraten, das sich unerwartet großzügig öffnete.

Vor ihnen lag eine weite Halle, so lang wie drei Basketballplätze hintereinander. Um diesen zentralen Bereich herum waren auf vier Stockwerken die Zellen angeordnet, mit komplett umlaufenden Gängen auf jeder Ebene. Das Tageslicht aus den wenigen kleinen Fenstern war so spärlich, dass selbst mitten am Tag die Neonröhren brannten.

Überall tauchten Gesichter an den Zelltüren auf, die neugierig zwischen den Eisengittern hindurchstarrten. Sie alle saßen hier schon seit Jahren ein, Frischfleisch war eine seltene Abwechslung. Sie johlten und pfiffen, und irgendwer brüllte »Links, rechts, links, rechts«, während die Neuen in die Halle marschiert kamen.

Der Junge mit der Brille wurde instinktiv langsamer, überwältigt von dieser gänzlich fremden Welt.

»Schnauze!«, bellte der oberste Wachmann. Sobald der Tumult ein wenig nachgelassen hatte, befahl er den Neuankömmlingen, sich in einer Reihe in der Mitte der Halle aufzustellen. »Taschen offen auf den Boden stellen, Oberbekleidung ablegen.«

Die Sträflinge taten wie geheißen, auch wenn der Junge mit der Brille sich seiner Jacke und Hose nur zögerlich entledigte.

»Was dauert das so lange? Weitermachen«, rief ein jüngerer Aufseher und fuchtelte drohend mit seinem Elektroschocker.

Aus dem dritten Stock rieselte höhnisches Gelächter herab. »Ha, der kleine Scheißer ist schüchtern.«

Der Junge mit der Brille wurde rot vor Scham. Er sah die Männer links und rechts von ihm an, die bereits in Unterhose dastanden, leckte sich nervös über die Lippen und zog sich schließlich das Hemd und die lange Unterhose aus. So stand auch er fast nackt da und erduldete die anzüglichen Blicke.

Auf der Suche nach Schmuggelware klopfte der junge Wachmann die Kleiderhaufen mit dem Elektroschocker ab. Währenddessen kommentierten die Häftlinge aus den oberen Stockwerken eifrig die Körper der Neuankömmlinge.

»Krass, der Kleine mit den vier Augen ist so blass. Fast wie ein Weib!«

»Jo, durchsucht den besser richtig gründlich, nicht, dass der am Ende 'ne Transe ist.«

Der Junge mit der Brille sank in sich zusammen und wünschte nichts sehnlicher, als sich wie ein Igel einrollen zu können.

Das Publikum grölte und höhnte und wandte sich dem nächsten Opfer zu.

»Guckt euch den da mal an, den Zweiten von rechts. Schöne Tattoos!«

»Der Adler ist ganz cool.«

»Am Arsch, cool. Der Kopf is zu klein, genau wie sein Pimmel. Wenn ich den in die Finger krieg, tätowier ich ihm 'nen Käfig auf den Schwanz. Das hat er dann davon.«

Objekt dieser Rede war ein großer, breitschultriger Kerl mit einem jener verquollenen Gesichter, die deutlich machten, dass ihre Besitzer schon immer Problemfälle gewesen waren. Er gehörte eindeutig nicht zu einem Menschenschlag, der eine solche Erniedrigung auf sich sitzen ließ. Auf der Stelle fuhr er in Richtung des Sprechers herum und brüllte: »Du bist tot, Wichser!«

Sein Gegner stieß ein herablassendes Lachen aus, ließ sich aber ansonsten zu keiner Antwort herab, auch weil einige Kollegen mäßigende Zischlaute von sich gaben. Der Tätowierte beschloss, diese Runde für sich entschieden zu haben, reckte stolz den Kopf und ließ den Blick durch die oberen Etagen schweifen.

Irgendetwas Seltsames ging vor sich. Die diversen Geräusche verstummten, bis Totenstille in der Halle herrschte. Mit plötzlicher, unbestimmbarer Furcht im Herzen ließ der Tätowierte den Kopf hängen. Der oberste Wächter starrte ihn grimmig an. Rasch senkte der Tätowierte den Blick, obwohl er es kaum ertrug, auf diese Weise klein beigeben zu müssen. Die Adern an seinem breiten Hals blieben angespannt.

»Keine Ahnung, wer ich bin, was?« Obwohl die Augen des Wächters auf dem Tätowierten ruhten, schien er alle Neuen gleichzeitig zu adressieren.

Einige schüttelten den Kopf, aber niemand sagte ein Wort.

»Ich heiße Zhang. Zhang Haifeng. Ich bin der Kommandant von Zellenblock 4, aber ihr dürft mich einfach Wächter Zhang nennen.«

Zhang Haifeng senkte den Kopf und fuhr mit den Fingern über seinen Elektroschocker. »Wo sind wir hier?«

Die Frage hätte kaum einfacher sein können, dennoch traute sich abermals niemand zu antworten.

Zhang machte ein paar Schritte nach vorn, bis er beinahe mit dem Tätowierten zusammenstieß. Er formte beide Hände zu einer Muschel um dessen rechtes Ohr und fragte abermals: »Wo sind wir hier?«

Zhang war so viel kleiner als der Tätowierte, dass er sich dafür auf die Zehenspitzen stellen musste. Der Tätowierte war trotzdem eingeschüchtert. Er trat nervös einen Schritt zurück und sagte: »Im Gefängnis.«

Ein seltsames Kichern drang aus Zhangs Kehle – unmöglich zu sagen, ob es Verärgerung oder Amüsement signalisieren sollte. Der Tätowierte verstand nicht, was vor sich ging, stimmte also folgsam mit einem zaghaften Lachen ein. Nur passierte etwas mit diesem Lachen, sowie es seinen Mund verließ, eine leichte tonale Änderung, die es in einen Schrei verwandelte, in ein fast besessenes Heulen.

Dieses seltsame Geräusch erschreckte die anderen Neuankömmlinge, allen voran den Jungen mit der Brille, der sichtlich mitgenommen war. Bei näherer Betrachtung stellte sich heraus, dass Zhang Haifeng blitzschnell die Hand vorgestreckt hatte, sodass der Elektroschocker fest eingeklemmt unter der Achsel des Tätowierten saß. Er zuckte wie unter einem Schlaganfall, brach seitlich zusammen und krümmte sich wie eine Garnele auf dem Boden.

»Gefängnis? Du glaubst, das hier ist ein Gefängnis?« Zhang starrte ihn kalt an. »Kein Wunder, dass du dich so schlecht benimmst.«

Der Tätowierte rang nach Atem und brachte kein Wort heraus. Der Stromschlag hatte seine Muskeln gelähmt, selbst die Lunge war betroffen.

Zhang trat ihm in den Brustkorb und schrie. »Auf die Beine!«

Der Tätowierte wagte nicht, zu protestieren. Mit großer Mühe rappelte er sich auf, das Gesicht kreidebleich.

Zhang beachtete ihn nicht weiter, sondern fing an, vor der Reihe der Neuankömmlinge auf- und abzumarschieren. »Ich will euch verraten, wo wir sind. In Zellblock 4, dem Hochsicherheitstrakt! Die Tatsache, dass ihr hier seid, bedeutet, dass ihr allesamt Schwerverbrecher seid. Ich freue mich schon außerordentlich darauf, dass ihr Abschaum mir einen Grund gebt, euch die härtesten Strafen anzutun.«

Obwohl er nicht sehr laut sprach, lag große Kraft in seiner Stimme. Noch immer hielt er den Elektroschocker hocherhoben, von dessen Spitze ein leises Summen ausging. Jeder Sträfling, an dem er vorbeiging, erbleichte bei der Vorstellung, der Wächter könne die Hand ausstrecken und ihn in eine Welt voller Schmerzen stürzen.

Zhang blieb vor dem Jungen mit der Brille stehen und starrte ihn eine Weile wortlos an. Der Junge biss sich auf die Lippe und wagte kaum zu atmen. Seine offensichtliche Furcht schien Zhangs Laune zu bessern. Er schaltete den Elektroschocker aus und sprach ein wenig sanfter weiter. »Natürlich hat die Regierung euch nicht hierhergeschickt, damit ich euch bestrafe. Nein, meine Aufgabe ist, euch zu retten, euch dem Abgrund zu entreißen und einen neuen Weg zu zeigen. Ich will, dass ihr während eures Aufenthalts vor allem ein Wort immer im Kopf habt: Gehorsam! Ganz egal, was ich euch sage, ihr tut es. Und wenn ich euch sage, dass ihr etwas nicht tun sollt, zieht ihr brav den Schwanz ein. Verstanden?«

»Verstanden!«, riefen alle schnell im Chor, bis auf den Tätowierten, der sich noch immer von dem Schock erholte. Seine Lippen bebten, aber kein Laut kam heraus.

Zhang rümpfte die Nase und zeigte mit dem Finger auf ihn. »Wie es aussieht, funktioniert sein Hirn noch nicht schnell genug. Wecken Sie ihn auf.« Ein anderer Wachmann trat heran und drückte dem Tätowierten seinen Elektroschocker in die Magengegend. Der Tätowierte heulte auf und klappte abermals zusammen.

Der Wächter beugte sich zu ihm herab und näherte sich

dem zuckenden Leib mit dem Elektroschocker. Der Tätowierte versuchte vergeblich, sich seiner Berührung zu entziehen, und kreischte in einer seltsam unnatürlichen Stimme immer wieder: »Verstanden! Verstanden!«

Zhang Haifeng stand da, hatte die Arme hinter dem Rücken verschränkt und sah zu, wie sich die markerschütternden Schreie in die Trommelfelle der Neuankömmlinge fraßen. Eine ganze halbe Minute verging, bis er dem Wachmann endlich Einhalt gebot.

Der Tätowierte lag mit grotesk verzogenen Mundwinkeln da und weinte, restlos gebrochen. Er wartete nicht auf die nächste Aufforderung, sondern kam unter Qualen auf die Beine und versuchte, sich wieder gerade in die Reihe zu stellen. Der Adler auf seinem Rücken war mit Dreck verschmiert und sah nun eher aus wie ein gewöhnlicher, schmuddeliger Spatz.

Zhang hingegen wirkte hochzufrieden. Er rief einen weiteren Untergebenen zu sich. »Na gut, bringen Sie sie in ihre Zellen.«

Die verstörten Neuankömmlinge zogen sich die Hemden über, rafften den Rest ihrer Klamotten zusammen, hoben ihre Taschen auf und folgten dem Wachmann in einer halb nackten Linie die Treppe hinauf. Als der Junge mit der Brille an Zhang Haifeng vorbeiging, rief dieser ihm plötzlich zu: »Wie heißt du?«

»Hang Wenzhi«, sagte der Junge mit der Brille und stand stramm.

»Hmmmh ...« Zhang hielt kurz inne. »Ich weiß alles über dich – aber da du jetzt hier bist, musst du dich an unsere Regeln halten. Du bist jetzt ein Häftling unter vielen. Keinerlei Sonderrechte. Verstanden?«

»Verstanden«, murmelte Hang Wenzhi, aber eine Welle der Bitterkeit kroch über sein Herz.

»Gut.« Zhang entließ ihn mit einer Handbewegung. »Ab zu den anderen.«

Ihre Reihe schlurfte die Gänge entlang. Bei jedem Halt verschwand einer von ihnen in seiner Zelle, bis nur noch Hang Wenzhi übrig blieb. Sie gingen bis hinauf in den vierten Stock, wo die Wächter in der südöstlichen Ecke des Blocks stehen blieben. Einer von ihnen öffnete die schlichte Metalltür und nickte. »Rein da.«

Hang Wenzhi starrte die Nummer auf der Tür an – 424. In stummer Verzweiflung trat er ein. Die Zelle war so spärlich beleuchtet, dass sich seine Augen erst an das Dämmerlicht gewöhnen mussten.

Während sich die Tür hinter ihm schloss, rief einer der Wächter: »Der Kleine wirkt ziemlich zerbrechlich – macht's ihm nicht zu schwer.«

»Keine Sorge, Wächter Zhou«, kicherte jemand. »Wir würden es nicht wagen, uns mit der Regierung anzulegen.«

Hang Wenzhi nahm die neue Umgebung in Augenschein. Die Zelle maß kaum mehr als zehn Quadratmeter. Links neben der Tür befand sich eine niedrige Toilette, die einen grauenvollen Gestank verbreitete, rechts stand ein Etagenbett aus grobem Metall. Das obere Bett war belegt, das untere frei. Hinten im Raum standen noch zwei weitere Doppelbetten.

»He, Brille, das ist deins«, sagte der Mann, der eben schon gesprochen hatte, und zeigte auf das leere Bett. Er fläzte sich auf der unteren Ebene des nächsten Etagenbetts. Ihm gegenüber saßen drei weitere Sträflinge.

Hang Wenzhi lächelte liebenswürdig und überschlug

im Kopf die Lage: Drei Etagenbetten und sechs Leute. Voll belegt. Er stellte die Tasche ab, setzte sich auf sein Bett und zog sich die lange Unterhose wieder an.

»Fick dich, haben wir gesagt, dass du dich anziehen darfst?«, brüllte einer der drei Sträflinge vom hinteren Bett. Er sah sehr jung aus, vielleicht nicht einmal zwanzig. Trotz des zarten Alters war sein Gesicht zu einer aggressiven Fratze verzogen. Ein richtiger kleiner Ganove.

Hang Wenzhi erstarrte mit halb hochgezogener Hose und war unsicher, ob er weitermachen sollte oder nicht.

»Komm mal her«, sagte der erste Mann und winkte. Er hatte seine laszive Haltung nicht geändert – offensichtlich hatte er in dieser Zelle das Sagen.

Hang legte die Unterhose aufs Bett und ging halb nackt zu ihm. Der Mann musste um die vierzig sein, war klein und stämmig und hatte eine lange Messernarbe auf der linken Wange, die ihm ein wildes Aussehen verlieh.

Narbengesicht musterte Hang von Kopf bis Fuß, als wollte er ihn mit Blicken sezieren. Hang stand hilflos da und ließ den Kopf hängen.

»Bist du verfickt noch mal taub?« Ganove sprang plötzlich auf und schlug ihm mit der flachen Hand auf den Hinterkopf. »Warum hast du Bruder Ping noch nicht begrüßt?«

Hang fuhr herum. Seine Augen blitzten zornig. Ganove starrte zurück. »Was? Willst du Ärger machen?«

»Ha, ganz schön streitlustig für so ein kleines Würmchen. Der hat wohl vergessen, wo er ist?«

Dies war der zweite Mann vom hinteren Bett – seiner Stimme nach zu urteilen derselbe, der vorhin den Tätowierten provoziert hatte. Hang begriff, dass er den Mund halten musste, schluckte also seinen Zorn herunter und sagte nur: »Hallo, Großer Bruder Ping.«

Bruder Ping antwortete mit einem Grunzen. Anschließend fragte er: »Wie heißt du?«

»Hang Wenzhi.«

»Wow, stilvoller Name für 'nen stilvollen Typen.« Wieder musterte Bruder Ping ihn kritisch. »Warum so unzivilisiert? Absolut kein Benehmen. Wenn du ein fremdes Haus betrittst, begrüßt du dann nicht den Hausherrn?«

»Doch, Großer Bruder Ping.« Hang nickte und drehte sich halb zu den drei Männern auf dem Bett gegenüber um. »Ich bin gerade erst angekommen und kannte die Regeln noch nicht. Ich hoffe, ihr alle könnt mir verzeihen.«

Bruder Ping deutete auf das Trio und stellte die Männer nacheinander vor. »Das da ist Blackie, das ist Ah Shan und das ist Shun.« Hang begrüßte auch sie der Reihe nach als »Großer Bruder«. Blackie und Ah Shan waren Mitte dreißig – Blackie groß und stattlich, Ah Shan ein wenig schmaler. Hang hatte kein Problem damit, die beiden als »Großer Bruder« anzureden, aber Shun der Ganove war quasi noch ein Teenager. Bei ihm blieben ihm die Worte fast im Hals stecken.

Der Mann im oberen Bett beim Eingang hatte sich immer noch nicht gerührt. Hang zögerte und wusste nicht recht, ob er ihn ebenfalls zu begrüßen hatte. Bruder Ping schien seine Gedanken zu erraten. »Der schläft, mach dir um ihn keinen Kopf.« Blackie schnaufte, als sei er auf den Schlafenden nicht gut zu sprechen.

»Oha, schon fast Zeit fürs Essen.« Bruder Ping schnüffelte demonstrativ und setzte sich aufrecht hin.

Nachdem er das gesagt hatte, konnten auch die anderen das schwache Aroma von gekochtem Reis ausmachen. Blackie rieb sich enthusiastisch die Hände. »Ich krieg doch heute 'ne Extraportion, oder?«

»Keine Sorge, ganz bestimmt«, sagte Ah Shan und lachte. »Der alte Zhang ist zwar ein mieser Schuft, aber sein Wort hält er. Nach der Aktion, die du heute gebracht hast, kriegst du bestimmt ein Stück Fleisch.«

»Der hat echt gesessen, Blackie«, sagte der kleine Shun. »Ein Gefängnistattoo für seinen Schwanz. Ich schmeiß mich immer noch weg.«

Blackie plusterte sich auf. »Es geht nicht nur um die Worte, man muss auch die Augen offen halten. Die Neulinge von heute sind dermaßen jämmerlich, mir war sofort klar, dass sich nur der tätowierte Kerl als Zielscheibe lohnt. Und siehe da? Jackpot.«

So langsam begriff Hang Wenzhi, was vor sich ging: Die Erniedrigung bei der Ankunft war von Zhang Haifeng angeleiert worden. Offensichtlich hatte die Aktion zum Ziel gehabt, den potenziell größten Unruhestifter unter den Neuen auszumachen und ihn als Warnung für die anderen auf der Stelle zu zermürben.

Da seine Mitbewohner jetzt in ein eifriges Gespräch vertieft waren, ging Hang vorsichtig zu seinem Bett zurück und zog sich rasch an. Plötzlich ertönte ein Rascheln von oben, und mit einer schattenhaften Bewegung stand eine Gestalt vor ihm – der Mann aus dem oberen Bett war heruntergesprungen. Hang kam hastig auf die Beine und hatte das Gefühl, ihn begrüßen zu müssen, kannte seinen Namen aber nicht.

»Neu hier?«, fragte der Mann. Er sah aus wie Mitte zwanzig, war knapp über eins achtzig, hatte eine markante Nase und große Augen. Mit seinen ebenmäßigen Gesichtszügen und der hohen Stirn gehörte er einer seltenen Spezies an: den schönen Galgenvögeln.

Hang nickte. »Ich bin Hang Wenzhi.«

Der gut aussehende Mann rekelte sich herzhaft. »Du Mingqiang.«

»In Ordnung, Großer Bruder Qiang …«

»Was soll die Nummer mit dem ›Großen Bruder‹ – findest du etwa, ich sehe so alt aus?«, unterbrach ihn Du und lachte. Er griff in sein Bett und zog ein Tablett hervor. »Der Essenswagen ist gleich hier, seid ihr noch nicht bereit?«

Bruder Ping grinste. »Du bist echt unmöglich. Ein gesegneter Appetit und keinerlei Schlafprobleme. Als wärst du nicht im Gefängnis, sondern im Pflegeheim.«

»Er ist im Jahr des Schweins geboren worden«, höhnte Blackie und grinste böse.

Du schüttelte den Kopf und lächelte. »Was ist verkehrt daran, ein Schwein zu sein? Wie viele Leute kennt ihr, die zufriedener als Schweine sind? Was sagst du dazu, Großer Bruder Zhi?«

Hang Wenzhi verkrampfte sich einen Moment, bis er begriff, dass es ein Scherz war, dann stimmte er in das Gelächter ein.

»Was ist so toll daran? Nur auf den Schlachter zu warten?«, fauchte Blackie.

Sein scharfer Unterton war eindeutig als Herausforderung zu verstehen. Du Mingqiang aber lächelte noch immer, als hätte er ihn nicht gehört, und spazierte in die abgetrennte Waschecke. Kurz darauf ertönte der sprudelnde Klang seiner Pisse im Wasser, begleitet von einem langen, lauten Seufzer. »Aah, viel besser.«

Blackie beschloss, das als persönliche Beleidigung zu werten. Mit hochrotem Kopf sprang er auf.

Bruder Ping starrte ihn an, bis er schließlich ebenfalls seufzte und sich mit finsterer Miene setzte.

In dem Moment erreichte der Essenswagen Zelle 424, geschoben von zwei alten Lebenslänglichen in Begleitung eines Wächters.

Der Wächter schloss die Tür auf, und Shun drückte sich mit mehreren Tabletts auf dem Arm an Hang Wenzhi vorbei. Bruder Ping, Ah Shan und Blackie rührten sich nicht. Wie es aussah, war Shun ihr Laufbursche.

Der Servierer ließ eine Portion Reis auf jedes Tablett klatschen, gefolgt von einer Kelle Gemüse. Shun rannte hin und her und überreichte die Portionen. Beim letzten Tablett sagte er mit Nachdruck: »Herr, das ist Blackies.«

»Schweinebraten in Chilikruste«, sagte der Wächter und sah Blackie an. »Mit freundlichen Grüßen von Kommandant Zhang.«

»Danke, lieber Herr! Danke, liebe Regierung!« Blackie vollführte einen kleinen Freudentanz, während Shun mit seinem Tablett zurückkam.

»Wow, das riecht ja köstlich!« Du streckte den Kopf aus der Klo-Nische, als zöge das Aroma an seiner Nase. Hastig machte er sich die Hose zu, das Tablett unter den Arm geklemmt.

»Das ist Schweinebraten, natürlich riecht das köstlich.« Ob er wollte oder nicht, Blackie redete schon wieder über Schweine. Er reichte sein Spezialtablett weiter. »Du zuerst, Bruder Ping.«

Bruder Ping tat nicht einmal so, als wollte er protestieren, sondern schaufelte sich die Hälfte des Fleischs auf sein Tablett. Dann winkte er huldvoll. »Der Rest ist für euch.«

Blackie, Ah Shan und Shun teilten sich die übrigen Stücke. Natürlich bekam Blackie den Löwenanteil. Shun war als Letzter dran und musste sich mit ein paar Fetzen begnügen.

»Wer hat noch nichts? Beeilung!«, brüllte der Wächter von draußen. Hang trat beiseite und sah Du an. »Bitte.«

Du lächelte. »Warum so höflich? Ist ja nicht so, als ob wir Fleisch bekämen.« Er gab sein Tablett ab, bekam seine Portion und setzte sich auf Hangs Bett. Dann war Hang an der Reihe. Auf sein Tablett klatschten eine Kelle grauer Reis und ein Klumpen Gemüse, der aus nichts als Kohl und Süßkartoffel-Nudeln bestand. Keine Spur von Fleisch.

Du hatte seine Portion nach wenigen Minuten verschlungen. Als er sah, dass Hang niedergeschlagen dasaß und sein Tablett anstarrte, als bereite es ihm großen Kummer, lehnte er sich rüber und fragte: »Was ist los? Kannst du das nicht essen?«

Hang seufzte. »Ich habe keinen Hunger.«

»So ist das, wenn man frisch hier ankommt. In ein paar Tagen hast du dich daran gewöhnt«, sagte Du mit der Stimme großer Erfahrung. Er hielt ihm sein Tablett hin. »Dann gib mir, was du nicht schaffst. Hat keinen Sinn, es schlecht werden zu lassen.«

Hang schob den Großteil seiner Portion auf Dus Tablett, der sich mit Eifer darüber hermachte. Du schien sich nichts daraus zu machen, dass Hang darin herumgestochert hatte, auch wirkte er überhaupt sehr entspannt. Nachdem er die zweite Portion vertilgt hatte, ging er abermals ins Bad, spritzte sich etwas Wasser ins Gesicht und kletterte wieder in sein Bett.

»Hey, Brille!« Das war Shun. Die anderen waren fast fertig mit ihrer Mahlzeit.

Hang ging zu ihnen, und Shun deutete auf die leeren Tabletts. »Abwaschen.«

Hang biss sich auf die Zähne, schluckte seinen Zorn herunter, griff sich die Tabletts und ging stumm in die Nasszelle. Shuns gehässiges Gelächter begleitete ihn auf seinem Weg. »Haha, jetzt, wo der Kleine da ist, kann ich endlich auch die Beine hochlegen.«

Du hatte sein Tablett einfach im Waschbecken abgelegt, also wusch Hang auch dieses mit. Dann trocknete er es ab und legte es ins obere Bett, aber Du bekam davon nichts mit – er war bereits weggedöst und schnarchte leise.

Shuns Blicke folgten Hang überallhin, während er mit einem fiesen Grinsen zusah, wie der Neue die Pflichten erledigte, die bis jetzt seine gewesen waren. Irgendwann wandte er sich dem Bett gegenüber zu und fragte eifrig: »Bruder Ping – sollen wir anfangen?«

Bruder Ping beugte sich vor und gab ihm einen harten Klaps auf die Stirn. »Was soll die Eile? Ich verdaue noch.«

Shun rieb sich missmutig den Kopf. Bruder Ping rülpste. »Dreh dich zur Wand.«

Hang blinzelte verständnislos. Shun machte einen Satz durch den Raum und schlug ihn. »Bist du taub? Verstehst du die menschliche Sprache nicht? Setz dich aufs Bett, dreh dich zur Wand und denk über deine Sünden nach. Deine Verhandlung steht bevor.«

Hang murmelte etwas Unverständliches, zog sich die Schuhe aus und setzte sich aufs Bett. Shun erteilte ihm pausenlos genaue Anweisungen: Setz dich direkt vor die Wand, die Beine über Kreuz wie ein meditierender

Mönch, Bauch einziehen, Brust raus, Kopf hoch, Augen geradeaus.

Nach zwei oder drei Stunden in dieser Position brannte sein ganzer Rücken. Aber trotz der Qualen wagte Hang nicht, sich zu entspannen. Bruder Ping und die anderen hatten unterdessen eine Partie Poker eröffnet. Als um etwa neun Uhr eine Glocke klingelte, legten sie endlich die Karten weg und gingen einer nach dem anderen in die Nasszelle, um zu pinkeln und sich notdürftig zu waschen. Ihren Gesprächen war zu entnehmen, dass demnächst Bettruhe anstand.

Zwanzig Minuten später gingen die Lichter aus. Die Zelle wurde jetzt nur noch von wässrigem Mondlicht erhellt, das durch ein schmales Fenster in zwei Metern Höhe fiel und den Raum in schemenhafte Umrisse hüllte.

»Alles klar, fangen wir mit der Verhandlung an«, durchschnitt Bruder Pings Stimme die Dunkelheit. »Schluss mit Rumsitzen, Brille. Steh auf und komm her.«

Hang erhob sich und humpelte zu den beiden hinteren Betten. Nach so langer Zeit im Schneidersitz konnte er seine Waden kaum noch spüren.

»Auf die Knie.« Shun deutete auf den Boden. Als Hang nicht sofort reagierte, trat ihm jemand von hinten in die rechte Kniekehle, sodass er stolperte und beinahe hingefallen wäre. Er drehte sich um und sah, dass es Ah Shan gewesen war, der schlanke Kerl, der die ganze Zeit derart unheilvoll dreinschaute, dass es einem bei seinem bloßen Anblick kalt den Rücken herablief.

Hang biss die Zähne zusammen und kniete sich hin. Gerade erst war etwas Leben in seine Beine zurückgekehrt, und sofort wallten neue Schmerzen auf.

Bruder Ping saß allein und breitbeinig auf seinem Bett. »Wie lange hast du gekriegt?«, fragte er fast beiläufig.

»Lebenslänglich«, antwortete Hang heiser, seine Stimme voller Wut und Verzweiflung.

»Beeindruckend!« Bruder Ping spitzte die Ohren. »Na los, was hast du angestellt?«

Diesmal schwieg Hang Wenzhi.

»Rede!«, fauchte Blackie und starrte ihn böse an.

Hang schüttelte den Kopf und sagte mit hörbarer Unsicherheit: »Ich habe nichts getan.«

»Blödsinn!« Blackies Bein zuckte vor und trat ihm in den Hintern. »Wenn du nichts getan hast, wie zur Hölle bist du dann hier gelandet?«

Hang stählte sich für einen weiteren Tritt, drehte sich dann aber um und schaute Blackie in die Augen. Der fühlte sich dadurch sogleich provoziert. Er trat vor und tippte Hang gegen die Nase. »Was? Willst du Stress?«

Hangs Blick glitt zur Seite, trotzdem weigerte er sich, klein beizugeben. »Im Ernst. Da war nichts. Man hat mir was angehängt.«

»Was angehängt?« Blackie schnaubte und sah sich um. »Bruder Ping, der sagt, man hat ihm was angehängt.«

Bruder Ping kicherte kalt. Die Messernarbe auf seiner Wange zitterte im Mondschein. »Dann sollten wir wohl mit denen reden und schauen, ob wir die Sache nicht richtigstellen können.«

»Großer Bruder Ping, deinem ergebenen Diener ist ebenfalls Unrecht widerfahren, Euer Ehren müssen mir mitteilen, was zu tun ist«, deklamierte Shun in hellem Tonfall, als wollte er eine Operette anstimmen. Blackie drohte ihm mit der Faust. »Du kleiner Bastard.«

»Schluss mit dem Quatsch«, sagte Ah Shan. »Wir wollen hören, was Bruder Ping zu sagen hat.« Sofort verstummten die beiden. Obwohl Ah Shan nur selten etwas sagte, schienen seine Worte einiges Gewicht zu besitzen.

Bruder Ping verschränkte die Stummelfinger und schien eine Denkpause einzulegen. »Wo du schon mal hier bist, warum dein Schicksal nicht einfach akzeptieren?«, fragte er dann. »Wen juckt's, ob man dir was angehängt hat oder nicht? So was will doch keiner hören. Scheiße, du bist keine Minute da und jammerst schon, dass man dir übel mitgespielt hat. Was hast du vorher getan? Warst mutig genug, um die Tat zu begehen, willst die Strafe aber nicht hinnehmen? Ich frage dich noch einmal: Was hast du getan, dass sie dich hierhergebracht haben?«

Wenn Bruder Ping so sprach, hatte Hang nichts davon, sich dumm zu stellen. Er konnte nur versuchen, sie zu überzeugen. »Man hat mir wirklich was in die Schuhe geschoben. Eine Frau, um genau zu sein.«

»Fuck«, sagte Bruder Ping, plötzlich mit sanfterer Miene. »Eine Frau? Es war aber kein Blumenverbrechen, oder, Kleiner?«

»Blumenverbrechen« stand umgangssprachlich für Vergewaltigung, was selbst an diesem Ort als das schamloseste und schändlichste aller Verbrechen galt. Als er das hörte, sprang Blackie auf und trat Hang Wenzhi so hart, dass er zu Boden ging. »Er stottert und weigert sich, die Wahrheit zu sagen. Ich wette, es *war* ein Blumenverbrechen!«

»Nein, nein …«, stammelte Hang hastig.

»Bist du überhaupt ein Mensch?«, fragte Blackie, der sich immer mehr in Rage redete. Seine Füße schlossen innige Bekanntschaft mit Hangs Körper. Hang wand sich auf dem

Boden und versuchte, sich so gut wie möglich zu schützen. »Nein ... das ist keine Lüge. Ich habe nichts getan ...« Bald mischten auch Shun und Ah Shan mit, und Hang war nicht mehr in der Lage, auch nur einen Ton herauszubringen.

Instinktiv rollte er sich zu einem Ball ein und schirmte seine empfindlichsten Stellen mit den Armen ab. Irgendein Bein durchbrach den Sperrgürtel seiner Arme, gerade als ihn ein schwerer Schlag am Hinterkopf traf. Wahnsinnig vor Schmerz warf er seinen Körper herum, hebelte das Bein vom Boden und warf dessen Besitzer aus dem Bett.

»Du wagst es, dich zu wehren?« Das war Shun. Er kämpfte verbissen, aber Hang packte auch sein anderes Bein und drückte ihn zu Boden.

»Du hast es so gewollt«, knurrte Bruder Ping. Er holte aus und versenkte seinen Fuß in Hangs Solarplexus. Hang krümmte sich, verkrampfte die Hände unter den Achseln und rührte sich nicht mehr.

Shun kroch herbei und verschaffte seinem Ärger mit weiteren Tritten Luft. Hang stöhnte leise, konnte sich aber nicht länger wehren.

»Der Kleine ist zäher, als er aussieht«, sagte Blackie und steuerte selbst noch einige Tritte bei. »Was jetzt, Bruder Ping?«

Bruder Ping lehnte sich auf dem Bett zurück und betrachtete Hang. »Da es wohl ein Blumenverbrechen war – waschen wir ihn rein.«

»Na los«, sagte Blackie. Ah Shan und Shun hatten keine Einwände. Zu dritt hoben sie Hang auf und trugen ihn zur Nasszelle.

Nach dem Tritt von Bruder Ping dauerte es lange, bis Hang wieder richtig atmen konnte. Als er endlich die Augen öffnete, hatte man ihn auf die kalten Kacheln im Bad geworfen. Blackie und Ah Shan hielten ihn fest, während Shun ihm die Hose aufknöpfte.

»Was soll das?«, schrie Hang entgeistert und warf sich verzweifelt herum. Shun packte ihn an der Taille und zog Hose und Unterhose gleichzeitig herunter.

Hang fühlte seinen Unterleib von kalter Luft umspült und begriff, dass sein Intimbereich entblößt war. Alles andere schien in den Hintergrund zu rücken, und er schrie aus Leibeskräften: »Ihr Schweine! Ihr Wichser!«

Vor der Nasszelle stand Bruder Ping und rümpfte die Nase. »Still, sonst kommen die Wächter.«

Ah Shan stopfte Hang einen dreckigen Lappen in den Mund. Die Flüche erstarben zu undeutlichem Röcheln.

»Du warst unartig! Heute werden wir dich reinwaschen, damit du einen Neuanfang starten kannst.« Während Shun sprach, schnappte er sich das Waschmittel vom Becken und schmierte Hang den Schritt ein. Das Brennen an seinem Penis versetzte ihn in derart wütendes Entsetzen, dass er die Beine wie Windmühlenflügel kreisen ließ. Shun war unvorbereitet und wurde zur Seite gefegt.

»Halt seine Beine fest«, rief Blackie Ah Shan zu, verhakte die Arme unter Hangs Achseln und riss seine Arme nach hinten. Als Hang kurz aufhörte, um sich zu treten, nutzte Ah Shan die Gelegenheit und umfasste seine Beine mit beiden Armen.

Ohne Zögern rannte Shun zum Waschbecken und suchte etwas.

»Nimm meine – die ist noch neu, die Borsten sind schön steif«, sagte Blackie und lachte bösartig.

»Perfekt«, sagte Shun. Als er sich umdrehte, hielt er eine

Zahnbürste in der Hand, und Hang konnte sich ausmalen, was folgen würde. Von Grauen gepackt riss er die Augen auf und stieß einen gedämpften Schrei aus.

Shun kniete sich neben ihn, reckte die Zahnbürste in die Höhe und verkündete: »Drauf geschissen, wollen wir das verdorbene Fleisch von dem Kleinen mal richtig behandeln.« Mit der Linken goss er etwas Wasser über Hangs Genitalien, bis das Waschmittel schäumte, mit der Rechten schrubbte er grob mit der Zahnbürste.

Stechende Schmerzen fuhren ihm durch den Unterleib, gefolgt von einem derart intensiven Gefühl der Erniedrigung, dass er glaubte, den Verstand verlieren zu müssen. Mit aller Kraft biss er in den schmutzigen Lappen in seinem Mund, während ihm Tränen die Wangen hinabliefen.

Während Körper und Geist gleichzeitig gefoltert wurden, verlor er jedes Zeitgefühl. Er mochte ein ganzes Jahrhundert gelitten haben, als endlich eine Stimme von außerhalb der Nasszelle ertönte. »Hey, was ist das für ein Lärm?«

Shun hielt inne und sah sich um. Du Mingqiang stand verschlafen da, offenbar gerade erst aufgewacht.

»Geht dich nichts an. Scher dich raus«, knurrte Blackie und klang noch aggressiver als sonst, obwohl er so leise sprach.

»Wie kann mich das nichts angehen?«, protestierte Du stur. »Wir müssen alle früh aufstehen, um zu arbeiten, aber ihr haltet mich wach.«

»Dein Ernst, du blöder Wichser?« Da Du offenbar nicht von selbst gehen wollte, trat Blackie ein paar schnelle Schritte auf ihn zu und schubste ihn mit Nachdruck.

Du stolperte rückwärts und musste sich an der Wand festhalten, um nicht umzufallen. »He«, rief er, »du kannst Leute nicht einfach so angreifen.«

Blackie war scharf darauf, die Auseinandersetzung zu vertiefen, aber da rief Bruder Ping: »Okay, es reicht, Zeit fürs Bett.«

Blackie wagte nicht, sich ihm zu widersetzen. In diesem Moment erklang lautes Getöse aus der Waschecke, dann schob sich jemand an Blackie vorbei. Er brauchte einen Moment, um zu begreifen, dass Hang sich befreit hatte und zur Zellentür lief.

»Halt ihn auf!« Bruder Ping war vom Bett aufgesprungen und brachte Blackie schlagartig zur Besinnung, aber es war zu spät. Hang stand bereits an der Tür, hatte sich des Lappens entledigt, klammerte sich an die Gitterstäbe, drückte den Kopf so weit wie möglich in den Gang hinaus und schrie aus voller Kehle: »Hilfe! Hilfe!«

Dem verzweifelten Schrei wohnte ein Schluchzen inne, ein geisterhaft klagendes Wimmern in der Nacht. Die Sträflinge ringsum, so schnell nach dem Einschlafen wieder aus den Betten geholt, fluchten und meckerten. Manche stimmten in Hangs Geschrei ein, und sehr bald herrschte völliges Chaos.

»Verdammt, komm zurück!« Blackie rannte zu ihm, legte Hang den Arm um den Hals und versuchte, ihn von der Tür wegzuziehen. Obwohl seine Stimme damit abgewürgt war, hielt Hang sich mit der Kraft einer Schraubzwinge an den Gitterstäben fest und ließ sich einfach nicht entfernen.

Shun und Ah Shan kamen aus der Waschecke gelaufen. Ah Shan sah sich um und sagte leise: »Lass ihn, schnell ins Bett!« Shun reagierte sofort und lief zu seiner Koje.

Blackie sah ein, dass er Hang so schnell nicht würde loseisen können, gab also auf und lief ebenfalls zu dem Bett, dass er sich mit Ah Shan teilte – Ah Shan oben, Blackie auf der weicheren Matratze unten.

Hang hatte jede Hemmung verloren und schrie immer noch, als ob sein Leben davon abhinge. Du Mingqiang schüttelte reumütig den Kopf und kletterte ebenfalls in sein Bett zurück. Im selben Augenblick gingen sämtliche Leuchtstoffröhren im Gebäude an. Sofort war es blendender Tag. Bruder Ping und die anderen setzten sich in ihren Betten auf und stellten für die Überwachungskamera über der Tür mustergültig unschuldige Verblüffung zur Schau.

Das Licht schien selbst Hang aus seiner Panik zu reißen. Er hörte zu schreien auf, stellte fest, dass er vom Bauchnabel abwärts noch immer splitternackt war, und zog sich die Hose hoch.

»Was ist los, Zelle 424?« Verwirrt blickte Hang auf, bis er begriff, dass neben der Lüftungsklappe ein Lautsprecher in die Wand eingelassen war, aus dem die Stimme des Wächters drang.

Die Gegensprechanlage befand sich neben Shuns Bett. Der sprang auf und sagte geistesgegenwärtig: »Herr, der neue Häftling ist mit der Regierung unzufrieden und will nicht geläutert werden. Er sagt, er sei unschuldig. Deshalb ruft er um Hilfe.«

»Nein ... nein!« Aber Hangs Stimme war zu leise, und er stand zu weit vom Mikrofon entfernt.

Es kam keine Antwort, und die Gegensprechanlage war offenbar wieder abgeschaltet, obwohl die Lichter weiter brannten, was eine neue Protestwelle seitens der übrigen Häftlinge auslöste.

»Ruhe!«, ertönte die Stimme abermals, nur war der Wächter diesmal draußen im Gang, begleitet vom Scheppern seines Elektroschockers auf den Gitterstäben einer Zellentür –

ein bedrohliches Geräusch, das die Häftlinge auf der Stelle verstummen ließ.

»Siehst du? Da sind sie«, sagte Shun gehässig zu Hang. Blackie zeigte mit dem Finger auf Du, der oben in seinem Bett lag, und sagte grimmig: »Und du sagst bloß nix Falsches.«

Du reagierte überhaupt nicht, als wäre er plötzlich taubstumm.

Die Schritte kamen näher, eilig und ungehalten. Kurz darauf tauchte das Gesicht des Nachtwächters vor der Tür zu Zelle 424 auf, begleitet von zwei stämmigen Kollegen, die sich hinter ihm aufstellten.

Dieser Wächter war nicht dabei gewesen, als die Neuankömmlinge am Nachmittag eingetroffen waren. Beim Anblick des unbekannten Gesichts lautete seine erste Frage an Hang Wenzhi: »Bist du gerade erst angekommen?«

Hang nickte eifrig, als hätte er soeben seinen Erlöser kennengelernt.

Der Wächter verzog das Gesicht. »Warst du das, der um Hilfe gebrüllt hat?«

»Ja!« Hang deutete hinter sich in die Zelle. »Die ... die haben mich schikaniert.«

Sofort protestierten Blackie und die anderen lautstark. »Hey! Was soll das? Was haben wir dir getan?«

»Schnauze alle miteinander.« Der Wächter ließ seinen finsteren Blick durch die Zelle schweifen. Die Insassen verstummten. Schnell hatte er eine Lösung für das Dilemma ausgemacht und zeigte mit dem Elektroschocker auf Du Mingqiang, der mit dem ganzen Vorfall offenbar nichts zu tun gehabt hatte. »Du redest. Was ist passiert?«

Du rümpfte die Nase, als hätte man ihn gerade erst aus

dem Schlaf gerissen. »Woher soll ich das wissen? Ich habe die ganze Zeit gepennt.«

Hang war entgeistert von seiner Antwort und rief: »Am Anfang ja, aber du hast doch genau gesehen, was dann passiert ist.«

»Okay, okay«, unterbrach ihn der Wächter, der an einer derart einseitigen Zeugenaussage eindeutig kein Interesse hatte. »Dann erzähl mal. Wie haben die dich schikaniert?« Er musterte Hang von Kopf bis Fuß, konnte aber keine sichtbaren Verletzungen erkennen.

»Sie … sie …« Der Vorfall war derart entsetzlich gewesen, dass Hang die Worte kaum herausbringen konnte.

Bruder Ping hielt dies für den richtigen Moment, um aufzustehen. »Wächter, Herr, unser Neuer hier war mit dem Schuldspruch der Regierung nicht zufrieden. Er hat immer wieder behauptet, ihm sei übel mitgespielt worden, und sich geweigert, schlafen zu gehen, auch als das Licht längst aus war. Blackie hat ein paar Sachen gesagt, um ihn einzuschüchtern, ihm aber kein Haar gekrümmt.«

Blackie stand ebenfalls auf. »Stimmt genau, Herr. Ich hätte ihm nicht drohen sollen, das sehe ich ein. Aber der Kerl hat hier mitten in der Nacht rumgeschrien und gezetert, die Regierung beleidigt und alle um den Schlaf gebracht. Das musste ich unterbinden.«

»Ach so?« Der kalte Blick des Wächters fiel wieder auf Hang Wenzhi. »Du glaubst, man hat dich zu Unrecht verurteilt?«

Hang biss sich auf die Lippe. Hier ging es um seine persönliche Integrität, daher konnte er nicht lügen. »Ja, ich bin zu Unrecht verurteilt worden. Jemand hatte es auf mich abgesehen.« Seine Stimme war heiser, aber er klang vollkommen von seiner Sache überzeugt.

Der Wächter stieß ein harsches Lachen aus. »Du findest also, die Regierung liegt falsch, die Gesetze liegen falsch?« Er zückte seinen Schlüsselbund, schloss die Tür auf, trat ein und baute sich vor Hang auf.

Hang spürte, wie bedrohlich die Lage war, und versuchte sich hastig zu erklären. »Es lag nicht an der Regierung, es war diese Frau ...« Ehe er den Satz beenden konnte, breitete sich Taubheit in seinem Leib aus, und er fing unkontrolliert zu zucken an.

Der Elektroschocker des Wächters drückte sich in seinen Bauch und jagte Strom durch seinen Körper. Hang brach zusammen.

»Du hattest die Chance, ein anständiger Mensch zu sein, und hast dich stattdessen zu so etwas entschieden«, wütete der Wächter. »Glaubst du etwa, ich hätte noch nicht alles gesehen? Wir haben hier die bösesten, verdorbensten Sträflinge bei uns. Und du weigerst dich schon am ersten Tag, dich resozialisieren zu lassen. Willst du sterben?«

Hang lag schlaff und hilflos vor ihm auf dem Boden, sein Blick voller Verzweiflung. Trotzdem biss er sich entschlossen auf die Zähne und quetschte ein paar Worte hervor. »Verleumdung ... man hat mich verleumdet!«

»Wenn dir das Urteil nicht gefallen hat, hättest du in Berufung gehen können. Was versprichst du dir davon, jetzt darauf zu beharren, wo du längst hier bist?«, grummelte der Wächter ungeduldig. Er hatte sichtlich keine Lust mehr, weiter mit dieser unvernünftigen Person zu diskutieren, und wandte sich stattdessen an Bruder Ping. »Behaltet ihn im Auge.«

»Keine Sorge.« Bruder Ping schlug sich vor die Brust. »Mein Versprechen an die Regierung: Keine Störungen mehr aus Zelle 424.«

Der Wächter nickte zufrieden. Mit einem letzten Blick auf Hang marschierte er aus der Zelle. Hang wuchtete sich aufrecht, eine verlorene Gestalt, wortlos erschöpft. Er wusste, dass nichts, was er noch sagen konnte, ihm irgendetwas nützen würde.

Die Tür wurde abgeschlossen, die Schritte der Wächter verhallten in der Ferne. Bald darauf gingen die Lichter aus. Der Zellblock lag wieder im Dunkeln. Hang Wenzhi stand stumm da und wünschte, die endlose Nacht würde ihn verschlucken. Nach langer Zeit erst setzte er sich auf sein Bett. Aus seiner Richtung ertönte leises Schluchzen.

Bruder Ping und die anderen waren längst wieder zufrieden eingeschlafen. Nur Du Mingqiang lag auf seinem oberen Bett und seufzte leise. Aber selbst er drehte sich schließlich um und schloss die Augen.

Die Zeit verging. Es mochte schon früh am nächsten Morgen sein, denn die Dunkelheit war vollkommen und kein Ton im ganzen Zellblock zu hören.

Shun wurde von seiner prallen Blase geweckt, die sich nicht ignorieren ließ. Widerstrebend kletterte er aus dem Bett und taumelte in die Waschecke.

Das fahle Mondlicht vom Fenster wurde durch die Zwischenwand aufgehalten, in der Waschecke war es stockfinster. Shun kannte den Raum wie seine Westentasche. Er gähnte gewaltig, schloss die Augen und tastete sich vorwärts.

Dann stolperte er – über etwas, das dort nicht sein sollte. Bei genauem Hinsehen konnte er gerade eben eine menschliche Gestalt ausmachen, die neben dem Klo lag. Sofort war er hellwach.

»Wer ist da? Warum liegst du da rum?«, fragte er unsicher.

Bruder Ping war wach geworden, als Shun aus dem Bett kletterte. »Was ist los?«, rief er.

»Hier liegt jemand auf dem Boden.« Shun tastete sich zurück in die Zelle, sah sich um und entdeckte das leere untere Bett gegenüber. »Ich glaube, das ist Brille.«

»He! Steh auf!« Shun ging zurück und trat die schlaffe Gestalt ein paar Male, aber sie rührte sich nicht. Das war nicht gut. Mit leiser Panik rief er: »Bruder Ping, komm mal her. Da stimmt was nicht!«

Auch Bruder Ping war jetzt endgültig wach. Mit mürrischem Murmeln machte er sich auf den Weg in die Waschecke. Die Gestalt, die dort neben dem stinkenden Loch auf dem Boden lag, sah wirklich aus wie der Neue. Da lag er, eine Hand im Klo versenkt, und rührte sich nicht.

Shun beugte sich vor und untersuchte den Körper genauer. Mit weit aufgerissenen Augen konnte er mühsam erkennen, dass eine dunkle Flüssigkeit an Hangs Handgelenk hinab in die Toilette lief.

Er streckte die Hand aus und berührte die Flüssigkeit. Sie war klebrig und roch nach ... »Scheiße! Das ist Blut!«

»Wovor hast du solche Angst?«, fragte Bruder Ping, obwohl er sich schnell aus der Waschecke zurückzog. Shun folgte ihm und spürte, dass Unheil drohte.

»Was ist los, Bruder Ping?« Blackie hatte sich im Bett aufgesetzt und blinzelte verschlafen. Auch Ah Shan und Du Mingqiang regten sich in ihren Hochbetten.

»Scheiße, der ist tot!«, platzte Shun heraus. Blackie und Ah Shan starrten ihn an.

Bruder Ping bewahrte Ruhe und wischte den Gedanken beiseite. »Keine Panik, wir hatten nichts damit zu tun. Shun, schnell die Wächter alarmieren.«

Shun kletterte zurück ins Bett und drückte auf den Knopf der Gegensprechanlage. Kurz darauf knisterte die Stimme des Wächters aus dem Lautsprecher. »Zelle 424 – was ist denn jetzt schon wieder los?«

»Herr, jemand ist gestorben! Der Neue, er ist tot!«, sagte Shun. Seine Stimme zitterte. Sobald er den Satz beendet hatte, gingen abermals alle Lichter im Gebäude an.

Bruder Ping und die anderen hatten sich wieder in ihre Betten verzogen, aber nun sprang Du Mingqiang zu Boden und rannte ins Bad. Einen Moment später ertönte seine Stimme. »Er ist nicht tot! Schnell, hilf mir mal jemand.«

»Nicht tot?« Shun atmete bebend aus und kehrte in die Waschecke zurück. Du hatte Hangs blutigen Arm bereits aus der Toilette entfernt und drückte sein Handgelenk zusammen. Hang hatte die Augen geschlossen und war kreidebleich. Er schien bewusstlos zu sein.

Sowie Du Shun sah, winkte er ihn zu sich. »Schnell, irgendein Stück Stoff.«

Shun klaubte einen Lappen vom Boden auf und warf ihn rüber – es war der, den sie Hang zuvor bei der Folter in den Mund gestopft hatten.

Du riss Streifen aus dem Lappen und verknotete sie fest oberhalb von Hangs Ellbogen, bis die Blutung aus dem tiefen Schnitt am Handgelenk nachließ.

Die Zellentür scheppert auf. Mit ein paar schnellen Schritten stand der Nachtwächter in der Waschecke.

»Was ist passiert?« Er hatte die Stirn derart stark gerunzelt, dass sie fast nur noch aus Falten bestand.

»Selbstmord. Er hat sich mit der Brille die Pulsader aufgeschnitten.« Du zeigte auf die zersplitterten, blutigen Gläser neben der Toilette. »Das Blut ist ins Klo geflossen, also wissen wir nicht, wie viel er verloren hat. Aber da ist noch ein Rest Farbe in seiner Haut. Ich glaube, er wird überleben.«

Der Wächter winkte seine Begleiter herein. »Bringen Sie ihn zum Sanitäter!« Die beiden liefen herbei und trugen Hang aus der Zelle.

»Halten Sie seine Arme über dem Kopf«, rief Du ihnen nach.

Der Wächter musterte ihn skeptisch. »Du hast Ahnung von Erster Hilfe?«

Du nickte. »Ein bisschen.«

»Dann komm mit und hilf.« Der Wächter starrte die anderen vier Insassen an. »Und ihr bleibt hier und benehmt euch. Erst mal keine Arbeit morgen früh, ihr werdet noch verhört.«

Mit diesen unheilvollen Worten rannte der Wächter hinter Du und seinen Kollegen her, um Hang Wenzhi das Leben zu retten. Die vier Insassen von Zelle 424 waren einmal mehr in ihrem kleinen Raum eingesperrt.

Als die Schritte verhallten, wischte sich Shun den Schweiß von der Stirn und sah sich nervös um. »Scheiße. Zum Glück ist er nicht verreckt. Wie hätten wir das erklären sollen?«

»Bist du bescheuert?«, fauchte Blackie. »Es wäre viel besser für uns, wenn er verrecken würde. Ist ja nicht so, als hätten wir damit was zu tun gehabt.«

Bruder Ping runzelte die Stirn. »Wir haben ein Problem. Wegen der Nummer wecken sie garantiert den Kommandanten. Und sobald Brille aufwacht und denen erzählt, was hier passiert ist, sind wir dran.«

Der Gedanke an den Elektroschocker des Kommandanten ließ Shun erzittern, aber er klammerte sich an den letzten Fetzen Hoffnung. »Brille wird's doch nicht wagen, sich zu verplappern, oder? Der muss wissen, dass wir ihm sonst das Leben wirklich zur Hölle machen.«

Ah Shan schüttelte den Kopf. »Noch haben wir ihn nicht kleingekriegt. Ich fürchte, wir können das nicht unter den Teppich kehren.«

»Ach leck mich doch, wisst ihr was?«, sagte Blackie gereizt. »Meiner Meinung nach trägt dieser Du Mingqiang die Schuld. Wenn der sich nicht eingemischt hätte, hätten wir uns richtig um Brille gekümmert.«

Shun klatschte in die Hände. »Stimmt! Er hat unsere Verhandlung unterbrochen und Brille überhaupt erst die Gelegenheit gegeben, Krawall zu veranstalten. Dann wollte Brille sterben, aber Du war es, der ihn unbedingt retten musste. Wenn Brille bei Kommandant Zhang sitzt und alles ausplaudert, kommt Du als der große Saubermann aus der Sache raus und wird uns alles vermasseln.«

Ermutigt von der Zustimmung, legte Blackie nach und schlug gegen den Bettpfosten. »Wir sollten uns also um den Kerl gleich mit kümmern.«

Ah Shan räusperte sich. »Ja, wir müssen was unternehmen, sonst herrscht in dieser Zelle nie wieder Ruhe.« Während er sprach, sah er Bruder Ping an, um dessen Reaktion zu beurteilen.

Bruder Ping knackte mit den Fingerknöcheln, tat aber ansonsten keine Meinung kund.

»Ich habe den schon länger im Visier«, fauchte Blackie missgünstig. »Aber bis jetzt hat Bruder Ping mich immer zurückgepfiffen. Mehr als einmal.«

»Ihr habt beide nicht den Gesamtzusammenhang im Blick«, sagte Bruder Ping und seufzte leise. »Wir müssen uns vor dem Kerl in Acht nehmen.«

Blackie verdrehte die Augen. »Inwiefern in Acht nehmen? Der hat doch nur fünf Jahre gekriegt, wie schlimm kann er schon sein?«

Bruder Ping tippte ihm mit dem Zeigefinger gegen die Stirn. »Das ist genau das Problem.«

Blackie verzog das Gesicht in Unverständnis. Ah Shan aber stöhnte auf, als hätte er plötzlich etwas Wichtiges begriffen.

»Ich muss dir wohl nicht erklären, was Zellblock 4 für ein Ort ist«, sagte Bruder Ping.

»Der Hochsicherheitstrakt. Ein Sammelbecken für die schlimmsten Verbrecher der Stadt.«

»Richtig. Und der Unterschied zwischen diesem Ort und anderen Gefängnissen?«

»Hier ist es schlimm …« Blackie grinste. »*Zellblock 4 – schließ die Tür – Zhang ist richtig hart – unser Friedhof hat ein Bad – wir warten auf die Kugel.*«

Dieses kleine Liedchen machte gerade in den städtischen Gefängnissen die Runde. »Zhang« war Zhang Haifeng, der ihren Trakt mit eiserner Faust regierte; »Friedhof« bezog sich auf die Zellen, in denen die Betten wie Grabsteine aufgereiht standen; und die »Kugel« wurde erwartet, weil die meisten der Insassen Wiederholungstäter waren, viele von ihnen zum Tode Verurteilte, denen nur noch das Erschießungskommando bevorstand.

»*Zellblock 4 – schließ die Tür*«, wiederholte Bruder Ping inbrünstig. »So ist es. Ich stecke jetzt seit zehn Jahren in diesem albtraumhaften Loch, und Du Mingqiang ist der Erste hier, der bloß fünf absitzen soll. Denk mal drüber nach: Hätten sie ihn überhaupt hergebracht, wenn er nicht trotzdem gefährlich wäre?«

Mit einem Ruck begriff Blackie, worauf er hinauswollte. Trotzdem weigerte er sich, klein beizugeben, sondern schnaubte bloß. »Dann ist er eben auch ein Schwerverbrecher – und wenn schon. Ich habe vor niemandem Angst! Verflucht, wenn der weiß, was gut für ihn ist, zeigt er uns künftig ein bisschen Respekt. Und wenn er irgendwelche krummen Dinger drehen will, mache ich ihn platt!«

Bruder Ping grinste ihn fröhlich an und nickte. »Genau das wollte ich damit sagen. Als er hier angekommen ist, hatte ich schon das Gefühl, dass er weiß, wo sein Platz ist. Wir haben ihm eine Verhandlung gegeben, und er hat getan, was wir ihm befohlen haben. Also habe ich ihn in Ruhe gelassen, und wir sind alle prima klargekommen. Aber jetzt hat er sich ein dickes Fettnäpfchen gesucht ...« Seine Stimme wurde ernst; er drückte Daumen und Zeigefinger fest zusammen. »In dem Fall wollen wir doch bei seinem Spielchen mitmischen.«

Das Objekt ihrer Diskussion hatte indes keine Ahnung von den Plänen, die gegen ihn geschmiedet wurden. Du Mingqiang saß im Erdgeschoss im Büro des Sanitäters, wo der diensthabende Mediziner soeben Hang Wenzhis Wunde versorgt und empfohlen hatte, ihn zur weiteren Behandlung ins Gefängniskrankenhaus zu verlegen. Die Wächter sahen, dass die Sache keinen Aufschub duldete, und schickten ihn sofort mit einer Eskorte dorthin.

Das Gefängniskrankenhaus hatte kein Anmeldesystem; Patienten wurden behandelt, wann und wie sie eintrafen. Hang wurde in den zweiten Stock der Klinik gebracht, wo ihn ein Arzt mittleren Alters untersuchte und auf der Stelle alles für eine Bluttransfusion in die Wege leitete.

Nach einem Ausbruch kurzer, hektischer Aktivität wurde

ein Blutbeutel an Hangs Venen angeschlossen. Schnell bekam er wieder ein wenig Farbe, atmete sogar ruhiger.

»Er kommt schon durch. Stellen Sie jemanden ab, der auf ihn aufpasst, und rufen Sie mich, sobald er wach wird.« Der Arzt reichte dem Wächter ein Beruhigungsmittel und verschwand, um sich um seine vielen anderen Aufgaben zu kümmern.

Der Wächter entspannte sich. Er stand mit den Kollegen im Türrahmen und rauchte, während Du Mingqiang an Hangs Seite blieb und ihn nicht aus den Augen ließ.

Wie der Arzt erwartet hatte, erholte Hang sich rasch. Tatsächlich schlug er schon die Augen auf, bevor der Wächter seine erste Zigarette beendet hatte. Erst schien er ins Leere zu starren, bis sich seine Augen langsam auf die Umgebung fokussierten.

»Ich ... ich bin nicht tot?«, sagte er traurig und spuckte einen Mundvoll abgestandener Luft aus. Dünn wie ein Faden schwebte seine Stimme im Raum. Im gleichen Moment sah er Du Mingqiang neben seinem Bett sitzen.

Du lächelte wortlos, beugte sich zu ihm runter und flüsterte ihm ins Ohr: »An diesem Ort gibt es keine Freiheit, nicht einmal die Freiheit zu sterben.«

Hang schüttelte hilflos den Kopf, fand aber keine Antwort. Der Wächter bei der Tür hatte Dus Bewegung gesehen. Er drückte die halbe Zigarette am Türrahmen aus und schlenderte zum Bett. »Ist er wach?«

Du schien ihn nicht zu hören, sondern hielt seinen Mund an Hangs Ohr gedrückt. Plötzlich klang er sehr ernst. »Halt bloß den Rand. Kein Wort über letzte Nacht!«

Hang wollte das Herz in der Brust verdorren. Letzte Nacht? Die schlimmste Erniedrigung seines Lebens?

Warum sollte er darüber nicht reden? In restloser Verwirrung starrte er den jungen Mann an.

Du konnte nicht mehr erklären, bevor der Wächter das Bett erreicht hatte und ihn unsanft beiseiteriss. »Was machst du da? Bist du taub?«

»Er ist gerade erst aufgewacht, also habe ich seinen Puls gemessen«, sagte Du und lächelte offenherzig.

»Am Arsch, Puls messen! Los, zur Seite!« Der Wächter schubste ihn grob aus dem Weg und beugte sich über das Bett, um Hangs Gesicht zu betrachten. Etwas sanfter fügte er hinzu: »Mach dir fürs Erste keine Gedanken, sondern erhol dich.«

»He, Kommandant Zhang!«, rief plötzlich einer der Kollegen von der Tür her, laut genug, um die Leute im Raum vorzuwarnen. Hastig drehte sich der Wächter um, als Zhang bereits mit schweren Schritten im Türrahmen erschien.

»Kommandant Zhang«, sagte der Wächter respektvoll. Du Mingqiang senkte den Blick und drückte die Arme an die Seiten, als wollte er im Sitzen strammstehen.

»Was ist passiert?« Mit finsterer Miene sah sich Zhang Haifeng im Zimmer um.

»Dieser Neuzugang war mit seiner Strafe unzufrieden und hatte wohl ein paar emotionale Probleme, also hat er sich mit seinen Brillengläsern das Handgelenk aufgeschlitzt. Zum Glück habe ich ihn rechtzeitig gefunden und war in der Lage, ihm das Leben zu retten«, sagte der Wächter und heimste damit nicht nur den Ruhm für die Rettungstat ein, sondern ließ praktischerweise auch all den vorausgegangenen Tumult aus.

Hang Wenzhi schnaubte leise. Sein Gesicht war von Empörung gezeichnet.

Was Zhang Haifeng nicht verborgen blieb. Er starrte den Wächter an. »Ich bezweifle, dass es so einfach war.« Damit trat er ans Bett und beugte sich seinerseits über Hang. »Sag du es mir. Was ist passiert?«

Hang Wenzhi erstarrte und antwortete nicht sofort, sondern warf Du Mingqiang einen Seitenblick zu. Du war ebenfalls wieder näher ans Bett gerückt, und sowie sich ihre Blicke trafen, schüttelte er kaum merklich den Kopf.

Zhang Haifeng fing zwar den Seitenblick auf, aber als er sich umsah, hatte Du wieder seine ernste Miene aufgesetzt, den Blick gesenkt und die Arme fest an die Seiten gedrückt.

»Ich hatte keine Hoffnung mehr. Ich bin unschuldig … mir wurde das alles nur angehängt …«, murmelte Hang schließlich vor sich hin, was genau mit der Darstellung des Wächters übereinstimmte.

Zhang Haifeng schwieg einen Moment, ehe er sich an Du wandte. »Du kommst mit ins Nebenzimmer, ich habe ein paar Fragen an dich.« Dann winkte er den Wächter fort. »Und Sie gehen zurück. Behalten Sie meinen Zellblock im Auge und sorgen Sie dafür, dass es keinen Ärger mehr gibt.«

Sobald der Wächter verschwunden war, ging Zhang ins Nebenzimmer, schnappte sich einen Stuhl und setzte sich. Sein schneidender Blick heftete sich an Du Mingqiang.

Du stand noch immer mit gesenktem Kopf da.

Zhang lächelte und sah aus, als wüsste er nicht recht, ob er belustigt oder wütend sein sollte. Er winkte Du. »Komm her. Stell dich vor mich.«

Folgsam kam Du näher und blieb einen Schritt vor Zhang stehen, der den Elektroschocker aus der Tasche an seinem Gürtel zog.

»Du bist jetzt seit etwa zwei Monaten bei uns?« Zhangs Stimme war so ausdruckslos, als redete er übers Wetter.

Du rührte sich nicht. »Ja.«

Zhang hob den Elektroschocker und richtete ihn langsam auf Du.

Du biss sich stumm auf die Zähne, zuckte aber nicht und machte auch keinen Schritt zurück. Er sah zu, wie der Schocker seine linke Hand berührte. Aber der Schmerz blieb aus. Er zog die Stirn kraus und schaute leicht verwirrt drein.

Zhang hatte sein Gerät nicht eingeschaltet. Er hob nur Dus Hand mit dem Elektroschocker hoch, bis sie sich mit ihm auf Augenhöhe befand.

Es war die Hand eines jungen Menschen: glatte Haut, sichtbare Muskeln, die Gelenke deutlich umrissen und von einer beneidenswerten Kraft erfüllt. Und doch hätte man seine Hand niemals makellos nennen können, denn seinem Mittelfinger fehlte das dritte Glied.

Zhang Haifeng betrachtete diese Hand und fragte im Plauderton: »Hast du dir den selbst abgebissen?«

Du Mingqiang grinste. »Warum sollte ich so etwas tun? Er ist bei einem Betriebsunfall zerquetscht worden.«

Zhang zuckte mit dem Elektroschocker, um Dus Hand abzuwerfen, und seufzte. »Du lügst.« Du ließ wortlos die Hand sinken. »Kommandant Pei von der Kripo hat persönlich dafür gesorgt, dass du an mich übergeben wirst. Also weiß ich mehr oder weniger alles, was man sich über dich erzählt.«

Du lächelte verbittert, mimte aber den Stummen.

Zhang Haifeng fuhr fort. »Mir ist auch eigentlich egal, was du vorher getan hast, das ist eine Sache zwischen dir und der Kripo. Wir beide sind weder Feinde noch Freunde. Wir sind durch unsere Arbeit verbunden: Du sitzt hier deine Strafe ab, und ich bin dafür zuständig, dich unter Kontrolle zu halten. Du machst mir keinen Ärger, dann mache ich dir auch keinen. Verstanden?«

Endlich öffnete Du den Mund. »Verstanden.«

»Sehr gut.« Zhang stieß einen langen Atemzug aus und deutete mit dem Elektroschocker ins Nebenzimmer. »Was ist passiert?«

Du breitete die Arme aus und sagte wahrheitsgemäß: »Ich hatte nichts damit zu tun.«

»Du verheimlichst aber die Wahrheit!«, rief Zhang aufgebracht. »Und du hast Hang Wenzhi den Mund verboten. Hältst du mich für blöd? Ich habe es genau gesehen.«

»Ich bin nicht davon ausgegangen, Ihnen irgendetwas verheimlichen zu können«, sagte Du unglücklich. »Aber er darf wirklich nichts sagen, sonst überlebt er den nächsten Tag nicht.«

Zhang lachte eisig. »Ich gehe professionell mit dir um, und du glaubst direkt, ich sei ein lieber Kerl?«

»Er kann nichts sagen, um Ihrer Professionalität nicht zu schaden. Außerdem ...« Du Mingqiang hob den Kopf und sah Zhang fest an. »Sie wollen nicht noch mehr Ärger haben, oder?«

Zhang kniff die Augen zusammen. Er wandte sich ab, schob den Elektroschocker wieder ins Holster und fragte: »Kannst du mir garantieren, dass es keinen Ärger mehr gibt?«

Du spürte eine leichte Entspannung und nutzte die Gelegenheit. »Hang Wenzhis Familie ist ermordet worden, außerdem ist er sowieso ein komischer Kauz. Wenn Sie weiter versuchen, ihn mit Gefängnisregeln zu erdrücken, zerbricht er daran. Wenn Sie mir aber erlauben, ihn zu beraten – er ist ein gebildeter Kerl und wird auf mich hören.«

Zhang schwieg eine volle halbe Minute, bis er sich Du abermals zuwandte. Sein Entschluss stand fest. »Dann verbringst du jetzt ein bisschen Zeit mit ihm. Ich gebe euch beiden einen Tag Ruhe – morgen Nacht geht ihr zurück in den Block.«

»Vielen Dank, Kommandant! Danke, liebe Regierung!«, sagte Du Mingqiang.

Zhang Haifeng wischte seinen Kommentar mit einer Geste beiseite. »Spar dir die Spucke. Du kannst gehen.«

Du verneigte sich und ging in Hang Wenzhis Zimmer zurück. Hang sah schon viel besser aus, hatte sich sogar im Bett aufgesetzt. Als Du eintrat, starrte Hang ihn an, als hätte er auf ihn gewartet.

Du zerrte die Sitzbank heran, die neben dem Kopfende des Betts stand, setzte sich und lächelte. »Du darfst dich glücklich schätzen – er hat gesagt, ich soll mich um dich kümmern. Was für ein Glücksfall. Keine harte Arbeit für uns, und obendrein noch Extrarationen, weil wir im Krankenhaus sind.«

Hang Wenzhi war nicht in der Stimmung, sich damit zu befassen. Er senkte die Stimme und fragte drängend: »Warum wolltest du nicht, dass ich rede?«

»Was hättest du denn gesagt? Dass die dich vermöbelt haben?« Du beugte sich näher zum Bett. »Hast du eine Ahnung, wie viele Leute schon in Schwierigkeiten geraten sind, weil sie derlei Dinge gepetzt haben? Bruder Ping und die anderen, von der Nachtwache ganz zu schweigen – die wären allesamt in Schwierigkeiten. Du musst doch gesehen haben, wozu Kommandant Zhang fähig ist?«

»Aber sie haben es verdient! Warum sollte es mich kümmern, was mit denen passiert?« Wieder musste Hang sich an die abendliche Erniedrigung erinnern. Er zitterte unkontrolliert.

Du musterte ihn mitfühlend. »Um die musst du dir keine Sorgen machen. Aber um dich selbst.«

Hang drehte langsam den Kopf und sah ihn verständnislos an.

»Was immer denen an Bestrafung widerfährt, werden sie zehnfach an dich weitergeben.« Du klopfte ihm ein paarmal auf die Schulter und seufzte. »Das sind die Spielregeln im Knast.«

Hang war sprachlos. Dann füllten sich seine Augen mit Tränen, und er sagte halb erstickt: »Warum musstest du mich retten? Warum konntest du mich nicht einfach sterben lassen?«

»Wenn du gestorben wärst, hättest du gar nichts mehr. Lebendig hast du wenigstens Hoffnung.« Du sah aus dem Fenster, durch das langsam der sanfte Schimmer der Dämmerung sickerte, wenn auch zwischen schwarzen Gitterstäben hindurch.

»Hoffnung«, wiederholte Hang und lächelte spöttisch. »Erzähl mir nichts von Hoffnung. Das macht mein Herz nur noch schwerer.«

»Ich weiß, das ist alles schwer für dich. Okay, erzähl es mir. Was ist dieses große Unrecht, das man dir angetan hat?«

Hang sah ihn an, machte den Mund auf, machte ihn wieder zu.

Du lächelte ihn an. »Nur zu. Ich verspreche, ich nehme dich ernst.«

Hang zögerte noch immer. »Du glaubst mir, dass ich kein böser Mensch bin?«

»Warum nicht?« Du tätschelte ihm das Bein und sah ihn bedeutungsschwanger an. »Nicht jeder, der im Gefängnis sitzt, ist böse – und nicht jeder Böse landet im Gefängnis.«

Seine Worte trafen Hang mitten ins Herz. Er riss den Kopf hoch und starrte Du an, als hätte er endlich jemanden gefunden, der ihn verstehen konnte. »Du hast völlig recht!«

»Was hast du gemacht, bevor du hier gelandet bist?« Jetzt, da sich die Anspannung ein wenig gelockert hatte, stellte Du die Frage fast beiläufig.

Hang antwortete auf der Stelle. »Ich habe im Büro für Stadtplanung gearbeitet.« Er schien Du nicht länger etwas vorenthalten zu wollen.

Du hakte nach. »Und du sagst, eine Frau hat dir etwas angehängt?«

Hang fletschte wütend die Zähne und nickte stumm. Es dauerte eine Weile, bis er weitersprach. »Wir hatten uns bei einer Singlebörse kennengelernt. Ich fand sie sehr attraktiv. Konnte nicht ahnen, dass sie vollkommen herzlos ist.«

»Eine Singlebörse?« Du Mingqiang grinste und schüttelte den Kopf. »Man kann echt niemandem trauen, den man auf diesem Weg kennenlernt.«

»Das dachte ich auch, aber was hätte ich sonst tun sollen? Meine Eltern haben mir ständig Druck gemacht, endlich zu heiraten.« Hang schaute beschämt drein. »Du lachst mich vielleicht aus, aber ich war schon einunddreißig und hatte im ganzen Leben noch kein richtiges Date. Meine Eltern waren irgendwann außer sich, dass ich noch immer keine Frau kennengelernt hatte, also dachte ich mir, ich versuche eben eine Partnerbörse.«

Du nickte verständnisvoll.

»Erzähl mir von dieser Frau. Was wusstest du über sie?«

»Sie war vier Jahre jünger als ich und arbeitslos. Ihrer Aussage nach hatte sie schon seit ihrem Uniabschluss versucht, das Land zu verlassen, es aber nicht hinbekommen. Und jetzt, da sie nicht mehr so jung war wie früher, wollte sie jemand Passenden finden, um ein beständigeres Leben zu führen.«

»Vier Jahre jünger – dann war sie siebenundzwanzig. Und muss mit etwa zweiundzwanzig das Studium beendet haben ...«, kalkulierte Du. »Sie hatte sich also schon einige Jahre abgemüht. Klingt nicht nach jemandem, der plötzlich sesshaft werden will.«

»Du hast ja so recht!« Hang sah ihn voller Bewunderung an. »Und genauso ist es auch gekommen. Aber am Anfang bin ich komplett auf sie reingefallen. Ich wollte wirklich Heim und Familie mit ihr gründen.«

Du nickte. »Und dann?«

Hang lächelte verbittert. »Dann hat sie einen anderen Mann kennengelernt – einen, der ihr helfen konnte, das Land zu verlassen, also wollte sie sich von mir trennen. Ich war natürlich dagegen, aber sie war fest entschlossen. Absolut keine Loyalität.«

»Warum sich dann nicht trennen? Du hattest doch auch nichts zu verlieren. Männer müssen auf dem Weg zur inneren Reife durch einige emotionale Tiefen gehen.«

»Bei dir klingt das alles so einfach.« Hang starrte ihn an. »Sie hatte mich mehr oder weniger ausgepresst. Wie konnte ich sie da einfach so gehen lassen?«

Du schwieg, ein wenig überrascht. Die Sache schien doch komplizierter zu sein, als er geglaubt hatte. Aber schnell hatte er die neuen Informationen verarbeitet. »Sie hat dich um dein Geld betrogen?«

»Nicht nur um meins ...« Hang ballte die Fäuste und bebte vor Erregung. »Auch die Ersparnisse meiner Eltern.«

»Wie konnte das passieren?«

»Du findest das komisch? Wahrscheinlich war wirklich alles meine Schuld ... Wir waren schon ein gutes halbes Jahr zusammen, und ich wollte sie heiraten. Aber sie hat gesagt, dass wir erst heiraten können, wenn wir eine eigene Wohnung haben, und um uns einen gewissen Lebensstil zu garantieren, brauchten wir mindestens drei Zimmer in einer guten Lage. Und darüber hinaus wollte sie auf keinen Fall eine Hypothek aufnehmen, sondern hat darauf bestanden, dass wir alles bar bezahlen.«

Du hatte den Mund aufgeklappt. »Ganz schöne Forderungen!« Die Immobilienpreise in Chengdu stiegen schon seit Jahren unaufhaltsam, und eine Dreizimmerwohnung in der Innenstadt würde eine hübsche Summe gekostet haben. Er konnte sich denken, wie die Geschichte weiterging. »Also hast du deine Eltern gebeten, dir das Geld zu leihen.«

Hang nickte. »Die ganze Familie war total darauf fixiert, dass ich so schnell wie möglich unter die Haube komme. Sobald diese Frau die Idee einer eigenen Wohnung in den Raum geworfen hat, haben meine Eltern ungefragt ihre Hilfe angeboten. Sie hatten ungefähr dreihunderttausend angespart, und ich noch mal hunderttausend dazu. Das war genug für eine nette Bude im Zentrum, knapp dreiundneunzig Quadratmeter.«

Du seufzte. Hang fuhr fort. »Eine Wohnung zu kaufen war an sich auch nicht das Problem. Heirat hin oder her, das hätte ich früher oder später sowieso getan. Nur hätte ich den Kaufvertrag nie und nimmer unter ihrem Namen laufen lassen dürfen.«

Du fiel endgültig die Kinnlade runter, und es dauerte eine ganze Weile, bis er wieder reden konnte. »Idiot!«

»Ja, ich war ein Idiot.« Hang versuchte gar nicht erst, sich zu rechtfertigen. »Diese Frau hat gesagt, das wäre der endgültige Beweis meiner Liebe zu ihr. Ha, Liebe! Das Wort hat mich dermaßen benebelt, dass ich nicht mehr klar denken konnte.«

»Und deine Eltern? Die haben mitgemacht?«

Hang schluckte schwer. »Ich habe sie belogen. Sie hat mich dazu getrieben. Sie hat uns alle perfekt gegeneinander ausgespielt.«

Du starrte ihn an und wusste nicht, was er noch sagen sollte. In seinem Blick lag blankes Mitleid. »Also wollte sie sich von dir trennen, dir aber deine Wohnung nicht zurückgeben. War es so?«

Hang senkte den Blick. »Sie hat gesagt, dass sie es verdient, die Wohnung zu behalten. Als Entschädigung für den emotionalen Schaden.«

»Verstehe ...« Du seufzte. »Kein Wunder, dass du getan hast, was du getan hast.«

Hang riss den Kopf hoch und sagte mit Nachdruck: »Nein. Ich habe es nicht getan. Sie hat es mir in die Schuhe geschoben.«

»Aha?«, meinte Du skeptisch.

»Ich konnte es nicht ertragen, sie und das Geld gleichzeitig zu verlieren ...«

»Wer hätte das schon ertragen?«, unterbrach ihn Du. Hang sah ihn dankbar an, ehe er fortfuhr. »Also bin ich ihr hinterher und habe mein Geld zurückverlangt, aber sie hatte nicht vor, es mir zu geben. Ich hatte keine andere Wahl. Ich musste drastische Maßnahmen ergreifen ...«

»So?« Du sah ihn neugierig an. Von welchen drastischen Maßnahmen mochte dieser furchtsame Mann wohl reden?

Hang verstummte und schien sich zu schämen. Kurz darauf sagte er: »Als wir noch frisch zusammen waren, hatte ich mit meinem Handy ein paar Bilder von ihr gemacht, die, na ja, ihre Privatsphäre verletzt haben. Also habe ich ihr mit denen gedroht. Wenn sie mir nicht mein Geld zurückgeben wollte, würde ich diese Bilder ins Netz stellen.«

»Und dann?«, fragte Du neugierig.

»Dann hat sie mich angerufen und zugesagt, mir mein Geld zurückzugeben. Wir haben also ein Treffen in einem Café vereinbart.«

»Ich hoffe, du bist nicht hingegangen«, sagte Du. »Das war eindeutig eine Falle.«

»Du bist wesentlich klüger als ich ... du hast das sofort erkannt.« Hang seufzte. »Aber ich bin dumm, also bin ich hingegangen. Habe mich sogar noch schlecht gefühlt, als hätte ich sie schlecht behandelt. Aber sie hatte nie vor, mir mein Geld zurückzugeben. Stattdessen hat sie die Polizei eingeschaltet. Sobald sie sicher war, dass ich die Fotos bei mir habe, hat sie ihnen ein Signal gegeben, und sie haben mich festgenommen.«

Du ging im Kopf den Rest der Situation durch. »Und wenn du nicht beweisen konntest, dass dir die Frau die Kosten der Wohnung schuldete ... Aber natürlich wird sie dafür gesorgt haben, dass es keine Beweise gibt. In dem Fall war dein Verhalten nur als Erpressung zu werten. Du hast von ihr vierhunderttausend verlangt, genug Geld, um zehn Jahre einzufahren.« Er sah ihn verwirrt an. »Aber du hast doch lebenslänglich bekommen?«

Hang kratzte sich wütend den Kopf. »Ich ... ich habe ein Messer gezückt.«

»Du?« Er konnte es kaum glauben. »Du hattest ein Messer dabei?«

»Ich hatte zufällig eins dabei, ein Teppichmesser von der Arbeit. Ich weiß nicht, was in mich gefahren ist, als ich die Polizisten gesehen habe, aber ich habe ihr das Messer an die Kehle gedrückt und mein Geld gefordert.«

»Das ist schlecht. Das nennt man dann Raubüberfall.« Du schlug sich auf den Oberschenkel. »Ein bewaffneter Raubüberfall, und das bei solch einer Summe. Selbst wenn du keinen Erfolg hattest, bedeutet das trotzdem lebenslänglich. Sie hat dir also gar nichts in die Schuhe geschoben.«

»Was?« Hang starrte ihn an. »Ich wollte nur mein eigenes Geld zurück. Wieso ist das Raub?«

»So war das nicht gemeint«, sagte Du hastig. »Ich habe nur aus Sicht des Gesetzes gesprochen. Du hattest schließlich keine Beweise, die gezeigt hätten, dass es sich wirklich um dein Geld handelt.«

»Das stimmt«, sagte Hang kleinlaut. Finster kaute er auf seiner Unterlippe herum. »Aus Sicht des Gesetzes? Hat denn das Gesetz immer recht?«

»Natürlich nicht«, sagte Du energisch. »Recht und Gesetz können nicht alle guten Bürger beschützen, genauso wenig, wie sie alle schlechten bestrafen können. Es gibt Situationen, in denen man sich auf Kräfte jenseits der Gesetze verlassen muss.«

Hang sah, dass Du aufgewühlt war, wusste aber nicht genau, worauf er anspielte. »Was für Kräfte?«

Du Mingqiang schwieg. Er war unsicher, was er preisgeben wollte. Aber Hang fand es von selbst heraus und sagte plötzlich: »Eumenides!«

Wie der Blitz schoss Energie durch seinen Leib, aber Du bemühte sich um eine ausdruckslose Miene, als hätte er Hang nicht ganz verstanden. »Wie bitte?«

»Eumenides. Ein Mörder aus dem Internet. Hast du noch nie von ihm gehört?« Hang sah begeistert aus, fast hatte sein Gesichtsausdruck etwas Mystisch-Verzücktes angenommen. »Er bittet im Netz darum, dass man ihm die Namen von Leuten nennen soll, deren Verbrechen nicht bestraft worden sind, und dann kümmert er sich selbst um diese Leute.«

Du schüttelte den Kopf. »Ich bin nicht viel im Internet.«

Hang schürzte die Lippen und murmelte vor sich hin. »Hätte er mich beachtet, wenn ich meine Geschichte gepostet hätte? Aber wenn er die Frau dann wirklich umgebracht hätte, wäre das vielleicht doch ein bisschen zu weit gegangen ...«

Du hörte ihm nicht mehr zu. Er starrte aus dem Fenster und dachte Unergründliches.

Mittlerweile war es Tag geworden, und das gleißende Band der Sonne kroch über den Horizont.

KAPITEL ZWEI

STURM

RESTAURANT GRÜNER FRÜHLING

Ab fünf Uhr, wenn die Gäste in Scharen erschienen, füllte sich das Restaurant *Grüner Frühling*. Hua war nicht zum ersten Mal hier, und auch das Mädchen, das dort auf der Bühne musizierte, sah er nicht zum ersten Mal. Als sein Untergebener Sheng im letzten Jahr bei einem rätselhaften Autounfall ums Leben gekommen war, hatte ihn seine Untersuchung ebenfalls hierhergeführt. Damals hatte er herausgefunden, dass Sheng diese Musikerin beleidigt hatte, war aber zunächst nicht in der Lage gewesen zu ergründen, wer zur Verteidigung dieses hilflosen Mädchens auf den Plan getreten war.

Mittlerweile kannte er die Antwort.

Ein junger Mann namens Du Mingqiang hatte ein Foto des Mädchens auf Huas Couchtisch gelegt und ihn gebeten, auf sie aufzupassen.

Hua hasste diesen jungen Mann mit jeder Faser seines Seins, war aber nicht in der Lage gewesen, ihm die Bitte abzuschlagen. Du war im Besitz einer Tonbandaufnahme, die bewies, dass Hua heimliche Pläne mit Meng Fangliang geschmiedet hatte, einem der stellvertretenden Direktoren der Longyu-Gesellschaft.

Deng Huas Ermordung hatte die erfolgreiche Firma ins Chaos gestürzt. Beide stellvertretenden Direktoren, Lin Henggan und Meng Fangliang, hatten die Gunst der Stunde ergreifen wollen, sich ihren alleinigen Platz an der Spitze zu sichern. Um seine Stellung als Deng Huas designierter Erbe zu verteidigen, war Hua eine geheime Allianz mit Meng Fangliang eingegangen, um Lin Henggan zu beseitigen. Dann hatte er sich gegen Meng gewandt und auch ihn getötet. Der Polizeihauptmann Pei Tao hatte seinen Plan durchschaut, war aber nicht in der Lage gewesen, das entscheidende Beweisstück in die Hände zu bekommen: ebenjenes Tonband.

Du Mingqiang hatte ihm das Tonband zusammen mit seinen Anweisungen übergeben. Was für einen Groll er auch hegen mochte, ihm war nichts anderes übrig geblieben, als diese Mission auszuführen.

Und so fand er sich einmal mehr im *Grüner Frühling* ein.

Er suchte sich eine unauffällige Ecke und bestellte sich nichts zu essen, sondern nur ein Glas Wein, an dem er gemächlich nippte. Je länger sich ihre Musik durch den Saal wob, desto besser verstand er, warum Du von diesem Ort so verzaubert gewesen war.

Hier konnte man wirklich zur Ruhe kommen – vor allem, wenn man keinen inneren Frieden kannte.

Die Musik endete, und das Mädchen erhob sich, um sich zu verbeugen. Sie schlug die Augen auf und blickte in seine Richtung, aber sehen konnte sie ihn nicht.

Hua wusste, dass das Mädchen blind war. Mit ausdrucksloser Miene saß er da und ließ den Bodensatz durch das

Glas rollen. Als das Mädchen die Bühne verließ, legte er den Kopf in den Nacken und nahm den letzten Schluck.

Eine halbe Stunde später betrat das Mädchen ein Café in unmittelbarer Nähe und setzte sich an ihren angestammten Platz, als erwarte sie jemanden. Eine süße Blindenhündin ließ sich zu ihren Füßen nieder. Das war Niuniu, ihre engste Begleiterin.

Schon seit ein paar Monaten hatten sie und ihre Begleiterin sich daran gewöhnt, vergeblich an diesem Ort zu warten. Trotzdem kam sie noch immer jeden Abend hierher, denn sie glaubte daran, dass der Mensch, nach dem sie sich sehnte, ebenso plötzlich wieder auftauchen würde, wie er verschwunden war.

Stumm saß sie da und wartete, lauschte dem Kommen und Gehen im Café. Plötzlich hörte sie Schritte, die sich ihr näherten. Rhythmus und Gewicht klangen nach einem jungen Mann.

Ihr Herzschlag beschleunigte sich, nur um enttäuscht zu verlangsamen, als Niuniu aufsprang und ein tiefes Knurren anstimmte.

Er konnte es also nicht sein. Niuniu kannte seinen Geruch und hätte stattdessen mit dem Schwanz gewedelt. Das Mädchen war gleichermaßen niedergeschlagen, verwirrt und auf der Hut.

»Hallo«, sagte die Person. Die Stimme klang bekannt, und nach kurzem Überlegen konnte sie sie auch einsortieren.

»Sie?« Das Mädchen rümpfte die Nase und beugte sich vor, um Niuniu sanft über den Kopf zu streicheln. Die Hündin legte sich wieder zu ihren Füßen nieder, aber ihre Augen blieben groß und wachsam.

»Ich heiße Hua, und wir sind uns schon einmal begegnet«,

sagte er und bewunderte im Stillen ihr Erinnerungsvermögen. »Aber diesmal bin ich wegen etwas anderem hier.«

Das Mädchen entspannte sich ein wenig.

Hua ließ sich ihr gegenüber auf dem Sessel nieder.

»Weswegen wollen Sie mich sprechen? Und woher wussten Sie, dass ich hier sein würde?« Das Mädchen blieb argwöhnisch.

»Jemand hat mich zu Ihnen geschickt.«

»Er?«, fragte sie hastig und hörbar überrascht.

»Ja, er«, sagte Hua schlicht.

Obwohl keiner der beiden seinen Namen erwähnt hatte, war sie sicher, dass sie von derselben Person sprachen. Selbst nachdem sie sich ein wenig gefangen hatte, saß sie immer noch wie erstarrt da. Es dauerte einen Moment, bis sie weitersprechen konnte. »Wo ist er jetzt?«

Sie bekam keine direkte Antwort. »Er will nicht, dass Sie zu viel davon wissen.«

Das Mädchen lächelte grimmig. Sie hatte viel zu viele Fragen, aber Hua hatte ihnen auf der Stelle einen Riegel vorgeschoben. Dennoch war seiner Antwort einiges zu entnehmen – sie wusste jetzt, dass er noch am Leben war, dass es ihm gut ging und er sich noch immer um sie sorgte.

Die Vorstellung beruhigte sie. »Warum wollten Sie mich dann sprechen?«

Hua reagierte mit einer Gegenfrage. »Er wollte sich um Sie kümmern und Ihnen helfen, vielleicht wieder sehen zu können, richtig?«

Sie zögerte, nickte dann aber.

»Er konnte nicht selbst kommen, also hat er mich gebeten, mich darum zu kümmern, damit er sein Versprechen Ihnen gegenüber einhalten kann.«

»Konnte nicht selbst kommen ...« Sie schmeckte die Worte ab und versuchte, ein Gefühl für ihren Gehalt zu bekommen. »Konnte momentan nicht selbst kommen? Oder ... längerfristig?«

Hua brachte es nicht übers Herz, ihr die Wahrheit zu sagen. Nach einer kurzen Pause murmelte er: »Ich weiß es nicht.«

Das Mädchen senkte den Kopf und schwieg, bis Hua seinerseits sagte: »Ich brauche Ihren Ausweis.«

»Was?« Die plötzliche Bitte traf sie unvorbereitet.

»Ich stehe mit einem Augenarzt in Amerika in Verbindung. Es ist bereits alles arrangiert, jetzt müssen Sie nur noch für die Operation dorthinfliegen«, erklärte Hua. »Wenn Sie mir Ihren Ausweis anvertrauen, kann ich Reisepass und Visum in ein paar Tagen fertig haben.«

Sie nickte und suchte in ihrer Tasche. Lächelnd nahm Hua den Ausweis entgegen. Sie hatte ihn ihm so bereitwillig ausgehändigt, dass sie großes Vertrauen in ihn setzen musste. Es war ein gutes Gefühl.

Natürlich fußte dieses Vertrauen zum größten Teil auf einem Fundament, das ein anderer Mann errichtet hatte. Bei diesem Gedanken betrachtete er sie noch einmal ganz genau.

Vollkommen reine Haut, zart geschliffene Gesichtszüge. Sie hatte fast etwas Überirdisches an sich.

Hua hatte in seinem Leben viele schöne Frauen gesehen, aber alle hatten sie etwas Wichtiges vermissen lassen, verglichen mit diesem Mädchen, das da vor ihm saß. Er kam nicht umhin, den Kerl zu beneiden.

Was war das für eine Geschichte? Hua sah das Mädchen an, und in seinem Kopf ratterten die Zahnräder, auch wenn sein Gesicht in oft geübter Neutralität verharrte.

Er mochte es nicht, Gefühle zu zeigen. Diese Angewohnheit hatte er schon vor vielen Jahren abgelegt.

*

Nachdem Hua sich von dem Mädchen verabschiedet hatte, fuhr er zum Hotel *Arc de Triomphe* im Stadtzentrum. Es war das beste Fünf-Sterne-Etablissement in Chengdu und zufällig eins der vielen Geschäfte unter dem Dach der Longyu-Gesellschaft. Hua hatte eine Suite im obersten Stock, aber statt erst hinaufzufahren, begab er sich direkt in die Sauna im zweiten Stock und nahm ein ausgiebiges Bad, ehe er sich in einem der privaten Nebenräume ein kleines Nickerchen genehmigte.

Kurz darauf drückte ein Bediensteter sanft die Tür auf und verbeugte sich tief. »Willkommen zurück, Herr Hua.«

Hua hielt die Augen halb geschlossen und erwiderte nichts.

»Soll ich ein Massagemädchen hereinschicken?«, fragte der Bedienstete mit unterwürfigem Lächeln und vollführte eine halbe Pirouette aus der Tür, sobald Hua nickte.

Hua war regelmäßig zu Gast und der Bedienstete mit seinen Vorlieben vertraut. Bald schon kam er mit einer wohlproportionierten jungen Frau zurück.

»Herr Hua, was halten Sie von dieser hier?«

Zu seiner Überraschung schüttelte Hua den Kopf, nachdem er sie eine Weile angestarrt hatte.

»Dann eine andere.« Der Bedienstete scheuchte sie hinaus und war bald darauf mit einer anderen Schönheit wieder da.

Diese hatte lange Beine, eine schlanke Taille und trug ihr

Haar in einem großen Knoten. Sie pflegte die erhabene Körperhaltung einer Aristokratin.

Aber Hua war noch immer unzufrieden. Nach einer kurzen Pause sagte er: »Warum schicken Sie nicht gleich mehrere her, dann kann ich mir eine aussuchen.«

»Natürlich!« Der Bedienstete verneigte sich, verschwand und war kurz darauf mit einer ganzen Schar junger Frauen zurück, genug, um den kleinen Raum auszufüllen.

»Sehen Sie sich in Ruhe um, Herr Hua. Entspricht eine von denen hier Ihren erlesenen Wünschen?«, fragte der Bedienstete höflich.

Huas Blick schweifte durch die Menge und verharrte schließlich in einer Ecke des Zimmers. Dort stand eine schlanke Gestalt – sie war sogar fast ein wenig dürr. Während sich die übrigen vordrängelten, um ihre Reize zu präsentieren, blieb sie reglos und hatte einen beinahe feierlichen Blick aufgesetzt.

Hua deutete in ihre Richtung. »Die da.«

Der Bedienstete folgte seinem ausgestreckten Zeigefinger. »Die?«

Hua nickte.

»Ein kleines Geschmacksexperiment?«, neckte der Bedienstete und schob die Frau in Richtung Hua. »Da rüber. Heute ist dein Glückstag – Herr Hua hat dich bemerkt.«

Die Frau hielt den Kopf gesenkt und murmelte »Herr Hua«, während sie mit ihren Haaren spielte. Der Bedienstete und die anderen Damen zogen sich dezent zurück.

Hua betrachtete sie eingehend. Sie mochte eine Prostituierte sein, aber ihre Gesichtszüge wirkten seltsam kultiviert.

»Wie heißt du?«, fragte er.

»Ming Ming.« Sie setzte sich auf die Bettkante und legte

sanft die Hände auf seine Brust. »Haben Sie heute viel gearbeitet, Herr Hua? Dann wollen wir für etwas Entspannung sorgen.«

Hua schloss die Augen. Während die zarten Finger über seinen Körper wanderten, bildete er sich ein, ganz schwach eine elegante Melodie zu hören.

*

In dieser Nacht schlief Hua tief und fest, vielleicht auch dank Ming Mings guter Dienste. Als er am nächsten Morgen in seiner Suite die Augen aufschlug, war es bereits taghell. Er stand auf, zog die Vorhänge zur Seite und badete im warmen Sonnenlicht des jungen Frühlings, dem eine Art verträumte Freude innewohnte.

Er schaute auf die Uhr und stellte fest, dass es bereits Viertel nach neun war. Er wusste, er konnte sich nicht lange aufhalten, sondern musste sich eilends zum Longyu-Komplex begeben, um die heute anstehende Versteigerung einzufädeln.

Der kürzliche Boom am Immobilienmarkt hatte eine Menge Investoren angezogen. Heute wurde ein großes Stück Bauland in der Vorstadt versteigert, das enormes Anlagepotenzial bot. Falls er das in die Finger kriegte, waren die Profite der Longyu-Gesellschaft für die nächsten fünf Jahre quasi gesichert. Noch wichtiger, es würde ihm die Möglichkeit bieten, Frau Deng und ihren Sohn ins Boot zu holen und eine neue Machtbasis aufzubauen, die ihnen treu ergeben war. Dann hätte er Herrn Dengs letzten Wunsch erfüllt und wäre von dieser schweren Schuld befreit.

Während er noch durchs Zimmer tigerte, klingelte das

Telefon. Er warf einen knappen Blick aufs Display. »Guten Morgen, Bruder Long.«

Dieser Mann, »Bruder« Long, war ein Vertrauter des ehemaligen stellvertretenden Direktors Lin Henggan gewesen. Nach Dengs Tod hatte er gehofft, in Lins Kielwasser nach oben geschwemmt zu werden, aber Lin war im Longyu-Komplex gestorben. Bruder Long war leer ausgegangen. Hua hatte instinktiv das Gefühl, dieser Anruf aus heiterem Himmel könne kein gutes Zeichen sein.

»Hallo, Hua«, sagte Long leutselig. »Lange nicht mehr gesehen. Dürfte ich Sie wohl zum Essen einladen?«

»Klar, wann? Worum geht's?«

»Jetzt sofort, Restaurant *Mächtiger Ozean*. Kommen Sie rüber.«

»Jetzt?«

»Ja. Ich bin sogar schon hier. Bis gleich.«

»Das geht leider nicht. Heute Nachmittag kommt eine Parzelle in der Vorstadt unter den Hammer.«

»Weiß ich doch«, warf Long ein und lachte. »Was glauben Sie denn, warum ich Sie sehen will? Natürlich wollte ich über die Auktion reden.«

Hua stockte. Er konnte sich nicht erklären, was Bruder Long mit der Auktion zu tun haben sollte. Nach kurzer Überlegung beschloss er, sich persönlich um die Sache zu kümmern. »Na gut, ich bin gleich drüben.«

Er legte auf, spritzte sich ein bisschen Wasser ins Gesicht und fuhr hinunter zu seinem Wagen. Eine halbe Stunde später erreichte er das *Mächtiger Ozean*. Vor dem Eingang stand ein stämmiger Mann und suchte die Umgebung ab. Bruder Long.

Hua parkte, ging zu ihm und begrüßte ihn herzlich.

»Schon da! Das ging schnell.« Bruder Long schlug ihm auf die Schulter. »Kommen Sie, wir sind im dritten Stock. Ich habe uns ein Privatzimmer gebucht.«

Hua lächelte nichtssagend und folgte Long die Stufen hinauf. Gerade im dritten Stock angekommen, ertönte ein lautes Bellen. Ein Deutscher Schäferhund jagte um die Ecke und rannte ihnen entgegen.

Bruder Long, der vorgegangen war, machte vor Schreck einen Satz nach hinten. Hua beugte sich instinktiv vor, um die Wucht des Aufpralls abzufangen. Als der Hund sie beinahe erreicht hatte, rief jemand: »Scar, zurück!«

Der Schäferhund machte folgsam kehrt und trottete zu seinem Herrchen. Der Mann trat vor, packte den Hund am Halsband und kraulte ihm den Nacken. Der Hund wedelte mit dem Schwanz. Er hatte sein Herrchen offensichtlich gern.

»Himmel, Vorsitzender Gao, Ihr Hund hat mir fast einen Herzinfarkt verpasst«, keuchte Bruder Long und klopfte sich auf die Brust.

»Mein Tierchen kann sich nicht benehmen. Ich hoffe, Sie werten das nicht als Affront. Bitte, treten Sie ein.« Der »Vorsitzende Gao« war etwa Mitte vierzig – gut gebaut, ein schmales Gesicht mit einer Falkennase, kleinen Äuglein und dennoch stechendem Blick.

Hua wandte sich an Bruder Long. Er wusste nicht, was hier vor sich ging.

»Ich sollte vielleicht erklären: Ich war nur dafür zuständig, die Einladung an Sie weiterzuleiten. Der Vorsitzende Gao ist der eigentliche Gastgeber«, sagte Bruder Long und positionierte sich mit ein paar langen Schritten zwischen den beiden Männern. Er deutete auf Hua. »Das ist mein kleiner

Bruder Hua. Sie sind beide gewichtige Namen in der Branche, also muss ich Sie einander wohl nicht weiter vorstellen, oder?«

Hua hatte sich keinen Zentimeter gerührt, nur seine Miene verdüsterte sich. Den Vorsitzenden Gao musste man ihm in der Tat nicht vorstellen – er hatte den Namen schon oft gehört.

Als er vor zehn Jahren bei Deng Hua angefangen hatte, hatte Deng zu ihm gesagt: »Sollte ich eines Tages ermordet werden und du mich rächen willst, dann hole zuallererst Erkundungen über Gao Desen ein. Niemand in dieser Stadt wird mich eher angreifen als er.«

Von diesem Zeitpunkt an hatte Hua Gaos Werdegang genau verfolgt. Er wusste, dass Gao sowohl in den gesetzlosen als auch in den gesetzestreuen Zirkeln Chengdus bestens vernetzt war und sich seit Jahren auf die unausweichliche Konfrontation mit Deng Hua vorbereitet hatte.

Stattdessen hatte Deng Hua mehr und mehr Macht gesammelt, während Gao auf große Schritte verzichtete. Er schien sich in seiner Domäne im Süden der Stadt zu verschanzen, ansonsten aber an einem Machtkampf um Chengdu wenig Interesse zu zeigen. Im Endeffekt hatte Deng Hua die Stadt mehr oder weniger unter seine Kontrolle gebracht, und Hua hatte nach und nach vergessen, dass es diesen Mann überhaupt gab.

Jetzt aber hatten sich die Dinge geändert. Eumenides hatte Deng Hua getötet, und plötzlich tauchte Gao wieder auf. Was hatte das zu bedeuten?

Natürlich blieb Gao seine Miene nicht verborgen. Er lächelte. »Es wäre wohl höflicher gewesen, Sie persönlich einzuladen, aber ich wollte Sie nicht aus heiterem Himmel behelligen, das hätte wohl etwas unvermittelt gewirkt. Deshalb habe ich Long vorgeschickt – ich hoffe, Sie können mir verzeihen.«

Da sein Gegenüber die Stimmung offenkundig auflockern wollte, antwortete Hua behäbig: »Kein Grund für die Formalitäten. Sie laden mich ein, ich esse. Was sollte daran unvermittelt sein? Wir sind alle Brüder, und es ist unsere Bestimmung, dieses Mahl zu teilen.«

Long lachte. »Hab ich's nicht gesagt? Bruder Hua macht keine halben Sachen. Kommen Sie, reden wir drinnen weiter.« Schon hatte er Huas Schulter ergriffen und lotste ihn in den Privatraum. Wie es aussah, beteiligte er sich an der Rolle des Gastgebers.

Sie betraten das Zimmer in einer Reihe, Hua zuerst. Der Raum war, was keine Überraschung darstellte, luxuriös und elegant ausgestattet. Der runde Tisch in seiner Mitte maß fast vier Meter, obwohl nur für drei Personen gedeckt war.

Das Personal, bestehend aus mehreren jungen Männern, wartete bereits. Als das Trio eintrat, verbeugten sie sich gleichzeitig und tönten im Chor: »Guten Morgen!«

Gao würdigte sie keines Blickes, sondern deutete auf den Ehrenplatz am Tisch. »Bruder Hua – bitte nehmen Sie Platz.«

»Zu freundlich«, sagte Hua unverbindlich. Er setzte sich auf den ihm zugewiesenen Stuhl, während Gao Bruder Long den Platz zu seiner Rechten zuwies, um sich schließlich selbst zu seiner Linken niederzulassen.

Scar wich seinem Herrchen nicht von der Seite. Er war so groß, dass er selbst im Sitzen noch über die Tischkante lugte.

Long betrachtete den Hund. »Ich habe schon oft gehört,

der Vorsitzende Gao sei ein Hundefreund, aber jetzt kann ich mich selbst davon überzeugen. Ein reinrassiger Deutscher Schäferhund. Wer könnte sich da nicht verlieben?«

»Ich habe ihn extra aus Deutschland kommen lassen. Er ist schon seit einigen Jahren an meiner Seite. Frisst jeden Tag mehrere Pfund Fleisch.« Gao tätschelte Scar den Kopf. »Achten Sie auf sein linkes Ohr. Das ist eine Messernarbe. Vor zwei Jahren hat ein Ganove versucht, mich kaltzustellen. Dieser Hund hat die Klinge abgewehrt.«

»So ein guter Hund!«, sagte Long begeistert. »Kein Wunder, dass Sie ihm diesen Namen gegeben haben.«

Hua saß stumm da und schien sich nicht für das Geplänkel zwischen den beiden Menschen und dem Hund zu interessieren. Da er ihn nicht vernachlässigen wollte, wandte Gao sich an ihn. »Haben Sie nichts übrig für Hunde, Bruder Hua?«

Hua lachte. »Ich bin ein eher schlichter Mensch. Ich habe keine Ahnung von Hunden als Haustieren, aber zu einem leckeren Happen Hund sage ich nicht Nein.«

Bruder Long schien sich zu amüsieren und klopfte Hua kichernd auf die Schulter. »Ich fürchte, diese spezielle Mahlzeit können selbst Sie sich nicht leisten, Bruder. Ein reinrassiger Schäferhund wie dieser kostet mehrere Zehntausend.«

Auch Gao Desen lachte, konzentrierte sich aber eher auf den ersten Teil von Huas Aussage.

»Eher schlicht, wie? Schlicht ist gut. Direkt zum Punkt kommen, nicht blumig drum herumschwadronieren. Ich mag es, mit schlichten Menschen zu reden.« Gao wandte sich an die Kellner. »Bringen Sie Herrn Hua die Karte.«

Einer der jungen Männer eilte herbei und stellte die Karte sorgfältig auf dem Tisch ab.

Hua machte keine Anstalten, danach zu greifen. »Nicht nötig, dieser Gast wird sich ganz nach den Empfehlungen des Gastgebers richten.«

Der Kellner zögerte und wusste nicht recht, ob er stehen bleiben oder sich zurückziehen sollte. Er warf einen flehenden Blick auf Gao, der schließlich verkündete: »Sehr wohl, dann kümmere ich mich darum.«

Der junge Mann schnappte sich die Karte und reichte Gao einen Notizblock.

Gao sah seine Gäste an. »Man kennt mich hier. Ich bestelle nie à la carte, sondern schreibe einfach die Namen einiger köstlicher Gerichte auf, und die Küche kümmert sich um den Rest.« Sein Kugelschreiber kratzte über das Papier, und kurz darauf überreichte er dem Kellner eine Liste. »Sagen Sie dem Küchenchef, er soll sich sputen. Wir wünschen bald zu speisen.«

»Selbstverständlich«, sagte der junge Mann.

Gao streichelte Scar. »Und du solltest dich ebenfalls zurückziehen. Ich möchte mich mit meinen Gästen privat unterhalten.« Seine Stimme war sanft, als redete er mit einem geliebten Sohn.

Scar schnaubte leise, erhob sich, wedelte mit dem Schwanz und ging zu dem jungen Mann, der mit der Karte in der einen und Scars Halsband in der anderen Hand den Raum verließ.

Kurz darauf brachte ein Kellner vier kalte Appetithappen, während ihnen ein anderer einen exquisiten Wein einschenkte. Der Kerl mit der Karte tauchte nicht wieder auf – wahrscheinlich stand er in der Küche und trieb den Chefkoch an.

Gao erhob sein Glas. »Danke, dass Sie beide gekommen

sind. Bevor ich etwas anderes sage, möchte ich mit Ihnen anstoßen. Prost!« Er leerte sein Glas in einem Zug. Bruder Long sagte: »Vielen Dank, Vorsitzender Gao« und tat es ihm gleich. Hua hob sein Glas und sagte zwar nichts, trank es aber ebenfalls bis auf den letzten Tropfen aus.

Sofort kam der junge Mann näher und schenkte ihnen nach. Ohne Zögern hob Gao auch das zweite Glas. Wie bei feinen Anlässen üblich war es das zweite Glas, bei dem der Gastgeber ein paar Worte sagte.

»Wir alle sind schon einige Jahre in dieser Stadt, haben aber nicht viel voneinander gesehen. Aus diesem Grund wollte ich heute mit Ihnen gemeinsam essen. Nur als formlose Zusammenkunft, ohne tiefere Absichten, als einander näher kennenzulernen. Ich hoffe, wir bleiben auch in Zukunft in Kontakt.« Damit legte er den Kopf in den Nacken und ließ das zweite Glas Wein in seiner Kehle verschwinden.

Bruder Long folgte seinem Beispiel. »Recht so! Wir gehen alle unseren eigenen Weg, aber auf wen können wir uns verlassen in dieser Welt, wenn nicht auf unsere Brüder? Wie sagt man so schön? Gemeinsam sind wir stark.«

Hua trank ebenfalls, schwieg aber weiterhin. Gao, der ein leises Frösteln in der Luft zu spüren glaubte, spielte ihm den Ball direkt zu. »Bruder Hua, woran denken Sie?«

Hua drehte das leere Glas in der Hand, bis er schließlich antwortete: »Natürlich wäre es gut, in Kontakt zu bleiben. Der Vorsitzende Gao ist älter als wir beide. Ich hoffe, Sie werden uns Beratung und Unterstützung zukommen lassen.«

Bruder Long nahm sichtlich erleichtert zur Kenntnis, dass Hua offenbar mitspielen wollte. »Sicher wird er das. War es nicht das, was der Vorsitzende Gao andeuten wollte, als er uns heute hierher eingeladen hat?«

Gao war die versteckte Bedeutung hinter Huas Worten nicht entgangen, aber trotzdem lächelte er, während er auf die eigentliche Aussage wartete.

Und sowie Bruder Long fertig war, fuhr Hua auch schon fort. »Heute Nachmittag zum Beispiel wird die Longyu-Gesellschaft diese Parzelle bei der Auktion erstehen. Sobald wir die Besitzurkunde in der Hand haben, hoffe ich sehr, dass uns der Vorsitzende Gao bei der weiteren Planung beratend zur Seite steht. Ich habe die Leitung unserer Firma gerade erst übernommen, und es gibt noch viele Geschäftsfelder, in denen es mir an Erfahrung mangelt.«

Gao leckte sich die Lippen, erwiderte aber nichts. Bruder Longs Lächeln wirkte zunehmend wie aufgeklebt. Sie hatten Hua hergebeten, um mit ihm über die anstehende Auktion zu verhandeln, und nun brachte er sie zur Sprache, bevor sie dazu Gelegenheit gehabt hatten – mehr noch, er hatte deutlich gemacht, dass er die Parzelle selbst zu besitzen gedachte. Er hatte den Spieß umgedreht, und jetzt war es Gao, der nicht recht wusste, wie er das Thema angehen sollte.

In der folgenden Stille bemühte sich Bruder Long, die Wogen zu glätten. »Wollen wir darüber nicht später reden? Lasst uns erst ein drittes Mal zusammen anstoßen. Vorsitzender Gao, ich möchte dieses Glas zu Ihren Ehren erheben.«

Bruder Long reckte sein Glas in die Höhe, aber Gao gebot ihm mit einer knappen Geste Einhalt. Stattdessen hob er sein eigenes Glas, hielt kurz inne und sagte dann: »Hua nimmt wirklich kein Blatt vor den Mund. Na schön, da Sie das Land erwähnt haben, legen wir die Karten direkt auf den Tisch. Ich bin ebenfalls an diesem Grundstück interessiert.«

Hua stieß mit ihm an. »Dann möchte ich Ihnen heute Nachmittag gerne ein Getränk spendieren, um mich dafür zu entschuldigen, es Ihnen weggeschnappt zu haben.« Er sagte es mit einer solchen Selbstverständlichkeit, als habe die Longyu-Gesellschaft den Kaufvertrag längst besiegelt.

Gao zog sein Glas weg und seufzte. »Bruder Hua, mir ist bewusst, wie mächtig die Longyu-Gesellschaft ist. Wenn Sie wirklich darauf versessen sind, sich dieses Stück Land zu angeln, wird Sie niemand daran hindern können. Aber wieso sollten wir miteinander konkurrieren? Das macht es Außenseitern nur leichter, sich zwischen uns zu drängen. Wenn Sie mir vertrauen wollen, hoffe ich, Sie hören sich meinen Vorschlag wenigstens an.«

Hua stellte sein Glas ab und präsentierte eine einladende Geste. Er hatte bei diesem kleinen Scharmützel bereits die Oberhand behalten, und es konnte nicht schaden herauszufinden, was sein Rivale zu sagen hatte.

Gao dachte einen Moment nach, ehe er fortfuhr. »Als Direktor Deng noch unter uns war, hätte es niemand gewagt, sich einzuschalten, wenn Longyu ein Stück Land haben wollte. Jetzt, wo er nicht mehr ist, hat sich die Lage allerdings ein wenig verkompliziert. Pockennarben-Wang aus Ost-Chengdu, Kanonen-Peng in den Randbezirken, dazu eine ganze Reihe Bosse von außerhalb der Stadt – alle kreisen um dieses Stück Land wie die Geier. Unter diesen Umständen ist eines klar – selbst wenn Sie das Grundstück in die Finger kriegen, der Preis wird weitaus höher sein, als Sie erwarten.«

Hua nickte.

Angesichts dieser Geste fasste Gao sich ein Herz und unterbreitete seinen Vorschlag: »Wenn wir uns aber verbünden, könnte sich alles ändern.«

Hua sah ihn mit zusammengekniffenen Augen an. »Wie sollte das vonstattengehen?«

Gao erwiderte seinen Blick. »Ich will Ihnen nichts vormachen. Ich habe mich in den letzten Tagen um alle potenziellen Mitbieter gekümmert. Die werden heute Nachmittag zum Spaß dabei sein, aber das eigentliche Schlachtfeld haben wir zwei für uns. Wenn wir einander nicht hochbieten, geht diese Parzelle für Taschengeld über den Tisch.«

Hua hatte begriffen, worauf Gao hinauswollte, und beschloss, die Sache abzukürzen. »Wenn wir einander nicht hochbieten, wer bekommt dann das Land?«

Gao lächelte. »Wie Sie eben angedeutet hatten, sind Ihre Erfahrungen im Bereich des Bauwesens dürftig. Warum also nicht Ihrem großen Bruder das Grundstück überlassen und es gemeinsam ausbauen? Vertrauen Sie mir, es wird nicht zu Ihrem Nachteil sein.«

»Dafür verbürge auch ich mich.« Bruder Long schlug sich auf die Brust. »Der Vorsitzende Gao macht immer Nägel mit Köpfen und wird dafür sorgen, dass Sie genau wissen, woran Sie sind.«

Hua zögerte kurz. »Wenn Sie sagen ›es wird nicht zu Ihrem Nachteil sein‹, meinen Sie dann mich persönlich oder die Longyu-Gesellschaft?«

Gao lachte ausschweifend. »Besteht denn da ein großer Unterschied? So wie ich das sehe, sollte sich die Longyu-Gesellschaft einfach mit meinen Firmen zusammenschließen. Ihre Anlagen könnten Ihr Anteil an meinem Konsortium werden.«

Damit hatte Gao das wahre Ausmaß seiner Ambitionen verraten. Er wollte durch Hua und Bruder Long an den Grundfesten der Longyu-Gesellschaft sägen, bis er in der

Lage war, sie komplett zu schlucken. Auch Long hörte diesen Teil des Plans offenbar zum ersten Mal. Er riss die Augen auf und schnappte hörbar nach Luft.

Hua betrachtete sein Weinglas und sagte lange Zeit keinen Ton.

Irgendwann hob Gao abermals sein Glas. »Wenn Sie meine Fähigkeiten nicht allzu geringschätzen, wollen wir jetzt das dritte Mal anstoßen.« Er stürzte den Wein hinunter.

Bruder Long hob sein Glas, ließ es aber zögerlich wieder sinken, als er sah, dass Hua sich nicht gerührt hatte.

Gao musste mit einer ähnlichen Reaktion gerechnet haben, denn er verfolgte das Thema nicht weiter, sondern lächelte nur. »Wie es aussieht, hegt Bruder Hua noch immer Zweifel an meiner Aufrichtigkeit. Das ist vollkommen in Ordnung.« Er wandte sich an den jungen Mann hinter ihm. »Treiben Sie den Küchenchef bitte zur Eile an. Wir haben bereits einige Getränke konsumiert, und die warmen Speisen sind noch immer nicht hier.«

Der Kellner rannte zur Tür hinaus, kam aber keine dreißig Sekunden später bereits zurück. »Die Hauptgerichte sind fertig, Vorsitzender Gao. Sie werden in diesem Augenblick gebracht.«

Gao nickte, und der Junge stellte sich wieder hinter ihn. In dem Moment erfüllte ein betörendes Aroma den Raum. Hua hatte noch nicht gefrühstückt und hörte seinen Magen knurren.

Als Nächstes waren eilige Schritte zu hören, und der junge Mann, der Gaos Bestellung aufgenommen hatte, kam im Laufschritt herein, einen enormen Topf auf dem Arm. Der köstliche Duft ging von ihm aus.

Gao nickte, der Topf wurde vor Hua abgestellt. Er war bis

obenhin voll mit Fleischstücken, die in rotem Öl glitzerten. Ein weiterer Kellner gab mehrere Kellen von dem Eintopf in jede der drei Schüsseln.

Gao deutete auf seine Schüssel. »Nur zu, lassen Sie es sich schmecken.«

Long schaufelte sich bereits gierig das Essen in den Mund. Mit vollen Backen murmelte er: »Nicht übel, wirklich nicht übel. Alle Diener des Großen Vorsitzenden sind erstklassige Profis – selbst die Köche.«

Gao nahm ein paar Bissen und sagte mit Nachdruck: »Bruder Hua, nun hocken Sie doch nicht einfach nur da. Wir haben dieses Gericht extra für Sie zubereitet.«

»Extra für mich? Dann muss ich es probieren.« Hua wollte bei all dem Enthusiasmus nicht zu unhöflich erscheinen und hob dementsprechend ein Stück Fleisch aus der Schüssel. Bevor er es zum Mund führte, fragte er beiläufig: »Was ist das für Fleisch? Riecht vorzüglich.«

Gao lachte. »Hund.«

»Hund?« Hua erstarrte.

»Hatten Sie vorhin nicht gesagt, Sie verstünden nichts von Hunden als Haustiere, nur etwas von schmackhaftem Hundefleisch? Also habe ich meine Leute angewiesen, Scar zu schlachten und ihn fachmännisch zuzubereiten. Bon appétit!« Gaos Blick brannte sich wie Laserstrahlen in Huas Augen, während er jedes Wort überdeutlich aussprach.

Bruder Long riss die Augen auf und spuckte einen halb zerkauten Mundvoll Fleisch in seine Schüssel zurück. »Das ... das ist Scar? Vorsitzender Gao, warum haben Sie das getan?«

»Was ist schon ein Hund unter Freunden?« Gao schluckte einen Bissen herunter und sah sie an, als sei nichts geschehen.

Huas Stäbchen verharrten reglos in der Luft. Er musterte den Mann mit der Falkennase, der neben ihm saß, und spürte, wie es ihm kalt den Rücken runterlief, so kalt, dass es in seine Wirbelsäule zu sickern schien. Nie zuvor hatte er einen derart unbarmherzigen Menschen kennengelernt.

Es war ganz sicher nicht bloß ein Zeichen von Aufrichtigkeit, seinen geliebten langjährigen Begleiter zu Eintopf verarbeitet zu haben. Noch alarmierender war, dass er den Befehl dazu über ein einfaches Blatt Papier gegeben hatte – und der Untergebene, der den Zettel in Empfang nahm, hatte nicht einmal protestiert. Gao war eindeutig daran gewöhnt, dass seine Anweisungen ohne Widerrede befolgt wurden.

Gao sah, dass Huas Stimmung kippte, und schenkte sich einen Schluck Schnaps nach. Abermals hob er das Glas. »Wie sieht's aus? Jetzt, da wir zu unseren Getränken einen schönen Hundeeintopf haben, können Sie beide Ihre Gläser nicht leer lassen.« Er leerte das Glas, während sein Raubtierblick die beiden Gäste festnagelte.

Ein enormer Druck schien von diesen Augen auszugehen. Bruder Long konnte kaum noch atmen. Endlich hob er sein Glas und führte es langsam zum Mund. Mit zusammengebissenen Zähnen trank er einen Schluck. Dann drehte er den Kopf, und nun starrten beide Männer Hua an.

Hua schwieg sehr lange, ehe er sprach. »Ich weiß Ihre Gastfreundschaft zu schätzen, Vorsitzender Gao, aber ich fürchte, ich kann diesen Hundeeintopf wirklich nicht essen.«

Es war sein letztes Wort. Gao war enttäuscht, aber nicht allzu überrascht. Er seufzte und stellte das leere Glas auf dem Tisch ab. Mit grimmiger Stimme sagte er: »Wenn Sie den Hundeeintopf ausschlagen, werden Sie vielleicht feststellen müssen, dass es keine Alternative gibt.«

»Ich verstehe.« Hua erhob sich. »Auf Wiedersehen.« Ohne auf Gaos Antwort zu warten, verließ er den Raum.

*

Als Hua aus dem *Mächtiger Ozean* ins Freie trat, war es bereits Mittag. Die Sonne schien gleißend hell, eine warme Brise wehte durch die Straße, und doch kam es ihm vor, als stünde er inmitten eines wütenden Sturms.

Obwohl er sich alles Mögliche ausgemalt hatte, war dieser Sturm schneller und stärker als erwartet hereingebrochen.

Um Punkt halb drei betrat Hua an der Spitze seiner Delegation das Erdgeschoss des Pulan-Kongresszentrums. Hier sollte die Versteigerung stattfinden.

Gao Desen hatte bereits in der Mitte des Raums Platz genommen, eine Zigarette lässig im Mundwinkel, als kenne er keine Sorgen. Die anderen Teilnehmer legten Wert darauf, ihn beim Eintreten zu begrüßen. Der Art, wie man einander zulächelte, war eindeutig zu entnehmen, dass es geheime Absprachen gab.

Als Hua eintrat, erhob Gao sich und winkte ihm zu. Hua nickte knapp, setzte sich auf einen Stuhl am Rand des Saals und starrte ausdruckslos in die Ferne.

Er gab sich größte Mühe, nichts und niemanden als Ablenkung zuzulassen, sondern sich ganz auf die eigenen Vorbereitungen zu konzentrieren. Vor dem Aufbruch hatte er seinen Leuten bereits eine gründliche Analyse des anstehenden Schlachtfelds präsentiert.

»Das Grundstück, das heute versteigert wird, hat eine

Gesamtfläche von 60 *mu*, das entspricht 40.000 Quadratmetern. Nach der Metrik doppelter Kapazität sollten die kommerziellen Gebäude dort demnach eine Gesamtfläche von rund 80.000 Quadratmetern bieten. Der gegenwärtige Marktpreis für Grundstücke in dieser Lage steht bei rund 3.000 Yuan pro Quadratmeter. Bauliche Tätigkeit und Nebenkosten werden mit weiteren 1.000 Yuan zu Buche schlagen. Will heißen: Wenn wir 2.000 Yuan pro ausgebautem Quadratmeter ausgeben, sind wir bei null. Nach dieser Kalkulation können wir uns für das fragliche Grundstück ein Höchstgebot von 1,6 Millionen Yuan leisten.

Wir müssen allerdings auch die erwartbare Wertsteigerung in dieser Gegend mit einbeziehen. Unseren Untersuchungen zufolge sollte der Wert binnen zwei Jahren bereits bei über 4.000 Yuan pro Quadratmeter liegen, was unseren Deckel auf 2,4 Millionen anhebt.

All diese Werte sind öffentlich zugänglich, eine solche Rechnung kann also jeder anstellen. Die Longyu-Gesellschaft verfügt allerdings über versteckte Vorteile. Wir sind in der Vergangenheit in der Lage gewesen, unsere Kapazitätsauslastung nicht bloß zu verdoppeln, sondern zu verdreifachen. Das Verdienst dafür gebührt allein Direktor Deng, der alle Steine auf dem Weg zu einem solchen Ergebnis beiseitegeräumt hat. Das bedeutet, unsere bebaute Fläche wird eher 120.000 Quadratmetern entsprechen, mit einem Gesamtwert von 3,6 Millionen. Das ist also unsere eigentliche rote Linie bei dieser Auktion.

Wenn wir miteinbeziehen, wie wichtig dieses Grundstück für Gao Desen ist, können wir zur Not noch ein bisschen weitergehen. Falls Gao bis 3,6 geht, gehen wir auf 4. Das ist eine gefährliche Summe – am Ende könnten wir ganz ohne Profit oder sogar mit Verlusten dastehen. Aber all das liegt fraglos im Rahmen dessen, was Longyu stemmen kann, und ist allemal das Risiko wert, um Gao Desen auszubooten. Sollte er es wagen, noch höher zu gehen, überlassen wir ihm das Feld. Bei dem Preis wird das Grundstück dann zu einem Mühlstein um seinen Hals.«

Diese Analyse war von Longyus bestem technischen Berater angefertigt worden, dessen Weitsicht und Zielgenauigkeit Hua beinahe blind vertraute. Er machte sich also keine Sorgen, was Gao Desen bei dieser Auktion eventuell anstellen könnte. Er selbst musste nicht mehr tun, als sich an den Plan seines Experten zu halten, und Gao würde sich mit dem Ausgang der Sache abfinden müssen.

Die Auktion begann um drei Uhr. Der Auktionator verlas die Namen aller Teilnehmer und eröffnete die Veranstaltung mit einem Startgebot von 1,2 Millionen.

»1,25«, rief ein kleiner dicker Mann in der ersten Reihe. Sofort folgte »1,28« von einer Dame mittleren Alters.

»1,3.«

»1,35.«

»1,4 Millionen.«

Die Gebote folgten einander jetzt immer schneller, wuchsen aber jeweils nur minimal. Hua betrachtete die Verhandlung unbekümmert, denn er wusste, dass keiner dieser Leute ein ernst zu nehmender Konkurrent war – sie waren bloß hier, um für ein wenig Stimmung zu sorgen.

Gao wartete, bis all seine Strohmänner ihre Kärtchen gehoben hatten, bevor er selbst den Mund öffnete. »1,8 Millionen«, rief er. Sofort legte sich das Tuscheln im Saal, als hätte er den anderen Teilnehmern einen Befehl erteilt.

»1,8 Millionen zum Ersten«, sagte der Auktionator.

Gao blies einen Ring in die Luft und sah sich nach Hua um. Außer ihm saß hier niemand mehr, der den Preis weiter in die Höhe treiben würde.

Und ehe der Auktionator den Mund abermals öffnen konnte, rief Hua »3 Millionen!« Seine Stimme war nicht besonders laut, aber umso kraftvoller. Ein Raunen ging durch die Halle, alle drehten sich um und starrten diesen Mann an. Nicht nur war sein Gebot sehr viel höher als Gaos, es lag sogar über dem, was das Land überhaupt wert zu sein schien. Natürlich waren viele von ihnen überrascht.

Und genau diese Reaktion hatte Hua erzielen wollen. Er war sicher, Gao wäre Schritt für Schritt mitgegangen, warum also nicht gleich oben ansetzen? Ein reiner Einschüchterungsversuch.

Alle Augen waren auf ihn gerichtet, Hua aber sah Gao Desen an, mit festem Blick und starrer Miene, eine Machtdemonstration, die jeder als solche erkennen konnte.

Gao wich seinem Blick aus, warf die Zigarette auf den Boden und trat sie vehement aus.

»3 Millionen zum Ersten«, sagte der Auktionator.

Die Aufmerksamkeit der Menge verlagerte sich. Alle sahen jetzt Gao an und warteten auf seine Reaktion.

Auch Hua. Er wusste, auch sein Rivale hatte die Möglichkeit, mehr Immobilienfläche aus einem Grundstück zu quetschen, als es die städtischen Richtlinien vorsahen. Bei 3 Millionen würde die Schlacht kaum entschieden sein.

»3 Millionen zum Zweiten.«

Gao hob nicht einmal den Kopf. Er kämpfte noch immer mit dem bemitleidenswerten Zigarettenstummel.

Einige Zuschauer konnten nicht anders, als aufgeregt zu flüstern. Selbst Hua wunderte sich ein wenig. Gao benahm sich, als sei er selbst nur einer der Strohmänner, als habe diese Transaktion nichts mit ihm zu tun.

Am Ende blieb die lang erwartete Antwort aus, und stattdessen schwang der Auktionator den Hammer. »Verkauft, für 3 Millionen!«

Da erst hob Gao den Kopf. Er lächelte Hua an und machte eine gratulierende Geste.

Dieses Lächeln war echt. Hua wusste, dass etwas nicht stimmte, hatte aber keine Ahnung, was es sein könnte. Und momentan auch keine Zeit, darüber nachzudenken. Der Auktionator sagte bereits mit Nachdruck: »Würden die Vertreter der Longyu-Gesellschaft bitte nach vorn kommen, um die nötigen Dokumente zu unterzeichnen.«

Hua und seine Entourage standen auf und traten ans Pult. Zu dieser Entourage gehörten sein Anwalt, sein Finanzanalytiker und sein Buchhalter – jeder von ihnen ein Meister seines Fachs.

Der Auktionator hatte einen Stapel Unterlagen auf dem Pult verteilt. »Sie müssen die Kaution von 10 % binnen drei Tagen bezahlen, andernfalls ist der Verkauf nichtig, und das Grundstück fällt an den Bieter der zweithöchsten Summe.«

Hua zückte seinen Füllfederhalter, unterschrieb und wies zeitgleich seinen Buchhalter an: »Rufen Sie die Bank an und vereinbaren Sie einen Termin. Wir überweisen morgen.«

Leicht verlegen ging der Buchhalter ein paar Schritte beiseite und tätigte den Anruf. Zwei Minuten später unterzeichnete Hua das letzte Dokument und schaute auf – in ein panisches Gesicht.

Der Buchhalter hatte das Telefonat noch nicht beendet. Es kostete ihn gewaltige Überwindung, laut zu sagen: »Bruder Hua ... Die Firmenkonten sind ... sind eingefroren!«

Hua sprang auf. Ohne es zu wollen, fiel sein Blick auf eine Stelle in der Mitte des Saals.

Gao Desen saß noch immer dort und schaute vollkommen entspannt drein. Gerade zündete er sich eine neue Zigarette an, während ein schemenhaftes Lächeln seine Mundwinkel umspielte.

*

Als Hua in großer Eile zum Longyu-Komplex zurückkehrte, sah er endgültig, wie ernst die Lage war.

Eine ganze Reihe Polizeiwagen parkten vor dem Eingang. Uniformierte Beamte gingen ein und aus und beluden die Dienstwagen mit einem Computer nach dem anderen.

Die verbleibenden Angestellten auf dem Parkplatz gaben an, die Polizei sei vor einer guten Stunde aufgetaucht. Sie hatten das Gebäude geräumt und nach allen möglichen Dokumenten gesucht, während einige anfingen, die Firmenrechner zu beschlagnahmen.

Hua fand den Einsatzleiter im großen Büro im achtzehnten Stock. Als der hörte, um wen es sich bei Hua handelte, zückte er seinen Dienstausweis. »Wir gehören zur Kriminalpolizei. Die Longyu-Gesellschaft ist in eine ganze Reihe finanzieller Verdachtsfälle verstrickt. Wir hoffen sehr, dass Sie bei den Ermittlungen kooperieren.«

Hua hatte nicht vor, sich mit der Polizei anzulegen, folgte ihnen also gehorsam ins Hauptquartier. Er hatte viel Erfahrung im Beantworten lästiger Fragen, und was sie auch von ihm wissen wollten, er konnte nicht mehr sagen, als dass er die Leitung der Firma gerade erst übernommen hatte. Er konnte sich in fast jedem Szenario auf Unwissenheit berufen.

Dennoch wuchs nach und nach seine Furcht, da sich jede einzelne Frage der Polizisten direkt und präzise auf eine tatsächliche Ungereimtheit in der Vergangenheit der Firma bezog. Sollte es für all diese Anschuldigungen Beweise geben, drohte der Firma der sofortige Untergang.

Das halboffizielle Verhör dauerte die ganze Nacht. Am nächsten Morgen durfte Hua nach Hause gehen, wurde aber davor gewarnt, die Stadt zu verlassen, da man ihn jederzeit erneut befragen konnte.

Nach mehr als zehn Stunden in direkter Konfrontation mit dem Gesetz fühlte sich selbst ein so energiegeladener Mensch wie er ausgebrannt. Er nahm ein Taxi zum *Arc de Triomphe*, um sich hinzulegen.

Als er am Hotel ankam, standen auch dort Polizeiwagen vor dem Eingang, der mit Absperrband versehen war. Einige Angestellte standen vor der Polizeisperre und versuchten, einen Blick ins Innere zu erhaschen. Einige Gäste, die gerade von der Polizei vernommen wurden, standen ebenfalls in der Nähe. Wie es aussah, ließ sich die Polizei eine Menge Zeit.

Hua spürte eine Mischung aus Wut und Verwirrung in sich hochkochen. Natürlich würde die Polizei die Firmenzentrale durchsuchen, wenn es Unregelmäßigkeiten gegeben hatte. Aber das *Arc de Triomphe* war von Deng auf den Namen seiner Frau eingetragen worden, und abgesehen von ein paar Aktivitäten in der rechtlichen Grauzone war der Betrieb blütenrein. Warum hatte die Polizei also auch dieses Gebäude komplett abgeriegelt?

Hua marschierte zum Eingang, stieg über das Absperrband und betrat das Foyer.

»Moment mal!«, rief ein Beamter und packte ihn am Ärmel. »Was tun Sie da?«

»Ich habe hier das Sagen«, sagte Hua kalt. »Was tun *Sie* hier?«

»Sie sind der Besitzer?« Der Beamte musterte ihn von Kopf bis Fuß und sprach in etwas freundlicherem Ton weiter. »Wir sind von der Kriminalpolizei. Wir ermitteln in einem Fall.«

Kriminalpolizei? Huas Laune besserte sich ein wenig. Wäre es um jene rechtlichen Grauzonen gegangen, wäre dafür das Büro für Öffentliche Sicherheit zuständig gewesen. Wenn diese Beamten alle von der Kripo waren, konnte der Fall eigentlich nichts mit dem Hotel zu tun haben.

Während er diese Überlegungen noch im Kopf sortierte, näherten sich einige andere Beamte, die bis jetzt noch Gäste vernommen hatten. Einer von ihnen trug Zivil und wirkte wie der Anführer.

Als Hua sah, um wen es sich handelte, zuckte er unwillkürlich zusammen. Auch sein Gegenüber schien überrascht und stieß ein lautes »Sie?« aus.

Es war niemand Geringeres als Hauptmann Pei Tao von der Kriminalpolizei. Vor ein paar Monaten, als Hua die Morde an den stellvertretenden Direktoren Lin und Meng eingefädelt hatte, war es Pei Tao gewesen, der seinen ausgeklügelten Plan durchschaut hatte. Zum Glück waren mit Han Hao auch alle Beweise gestorben. Der Fall war bis heute ungeklärt, sie hatten also durchaus noch eine Rechnung miteinander offen.

Nachdem Hua sich gerade erst ein wenig beruhigt hatte, war er sofort wieder angespannt. Er ließ sich jedoch nichts anmerken, sondern trat vor und streckte die Hand aus. »Hallo, Hauptmann Pei.«

Pei Tao erwiderte die Geste ebenso höflich und fragte: »Sie sind hier zuständig?«

Hua nickte. »Worum geht es?«

»Drogen«, sagte Pei. »Wir sind seit einer Woche hinter einem Dealer her.«

»Oh«, sagte Hua. Er hatte schon seit Jahren nichts mehr mit Drogen zu schaffen, der Fall konnte also nichts mit ihm zu tun haben.

»Die Geschäfte sind hier abgewickelt worden?«

»Ja.«

»Und Sie sind persönlich hier, Hauptmann, was mir sagt, dass Sie den Verdächtigen bereits ins Auge gefasst haben.«

»Er sitzt in Untersuchungshaft, aber wir haben sein Versteck noch nicht gefunden.« Pei Tao sah sich um. »Es befindet sich aber auf jeden Fall hier im Hotel.«

Hua lächelte grimmig. Er wusste, die Polizei würde niemanden zurück ins Hotel lassen, solange sie die Drogen nicht gefunden hatten.

»Ich hoffe, dass Sie bald fertig sind«, fühlte er sich bemüßigt zu sagen. »Wir verlieren jeden Tag, den der Hotelbetrieb stillsteht, mehr als 100.000 Yuan.«

»Wir geben unser Bestes. Gut, ich sollte mich wieder um den Job kümmern, wir haben noch eine Menge zu sortieren.« Pei ging.

Natürlich hatte Hua nicht vor, zu bleiben und die Entwicklung zu verfolgen. Hilflos schüttelte er den Kopf und verließ das Hotel. Als er gerade einem neuen Taxi winkte, rief hinter ihm jemand: »Bruder Hua!«

Er drehte sich um und sah eine hübsche, schlanke Frau ganz in der Nähe, die ihn mitleiderregend anstarrte. Sie trug so wenig am Leib, dass sie selbst an diesem warmen Frühlingsmorgen vor Kälte zitterte.

»Ming Ming?« Hua erkannte das Mädchen, das ihm am

Vorabend aufgewartet hatte. »Was tust du hier draußen? So dürftig bekleidet?«

Ming Ming zog eine Schnute. »Meine Klamotten sind im Hotel, und ich weiß nicht, wohin ich sonst soll.«

Die neuen Mädchen wohnten in kleinen Zimmern im Hotel, sie konnte also tatsächlich nirgendwo anders hin. Er bekam Mitleid und sagte nach kurzem Zögern: »Dann komm mit.«

»Danke, Bruder Hua.« Schnell wie der Junihimmel wandelte sich ihre Miene von umwölkt zu strahlend.

Hua winkte einem Taxi und bat Ming Ming auf die Rückbank. Als er ihr folgen wollte, klingelte sein Telefon.

Der Name auf dem Display gehörte dem Geschäftsführer des *Traumstadt*, einem der wenigen wirklich großartigen Restaurants in der Stadt – und ebenfalls eines der Etablissements, die Deng vor seinem Tod auf den Namen seiner Frau eingetragen hatte.

Er ging dran, und sofort rief eine ängstliche Stimme: »Bruder Hua, Sie müssen sofort kommen, wir haben große Schwierigkeiten!«

»Bin unterwegs.« Er legte auf, ohne nachzufragen, und zog Ming Ming aus dem Wagen.

»Ach, Bruder Hua ...« Sie sah ihn tief enttäuscht an, schon bildeten sich Tränen in ihren Augen.

Hua langte nach seiner Brieftasche und zog zweihundert Yuan hervor, die er ihr zusammen mit einem Schlüsselbund aushändigte. »Shuixiang, Nummer 19, Einheit 1402. Du musst allein hinfinden.« Ohne ihre Antwort abzuwarten, sprang er in den Wagen und warf die Tür zu. »Restaurant *Traumstadt*, so schnell wie möglich!«

Fünfzehn Minuten später war er dort. Der Geschäftsführer erwartete ihn am Eingang. Ein Kerl Mitte zwanzig namens Ma Liang, der seine Aufgabe normalerweise höchst gewissenhaft erfüllte. Er hätte Hua nicht belästigt, wäre es nicht dringend nötig gewesen.

»Was ist los?«, fragte Hua, ohne anzuhalten. Er marschierte geradewegs ins Restaurant. Ma Liang lief ihm hinterher und sagte: »Heute Morgen ist eine Gruppe von Männern aufgekreuzt. Jeder hat sich an einen eigenen Tisch gesetzt, und alle haben lediglich eine Flasche Bier und einen Teller geriebene Kartoffeln bestellt.«

Bevor der Junge den Satz beenden konnte, hatte Hua die Lage bereits sondiert, denn die Situation breitete sich vor seinen Augen aus. Jeder Tisch im Erdgeschoss des Restaurants war mit je einem stämmigen glatzköpfigen jungen Mann belegt, der gemächlich eine große Portion geriebene Kartoffeln verspeiste und dazu an einer Flasche Bier nippte.

»Sehen Sie doch, Bruder Hua. Welcher andere Gast soll sich noch in den Laden trauen?«, sagte Ma Liang mit einer ausschweifenden Geste. Nicht nur war diese Ansammlung an Glatzen verdächtig, auch hatten viele der Männer die Ärmel hochgekrempelt und stellten ein buntes Sammelsurium an Tätowierungen zur Schau, die sie eindeutig als Gangmitglieder identifizierten. Und alle aßen sie unglaublich langsam, hoben jeweils nur ein einziges winziges Stückchen geriebene Kartoffel zum Mund. In dem Tempo würde kaum einer von ihnen vor Ladenschluss fertig sein.

»Wer ist der Anführer?«, murmelte Hua und betrachtete die jungen Kerle, die ihn zwar gesehen hatten, jedoch ignorierten.

Ma Liang schüttelte den Kopf. Er hatte keine Ahnung.

Hua versank für einen Moment tief in Gedanken, dann

flüsterte er: »Sagen Sie dem Küchenchef, er soll für jeden Tisch eine zweite Portion zubereiten. Rufen Sie ein paar zusätzliche Kellner her und sorgen Sie dafür, dass alle gleichzeitig bedient werden. Und lassen Sie lautstark verkünden, dass diese zweite Runde mit meinen persönlichen besten Wünschen kommt.«

Ma Liang verstand nicht, was diese Geste bewirken sollte, reagierte aber sofort. »Natürlich«, sagte er, machte einen Schritt nach vorn und drehte sich noch einmal um. »Aber welches Gericht?«

»Geriebene Kartoffeln«, sagte Hua mit Nachdruck. »Das scheinen sie sehr zu schätzen.«

Ma Liang eilte in die Küche. Hua betrat die erhöhte Bühne am anderen Ende des Speisesaals, lehnte sich an die Balustrade und betrachtete die Männer. Sie beachteten ihn nicht, aßen und tranken nur weiter, ihre Bewegungen schneckenhaft, die Portionen ameisengroß.

Nach etwa zehn Minuten tauchte Ma Liang wieder auf. »Die geriebenen Kartoffeln sind fertig.«

Hua nickte. »Dann los.«

Ma Liang erhob die Stimme und rief: »Herein!«

Auf sein Signal hin verließ eine stattliche Reihe von Kellnern die Küche. Sie erreichten die Stirnseite des Saals, von wo aus sie sich auf die Tische aufteilten, jedem Gast einen neuen Teller hinstellten und dabei verkündeten: »Angebratene geriebene Kartoffeln, mit freundlichen Grüßen von Bruder Hua. Guten Appetit!«

Sie bewegten sich ausgesprochen effizient, ihre Stimmen hoben und senkten sich wie eine Welle. In unter zehn Sekunden hatte jeder Gast eine frische Mahlzeit vor sich stehen.

Diese Entwicklung traf sie sichtlich unvorbereitet, und

viele schauten unschlüssig drein. Die meisten richteten ihren Blick auf einen Mann im Südosten des Raums, der an Tisch Nummer 48 saß.

Er war Mitte zwanzig und hatte eine Pinie auf den rechten Arm tätowiert. Anders als seine Kollegen wirkte er völlig entspannt und dankte dem Kellner, ehe er die Stäbchen zur Hand nahm und einen einzigen kleinen Streifen geriebene Kartoffel von dem neuen Teller zum Mund führte.

Die anderen folgten seinem Beispiel, aßen und tranken also wieder wie zuvor.

Ein kaltes Lächeln huschte über Huas Gesicht. Er drehte sich um, nahm eine Flasche Schnaps vom Tresen und sagte zu Ma Liang: »Bringen Sie mir zwei Gläser.« Dann ging er zu Tisch Nummer 48.

Als Hua näher kam, schaute der Mann mit der grünen Pinie kurz auf, reagierte aber ansonsten nicht, sondern aß nur weiter einen Kartoffelschnipsel nach dem anderen.

Hua setzte sich ihm gegenüber, während Ma Liang herbeigelaufen kam und zwei Gläser auf den Tisch stellte.

»Wie darf ich Sie anreden?«, fragte Hua.

Der Mann legte die Essstäbchen ab und starrte ihn fest an. »Ist eigentlich egal, ich bin nur ein Gangster. Meine Freunde nennen mich Nummer Fünf.«

Hua nickte und schenkte zwei großzügige Portionen Schnaps ein. Das eine Glas schob er vor Nummer Fünf, das andere nahm er selbst zur Hand. »Ich bin mir sicher, das Bier ist Ihnen zu lasch. Ich will nicht prahlen, aber wir haben hier wirklich guten Schnaps. Bitte, geht aufs Haus.«

Nummer Fünf kicherte. »Ich habe vor, jeden Tag wiederzukommen. Können Sie es sich wirklich leisten, mich derart zu verwöhnen?«

»Jemand anders bezahlt Sie jeden Tag fürs Biertrinken. Ich kann es mir durchaus leisten, das Gleiche mit Schnaps zu tun.« Hua schob ihm das Glas noch ein wenig näher und sagte verschwörerisch: »Komm schon, Bruder. Was trinkst du lieber?«

Nummer Fünf verzog das Gesicht. »Es geht nicht darum, was ich lieber mag, sondern was ich zu trinken bereit bin. Sie, Bruder Hua, haben sich im Restaurant *Mächtiger Ozean* geweigert, den Hundeeintopf des Vorsitzenden Gao zu probieren. Warum sollten Sie mir das Leben schwer machen, indem Sie mich vor eine derart sinnlose Wahl stellen? Sehe ich aus wie jene Sorte Mensch, die einfach so die Seiten wechselt?«

Nach dieser Rede betrachtete Hua ihn mit etwas mehr Respekt. Er machte eine kurze Pause, dann hob er erneut sein Glas. »Mein Fehler. Zur Strafe werde ich dies hier allein trinken.« Er kippte seinen Schnaps.

Nummer Fünf musterte ihn ein bisschen freundlicher. »Nichts für ungut«, sagte er und trank selbst einen Schluck – wenn auch von seinem Bier.

Hua war klar, dass sie zu keiner Einigung kommen würden. Ohne ein weiteres Wort nahm er die Schnapsflasche und stand auf. Ma Liang folgte ihm zurück zum Tresen am Eingang.

Hua stellte die Flasche auf dem Tresen ab. »Liang, rufen Sie Leopardenkopf an, der soll seine Gang versammeln.«

Bei diesem Namen trat ein Funkeln in Liangs Augen. »Heißt das, es wird einen Kampf geben, Bruder Hua?«, flüsterte er.

Hua nickte. »Wir haben keine andere Wahl.«

»Dann wollen wir kämpfen!« Ma Liang sprang fast in die

Luft vor lauter Aufregung. »Diese Gauner haben sich den falschen Ort ausgesucht, um Ärger zu machen. Ich sorge dafür, dass sie jeden einzelnen Kartoffelschnipsel wieder auskotzen.«

Hua wirbelte herum und starrte ihn an. »Was stimmt nicht mit Ihnen? Das hier ist unser Laden. Was soll aus unserem Geschäft werden, wenn wir hier einen Kampf anzetteln? Sagen Sie Leopardenkopf, er soll seine Gang beim Nachtclub *Palast* zusammenziehen. Ich treffe ihn dort.«

»Oh ...« Ma Liang zog eine Grimasse, als er begriff, wie sehr er sich hatte gehen lassen. Er zückte sein Handy und wählte auf dem Weg zurück in die Küche eine Nummer.

*

Der Nachtclub *Palast* befand sich am Garten-Plaza im Stadtzentrum. Einer Legende nach hatte an diesem Ort vor vielen Jahrhunderten ein Kaiser beim Besuch der Stadt eine temporäre Residenz errichten lassen. Vor fünf Jahren erst hatte die Stadt diese Gegend neu erschlossen und einen großen Platz im Stil eines Vergnügungsparks angelegt. Deng Hua hatte ein erstklassiges Grundstück am Rand des Platzes erworben und dort seinen Nachtclub errichtet, der daher *Palast* getauft worden war.

Auch diese Immobilie lief unter Frau Dengs Namen. Selbst auf dem Zenit seines wirtschaftlichen Erfolgs hatte Deng niemals vergessen, dass er ständig in Gefahr schwebte. Deshalb hatte er dafür gesorgt, seiner Frau mindestens drei Etablissements zu hinterlassen, die nicht Teil der Longyu-Gesellschaft waren, damit sie im Fall der Fälle versorgt wäre.

Diese drei Etablissements waren das Hotel *Arc de Triomphe*, das Restaurant *Traumstadt* und der Nachtclub *Palast*.

Sie waren Dengs Versicherungspolice für seine Frau gewesen, und er hatte sie in die Hände jenes Mannes gelegt, dem er am meisten vertraute: Hua.

Am vorigen Abend war ein wütender Sturm aufgezogen, der an den Grundfesten des Firmenimperiums rüttelte, das Deng Hua in mehr als einem Jahrzehnt aufgebaut hatte. Es waren sowohl legale als auch fragwürdige Angriffe, und sie kamen aus jeder erdenklichen Richtung. Die Zielsetzung war eindeutig: Die einstige Machtbasis Deng Huas in Stücke zu schlagen und den Weg zu ebnen, damit ein neuer Herrscher den Thron der Stadt besteigen konnte.

Die Anwesenheit der kahl geschorenen Gauner im *Traumstadt* sagte Hua, dass die Drogenrazzia im *Arc de Triomphe* keineswegs ein Zufall war. Schlimmer noch, er hielt es für unwahrscheinlich, dass der *Palast* verschont bleiben würde. Daher der spontane Entschluss, ihn als Kampfplatz zu nutzen. Der Nachtclub öffnete erst in ein paar Stunden, also würden die Gangmitglieder genug Zeit haben, sich vorzubereiten.

Hua nahm ein Taxi vom *Traumstadt* zum *Palast*. Unterwegs telefonierte er mit Yan Li, dem Geschäftsführer des Nachtclubs, und wies ihn an, eine Personalversammlung einzuberufen.

Die beiden Geschäftsführer Yan Li und Ma Liang waren Huas einstige Waffenbrüder und leisteten ganze Arbeit. Als er den *Palast* erreichte, hatte Yan Li bereits alle Bediensteten und Sicherheitsleute zusammengerufen. Sie erwarteten ihn im Foyer, und obwohl der große Raum voll war, standen sie ordentlich da und schwiegen. Yan Li stand in der ersten

Reihe. Er war Mitte dreißig und wirkte ein wenig souveräner als Ma Liang.

»Begrüßen wir Bruder Hua«, rief er, als Hua durch die Tür kam.

Die fast dreihundert Leute in der Eingangshalle stimmten einen gewaltigen Chor an. »Hallo, Bruder Hua!«

Hua ignorierte sie und winkte Yan Li zu sich, ohne langsamer zu werden. Yan Li folgte ihm in sein Büro.

Hua wies ihn an, die Tür zu schließen, und fragte: »Gab es in den letzten Tagen irgendwelche ungewöhnlichen Zwischenfälle?«

»Nein«, sagte Yan Li. Er fing den Blick seines Chefs auf. »Was ist los, Bruder Hua?«

Huas Antwort fiel denkbar schlicht aus. »Irgendwer wird demnächst herkommen und Ärger machen.«

»Wer?«

»Gao Desen aus der Südstadt.«

»Soll nur kommen.« Yan Li wirkte unbeeindruckt. »Warum sollten wir vor dem Angst haben?«

»Die Lage ist ernst.« Hua senkte die Stimme. »Er will uns komplett schlucken.«

Yan Lis linkes Auge zuckte, aber seine Miene wurde ernster. Huas Tonfall ließ keinen Zweifel daran, dass dies nicht bloß ein Scharmützel, sondern ein Kampf bis zum bitteren Ende werden würde.

Kurz schwiegen beide, dann kniff Yan Li die Augen zusammen. »Gut, ich bereite alles vor. Aber täusch dich nicht – obwohl wir jede Menge Leute hier haben, taugen nur dreißig bis vierzig von denen wirklich was. Falls die Nummer ernst wird, brauchen wir mehr Leute von außerhalb.«

Hua schüttelte den Kopf. »Nein. Was immer ihr unternehmt, keine Kämpfe hier.«

Yan Li blinzelte verständnislos.

»Wir sind hier auf unserem Territorium, wir müssen vorsichtig vorgehen. Sag deinen Leuten, sie sollen die Augen offen halten und sich sämtliche Gäste genau einprägen, die sie noch nie hier gesehen haben. Aber was diese Leute auch tun, wir rühren von uns aus keinen Finger.«

Yan Li rümpfte die Nase. »Was haben wir davon? Wenn die herkommen, ist es egal, wie sehr wir stillhalten, früher oder später werden sie zuschlagen.«

Hua tätschelte ihm die Wange. »Mach dir darüber keine Gedanken. Du hast heute nur die Aufgabe, dich schikanieren zu lassen.«

Yan Li schluckte und schaute unglücklich drein.

Hua kümmerte sich nicht darum, sondern fuhr fort: »Selbst wenn sie zuschlagen, musst du es für wenigstens eine Minute ertragen. Und während dieser Minute sorgst du dafür, dass alle Gäste in Sicherheit gebracht werden. Das sollte doch machbar sein?«

»Da müssen wir gar nichts tun. Sobald es Ärger gibt, rennen die von allein.«

»Sehr gut.« Hua lächelte. »Aber manche Gäste werden eben nicht freiwillig verschwinden, lass dir das gesagt sein. Die werden wie lebende Videokameras herumstehen und darauf warten, eurer Demütigung beiwohnen zu können. Und kurz darauf werden die anderen ihnen aus Versehen wehtun, und die werden sich wehren. Ab da kannst du ihnen zur Seite stehen …«

Yan Lis Gehirnwindungen ratterten, und er lachte, als er begriff, wer diese anderen »Gäste« sein würden.

»Wenn der Kampf fast vorbei ist, kannst du die Polizei rufen. Diese anderen ›Gäste‹ werden verduften, bevor die Bullen ankommen. Und was die Störenfriede angeht – von denen dürft ihr nicht einen entwischen lassen, verstanden?«

»Verstanden.« Hua musste sich nicht weiter erklären, Yan Li hatte den Plan begriffen. Trotzdem war er besorgt. »Bruder Hua, verstehen denn diese ›Gäste‹ ihr Handwerk? Falls die mit der Gegenseite nicht klarkommen ...«

»Keine Sorge.« Hua schaute auf die Uhr. »Die sind gleich hier. Schalte schon mal die Überwachungskameras ab. Wir müssen der Polizei keine Beweise liefern.«

Yan Li nickte und verließ sein Büro, um die entsprechenden Anweisungen zu geben. Als er seiner Belegschaft gerade alles erklärt hatte, bewegte sich der Vorhang am Eingang, und ein langhaariger Mann betrat das Foyer.

Er musste etwa so alt sein wie Yan Li, war knappe eins achtzig groß und nicht besonders muskulös, allein seine Körperhaltung zeugte von geballter Kraft. Er hatte den wiegenden Gang eines wilden Tiers, und die langen Locken waren von blassblonden Strähnen durchzogen. Zusammen mit den hervorstehenden Augen bot er eine unvergessliche Erscheinung.

»Leopardenkopf!«, jaulte Yan Li erfreut. Er rannte zur Tür und umarmte den Mann ungestüm.

»Lange nicht gesehen. Du bist'n bisschen blass geworden, warst wohl zu lange nicht mehr in der Sonne. Lässt es dir gut gehen, was?« Leopardenkopf gab Yan Li einen Klaps auf die Wange. »Wo steckt Bruder Hua?«

»Drinnen«, sagte Yan Li und ging vor. Er fühlte sich schon viel sicherer und wusste jetzt auch, warum Hua so zuversichtlich wirkte. Wenn Leopardenkopf hier war, konnten sich die Störenfriede auf einiges gefasst machen.

Er war in den letzten zehn Jahren Deng Huas oberster Kämpfer gewesen. In der Unterwelt von Chengdu gab es niemanden, der ihm das Wasser reichen konnte. Ein Blick auf seine Mähne reichte, um zu verstehen, wie stark und mächtig er war.

Gedungene Schläger hatten für gewöhnlich glatt rasierte Köpfe. Das hatte nichts mit dem Aussehen zu tun, sondern einen ganz einfachen praktischen Grund: Im Kampf gab es kaum ein schlimmeres Los, als dass sich der Gegner in den eigenen Haaren festkrallte. Man konnte sechs Arme haben, war trotzdem so gut wie machtlos und wurde meist zu Brei geschlagen. Leopardenkopf war das völlig egal. Er trug seine Mähne lang und gepflegt. In über zehn Jahren hatte kein feindlicher Finger sie berührt.

Seine beeindruckenden Fähigkeiten waren der Grund dafür, dass Deng immer zuerst ihn gerufen hatte, wenn es galt, eine Angelegenheit gewaltsam zu regeln. Früher hatte Yan Li an seiner Seite gekämpft, dann aber einen anderen Weg eingeschlagen.

Sie hatten sich länger aus den Augen verloren. Es bedeutete ihm viel, den alten Kampfgefährten auf seiner Schwelle zu sehen.

Aber dies war nicht der richtige Moment, um in Erinnerungen zu schwelgen. Schnell führte er Leopardenkopf in sein Büro. Dessen Miene ließ keinen Zweifel daran, dass auch er den Ernst der Lage begriffen hatte.

Drinnen setzte Hua Leopardenkopf, der wortlos zuhörte, so schnell wie möglich ins Bild. Erst am Ende sagte er: »Kein Problem. Wenn irgendwer Ärger macht, sorgen wir dafür, dass er hier nicht mehr rauskommt.«

Hua nickte. »Wie viele Leute hast du dabei?«

»Achtundzwanzig. Alles fiese Schläger, also habe ich gesagt, sie sollen draußen warten.«

Hua überlegte kurz und wandte sich an Yan Li. »Geh mit Leopardenkopf nach draußen. Falls deren Klamotten unpassend aussehen, besorg ihnen was anderes zum Anziehen, außerdem Perücken für alle Glatzköpfe. Wir wollen nicht zu offensichtlich sein.«

Yan Li nickte und folgte Leopardenkopf vor die Tür, während er im Stillen Huas gründliche Vorbereitung lobte.

Der Nachtclub öffnete jeden Abend um sechs Uhr seine Pforten. Um 17:40 Uhr klopfte ein junger Mann an die Tür zum Büro, grüßte die älteren Männer und näherte sich dann vorsichtig Yan Li. »Geschäftsführer Yan, dürfte ich Sie draußen sprechen?«

»Nicht nötig«, sagte Yan Li ungehalten. »Hier gibt es keine Fremden. Raus damit.«

»Keins von den Mädchen ist bis jetzt aufgetaucht. Nicht eine einzige.«

Yan Li zog die Stirn kraus. »Was geht da vor? Was ist mit Yueling?«

»Ist auch noch nicht da.«

Yueling war die Puffmutter im *Palast*. Sie stand zwar keineswegs an der Spitze der Hackordnung, spielte aber eine entscheidende Rolle. Yan Li wusste, dass etwas ganz und gar nicht stimmte, und warf Hua einen ängstlichen Blick zu.

Hua beachtete ihn nicht; sein Blick war starr auf den Aufseher gerichtet. »Haben Sie sie angerufen?«, fragte er tonlos.

»Ja. Keine von ihnen hat abgehoben.« Der Aufseher sah ihn unglücklich an.

»Versuchen Sie es noch einmal, aber nicht mit Ihrem Telefon. Leihen Sie sich eins.« Der Aufseher schaute derart verwirrt, dass sich Hua zu einer Erklärung genötigt sah. »In solch einem großen Laden gibt es garantiert mindestens einen von der Sicherheit, der es mit einem der Mädchen treibt.«

Der Aufseher eilte hinaus und kam keine fünf Minuten später zurück. »Bruder Hua, Geschäftsführer Yan, ich habe eine erreicht ...«

»Raus damit!«, sagte Yan Li drängend.

»Yueling ist von einem unserer Konkurrenten abgeworben worden und hat sämtliche Mädchen mitgenommen.«

»Welcher Konkurrent?«, schrie Yan Li.

»Ein ganz neuer Laden in der Südstadt. Der *Mondpalast*.«

Yan Li und Hua wechselten einen Blick. Dahinter steckte eindeutig Gao Desen. Sie hatten gewusst, dass er auch den Nachtclub angreifen würde, aber dieser Schachzug traf sie unvorbereitet. Ohne einen einzigen Bauern zu opfern, hatte er Hua und seine Leute bis auf die Knochen blamiert. Ein Nachtclub ohne Mädchen war so sinnvoll wie ein Sternerestaurant ohne guten Wein.

»Scheiße, der versucht tatsächlich, uns dem Erdboden gleichzumachen. Damit ist die rote Linie endgültig überschritten.« Yan Li stieß noch ein paar Schimpfwörter aus und fletschte die Zähne. »Bruder Hua, das können wir nicht ungestraft durchgehen lassen. Schicken wir ein paar Leute zu seinem Laden. Immerhin hat er den Krieg vom Zaun gebrochen.«

»Sein Laden ...« Hua kaute auf dem Gedanken herum. »Ich fürchte, die werden sich bestens vorbereitet haben.«

»Na und? Wir haben Leopardenkopf, wovor sollten wir uns fürchten? Ich rufe auch meine Leute zusammen. Wir brauchen uns heute gar nicht die Mühe zu machen, den Laden zu öffnen. Kümmern wir uns zuerst um diese Hunde.«

Hua dachte fieberhaft nach, dann wandte er sich an Leopardenkopf. »Was sagst du?«

Leopardenkopf sagte gar nichts, sondern schaute leicht verlegen.

»Na los, raus mit der Sprache«, drängte Hua. »Falls du dir nicht sicher bist, können wir den Plan ändern.«

Leopardenkopf schwieg noch einen Moment länger, ehe er endlich den Mund aufmachte. »Bruder Hua, als du mich hergebeten hast, ging es darum, Li zu helfen, in seinem Laden Ordnung zu halten. Auf keinen Fall war davon die Rede, ein gegnerisches Hauptquartier anzugreifen. Und mir ist immer noch nicht ganz klar, was hier überhaupt los ist ...«

Yan Li explodierte. »Die stehen über uns und pissen uns auf den Kopf. Was daran ist dir nicht klar?«

Auch Hua war von der Antwort überrascht, aber er brachte Yan Li zum Schweigen. »Leopardenkopf. Wie lange kennen wir uns jetzt?«

»Elf Jahre«, kam die Antwort ohne Zögern.

»Warum wollen wir dann nicht unverblümt miteinander reden?« Huas Blick wurde immer intensiver. »Was ist wirklich los?«

Da er sich offensichtlich nicht länger aus der Affäre ziehen konnte, gab Leopardenkopf nach. »Ich kenne den *Mondpalast*. Das ist Bruder Longs neuer Laden.«

»Bruder Long?« Yan Li fiel die Kinnlade runter.

Hua hingegen war wenig überrascht. »Dann hat sich Bruder Long also offiziell auf die Seite von Gao Desen geschlagen. Und dessen Ziel ist, uns mit Haut und Haar zu verschlingen.«

»Kacke!«, brüllte Yan Li.

Da das Thema einmal auf dem Tisch war, legte Leopardenkopf direkt nach. »Bruder Long hat mich gestern zu einem Gespräch gebeten. Er sagt, Gao Desen will bloß mit uns zusammenarbeiten. Damit wir alle profitieren. Das muss kein Kampf auf Leben und Tod werden.«

»Zusammenarbeiten am Arsch! Ich werde mich nicht wie eine kleine Nutte an diesen Wichser Gao ranschmeißen!« Yan Li traute seinen Ohren nicht und starrte Leopardenkopf an. »Bist du irre? Raffst du nicht, was da läuft?«

Hua war klar, dass es nicht um Verständnisprobleme ging. Er musterte Leopardenkopf einen Moment lang, dann lachte er schallend.

»Wie viel hat Bruder Long dir angeboten?«, fragte er geradeheraus. Sein Tonfall machte deutlich, dass Leugnen zwecklos war.

Leopardenkopf biss die Zähne zusammen und legte die Karten auf den Tisch. »Bruder Long hat gesagt, dass er mir seinen neuen Laden überschreibt.«

Yan Lis Augen quollen groß wie Teigtaschen aus ihren Höhlen. »Du Bastard. Du mieses verficktes Stück Dreck. Mehr hat es nicht gebraucht, um dich zu kaufen?«

»Nein, mehr nicht.« Leopardenkopf hatte keine andere Wahl, als die Wahrheit zu sagen. Er sah Yan Li fest an. »Du bist hier schon seit fünf Jahren Geschäftsführer, oder? Und was ist mit mir? Ich bin immer noch Straßenkämpfer. Meine Frau hat letztes Jahr ein Baby bekommen. Für dich klingt es vielleicht nicht nach viel, aber ich konnte es mir nicht leisten abzulehnen.«

Hua wollte sich eigentlich auf keine Diskussion einlassen, aber als Leopardenkopf das sagte, musste er doch verbittert lächeln. »Wenn das so ist, warum bist du überhaupt gekommen?«

Leopardenkopf starrte Yan Li an, wagte es aber nicht, Huas betont gelassenen Blick zu erwidern. Er senkte den Kopf. »Ich bin ein ehrenhafter Mann. Ich würde Bruder Hua oder einen anderen meiner Brüder niemals im Stich lassen. Ich hatte wirklich keine Ahnung, dass Bruder Long euch sämtliche Mädchen stehlen will ...«

»Du brauchst dich nicht zu erklären, ich habe schon verstanden«, unterbrach Hua. »Du hast also gedacht, du kommst her und hilfst uns, den Laden zu verteidigen. Hast gedacht, du könntest beide Seiten gegeneinander ausspielen. Bloß niemandem auf die Füße treten?«

Leopardenkopf schwieg. Yan Li atmete schwer, fand aber keine Worte mehr.

Nach einer langen Pause seufzte Hua. »Es war unachtsam von mir, mich all die Jahre nicht besser um dich zu kümmern. Und jetzt sieh dir an, wo wir sind. Selbst wenn ich dir ein Geschäft übergeben würde, wäre die Geste bedeutungslos. Aber wie wäre es damit ... Li, geh zum Safe und hol mir 200.000 in bar.«

Yan Li starrte ihn an. Leopardenkopf wischte das Angebot beiseite. »Bruder Hua, hier geht es nicht ums Geld ...«

»Glaubst du wirklich, ich würde versuchen, deine Loyalität zurückzukaufen?« Hua schüttelte den Kopf. »Weit gefehlt. Einen echten Sinneswandel kann man nicht mit Geld rückgängig machen. Selbst wenn du freiwillig bei uns bleiben würdest, könnten wir noch Brüder sein, wie bisher?«

Leopardenkopf spürte einen kleinen Stich der Trauer in seinem Herzen. Unbehaglich erhob er die Stimme. »Bruder Hua ...«

Hua ließ ihn nicht ausreden. »Du kannst nicht mit je

einem Bein auf beiden Seiten stehen, nicht in unserer Welt. Und wenn du versuchst, in der Mitte zu stehen, wirst du von beiden Seiten zerquetscht. Für unsere elf Jahre der Freundschaft und als Geschenk an deinen kleinen Sohn gebe ich dir zweihundert Riesen. Lehne dieses Geld nicht ab. Nimm es einfach und verschwinde. Du fängst gerade erst an, also betrachten wir die Mädchen als Geschenk von Yan Li zur Eröffnung deines ersten eigenen Unternehmens. Hier schuldet niemand mehr irgendjemandem etwas. Pass auf dich auf.«

Leopardenkopf hatte verstanden. Das Geld würde alle Bande zwischen ihnen durchtrennen, denn von jetzt an waren sie in unterschiedlichen Lagern, erklärte Feinde. Stocksteif stand er da und brachte kein Wort heraus.

»Nun gut, das reicht wohl für heute. Yan Li, kümmere dich darum.« Hua ging allein zur Tür. »Ich habe seit über dreißig Stunden kein Auge zugetan. Ich muss ins Bett.« Es war sein letzter Kommentar, mit hörbarer Erschöpfung abgegeben.

Als Hua aus dem *Palast* ins Freie trat, war es bereits wieder dunkel. Er erinnerte sich, dass sein Wagen noch immer vor dem Longyu-Komplex stand, und rief ein Taxi, um sich dorthinfahren zu lassen.

Körperlich war er völlig am Ende, aber sein Kopf wollte nicht zur Ruhe kommen. Unter normalen Umständen wäre er direkt zum *Arc de Triomphe* gefahren, um sich an seiner Luxussuite zu erfreuen. Da das Hotel abgesperrt war, musste er sich etwas anderes suchen.

Er ging seine Optionen durch, aber am Ende kam ihm die eigene Wohnung doch wie die beste Wahl vor.

Shuixiang war eine Neubausiedlung in einer der nördlichen Vorstädte. Da ein kleiner Bach das Grundstück querte, hatten die Makler das Ganze als »Luxuswohnung direkt am Wasser« vermarktet. Hua hatte sich vor fünf Jahren eine Einzimmerwohnung zugelegt, auch wenn er selten Zeit dort verbrachte.

Vor Deng Huas Ermordung hatte er als dessen Schatten gelebt. Ein unstetes Leben, immer dem Chef auf den Fersen. Die Wohnung war nur ein Ort gewesen, an dem er seinen Kram abstellen konnte. Heute Nacht würde er allerdings dort schlafen.

Als er ankam, war es fast Mitternacht. Er durchsuchte all seine Taschen, konnte den Schlüssel aber nicht finden, bis ihm einfiel, dass er ihn am Morgen Ming Ming ausgehändigt hatte.

Ihm blieb nichts anderes übrig, als wie ein Gast seine eigene Klingel zu betätigen.

Zum Glück war Ming Ming schnell an der Tür. Hua blieb auf der Schwelle stehen und sah sich mit offenem Mund um.

Beinahe fragte er sich, ob er nicht doch bloß zu Gast war. Nichts an dem Anblick erinnerte an sein Heim.

Die ganze Wohnung hätte eine unordentliche Höhle sein müssen, mit dreckigen Klamotten überall und einer dicken Staubschicht auf dem Boden. Stattdessen war alles sauber und ordentlich, ein Ort voller Frieden und Klarheit.

Für diese erstaunliche Metamorphose gab es nur eine Erklärung. Huas verdatterter Blick fiel auf das Mädchen.

»Na? Da ist wohl jemand ganz schön überrascht?« Sie kicherte und war sichtlich zufrieden.

Hua lächelte, trat ein und schloss die Tür hinter sich. »All das hast du als Dankeschön gemacht?«

»Nein«, sagte Ming Ming ernst, streckte die Hand aus und stupste ihn an die Nase. »Diese Bude war in einem dermaßen grausigen Zustand, dass keine Frau auf der Welt es hätte ertragen können.«

»Und was hast du da an?« Er musterte sie überrascht. Ihre schlanke Gestalt steckte in einem derart großen Hemd, dass es ihr bis zu den Knien reichte, fast wie ein Kleid.

»Habe ich in Ihrem Schrank gefunden.« Sie machte eine wegwerfende Geste. »Nach meiner Dusche hatte ich keine Kleidung zum Wechseln. Aber keine Sorge, ich habe Ihre Sachen gleich mitgewaschen. Das war mindestens ein ganzer Monat.«

Unter dem weißen Hemd leuchteten weiße Haut und zarte Gliedmaßen. Ihr einziges anderes Kleidungsstück war eine knappe Unterhose, die schlanken Beine waren unbedeckt.

Hua spürte Verlangen in sich aufwallen. Er packte Ming Ming an der Taille und zog sie an sich. Sie schrie überrascht auf, schien etwas zu fühlen und starrte ihn mit großen Augen an. Ihr Atem ging schneller.

Er legte ihr die Hand auf die Wange. »Du hast so große Augen.«

Sie schaute verlegen zu ihm auf. »Findest du mich schön?«

Hua nickte wortlos. Beim Blick in diese rabenschwarzen Augen rührte sich etwas in seinem Herzen.

KAPITEL DREI

VERSTRICKUNG IM ZELLBLOCK

ERSTES GEFÄNGNIS CHENGDU

Nach einem Tag Bettruhe war Hang fast wieder der Alte. Bevor man ihn wieder in Zelle Nummer 424 zurückschickte, bekam er im Krankenhaus noch ein nahrhaftes Abendessen.

»Ah, endlich wieder Schlafenszeit.« Als Du Mingqiang eintrat, rekelte er sich ausgiebig und kletterte sofort in sein Hochbett.

»Faules Schwein«, grummelte Blackie.

Bruder Ping ignorierte Du. »Hey, du hattest wohl einen schönen Tag heute?«, fragte er Hang. »Durftest in einem weichen Bettchen schlafen und richtiges Essen zu dir nehmen. Aber was ist mit uns? Wir sitzen hier fest und können uns kaum rühren.«

Der Spott erfüllte Hang mit frischem Zorn, aber er rief sich in Erinnerung, was Du ihm am Vortag wieder und wieder eingetrichtert hatte: Halte dein Temperament im Zaum, sonst bist du es, der abermals leidet. Also biss er sich auf die Lippe und starrte Bruder Ping wortlos an.

Ohne seine Brille konnte Hang nur richtig sehen, wenn er die Augen zusammenkniff, wodurch er verloren und verwirrt aussah. Shun lachte böse. »He, seht mal, aus Vierauge ist Keinauge geworden!«

»Der Kleine ist zwar störrisch, aber immerhin hat er gelernt, die Fresse zu halten.« Ah Shan sprach ganz gelassen, dankte aber heimlich seinen Glückssternen für diese Entwicklung.

Bruder Ping nickte und zeigte mit dem Finger auf Hang. »Kluges Kerlchen. Hier im Bau gibt es nichts Schlimmeres, als vor den Wärtern auszupacken. Hättest du irgendwas Dummes gesagt, hätten wir dir jede Strafe, die uns die Wachen aufbrummen, zehnfach zurückgezahlt!«

Kurz sah Hang so aus, als suchte er nach einer Antwort, aber dann sagte er doch nichts.

Am nächsten Morgen gingen um Punkt sechs Uhr sämtliche Lampen an. Eine Glocke läutete. Es war ein Arbeitstag. Die etwa vierhundert Insassen versammelten sich zum Appell in der Halle. Um halb sieben wurden sie von sechs Wächtern zum Frühstück in die Kantine begleitet.

Nach dem Essen begaben sie sich zu einem zweistöckigen Gebäude ganz in der Nähe. Dies war der Arbeitsbereich von Zellblock 4. Hier wurden sie fünf Tage die Woche *Umerziehung durch Arbeit* unterzogen.

Die vierhundert Sträflinge wurden auf sechs Räume verteilt. Jeder ging zu der ihm zugewiesenen Arbeitsstelle, und um Punkt sieben Uhr begann ihr Tag.

Du hatte Hang all das tags zuvor im Krankenhaus erklärt.

Die Arbeiter wurden pro Raum von jeweils einem Wärter beaufsichtigt, dem ein Häftling assistierte – eine angenehme Position, die normalerweise gut vernetzten Gefangenen vorbehalten war. Jede Zelle bildete eine Arbeitseinheit mit einem Vorarbeiter, der die anstehenden Aufgaben verteilte.

Ihre Gruppe wurde von einem Wächter namens Huang beaufsichtigt, einem dürren Mann Mitte fünfzig. Er redete kaum und behandelte sie relativ anständig, konnte aber angeblich auch ganz anders, wenn man ihn provozierte. Sein Assistent war ein Wirtschaftsverbrecher, ein ehemaliger Bankangestellter aus dem mittleren Management. Er war Mitte vierzig und derart bleich und rund, dass man ihm den Spitznamen »Hefekloß« verliehen hatte.

Die Anführer der Zellen genossen mehr Einfluss und Ansehen als alle anderen Häftlinge. Diese Männer waren es, die ihre Zellengenossen unterworfen hatten. In Zelle 424 galt das natürlich für Bruder Ping.

»Du Mingqiang, du kümmerst dich um den Neuen. Euer Kontingent ist 200. Shun, du machst 100, Ah Shan 80. Blackie und ich teilen uns den Rest.« Bruder Ping verschränkte die Arme vor der Brust wie ein Firmenchef.

»Na los.« Du zupfte Hang am Ärmel, der dastand und ins Leere starrte. »Wenn wir unseren Anteil nicht schaffen, kriegen wir nichts zu essen.«

Hang verstand nicht. »Ist es denn schwer, 200 zu schaffen?«

Du schürzte die Lippen. »Jede Zelle muss 450 von den Dingern pro Tag herstellen. Wir müssen davon fast die Hälfte schaffen, und du hast das noch nie gemacht. Was glaubst du?«

Hang blinzelte schnell und rechnete nach. Wenn die Gesamtzahl 450 war, erledigten Blackie und Bruder Ping zusammen gerade mal 70. War das nicht unfair? Er konnte nicht anders, als Du zuzuflüstern: »Wissen die Wächter denn nicht, dass die ihre Zellengenossen unterdrücken?«

»Selbst wenn sie es wüssten, würden sie nichts dagegen unternehmen. Sie brauchen diese Leute.«

Hang zog die Augenbrauen hoch. Du holte weiter aus.

»Leute wie Bruder Ping halten ihre Zellengenossen auf Linie, also stützen sich die Wärter auf sie, um die Sträflinge zu kontrollieren. Im Gegenzug erhalten sie ein paar Sonderprivilegien. Hier laufen die Dinge anders als in der Außenwelt. Keine Gerechtigkeit, kein Richtig oder Falsch. Hier heißt es jeder gegen jeden, und alles läuft nach anderen Regeln ab.«

Hang nickte.

»Denk einfach nicht darüber nach, sondern mach dich an die Arbeit, und zwar schnell.« Du knuffte ihn abermals in die Seite, dann legte er die eigenen Werkzeuge und Zutaten vor sich auf den Tisch: ein dünner Stapel Karton, eine Rolle Kordel, ein Bleistift, ein Spitzer, ein hölzernes Lineal, eine Schere und eine Flasche Klebstoff.

Es gab im Gefängnis keine festen Arbeiten – es wurde erledigt, was die Wächter an Aufträgen an Land zogen. Momentan bestand die Aufgabe für Zellblock 4 darin, Papiertüten für diverse Einkaufszentren herzustellen, die dort als Geschenktaschen benutzt wurden.

Du produzierte seine erste Tüte des Tages und erläuterte Hang dabei den Prozess: erst die Umrisse der Tüte mit dem Bleistift auf den Karton zeichnen, dann die Form ausschneiden und mit Klebstoff zusammenfügen. Als Nächstes Löcher stanzen, in die Metallnieten eingesetzt werden – das muss an einer anderen Station erfolgen, durch einen Sträfling, der die Stanzmaschine bedienen kann. Und als Letztes die Kordel in entsprechender Länge als Henkel durch die Nieten fädeln.

Für geübte Hände dauerte der Vorgang zwischen fünf und sechs Minuten, oder bis zu acht, stellte man sich ungeschickt an.

»Jetzt du«, sagte Du nach seiner Demonstration. Er warf einen Blick auf die Wanduhr, um Hangs Zeit zu nehmen.

Hang spitzte seinen Bleistift und legte das Holzlineal auf den Karton. Von Anfang an positionierte er beides passgenau und musste keine einzige Korrektur vornehmen.

Du starrte ihn verblüfft an. »Hast du das schon mal gemacht?«

»Ich habe als Konstrukteur gearbeitet. Verglichen mit den Bauplänen, die ich sonst den ganzen Tag angefertigt habe, ist das hier ein Kinderspiel.« Hang setzte beim Sprechen nicht ab. Dann steckte er sich den Stift zwischen die Zähne, nahm die Schere und fing zu schneiden an.

»Ach stimmt, das hatte ich vergessen.« Du schlug sich vor den Kopf und war plötzlich sehr vergnügt. Das korrekte Aufzeichnen der Form war der schwierigste Teil ihrer Arbeit. Wenn Hang hier dermaßen durchmarschierte, konnten sie viel schneller arbeiten als befürchtet.

Und tatsächlich brauchte Hang für seine erste Tüte genau fünf Minuten und dreißig Sekunden – ein beeindruckendes Ergebnis für den ersten Versuch. Du grinste ihn an. »Perfekt. Ich habe mir Sorgen gemacht, dass du uns bremst, aber wie es aussieht, bist du sogar schneller als ich.«

Hang lächelte aufrichtig – zum ersten Mal, seit er das Gefängnis betreten hatte.

»Alles klar, genug geplaudert. Legen wir los.« Du setzte sich auf seinen Platz und legte sich die Materialien zurecht. »Pass auf dein Werkzeug auf. Wenn du davon irgendwas verlierst, gibt es einen Riesenärger.«

Hang nickte. »Keine Sorge, ich passe gut auf.«

»Vor allem auf den Stift. Selbst die Stummel müssen zurückgegeben werden.«

»Echt?« Hang schaute verwirrt drein. »Das klingt aber ziemlich kleinlich.«

»Alles eine Frage der Sicherheit«, sagte Du ernst. »Wir sind hier von Mördern umgeben, und selbst ein Bleistiftstummel eignet sich als Waffe.«

»Oh.« Ein angespitzter Stift konnte in der Tat gefährlich sein, und an einem solchen Ort war es wohl sinnvoll, den Zugang zu derartigen Gegenständen streng zu reglementieren. Hang dachte daran, dass selbst die Zahnbürste, die man ihm ausgehändigt hatte, nur einen kurzen, runden Griff hatte, wahrscheinlich ebenfalls aus Sicherheitsgründen.

Und nicht nur das – sämtliche Werkzeuge, die gerade vor ihm lagen, inklusive Lineal, Schere und Teppichmesser, waren mit Schutzblechen an den scharfen Kanten konstruiert, um damit niemanden verletzen zu können.

Du sah das Begreifen einer Knospe gleich in Hangs Gesicht erblühen und wandte sich wieder seiner Arbeitsstation zu. Alle arbeiteten konzentriert, es bestand kein weiterer Redebedarf.

Um elf Uhr erhob sich Wächter Huang von seinem Stuhl und blies in seine Trillerpfeife.

Eine Welle freudiger Erleichterung lief durch den Raum, und die Sträflinge, die den ganzen Morgen geschuftet hatten, streckten die müden Muskeln. Es war das Zeichen fürs Mittagessen.

»Was soll der Lärm? Klappe halten, Werkzeug weglegen, in einer Reihe neben der Tür aufstellen!«, brüllte Hefekloß und lief zur Tür, wo vier große Kisten für Lineale, Scheren, Stifte und Messer bereitstanden.

Die Sträflinge bildeten eine unordentliche Reihe, während Wächter Huang, Hefekloß und einige Zellenanführer Befehle schrien. Endlich kam so etwas wie Ordnung zustande.

Langsam bewegte sich die Reihe vorwärts. Auch Hang ließ seine Werkzeuge in die jeweilige Kiste fallen.

Plötzlich kreischte Hefekloß: »Was ist mit dem Bleistift passiert?«

Du stand hinter Hang in der Reihe und verzog das Gesicht. Er hatte die Bedeutung des Stifts mehrfach hervorgehoben. War es Hang trotzdem gelungen, etwas falsch zu machen?

Hang bemühte sich mit halb erstickter Stimme um eine Erklärung. »Es ist einfach Gewohnheit, ich habe den Stift immer im Mund, wenn ich an etwas arbeite ...«

Du beugte sich vor. Hefekloß hielt Hangs Bleistift in der Hand und musterte ihn angewidert. Der Grund dafür war offensichtlich. Der Stift war von Bissspuren übersät.

»Ein erstklassiger Stift, noch kaum benutzt, und du hast ihn so gut wie zerkaut. Ist das nicht abartig?« Hefekloß stach mit der Spitze nach Hangs Gesicht.

Hang wusste, dass er den Tadel verdient hatte, wurde rot und schwieg.

»Keiner von uns will den Stift anpacken. Hefekloß, leg ihn beiseite und sorg dafür, dass er ihn nach dem Essen wiederkriegt«, sagte Du verärgert. Tatsächlich verbarg sich in dieser Beschwerde ein Lösungsvorschlag, der Hang hoffentlich größeren Ärger ersparen würde.

Wärter Huang nickte und sah Hefekloß an. »Tu, was er sagt.« Solange keins der Werkzeuge verloren ging, hatte er nicht vor, sich durch solch eine Lappalie aus der Ruhe bringen zu lassen.

Hang drehte sich um und nickte ein knappes Dankeschön. Obwohl es ihm gelungen war, sich am allerersten Arbeitstag bereits in Schwierigkeiten zu bringen, schien die Gefahr vorüber zu sein. Sobald alle Sträflinge ihr Werkzeug abgegeben hatten, wurden sie von den Wächtern in die Kantine gebracht.

Dort erwartete sie eine längere Pause. Nach dem Essen saß man in Grüppchen zusammen und quatschte. Du nahm sich Hang zur Brust, um ihm ausführlich zu erklären, wie das Leben hier im Gefängnis ablief.

Genau wie in der Außenwelt hatten sie eine Fünftagewoche. Von Montag bis Freitag durchliefen sie *Umerziehung durch Arbeit* und nahmen die Mahlzeiten in der Kantine ein. An den Wochenenden waren die meisten Wächter daheim, und auch die Kantine blieb geschlossen. Die Sträflinge blieben in ihren Zellen und erhielten abgepacktes Essen.

Hang erinnerte sich an seinen ersten Tag, als alle nur rumgesessen hatten und das Essen mit dem Servierwagen gekommen war. Das musste also am Wochenende gewesen sein.

Um 12:50 Uhr blies der Wächter abermals in seine Pfeife, und die Sträflinge bildeten eine Reihe, um in den Arbeitsraum zurückgebracht zu werden.

Blackie musste die wenigsten Tüten anfertigen. Hin und wieder klebte sogar Bruder Ping eine zusammen, wenn ihm zu langweilig wurde. Bald hatten sie ihren Anteil erledigt, aber die Regeln besagten, dass jede Zellengruppe 450 Tüten anfertigte, die einer Überprüfung standhalten mussten, ehe sie den Arbeitsraum verlassen durften.

Als Ah Shan die ihm zugewiesenen 80 fertig hatte, setzte er sich zu Blackie und Bruder Ping. Die drei unterhielten sich entspannt, während sich die anderen drei weiter abmühten. Sie hatten alle etwa das gleiche Tempo und waren um kurz nach fünf schließlich fertig.

Blackie trat nach Shun. »He, hilf mir tragen, wir bringen sie zur Kontrolle.«

Shun bückte sich, hob den Stapel mit den fertigen Tüten auf, und zu zweit marschierten sie aus dem Arbeitsraum. Natürlich fiel auch der entspannte Job des Tüten-Begutachters in Hefekloß' Zuständigkeitsbereich. Shun stellte den großen Stapel auf dem Tisch ab, und Hefekloß begann sie zu untersuchen.

Der Test war denkbar einfach. Erst wurden die Nähte und Handschlaufen überprüft, dann wurden die Tüten in eine Form gelegt, um sicherzustellen, dass sie den Standardabmessungen entsprachen.

Bruder Ping lehnte sich lässig auf seinem Stuhl zurück und betrachtete den Vorgang aus der Ferne. Kurz darauf fluchte er. »Kacke, ich glaube, da gibt es ein Problem.«

Er sagte es so laut, dass alle Umstehenden es hören konnten. Du und Hang hatten sich leise unterhalten, jetzt schauten auch sie auf und wandten sich dem Kopfende der Halle zu.

Tatsächlich murmelte Hefekloß aufgebracht vor sich hin und zog diverse Tüten aus dem Stapel. Obwohl aus dieser Entfernung nicht zu verstehen war, was er sagte, sah die Sache nicht gut aus.

Blackie mischte ebenfalls mit, und seine Mimik legte nah, dass er fluchte. Dann stürmte er zurück zu den anderen, während Shun die zwanzig oder dreißig abgewiesenen Tüten einsammelte.

Blackie starrte Du und Hang an. »Eure Arbeit war unter aller Sau. Ihr müsst länger bleiben und das Versäumte nachholen.« Shun trottete herbei und ließ die Tüten auf Hangs Tisch fallen, das Gesicht voller Schadenfreude.

Hang starrte ihn begriffsstutzig an. »Woher wollt ihr wissen, dass das unsere sind?« Er hatte konzentriert und präzise gearbeitet und wusste, dass das Problem nicht bei ihm liegen konnte.

»Willst du dich beschweren? Du bist neu hier, natürlich warst du es, der es nicht hingekriegt hat.« Blackie musterte ihn finster, dann wandte er sich an Du. »Du solltest ihn beaufsichtigen. Toll gemacht! Ihr müsst das beide ausbaden.«

»Ich will mich beschweren!« Hang sprang auf. Eine dicke Ader pochte an seinem Hals.

Statt wirklich wütend zu werden, lachte Blackie. »Ha, ganz schön dicke Eier! Du glaubst, die Wärter sind auf deiner Seite, und deshalb spielst du dich auf, was? Gut, mal sehen, was die dazu sagen. Shun, ruf den Wächter her!«

Shun rannte sofort zum Ausgang und schrie: »Wächter! Herr, der Neue will sich nicht an die Regeln halten.«

Wächter Huang hatte die kleine Auseinandersetzung bereits beobachtet. Als Shun nach ihm rief, kam er rasch herüber und zückte seinen Elektroschocker. Hefekloß watschelte hinter ihm her.

»Was ist hier los?«, fragte der dürre Wächter ruhig.

»Die Arbeit des Neuen ist durchgefallen«, sagte Blackie. »Ich habe ihm gesagt, dass er länger bleiben muss, aber das passt ihm nicht.«

»Ach, du bist neu hier?« Wächter Huang betrachtete Hang. »Es ist Teil deiner Pflichten, die Arbeit zu erledigen. Was nicht durch die Prüfung kommt, muss noch mal gemacht werden. So lauten die Regeln.«

»Aber Sie können sich doch nicht sicher sein, dass das wirklich meine sind. Warum soll ich dann alles alleine machen?« Hang traute sich nicht, allzu offen vor dem Wächter zu reden, weshalb er sich hinter dem »nicht sicher« versteckte.

Wächter Huang wandte sich an Hefekloß. »Hat diese Zelle vorher schon einmal ungenügende Waren produziert?«

»Zumindest nicht im letzten Monat«, sagte Hefekloß und dachte angestrengt nach. »Und wenn, dann höchstens eine oder zwei, nicht so viele.«

Wächter Huang richtete seinen ernsten Blick auf Hang. Die Warnung war unmissverständlich.

Hang rutschte das Herz in die Hose. Er hatte begriffen.

»Sonst noch was zu melden?«, fragte Wächter Huang kalt.

Hang schaute zu Boden und schwieg.

Als er sah, dass Hang sich nicht weiter verteidigen wollte, schnaubte der Wärter.

»Herr, mit uns hat das wirklich nichts zu tun. Du Mingqiang hatte die Aufgabe, den Neuen anzuleiten. Insofern sollten auch nur die beiden bestraft werden«, sagte Bruder Ping betont entspannt.

Der Wächter nickte. »Na schön. Die beiden bleiben länger.«

»Alles klar«, sagte Blackie. Er wartete, bis Wächter Huang und Hefekloß sich entfernten, bevor er ein böses Grinsen aufsetzte.

Hang wirkte noch immer empört. Du nahm ihn beiseite. »Na komm, machen wir uns an die Arbeit. Das dürfte uns noch mal eine Stunde kosten.«

Hang schluckte und schaute unglücklich drein, wusste aber nicht, was er sagen sollte. Einen Moment lang blieb er stocksteif stehen, dann nahm er seine Werkzeuge zur Hand.

Die übrigen Sträflinge machten sich auf den Weg. Wer

die Qualitätskontrolle überstanden hatte, konnte sich in die Schlange fürs Abendessen einreihen. Zehn Minuten später blieben Du und Hang als Einzige in der Werkhalle zurück.

Du seufzte. »Ich fürchte, wir müssen heute Abend hungrig ins Bett gehen.«

»Was? Wir kriegen nicht mal Abendessen?«

Du zuckte mit den Schultern. »Die Kantine bleibt nicht extra für uns länger auf. Und wir sind nicht fertig, bevor die zumachen.«

»Können wir nicht jetzt was essen und hinterher weiterarbeiten?«

»Wächter Huang wartet darauf, dass wir fertig werden, damit er nach Hause kann. Willst du ihn noch länger warten lassen?« Du nickte in Richtung Eingang, wo Huang sich auf seinem Stuhl lümmelte und sie ungeduldig betrachtete.

»Oh«, sagte Hang. Und kurz darauf: »Was ist, wenn wir nie fertig werden? Sitzt der Wächter dann für immer da?«

»Für wie dumm hältst du ihn? Er wartet bis zum Ende seiner Schicht, also bis um sechs. Wenn wir bis dahin nicht fertig sind, packt er uns den Rest auf die morgige Schicht drauf. Und wenn wir auch dann nicht fertig werden, bekommen wir wieder kein Abendessen.«

Hang verzog das Gesicht. Langsam wurde ihm der Ernst der Lage klar. Er arbeitete konzentriert weiter, stockte aber einige Tüten später abermals. »Irgendwas stimmt trotzdem nicht.«

»Hmm?« Du warf ihm einen Blick zu, ohne seine Arbeit zu unterbrechen.

Hang zögerte, den Bleistift zwischen den Zähnen. »Die defekten Tüten waren wirklich nicht von mir.«

Du seufzte. »Glaubst du, das weiß ich nicht? Natürlich

waren das Blackie und die anderen, die uns Ärger machen wollten.«

»Die haben das absichtlich getan?« Hang blinzelte. »Sie haben schlampig gearbeitet, damit wir kein Abendessen kriegen?«

»Es geht nicht ums Abendessen.« Du schaute ihn finster an. »Ich fürchte, die Sache wird noch schlimmer ...«

Hang bekam es mit der Angst zu tun. »Inwiefern?«

»Überleg doch mal. Gestern haben sie dich gefoltert, bis ich sie unterbrochen habe. Glaubst du, sie hören so einfach damit auf? Die werden heute Abend auf jeden Fall wieder was versuchen. Und sobald es diese Nacht schon wieder eine Ruhestörung aus unserer Zelle gibt, werden sie es so drehen, dass du Ärger gemacht hast, weil du keine Lust auf Arbeit hattest, und dich endgültig als ›unkooperativer Häftling‹ brandmarken.«

Das war es also. Je länger Hang darüber nachdachte, desto mehr Sinn ergab es. Er war wütend und ängstlich zugleich. Du klopfte ihm auf die Schulter. »Mach dir keine Sorgen. Diesmal bin wahrscheinlich sowieso ich das Ziel.«

Hang sah ihn fragend an.

»Wenn die nur hinter dir her wären, warum uns dann zusammenstecken? Die ganze Situation zielt eindeutig auch auf mich ab. Solange du dich hiernach nicht noch mal mit ihnen anlegst, lassen sie dich womöglich in Ruhe.«

Hang starrte ihn an und fühlte sich in seinem Stolz verletzt. »Soll ich etwa einfach dastehen und zusehen, wie sie dich misshandeln? Die sind zu weit gegangen. Wenn sie irgendwas versuchen, werde ich mich wehren. Ich will sowieso nicht weiterleben.«

Du lächelte und bewunderte Hangs Solidaritätsbekundung, schüttelte aber trotzdem den Kopf. »Warum willst du nicht leben? Du hast noch viele gute Tage vor dir. Außerdem – wenn du schon dein Leben opfern willst, dann doch nicht an solche miesen Schweine.«

»Was bleibt uns anderes übrig?« Hang starrte ihn wild an. »Die haben angefangen.«

Du lächelte noch immer. »Ich weiß, wie wir mit ihnen fertigwerden. Egal, was heute Nacht passiert, bleib im Bett liegen, halt den Mund und tu, was ich dir sage.«

Du sprach mit fester Stimme und klang absolut von sich überzeugt. Hang fragte nicht nach, was er vorhatte, denn irgendwas in diesem Blick sagte ihm, dass er es nicht wissen wollte.

*

An diesem Abend kehrten Hang und Du gegen sieben Uhr mit leeren Mägen in ihre Zelle zurück. Bruder Ping und die anderen erwarteten sie bereits. Sie sahen sehr zufrieden aus.

Sobald der Wärter ging, rief Blackie mit höhnisch verstellter Stimme: »Seht nur, die Vorzeigesträflinge sind wieder da. Eine Runde Applaus bitte, alle Mann.« Er klatschte laut, und Shun stimmte mit noch mehr Elan ein.

Hang knirschte vor Wut mit den Zähnen, erinnerte sich aber an Dus Warnung, gab dementsprechend vor, nichts gehört zu haben, und ging schnurstracks zu seinem Bett.

Du wirkte völlig unbeeindruckt. Er rekelte sich und trat in die Waschecke, um sich zu erleichtern.

So schnell wollte Blackie nicht aufgeben. Er spazierte breitbeinig zu Hangs Bett und beugte sich über ihn. »Was ist los? Schlechte Laune, weil du nichts zu fressen bekommen hast?«

Hang reagierte nicht, sah ihn nicht einmal an. Blackie trat ihm gegen das Schienbein. »Sag was. Bist du nicht nur blind, sondern jetzt auch noch taub?«

Aus der Waschecke ertönte Dus Stimme. »Wir sind nicht schlecht drauf, nur unsere Mägen.«

Blackie fuhr herum. »Du solltest dich besser benehmen. Wenn morgen das Gleiche passiert und eure Tüten nicht durch die Inspektion kommen, müsst ihr nicht nur aufs Abendessen verzichten. Ich werde dem Wächter auch sagen, dass ihr euch beide der *Umerziehung durch Arbeit* widersetzt.«

Kurz herrschte Stille im Bad, dann lachte Du plötzlich. »Komisch, wir halten hier gar keine Tiere, aber irgendwas stinkt regelrecht bestialisch.«

Der Adressat dieser Beleidigung war eindeutig. Alles hielt für einen Moment die Luft an – Du hielt sich für gewöhnlich abseits und hatte Blackie und die anderen nie zuvor provoziert. Dieser Satz stellte eine demonstrative Kursänderung dar, die niemand hatte kommen sehen.

Blackie war so wütend, dass seine Augen Funken zu sprühen schienen. Er kreischte: »Lebensmüde, du Hurensohn?« und stürmte in die Waschecke.

Hang konnte von seinem Bett aus die Ecke einsehen. Du stand mit dem Rücken zu ihm und zog sich die Hose hoch, Blackie rannte von hinten auf ihn zu, die rechte Faust hocherhoben. Hang konnte nicht anders, als »Pass auf!« zu rufen.

Du sah sich nicht um. Seine Hand schoss plötzlich in die Höhe, als hätte er Augen im Hinterkopf, und packte Blackie am Handgelenk. Beide Körper trafen in einer einzigen fließenden Bewegung aufeinander. Als sie zum Stehen kamen, war Du hinter Blackie und hatte ihm den Arm auf den Rücken gedreht.

Das Blatt hatte sich gewendet. »Scheiße!« Blackies Stimme war von Angst und Zorn gezeichnet, Du hingegen wirkte vollkommen entspannt und zog mit der linken Hand seinen Reißverschluss hoch.

Blackies Gesicht wurde krebsrot, während er sich verbissen wehrte. Ebenso gut hätte er Handschellen tragen können – er konnte sich nicht befreien.

Ihm blieb nichts anderes übrig, als zu schreien. »Lass mich los. Fick dich, lass mich los!« Es sollte offenbar zur Hälfte Einschüchterungsversuch und zur Hälfte Hilferuf sein.

Bruder Ping konnte nicht sehen, was in der Waschecke los war, hörte aber, dass nicht alles zum Besten stand. Ein Blick von ihm reichte, um Ah Shan und Shun aufzuscheuchen.

Sie hatten keine zwei Schritte gemacht, als Blackies Schreie abrupt abbrachen. In der plötzlichen Stille ertönte Dus Stimme: »Verpiss dich.« Seine Worte troffen vor Verachtung.

Blackie kam aus der Waschecke gehumpelt und schlug der Länge nach hin.

Ah Shan und Shun blieben wie angewurzelt stehen und glotzten die erschlaffte Gestalt zu ihren Füßen an. Langsam und mühevoll kam er auf die Beine. Sein Gesicht war aschfahl. Er hatte keine sichtbaren Verletzungen, schien aber seelisch gebrochen zu sein.

Du Mingqiang spazierte mit federnden Schritten aus der Waschecke und würdigte die anderen keines Blickes.

Ah Shan und Shun starrten ihn entgeistert an und machten sich kampfbereit. Doch dann passierte etwas, womit sie im Leben nicht gerechnet hätten. Blackie ging dazwischen und sagte flehentlich: »Nein! Lasst ihn.«

Sein unerwarteter Sinneswandel war zu viel für die beiden. Sie starrten erst Blackie an, dann Du, der gänzlich unbekümmert in sein Bett kletterte, ohne sich umzudrehen.

»Fuck.« Shun spürte, was wirklich los war. Hämisch sah er Blackie an. »Du hast Schiss, oder?«

»Selber Schiss!« Wütend und völlig unkontrolliert holte Blackie aus und traf Shun mitten in die Brust. Der war darauf nicht vorbereitet und ging beinahe zu Boden.

»Warum schlägst du mich?« Jetzt war auch Shun wütend. »Du lässt dich zusammenschlagen und machst mich deswegen an?« Obwohl er Blackie anschrie, war er sich seines Platzes in der Zellenhierarchie zu sehr bewusst, um mehr zu unternehmen.

Mit einem plötzlichen Knacken ging der Lautsprecher an. »Zelle 424, was ist da los bei euch? Schluss mit dem Gerangel!« Es war die Stimme des Wächters.

Bruder Ping hatte die Auseinandersetzung wortlos verfolgt, flüsterte aber jetzt: »Was macht ihr denn? Das Licht ist noch an.«

Das brachte sie zur Vernunft. Shun ging zu seinem Bett zurück und schlug einen versöhnlichen Tonfall an. »Wir haben nur ein bisschen herumgealbert, Herr.«

»Zu viel Energie, was? Wenn ich noch einmal Lärm aus eurer Richtung höre, kriegt ihr morgen das doppelte Arbeitspensum«, kläffte der Wärter. Der Lautsprecher schaltete sich aus.

Ah Shan und Blackie kehrten zu ihren Betten zurück. Shun rieb sich die Brust an der Stelle, wo Blackie ihn getroffen hatte, und starrte seinen Bettnachbarn zornig an. Auch Bruder Ping beäugte ihn missbilligend, offenkundig ungehalten ob seines Benehmens.

Blackie setzte ein zwanghaftes Lächeln auf und versuchte sich zu rechtfertigen. »Scheiße, ich war zu unaufmerksam. Sonst hätte der Kleine niemals einen Treffer landen können.« Er sagte es so beiläufig, als wüsste er genau, dass eine solche Entschuldigung keinen Pfifferling wert war.

Bruder Ping schürzte die Lippen und musterte ihn kalt. »Setz dich hin, wir müssen reden.«

Blackie schlurfte zu seinem Bett. In dieser Zelle stand nur Bruder Ping über ihm. Tatsächlich gab es außer Bruder Ping im ganzen Zellblock 4 niemanden, dem er sich untergeordnet hätte. Außerdem war er ein gefürchteter Choleriker und ging jedem an die Gurgel, der ihn schief anschaute. Er war es auch gewesen, der den Plan gefasst hatte, Du Mingqiang anzugreifen. Warum also hatte er so schnell aufgegeben? Sein Kampfgeist schien restlos erloschen zu sein.

Nicht nur Bruder Ping und seine Kumpane wunderten sich darüber. Hang war ebenfalls verwirrt.

Er hatte jede Sekunde der Auseinandersetzung zwischen Blackie und Du verfolgen können – er wusste, dass der Auslöser für Blackies Zusammenbruch einige wenige Worte gewesen waren.

Als Du ihm den Arm auf den Rücken drehte, hatte Blackie getobt und geschrien, bis Du sich vorbeugte und ihm etwas ins Ohr flüsterte.

Hang hatte nicht verstehen können, was er sagte, aber den sofortigen Effekt der Worte beobachtet. Blackies Gesicht hatte gezuckt, als wäre er von einem Elektroschocker getroffen worden, die wüsten Beschimpfungen waren ihm auf den Lippen gefroren. Seine Körperspannung hatte derart nachgegeben, dass Du ihm nur einen kleinen Schubser hatte verpassen müssen, um diesen stämmigen Kerl zu Boden zu schicken.

»Verpiss dich.« Du hatte geklungen, als rede er mit einem Kindergartenkind. Und Blackie hatte nicht protestiert, als traute er sich nicht einmal, wütend zu werden.

Hang hätte nur zu gern gewusst, was für Zauberworte Du kannte, aber er hielt sich an seine Instruktionen: nichts tun, nichts sagen. Also saß er stumm da und verspürte das deutliche Gefühl, dass der spannende Teil des Abends noch nicht zu Ende war.

Die Zeit verging träge. Als die Glocke schließlich klingelte, gingen Bruder Ping und die anderen nacheinander ins Bad, um sich zu waschen; allerdings wusch sich niemand die Füße oder tauschte die Arbeitsschuhe gegen Latschen aus. Offensichtlich standen bei ihnen nach Einbruch der Dunkelheit fieberhafte Aktivitäten an.

Shun ging als Letzter ins Bad. Als er gerade fertig war, ging das Licht aus. Shun kehrte nicht zu seinem Bett zurück, sondern kam zu Hang und beugte sich über ihn. »Hey, Musterknabe. Ich habe eine Aufgabe für dich. Geh rüber und wisch das Bad.«

Hang lag da und ignorierte ihn.

»Bist du verfickt noch mal taub?«, brüllte Shun. »Glaubst du, ich traue mich nicht, dir Scheiße ins Gesicht zu schmieren?«

»Warum soll er das Klo putzen?« Du rollte sich auf die Seite und beugte sich aus dem Bett, bis sein Gesicht auf einer Höhe mit Shuns war.

»Es muss nicht er sein, du tust es auch.« Shun hatte seinen Text eindeutig vorbereitet. Die kleine Szene war dazu gedacht, Du in eine neue Auseinandersetzung zu verwickeln.

»Warum müssen er oder ich es sein? Warum kann das nicht einer von euch machen?«

Darauf hatte Shun keine vorgefertigte Antwort parat. Er wurde rot, dann rief er patzig: »Weil eure Schlafplätze direkt neben der Waschecke liegen.«

»Hattest du dich nicht gerade erst über den Gestank beschwert? Wenn ihr schön putzt, habt ihr zwei am meisten davon«, sagte Bruder Ping gelassen.

»Ah, verstehe.« Du nickte feierlich. Plötzlich sprang er mit einem Satz aus dem Bett und landete hinter Shun.

Shun war einen Moment lang starr vor Entsetzen und dachte, er würde angegriffen. Er trat einen Schritt zur Seite, fuhr herum und nahm eine Kampfhaltung ein.

Du grinste ihn an. »Ich bin ein sehr fauler Mensch. Ich habe also definitiv nicht vor, das Bad zu putzen. Aber ich habe eine ganz einfache Lösung für dein Problem.«

Shun wusste: Was immer als Nächstes kam, konnte nur als Beleidigung gemeint sein, weshalb er Du das Wort abschnitt. »Hör auf, Scheiße zu labern, du mieser kleiner Wichser. Ich habe gesagt, du schrubbst das Klo, also schrubbst du das Klo.«

Offenbar war das Schimpfwort ein Zeichen gewesen, denn Ah Shan erhob sich und stellte sich dazu. Anscheinend hatte auch Blackie sofort aufstehen sollen, aber er zögerte, bis Bruder Ping ihm einen bedrohlichen Blick zuwarf. Zögernd stand er auf und gesellte sich zu Ah Shan.

Du spürte, dass sich die Lage geändert hatte, sah sich um und erblickte die beiden, die kampfbereit dastanden. Er lachte. »Wir müssen uns nicht streiten. Ich wollte nur vorschlagen, dass Shun und ich die Plätze tauschen. Das sollte das Problem mit der Waschecke lösen.«

Tatsächlich war die Zuteilung der Betten in einer Zelle eine Wissenschaft für sich. Je besser der Schlafplatz, desto wichtiger der Sträfling – eine strikte Hierarchie. Dus Vorschlag war demnach ein unverhohlener Griff nach mehr Macht, und Shun schrie auf. »Du Hurensohn! Warum sollte ich mit dir den Platz tauschen?« Da Du in eine andere Richtung schaute, nutzte er die Gelegenheit und ließ die Fäuste fliegen.

Ah Shan zögerte nicht, sondern ging sofort in einen Sprungtritt über, der direkt auf Dus Gesicht zielte. Und sein Fuß löste einen Schmerzensschrei aus.

Nur kam dieser nicht von Du, sondern von Shun. Du hatte sich blitzschnell hinter ihn geduckt und ihm den rechten Arm um den Hals gelegt, um ihn als menschlichen Schutzschild zu benutzen.

»Kacke!« Shun klang den Tränen nahe. »Was ist kaputt bei dir? Warum trittst du mich?«

Ah Shan schluckte, sagte aber nichts. Sein Blick verfinsterte sich. Sein Blut war nun endgültig in Wallung, und er warf alles in eine ganze Serie von Angriffen. Du gab sich keinerlei Mühe, sich zu wehren, sondern drehte Shun einfach in die entsprechende Richtung, der auf diese Weise jeden einzelnen Schlag abfing. Der stattliche junge Mann war so hilflos wie eine Gliederpuppe, konnte sich weder befreien noch den Schlägen und Tritten entgehen, sondern nur unablässig fluchen.

»Das reicht, hört auf damit!«, rief Bruder Ping, der nicht länger zuschauen konnte. Mit hasserfülltem Gesicht war er von seinem Bett aufgestanden.

»Bruder Ping – er ist stärker, als er aussieht. Wir schaffen es vielleicht nicht, ihn heute zu schlagen ... Denken wir lieber an eine langfristige Lösung«, flüsterte Blackie ihm zu.

Blackie hatte danebengestanden und selbst keinen Finger gerührt, während Ah Shan mit Du kämpfte. Was Bruder Ping nicht entgangen war. Diese Worte erzürnten ihn demnach nur noch mehr. Hart schlug er Blackie mit der flachen Hand aufs Ohr und brüllte: »Langfristige Lösung, so ein Quatsch, du Affe!«

Blackies Gesicht erglühte vor Schmerz, aber er wagte es nicht, etwas zu erwidern, sondern kauerte sich in eine Ecke und schaute ängstlich zu Bruder Ping auf.

Der ignorierte ihn, marschierte zu den anderen und warf Du ein fieses Grinsen zu. »Mir war von Anfang an klar, dass mehr in dir steckt. Aber wer hätte gedacht, dass du so kämpfen kannst?«

Du lächelte zurück. »Du ehrst mich, Bruder Ping. Ich wollte nur ein bisschen mit meinen Brüdern herumalbern – ich hoffe, ich schlage mich halbwegs gut?«

Als Bruder Ping sich einschaltete, war ein neuer Hoffnungsschimmer über Shuns Gesicht gehuscht. Seine Stimme klang wieder etwas fester. »Dann lass mich ganz schnell los, du Pisser. Bist du lebensmüde, dich so vor Bruder Ping zu benehmen?« Er warf sich herum und tobte, aber Du war irgendwie in der Lage, ihn ruhigzustellen, indem er mit der freien Hand Shuns Fäuste packte und zusammendrückte.

»Keine Sorge, er wird es nicht wagen, dir wehzutun.« Bruder Ping machte drei Schritte zurück und schien mit Shun zu sprechen, obwohl Du und er einander weiter anstarrten. »Er ist nur für ein paar Jahre hier. Leute wie der machen nie wirklich Ärger – sie haben zu viel Angst davor, dass man ihre Haftstrafe verlängert.«

Du nickte. »Sehr richtig. Ich will keinen Ärger.«

»Bei mir ist das anders.« Bruder Ping kniff die Augen

zusammen. »Jeder einzelne Sträfling hier hat Angst vor mir. Weißt du, warum?«

Dus freundliches Lächeln verrutschte ins Grimmige. »Ja, weiß ich. Weil du nichts zu fürchten brauchst.«

Ping nickte. »Ich habe lebenslänglich bekommen. Das lässt sich schlecht verlängern, und es zu verringern wird mir kaum gelingen. Was bedeutet, ich kann hier drin angreifen, wen ich will. Solange ich niemanden umbringe, steht mir schlimmstenfalls der Elektroschocker oder ein bisschen Einzelhaft bevor. Als ob mich das interessiert.«

Du gab ihm mit einem knappen Seufzen recht. Dank seiner besonderen Lage würde Bruder Ping das Gefängnis niemals verlassen wollen, eine Verkürzung seiner Haftstrafe interessierte ihn demnach nicht im Geringsten. Zhang Haifengs Elektroschocker mochte zwar eine Bedrohung darstellen, aber dieser Schmerz war zeitlich eng begrenzt. Bruder Ping hatte weniger Aussicht auf ein freies Leben als die meisten anderen Häftlinge, aber gerade deswegen hatte er nichts zu verlieren und konnte an diesem Ort im Rahmen seiner Möglichkeiten uneingeschränkt herrschen.

»Das ist dir alles bewusst. Warum lehnst du dich dann gegen mich auf?« Bruder Ping wartete auf eine Antwort, bekam keine und lachte schließlich eisig. Plötzlich fuhr er herum und war mit einem Satz bei Hang Wenzhis Bett.

Hang traf dessen Auftauchen vollkommen unvorbereitet. Wie ein Sperber, der ein fremdes Küken aus dem Nest raubt, zerrte Ping ihn aus dem Bett und drehte ihm den rechten Arm auf den Rücken.

Hang stöhnte und biss sich vor Schmerz auf die Zähne.

»Ah Shan, mach weiter«, sagte Bruder Ping zufrieden und setzte sich auf Hangs Bettkante. »Wenn unser Freund Shun weiter als Schutzschild missbraucht, breche ich dem Kleinen den Arm.«

Du wusste, dass Bruder Ping absolut imstande war, diese Drohung in die Tat umzusetzen. Er schüttelte den Kopf und schubste Shun von sich. Ah Shan hatte somit freies Feld, seine Angriffe wieder aufzunehmen. Schnell waren die beiden in eine intensive Auseinandersetzung verstrickt, aber Du musste sich derart verbissen verteidigen, dass er selbst keinen Treffer landete.

Nachdem Shun unsanft aus dem Weg geschubst worden war, brauchte er einen Moment, um das Gleichgewicht wiederzufinden. Dann sah er sich nach Blackie um und stellte zu seiner Verwunderung fest, dass dieser passiv dastand und ins Leere starrte. »Was stehst du rum? Machen wir ihn fertig!«, rief Shun ihm ungeduldig zu.

Blackie grunzte, rührte sich aber nicht. Shun ließ ihn stehen und stürzte sich allein ins Getümmel. Du sah ihn aus dem Augenwinkel kommen, drehte den Körper ein Stück zur Seite und stellte den Fuß vor. Shun blieb mit dem Schienbein daran hängen, verlor die Balance und krachte mit dem Gesicht gegen die Zellentür.

»Nichtsnutziger Pisser«, fauchte Ping und sah ihm verärgert hinterher.

Shun war wütend und erniedrigt und hatte endgültig begriffen, dass er Du nicht das Wasser reichen konnte. Er war derart außer sich, dass er sich nicht einmal aufrappelte, sondern vom Boden aus nach Dus Beinen griff, nur um einen Tritt in die Brust zu kassieren. Er biss sich auf die Zähne, ließ aber nicht ab, sondern klammerte sich an Dus rechtes Bein und legte sein ganzes Gewicht hinein, um den Gegner zu Fall zu bringen.

Die Zelle war nicht sehr groß, und Du hatte kaum Platz zum Ausweichen. Er hatte zwar eine gute Position eingenommen, aber ein großer Mann hing an seinem Bein, und Ausfallschritte waren unmöglich. Das machte es wesentlich schwerer, Ah Shans wilde Tritte und Schläge abzuwehren.

»Selbst wenn du sechs Arme hättest, würdest du nicht mehr lange durchhalten«, höhnte Bruder Ping. Hang hatte mittlerweile den Kopf gehoben und verfolgte den Kampf ebenso gebannt.

Ah Shan zielte mit einem gewaltigen Schlag direkt auf Dus Kopf. Shun hatte ihn in die Ecke gedrängt, sodass er nichts weiter tun konnte, als beide Arme gekreuzt zu heben. Er fing Ah Shans Faust ab, drehte ihm das Handgelenk um und zog dessen Arm an seine Brust.

Ah Shan versuchte verbissen, sich zu befreien, aber es gelang ihm nicht. Stattdessen hob auch er den linken Arm und entblößte dadurch die eigene Brust.

Du zog mit beiden Händen und nutzte den Schwung des Gegners, um ihn in einem Halbkreis zu drehen. Im selben Moment stieß er ein hartes Lachen aus und sagte: »Hast du etwa den Mordfall am Taiping-See vergessen, Fang Weishan?«

Seine Worte entfalteten eine seltsame Wirkung, die Ah Shans Körper zu lähmen schien. Fang Weishan war sein vollständiger Name, den aber im Gefängnis so gut wie niemand benutzte. Ihn aus Dus Mund zu hören traf ihn gänzlich unvorbereitet. Es war aber vor allem der erste Teil des Satzes, der ihn bis ins Mark erschütterte. Es dauerte einen Moment, bis er die Sprache wiederfand. »Was hast du gesagt?«, keuchte er.

»In den frühen Morgenstunden des dritten Mai 1996 hast

du zusammen mit Pan Dabao am Taiping-See einen Mann ausgeraubt. Als er sich wehrte, bist du wütend geworden, hast ihn umgebracht und seine Leiche in den See geworfen.« Während er dies sagte, konnte Du sich endlich um Shun kümmern, den er jetzt fest an die Wand gedrückt hielt. Dann erst schaute er auf, grinste Ah Shan an und fügte hinzu: »Ich denke mir das nicht aus, oder?«

Ah Shan starrte ihn fassungslos an. Er konnte nichts erwidern, aber sein Gesichtsausdruck machte deutlich, dass Dus Anschuldigung der Wahrheit entsprach. Die anderen wechselten entgeisterte Blicke.

»Du hast jemanden umgelegt?«, rief Bruder Ping.

An Ah Shans Stirn hatte sich eine dicke Ader gebildet, und er brachte nur stotternd heraus: »Darüber will ich nicht sprechen.«

Natürlich wollte er darüber nicht reden. Er war vor drei Jahren in dieses Gefängnis gekommen, nachdem man ihn wegen einer Serie von Raubüberfällen zu einer Freiheitsstrafe von zwanzig Jahren verurteilt hatte. Dieser eine Mord, den er begangen hatte, war von der Polizei nie entdeckt worden, bereitete ihm aber dennoch konstantes Kopfzerbrechen. Auch deshalb redete er generell sehr wenig. Und jetzt hatte ihm ein Fremder die Tat um die Ohren gehauen und damit Schockwellen ausgelöst, die seine Mauern einstürzen ließen.

»Pan Dabao hat mich hintergangen?«, fragte er mit zitternder Stimme.

»Hätte er das getan, wärst du wohl kaum noch am Leben«, sagte Du und schaute ihm in die Augen. »Pan Dabao ist tot. Ich bin der Einzige, der davon weiß.«

Du sagte die Wahrheit. Gegen Ende seiner langen Aus-

bildung zu Eumenides hatte er sich mit einer Reihe unge-
löster polizeilicher Ermittlungen befasst, darunter auch
der Mord am Taiping-See. Er war den Beweisen bis zu Pan
Dabao gefolgt und hatte es geschafft, ihm den Namen seines
Komplizen abzupressen: Fang Weishan. Pan Dabaos Todes-
nachricht hatte er sofort vollstreckt; da Fang Weishan aber
bereits im Hochsicherheitstrakt gesessen hatte, war er seiner gerechten Strafe bis heute entkommen.

Natürlich wusste Ah Shan von alldem nichts, auch hätte
es ihn kaum interessiert. So fragte er nur: »Was ... was hast
du jetzt vor?«

»Bislang hatte ich nicht vor, mit dieser Information überhaupt etwas anzufangen, aber ...« Du lächelte nichtssagend.
»Glaubst du nicht, es könnte mich irgendwann verstimmen,
wenn man mir hier weiter Ärger macht?«

Ah Shan begriff sofort, worauf er hinauswollte. Geschlagen senkte er den Kopf und drehte sich hilflos zu Bruder
Ping um.

»Leck mich am Arsch, du willst ihn wirklich an die Wächter verpfeifen, du mieses Schwein? Aber dann muss ich mich
wenigstens nicht mehr um dich kümmern – der ganze Zellblock wird hinter dir her sein«, schrie Bruder Ping. Natürlich war im Gefängnis niemand verhasster als Leute, die ihre
Mithäftlinge ans Messer lieferten. Sie galten in den Augen
aller als Verräter.

Du war dies wohl bewusst, trotzdem lachte er. »Ich kenne
den Fall bis ins letzte Detail. Wenn ich ihn verpfeifen wollte,
warum hätte ich dann bis jetzt warten sollen? Es geht um
Mord. Überlegt euch nur, wie hoch die Belohnung wäre,
wenn ich plaudern würde.«

»Na gut, immerhin scheinst du es besser zu wissen.« Bruder Ping winkte Ah Shan. »Komm her. Schluss mit dem Kämpfen.«

Ah Shan trat an seine Seite, sah aber weiter unsicher aus. Alle in der Zelle hatten Dus Worte gehört, und jetzt waren sie gemeinsam Hüter des Geheimnisses, das sein Leben noch weiter ruinieren konnte.

Sobald Ah Shan zurückwich, entspannte sich Du ein wenig. Er kam aus seiner Ecke hervor und verkündete lässig: »Kämpfen löst sowieso keine Probleme. Setzen wir uns doch und unterhalten uns ganz in Ruhe. Alles einmal durchzusprechen, kann viele Unklarheiten beseitigen, wisst ihr?«

Bruder Ping starrte ihn finster an. Längst war ihm klar, dass dieser Kerl nicht nur ein erstklassiger Kämpfer war, sondern auch ein hervorragender Stratege. »Worüber willst du reden?«, knurrte er nach kurzer Pause.

»Wie schon gesagt – ich würde gern Betten tauschen.« Du nickte. »Mit Shun. Dann kann er in Ruhe das Klo putzen und diesen furchtbaren Gestank loswerden.«

»Warum sollte ich mit dir tauschen?« Shun kam auf die Beine und schaute unglücklich drein, traute sich aber offenbar nicht, näher zu kommen. »Ich bin hier, weil ich jemanden umgebracht habe. Wieso sollte ich mich vor dir fürchten?«

»Du hast auch jemanden umgebracht?« Du sah ihn unbeeindruckt an und lächelte abschätzig.

Shun hob das Kinn. »Natürlich! Und nicht irgendwen, sondern die ›Dicke Trompete‹. Der war 'ne große Nummer in der Unterwelt von Ost-Chengdu, da kannst du jeden fragen.«

»Ach, diese Sache. Ich erinnere mich.« Du verdrehte die Augen gen Decke, als müsste er sein Gedächtnis anstrengen. Dann sprach er gelassen weiter. »Vor zwei Jahren im Sommer wurde die ›Dicke Trompete‹, der im Osten der Stadt seit vielen Jahren einer der großen Akteure war, vor dem Einkaufszentrum Xin'an mit einem japanischen Schwert in Stücke gehackt. Das hat durchaus für Aufsehen gesorgt, vor allem, weil es am helllichten Tag passiert ist. Es hatte Auswirkungen auf die ganze Stadt. Die folgenden Ermittlungen haben ergeben, dass sich ein anderer Gangsterboss an Trompete rächen wollte und einen jungen Ganoven von der technischen Hochschule angeheuert hatte, um ihm Angst einzujagen. Dieser Nachwuchsgangster konnte offenbar seine eigene Kraft nicht richtig einschätzen und hat es hinbekommen, Trompete von hinten den Hals zu durchtrennen. Was noch peinlicher wird, wenn man bedenkt, dass er vorher einen seiner ›kleinen Brüder‹ angewiesen hatte, eine ganze Rotte seiner Kommilitonen als Zuschauer zusammenzutrommeln. Im Endeffekt sind sowohl der Möchtegern als auch sein Boss zum Tode verurteilt worden, und der kleine Bruder hat fünfzehn Jahre wegen Mittäterschaft bekommen. Man sagt, der kleine Bruder sei bei der Urteilsverkündung in Tränen aufgelöst und überaus reumütig gewesen. Er hat den Richter angefleht und geschluchzt, er sei von seinem Kommilitonen dazu gezwungen worden, bei dem Plan mitzumachen. Als Dicke Trompete gestorben ist, hat er sich in die Hose gepinkelt. Glaubst du immer noch, das ist eine tolle Geschichte, um anzugeben?«

Shuns Miene war während Dus Erzählung immer säuerlicher geworden, längst hielt er den Kopf nicht mehr hocherhoben. Seit seinem ersten Tag im Gefängnis hatte er sich oft damit gebrüstet, Dicke Trompete in Stücke gehackt zu haben, aber natürlich nie in Einzelheiten berichtet, was genau sich zugetragen hatte. Jetzt aber, nachdem Du die ganze Geschichte auf den Tisch gelegt hatte, war der mühsam aufgebaute Ruhm dahin. Er taugte höchstens noch als schlappe Pointe.

»Scheiße, ich wusste es. Als ob ein Feigling wie du in der Lage gewesen wäre, Dicke Trompete fertigzumachen.« Bruder Ping betrachtete ihn voller Verachtung. »Dreck wie du hat kein Recht auf ein gutes Bett. Ab nach außen.«

Shun verzog das Gesicht, hielt aber ansonsten wohlweislich den Mund.

Du nickte und wirkte zufrieden mit dem neuen Arrangement. »Jetzt, wo ich umgezogen bin, möchte ich meinen neuen Freund ungern allein dort zurücklassen. Wie wäre es, wenn er einfach mit Blackie Plätze tauscht? Das macht dir doch nichts aus, oder, Blackie?«

Blackie hatte die ganze Zeit über zusammengesunken in einer Ecke gekauert, als wollte er auf keinen Fall involviert werden. Leider konnte er nicht so tun, als hätte er den eigenen Namen überhört, also ging er langsam in Richtung Tür und rang sich ein Lächeln ab. »Eigentlich ist ein Bett wie das andere, oder? Ich werde hier vorne genauso gut schlafen wie da hinten.«

Bruder Ping starrte Du an, dann richtete sich sein düsterer Blick auf Blackie. »Verdammte Scheiße, erzähl mir nicht, dass er auch gegen dich was in der Hand hat?«, schrie er plötzlich.

Blackie sah ihn nervös an und wollte es nicht zugeben, konnte es jedoch auch nicht leugnen.

»Na los, spuck es aus!« Bruder Pings vernichtender Blick war kaum zu ertragen. »Lass es mich besser nicht erst aus seinem Mund hören.«

Blackie mochte zwar stur sein, aber nie hätte er es gewagt,

sich Bruder Ping zu widersetzen – vor allem nicht, wenn dieser derart schlechte Laune hatte. »Bruder Ping ... Ich war es, der Ma San verpfiffen hat. Du weißt, was ich getan habe. Wenn ich ihn nicht ans Messer geliefert hätte, wäre ich selbst längst tot.«

Blackie saß wegen Drogenhandels im Gefängnis. Seine ursprüngliche Todesstrafe war zu lebenslänglicher Haft umgewandelt worden. Ma San war ein anderes Gangmitglied, das noch länger als er in der Szene aktiv und bis dahin nie gefasst worden war. Als er einst vor dem Gesetz hatte fliehen und abtauchen müssen, war es Blackie gewesen, der sich um Ma Sans gebrechliche Eltern gekümmert und sich so seiner Dankbarkeit versichert hatte. Selbst nachdem Ma San schließlich doch verhaftet und zum Tode verurteilt worden war, hatte er seine letzten Tage im Todestrakt damit verbracht, Blackie in den höchsten Tönen zu loben. Genau wegen dieses gerühmten Pflichtgefühls hatte Bruder Ping Blackie zu seiner rechten Hand ernannt. Er traute seinen Ohren kaum, nun erfahren zu müssen, dass Blackie seinen einstigen Kameraden verraten hatte. »Hast du dich nicht rührend um seine alten Eltern gekümmert? Warum hättest du ihm das antun sollen?«

Blackie zögerte und legte sich seine Worte zurecht. »Ich habe Ma Sans Haus verwanzt und seinem Vater dabei geholfen, sich eine neue SIM-Karte zu besorgen, um alles mithören zu können, was die beiden miteinander reden. Als ich verhaftet wurde, musste ich verraten, wo er sich versteckt, um selbst dem Erschießungskommando zu entgehen.«

»Dreckiger Wichser.« Bruder Ping betrachtete ihn angewidert. »Du hast also doch ein schwarzes Herz, wie dein Name vermuten lässt. Du hast rechtzeitig dafür gesorgt, genug belastendes Material über Ma San zu sammeln, richtig? Scheiße, ich muss vollkommen blind gewesen sein zu glauben, du könntest etwas wert sein. Geh da rüber und knie dich neben die Wand vom Bad. Dein Bett kannst du diese Nacht vergessen.«

Blackie sagte kein Wort, sondern verschwand folgsam in seiner Ecke.

Bruder Ping wandte sich wieder an Du und betrachtete ihn lauernd. »Soso. Wie sich herausstellt, weißt du wirklich eine ganze Menge.«

Du lächelte. »Ich war immerhin Journalist. Wir graben alle möglichen Geheimnisse aus. Ich bin damit nur ein bisschen zu weit gegangen, deswegen sitze ich hier in dieser Zelle.«

Das war nur die halbe Wahrheit. Er saß in der Tat hier, weil er sich illegal Zugang zu Geheimnissen der nationalen Sicherheit verschafft hatte, aber sein Wissen um die verborgenen Geheimnisse von Blackie und den anderen hatte nichts mit seiner Karriere als Reporter zu tun.

Bruder Ping schien nicht daran interessiert zu sein, mehr über seine Hintergründe herauszufinden. Ein unergründliches, schiefes Grinsen stahl sich auf sein Gesicht, als er sagte: »Ich gehe mal davon aus, dass du dich auch über meine Vergangenheit informiert hast?«

Du sah ihn direkt an. »Dein vollständiger Name lautet Shen Jianping, du bist 43 Jahre alt. Du warst bereits mit Ende zwanzig einer der führenden Verbrecherbosse in der Stadt. Vor dreizehn Jahren hast du erheblich an Prestige eingebüßt, weil du dich einem noch einflussreicheren Rivalen geschlagen geben musstest. Der Typ hat dir so erbarmungslos zugesetzt, dass du schließlich keinen Ausweg mehr gesehen und dich der Polizei gestellt hast. Dir war klar, dass der Hochsicherheitstrakt der sicherste Ort in der ganzen Stadt ist und dich hier selbst ein nahezu allmächtiger Gangsterboss nicht einfach so umlegen kann. Du hast Zellblock 4 nach und nach unter deine Kontrolle gebracht und dich dann zurückgelehnt. Hast dich nie um Haftminderung bemüht, sondern deine Haftzeit im Gegenteil sogar mehrfach verlängert. Du sitzt lebenslänglich ein. Was nicht heißt, dass du dich nicht nach Freiheit sehnen würdest, sondern nur, dass du dich nicht traust, diesen Ort zu verlassen. Du spielst dich im Inneren dieser Wände nur deshalb so auf, weil du dich vor dem fürchtest, der draußen wartet.«

Bruder Ping nickte. »Völlig richtig. Ich fürchte diesen Mann, aber das ist keine Schande. Erzähl weiter – hast du sonst noch irgendwelche peinlichen Geheimnisse von mir in der Hinterhand, die du vielleicht gegen mich einsetzen möchtest?«

Du schütteltest den Kopf.

»Alles klar.« Bruder Pings Tonfall wurde schneidend kalt. »Du hast heute drei meiner Brüder mit Füßen getreten. Was sie in der Vergangenheit auch getan haben mögen, es sind und bleiben meine Jungs. Was bedeutet, dass ich einiges an Territorium zurückerobern muss. Du hast ihre Schwachstellen ausgenutzt, also werde ich meinen Ärger am Arm deines kleinen Freundes auslassen. Klingt das nach einem fairen Deal?«

Er spannte das Handgelenk an und verdrehte Hang den Arm noch ein wenig mehr. Hang stöhnte auf. Feine Schweißperlen sammelten sich auf seiner Stirn.

»Moment!« Du strecktest die Hand aus.

Bruder Ping musterte ihn eisig. »Was noch?«

»Wenn du ihm wehtust, wird es dir leidtun«, sagte Du

feierlich. »Ich habe nämlich noch eine kleine Neuigkeit für dich, die dein Leben vollkommen auf den Kopf stellen wird.«

Ping rümpfte die Nase, wusste aber mittlerweile, dass Du keine leeren Versprechungen abgab, und löste seinen Griff.

Du tat einen Schritt auf ihn zu, schaute ihm fest in die Augen und betonte sorgfältig jede einzelne Silbe. »Der Verbrecherboss, vor dem du solche Angst hast? Er ist tot.«

»Tot?« Bruder Ping traten die Augen aus den Höhlen. »Wie?«

»Ermordet. Lässt du meinen Freund jetzt los?«

Bruder Pings Euphorie verflüchtigte sich überaus schnell. Er riss Hang noch fester an sich. »Du bluffst. Den hätte niemand je umbringen können.«

Du zucktest mit den Schultern und zeigte auf Hang. »Kannst auch ihn fragen.«

Bruder Ping packte Hang am Kragen und riss ihn herum, um ihm direkt in die Augen schauen zu können. Als die bedrohliche Stimmung kaum noch zu ertragen war, fragte er leise: »Du kennst Deng Yulong?«

»Deng Yulong?«, wiederholte Hang verständnislos.

»Deng Hua, Bürgermeister Deng«, sagte Du. Die restlichen Insassen hoben erstaunt die Köpfe – diesen Namen kannten sie alle.

»Deng Hua sagt mir natürlich was«, warf Hang hastig ein. »Und ja, der ist tot.«

Bruder Ping starrte Hang an, konnte aber kein Anzeichen einer Lüge erkennen. Seine Hände begannen zu zittern. Er konnte die plötzlich aufwallenden Gefühle kaum noch kontrollieren. Er holte tief Luft, versuchte sich zusammenzunehmen und fragte: »Wie ist er gestorben? Sag schon. Eine einzige Lüge, und ich reiße dir die Zunge raus!«

»Ein Internet-Mörder hat ihm eine Todesanzeige geschickt, und gestorben ist er in der Wartehalle am Flughafen.« Hang sah, dass Bruder Ping diese spärlichen Auskünfte nicht genügten, und fügte hinzu: »Mehr weiß ich nicht.«

»Ein Internet-Mörder?« Von so etwas hatte Bruder Ping noch nie gehört. Er wandte sich an Du. »Für wen hat der gearbeitet?«

Du schwieg einen Moment, ehe er antwortete. »Er hat für niemanden gearbeitet. Er ist Einzelgänger. Er tötet alle Verbrecher, die ihrer gerechten Strafe entkommen sind.«

Bruder Ping ließ Hang los und verfiel in stummes Grübeln. Irgendwann schüttelte er den Kopf und seufzte. »Die Welt draußen hat sich sehr verändert.«

Hang war endlich frei, rieb sich das geschwollene Handgelenk und betrachtete Du voller Verwunderung. Als sie sich tags zuvor unterhalten hatten, schien Du nichts von Eumenides gewusst zu haben, jetzt aber war klar, dass er so gut wie alles wusste. Was hatte diese plötzliche Kehrtwende zu bedeuten?

Du schien seine stumme Frage erraten zu haben und lächelte, sagte aber nichts.

Bruder Ping war noch immer aufgebracht. »Und wann ist das passiert?«

»Im letzten Spätherbst.«

»Leck mich am Arsch. Das ist mehrere Monate her, und Vorsitzender Gao hat es immer noch nicht für nötig gehalten, mir einen Brief zu schreiben.«

Du kicherte. »Deng Huas Tod hat Gao Desen die einmalige Gelegenheit beschert, die Stadt unter seine Kontrolle zu bringen. Warum sollte er dir das mitteilen? Seit du im Knast sitzt, ist er mächtiger und mächtiger geworden. Du bist seit über zehn Jahren weg von der Bildfläche. Glaubst du wirklich, er betrachtet dich immer noch als großen Bruder?«

Bruder Ping schaute niedergeschlagen drein, wusste aber, dass Du die Wahrheit sprach. Er war seit knapp dreizehn Jahren von der Außenwelt abgeschnitten. Viel zu lange. Viele Dinge würden nicht mehr so sein wie früher.

Von solcherlei Gedanken vollkommen eingenommen, verschwendete Bruder Ping keinen Gedanken mehr an das Scharmützel, das eben noch in ihrer Zelle stattgefunden hatte. Er wanderte zu seinem Bett, aber statt sich hinzulegen, blieb er vor der Wand stehen und schaute zum kleinen Fenster auf. Blasses Mondlicht sickerte zwischen den Gitterstäben hindurch, wie in Tausenden Nächten zuvor. In dieser Nacht aber schien es von einem besonderen inneren Glanz erfüllt zu sein, aufregend und tragisch gleichermaßen.

KAPITEL VIER

HUA SCHLÄGT ZURÜCK

BÜRO FÜR ÖFFENTLICHE SICHERHEIT, CHENGDU

Hauptmann Pei von der Kriminalpolizei war bereits am frühen Morgen im Arbeitszimmer des Polizeichefs vorstellig geworden. Nun saß er einem kleinen gedrungenen Mann Mitte fünfzig mit schütterem Haar gegenüber. Trotz seiner körperlichen Erscheinung lagen unbezwingbarer Kampfgeist und erhabene Würde in seinem Blick.

Song Zhendong war sein Name, Leiter des Büros für Öffentliche Sicherheit und Pei Taos direkter Vorgesetzter. Aktuell besprachen sie einen großen Rauschgifthandel.

Vor zehn Tagen hatte Hauptmann Peis Team den anonymen Hinweis bekommen, ein Dealer namens »Hotdog« kontrolliere mittlerweile die Verteilung neuerer Drogen wie K und Ecstasy im Norden der Stadt. Pei Tao hatte daraufhin seine Techniker angewiesen, Hotdog rund um die Uhr zu überwachen. Kurz darauf hatten sie einen Mann mit südlichem Akzent auf Band, der Verbindung mit Hotdog aufnahm, um ihm von einer größeren Ladung qualitativ hochwertiger Ware zu erzählen, die gerade eingetroffen sei und die er über Hotdog verkaufen wolle. Obwohl es ihr erstes Treffen war, sprach der Mann mit großer Selbst-sicherheit – er hatte eindeutig einen mächtigen Hinter-mann. Der Fall war zu einer so großen Nummer geworden, dass Pei Tao die fähigsten Kollegen um sich scharte und vorbereitete.

Der Südländer und Hotdog trafen sich noch einige wei-tere Male und kamen schließlich überein, das Geschäft am 26. März im Hotel *Arc de Triomphe* abzuwickeln. Die Drogen sollten vor Ort getestet und bar bezahlt werden, sofern die Qualität stimmte. Pei Tao hatte also sein Team rings um das Hotel verteilt und sich selbst im Nachbarzimmer des Raums versteckt, in dem die Transaktion stattfinden sollte.

Wie erwartet trafen Hotdog und der Südländer nachein-ander ein. Der Südländer erschien in Begleitung dreier mas-siger Leibwächter, die jeder einen verschlossenen Aktenkof-fer trugen. Laut den Überwachungsteams musste einer der Koffer die Drogen enthalten.

Die Dealer schienen sehr genau zu wissen, wie sie sich dem Zugriff der Polizei entziehen konnten. Der Südländer betrat den Treffpunkt allein, während sich die drei Leib-wächter aufteilten und durch das gesamte Hotel wanderten. Da sich das Trio auf diese Art gegenseitig deckte, konnten die Polizisten in Zivil nicht nahe genug an alle gleichzei-tig herankommen, sondern mussten sich damit begnü-gen, sämtliche Ausgänge genauestens zu überwachen, wie Fischer, die ihre Reusen auslegen.

Der Südländer traf sich mit Hotdog und händigte ihm eine Probe aus, die Hotdog sofort überprüfte. Er schien sehr zufrieden zu sein. Die beiden verabschiedeten sich und überließen es ihren Untergebenen, die eigentliche Trans-aktion durchzuführen.

In dem Moment erteilte Pei Tao den Befehl zum Zugriff, um die Dealer nicht entkommen zu lassen.

Die Festnahmen verliefen ohne große Gegenwehr. Pei Tao führte persönlich eine Einsatzgruppe ins Zimmer und schnappte sich den Südländer und Hotdog, während sein Assistent Yin Jian den Sperrgürtel beaufsichtigte und alle Leibwächter festsetzte. Es gab nur einen Haken an der Sache: Keiner der drei Aktenkoffer enthielt auch nur eine Spur der Drogen. Es war ihnen demnach gelungen, die Ladung irgendwo im Hotel zu verstecken.

Die Probe hatte Hotdog nach dem Testen sofort das Klo runtergespült; sie mussten also die restlichen Drogen finden, um alle Beteiligten anklagen zu können. Pei Tao machte sich keine allzu großen Sorgen, da die Überwachungsteams bestätigten, dass das Zeug auf jeden Fall ins Hotel gelangt war. Keiner der Verdächtigen hatte das Hotel verlassen, also musste es irgendwo versteckt liegen. Früher oder später würden sie es finden.

Weshalb Pei Tao den Befehl erteilt hatte, das *Arc de Triomphe* abzuriegeln. Gäste und Mitarbeiter waren ausquartiert worden, die akribische Suche angelaufen. Kurz darauf war Pei auf Hua gestoßen und hatte erfahren, dass das Hotel ebenfalls zum Firmenimperium Deng Huas gehörte.

In der Situation hatte er keine Zeit gehabt, sich länger mit Hua auszutauschen, da die verschwundenen Drogen dringend gefunden werden mussten. Leider war der Erfolg ausgeblieben. Auch nach einem ganzen Tag intensiver Suche wurde ihnen die Beute verwehrt. Die Drogen blieben verschwunden.

Das Hotel war so geräumig, dass eine noch akribischere Suche eine monumentale Aufgabe dargestellt hätte. Stattdessen versuchte Pei, beim Verhör der Verdächtigen einen Durchbruch zu erzielen.

Dabei wiederum eröffnete sich ein weiteres Problem: Sie mussten sich auf diese Situation vorbereitet haben, denn keiner von ihnen machte den Mund auf, so sehr er sie auch bedrängte. Es bereitete ihm großes Kopfzerbrechen und brachte die Ermittlung zum Stillstand. Ihre einzige Chance bestand darin, sich von irgendwoher handfeste Beweise zu verschaffen.

Nachdem er Hauptmann Peis Bericht gelauscht hatte, zog Polizeichef Song ein langes Gesicht. »Läuft die Suche noch?«

Pei Tao nickte. »Wir hören erst auf, wenn wir die Drogen gefunden haben.«

»Wir haben einen Monat.« Song kniff die Augen zusammen. »Das wird doch hoffentlich reichen?«

In Fällen wie diesem durften Verdächtige maximal einen Monat ohne Anklage festgehalten werden. Die grundlegende Ermittlung würde innerhalb dieser Frist stattfinden müssen, um der Staatsanwaltschaft rechtzeitig die nötigen Beweise für einen Anklage vorlegen zu können. Gelang es ihnen nicht, die Drogen innerhalb dieser Frist zu finden, fehlte ihnen das Kernstück der Ermittlung, ohne das sie nicht weitermachen konnten. In dem Fall würden sie sämtliche Verdächtigen freilassen müssen.

Aber so groß das Gebäude auch sein mochte, ein Monat musste für die Suche einfach reichen. Selbst wenn diese Aussicht optimistisch stimmte, wirkte Pei Tao weniger zuversichtlich, als Song gehofft hatte. »Das sollte auf jeden Fall reichen«, sagte er zögerlich. »Ich mache mir trotzdem Sorgen ... Gut möglich, dass es da noch um etwas anderes geht.«

»Aha?« Song starrte ihn an. »Was haben Sie herausgefunden?«

Pei hörte auf, um den heißen Brei herumzureden. »Wir haben die ganze letzte Nacht hindurch Verhöre geführt, und die Ergebnisse sind etwas seltsam.«

Song beugte sich erwartungsvoll vor. Pei fuhr fort. »Wir haben sie einzeln vernommen und eine Reihe psychologischer Taktiken eingesetzt, ihnen zum Beispiel versichert, die Drogen seien längst gefunden worden, wir hätten handfeste Beweise, wer als Erster auspackt, bekomme eine Strafmilderung und so weiter. Sie waren alle vollkommen ungerührt, als hätte die ganze Sache nichts mit ihnen zu tun.«

»Das ist in der Tat ein Problem.« Polizeichef Song schwieg eine Weile. Es war ein altbewährtes Verfahren, widerspenstige Verdächtige mit der Kunst der Spieltheorie zu manipulieren, eine Taktik, die fast immer Früchte trug. Meist reichte schon der kleinste Anreiz, um Kriminelle dazu zu bringen, sich gegenseitig mit ihrem Eifer zu überbieten und die Spießgesellen ans Messer zu liefern. Diese vereinigte Front aus Schweigen war unerklärlich und beunruhigend.

»Was halten Sie davon?«, fragte er Pei Tao.

Pei trommelte leise mit den Fingerspitzen auf der Tischplatte. »Es kann sein, dass sich keine Drogen im Hotel befinden und sie deshalb so selbstsicher tun.«

»Sie meinen, die haben die Ware vorher woanders versteckt und sie gar nicht erst ins Hotel transportiert?«

»Nicht unbedingt. Wir haben ihre Kommunikation auf beiden Seiten abgehört, und die Transaktion sollte ganz eindeutig im Hotel stattfinden. Dort sollten Drogen und Geld den Besitzer wechseln.«

»Wovon reden Sie dann?«, fragte Song verwirrt.

»Wenn keine Drogen im Hotel sind, heißt das, der Plan war eine Finte und die ganze Transaktion von Anfang an erlogen.«

Das verwirrte Polizeichef Song nur noch mehr. »Warum sollten sie das tun?«

»Schwer zu erklären ...« Pei schaute an die Decke und wechselte unvermittelt das Thema. »Ich habe am Tatort jemanden getroffen, der mir die Idee für eine andere Hypothese geliefert hat.«

»Wen?«

»Hua. Das *Arc de Triomphe* läuft auf den Namen von Deng Huas Witwe, aber eigentlich zieht Hua die Strippen.«

Song strich sich übers Kinn und überlegte, was das zu bedeuten hatte. Pei Tao legte mit den restlichen Erkenntnissen nach. »Wenn ich das richtig verstehe, stand die Longyou-Gesellschaft zum Zeitpunkt dieses Treffens bereits wegen möglicher Finanzvergehen unter Beobachtung. Und während wir das *Arc de Triomphe* dichtmachten, wurden auch diverse andere Geschäfte unter Dengs Namen angegriffen. Hua muss ziemlich in der Klemme stecken.«

»Die Longyu-Gesellschaft ...« Song wirkte unsicher, ob er das Folgende wirklich preisgeben sollte, entschied sich aber schließlich doch dazu. »Ich habe die Untersuchung der Finanzdelikte persönlich autorisiert. Wir hatten Deng Hua seit Jahren auf dem Schirm und haben eine Menge Beweise für diverse Ungereimtheiten bei Longyu angehäuft.«

Pei sagte nichts, aber die Frage stand deutlich in seinem Blick zu lesen. Wenn sie ihn seit Jahren beobachteten und mehr als genug Beweise gesammelt hatten, warum dann erst jetzt zuschlagen?

Song betrachtete ihn. »Deng Huas Fall war überaus kompliziert. Er stand mit so vielen anderen Sachen in Verbindung – wäre er nicht gestorben, hätten wir niemals gegen Longyu vorgehen können. Sie verstehen.«

Pei seufzte lautlos. Rein pragmatisch betrachtet gab es natürlich viele Verbrechen, die niemals geahndet werden konnten. Sollte die Polizei Eumenides aus diesem Blickwinkel am Ende doch dankbar sein? Hätte er Deng Hua nicht ermordet, hätte diese Operation gegen Longyu bis heute nicht anlaufen können.

Er zwang sich, solche Überlegungen beiseitezuschieben – es handelte sich schließlich um einen ganz anderen Fall, und er persönlich war dafür verantwortlich gewesen, Eumenides in den Hochsicherheitstrakt zu verfrachten.

»Ich verstehe trotzdem nicht, warum Sie erwähnt haben, dass Deng Huas Niederlassungen angegriffen werden«, sagte Polizeichef Song. »Glauben Sie, da gibt es einen Zusammenhang?«

Pei nickte. »Gut möglich, dass jemand die günstige Gelegenheit nutzen will, wo Longyu gerade von der Polizei durchleuchtet wird, um Deng Huas restlichen Einfluss in der Stadt komplett auszumerzen.«

Song dachte den Gedanken weiter. »Dann war diese ganze Drogengeschichte ein reiner Schwindel, und all das zielt nur darauf ab, Hua noch mehr Ärger zu machen?«

»Ich bin seit über zehn Jahren bei der Kriminalpolizei, und das klingt mir von allen Erklärungen mit Abstand am glaubhaftesten«, sagte Pei ernst. »Das Motiv scheint eindeutig zu sein, die Polizei mit einer fruchtlosen Suche im *Arc de Triomphe* festzunageln, wohl wissend, dass wir nicht aufgeben werden, selbst wenn wir nichts finden. Für eine Einrichtung dieser Größe wäre es kaum zu verkraften, einen ganzen Monat geschlossen bleiben zu müssen.«

Song starrte an die Decke, dann zurück zu Pei. »Falls das stimmt, muss irgendwer hinter den Kulissen die Strippen ziehen. Wer könnte das sein?«

»Ich hatte noch keine Zeit, in diese Richtung zu ermitteln, aber es sollte nicht allzu schwer sein, eine Antwort darauf zu finden«, sagte Pei entschlossen. »Wer auch immer sich berechtigte Hoffnungen machen kann, Deng Huas Platz im Gefüge dieser Stadt einzunehmen.«

»Mhmm.« Song verschränkte die Finger. »Was haben Sie als Nächstes vor?«

»Ich will mir diese Fälle noch einmal parallel anschauen und nachforschen, wer dahintersteckt. Wenn das so weitergeht wie jetzt, steht uns Ärger ins Haus.«

Song blinzelte.

»Ich kenne Hua«, sagte Pei. »Der wird nicht lange zögern, sich zu wehren, wenn man ihn so direkt angreift. Wir sollten uns relativ schnell einschalten, sonst geht die Sache übel aus.«

Song zeigte mit dem Finger auf ihn. »Und Sie haben auch schon einen Plan? Lassen Sie hören.«

»Ich will die Durchsuchung des *Arc de Triomphe* abbrechen, die uns ganz nebenbei sowieso zu viel Zeit stiehlt. Dann lassen wir unsere Verdächtigen laufen, behalten sie aber genau im Auge. Wenn alles glattgeht, finden wir bald heraus, wer dahintersteckt.«

»Und der Sinn dahinter? Was haben wir davon?«

»Wir sollten mindestens in der Lage sein, einen offenen Bandenkrieg zu verhindern. Und im Idealfall graben wir dabei noch etwas aus, das uns gegen Hua hilft.«

Song konnte Peis Zuversicht nachvollziehen, musste sich aber trotzdem als Spielverderber betätigen. »Wir können die Suche nicht sofort abbrechen, weil wir uns nicht sicher sein können, dass es sich wirklich um eine Finte handelt. Wir müssen das Gebäude gründlichst untersuchen. Wir reden hier von einer Menge Drogen, da dürfen uns keine Fehler unterlaufen.«

Pei sah ihn unglücklich an. »Verstehe«, sagte er knapp.

»Natürlich werde ich nicht vergessen, was Sie mir gerade dargelegt haben«, sagte Song gedehnt. »Sollte der Machtkampf eskalieren, schicke ich die Kameraden von der Öffentlichen Sicherheit vorbei. Machen Sie sich keine Sorgen.«

Pei nickte stumm. Die öffentliche Ordnung aufrechtzuerhalten und den Frieden zu wahren, genau dafür war das Büro für Öffentliche Sicherheit da; nur konnten sie nicht präventiv vorgehen, sondern mussten darauf warten, dass es wirklich irgendwo Ärger gab, ehe sie einschreiten durften. Und es gab noch ein weiteres wichtiges Problem, das er ansprechen musste.

»Während wir nach dem Drahtzieher suchen, müssen wir sehr vorsichtig sein, vor allem, was die Geheimhaltung innerhalb der Abteilung angeht.«

Song riss die Augenbrauen hoch. »Sie glauben, wir haben auch intern ein Problem?«

Pei sah ihn besorgt an. »Diese Pläne sind mit höchster Sorgfalt ausgearbeitet worden – das hat nicht bloß einen oder zwei Tage Vorbereitung gekostet. Und wer auch immer dahintersteckt, hat zugeschlagen, sobald die Finanzpolizei gegen Longyu losgezogen ist. Ich fürchte, das ist kein Zufall.«

»Gut.« Song grübelte mit düsterer Miene eine Weile vor

sich hin. »Ich behalte die Situation im Auge. Ich will Ihnen aber nicht noch mehr Zeit stehlen – machen Sie sich wieder an die Arbeit.«

»Jawohl, Sir!« Pei salutierte und ging.

*

Als Hua die Augen aufschlug, war es bereits hell. Er hörte leises Klimpern aus der Küche, außerdem stieg ihm ein verführerischer Duft in die Nase, der unverzüglich seinen Appetit weckte. Er stand auf und ging in die Küche.

Dort fand er Ming Ming vor, die am Herd stand und mit Spiegeleiern beschäftigt war.

»Ah, du bist wach«, sagte sie anstelle einer Begrüßung.

»Was machst du da?« Hua war völlig verdattert. So ein Benehmen hatte er noch nie erlebt.

»Frühstück, was sonst?« Ihr Daumen stach in Richtung Kühlschrank. »Da ist frische Milch, wenn du willst.«

Huas Brauen zogen sich zusammen. »Wo hast du Milch und Eier her?«

»Gute Frage ... Ich habe sie gekauft?« Sie drehte sich um und schaute ihn an.

Hua schüttelte den Kopf und verließ die Küche. Im Wohnzimmer zog er die Vorhänge beiseite und schaute nach draußen. Die Wohnung lag im obersten Stock – von hier aus genoss man einen tollen Blick in die Ferne, was ihm sehr behagte.

Er hatte eine Menge Probleme zu sortieren, aber diese Aussicht auf die Stadt gab ihm ein Gefühl von Kontrolle, als könne er jede Situation meistern, wie groß der Druck auch werden mochte, wie unlösbar die Umstände auch wirkten.

Mit eiligen Schritten kam Ming Ming aus der Küche ins Wohnzimmer marschiert, Spiegeleier und Milch auf einem Tablett arrangiert. »Frühstückszeit! Komm, sag mir, was du von meinen Kochkünsten hältst.«

Hua fühlte sich rüde in seinen Gedanken unterbrochen, aber auch der leere Magen duldete keinen Aufschub.

»Bon appétit.« Ming Ming stellte den Teller vor ihm ab.

Hua schnappte sich ein ganzes Ei, kaute ein paarmal und schluckte. Nicht übel.

Ming Ming verfolgte mit Freude, wie er sein Essen herunterschlang.

»Wo hast du das gelernt?«, fragte er plötzlich.

Sie neigte den Kopf und strahlte ihn an. »Das ist doch bloß ein bisschen Haushalt. Kann das nicht jedes Mädchen?«

»Ich dachte, ihr wärt anders als andere Mädchen. Ich dachte, Haushalt macht euch keinen Spaß, weil ihr eher ...« Er stockte, unsicher, wie er es formulieren sollte.

»Schmarotzer seid?«, führte sie seinen Satz zu Ende.

Er konnte nicht leugnen, dass seine Gedanken in diese Richtung gegangen waren. Stumm öffnete er die Milchpackung und goss sich ein Glas ein.

Ming Ming seufzte. »Das glauben viele Leute. Aber ich bin ganz anders, als du denkst. Ich habe mir dieses Leben nicht ausgesucht. Meine Eltern sind gestorben, und ich habe einen kleinen Bruder, der bald die Hochschule besuchen will ...«

»Schluss«, unterbrach Hua. »Ich weiß, dass ihr alle rührselige Geschichten auf Lager habt.«

Ming Ming kaute auf ihrer Unterlippe. »Kann sein, dass sich die anderen Mädchen solche Geschichten ausdenken. Meine ist wahr.«

Er schüttelte den Kopf. »Es spielt keine Rolle, ob sie stimmt oder nicht.« Sein Blick wanderte zu ihrer Brust hinab.

Sie wurde rot. »Was denn?« Sie schaute an sich herab und musste feststellen, dass ein großer Fettfleck auf Huas gutem Hemd prangte, das sie noch immer trug.

»Tut mir leid«, murmelte sie und spielte schamvoll mit ihren Haaren. »Ich habe keine Schürze gefunden.«

»Dieses Hemd hat über tausend Yuan gekostet, und du benutzt es als Hauskittel.«

»Meine Sachen sind alle noch im Hotel«, sagte sie energisch.

Hua betrachtete sie eine Weile stumm, die Augen zusammengekniffen. Sie konnte nicht sagen, was in ihm vorging.

»Was?« Sie fühlte sich unwohl. Sein Blick hatte etwas Schauriges.

»Nichts.« Er wandte sich ab. »Wir kaufen dir nachher ein paar neue Outfits.«

»Echt?«

Er nickte. »Aber dann musst du auch etwas für mich tun.«

»Kein Problem.«

Er lupfte eine Braue. »Willst du mich nicht fragen, was?«

»Warum sollte ich?« Sie lächelte. »Ich tue, was immer du willst.«

Halb im Scherz meinte er: »Und wenn ich dich bitte, jemanden umzubringen?«

Sie überlegte nur sehr kurz. »Würde ich es tun.«

Er sah sie fassungslos an. »Warum?«

»Alle sagen, dass du die Welt in Freunde und Feinde aufteilst. Wenn ich also irgendwas tun kann, um dir zu helfen, dann tue ich das, ganz egal, was es ist.« Sie strahlte ihn an.

»Ich will lieber dein Freund sein, denn ich bin mir sicher, dass du deine Freunde gut behandelst.«

Jetzt lächelte auch Hua – ein liebevolles, ehrliches Lächeln, wie es nur selten auf seinem Gesicht zu sehen war.

*

Zur selben Zeit war irgendwo anders in der Stadt soeben ein junger Mann erwacht. Seine Augen waren noch verquollen und seine Bewegungen träge, nicht ganz nüchtern.

Die Wohnung, in der er sich befand, war wesentlich schäbiger als Huas Luxusappartement. Sie lag in einem flachen Gebäude in einer der traditionellen alten Hutong-Gassen. Die Wohnung war feucht, ein leichter Schimmelgeruch allgegenwärtig und unauslöschlich.

Den Mann störte seine heruntergekommene Behausung nicht. Er gehörte nicht zu denen, die von Luxus träumen, sondern wollte nichts weiter als einen eigenen Platz in der Welt, erstritten durch harte Arbeit.

Vor drei Jahren war er als Teil einer Gruppe junger Leute aus seinem Heimatdorf in die Stadt gekommen. Hier kannte ihn keiner, also hatte auch niemand Respekt vor ihm. Man merkte sich nicht einmal seinen Namen. Er war der fünftjüngste in der Gruppe gewesen, also hatte man ihn Nummer Fünf gerufen.

Dieser Spitzname bereitete ihm solche Scham, dass er sich schwor, über ihn hinauszuwachsen. Und drei Jahre später war es ihm auch gelungen. Sagte heute jemand »Nummer Fünf«, so war es nicht abschätzig, sondern ehrerbietig gemeint.

Jedermann wusste, dass Nummer Fünf erbarmungslos

war. Er hatte keine Angst vor dem Tod, und es gab niemanden, mit dem er sich nicht freiwillig gemessen hätte.

Also fingen die Leute irgendwann an, mit ihren Problemen zu Nummer Fünf zu kommen. Zu Beginn ging es nur um Straßenkämpfe und dergleichen, später zunehmend um Schutzgeld und Ordnung. Sein Ruhm mehrte sich. Vor einer Woche schließlich war eine wichtige Persönlichkeit gekommen, um ihn zu sprechen.

Gao Desen. Vorsitzender Gao. Ein Name, den jeder in der Unterwelt kannte. Er hatte für Nummer Fünf und dessen Gang ein Festmahl arrangiert, mit feinen Speisen und erlesenem Wein, und darüber hinaus hatte er seine Pläne dargelegt, wie Nummer Fünf sich endgültig einen großen Namen machen könne.

Als Nummer Fünf das *Traumstadt* betrat, kannte er keine Angst, denn er war auf alles vorbereitet. Als Herr Hua persönlich auftauchte, ließ ihn auch das unbeeindruckt weiter sein Bier trinken, während er die angebotenen Spirituosen ignorierte.

Nummer Fünf wusste, dass es einige wenige Regeln in der Unterwelt gab, die nicht gebrochen werden durften. Er trank bereits auf Gao Desens Kosten. Nähme er von Hua ebenfalls einen Drink an, mussten sich die beiden Flüssigkeiten in seinem Magen zu Gift vermengen – zu einem Gift, das seinen Körper verzehren und seinen Ruf zersetzen würde. Und ohne diesen Ruf wäre er wieder dort, wo er angefangen hatte, und alle würden auf ihn herabschauen.

Also starrte Nummer Fünf Hua betont feindselig an, um keinen Zweifel an seiner Loyalität zuzulassen.

Hua leerte zur Strafe allein sein Glas und ging.

Alle Anwesenden hatten den Austausch verfolgt, von

dem wenige Stunden später bereits die halbe Stadt gehört hatte.

Als Nummer Fünf an diesem Abend das *Traumstadt* verließ, warteten seine Freunde auf ihn. Man bestand darauf, ihn zum Feiern in die Innenstadt zu begleiten, und er wehrte sich nicht. Seiner Ansicht nach stand ihm eine derartige Behandlung mittlerweile zu.

Er betrank sich dermaßen, dass er sich nicht einmal daran erinnern konnte, wie er in seine schäbige kleine Behausung zurückgefunden hatte. Als er erwachte, erhob er sich nicht gleich aus dem Bett, sondern lag eine Weile da, genoss das gleißende Sonnenlicht, das durchs Fenster hereinbrach, und fragte sich, wo er seinen Magen befüllen wollte, als es an der Tür klopfte.

»Wer ist da?«, rief er, auf der Stelle wachsam.

»Bringdienst«, rief jemand draußen. »Ein Freund hat Frühstück für Sie bestellt.«

Nummer Fünf entspannte sich und grinste. »Momentchen.« Er streifte sich eine Hose über und ging ohne Hemd zur Tür.

Draußen stand ein Typ in Kellnerkleidung, der ihm eine Papiertüte reichte.

»Was ist drin?«, fragte Nummer Fünf, während er lässig die Tüte in Empfang nahm.

»Ihre Lieblingsspeise«, sagte der junge Kerl und lachte geheimnisvoll.

Die Tüte sah aus, als könnte sie einen Hamburger beherbergen, fühlte sich aber schwerer an. Er leerte sie. Etwas Rundes kam zum Vorschein, etwa so groß wie seine Faust. Eine Kartoffel und eine dreckige noch dazu, als hätte man sie gerade erst ausgegraben.

Nummer Fünf machte ein langes Gesicht. »Wer hat die geschickt?«

»Mögen Sie etwa keine Kartoffeln? Hier bekommen Sie eine direkt nach Hause geliefert. Warum freuen Sie sich nicht?« Ein weiterer junger Mann spazierte in sein Blickfeld. Er war sehr blass und hätte wie ein Gelehrter ausgesehen, wäre da nicht der Blick in seinen dunklen Augen gewesen, die unheilvoll glitzerten.

Nummer Fünf hatte den Kerl schon einmal gesehen, brauchte aber einen Augenblick, um ihn einzusortieren. Ma Liang, der Geschäftsführer des *Traumstadt*. Sein Herz zog sich schmerzhaft zusammen, aber er schluckte den Ärger herunter und setzte ein falsches Lächeln auf. »Ich mag Kartoffeln durchaus, werde aber trotzdem warten, bis ich wieder im *Traumstadt* sitze und ein Bier vor mir stehen habe.«

»Schluss mit dem verfickten Small Talk«, fauchte Ma Liang. »Bing, füttere den Wichser.«

Der Kellner namens Bing schlug mit breitem Grinsen nach Nummer Fünfs Gesicht.

Aber Nummer Fünf war gewappnet. Er duckte sich zur Seite weg und fing den Schlag mit der Linken ab, während er gleichzeitig nach Bing trat. Anstatt mit einem Sprung auszuweichen, trat Bing vor, steckte den Tritt ein und zwang Nummer Fünf in den Nahkampf. Nummer Fünf war zwar der Größere von beiden, konnte daraus aber in seinem engen Flur kein Kapital schlagen.

Während Bing und Nummer Fünf einander umschlangen, tauchte Ma Liang neben ihnen hindurch und platzierte seine Faust in Nummer Fünfs Magen. Nummer Fünf stieß stöhnend die Luft aus und krümmte sich unwillkürlich, während seine Glieder die Kraft verließ.

Bing schob ihn rückwärts in seine Wohnung. Ma Liang folgte dichtauf und schloss die Tür hinter ihnen. Dann fuhr er herum und schrie Nummer Fünf ins Gesicht: »Ich komme persönlich vorbei, um dich zu bewirten, und du weigerst dich zu essen, du Hurensohn? Warum so wählerisch?«

Nummer Fünf atmete schwer und starrte Ma Liang an. »Schlag' mich tot, wenn du die Eier dazu hast, oder ich schwöre dir, ich bringe dich um«, fauchte er.

»Sind das meine einzigen Optionen? Na gut, dann will ich dir den Gefallen tun.« Ma Liangs Faust krachte gegen Nummer Fünfs Schläfe. Diesmal stieß Nummer Fünf nicht einmal ein Geräusch aus, sondern erschlaffte auf der Stelle.

Bing legte ihn auf den Boden und musterte ihn besorgt. »Sie haben ihn doch nicht getötet, oder, Ma? Bruder Hua hat gesagt, er will keinen Ärger.«

»Ich weiß schon, was ich tue.« Ma Liang pustete gegen seine Knöchel. »Der ist jetzt zehn Minuten weg. Stell dir die Uhr, wenn du mir nicht glaubst.«

Bing atmete auf und zückte ein Seil, mit dem er Nummer Fünf an Händen und Füßen fesselte. Kurz darauf schlug Nummer Fünf die Augen auf. Allmählich kam er wieder zur Besinnung.

Ma Liang wartete schon ungeduldig. Sofort beugte er sich vor und stopfte Nummer Fünf die dicke Kartoffel in den Mund. »Du magst doch Kartoffeln, du Scheißkerl? Na komm, iss dich satt.«

Nummer Fünf war noch zu benebelt, um sich zu wehren. Als er begriff, was vor sich ging, steckte die Kartoffel bereits zur Hälfte in seinem Mund – hart, kalt und voller Dreck. Nummer Fünf spannte die Kiefermuskeln an und ver-

suchte, die Kartoffel auszuspucken, während er nicht iden-
tifizierbare Verwünschungen prustete.

Ma Liang sah Bing an. »He, der wehrt sich. Ich kriege sie
nicht weiter rein. Hilf mir mal.«

Bing stellte sich auf ein Bein, der andere Schuh senkte
sich über die Kartoffel. Als Nummer Fünf sich instinktiv zur
Seite drehte, landete der Stiefelabsatz auf seiner Nase. Einen
Moment lang sah er nichts als Sterne, dann strömten ihm
Tränen über die Wangen.

»Halt still, verdammt.« Ma Liang drückte ihm mit einer
Hand die Kehle zu, die andere hielt weiter die Kartoffel.
»Der nächste Tritt könnte ins Auge gehen, dann platzt dir
glatt noch ein Augapfel.«

Nummer Fünf grunzte und versuchte, sich zu wehren,
aber die Fesseln saßen fest. Er konnte nur hilflos zusehen,
wie Bings Stiefel ein weiteres Mal herabfuhr – und diesmal
einen direkten Treffer landete. Mit einem gewaltigen Ruck
durch seinen Kiefer rutschte ihm die Kartoffel zur Gänze in
den Mund.

Bing tippte ihn noch ein paarmal an, bis sie wirklich fest-
saß. Nummer Fünfs Lippen waren jetzt straff gespannt,
seine Augen traten fast aus den Höhlen, aber er konnte kein
Geräusch von sich geben.

»Na, wie sieht's aus? Schmecken dir unsere original
Traumstadt-Kartoffeln?« Ma Liang lachte schallend und
wandte sich an Bing. »Wo hast du deine Kamera? Wir brauchen ein Andenken.«

Bing öffnete seine Bauchtasche und zog eine kleine
Kamera hervor, während er fröhlich weiter mit Nummer
Fünf redete. »Im *Traumstadt* speisen viele wichtige und
berühmte Leute, und die legen immer Wert darauf, ein

Foto mit unserem Geschäftsführer zu machen. Du hast sicher unsere schöne Fotowand gesehen gestern. Und jetzt darfst du dich glücklich schätzen, weil du auch ein Foto bekommst.«

»Das Gequatsche bringt uns nicht weiter«, sagte Ma Liang. »Schnell, ziehen wir ihm ein paar Klamotten über.«

»Stimmt«, erwiderte Bing. »Du kannst schlecht oben ohne aufs Foto kommen, das gehört sich wirklich nicht. Zum Glück hat unser lieber Geschäftsführer an alles gedacht und dir sogar extra was zum Anziehen mitgebracht, siehst du?«

Bing langte abermals in die geräumige Bauchtasche und förderte einige Kleidungsstücke zutage. Nummer Fünf explodierte fast vor Zorn, als er sah, worum es sich handelte – eine Bluse mit Spaghetti-Trägern und ein Minirock.

Bing stülpte sie ihm unsanft über. Er kam sich lächerlich vor, als stattlicher junger Mann in Frauenkleidern.

»Was sagen Sie, Ma?«, fragte Bing.

Ma Liang musterte ihn ausgiebig. »Die Klamotten sind schön, der Körper stimmt noch nicht.«

Bing nickte. »Hmmm. Kriegen wir hin.« Seine Blicke durchsuchten die Wohnung, bis er etwas entdeckte.

Auf dem Nachttisch stand eine Schachtel mit Taschentüchern. Bing rupfte eine Handvoll heraus und zerknüllte sie zu zwei Kugeln.

Ma Liang lächelte böse.

Lachend stopfte Bing Nummer Fünf die beiden Kugeln in die Bluse, um ihm eine kurvenreichere Figur zu bescheren.

»Nicht schlecht, Junge. Sehr einfallsreich.« Ma Liang beugte sich dicht über Nummer Fünf. »Bitte lächeln!« Bing hob die Kamera und machte ein paar Bilder.

Nummer Fünf kochte vor Wut und Erniedrigung, konnte

aber mit den gefesselten Gliedmaßen und der Kartoffel im Mund rein gar nichts tun.

Als Bing mit der Ausbeute zufrieden war, wurde er von Ma Liang nach Hause geschickt. »Alles klar, du kannst gehen.«

Nummer Fünf schloss die Augen und bemühte sich, die Tränen zurückzuhalten. Er wusste, er war restlos besiegt. Aus dieser Sache gab es kein Zurück.

Seine Feinde hielten in der Hand, was ihm im Leben am wichtigsten war: seine Würde.

Ma Liang wusste sehr gut, was Nummer Fünf durch den Kopf gehen musste. Er klopfte ihm auf die Schulter, legte sein Lächeln ab und sagte im Tonfall eines lieben Freundes: »Nummer Fünf, unser Bruder Hua weiß, dass du ein guter Mann bist, also wollen wir es dir nicht allzu schwer machen. Wir hinterlegen diese Bilder in unserer Privatsammlung. Sie werden nicht an der Fotowand im *Traumstadt* landen – noch nicht.«

Nummer Fünf öffnete die Augen, in die ein schwacher Hoffnungsschimmer zu kriechen schien.

Ma Liang sah ihn direkt an und sagte finster: »Nur ist diese Stadt leider nicht groß genug für dich. Du musst bis morgen verschwunden sein.«

Nummer Fünfs Augen weiteten sich. Er konnte noch immer nicht sprechen, aber seine Traurigkeit war nicht zu übersehen.

»Wenn du sofort verschwindest, kannst du bestimmt in einer anderen Stadt neu anfangen«, sagte Ma Liang. »Wenn allerdings das Foto die Runde macht – tja, dann heißt es wohl zurück ins Dorf und wieder Feldarbeit, oder?«

Nummer Fünf schluckte gurgelnd. Sein Speichel hatte sich mit dem Dreck der Kartoffel vermengt, schmeckte bitter und rau.

Ma Liang wirkte zufrieden. Er lockerte Nummer Fünf die Fesseln, erhob sich und ging ohne Eile davon.

*

Die Nacht war noch jung. Bei dröhnender Musik amüsierten sich die jungen Männer und Frauen blendend, tanzten und tranken ausgelassen, streiften die Sorgen des Alltags ab und freuten sich des Lebens.

In der nordöstlichen Ecke des Tanzbereichs saß ein schlankes Mädchen allein an einem Tisch. Die Lampen flammten auf und verdunkelten sich, erleuchteten hin und wieder ihre Züge. Sie trug nur wenig Make-up und strahlte eine gewisse Eleganz aus.

Es dauerte nicht lange, bis die ersten Männer sie bemerkten, darunter auch eine Gruppe von Kerlen in einer nahen Sitzecke, ihrer Kleidung nach zu urteilen eindeutig Kinder reicher Eltern. Die meisten von ihnen hatten bereits weibliche Begleitung gefunden, bis auf einen hochgewachsenen, schlanken Jungen mit kurz geschorenen Haaren. Die anderen fingen an, ihn zu necken und aufzufordern, das einsame Mädchen anzusprechen.

Er war offenbar mit solchen Situationen vertraut, lachte nur, schnappte sich zwei Bierflaschen und spazierte zu ihr. Das Mädchen schien ihn nicht wahrzunehmen. Sie saß da, hatte den Kopf in die Hände gestützt und betrachtete verdrossen die Leiber, die sich über die Tanzfläche schraubten.

»Hallo, schöne Frau, darf ich mich setzen?« Kurzgeschoren stellte sich an den Rand ihres Blickfelds.

Sie sah ihn aus schwarzen Augen an und nickte wortlos. Er zog sich einen Stuhl heran, setzte sich neben sie und reckte theatralisch den Daumen in Richtung seiner Freunde.

Das Mädchen wirkte verwundert, ihn so nah bei sich sitzen zu sehen. Sie verzog das Gesicht und rückte ein Stück von ihm ab.

Kurzgeschoren stellte die Bierflaschen auf den Tisch und schob ihr eine zu. »Für dich.«

»Nein danke.« Sie schob die Flasche zurück. »Ich trinke nicht.«

Das war echt peinlich. Er warf einen Blick über die Schulter und sah, wie seine Freunde kicherten und tuschelten. Sie schienen nur auf sein Versagen zu warten. Er atmete tief durch. »Kann ich dir was anderes besorgen?«

»Nicht nötig. Wenn ich was trinken möchte, bestelle ich es mir selbst.«

Er ignorierte sie, winkte einen Kellner herbei und bestellte ihr einen Orangensaft. Sie schürzte die Lippen und wandte sich ab.

Er strich sich verärgert durch die kurzen Haare und dachte über einen schnellen Rückzug nach, beschloss aber nach kurzem Zögern, stattdessen alles auf eine Karte zu setzen.

Er rückte noch näher an sie heran und flüsterte: »Dann nenn mir einen Preis. Wie viel?«

Sie drehte sich um und schaute ihn verwirrt an. »Was?«

Er grinste. »Tu doch nicht so. Geht es dir nicht genau darum? Also los, wie viel, damit du die Nacht mit mir verbringst?«

Heftiger Zorn trat in ihren Blick. Sie fauchte »Idiot!«, stand auf und wollte davonstürmen.

Lautes Gelächter aus der Sitzecke hinter ihnen. Jemand pfiff, jemand anders johlte. Kurzgeschoren rümpfte die Nase, packte ihr Handgelenk und zog sie auf ihren Stuhl zurück.

»Was soll das?« Sie wehrte sich, konnte sich aber nicht befreien.

»Fick dich. Ich habe höflich gefragt. Setz dich hin!« Auch er war jetzt wütend, seine Stimme zitterte bedrohlich.

Ihr Zorn hingegen wich schnell nackter Angst. Sie wehrte sich weiterhin und schaute sich hilflos um. Bald näherte sich ein stattlicher Mann mittleren Alters.

Kurzgeschoren sah den Mann ebenfalls, wahrte aber die Fassung und zerrte das Handgelenk des Mädchens unter die Tischplatte.

Der Mann blieb neben ihnen stehen. »Was machen Sie da?«

»Was geht Sie das an?« Kurzgeschoren starrte ihn finster an. »Wir sind nur gute Freunde.«

»Nein, sind wir nicht«, sagte das Mädchen sofort. »Ich kenne ihn nicht.«

Der Mann nickte und sah Kurzgeschoren an. »Loslassen.« Seine Stimme war nicht sehr laut, klang aber äußerst entschlossen.

»Leck mich. Was hat das mit dir zu tun? Willst du Ärger?«, brüllte Kurzgeschoren und stand auf.

Der Mann musterte ihn geringschätzig. »Weiß du, wem dieser Laden gehört? Und du wagst es, eine Szene zu veranstalten?«

»Drauf geschissen, mir doch egal, wem dieser Laden gehört. Vielleicht solltest du dich lieber fragen, wer ich bin.«

Kurzgeschoren drückte den Rücken durch, obwohl er langsam ein bisschen nervös wurde. Deshalb hatte er demonstrativ seine Stimme erhoben, damit die Kumpels am Nebentisch ihn hören konnten.

Die Jungs in der Sitzecke hatten schnell bemerkt, dass etwas nicht stimmte, und drei oder vier von ihnen schlenderten herbei. Sofort fasste Kurzgeschoren frischen Mut. Er zeigte mit dem Finger auf die Nase des Mannes und grölte: »Verpiss dich!«

Der Mann erwiderte nichts, sondern musterte die Neuankömmlinge. Einer von ihnen, ein Kerl in einem roten T-Shirt, erwiderte seinen Blick und erstarrte. »Bruder Long?«

Es war in der Tat Bruder Long, und der *Mondpalast* war das Etablissement, das er mit Gao Desens Hilfe ins Leben gerufen hatte. Da die Situation derart unbeständig war, hatte er beschlossen, die ersten paar Abende persönlich anwesend zu sein. Der Tisch des Mädchens stand zufällig im direkten Blickfeld einer Überwachungskamera, er selbst hatte die Belästigung also eindeutig mitverfolgt. Normalerweise hätte er bloß ein paar Sicherheitsleute geschickt – da er aber Interesse für das Mädchen hegte, war er selbst gekommen.

Für diese Kleinganoven hatte er keine Zeit. Jetzt, da sie ihn erkannt hatten, musste er nicht mehr tun, als sich zu räuspern und finster dreinzuschauen. »Immer noch hier?«

Wortlos verschwanden sie in Richtung Ausgang.

Er beachtete sie nicht weiter, sondern wandte sich an das Mädchen. »Alles in Ordnung?«

Sie lächelte dankbar. »Vielen Dank.«

»Keine Ursache. Manchmal ist es hier ein bisschen chaotisch, da muss man als schöne Dame etwas aufpassen.«

Während er das sagte, glitt er wie selbstverständlich auf den freien Stuhl neben ihr.

Sie lächelte ihn verlegen an.

»Sind Sie allein hier?«

»Nein.« Als sie Bruder Longs Enttäuschung sah, fügte sie hastig hinzu: »Mit einer Freundin.«

»Und die hat Sie hier sitzen gelassen?«, empörte er sich an ihrer statt.

»Sie tanzt mit irgendeinem Typen, da hat sie keine Zeit für mich«, sagte sie bescheiden. »Sie geht gern in solche Clubs. Ich mache so etwas sehr selten und bin eigentlich nur hier, um sie zu begleiten.«

»Kein Wunder. Sie wirken nicht wie jemand, der oft in Clubs geht.«

Sie schaute leicht beschämt an sich herab. »Sie finden, ich bin nicht schick genug angezogen?«

Sie trug eine weiße Spitzenbluse und einen engen schwarzen Rock. Ihr Pony saß akkurat, der Rest ihrer langen Haare hing bis auf die Schultern. Niemand hätte sie für etwas anderes als einen Bücherwurm gehalten.

»Ich finde Sie sehr elegant, und das steht Ihnen alles ausgezeichnet, passt aber nicht ganz an einen Ort wie diesen hier. Bei dem Dämmerlicht braucht man dickeres Make-up und grellere Farben, um die Männer anzuziehen.«

Sie war nicht beleidigt, sondern zuckte bloß mit den Schultern. »Warum sollte ich wollen, dass diese Männer auf mich aufmerksam werden? Ich bin nicht interessiert.«

»Sie sind nicht wie die anderen.« Bruder Long sah sie lange an. »Wie heißen Sie?«

Sie zog einen Schmollmund. »Jing. Und Sie? Diese Typen haben Sie Bruder Long genannt?«

Er nickte.

»Warum hatten die solche Angst vor Ihnen?« Sie schaute ihn mit großen Augen an, den Kopf ein wenig zur Seite geneigt.

Er lachte. »Das werden Sie noch sehen.« Eine absichtlich vage Antwort, um sie nicht zu verschrecken. Außerdem wusste er, dass eine gewisse geheimnisvolle Aura helfen konnte, bei solch einem Mädchen zu landen.

Und tatsächlich betrachtete sie ihn neugierig.

»Lassen Sie mich Ihnen etwas zu trinken bestellen«, sagte er, um die Gelegenheit zu nutzen.

»Ich trinke nicht.« Sie schüttelte den Kopf, auch wenn ihre Ablehnung weitaus sanfter ausfiel als vorher bei Kurzgeschoren.

»Ich könnte den Barkeeper bitten, Ihnen einen ganz speziellen Cocktail zuzubereiten. Mild und süß, fast wie ein Erfrischungsgetränk. Sie probieren einfach einen Schluck, und falls er Ihnen nicht gefällt, lassen Sie ihn stehen.« Er drängte sie nicht zu sehr, und ihre Vorbehalte schienen sich zu verflüchtigen. Nach kurzem Zögern schenkte sie ihm ein Nicken. »Na gut.«

Bruder Long winkte, und ein Kellner eilte herbei, blieb in respektvollem Abstand stehen und wartete auf seine Bestellung. Bruder Long flüsterte ihm etwas zu. Er eilte davon. Kurz darauf kehrte er mit einem Tablett zurück, bestückt mit vielen kleinen Cocktails in den verlockendsten Farben.

»Warum so viele?«, rief sie.

»Ich war mir nicht sicher, was Sie am liebsten mögen, also habe ich ihm gesagt, er soll seine besten Cocktails mixen, dann können Sie sich durchprobieren.«

»Dann nehmen Sie aber auch einen. Ich bin das nicht gewöhnt, ich darf nicht zu viel trinken.«

»Warum sollte ein erwachsener Mann wie ich so etwas trinken?« Er winkte den nächsten Kellner zu sich. »Bring mir eine Flasche Whiskey. Aber einen strammen.«

Der Kellner war rasch zurück, und Bruder Long schenkte sich ein Glas ein, das er in Richtung des Mädchens erhob. »Wenn sich zwei Menschen treffen, spielt das Schicksal immer eine Rolle. Stoßen wir darauf an, dass wir einander besser kennenlernen!«

Sie wählte den buntesten aller Cocktails und stieß mit ihm an. Sie nahm nur einen winzigen Schluck, aber als sie aufblickte, hatte Bruder Long sein Glas geleert und auf den Kopf gestellt. »Also, ich habe meinen geleert, und der ist viel stärker als Ihrer.«

Sie war ein wenig verlegen und gab sich Mühe, ihren Drink zu beenden. Zum Glück war er süß und rann ihr sanft die Kehle hinab.

Er lächelte sie an. »Und?«

»Sehr lecker«, sagte sie wahrheitsgemäß.

»Wusste ich doch, dass der Ihnen gefallen wird. Die haben alle nur wenig Alkohol, weniger als Bier, Sie müssen sich also keine Sorgen machen. Einfach trinken.« Er wählte ihren nächsten Drink aus. »Hier, probieren Sie den mal. Da ist frischer Fruchtsaft drin, sehr gut für den Teint.«

»Gut.« Sie ergriff das Glas und dachte einen Moment nach. »Ich bin dran. Danke, dass Sie mir den Kerl vom Hals geschafft haben.«

Bruder Long goss sich fröhlich ein weiteres Glas ein und leerte auch dieses. Als das Mädchen den zweiten Cocktail beendet hatte, kroch bereits eine zarte Röte in ihre Wangen. Bruder Long, dem das nicht verborgen blieb, frohlockte innerlich.

Mit den beiden Drinks im Leib wurden nicht nur ihre Augen ein wenig glasig, sondern sie selbst auch redseliger. Und nun packte Bruder Long seine großen Flirtkenntnisse aus, fein geschliffen in vielen Jahren unschicklichen Verhaltens. Seine Technik bestand im Wesentlichen daraus, Gesprächsthemen zu wählen, die sie seiner Meinung nach interessieren könnten, und sie dabei zu mehr Alkohol zu verleiten.

Irgendwie gelang es dem Mädchen, sämtliche Cocktails auf dem Tablett durchzuprobieren, während Bruder Long mehr als eine halbe Flasche Whiskey vernichtete. Mittlerweile hatten beide einen glasigen Blick. Als er ihr gerade ein paar neue Drinks bestellen wollte, schien ihr plötzlich etwas einzufallen. Hastig schaute sie auf die Uhr. »O nein! So ein Ärger. Das Hostel macht demnächst zu.«

»Hostel?«

»Ja, ich wohne in einer Studentenwohnung. Die schließen um elf das Tor ab, und jetzt ist es zehn vor.« Sie suchte hastig ihre Sachen zusammen. »Ich muss rennen.«

Eine Studentin also – hervorragend. Bruder Long legte eine Hand auf ihren Arm. »Wozu die Eile? Du hast eh nur noch zehn Minuten. Wie schnell du auch rennen magst, das ist kaum zu schaffen.«

»Was soll ich dann machen? Ich kann doch sonst nirgendwohin.« Mit großen Augen starrte sie ihn Hilfe suchend an.

»Ich habe ein großes Haus mit vielen Gästezimmern«, sagte er gelassen. »Warum bleibst du nicht über Nacht, dann fahre ich dich morgen früh zur Uni.«

Selbst in beschwipstem Zustand war das Mädchen bei diesem Angebot instinktiv skeptisch. Sie entzog sich seiner Hand. »Ich … Ich glaube nicht, dass das angebracht wäre.«

»Ich bin ganz allein, was wäre daran unangebracht?« Bru-

der Long klang nervös und stotterte sogar ein wenig. »Ver...
vertraust du mir nicht?«

»Das habe ich nicht gesagt.« Sie wurde rot.

»Na dann auf.« Bruder Long beugte sich abermals über
den Tisch und ergriff ihren Arm. Sie zögerte, wehrte sich
aber nicht. Schließlich nickte sie schüchtern.

Bruder Long sammelte voller Freude ihre Sachen zusammen und verließ seinen Nachtclub, das Mädchen an seiner Seite. Anfangs lief sie recht zielstrebig neben ihm her,
taumelte aber ein wenig, als sie vor die Tür traten und
die frische Nachtluft im Gesicht den Alkohol im Blut akti-
vierte.

Natürlich wollte Bruder Long sie betrunken haben. Eilig
brachte er sie zu seinem Kleinwagen ganz in der Nähe und
bugsierte sie auf den Beifahrersitz. Er setzte sich und raste
los.

Das Mädchen hatte einen hochroten Kopf, der immer
wieder leicht zur Seite kippte. Sie schien schon halb zu
schlafen. Der schwache Duft ihrer Haare brachte Bruder
Longs Blut in Wallung. Er drückte das Gaspedal durch und
wünschte, er könnte sie beide binnen einer Minute zu seinem Haus fliegen.

Er wohnte im Osten der Stadt in einem der Vororte. Nachdem sie einige hell erleuchtete Hauptstraßen hinter sich
gelassen hatten, kamen sie in ein dunkleres Viertel, wo der-
zeit viele Neubauten errichtet wurden und noch keine Straßenlaternen installiert worden waren. Trotzdem war die
Straße breit, und selbst die Fahrräder hatten ihre eigene
Spur, abgetrennt durch einen Grünstreifen, sodass er weiterhin bequem und schnell fahren konnte.

Als sie schon eine ganze Weile auf dieser Straße unterwegs

waren, erwachte das Mädchen plötzlich, sah sich mit aufgerissenen Augen um und rief: »Halt! Halt den Wagen an!«

Bruder Long war ernstlich erschrocken und brachte den Wagen am Straßenrand zum Stehen. »Was ist los?«

Sie starrte ihn aus verquollenen Augen an. »Wo … Wo bin ich?«

Offenbar hatte sie sich wirklich einen Filmriss eingefangen. Bruder Long versuchte zu erklären. »Dein Studentenheim hatte schon zugemacht, also habe ich dir angeboten, bei mir zu übernachten.«

Sie sah ihn an, beugte sich dann unvermittelt zu ihm rüber und küsste ihn mitten auf den Mund. Bruder Long war darauf gänzlich unvorbereitet, war aber bald vom Eifer dieser attraktiven Frau überwältigt und zog sie in seine Arme.

Das Mädchen hielt seinen Kopf in beiden Händen und streichelte ihm durch die Haare. Heimlich griff sie hinter ihn und entfernte die Kopfstütze des Fahrersitzes. Dann löste sie sich plötzlich aus seiner Umarmung und hielt sich die Brust. »O nein … Ich habe echt zu viel getrunken. Ich muss kotzen.«

Er fischte einige Taschentücher aus der Box neben dem Sitz und drückte sie ihr in die Hand. »Aber draußen. Ich warte hier.«

Sie stieg aus und übergab sich in den Grünstreifen. Kurz darauf klopfte sie an sein Fenster und forderte mädchenhaft: »He, mach doch die Scheinwerfer aus. Ich will nicht, dass du mich so siehst.«

Er kicherte leise und tat ihr den Gefallen. Als er sich jedoch zurücklehnen wollte, war da diese leere Stelle hinter ihm. Wo war die Kopfstütze abgeblieben?

Ehe er sich dieser Frage widmen konnte, gab es einen

apokalyptischen Knall, und das Auto machte einen Satz nach vorn. Bruder Long war darauf nicht vorbereitet, die Massenträgheit riss ihm den Kopf nach hinten. Er spürte ein stechendes Ziehen im Nacken, dann wurde ihm schwarz vor Augen.

*

Ganz langsam schwebte Bruder Long aus der Bewusstlosigkeit an die Oberfläche, ohne sagen zu können, wie viel Zeit vergangen war. Seine Augen waren offen, die Erinnerung jedoch stark getrübt. Er hatte keine Ahnung, was passiert war oder wo er sich befand. Er lag auf einem weichen Bett und konnte nicht mehr erkennen als ein Stück weiße Tapete.

»Long, Long ... endlich bist du wach ...«, schluchzte eine Frauenstimme. Er kannte diese Stimme. Sie gehörte seiner Frau. Er wollte den Kopf drehen und sie anschauen, aber sein Hals war stocksteif und bewegte sich nicht.

»Halten Sie still. Sie tragen eine Halskrause, die Ihren Kopf fixiert«, sagte eine zweite, unbekannte Stimme. Ein Mann, den er noch nie gesehen hatte, schob sich in sein Blickfeld – dem weißen Kittel nach zu urteilen ein Arzt. Er zog Bruder Longs Lider nach oben, untersuchte seine Augen und führte einige weitere Tests durch.

»Was ist passiert?«, fragte Bruder Long, der noch immer verzweifelt in seinem Gedächtnis kramte.

»Sie hatten einen Autounfall«, sagte der Arzt. »Ein anderer Wagen ist von hinten auf Ihren aufgefahren. An Ihrem Fahrersitz fehlte die Kopfstütze, weshalb Sie einen Genickbruch erlitten haben.«

Das löste eine vage Erinnerung in ihm aus, und auch die

173

weinende Frau an seiner Seite ließ nichts Gutes vermuten. »Wie ernst ist es?«, fragte er vorsichtig.

Der Arzt antwortete nicht sofort, sondern stellte ihm eine Gegenfrage. »Spüren Sie Ihre rechte Hand?«

Seine rechte Hand? Bruder Long bemühte sich, hatte aber keinen Schimmer, wo sich seine rechte Hand überhaupt befand. »Nein.«

Die Frau weinte noch hemmungsloser, denn sie musste mitansehen, wie der Arzt die Hand ihres Mannes fest drückte. Der Arzt seufzte leise. »Querschnittslähmung im Oberkörper. Wir werden mehr Untersuchungen durchführen müssen, um zu wissen, wie ernst es wirklich ist.«

Bruder Long hatte das Gefühl, ein mächtiges Brummen im Kopf zu hören, dann schaltete sich sein Bewusstsein ab. Zu viele Gedanken auf einmal rangen um Aufmerksamkeit, schnürten ihm den Geist ab.

»Long ...« Die Frau konnte kaum atmen, so sehr schluchzte sie. Immer wieder versuchte sie, sich auf den Leib ihres Gatten zu werfen, aber die Krankenschwestern zerrten sie jedes Mal zurück.

Bruder Long begriff allmählich, was ihm bevorstand. Verzweifelt schloss er die Augen, während seine Tränen das Kissen benetzten.

Eine ganze Weile sprach niemand, bis die Schwestern es fertigbrachten, das Wehklagen der Ehefrau zu lindern. Dann tauchte abermals der Arzt auf. »Die Verkehrspolizei wartet schon lange auf dem Flur – die möchten Sie fragen, was vor dem Unfall passiert ist. Fühlen Sie sich in der Lage, mit ihnen zu reden?«

»Ja«, sagte Bruder Long, ohne groß zu überlegen. Er hatte seinerseits viele Fragen, die nach Antworten verlangten.

Der Arzt verließ das Zimmer und bat einen jungen Polizeibeamten herein.

»Sie heißen Han Delong?« Der Verkehrspolizist klappte seine Mappe auf, zückte einen Stift und war bereit für die Vernehmung.

»Ja.« Er bewegte die Augen hin und her – einen der wenigen Körperteile, die er überhaupt noch rühren konnte.

»Erinnern Sie sich daran, was vor dem Unfall passiert ist?«

Bruder Long versuchte zu nicken, begriff dann aber, dass sein Hals fixiert war. »Ja.«

»Bitte beschreiben Sie die Umstände so genau wie möglich.«

Bruder Long versuchte seine Gedanken zu ordnen. »Ich habe eine Freundin nach Hause gefahren. Auf halbem Weg habe ich angehalten, weil sie sich übergeben musste. Ich habe im Wagen gewartet, und dann ist mir jemand von hinten draufgefahren.«

Da er einen Polizisten vor sich hatte und seine Ehefrau noch immer neben dem Bett saß, gab es eine ganze Menge Details, die Bruder Long lieber aussparte.

Leider war der Polizist nicht ganz so leichtgläubig wie seine Frau. Er hakte auf der Stelle nach. »Hatten Sie etwas getrunken?«

Bruder Long zögerte. »Meine Freundin, ja.«

»Und Sie? Was hatten Sie getrunken?«

Er würde die Wahrheit kaum verbergen, vielleicht aber wenigstens den Schaden minimieren können. »Nicht sonderlich viel. Ein paar Gläschen Whiskey vielleicht.«

Der Stift des Polizisten verharrte auf dem Papier. »Sind Sie sicher?«

»So ziemlich.«

»Denken Sie noch einmal ganz genau nach.«

»Das waren vielleicht hundert Milliliter oder so, mehr sicher nicht.«

Der Beamte schüttelte ungehalten den Kopf und zog einen Bericht aus seiner Mappe. »Wir haben hier das Untersuchungsergebnis nach Ihrer Einlieferung. Zum Zeitpunkt des Unfalls betrug Ihre Blutalkoholkonzentration 1,32 Promille, lag also weit oberhalb der Grenze der Fahrtüchtigkeit. Also bitte, wie viel haben Sie wirklich getrunken?«

Bruder Long schwieg eine Weile, bis er endlich zugab: »Knapp dreihundert Milliliter.«

Der Beamte notierte sich die Zahl, dann stellte er die nächste schwierige Frage. »In welcher Beziehung standen Sie zu der Frau in Ihrem Wagen?«

»Keine Beziehung. Nur eine Freundin.«

»Kennen Sie ihren Namen?«

Bruder Long musste einen Moment nachdenken, ehe es ihm einfiel. »Jing.«

»Ihren vollständigen Namen kennen Sie nicht?«

»Nein.«

»Mhm.« Der Beamte lächelte süffisant. »Und kennengelernt haben Sie sie offenbar im Nachtclub.«

»Ja.«

Bei dieser hilflosen Antwort kehrte das Schluchzen der Frau, das weitgehend verebbt war, mit einem neuen, wütenden Unterton zurück.

Aber das Verhör war noch nicht zu Ende. »Waren Sie in Ihrem Wagen intim?«

Bruder Long verlor die Geduld. Er wollte den Polizisten böse anstarren, bekam in seinem Zustand aber nicht mehr als einen fragenden Seitenblick hin. Stattdessen fauchte er: »Ich weigere mich, diese Frage zu beantworten.«

Der Beamte blieb ruhig. »Der Untersuchung des Tatorts zufolge sind die beiden Wagen mit geringer Kraft aufeinandergeprallt. Grund für Ihren Genickbruch war demnach in erster Linie die fehlende Kopfstütze, die den Aufprall hätte abfangen sollen. Haben Sie eine Vorstellung davon, warum die Kopfstütze nicht montiert war?«

»Ich weiß es nicht«, sagte Bruder Long ausdruckslos. Genau diese Frage hatte er sich im Moment des Unfalls selbst gestellt.

»Die Frau, die mit Ihnen im Wagen war, hat zu Protokoll gegeben, Sie beide seien unmittelbar vor dem Unfall auf dem Fahrersitz intim gewesen. Die Kopfstütze sei ihr im Weg gewesen, daher habe sie sie entfernt. Klingt das plausibel?«

»Kann sein, ich weiß es nicht mehr.« Bruder Long versuchte, die wachsende Wut herunterzuschlucken.

»Alles klar.« Der Polizist schaute von seinen Notizen auf. »Letzte Frage. Waren Ihre Frontscheinwerfer zum Zeitpunkt des Unfalls eingeschaltet?«

»Nein«, sagte Bruder Long barsch. Er versuchte auch nicht, den Grund dafür zu erklären. Rückblickend wirkte das ganze Szenario wie eine völlig konstruierte Lachnummer, sogar auf ihn.

»Das war alles«, sagte der Beamte fröhlich, klappte seine Mappe zu und zog einige Seiten aus einem schmalen Ordner. »Ihre Antworten stimmen mit der Analyse des Tatorts überein, ebenso mit den Aussagen der beiden anderen involvierten Personen und einiger Augenzeugen. Die Schuld an diesem Verkehrsunfall kann eindeutig einer Person zugeordnet werden. Ich werde Ihnen jetzt den Abschlussbericht der Verkehrspolizei verlesen.«

Bruder Long spitzte die Ohren, gleichzeitig verstummte auch das Schluchzen. Sie wussten beide, dass die Sache nicht gut aussah, klammerten sich aber weiter an letzte Hoffnungsfetzen.

»Verkehrsunfall-Abschlussbericht Nummer 312. Am 28. März 2003 legte der Buick des Fahrzeughalters Han Delong, der den Wagen steuerte, einen unerlaubten Zwischenstopp auf dem Seitenstreifen der Dongzhuang-Straße im Neubaugebiet Ost am Stadtrand ein. Der Jeep Cherokee des Fahrers Rao Donghua näherte sich mit sechzig Stundenkilometern. Die Sichtweite ist in diesem Bereich der Straße aufgrund fehlender Straßenlaternen dank der baulichen Maßnahmen stark eingeschränkt, wodurch Rao nicht in der Lage war, den Buick rechtzeitig zu erkennen. Als er auf die Bremse treten konnte, war es bereits zu spät. Der Jeep ist von hinten auf den Buick aufgefahren. Die Wucht des Aufpralls verursachte Sachschäden an beiden Wagen sowie einen Halswirbelbruch bei Han Delong.

Als Ursache dieses Verkehrsunfalls wird Folgendes festgelegt: Han Delong saß berauscht am Steuer und verletzte dadurch Artikel 26 der Straßenverkehrsordnung: ›Führer motorisierter Fahrzeuge haben folgende Regeln zu befolgen: (6) Nach dem Konsum von Alkohol ist das Führen eines Fahrzeugs grundsätzlich untersagt.‹ Han Delong hat seinen Wagen auf der Dongzhuang-Straße abgestellt und dadurch Artikel 62 der Straßenverkehrsordnung verletzt: ›Bei Fahrzeugen, die an anderer Stelle als den dafür vorgesehenen Parkplätzen abgestellt werden, gelten folgende Einschränkungen: (3) Das Parken am Rand einer mehrspurigen Straße, auf einem Fußgängerüberweg, auf einer Baustelle (Baustellenfahrzeuge ausgenommen) sowie vor anderen Verkehrshindernissen ist grundsätzlich untersagt.‹ Han Delong hatte die Frontscheinwerfer seines Wagens ausgeschaltet und dadurch ebenfalls Artikel 62 der Straßenverkehrsordnung verletzt: ›Bei Fahrzeugen, die an anderer Stelle als den dafür vorgesehenen Parkplätzen abgestellt werden, gelten folgende Einschränkungen: (7) Bei Dunkelheit sowie bei Regen, Schneefall oder starkem Wind müssen die Front- und Heckscheinwerfer stets eingeschaltet bleiben.‹

Nach Artikel 19 der Straßenverkehrsordnung trägt Han Delong somit die alleinige Schuld an diesem Unfall. Bei Rao Donghua kann kein Fehlverhalten festgestellt werden.

Verfasst von Song Hai und Guo Haotian, 29. März 2003.«

Nach diesem Vortrag legte der Beamte eine kurze Pause ein, ehe er aufschaute. »Han Delong, haben Sie gegen diesen Bericht etwas einzuwenden?«

Bruder Long seufzte. Er fühlte sich ungerecht behandelt, aber gegen die vorliegenden Fakten war schwerlich etwas einzuwenden. »Nein.«

Die Frau hob ihre tränennassen Augen zum Polizisten. »Was soll das heißen, alleinige Schuld? Dieser Mann hat meinen Gatten in diesem Zustand zurückgelassen und muss trotzdem keinen Cent Entschädigung zahlen?«

»Unseren Gesetzen zufolge sehen Sie das richtig«, sagte der Beamte und sah sie mitleidig an.

Sie senkte den Blick, der nunmehr voller Verzweiflung war.

»Nicht nur muss er Ihnen keinen Schadenersatz zahlen, Sie sind darüber hinaus auch dazu verpflichtet, für die Schäden an seinem Wagen aufzukommen«, fuhr der Beamte fort. »Sie können sich allerdings glücklich schätzen, dass er dieses Recht nicht in Anspruch nehmen will. Tatsächlich hat der andere Fahrer angegeben, dass er die ganze Sache gern außergerichtlich klären und Ihnen sogar freiwillig einen finanziellen Ausgleich zukommen lassen möchte.«

Bruder Long blinzelte irritiert angesichts dieser plötzlichen Wendung.

»Er sagt, er kennt Sie persönlich«, erklärte der Beamte.

Bruder Long war nur noch verwirrter. Rao Donghua? Er konnte sich an niemanden dieses Namens erinnern.

Der Beamte fuhr fort. »Er ist draußen auf dem Flur und würde sich gerne kurz mit Ihnen unterhalten, um sich wohl auch persönlich zu entschuldigen. Ich kann Ihnen nur empfehlen, ihn anzuhören und sich hoffentlich freundschaftlich mit ihm zu einigen. Gesetz ist Gesetz, aber man darf auch den menschlichen Faktor nicht außer Acht lassen, und diese beiden Dinge müssen sich nicht immer widersprechen. Was sagen Sie dazu?«

Wenn selbst der Beamte so dachte, wie hätte Bruder Long da abschlagen können? »In Ordnung.«

Der Beamte erhob sich und rief nach jemandem. Die Schritte eines Mannes ertönten im Zimmer.

Bruder Long konnte sein Gesicht nicht sehen, hatte aber das Gefühl, als umrundete dieser Mensch sein Bett. Dann hörte er seine Stimme, bebend vor Ergriffenheit: »Long, was ist nur aus uns geworden?«

Die Worte zerstachen seine Trommelfelle wie Nadeln. Entsetzt riss er die Augen auf, ehe er hauchte: »Hua?«

Ja, es war Hua. Mit grimmiger Miene stand er am Fußende des Bettes. »Ja, ich bin es. Offenbar kennst du selbst nach all den Jahren meinen vollständigen Namen nicht. Auch das ist traurig.«

Bruder Long war nicht in der Stimmung, sich diesen nostalgischen Schwelgereien anzuschließen. Gewaltfantasien kochten in ihm hoch. Jegliche Verwirrung war von einer Sekunde zur anderen hinweggefegt, Trauer und Elend durch blanke Wut ersetzt worden.

»Du hast mich absichtlich gerammt. Du hast die ganze Nummer eingefädelt!«, schrie er heiser, musste dann aber röchelnd Luft holen.

Hua gab sich keine Mühe mit einer Verteidigung, sondern warf dem Beamten an seiner Seite einen unschuldigen Blick zu.

Der räusperte sich. »Passen Sie auf, was Sie sagen, Han Delong. Derart schwerwiegende Anschuldigungen dürfen Sie nicht ohne Beweise erheben.«

»Er hat mit dieser Frau zusammengearbeitet!«

»Wir haben sie überprüft. Es gibt eine Menge Augenzeugen, und das Material Ihrer Überwachungskamera obendrein, um zu beweisen, dass Sie allein sich dieser Frau genähert und sie dazu angestiftet haben, sich zu betrinken. Danach sind Sie berauscht in Ihren Wagen gestiegen und haben einen Unfall verursacht. Sie wollen nicht im Ernst die Schuld daran jemand anderem in die Schuhe schieben? Es ist eine überaus großherzige Geste seitens Herrn Rao, extra herzukommen und Sie zu besuchen.« Der Beamte war hörbar verstimmt.

Bruder Long klappte den Mund auf, brachte aber keinen Ton heraus. Was der Beamte da sagte, stimmte leider voll und ganz. Er hatte sich der Frau in der Tat mit eindeutigen Hintergedanken genähert. Er war noch immer davon überzeugt, dass Hua die ganze Nummer inszeniert hatte, wusste aber, dass er niemals in der Lage wäre, das zu beweisen.

»Genosse Polizist«, sagte Hua, »würden Sie uns eventuell

ein paar Minuten unter vier Augen einräumen? Wenn ich mit ihm allein reden könnte ... Vielleicht ist es einfacher, die Sache von Mann zu Mann zu klären.«

Der Polizist nickte. »Na schön. Klären Sie die Sache, wir warten draußen.« Er winkte den anderen Anwesenden, die hinter ihm den Raum verließen.

Hua und Bruder Long waren allein. Langsam schritt Hua ans Kopfende des Bettes und beugte sich vor, sodass Bruder Long sein Gesicht sehen konnte.

Lange Zeit starrte er ihn wortlos an. Dann sagte er unbeschwert: »Noch immer Lust auf Spielchen?«

Die Worte trafen Bruder Long wie ein Blitzschlag. Sein Gesicht begann zu zittern, die Wut in seinem Blick wurde von nackter Angst verdrängt.

Beim Anblick dieser Veränderung wandte Hua sich ab und ließ sich auf der Sitzbank nieder, die soeben von dem Beamten geräumt worden war. Er hob Bruder Longs rechte Hand hoch und wedelte sie hin und her. »Ich habe mich genauestens nach deinem Zustand erkundigt. Falls du dich einem erstklassigen Chirurgen anvertraust und nach der nötigen Operation das richtige Reha-Programm absolvierst, könnte es glatt sein, dass du in Teilen deines Oberkörpers wieder etwas spürst. Mit sehr viel Glück könntest du sogar wieder eingeschränkt laufen, zumindest mit Krücken.«

Hua ließ Bruder Longs leblose Hand zurück auf die Matratze fallen. »Glaubst du, irgendwer sonst hilft dir jetzt noch? Gao Desen vielleicht? Ha! Was sollte der mit Gemüse wie dir anfangen wollen? Nein, mein Lieber, du und ich, wir sind Brüder. Zugegeben, wir hatten das eine oder andere Missverständnis, aber ich werde dich trotzdem nicht im Stich lassen ...«

»Schon gut, spar dir den Rest«, sagte Bruder Long unter Schmerzen. Er seufzte lange und stöhnte: »Ich ergebe mich.«

Hua klopfte ihm gönnerhaft auf die Schulter, wo Bruder Long tatsächlich noch etwas spüren konnte. Dann winkte er den Leuten draußen. »Genosse Polizist, Sie können wieder hereinkommen. Wir haben uns unterhalten. Alles ist gut.«

»Freut mich zu hören.« Der Beamte zückte abermals den Bericht. »Wenn Sie dieses Dokument bitte beide unterschreiben würden ...«

Hua setzte seine Unterschrift. Da Bruder Long dazu nicht in der Lage war, nahm der Polizist erst seinen Fingerabdruck, bevor seine Ehefrau als Betreuerin unterschrieb. Als das erledigt war, verabschiedete sich der Beamte sichtlich zufrieden, um seinen Abschlussbericht zu verfassen, und auch Hua verließ das Zimmer.

Bevor er auch nur die Treppe erreicht hatte, eilte draußen auf dem Flur eine altbekannte Gestalt auf ihn zu – ein athletischer Mann mit einem Korb voller frischer Blumen. Er schien es sehr eilig zu haben.

»Leopardenkopf«, rief Hua.

Leopardenkopf erstarrte. Hua hatte er eindeutig nicht dort erwartet.

»Auch hier, um Bruder Long zu besuchen?«, fragte Hua im Plauderton.

»Ja, Bruder Hua«, sagte Leopardenkopf unsicher. »Warst du gerade drin? Wie geht es ihm?«

»Gelähmt«, sagte Hua schlicht. Er machte einen Schritt auf sein Gegenüber zu. »Ich bin auf ihn aufgefahren.«

Leopardenkopf schaute ihn mit großen Augen an, brachte aber keinen Ton hervor. Hua spazierte an ihm vorbei und ließ ihn stehen.

Er verließ das Krankenhaus und hielt auf dem Bürgersteig inne. Sehr bald näherte sich ein weißer Wagen vom Parkplatz und bremste vor ihm ab. Ma Liang streckte den Kopf aus dem Beifahrerfenster. »Komm, Bruder Hua.«

Hua ließ sich auf die Rückbank fallen, während der Wagen Fahrt aufnahm. Der Fahrer namens Yan Li drehte sich kurz zu ihm um. »Sie müssen einen harten Tag hinter sich haben, Bruder Hua. Haben Sie überhaupt geschlafen letzte Nacht?«

Hua gähnte. »Schon in Ordnung, ich bin daran gewöhnt.« Er hatte die ganze Nacht mit seiner Aussage im Polizeihauptquartier verbracht.

Ma Liang fragte eifrig: »Warum musstest du diese Drecksarbeit überhaupt selbst erledigen? Das hätte doch einer unserer Leute tun können.«

Yan Li lachte. »Verstehst du das nicht? Jemand wie Long ist es eigentlich nicht wert, dass Bruder Hua Zeit auf ihn verschwendet. Er wollte aber ein Zeichen setzen. Alle sollen wissen, dass sich Long gegen Bruder Hua gestellt hat, also hat Hua ihn angefahren und hinterher im Krankenhaus besucht. Wenn sich das herumspricht, traut sich niemand mehr, sich mit Hua anzulegen.«

Ma Liang sah ihn neugierig an. Yan Li wandte sich für eine Bestätigung an Hua, der jedoch schwieg, weshalb Ma Liang es dabei bewenden ließ.

Vor dem *Traumstadt* hielt der Wagen an. Ma Liang sprang heraus und öffnete Hua die Tür, der ausstieg und sich umsah. Es war Abend, und eine ganze Reihe hungriger Gäste schickte sich an, das Restaurant zu betreten. Offenbar hatte das Geschäft keinen Schaden genommen.

Hua wandte sich mit einem dankbaren Lächeln an Ma

Liang. Yan Li stellte den Wagen ab und gesellte sich zu ihnen. Gemeinsam betraten sie das Restaurant.

Ma Liang hatte den besten Privatraum für sie reserviert, und selbstverständlich bog sich der Tisch bereits unter allerlei Köstlichkeiten. Und sie wurden erwartet – eine zarte junge Frau in einfacher Kleidung sagte »Bruder Hua«, erhob sich und kam mit eleganten Bewegungen auf ihn zu.

»Sieh dich nur an. Ich hätte dir die schüchterne Studentin auch sofort abgekauft«, sagte Yan Li keck. Es war Jing aus dem *Mondpalast*, nun wieder als sie selbst, als Ming Ming. Hua hatte sie am Vorabend sorgfältig ausstaffiert und ihr genau aufgetragen, wie sie sich zu verhalten habe – Bruder Longs Lüsternheit und Trunksucht waren ihm wohlbekannt, ebenso dessen Schwäche für weibliche Bücherwürmer im Universitätsalter. Der Plan hatte auf all seine Schwächen abgezielt und erstklassig funktioniert.

Ming Ming brachte die Männer an ihre Plätze, schenkte ihnen Tee ein und zündete ihnen Zigaretten an.

»Setz dich«, sagte Hua. »Für dergleichen haben wir Kellner.«

»Meine Kellnerinnen sind nicht halb so gerissen wie Ming Ming, und definitiv auch lange nicht so hübsch«, sagte Ma Liang. Er zog ihr einen Stuhl heran und hieß sie neben Bruder Hua Platz nehmen.

»Wie war es bei der Polizei? Alles in Ordnung?«, fragte Hua fast beiläufig.

»Klar, warum sollte etwas nicht in Ordnung sein? Ich musste lediglich vollkommen verängstigt wirken und beteuern, dass die ganze Sache ein Unfall war, stimmt's?«, sagte Ming Ming selbstgefällig. »Abgesehen davon – wer ist denn noch nie von der Polizei verhört worden? Da gibt es doch nichts zu befürchten.«

Yan Li kicherte bewundernd. »Nicht übel. Klingt ganz so, als hättest du eine Menge Erfahrung damit.«

Ma Liang lachte ebenfalls. »Frauen haben auch ihr Gutes. Und Hua braucht eine Frau an seiner Seite.«

Ming Ming senkte schüchtern den Kopf, freute sich innerlich und warf Hua aus dem Augenwinkel einen Blick zu.

Hua war allerdings nicht zu Scherzen aufgelegt. Er maß Ming Ming mit einem ernsten Blick, der ihr sofort sagte, dass etwas nicht stimmte. »Was ist los?«

»Du solltest morgen die Stadt verlassen.« Er wandte sich an Ma Liang. »Ruf die Buchhaltung an und besorg ihr zwanzigtausend in bar.«

Ming Ming starrte ihn fassungslos an. »Warum willst du mich wegschicken? Habe ich irgendwas falsch gemacht?« Ihre Augen röteten sich.

Yan Li und Ma Liang tauschten einen verständnisvollen Blick. Yan Li setzte zu einer Erklärung an. »Bruder Hua will sich nur um dich kümmern. Du weißt doch, was mit Long passiert ist. Wenn du hierbleibst, könnte es Schwierigkeiten geben.«

»Ich habe keine Angst«, sagte sie und zog einen Schmollmund. »Sollen die eben herausfinden, dass ich Hua kenne, und wenn schon? Solange die keine Beweise finden, dass wir die Sache geplant haben, können sie mir nichts anhaben.«

Yan Li schüttelte den Kopf. »Es geht nicht um die Polizei. Wir versuchen, dich vor Gao Desen zu schützen. Seine Leute haben ein paar empfindliche Treffer einstecken müssen, die werden sich entsprechend revanchieren. Wir können auf uns selbst aufpassen, aber du bist eine Frau, du musst vorsichtiger sein.«

»Ich habe keine Angst«, sagte Ming Ming abermals. Sie starrte Hua an, um ihn zum Umdenken zu bewegen.

»Schluss. Die Sache ist entschieden.« Sein Tonfall war eindeutig.

Ming Ming rümpfte die Nase, traute sich aber nicht, weiter zu protestieren. Ma Liang versuchte, die Wogen zu glätten. »Du musst nur für eine Weile verschwinden. Ich bin mir sicher, Bruder Hua schickt nach dir, sobald hier wieder Ruhe eingekehrt ist. Dann weißt du, was du ihm bedeutest.«

Sie sah Ma Liang an und gestattete sich, aus seiner Aussage neuen Mut zu schöpfen.

»Na, dann wollen wir mal.« Ma Liang zückte seine Essstäbchen. »Wir haben eine Auswahl der aktuell beliebtesten Speisen von unserer Karte vor uns. Lasst mich bitte wissen, was ihr davon haltet.«

Hua war nach dem langen Tag ziemlich hungrig, erwiderte also nichts, sondern konzentrierte sich aufs Essen. Ming Ming aß wenig, schenkte Hua Tee nach und zündete seine Zigaretten an. Yan Li beobachtete sie dann und wann und fand Gefallen an ihrem Benehmen. Als Sicherheitschef hatte er viel mit leichten Mädchen zu tun und war sicher, dass ihre Zuneigung nicht gespielt war. Sie hatte nichts Manipulatives an sich.

Als alle schweigend aßen, klingelte Yan Lis Telefon. Er verließ das Zimmer, um den Anruf entgegenzunehmen, und kam kurz darauf breit grinsend zurück. »Das war Yueling. Sie und ihre Mädchen würden gern in unseren Club zurückkehren.«

Hua betrachtete ihn ausdruckslos. »Gut, dass sie wieder da ist.« Sein Verhalten ließ keinen Zweifel daran, dass er mit dieser Entwicklung gerechnet hatte.

»Was? Wie kann diese Kuh es wagen, einfach so zurückzukommen?«, fauchte Ming Ming.

»Sie sagt, der *Mondpalast* hat ihnen fünf Prozent mehr geboten als wir, also haben sie in einer Art Kurzschlussreaktion zugesagt. Jetzt haben sie begriffen, dass das sehr illoyal von ihnen war und Bruder Hua ihnen eine bessere Zukunft bieten kann.« Yan Li lächelte. »Yueling ist willens, Wiedergutmachung zu leisten.«

»Nicht nötig«, sagte Hua nach einer kurzen Pause. »Solange sie anständig arbeiten, kriegen sie von uns nicht weniger als irgendwo anders.«

»Verstanden«, sagte Yan Li voller Bewunderung.

»Was ist mit Leopardenkopf? Hat der was gesagt?«, fragte Ma Liang gespannt.

Hua schüttelte den Kopf. »Mach dir um den keine Sorgen. Leopardenkopf und Yueling sind zwei verschiedene Dinge. Brüderliche Gefühle lassen sich klären, oder?«

Ma Liang trank schweigend einen Schluck. Leopardenkopf und er hatten sich nahegestanden, ihn hatte diese Entwicklung eindeutig am meisten getroffen.

Wieder herrschte eine Zeit lang Schweigen, während sie aßen und tranken. Als alle satt zu sein schienen, machte Yan Li einen Vorschlag. »Warum ziehen wir nicht weiter zu mir und gönnen uns noch ein bisschen Spaß? Die letzten Tage waren dermaßen stressig – wir haben es alle verdient, uns ein bisschen zu entspannen.«

Hua lächelte dünn. »Warum bringt ihr zwei nicht Ming Ming nach Hause, bevor ihr rüberfahrt? Ich habe noch etwas zu erledigen.«

Ming Ming sah zu ihm auf und bemühte sich, ihre Enttäuschung zu verbergen, sagte aber nichts, denn sie wusste, es würde ihr nicht gelingen, diesen Mann umzustimmen.

Später am Abend fand sich Hua einmal mehr im Restaurant *Grüner Frühling* ein. Er bestellte eine Tasse grünen Tee, den er zu den wohltuenden Klängen der Violine in kleinen Schlucken trank.

Das Lied war hell und klar wie ein frischer Gebirgsbach, der mit Leichtigkeit über die Gewalt und Wut hinwegplätscherte, die Hua im Herzen trug. Er schloss die Augen und sperrte alle Gedanken aus.

Nach ihrem Auftritt folgte Hua dem blinden Mädchen hinter die Bühne.

»Sie sind es«, sagte sie und lächelte, als sie seine Schritte wiedererkannte. »Sie scheinen guter Dinge zu sein.«

»Das spüren Sie?« Er hob eine Braue und war einmal mehr beeindruckt von ihren scharfen Sinnen.

Sie nickte. »Für Blinde ist das nicht besonders schwer. Ich kann Ihren Atem und das Tempo Ihrer Schritte hören. Außerdem kann ich es auch daran erkennen, wie sich Niuniu benimmt.«

Hua warf einen Blick auf die Blindenhündin, die begeistert an ihm hochstieg und laut hechelte. Er hatte einmal irgendwo gehört, dass glückliche Menschen einen bestimmten Duft verströmten, den Hunde riechen konnten und der dafür sorgte, dass sie an dem Gefühl teilhaben wollten. Vielleicht war da etwas dran.

Nach ein wenig Small Talk kam Hua zum Punkt. »Die Vorbereitungen für Ihre Operation in Amerika sind abgeschlossen. Sie haben noch ein paar Tage, um sich vorzubereiten. Aufbruch in etwa einer Woche.«

Das Mädchen war erstarrt, während ein komplizierter

Cocktail aus Emotionen ihr Herz umspülte: Freude, Sehnsucht, ein Gefühl von Unwirklichkeit. Nach langem Schweigen sagte sie aufrichtig: »Ich hatte nicht so schnell damit gerechnet. Danke.«

»Mir müssen Sie nicht danken. Wie gesagt, es ist ein simpler Austausch.« Er zögerte, dann fügte er hinzu: »Wenn es nach mir ginge, würde ich Ihnen raten, nicht nach Amerika zu fliegen.«

»Wirklich?« Sie schien ihn beinahe anzusehen.

»Wenn Sie fort sind, kann ich keine so schöne Musik mehr hören.« Er breitete bedauernd die Hände aus, auch wenn sie die Geste nicht sehen konnte.

»Ach so. Verstehe.« Sie lachte. »Tatsächlich hatte ich auch schon daran gedacht, deshalb habe ich ein besonderes Geschenk für Sie beide.«

Sie griff in eine Seitentasche ihres Instrumentenkoffers und zog zwei CDs hervor. »Das sind meine Lieblingslieder. Die eine ist für Sie, die andere für ihn – bitte, sorgen Sie dafür, dass er sie bekommt.«

Natürlich wusste Hua, wer »er« war. Er zögerte nur kurz, dann nahm er die CDs entgegen.

»Ich bin so oder so bald wieder da«, sagte sie. »Und dann werde ich wieder sehen können, richtig?«

»Ganz bestimmt«, sagte Hua mit Nachdruck. Das Mädchen sah sich mit großen Augen um, und beinahe schienen ihre milchigen Pupillen von einem Glitzern erfasst.

»Wie herrlich. Ich kann mir das kaum vorstellen«, flüsterte sie aufgeregt.

Hua konnte sich eine Frage nicht verkneifen. »Was würden Sie jetzt gerade am liebsten sehen können?«

Sie dachte nach. »Menschen. Drei Menschen.«

»Welche drei?«

»Sie, ihn, und noch einen anderen – den, den ich am allermeisten sehen will.«

Plötzlich klang sie sehr ernst. Hua war verblüfft, sich im Kreis derer wiederzufinden, die sie am dringendsten zu Gesicht bekommen wollte.

Und wer war diese dritte Person?

Er musste nicht nachfragen, denn sie erzählte es ihm bereitwillig. »Ich weiß nicht, wer er ist. Ich kenne nicht mal seinen Namen. Ich weiß nur, dass er ein Mörder ist und im Internet einen bestimmten Namen benutzt: Eumenides.«

»Was?« Hua war nicht in der Lage, seine Erschütterung zu verbergen.

Sie missverstand seine Reaktion. »Sie haben auch schon von ihm gehört, oder? Ich will ihn sehen, weil er meinen Vater umgebracht hat.«

Hua war wie vom Donner gerührt. Mit einem Mal kam er sich wie ein Idiot vor – er wusste nichts über die Beziehung zwischen diesem Mädchen und jenem Menschen.

Sie schien nachzudenken. »Verstehen Sie mich nicht falsch. Mein Vater war Polizeibeamter, und er ist ermordet worden, weil er Eumenides auf der Spur war. Er ist anders als seine restlichen Opfer. Was auch passiert, ich kann ihm diesen Mord niemals verzeihen. Ich will ihn persönlich schnappen.«

»Wissen Sie denn, wo er ist?« Hua dankte all seinen Glückssternen, dass ihr das Entsetzen in seiner Miene verborgen blieb.

Sie schüttelte den Kopf. »Ich habe in den Nachrichten gehört, er wäre bei einer Explosion umgekommen, aber später ist mir aufgefallen, dass das gar nicht sein kann, weil er seitdem weitere Morde verübt hat.« Sie schwieg einen Moment. »Ich hoffe nur, er hört nicht auf. Nicht, bis ich ihn gefunden habe.«

Hua schaute dem Mädchen in die leeren Augen und hatte das Gefühl, einen Funken glühenden Hasses auszumachen. Er grinste grimmig, aber es lief ihm kalt den Rücken runter.

Seltsamerweise barg diese Kälte eine unerklärliche Wonne.

KAPITEL FÜNF

DER VERLORENE STIFT

Nach der epischen Schlacht zwischen Du Mingqiang und Bruder Pings Handlangern zeichnete sich eine drastische Veränderung der Machtverhältnisse in Zelle 424 ab. Blackie verlor massiv an Ansehen und sah sich gezwungen, das äußere Bett nahe der Quelle des Toilettengestanks mit Shun zu teilen. Bruder Ping behielt zwar die Oberhand, saß aber längst nicht mehr so fest im Sattel wie zuvor.

Du war nun die unangefochtene Nummer zwei, hielt sich allerdings aus jeglichen Streitereien heraus, solange es nicht darum ging, seinen Freund Hang Wenzhi zu verteidigen. Bruder Ping und die anderen achteten sehr genau darauf, diesen allwissenden »Journalisten« in Frieden zu lassen.

Ah Shan wurde anstelle von Blackie zu Bruder Pings rechter Hand. Er, Blackie und Shun hielten einander in Schach – jeder kannte das Geheimnis der anderen beiden, lief aber selbst Gefahr, bloßgestellt zu werden.

Hangs Leben wurde deutlich entspannter. Er hatte kaum an dem Kampf teilgenommen, war aber dessen größter Nutznießer. Er hatte nun Informationen über Blackie, Ah

Shan und Shun in der Hand, sie hingegen wussten nichts über ihn. Und solange Du ihn weiterhin beschützte, würde sich niemand im Gefängnis an ihn heranwagen.

Einige Tage vergingen ohne weitere Zwischenfälle, dann war Wochenende. Die Haftvorschriften ließen an Samstagen Besuch zu, die Sonntage waren für politische Weiterbildung in der Gruppe reserviert. Freitagabends verkündeten die Wärter, wer am folgenden Tag wann mit Besuch rechnen durfte.

»Du Mingqiang – 9:00 Uhr. Hang Wenzhi – 09:30 Uhr. Zhong Xiaoshun – 10:00 Uhr«, verlas der Wächter vor der Tür von Zelle 424.

»He, Journalist, hast du nicht gesagt, für dich interessiert sich keiner? Wie kommt's, dass du dann Besuch kriegst?«, fragte Bruder Ping, der sich auf seinem Bett fläzte, und zeigte mit den Zehen auf Du.

Du hatte tatsächlich seit Antritt seiner Haftstrafe noch kein einziges Mal Besuch bekommen, daher war Bruder Pings Interesse sofort geweckt.

Du lächelte säuerlich. »Das muss nichts Gutes bedeuten.«

Am nächsten Morgen standen die Häftlinge auf und gingen zum Frühstück. Danach durften alle auf den Innenhof, um etwas frische Luft zu schnappen. Wer Besuch erwartete, wurde zur gegebenen Zeit von dort abgeholt.

Du war der Erste aus Zelle 424. Im Besucherraum wartete bereits jemand auf ihn: Hua.

»Ich habe getan, worum du mich gebeten hattest«, sagte Hua und schaute sich aufmerksam um.

»Aha?« Dus Tonfall forderte mehr Details ein.

Hua musterte ihn. »Ich habe die besten Fachärzte kontaktiert und alle Vorbereitungen getroffen, damit sie das Land verlassen kann. Sie kann schon nächste Woche fliegen. Die Klinik dort kümmert sich um alles – jemand vom Pflegepersonal holt sie vom Flughafen ab und bleibt an ihrer Seite, bis sie operiert wird. Ich habe sogar dafür gesorgt, dass sie einen Dolmetscher bekommt.«

Du lächelte. »Sehr gut.« Danke sagte er nicht, denn dies war kein Gefallen, sondern die Abwicklung einer Vereinbarung.

»Sind wir damit quitt?«, fragte Hua knapp.

»Ja.« Du spürte den Blick des anderen auf sich lasten, voller Ärger und Rachegelüste.

»Es gibt da noch etwas, das wir klären sollten«, sagte Hua finster.

Du wusste sehr wohl, worauf Hua anspielte. Er war für Deng Huas Tod verantwortlich, und natürlich wollte Hua noch immer Rache nehmen. Das war auch kein Problem. Im Gegenteil, er bewunderte Huas Treue, denn nur deswegen hatte er diesem Mann Zheng Jia anvertraut – die richtige Entscheidung, wie sich herausstellte. Er blickte Huas Zorn ins Angesicht und nickte feierlich. »Das ist dein gutes Recht. Ich werde dich erwarten.«

Hua nickte ebenfalls und zog eine CD aus der Jackentasche. »Die ist von ihr.«

Dus Herz machte einen Satz. Dann kniff er die Augen zusammen. »Sie weiß, dass ich hier bin?«

Hua bemerkte den plötzlichen Stimmungswechsel und begriff, wovor dieser Mann sich fürchtete. »Sie kennt die Umstände nicht und hofft noch immer, dich zurückzubekommen, sobald sie wieder sehen kann.«

Du stieß den angehaltenen Atem aus, nahm die CD entgegen und strich sanft über die Hülle.

»Was ist das?« Sofort näherte sich ein Wärter von der Tür her.

»Eine CD«, sagte Du und lächelte.

»Die werden wir erst einmal überprüfen müssen. Vorschriften, kennst du ja.« Der Wachmann streckte die Hand aus.

Du verzog das Gesicht, hatte aber keine andere Wahl, als Folge zu leisten.

Hua hatte seine Mission ausgeführt und nutzte die Anwesenheit des Wärters, um sich förmlich zu verabschieden und zu gehen.

Du streckte beide Hände vor, um sich Handschellen anlegen zu lassen.

Der Wächter lächelte. »Hast du es so eilig? Deine Besuchszeit ist noch nicht vorbei.«

Für jeden Besuch war eine halbe Stunde veranschlagt. Normalerweise verging die Zeit für beide Seiten wie im Flug. Es war sehr ungewöhnlich, dass jemand nach fünf Minuten aufstand und ging, wie Hua es gerade getan hatte.

Du grinste. »Was sonst? Soll ich hier einfach sitzen bleiben, bis die Zeit rum ist?«

»Du hast noch einen zweiten Besucher.« Der Wächter verschränkte die Arme hinterm Rücken und spazierte davon. Kurz darauf tauchte ein Mann mittleren Alters im Türrahmen auf, nickte dem Wärter höflich zu und setzte sich Du gegenüber.

Du lächelte ihn an. Beinahe ein alter Freund, auch wenn es seltsam wirkte, dass er ihn fast zeitgleich mit Hua besuchte.

»Hallo, Hauptmann Pei«, sagte Du.

»Ich bin nicht extra für Sie hergekommen«, sagte Pei unverblümt.

»Ach so?« Du hatte sofort begriffen. »Sie sind also Hua hierher gefolgt?«

Pei nickte. »Ich folge ihm schon seit ein paar Tagen.«

»Was hat er jetzt wieder angestellt?« Du zog eine Braue hoch.

»Bandenkrieg.«

»Jemand will Longyu schlucken?«, vermutete Du.

Pei sagte nichts, aber sein Schweigen war Bestätigung genug.

Du schüttelte den Kopf und seufzte. »Bei manchen Leuten sind die Augen immer größer als der Magen. Da muss man aufpassen, dass man sich nicht verschluckt.«

Pei schaute ihm in die Augen und sagte ernst: »Es hat in den letzten Tagen eine ganze Reihe Zusammenstöße in der Stadt gegeben. Wenn wir die Lage nicht unter Kontrolle kriegen, könnte uns noch Schlimmeres bevorstehen.«

Du starrte sinnierend an die Decke. Er mochte im Knast sitzen, aber Peis Worte setzten die Räder in seinem Hirn in Bewegung. Nach einer kurzen Pause sagte er zu dem Hauptmann: »Hua wird wissen, dass Sie ihm folgen. Selbst wenn er etwas unternimmt, wird er kaum Beweise hinterlassen.«

Dem konnte Pei schwer widersprechen. »Stimmt. Wahrscheinlich kommt bei dieser Beschattung nichts Handfestes raus, außerdem haben wir sowieso nicht genug Leute. Deshalb will ich sein Netzwerk durchschauen und auf diesem Weg versuchen, das Ziel einzugrenzen.«

»Mehr wird Ihnen auch kaum übrig bleiben.« Du nickte abwesend. »Aber warum wollten Sie mich sehen?«

Pei kam direkt auf den Punkt. »Wegen der Aufzeichnung.«

Du schloss die Augen und lächelte, schwieg jedoch. Das war ein sensibles Thema, und er wollte unter derart unklaren Umständen nicht mehr sagen, um sich nicht tiefer hineinziehen zu lassen.

Pei schien zu erraten, was ihm durch den Kopf ging. »Ich weiß, dass Sie es waren, der das Band geklaut hat.«

Du schlug die Augen auf und bemerkte in einem Tonfall verletzter Unschuld: »Zu so etwas habe ich mich nie bekannt.«

»Stimmt, haben Sie nicht. Wenn Sie Ahnungslosigkeit vortäuschen, sind mir die Hände gebunden.« Pei grinste finster. »Ich fand diese Sache lange Zeit recht seltsam – warum sollten Sie Hua helfen? Sie müssten einander eigentlich bis aufs Blut bekriegen. Erst vor ein paar Tagen ist mir die Lösung aufgegangen.«

Du starrte ihn stumm an.

»Er kümmert sich für Sie um Zheng Jia, richtig? Sie halten die Aufzeichnung als Geisel, also muss er tun, was Sie sagen.«

Du lächelte. Sehr sorgfältig legte er sich die nächsten Worte zurecht. »Ich habe nicht vor, eine Ihrer Fragen zu beantworten. Aber vielleicht beantworten Sie eine von meinen: Was haben Sie jetzt vor?«

»Ich will ebenfalls einen Deal mit Ihnen machen. Zu den gleichen Bedingungen.« Pei beugte sich vor und bemühte sich um eine aufrichtige Miene. »Ich kümmere mich für Sie um das Mädchen.«

Du sagte nichts, also fuhr er fort. »Hua ist ein verantwortungsvoller Mann und mag in der Lage sein, ein paar Dinge für sie zu tun, die ich nicht für sie tun kann. Aber haben Sie bedacht, dass er jeden Moment von einem seiner Rivalen umgelegt oder von uns festgenommen werden kann? Was soll dann aus ihr werden? Sie brauchen jemanden mit mehr Stabilität, der sich langfristig um sie kümmern kann.«

Du schwieg noch immer. Endlich blickte er auf. »Stabil? Langfristig? Das wäre dann ich.«

Pei lehnte sich entgeistert zurück und schüttelte den Kopf. Er war sicher gewesen, das Gespräch würde zu seinen Gunsten verlaufen, aber diese paar Worte hatten seine Hoffnung zu Asche zerfallen lassen. Er sah endgültig, wie unvereinbar ihre Denkweisen waren.

Du hatte nicht vor, sich geschlagen zu geben. Er glaubte noch immer daran, dass er als freier Mann in die Außenwelt zurückkehren würde, um seinen Platz an der Seite des Mädchens einzunehmen.

Mit dem Weg, den Pei für ihn vorhersah, war das vollkommen unvereinbar.

Ohne große Hoffnung unternahm er einen weiteren Versuch.

»Es wäre aber objektiv zu Ihrem Vorteil, der Polizei diese Aufzeichnung zu übergeben. Sie wissen ja, dass Hua Sie nicht vom Haken lassen wird. Wie wollen Sie sich gegen ihn wehren, wenn Sie im Gefängnis sitzen?«

»Das geht nur Hua und mich etwas an. Da braucht sich die Polizei nicht einzumischen.« Dus Tonfall ließ keinen Widerspruch zu. »Und was das Tonband angeht – selbst, wenn ich es bei mir hätte, hätte ich davon keine Sicherheitskopie angelegt, bevor ich Hua das Original gebe – das ist nicht mein Stil.«

Du ließ ihm wirklich keinen Spielraum. Pei seufzte und erhob sich, drehte sich aber an der Tür noch einmal um. »Sollten Sie sich es doch noch anders überlegen, bitten Sie einfach die Wächter, mich zu kontaktieren.«

Du reagierte nicht.

Pei Tao verschwand, der Wächter kehrte zurück. Die halbe Stunde war vorbei, und Du wurden Handschellen angelegt, um ihn zurück in Zellblock 4 zu bringen. Auf dem Weg hinaus kam ihnen ein anderer Wärter entgegen, der Hang zum Besucherraum brachte.

Als Du den Zellblock betrat, waren alle anderen Insassen noch immer auf dem Hof.

Dieser Hof maß beinahe achthundert Quadratmeter und war zu einer Seite von der Ostwand des Zellblocks, zu den drei übrigen Seiten von hohen Ziegelmauern begrenzt. In der Mitte gab es einen heruntergekommenen Basketballplatz, wo einige Häftlinge grölend einem zerfledderten alten Ball hinterherrannten.

Der Wächter führte Du in den Hof, verriegelte hinter sich das Tor und nahm ihm die Handschellen ab. Du hatte kein Interesse an einem Ballspiel, suchte sich also eine leere Ecke, setzte sich an die Wand und erfreute sich an den warmen Strahlen der Frühlingssonne.

Etwa zwanzig Minuten später rief der Wächter Shun zu sich, der sofort vom Basketballplatz herübergelaufen kam. Die Handschellen wurden angelegt – diese Sonderregel galt für den gesamten Zellblock 4, keiner der Insassen durfte den Bereich ohne Handschellen verlassen.

Da es Zeit für Shuns Besuch war, würde Hang bald zurückkommen.

Was er kurz darauf auch tat. Er ignorierte das Basketballspiel ebenfalls und näherte sich Du, sobald man ihm die Handschellen abgenommen hatte.

Du rückte ein wenig zur Seite, um ihm Platz zu machen. »Setz dich. Hier ist am meisten Sonne, außerdem können wir umsonst das Spiel anschauen.«

Hang setzte sich, legte den Kopf in den Nacken und starrte traurig in den blauen Himmel.

»Wer hat dich besucht?«, fragte Du.

Hang starrte zu Boden. »Ein ehemaliger Kollege. Ein guter Freund.«

»Wieso das? War deine Familie nicht hier?«

Hang zögerte. »Meine Mutter hatte einen Herzinfarkt«, sagte er mit erstickter Stimme.

Du betrachtete ihn, wusste aber nicht, was er dazu sagen sollte. Er konnte sich denken, wie Hang sich fühlen musste.

Es dauerte eine ganze Weile, bis Hang weitersprach. »Ich bin jetzt 32. Diesem uralten Sprichwort zufolge soll man sich bis 30 etablieren, aber was habe ich schon vollbracht? Nicht nur habe ich rein gar nichts erreicht – ich sorge auch noch dafür, dass meine Mama und mein Papa leiden müssen. Mama war nie sonderlich robust, aber dieser Herzinfarkt ist dem Stress geschuldet, den ich verursacht habe. Was bin ich nur für ein Mensch? Wie soll ich ernsthaft weiterleben?« Hang redete sich zunehmend in Rage, und die letzten Worte gingen fast in einem Schluchzen unter.

»Du siehst das falsch.« Du klopfte ihm auf die Schulter. »Je schlimmer die Dinge werden, desto mehr Grund, sich am Leben festzukrallen. So würde es ein richtiger Mann sehen.«

Hang schaute zu ihm auf und schien ein wenig Kraft aus diesen Worten zu schöpfen.

»Ganz egal, wie groß die Schmerzen sind oder wie trostlos die Zukunft scheint, wir dürfen nicht aufgeben.« Du schaute ihm direkt in die Augen. »Wir bleiben am Leben für die Menschen, denen wir etwas bedeuten, und vor allem für die Menschen, die uns wehgetan haben.«

Hang sah ihn verwirrt an.

Du erklärte es ihm. »Jeden Tag, den wir am Leben bleiben,

müssen diese Schweine weiter in Angst leben. Sie sind erst frei, wenn wir tot sind. Verstanden?«

Hang holte tief Luft und nickte. »Du hast recht. Ich muss am Leben bleiben, für die Menschen, die mir wehgetan haben.« Ganz langsam kniff er die Augen zusammen, und das Selbstmitleid in seiner Miene wandelte sich zu unverbrüchlichem Hass.

Der Sinneswandel veranlasste Du dazu, das Thema zu wechseln. »Was hat dir dein Freund mitgebracht?«

»Nur ein bisschen Essen und Hygieneartikel.«

»Ich hatte auf eine neue Brille gehofft«, sagte Du neckisch. »Wenn du wieder eine heile Brille hättest, könnten wir unsere Arbeitsquote verdoppeln oder verdreifachen.«

Hang schüttelte den Kopf. »Ich war zu aufgebracht, um danach zu fragen. Da muss ich bis nächste Woche warten.«

Und so plauderten sie noch ein wenig und vergaßen für eine Weile die deprimierenden Umstände ihres Daseins. Die Sonne stieg hoch über ihre Köpfe. Um kurz nach halb elf wurde Shun zurückgebracht. Er wanderte ziellos über den Platz, näherte sich aber schließlich Du und Hang.

Sie sahen ihn kommen, beschlossen aber, ihn zu ignorieren und sich weiter zu unterhalten.

Shun jedoch unterbrach sie. »Bruder Qiang, Bruder Zhi, wie geht es euch?«

Sie stockten überrascht. Du betrachtete ihn argwöhnisch und versuchte herauszufinden, was er im Schilde führen mochte.

Hang sagte leichthin: »Nenn mich nicht so, das ist komisch.«

»Deshalb muss ich es auch weiterhin machen. Ich nenne dich ein paarmal am Tag Bruder, dann gewöhnst du dich schon dran.« Shun lächelte und setzte sich unaufgefordert neben ihn.

Hang rümpfte die Nase. »Stimmt etwas nicht?«

»Nein, im Gegenteil. Meine Familie hat mir ein paar Würste und ein Stück Schinken mitgebracht, und ich dachte mir, ihr wollt vielleicht probieren.«

Du grinste. »Das ist ganz schön ungewohnt, oder? Das gute Zeug mit uns zu teilen?«

»Für die anderen habe ich auch einen Teil zurückgelegt«, sagte Shun hastig. »Aber mit euch beiden gab es vor Kurzem noch ein Missverständnis, und ich weiß, dass ich im Unrecht war, also möchte ich mich hiermit entschuldigen. Und wenn ich in Zukunft irgendwas für euch tun kann, einfach Bescheid sagen.«

Shuns Blick glitt beim Sprechen immer wieder zur Seite. Du folgte ihm und sah Bruder Ping, Ah Shan und Blackie ganz in der Nähe zusammensitzen. Aha, dachte Du, Shun ist ein ganz Schlauer; er hat gesehen, dass sich die Machtverhältnisse in der Zelle verschieben und sucht sofort nach einem neuen Befürworter.

Du hatte wenig Lust, in die trüben Gewässer solcher politischen Spielchen einzutauchen. Er stand auf und streckte sich lässig. »Ihr zwei unterhaltet euch. Ich mache einen Spaziergang.«

In Anbetracht der Umstände wollte Hang sich ebenfalls erheben, aber Shun hielt ihn zurück. »He, Bruder Zhi, du gehst nirgendwohin. Bleib hier und unterhalte dich mit mir.«

Hang erkannte, dass er der Situation nicht entgehen konnte, und setzte sich wieder. Ehe sie aber ihr Gespräch weiterführen konnten, kam ein Basketball geflogen und traf

Shun am Kopf. Er fuhr herum und kreischte: »Wer war das? Bist du blind?«

Aus der Menge löste sich ein Mann, hob den Ball auf und höhnte: »Wenn ich blind wäre, hätte ich wohl kaum so schön ins Schwarze getroffen, oder?«

Es war Blackie. Shun war sofort klar, dass er ihn absichtlich provoziert hatte. Es war beileibe nicht das erste Mal, dass Blackie ihn demütigte, jetzt aber trennte sie keine strikte Rangfolge mehr, also musste er es nicht länger lächelnd über sich ergehen lassen. Blackie hatte nicht mehr das Recht, ihm das Leben schwer zu machen.

Shun spuckte aus. »Du kleiner Wichser!« Ein normales Schimpfwort zwar, aber Mimik und Tonfall waren sorgsam darauf abgestimmt, die Beleidigung so herablassend wie möglich wirken zu lassen.

Die übrigen Häftlinge, die sich zu Tode langweilten, hatten bei dem Wurf bereits aufgehorcht und sich genähert. Auf Shuns makellose Beleidigung hin johlten und pfiffen einige. Wie hätte Blackie das auf sich sitzen lassen können? Er warf den Ball abermals, diesmal noch härter. »Hurensohn!«

Shun sprang auf und wich aus, weshalb der Ball nicht ihn, sondern Hang traf. Der wollte nicht in die Sache hineingezogen werden, verzog also bloß ohne jeden Kommentar das Gesicht. Shun hingegen war noch nicht fertig. Er zeigte auf Blackie und brüllte: »Fick dich! Wenn du ein Problem mit mir hast, dann ziele mit dem Ball auf mich. Was machst du meinen Freund an?«

»Freund?« Blackie grinste spöttisch. »Da schläft sich aber einer schön nach oben.«

»Halt's Maul, was weißt du denn schon?« Shun trat einen Schritt näher. »Da gibt es ein paar Sachen, die will ich gar nicht erst laut aussprechen, sonst würdest du direkt losheulen, du mieser Bastard!«

Dieser Treffer saß, und Blackies Gesichtsfarbe veränderte sich. »Du willst also sagen, du hast eine große Klappe, du Wichser?« Er hob die Hand und verpasste Shun eine schallende Ohrfeige.

Shun sah rot und ging wie ein wütender Stier mit gesenktem Kopf auf Blackies Brust los. Beide fielen zu Boden und wälzten sich im Dreck. Blackie schien als Größerer der beiden bald die Oberhand zu gewinnen. Er drückte Shun in den Staub und setzte sich auf seinen Bauch. Shun warf sich herum, konnte sich aber nicht befreien.

Hang machte instinktiv einen Schritt auf die beiden zu, dann aber hielt ihn jemand am Ärmel fest. Er drehte sich um und sah Du.

»Ignorieren. Lass sie kämpfen«, sagte Du und schüttelte den Kopf. Ein Stück weiter standen Bruder Ping und Ah Shan, die offensichtlich auch nicht vorhatten einzuschreiten.

Blackie legte Shun beide Hände um den Hals und grinste. »Sag Onkel zu mir. Und wage es ja nicht, noch mehr Scheiße zu erzählen.«

Shun warf den hochroten Kopf herum und sah Hang an. »Bruder Zhi ... Hilfe?«

»Ernsthaft? *Den* bettelst du um Hilfe an?« Blackie lachte. »Liebe macht offenbar wirklich blind, denn was das angeht, gleicht ihr euch wie ein Ei dem anderen ...«

Blackies konfuse Sprichwortparade wurde von einer Gestalt unterbrochen, die sich zwischen ihn und Shun warf. Diese Gestalt verlor keine Zeit, sondern platzierte unverzüglich einen Stiefel auf Blackies Brustkorb. Blackie klappte zusammen und rang nach Luft, was Shun dazu nutzte, sich freizukämpfen, auf die Beine zu kommen und Blackie auf den Boden zu werfen.

»Jetzt kann jeder sehen, wer hier das Ei ist!« Shun holte aus und trat mehrfach zu. Blackie hatte nicht die Kraft, sich zu wehren, lag nur da und starrte den Mann an, der das Blatt gewendet hatte, als traute er seinen Augen nicht.

Dieser Mann hieß Hang Wenzhi. Wer hätte das gedacht? Auch Shun hätte bis vor einer Minute geschworen, dass er keiner Fliege etwas zuleide tun würde.

Und nicht nur Blackie und Shun waren verwirrt. Auch Du war sich nicht sicher, was vor sich ging. Als sich Hang von ihm losgerissen und in die Schlacht geworfen hatte, war er davon ausgegangen, Hang wolle sie auseinanderbringen. Stattdessen hatte Hang Blackie einen präzisen Tritt verpasst. Dieser plötzliche Gewaltausbruch schien von einem gänzlich anderen Menschen auszugehen.

Eine gellende Trillerpfeife trieb die Menge auseinander. Der diensthabende Wächter rannte schreiend herbei und fuchtelte mit dem Elektroschocker. »Was ist hier los?«

Shun hatte sofort einen Ausfallschritt zur Seite gemacht, jetzt lächelte er den Wärter an. »Alles in Ordnung, Herr, wir haben nur ein bisschen herumgealbert.«

Der Wächter betrachtete Blackie, der sich verdreckt auf dem Boden krümmte, und drückte Shun wortlos den Elektroschocker in den Bauch. Shun heulte auf, brach zusammen und rollte sich ein.

»Was für eine Art von Alberei war das genau?« Der Blick des Wächters wanderte durch die Menge und verharrte auf Bruder Ping. »Shen Jianping, was ist los?«

»Wirklich nichts Erwähnenswertes, Herr«, sagte Ping und strahlte ihn freundlich an. »Wir haben Basketball gespielt und waren ein bisschen zu eifrig bei der Sache. Der Ball ist auf den Boden gefallen, und die beiden haben darum gerungen. Es war eigentlich eher Rugby als Basketball.«

Blackie kam mühsam auf die Beine und mischte sich ein. »So ist es, Herr, wir wollten beide den Ball haben. Shun kennt die Regeln nicht so gut, also hat er den Ball festgehalten und ist losgerannt. Das wollte ich mir nicht gefallen lassen, also habe ich ihm den Ball abgejagt.«

Der Wächter war eindeutig nicht überzeugt, aber da ihre Darstellungen übereinstimmten, beschloss er, sich weiteren Ärger zu ersparen. Er blies abermals in seine Pfeife. »Wir lassen euch ein bisschen an die frische Luft, und schon veranstaltet ihr einen Zirkus. Na gut, das Sonnenbaden ist vorbei. Alle Mann zurück in die Zellen!«

Die anderen Häftlinge murrten und klagten lautstark, stellten sich aber trotzdem ordentlich in einer Reihe auf. Du fand sich hinter Hang wieder. »Was sollte das werden?«, flüsterte er ihm ins Ohr.

»Nichts«, sagte Hang. »Ich habe nur plötzlich begriffen, dass ich mir solch ein Benehmen von niemandem gefallen lassen muss. Wenn mir jemand wehtun will, kann ich ihm ebenfalls wehtun.«

Du grinste. Wer hätte gedacht, dass sein kürzlich erteilter Rat derart rasch Früchte tragen würde? Er war sich nicht sicher, ob er erfreut oder besorgt sein sollte.

Um 14:30 Uhr war die Mittagspause zu Ende. Die Wärter schlossen die Zellen auf, um sie erneut auf den Hof zu lassen. Die Häftlinge bildeten ihre Reihe und folgten den Wächtern, als einer plötzlich brüllte: »Du Mingqiang, ausscheren!«

Du verließ folgsam die Reihe und trat einen Schritt zur Seite.

Als die anderen das Gebäude verlassen hatten, kam der Wächter auf ihn zu und drückte ihm die CD in die Hand. »Hier, die gehört dir.«

Du verbeugte sich. »Vielen Dank.«

Der Wächter war noch nicht fertig. Er brachte eine quadratische Pappschachtel zum Vorschein. »Und die hier ist von Hauptmann Pei Tao von der Kriminalpolizei. Auch für dich.«

Pei Tao? Verblüfft nahm Du die Schachtel entgegen. Der Aufschrift zufolge handelte es sich um einen Discman.

Das war tatsächlich äußerst vorausschauend von Pei Tao. Einen Moment lang war Du sogar seltsam gerührt.

Der Wächter hatte seine Reaktion genau beobachtet, und dieser knappe Gefühlsausbruch schien das gewünschte Zeichen gewesen zu sein. »Hauptmann Pei hat mich gebeten, dir noch etwas mitzuteilen: Du weißt besser als jeder andere, wer deiner Freundin am besten helfen kann.«

Du schwieg einen Moment, ehe er antwortete. »Verstanden.«

»Sehr gut.« Der Wachposten winkte ihn den Gang hinunter. »Alles klar, du kannst gehen.«

Du machte kehrt und ging auf den Ausgang zu. Noch im Gehen holte er ungeduldig den Discman aus seiner Verpackung, schob die CD hinein, setzte sich die Kopfhörer auf und drückte auf *Play*.

Er trat ins Freie, und der Sonnenschein traf ihn mitten ins Gesicht. Im selben Moment ergoss sich himmlische Musik in seine Ohren. Er spürte eine solche Freude, dass er fast zu fliegen glaubte. Wie verzaubert starrte er in den Himmel und machte Schritt um Schritt ins wärmende Licht. Er schwebte durch die Welt der Musik, glücklich wie eine

Blume, die von frischem Tau genährt wird. Als das Lied ein Ende fand, drückte er widerwillig auf *Stopp*.

»Was machst du da?«, unterbrach eine Stimme seine Gedanken. Er schaute auf. Hang stand direkt vor ihm, ohne dass er ihn bemerkt hätte.

»Mein Geschenk.« Er fuchtelte mit dem Discman.

Hang war eindeutig nicht an dem Gerät interessiert. Er zupfte Du am Arm und murmelte: »Hast du einen Moment Zeit? Ich wollte mit dir über etwas reden.«

»Worum geht es?« Hang benahm sich irgendwie seltsam. Du steckte den Discman ein und gab sich Mühe, seine Aufmerksamkeit von der Wolkenwelt wieder auf die Gegenwart zu richten.

»Suchen wir uns eine ruhige Ecke.« Hang sah sich um und suchte sich eine Ecke im Schatten aus.

Du folgte und musterte ihn argwöhnisch.

»Ich habe mir das genau überlegt«, sagte Hang mit fester Stimme. »Ich will hier raus.«

»Wie bitte?« Du runzelte die Stirn und glaubte, sich verhört zu haben.

»Ich will hier raus«, wiederholte Hang. Und fügte nur für den Fall, dass Du noch immer nicht begriffen hatte, hinzu: »Ich will aus dem Gefängnis ausbrechen.«

»Das ist Wahnsinn«, sagte Du ungläubig und sah sich um, ob sie auch wirklich niemand hören konnte. »Bist du verrückt?«

»Ich bin nicht verrückt.« Hang wirkte überaus ernst. »Ich muss hier raus. Meine Mama hatte einen Herzinfarkt, und wir können es uns nicht leisten, sie behandeln zu lassen. Meine Familie hat alle Ersparnisse verloren. Wenn ich nicht rauskomme, sehe ich sie vielleicht nie wieder.«

Du verdrehte die Augen und versuchte, sachlich zu bleiben. »Selbst wenn du ausbrichst, wirst du sie nie wiedersehen. Oder glaubst du etwa, die Polizei würde nach einem Ausbruch nicht sämtliche Freunde und Angehörige überwachen? Du kämst nicht mal in ihre Nähe, das ist pure Träumerei! Sobald du irgendwen aus deiner Familie kontaktierst, kommt die Polizei sofort angerauscht und nimmt dich wieder fest.«

Hang schüttelte den Kopf. »So blöd bin ich nicht. Natürlich würde ich nicht selbst Kontakt mit meiner Familie aufnehmen. Ich muss nur einen Weg finden, dass diese Frau meiner Familie das gestohlene Geld zurückgibt. Solange ich das schaffe, würde sich die Sache sogar lohnen, wenn ich dabei umkomme.«

»Einen Weg finden, dass sie das Geld zurückgibt?« Du starrte ihn an. »Wie?«

Hang zögerte. »Noch ist mir kein guter Plan eingefallen … Aber es muss einen Weg geben. Ich bin willens, dafür mein Leben zu riskieren, da werde ich auch eine Möglichkeit finden, mich um sie zu kümmern.«

Du hatte das Gefühl, mit einem wildfremden Menschen zu reden. Auch nach einer langen Denkpause konnte er nicht mehr sagen als: »Du *bist* verrückt.«

»Bin ich nicht!« Hang packte ihn abermals am Arm, das Gesicht zu einer aufgebrachten Grimasse verzerrt. »Du warst es doch, der mir eingeschärft hat, niemanden davonkommen zu lassen, der mir wehgetan hat. Du hast meine Wut neu entfacht, du hast mir gesagt, ich soll Rache nehmen. Und jetzt nennst du mich verrückt? War dann alles nur eine Lüge?«

»Natürlich sollten wir Leute, die uns übel mitgespielt

haben, nicht davonkommen lassen. Wir haben unsere Rache verdient. Aber Rache funktioniert nicht, wenn man nur wütend und impulsiv ist.« Du strecktest die Hand aus und tippte Hang an Stirn und Brust. »Rache erwächst aus Klugheit und Geduld. Verstehst du?«

Hang schwieg einen Moment und schien sich etwas zu beruhigen. Endlich fragte er: »Na gut, was soll ich deiner Ansicht nach tun?«

»Sitz deine Strafe ab, benimm dich, bemühe dich um eine Verkürzung der Haftzeit. Bring deine Freunde dazu, dir einen guten Anwalt zu beschaffen, und sammle Beweise dafür, dass dir diese Frau die Wohnung gestohlen hat. Wenn du beweisen kannst, dass das Geld von Anfang an dir gehört hat, ist deine Verurteilung wegen Entführung und Erpressung hinfällig.«

Hang seufzte enttäuscht. »Eine Haftminderung? Ganz egal, wie viel die mir erlassen, ich bin mindestens ein Jahrzehnt hier drin. Rache ist dann kein Gericht mehr, das ich kalt servieren kann, die ist bis dahin längst erfroren! Und was das Aufheben der Verurteilung angeht – vergiss es. Wenn es irgendwelche Beweise gäbe, wäre ich nicht hier.«

Du verzog das Gesicht. Hangs Argumentation war stichhaltig, er hatte nichts zu erwidern.

Nach einer kurzen Pause fragte Hang: »Hast du sonst noch einen Vorschlag?«

Du schüttelte den Kopf.

»Dann breche ich aus.« Diesmal klang er noch entschlossener.

Du sagte nichts, sondern packte nun seinerseits Hang am Arm und zerrte ihn aus der dunklen Ecke ans Licht.

»Was machst du?«, rief Hang erschreckt.

»Schau mal da rüber.« Du strecktе den Finger aus. »Und sag mir, was du siehst.«

Die Frage ließ sich einfach beantworten: Dort stand ein hoher Wachturm, obendrauf ein bewaffneter Wächter, dessen Maschinengewehr in der Sonne glitzerte.

Hang schwieg, und Du fuhr fort. »In jeder Ecke der Anlage steht ein solcher Turm. Jeder unserer Schritte wird von ihnen überwacht. Wenn du losrennst, erschießen sie dich wie eine lahme Sau.«

Hang holte tief Luft, aber die Sehnsucht in seinem Blick erstarb nicht.

Du trat einen Schritt zurück. »Selbst wenn du eine Möglichkeit hättest, dich unsichtbar zu machen und an den Wärtern vorbeizuschleichen, was hättest du davon? Um in die Freiheit zu entkommen, müsstest du immer noch diese zwei Stockwerke hohe Mauer mit Elektrozaun an der Spitze überwinden. Das ist so gut wie unmöglich. Natürlich könntest du stattdessen auch nach Süden rennen. Aber nach dem Checkpoint liegen noch die Bürogebäude vor dir. Ich brauche dir nicht zu sagen, dass dort überall Offiziere herumlaufen und jeder Quadratzentimeter von Überwachungskameras abgedeckt ist. Und ganz im Süden steht das große Metalltor, wo jeder Mensch und jedes Fahrzeug sehr genau untersucht wird. Da käme keine Maus ungehindert durch, von einem Menschen ganz zu schweigen.«

Hang spürte jeden seiner Sätze wie einen Eimer mit kaltem Wasser, der ihm die undurchführbaren Ideen aus dem Kopf spülte. Du fasste zusammen: »Wir sind hier im sichersten Gefängnis der Stadt. Es hat seit fast zwanzig Jahren keinen erfolgreichen Ausbruch gegeben. Was lässt dich glauben, du könntest es schaffen? Nichts für ungut, aber ich bezweifle, dass du es überhaupt aus unserem Zellblock schaffen würdest.«

Hang schwieg sehr lange, ehe er antwortete. »Ich weiß, dass es sehr schwierig ist. Deshalb brauche ich deine Hilfe. Wir brechen gemeinsam aus.«

Du schnitt ihm sofort das Wort ab. »Warum sollte ich mit dir ausbrechen? Ich muss nur fünf Jahre absitzen. Wenn ich keinen Ärger mache, bin ich schon in zwei bis drei Jahren raus. Warum um alles in der Welt sollte ich es riskieren, mich bei so einer idiotischen Nummer erschießen zu lassen?«

Hang hatte darauf keine Antwort. Er starrte Du finster an und murmelte: »Ich dachte, du würdest mir helfen.«

»Dir helfen? Ich habe dir offenbar schon zu viel geholfen, wenn du meinst, derart dämliche Ideen kämen gut bei mir an.«

Trotz dieser gründlichen Zurückweisung war Hang noch immer nicht bereit aufzugeben. »Ich habe mir durchaus schon ein paar Gedanken gemacht ...«, flüsterte er nach kurzem Zögern.

»Bitte sag mir nicht, was genau, sonst melde ich dich.« In der Hoffnung, Hangs Vorhaben beerdigt zu haben, wandte Du sich ab und ging davon, ohne sich noch einmal umzudrehen.

Hang blieb allein in der Ecke stehen, einsam und hilflos. Er schaute an der hohen Mauer hinauf, an all den Ziegelsteinen und Hochspannungsdrähten, die ihn von der freien Welt draußen trennten. Selbst die gleißende Frühlingssonne konnte nicht verhindern, dass es ihm vor Verzweiflung kalt den Rücken herunterlief.

Während der folgenden Tage brachte Hang das Thema nicht noch einmal zur Sprache. Sooft er nichts anderes zu tun hatte, saß er allein da und starrte ins Leere, nur war seine Haltung jetzt eine andere als zuvor. Die Unbescholtenheit war aus seiner Miene verschwunden, und in seinen Augen schien ein inneres Feuer zu lodern, das schwer zu beschreiben war, aber viele verborgene Gedanken zu enthalten schien.

Die Tage vergingen – scheinbar ruhig, aber voller versteckter Unterströmungen. Schon war das nächste Wochenende gekommen, und abermals durfte Hang sich über Besuch freuen. Als er aus dem Besucherraum zurückkehrte, wirkte er sehr aufgeregt.

»He, Bruder Zhi, hat dein Freund dir was Schmackhaftes mitgebracht?«, fragte Shun schüchtern.

»Etwas Gutes, ja«, sagte Hang vage, »aber nur für mich, du hättest nichts davon.«

Shun kratzte sich den Kopf, hatte aber keine Ahnung, wie Hang das meinte. Des Rätsels Lösung ließ allerdings nicht lange auf sich warten. Nach dem Mittagessen brachten die Wächter die überprüften Geschenke der Häftlinge. Hang erhielt etwas zu essen, ein paar Hygieneartikel sowie zwei identische Schachteln.

Die eine öffnete er und holte eine neue Brille hervor, die er sofort aufsetzte. Seit seine alte Brille zu Bruch gegangen war, hatte er sich durch eine verschwommene Welt bewegt. Er war zwar nur ein bisschen kurzsichtig, trotzdem hatte es ihm große Unannehmlichkeit bereitet.

»Schau mal an«, sagte Blackie. »Das ist doch schon besser. Jetzt siehst du wieder gebildet aus.«

Shun warf ihm einen Seitenblick zu. »Bruder Zhi ist uns selbst ohne seine Brille eindeutig überlegen.«

»Fick dich, du Schleimscheißer. Glaubst wohl, er ist dein Papi?«, fauchte Blackie ihn an.

Shun spannte die Halsmuskulatur, um zu einer verheerenden Retourkutsche auszuholen, aber bevor er den Mund aufmachen konnte, fragte Bruder Ping plötzlich: »Warum zwei? Willst du eine aufbewahren, um dich doch noch umzubringen?«

»Brillen sind ziemlich zerbrechlich, es kann nicht schaden, Ersatz zu haben.« Hang machte die zweite Schachtel auf, begutachtete den Inhalt, klappte sie wieder zu und schob sie unter sein Kopfkissen.

Die neue Brille machte es ihm nicht nur einfacher, sich fortzubewegen, sie erhöhte auch seine Arbeitsleistung enorm. Seine Erfahrung bescherte ihm ohnehin einen Vorteil, aber mit voller Sehkraft hatte er eine Papiertüte in noch kürzerer Zeit vollendet. Und als Zeichen der Solidarität legte er auch nicht die Arbeit nieder, nachdem er seinen Anteil fertiggestellt hatte, sondern blieb an seinem Platz, um den anderen zu helfen. Die Geste blieb nicht unbemerkt – sie verschaffte ihm eine Menge Wohlwollen in der Zelle. Selbst Blackie hörte auf, gegen ihn zu sticheln.

Am folgenden Freitag fanden sich alle nach dem Mittagessen zur gewohnten Zeit an ihren Arbeitsplätzen ein, als Wächter Huang von der Tür her brüllte: »Zelle 424, zwei von euch herkommen, um den Laster zu beladen!«

Die Papiertüten, die sie jeden Tag anfertigten, wurden zu Paketen zusammengeschnürt und in einem Nebenraum gestapelt. Am Ende jeder Woche tauchte ein Lkw auf, um das wöchentliche Kontingent abzuholen. Da sich Fahrzeuge von außerhalb nicht den Zellblocks nähern durften, hielten sie für gewöhnlich vor den administrativen Gebäuden nahe beim Haupteingang. Aus diesem Grund wurde Manneskraft benötigt, um die fertigen Produkte mehrere Hundert Meter von den Werkstätten zum Lastwagen zu schleppen. Aus Sicherheitsgründen wurden dafür stets nur zwei Häftlinge eingesetzt, die daher den gesamten Nachmittag dafür benötigten. Es war eine Menge Arbeit, um die sich verständlicherweise niemand riss. Die Zellen wechselten sich ab, und diese Woche war Zelle 424 an der Reihe.

»Blackie, Shun, ihr macht das«, sagte Bruder Ping. Da niemand im Zellblock die Arbeit freiwillig verrichtet hätte, blieb sie automatisch an den rangniedrigsten Insassen der jeweiligen Zelle hängen.

Für Blackie war die Situation schwer zu ertragen, hatte er sich doch bis vor Kurzem noch wesentlich weiter oben in der Nahrungskette befunden. Er traute sich jedoch nicht, einen direkten Befehl von Bruder Ping anzufechten. Stattdessen versuchte er es mit einer Ausrede. »Ich habe sehr schlecht geschlafen letzte Nacht und Schmerzen überall.« Er streckte sich ungelenk, wie um zu demonstrieren, dass er ganz steif war.

Shun starrte ihn finster an. »Schwachsinn. Als du eben das Essen aus der Kantine gerochen hast, war dein Hals sofort länger als bei einer Giraffe. Wen willst du bitte verarschen?«

Es war unschwer zu erkennen, was vor sich ging. Bruder Ping rümpfte die Nase und schickte sich an, Blackie mit ein paar saftigen Worten zurechtzustutzen, aber da schaltete sich Du ein. »Na gut, wenn Blackie keine Lust hat, kann ich es auch machen.«

Bruder Ping musterte ihn kritisch. Er wollte keinen neuen Streit mit Du riskieren, konnte aber auch nicht zulassen, dass seine Befehle ignoriert wurden. »Was hat das mit dir zu tun?«, knurrte er.

»Ich will einfach ein bisschen an die frische Luft. Ich war den ganzen Tag hier in der Halle. Ich bin kurz vorm Ersticken.« Du kicherte. Er sagte nicht nur die Wahrheit, sondern hatte auch nichts gegen ein paar Stunden richtige Arbeit, um seine vernachlässigten Muskeln aufzulockern.

Bruder Ping zögerte noch einen Moment, dann dachte er daran, wie sich Shun und Blackie in die Haare gekriegt hatten. Ließ er sie gemeinsam gehen, konnte das eventuell zusätzlichen Ärger bedeuten. Aus diesem Grund beschloss er, sich den Gegebenheiten anzupassen. Er nickte. »Na gut, dann geh du mit Shun.«

Da sprang Hang auf. »Bruder Ping, ich würde gerne auch gehen. Shun kann eine Pause machen.«

In diesem Fall musste Bruder Ping nicht lange nachdenken. »Was soll der Blödsinn? Wenn du losziehst und die schweren Pakete schleppst, wer macht uns dann hier die Tüten?«

Du ahnte, worauf es hinauslaufen sollte – Hang wollte ihn allein sprechen. Lächelnd pflichtete er Bruder Ping bei. »Warum solltest du das tun wollen? Du bist eher zart gebaut. Du würdest zusammenbrechen, bevor du das erste Paket aus der Halle getragen hast.«

Die geheime Botschaft in seinen Worten war nur für Hang zu hören, für ihn jedoch laut und deutlich: Er sollte sich keine Hoffnung auf weitere Ausbruchspläne machen. Enttäuscht und verstimmt setzte er sich wieder hin.

Shun hatte gehofft, Hang würde ihn tatsächlich ersetzen. Da nun klar war, dass das nicht passieren würde, wollte er ihm wenigstens einige tröstliche Worte zukommen lassen. »Bruder Zhi, du willst doch deine Energie nicht bei solcher Schwerstarbeit verschwenden. Bruder Qiang und ich machen das schon. Wir können ruhig ein bisschen leiden. Das ist ehrliche Arbeit, wir drücken uns nicht und hintergehen auch niemanden.«

Während dieser Rede stand Shun auf und warf Blackie aus dem Augenwinkel einen eindeutigen Blick zu. Er wollte sich selbst als aufrechten Arbeiter inszenieren und Blackie gleichzeitig eins auswischen. Blackie wusste, dass er auf verlorenem Posten stand, schluckte also seinen Ärger wohl oder übel fürs Erste herunter.

Bruder Ping hielt das Spiel der beiden Streithähne für allzu durchschaubar und fauchte ungehalten: »Schluss mit dem Quatsch. Los!«

Shun wagte es nicht, zu protestieren, und wandte sich sofort zum Gehen. Du folgte ihm entspannt. Draußen vor der Halle hatte Hefekloß bereits einen großen Karren vorgefahren. Ihre erste Aufgabe bestand darin, ihn mit den Paketen von drinnen zu beladen. Sie waren eng geschnürt, jedes wog gut und gerne zwanzig Kilo. Du arbeitete ohne erkennbare Mühe, Shun hingegen schien rasch schlappzumachen. Er wusste allerdings, dass Blackie sie beobachtete, biss also die Zähne zusammen und schuftete weiter, um nicht das Gesicht zu verlieren. Nach jedem Paket stand er einen Moment keuchend da und fluchte stumm.

Als sie den Karren endlich vollgeladen hatten, mussten sie ihn zu zweit bis zu den Verwaltungsgebäuden schieben. Du packte den Handgriff an der Deichsel und setzte den Karren allein in Bewegung. Shun freute sich heimlich über die Verschnaufpause und ging mit einer Hand auf der Ladung neben dem Wagen her, damit es so aussah, als beteiligte er sich an der Arbeit. Ein junger Wächter begleitete sie, zeigte ihnen den Weg und behielt sie im Auge. Die drei Männer mit dem beladenen Karren verließen den Vorplatz der Halle und gelangten ins Freie.

Jenseits von Zellblock 4 lag eine ausgedehnte Fläche, auf der einige Häftlinge aus anderen Blocks bei der Feldarbeit zu sehen waren. Kein Versteck weit und breit, und keine Geste blieb den Wachposten auf den Türmen verborgen.

Das Gefängnis ließ sich in drei verschiedene Zonen unterteilen. Nahe beim Eingang lag das Verwaltungsareal mit den Büros und diversen Nebenorganisationen. Dahinter erstreckte sich der Bereich, in dem die Gefangenen wohnten, der allerdings zweigeteilt war – Zellblocks 1, 2 und 3 waren jenen Häftlingen vorbehalten, die zehn Jahre oder weniger abzusitzen hatten, und bildeten den großen Zentralbereich des Gefängniskomplexes. Die Männer dort arbeiteten meist im Freien, in dem großen landwirtschaftlichen Bereich, den Du und Shun soeben durchquerten.

Zellblock 4 beherbergte die schlimmsten Verbrecher, deren Haftstrafen über zehn Jahre hinausgingen. Er lag im rückwärtigen Teil des Gefängniskomplexes und bildete den kleinsten Teil der Anlage, der jedoch am strengsten bewacht wurde. Sämtliche Arbeiten fanden in geschlossenen Räumen statt, um sicherzugehen, dass diese gefährlichen Kriminellen unter permanenter Beobachtung standen. Die Felder ringsum dienten als Pufferzone. Selbst wenn es einem von ihnen gelingen sollte, aus Zellblock 4 zu entkommen, müsste er danach über offenes Gelände flüchten und würde spätestens dann von den Wächtern auf den Türmen entdeckt.

Die beiden Häftlinge und ihr Wächter kamen den Feldweg entlang. Es war ein warmer Frühlingstag mit einer leichten Brise, die den belebenden Geruch frisch gemähten Grases mit sich trug. Du und Shun hatten beide seit geraumer Zeit keine Natur mehr gesehen und fühlten sich wie berauscht.

Aber ihre Hochstimmung währte nicht lange. Du hatte das Gefühl, kaum ein paar Meter gegangen zu sein, als sie die Felder schon wieder verlassen mussten. Vor ihnen ragten die abweisenden Fassaden der Verwaltungsgebäude auf.

Zwischen den Zellblocks und dem Haupttor standen rund ein Dutzend Gebäude. Seltsamerweise waren dies nicht die üblichen rechteckigen Kästen. Jedes von ihnen hatte sechs oder acht Seiten, manche sogar noch mehr. Sie standen so dicht beieinander, dass die schmalen Wege zwischen ihnen ein verschlungenes Labyrinth bildeten. Angeblich war die Anlage von Experten entworfen worden und folgte dem uralten Prinzip der Acht Trigramme. Eindringlinge, die mit der Anordnung nicht vertraut waren, mussten zwischen den seltsamen Formen jede Orientierung verlieren und würden weder einen Weg hinaus noch auch nur den Eingang eines der umliegenden Gebäude finden. Nach einer kurzen Irrfahrt würden sie entweder aufs Feld oder zum schwer bewachten Tor kommen, definitiv aber in der Falle sitzen.

Du stand nun dort und betrachtete, wie das Sonnenlicht glitzernd durch die schmalen Gassen sickerte. Der Wächter schrie ihn von hinten an. »Was glotzt du da? Kopf runter!«

Das war die wichtigste Regel beim Durchqueren dieses Gebiets – Blick auf den Boden gerichtet, nicht umschauen. Du senkte folgsam den Kopf, Shun ebenso. Als sie den Karren weiterschoben, warfen sie immer wieder verstohlene Blicke auf den Wärter, der sie mit knappen Kommandos durch den Irrgarten lotste.

Nach fünf oder sechs Minuten kamen sie an einen Ort,

der heller und weiter zu sein schien. Du wurde leichter ums Herz – sie mussten den Irrgarten hinter sich gelassen haben. Und tatsächlich sagte der Wächter: »Alles klar, ihr könnt wieder geradeaus schauen.«

Die Verwaltungsgebäude lagen hinter ihnen. Aus dieser Richtung wiesen sie große Türen und glatte Fensterfronten auf; keine Spur von der unheimlichen Atmosphäre, die sie aus Sicht der Zellblocks ausstrahlten. Du bewunderte im Stillen die hervorragende Arbeit des Architekten, der mit ein und derselben Gruppe von Gebäuden zwei derart unterschiedliche Welten geschaffen hatte.

Das Haupttor lag noch etwa fünfzig Meter entfernt. Hier gab es sogar ein paar schlicht gestaltete Blumenbeete, auch wenn der Großteil der Fläche von Parkplätzen eingenommen wurde. Der Lastwagen, der auf ihre Lieferung wartete, stand direkt beim Tor. Am Führerhaus lehnte ein Mann mittleren Alters und rauchte – augenscheinlich der Fahrer.

»Ihr zwei beladet den Lkw. Herr Shao sagt euch, was genau zu tun ist«, sagte der Wächter und winkte dem rauchenden Mann zur Begrüßung.

Herr Shao trat seine Zigarette aus und öffnete die Ladeklappe. Er war um die fünfzig und stattlich, obwohl unzählige winzige Fältchen sein braun gebranntes Gesicht zierten.

»Herr, wie machen wir das?«, fragte Du, als sie ihn mit dem Karren erreichten.

Herr Shao antwortete nicht sofort, sondern sprang auf die Ladefläche. »Ihr reicht mir die Pakete an, ich staple sie anständig.«

»Wir reichen Ihnen die Pakete an, und Sie wollen die alle stapeln?«, fragte Du, der glaubte, sich verhört zu haben.

»Ja«, sagte Herr Shao. Er erklärte sich nicht weiter, sondern streckte die Arme aus, bereit, das erste Paket entgegenzunehmen. Er schien kein Mann vieler Worte zu sein.

Du nahm das erste Paket vom Karren und hob es dem Fahrer entgegen. Er hielt es so hoch wie möglich, über die Schultern, damit Herr Shao es annehmen konnte, ohne sich vorbeugen zu müssen. Der Fahrer machte ein paar schnelle Schritte und stellte das Paket am vorderen Ende der Ladefläche ab.

Shun hob ein Paket an, war aber nicht stark genug, es über den Kopf zu heben, also nahm Du es ihm ab. Bald hatten sie ihr eigenes kleines Fließband erschaffen. Shun hob die Pakete vom Karren, Du hielt sie in die Höhe, Herr Shao platzierte sie im Lastwagen. Zu Anfang schien es eine gute Lösung zu sein, aber als die Stapel immer höher wurden, wurde auch die Arbeit des Herrn Shao immer schwerer, und schon bald hielt er nicht mehr mit.

Du fiel auf, dass Herr Shao kaum noch Kraft hatte, also sprang er auf die Ladeklappe. »Wechseln wir uns ab, Herr. Ich kann das Stapeln auch erledigen.«

»Ah?« Herr Shao sah ihn verdutzt an.

»Ich bin jung und kräftig.« Du schlug sich vor die stramme Brust.

Herr Shao musterte ihn von Kopf bis Fuß.

»Sagen Sie mir einfach, was zu tun ist, ich kriege das hin.« Du schaute ihm voller Zuversicht und Ernsthaftigkeit in die Augen.

»Staple sie bis ganz vorne durch, immer vier übereinander. Und achte darauf, dass sie bündig stehen.«

»Alles klar.« Du beugte sich hinab, nahm ein Paket von Shun in Empfang und platzierte es nach Herrn Shaos Anweisungen. Selbst auf der vierten Ebene hatte er keine

Probleme, die Pakete hoch genug zu heben – erstens war er recht groß und zweitens wirklich athletisch gebaut.

Herr Shao verfolgte, wie einfach Du es aussehen ließ, und endlich zeichnete sich so etwas wie Anerkennung auf seinem wettergegerbten Gesicht ab.

»Sie können ruhig runter, ich mache das schon«, versicherte Du ihm abermals. Diesmal zögerte Herr Shao nicht, sondern sprang zu Boden und nahm Dus Platz in der Kette ein. Sie arbeiteten weiter, und da in dieser Konfiguration jedermanns Fähigkeiten bestmöglich genutzt wurden, beschleunigte das die Arbeit beträchtlich. In kaum zehn Minuten hatten sie den Karren fertig entladen.

Der Wächter schlenderte herbei und sah sich verblüfft um. »Mein lieber Mann, ihr wart aber schnell heute.«

Herr Shao warf Du einen Blick zu. »Der Junge ist nicht übel.«

Der Wächter kannte Herrn Shao lange genug, um zu wissen, dass er selten ein Wort zu viel verlor und dies tatsächlich ein großes Lob darstellte. Auch er war von Dus Arbeitseifer positiv überrascht, selbst wenn ihm sein Job nicht erlaubte, dies zu zeigen. Er schaute also weiter finster drein und brüllte Du an: »Kommst du bald mal runter? Ihr habt noch eine zweite Ladung vor euch. Bis dahin wird keine Pause gemacht!«

Du sprang mit Leichtigkeit von der Ladeklappe, griff sich die Deichsel und rief nach Shun. »Na los.«

Shuns Mundwinkel zuckten, als wollte er etwas erwidern. Da Du sich bereits in Bewegung gesetzt hatte, rannte er hinter ihm her und legte abermals eine Hand auf den Karren, um nicht völlig untätig zu wirken.

Wieder lotste sie der Wärter zwischen den Verwaltungsgebäuden hinaus auf die Felder, zurück zur Werkhalle von Zellblock 4. Da der Karren nicht durch die Tür passte, blieb der Wachmann draußen stehen, während Du und Shun die zweite Runde Pakete ins Freie schleppten.

Auf dem Weg zum Lagerraum mussten sie an den Werkräumen vorbei. Als er sie kommen sah, legte Blackie sein Werkzeug ab und glotzte Shun spöttisch an. »He, schon müde?«

Shun erwiderte nichts, sondern wischte sich den Schweiß von der Stirn und machte eine federnde Geste aus dem Handgelenk, als er an Blackie vorbeikam. Dieser bekam eine Ladung Schweiß ins Gesicht.

»Scheiße!«, jaulte er. »Womit hast du mich da gerade vollgespritzt? Bist du gekommen?«

Alles um sie herum lachte grölend. Shuns Miene verfinsterte sich, aber er beschleunigte seine Schritte. Als Du im Lagerraum zu ihm aufgeschlossen hatte, stand er bloß da, die Hände in die Hüften gestemmt, sein Gesicht eine Fratze des Zorns.

Du lachte. »Was bringt es, auf den sauer zu sein? Komm schon, bringen wir die Pakete raus.«

»Der Wichser glaubt, ich bin der letzte Idiot, oder?« Shun starrte derart intensiv die Wand zum Nebenraum an, als könnte er Blackie mit Blicken das Fleisch von den Knochen schneiden. Verbittert wandte er sich an Du. »Kannst du ein bisschen weniger hart arbeiten? Das würde außer dir niemand machen.«

»Macht mir nix aus, ich habe Spaß«, sagte Du und ließ die Arme kreisen. »Weißt du, wie lange es her ist, dass ich mich richtig bewegen konnte? Meine Arme waren schon ganz eingerostet.«

»Bist du bescheuert?« Shun glotzte ihn böse an. »Du kannst so schnell arbeiten, wie du willst, eine Pause gibt es trotzdem nicht. Sobald wir alle Pakete verladen haben, müssen wir hierher zurückkehren und weiter Tüten kleben. Blackie und die anderen lachen uns aus. Ist dir nie aufgefallen, dass alle anderen das Beladen bis zum Abend hinziehen?«

Du begriff, worauf er hinauswollte. »In Ordnung, dann machen wir etwas langsamer.«

Shun seufzte. »Jetzt geht das nicht mehr, das fällt doch umso mehr auf. Du hättest einfach nicht auf die Ladeklappe springen dürfen. Warum musst du so anders sein als alle anderen hier?«

»Hmm.« Du betrachtete ihn neugierig. »Und was hätte ich deiner Meinung nach tun sollen?«

»Dich so begriffsstutzig anstellen wie möglich. Selbst wenn dir der Wächter persönlich sagt, du sollst den Laster beladen, tust du so, als wüsstest du nicht, wie, und stellst dich total ungeschickt an, damit Herr Shao wieder übernimmt. Das ist nicht meine Idee. Alle machen das so.«

Du musste lachen. Jetzt wusste er auch, warum Herr Shao ihn anfangs so argwöhnisch angeschaut hatte.

Shun war noch nicht fertig. »Jetzt kannst du nicht mehr damit anfangen. Was hat dich bloß geritten, dermaßen fleißig sein zu wollen? Wenn wir jetzt nachlassen, ist das viel zu offensichtlich. Ist ja klar, dass ausgerechnet ich mit dir arbeiten muss.«

Shun schaute derart unglücklich drein, dass er Du tatsächlich ein wenig leidtat. Du dachte einen Moment nach. »Na gut, mach dir keine Sorgen. Ich überlege mir was, wie du nachher trotzdem eine kleine Pause machen kannst.«

Shun sah ihn hoffnungsvoll an. »Wirklich?«

Du nickte. »Aber dafür müssen wir den Lastwagen genauso schnell beladen wie bei der ersten Runde, sonst funktioniert es nicht.«

Shun schaute ihn kritisch an, aber Du schien es ernst zu meinen. »Okay.«

»Na, dann los.« Du schnappte sich ein Paket, Shun folgte ihm. Bald waren sie wieder schwer beschäftigt.

Sie brauchten etwas über zwanzig Minuten, um den Karren zu beladen, und weitere zehn, um ihn abermals zum Haupttor zu ziehen. Als sie dort ankamen, hatte Herr Shao eine knappe Dreiviertelstunde untätig herumgestanden.

»Los, beladen«, sagte der Wächter. »Lasst Herrn Shao nicht noch länger warten.«

Shun keuchte lautstark und sah arg erschöpft aus.

Als Herr Shao begriff, dass Du und Shun keine Pause bekommen sollten, fühlte er sich offenbar schlecht. »Warum können die beiden nicht kurz verschnaufen? Wir sind dem Zeitplan immer noch voraus, kein Grund zur Eile.«

»Die brauchen keine Pause«, sagte der Wärter. »Sobald sie hier fertig sind, haben sie noch andere Sachen zu erledigen.«

Shun verzog gequält das Gesicht, sagte aber nichts, sondern bedachte Du mit einem wütenden Seitenblick. Du gab vor, ihn nicht gesehen zu haben, sprang wieder auf die Ladeklappe und rief: »Na los!«

Shun erinnerte sich an Dus Anweisung, biss die Zähne zusammen und arbeitete weiter. Wenigstens war er das schwächste Glied in der Kette und musste am wenigsten Energie aufwenden. Du hatte die schwerste Arbeit, bewegte sich aber immer noch so grazil wie zu Beginn, als verfüge er über unerschöpfliche Kraftreserven. Mit vereintem Einsatz hatten sie sehr bald auch den zweiten Karren größtenteils in den Lastwagen verfrachtet.

»Ruh dich aus, wenn wir hier fertig sind, Junge«, sagte Herr Shao, dem nicht verborgen blieb, wie stark Du schwitzte.

»Wir werden keine Pause einlegen dürfen«, sagte Du leise und warf einen Blick auf den Wächter, der in der Nähe rauchte. Dann sagte er lauter: »Sind Sie müde, Herr? Brauchen Sie einen Moment Erholung?«

Herr Shao sah ihn verblüfft an, begriff dann, was er vorhatte, und antwortete ebenfalls laut: »Himmel, ja, ich kann kaum noch weitermachen. Ich bin nicht so stark wie ihr jungen Leute.«

Der Wächter ließ die Zigarette fallen, trat sie aus und winkte den beiden Häftlingen. »Na schön, dann macht ihr auch eine kurze Pause.«

Shun frohlockte und ließ sich unverzüglich auf den Karren fallen. Du sprang von der Ladeklappe und nickte Herrn Shao zu. »Danke, Herr.«

Herr Shao kramte seine Zigaretten hervor. »Willst du eine?«

Du winkte lächelnd ab. »Danke, nein.«

Herr Shao steckte sich eine an, nahm einen tiefen Zug und stieß den Rauch aus. Dann sah er Du an. »Was hast du getan, um hier zu landen, Junge?«

Du zögerte und entschloss sich zu einer vagen Antwort. »Ich hatte keine Wahl – es gab ein paar Dinge, die ich tun musste.«

Herr Shao blinzelte ihn an. »Ich glaube dir. Du bist nicht wie die anderen – du bist kein schlechter Mensch.«

Du lachte reuevoll. »Ich sitze in Zellblock 4, und Sie glauben trotzdem, dass ich kein schlechter Mensch bin.«

Herr Shao nahm einen weiteren tiefen Zug. »Nicht jeder,

der im Gefängnis sitzt, ist ein schlechter Mensch, genauso wenig wie jeder schlechte Mensch im Gefängnis sitzt.«

Du war gerührt, gab seine Gefühle aber nicht zu erkennen, sondern starrte stumm den fernen Elektrozaun in der Höhe an.

»Auf jeden Fall bist du ein fleißiger Arbeiter«, sagte Herr Shao und klopfte Du auf die Schulter. »Ich sage dem Wachmann, dass ich dich gern jedes Mal beim Einladen dabeihätte. Was hältst du davon?«

»Kein Problem.«

Herr Shao nickte anerkennend. »Beim nächsten Mal kannst du es allerdings etwas ruhiger angehen lassen. Du bist schließlich im Gefängnis – ist ja nicht so, als ob dir eine Gehaltserhöhung winkt.«

Du lächelte. »Und ich dachte, Sie wären kein Mann vieler Worte, Herr Shao. Wer hätte gedacht, dass Sie eine regelrechte Plaudertasche sind?«

Herr Shao kicherte. »Ich rede nur, wenn ich auch etwas zu sagen habe, alles andere erscheint mir sinnlos. Die Kerle, die sie mir bis jetzt zugeteilt haben, waren meine Aufmerksamkeit nicht wert. Was hätte ich denen groß sagen sollen?«

Trotz der tiefen sozialen Kluft zwischen ihnen führten die beiden Männer ein durchaus angenehmes Gespräch. Viel zu schnell hatte Herr Shao seine Zigarette aufgeraucht und mit dem Absatz in den Staub getreten. Er knuffte Du in die Seite. »Na schön, dann wollen wir mal wieder, hm?«

»Alles klar«, sagt Du und winkte Shun herbei.

Je länger sie zusammenarbeiteten, desto besser schienen sie sich zu verstehen. Selbst der Wächter betrachtete sie wohlwollend, als sie mit frischer Tatkraft zum Lagerraum zurückkehrten, um die dritte Fuhre zu holen. Herr Shao sorgte beim anschließenden Beladen für noch mehr kleine Pausen, damit sie sich nicht zu erschöpft fühlten. Dank des angenehmen Tempos war es fast fünf Uhr nachmittags, als der Lastwagen schließlich voll beladen war.

Herr Shao verabschiedete sich und fuhr davon. Am Tor überprüfte ein Wachposten noch einmal die Ladung, ehe er die elektronische Sperre des großen Tors aufhob.

Als sie den Karren zurückschoben, sah Shun sich immer wieder um und erhaschte, sobald sich das Tor öffnete, einen hungrigen Blick auf die Welt draußen.

»Was glotzt du da?«, brüllte der Wächter. »Hast du irgendein Recht, das zu sehen?«

Shun wandte sich hastig ab. Dann hob er die Hand, als würde er im Klassenzimmer sitzen. »Ich habe ein Sicherheitsrisiko entdeckt, Herr.«

»Hä?« Der Wärter blieb stehen. »Na los, sag schon. Was für ein Risiko?«

»Der Lastwagen. Hätte Herr Shao es einem Gefangenen erlaubt, sich zwischen der Ladung zu verstecken, könnte der einfach so verschwinden.«

Der Wächter kniff die Augen zusammen und lächelte kalt. »Du hast aber viele Ideen, wie? Denkst wohl über einen Ausbruch nach, was?«

Shun setzte eine verletzte Miene auf. »Wie könnte ich es wagen? Und wenn ich das vorhätte, warum hätte ich es dann ansprechen sollen?«

Der Wächter hatte ihm nur einen Schrecken einjagen wollen, musste aber lachen, als er sah, wie ernst Shun den Vorwurf nahm. »Was weißt du denn schon? Das Tor ist mit Infrarot-Scannern ausgerüstet. Jedes Fahrzeug wird komplett durchleuchtet, egal, ob rein oder raus. Da kommt nicht mal eine Maus unbemerkt durch, von einem Menschen ganz zu schweigen.«

»Infrarot?« Shun war sich nicht sicher, was das genau bedeutete. »Ist das so etwas wie ein Röntgengerät?«

»Mehr oder weniger«, sagte der Wächter, der sich auf keine Diskussion einlassen wollte. »Wenn du am Leben bist, wirst du entdeckt.«

Du hatte aufmerksam zugehört. Infrarot-Technologie funktionierte im Wesentlichen durch die Messung von Temperaturunterschieden. Menschliche Körper generierten für gewöhnlich mehr Wärme als ihre Umgebung; versteckte sich also jemand in einem Lkw, musste er als menschenförmiger Umriss auf einem Monitor auftauchen. Das machte es für die Häftlinge so gut wie unmöglich, das Gefängnis in einem Fahrzeug zu verlassen.

Shun drehte sich noch einmal zum Tor um, scheinbar tief in Gedanken. Im gleichen Moment klingelte das Telefon des Wächters. Er starrte das Display an und nahm das Gespräch entgegen. »Hallo, Kommandant Zhang?«

Mit zunehmend ernster Miene hörte der junge Wächter dem Kommandanten zu. Dabei starrte er Shun durchdringend an.

Zwei oder drei Minuten später legte er auf und näherte sich Shun.

»Herr, hat ... hat Kommandant Zhang irgendwelche Anweisungen für mich?« Shun spürte, dass etwas nicht stimmte. Beim Gedanken an Zhang Haifeng begann er leicht zu zittern.

»Stell dich gerade hin!«, bellte der Wächter.

Shun hob hastig den Kopf, drückte die Brust durch und rührte sich nicht.

»Hast du irgendwas versteckt?«, fragte der Wächter streng.

»Was versteckt?« Shun erstarrte und schüttelte entgeistert den Kopf. »Nein ...«

Der Wärter ließ ihn nicht ausreden. »Sofort alle Taschen umstülpen.«

Shun zupfte auf der Stelle all seine Hemd- und Hosentaschen nach außen, um zu beweisen, dass sie gänzlich leer waren. Der Wächter gab sich nicht damit zufrieden, sondern klopfte ihn gründlich ab, konnte aber nichts finden. Kurz dachte er angestrengt nach, dann fiel sein Blick auf Du Mingqiang, der ganz in der Nähe stand.

Du reagierte sofort, stand ebenfalls stramm und stülpte seine Taschen aus. Der Wächter klopfte auch ihn gründlich ab, selbst im Schritt, konnte jedoch abermals nichts Verdächtiges entdecken.

Schließlich zückte er sein Handy und rief Zhang Haifeng zurück.

»Sir, ich habe sie durchsucht. Nichts gefunden ... Ja, verstanden.«

Shun hatte den Eindruck, einen Test bestanden zu haben, und fasste neuen Mut. Sowie der Wächter aufgelegt hatte, fragte er: »Ist etwas passiert, Herr?«

Der Wächter wischte die Frage beiseite. »Wir reden im Werkraum.«

Den ganzen Weg zurück klangen seine Schritte gehetzt, was darauf hindeutete, dass in der Tat irgendetwas vorgefallen sein musste. Als sie die Werkhalle erreichten, begriff Du, dass es sich sogar um einen ernsten Zwischenfall handelte.

Fast alle Wächter von Zellblock 4 hatten sich vor der Tür zur Werkhalle versammelt, angeführt von Kommandant

Zhang Haifeng. Mit ernster Miene redete er auf Wächter Huang ein, der Scham und Niedergeschlagenheit zur Schau stellte.

Der junge Wächter ging zu Zhang herüber. »Sir, ich habe die beiden zurückgebracht.«

Zhang warf ihnen einen knappen Blick zu und fauchte: »Noch mal durchsuchen.«

Sofort näherten sich zwei andere Wächter. Sie drückten Du und Shun gegen die Wand und durchsuchten sie unsanft. Auch sie fanden nichts.

Zhangs Unterkiefer zuckte. »Bringt sie hinein.«

Du und Shun folgten den Wächtern in die Werkhalle, wo die übrigen Häftlinge ihre Arbeitsplätze verlassen und sich in zwei ordentlichen Reihen aufgestellt hatten. Einzig Blackie kauerte auf der anderen Seite des Raums, die Hände hinter dem Kopf verschränkt. Er sah elend aus.

Shun starrte ihn an und weidete sich offenkundig an seinem Unglück. Blackie schaute zufällig auf, und ihre Blicke trafen sich. Blackie schien kurz vor der Explosion zu stehen.

»Ab in die Reihe, ihr zwei«, rief einer der Wärter und unterbrach das stumme Duell. Du und Shun gesellten sich zu ihren Zellengenossen. Hang trat einen Schritt zur Seite, damit Du neben ihm Platz fand.

»Was ist passiert?«, flüsterte Du.

»Blackie hat seinen Stift verloren«, sagte Hang. »Er hat heute erst einen neuen bekommen.«

Du zog die Stirn kraus und dachte nach.

Zellblock 4 hatte schon einmal einen stiftbezogenen Zwischenfall erlebt. Vor etwa einem Jahr hatte ein Neuankömmling seinen neuen Stift entzweigebrochen und am Ende der Schicht nur das hintere Ende zurückgegeben, den vorderen

Teil hingegen in die Zelle geschmuggelt. Den Wächtern war es nicht aufgefallen. Einige Tage später hatte sich die gestohlene Bleistiftspitze bei einer Auseinandersetzung ins Auge eines Mitinsassen gebohrt. Zum Glück war das Stück nicht lang genug gewesen, um eine lebensgefährliche Verletzung zu verursachen, hatte aber ausgereicht, den Mann erblinden zu lassen. Für diese Nachlässigkeit hatten alle Wächter eine Kollektivstrafe auferlegt bekommen.

Seit diesem Zwischenfall wurde deutlich besser auf die Stifte aufgepasst. Jeder Häftling musste zu Beginn jeder Schicht die Länge seines Stifts nachmessen. Am Ende der Schicht wurde abermals gemessen. Die beiden Werte durften nicht mehr als zwei Zentimeter voneinander abweichen.

Den Unterlagen zufolge hatte Blackie nach dem Mittagessen einen neuen Bleistift ausgehändigt bekommen. Sollte dieser Stift aus der Werkhalle geschmuggelt werden, hatte er das Zeug zur Mordwaffe.

Während Du all diese Fakten im Kopf sortierte, marschierte Zhang Haifeng in Begleitung sämtlicher Wächter in die Halle.

Die Sträflinge standen stramm und setzten allesamt Mienen voll verletzter Unschuld auf.

Blackie senkte das Haupt noch tiefer, bis er fast aussah wie ein Strauß, der den Kopf in den Sand stecken wollte. Die harten Ledersohlen der Wächter stanzten eine akustische Tätowierung in den Hallenboden, bis sie schließlich neben ihm verharrten.

Blackie brauchte einen Moment, um den Mut zu sammeln aufzuschauen.

Zhang Haifeng starrte mit einem derart kaltblütigen Blick auf ihn herab, dass ihn nackte Angst packte.

Ein einziger kurzer Blick, dann senkte Blackie den Kopf.

»Erzähl mir noch einmal: Wie ist der Stift verschwunden?«

»Als ich zur Toilette gegangen bin, habe ich ihn auf dem Tisch liegen gelassen, und hinterher war er weg«, wiederholte Blackie mit zitternder Stimme.

Zhang musterte ihn ausdruckslos. »Wie lange warst du auf dem Klo?«

»Nicht lange.« Blackie leckte sich über die Lippen. »War nur kurz kacken. Vielleicht drei oder vier Minuten.«

»Drei oder vier Minuten?« Zhang zog jedes Wort wie Kaugummi in die Länge.

Blackie bebte. »Auf keinen Fall länger als zehn.« Diesmal klang er ein wenig überzeugter und hob sogar den Kopf, um seine Aufrichtigkeit zu unterstreichen.

Zhang hob das rechte Bein und ließ den schweren Stiefel in Blackies Schulter krachen. Der ging mit einem Schrei zu Boden und landete auf dem Hintern. Seine Schulter pochte vor Schmerz, aber er war lange genug Sträfling, um zu wissen, was er tun musste. Sofort rappelte er sich auf und ging erneut in die Hocke.

Die unterwürfige Geste hielt Zhang davon ab, ihn sofort noch einmal zu treten. Stattdessen schrie er ihn an. »Auf keinen Fall länger als zehn Minuten? Wen willst du hier eigentlich verarschen? Die Überwachungskamera zeigt ganz eindeutig, dass du um 15:35 Uhr rein und erst um 15:57 Uhr wieder raus bist. Das sind mehr als zwanzig Minuten. Hast du gekackt oder ein Kind gekriegt?«

Zhang bluffte nicht. Als er den Bericht erhalten hatte, hatte er zuallererst die Bilder der Kamera überprüft. Wäre der Stift während Blackies Zeit auf der Toilette verschwunden, hätte man gesehen, wie der Täter zu seinem Tisch ging.

Leider stand Blackies Tisch an der Kreuzung zweier Korridore zwischen den Tischreihen, und eine ganze Schar Häftlinge war in der Zwischenzeit an seinem Tisch vorbeigekommen, um die Lochpresse hinten im Saal zu benutzen. Die Kamera war zwar so montiert, dass sie den ganzen Saal überblickte, aber die Auflösung war nicht sonderlich gut. Man konnte die Bewegungen der Männer ausmachen, aber keine Einzelheiten. Den verpixelten Bildern war unmöglich zu entnehmen, wer im Vorbeigehen den Stift hätte mitgehen lassen können.

Auf der anderen Seite war dem verschwommenen Bild eben auch nicht zu entnehmen, ob der Stift überhaupt auf dem Tisch gelegen hatte, was Blackie als Schuldigen demnach nicht ausschloss, vor allem, da er so lange auf dem Klo gebraucht hatte – ein verdächtiges Detail, das der erfahrene Zhang Haifeng nicht so einfach ignorieren wollte.

Als er begriff, dass Zhang sich das Band bereits angesehen hatte, war Blackie klar, dass er die Wahrheit sagen musste. »Ja, ich habe ein bisschen länger gebraucht ... Da wollte einfach nichts kommen ...«

»Verstopfung, wie?« Zhang winkte einen Wächter herbei. »Bring ihn zum Sanitäter, der soll ihm was in den Hintern rammen. Dann geht es bestimmt besser.«

»Bitte nicht, Herr!« Blackie wusste genau, dass weder sein Körper noch sein Geist einen Besuch beim Sanitäter unter solchen Vorzeichen unbeschadet überstehen würden.

»Machst du jetzt endlich den Mund auf?«, fragte Zhang kalt.

»Ja, ja, schon gut!« Blackie fasste sich ein Herz und wurde krebsrot. »Ich habe ... Ich musste an Frauen denken. Ich bin aufs Klo gegangen, um mich, äh, zu erleichtern.«

Das war es also. Trotz der angespannten Stimmung kicherten einige Insassen verhalten.

Ein wütender Blick von Zhang in die Runde ließ sie auf der Stelle verstummen.

»Ja, ich habe mir einen runtergeholt. Aber sonst habe ich nichts gemacht, ehrlich!«

Zhang tigerte stumm auf und ab, dann wandte er sich an die beiden Reihen der Häftlinge, die mit dem Rücken zur Wand standen.

Manche von ihnen starrten zu Boden, zu furchtsam, um seinem Blick zu begegnen. Andere schauten ihm demonstrativ in die Augen, um deutlich zu machen, dass sie nichts zu verbergen hatten.

Zhang räusperte sich. »Der gesamte Zellblock 4 ist hier versammelt. Der Stift kann nicht von selbst verschwunden sein, was bedeutet, dass einer von euch weiß, wo er ist. Ich will dieser Person eine Chance geben. Wenn du mir jetzt sofort den Stift aushändigst, bekommst du die leichteste Bestrafung, die in solch einem Fall möglich ist.«

Totenstille in der Werkhalle. Niemand meldete sich. Wer Zhang eben noch angeschaut hatte, senkte nun ebenfalls den Kopf, damit der Kommandant nicht fälschlicherweise Schuld in seinem Blick las.

»Gib mir den Stift hier und jetzt, dann winken nur ein kurzer Geschmack des Elektroschockers und eine Woche Einzelhaft.« Tatsächlich durchaus keine leichten Strafen, aber er erwähnte sie so beiläufig, als wären sie nichts Besonderes.

Noch immer reagierte niemand. Die Männer senkten die Köpfe noch tiefer und vermieden sogar, die Wächter anzusehen.

Auch Zhang schwieg. Er wusste, dass die Männer einen Moment Zeit brauchten, um ihre Gedanken zu ordnen. Wenn er lange genug wartete, würden einige von ihnen den Druck kaum noch aushalten. Niemand rührte sich. Selbst die Luft in der Halle schien stillzustehen.

Nach langem Warten hielt irgendjemand es schließlich nicht mehr aus. »Wer hat ihn genommen? Rück ihn raus! Zieh uns nicht alle mit dir in den Abgrund, du Wichser!«

Es war Bruder Ping. Seine Stellung verlieh den Worten zusätzliches Gewicht.

Da die Stille einmal gebrochen war, ließ auch die Anspannung ein wenig nach, und die Häftlinge rührten sich wieder. Manche murmelten zustimmend, die meisten schauten sich schweigend um, als hofften sie, irgendwo etwas Neues zu entdecken.

Aber noch immer redete niemand über den Stift.

Plötzlich stieß Zhang ein scharfes, abschätziges Lachen aus. Sofort verstummten alle und starrten ihn abermals ängstlich an.

Noch einmal ließ er seinen Blick über ihre Gesichter schweifen. Er wusste, dass es so nicht weitergehen konnte, also winkte er seinen Untergebenen. »Zu mir.«

Bis auf die bewaffneten Posten links und rechts vom Ausgang versammelten sich die übrigen etwa zwanzig Wächter mit ernsten Mienen um Zhang.

»Huang, nimm dir zehn Mann und durchsuche das Gebäude. Acht die Werkhalle, einer die Toiletten, einer den Lagerraum. Lasst keinen Stein auf dem anderen. Jeder Winkel, wo sich ein Stift verstecken könnte, wird gründlich durchsucht. Verstanden?«

»Verstanden!«, sagte Huang. Als der Wächter, der für die

Werkhalle verantwortlich war, hätte er sich schwer herausreden können.

Zhang drehte sich um und sah einen Wärter an, der um die dreißig sein musste. »Wang Hong, nimm dir zwei Leute und suche die Umgebung der Werkhalle ab. Achtet vor allem auf die Fenster und durchkämmt alles in einem Radius von zwanzig Metern, verstanden?«

Wang Hong war der stellvertretende Kommandant, Zhangs engster Vertrauter. Er nickte und deutete auf zwei Kollegen. »Ihr zwei – mitkommen.« Für die Suche im Gelände hatte er junge Leute mit scharfen Augen ausgewählt.

»Chen«, fuhr Zhang fort, »habt ihr eben beim Beladen des Lastwagens die vorgeschriebene Route eingehalten?«

Chen war der junge Wärter, der Du und Shun begleitet hatte. »Jawohl. Die ganze Strecke über. Wir haben nicht einen falschen Schritt gemacht.«

»Haben die beiden Sträflinge in diesem Zeitraum irgendetwas Ungewöhnliches getan?«

»Nichts. Ich habe sie nicht aus den Augen gelassen.«

»Sehr gut«, sagte Zhang. Selbst wenn Du oder Shun den Stift an sich genommen hatten, konnten sie ihn also nicht allzu fernab der vorgesehenen Route weggeworfen haben. »Nimm dir fünf Mann. Geht die Route noch einmal sorgfältig ab, vor allem die Bereiche, wo man etwas verstecken könnte, wie zum Beispiel im Feld. Sollten das zu wenig Leute sein, fordere noch ein paar Gefangene aus den anderen Blocks an.«

»Jawohl, Sir.« Chen wählte fünf Wächter aus und zog davon. Er hatte zwar das größte Gebiet zu durchsuchen, musste sich aber nur ein paar Sträflinge aus den anderen

Trakten dazuholen, und sollte der Bleistift irgendwo entlang der Strecke liegen, würden sie ihn finden.

Nachdem dieser gründliche Plan gefasst war, begannen die Wächter mit der Suche. Zhang zog sich einen Stuhl heran und setzte sich den zwei Reihen der Sträflinge gegenüber. Er schlug die Beine übereinander und spielte mit dem Elektroschocker. Sein Blick wanderte durch die Halle, landete aber immer wieder zielgerichtet auf dem Gesicht des einen oder anderen Häftlings.

Die meisten trauten sich noch immer nicht, ihn anzusehen, sondern ließen nur die Köpfe hängen, wenn sein Blick sie streifte. Zhang lachte kalt. »Köpfe hoch und alle Augen auf mich!«, brüllte er.

Sie hatten keine andere Wahl, als zu gehorchen, stählten sich also dafür, seinen Blick zu ertragen. Zhang wusste, dass einer der Anwesenden etwas vor ihm verbarg. Er wollte den Schuldigen allein am Blick entlarven.

Er starrte ihnen allen nacheinander in die Augen, entdeckte aber nichts. Der Mann, der den Bleistift entwendet hatte, war entweder so vom Erfolg seines Plans überzeugt, dass er glaubte, nichts fürchten zu müssen, oder ein derart guter Schauspieler, dass er seine Panik vollständig zu verbergen wusste.

Nachdem die psychologische Kriegsführung keine Früchte trug, versuchte Zhang es mit einem anderen Ansatz. Er stand auf und beaufsichtigte seine Wächter bei der Suche. Die Wärter von Zellblock 4 wussten, was sie taten. Sie hatten das Suchgebiet in ein Raster unterteilt und eliminierten Planquadrat um Planquadrat wie eine Welle aus Quecksilber, die sich durch die Halle ergoss. Jedes Fleckchen, an dem sich ein Stift hätte verstecken können, sei es in einem

Möbelstück oder unter einem Zettel, wurde auseinandergenommen und gründlich durchsucht.

Sie brauchten ganze zwei Stunden, bis es draußen vollkommen dunkel geworden war. Zhang Haifeng aber wurde enttäuscht – jeder Ort in der Werkhalle und außerhalb war durchkämmt worden. Nur ein buchstäbliches Umgraben wäre noch gründlicher gewesen. Und doch blieb der Bleistift verschollen.

Die Wächter, die das Gelände draußen abgesucht hatten, kehrten mit leeren Händen in die Halle zurück. Während Zhang ihrem Bericht lauschte, verfinsterte sich sein Gesicht. Eine Weile sagte er gar nichts, dann fuhr er herum und starrte grimmig die beiden Reihen der Sträflinge an.

Sie standen jetzt seit fast drei Stunden da, von Rückenschmerzen zermürbt wie besiegte Soldaten. Unter Zhangs Blick jedoch standen alle sofort wieder stramm. Zu groß war die Angst, in diesem entscheidenden Moment aufzufallen.

Sein Blick wanderte die Reihen auf und ab, bis er endlich auf einem Gesicht verharrte. »Hang Wenzhi. Vortreten!«

Hang war sichtlich nicht darauf vorbereitet, herausgepickt zu werden. Er erstarrte, brachte mühsam ein »Jawohl, Herr« heraus und verließ die Reihe.

»Komm mit. Ich will dich etwas fragen.« Der kalte Blick, mit dem Zhang ihn bedachte, blieb den anderen nicht verborgen. Manche Häftlinge schauten verdutzt, andere fragten sich bereits: Konnte dieser brave Bücherwurm wirklich der Schuldige sein?

Zhang erklärte sich nicht weiter, sondern marschierte aus der Halle. Hang trottete hinter ihm her, gefolgt von Wächter Huang, der rief: »Was soll ich mit den übrigen Häftlingen anstellen?«

»Sie arbeiten die Nacht durch. Und niemand macht eine Pause«, sagte Zhang, ohne sich umzudrehen.

Was natürlich bedeutete, dass auch die Wachmänner kein Auge zutun würden. Huang wusste, dass er selbst die Sache zu verantworten hatte. Seine Nase kräuselte sich vor Scham. »Keine Pause heute Nacht. Alle Mann zurück an die Arbeit!«

Ein Chor aus Knurren und Grummeln erwuchs aus den Reihen der Häftlinge. Sie streckten sich, sahen aber bereits vollkommen erschöpft aus.

Zhang stand bereits im Türrahmen, aber das Murren hinter ihm ließ ihn einhalten. Still wie eine Statue stand er dort.

»Können wir nicht wenigstens erst zu Abend essen? Ich verhungere«, rief Shun. Eine Handvoll Leute um ihn herum murmelten zustimmend.

Zhang drehte sich auf dem Absatz um und betrachtete sie mit zusammengekniffenen Augen. »Wer möchte essen?« Seine Stimme war leise, aber von solch unheilvoller Bosheit erfüllt, dass alle verstummten und zu Boden starrten. Niemand traute sich noch, weiter zu protestieren.

Die Sträflinge schlurften zu ihren Arbeitsplätzen und machten sich auf eine harte Nachtschicht gefasst. Einzig Hang verschwand mit Zhang in die frische Nachtluft.

Der Himmel war dunkel, das Gefängnis jedoch in Alarmbereitschaft. Die mächtigen Suchscheinwerfer auf den Wachtürmen tauchten den Innenbereich in taghelles Flutlicht. Hang kannte die Regeln. Mit gesenktem Kopf eilte er hinter Zhang her.

Sie bewegten sich nach Süden, ließen das Ackerland hinter sich und betraten bald die Grenze zu den trigrammatischen Verwaltungsgebäuden. Ehe sie einen weiteren Schritt machen konnten, traf sie ein Flutlichtscheinwerfer, und eine barsche Stimme rief: »Wer da?«

Hang konnte in dem gleißenden Licht nichts erkennen. Zhang reckte seinen Dienstausweis in die Höhe. »Kommandant Zhang Haifeng, Zellblock 4. Mit einem Sträfling zum Verhör.«

»Sind Sie das, Zhang? Sind Sie immer noch hier?«, sagte der Wächter und schwächte den Scheinwerfer ab, sodass sie wieder etwas sehen konnten.

»Ich kann noch nicht weg«, sagte Zhang und lächelte grimmig. Er knuffte Hang mit dem Ellbogen in die Seite. »Los, weiter.«

Sie betraten das Gebäude und gingen direkt in den dritten Stock. Zimmer 311 war das Büro des Kommandanten.

Zhang ließ sich in seinem Sessel nieder, Hang lungerte nahe der Tür herum. Auch das war eine der Gefängnisregeln – wurde man im Büro eines Wächters vernommen, hatte man einen Mindestabstand von drei Metern zu dessen Schreibtisch einzuhalten.

Zhang schien von dieser Regel jedoch nicht viel zu halten, denn er winkte Hang zu sich. »Komm her.«

Hang machte folgsam ein paar Schritte auf ihn zu, bis er Zhang direkt gegenüberstand.

Zhang lehnte sich zurück und verschränkte die Hände hinterm Kopf, als wollte er sich entspannen. Nur sein Blick blieb starr auf Hang gerichtet.

Als er endlich sprach, waren seine Worte schroff. »Na gut, erzähl mir, was passiert ist.«

Hang schüttelte den Kopf. »Ich weiß es nicht.«

Zhang kniff die Augen zusammen, sein Blick gewann an Intensität.

»Du weißt es wirklich nicht?« Auch seine Stimme war tiefer geworden.

Hang schien unter dem gewaltigen Druck nicht recht zu wissen, wie er sich verhalten sollte. In seinen Augen glitzerte es schwach, als wollte er etwas sagen, wüsste aber nicht, wie.

Zhang trommelte mit den Fingern auf der Tischplatte und sprach sehr nachdrücklich. »Du bist ein intelligenter Mensch, du weißt auf jeden Fall, was passiert ist.« Sein Tonfall klang nach drei Zehntel Ermutigung und sieben Zehntel Drohung.

»Ich ...« Hang zögerte. Kleine Schweißperlen standen auf seiner Stirn.

»Sag mir einfach, was du weißt. Ähms und Ähs werden dich nicht retten!«, brüllte Zhang.

Hang zuckte unter dem plötzlichen Ausbruch zusammen. Als er sich wieder halbwegs unter Kontrolle hatte, runzelte er die Stirn. »Ich will nichts sagen, was ich nicht wirklich sicher weiß.«

Zhang beschloss, die Sache mit ein paar Namen in Gang zu bringen und den Schwächling vielleicht auf diese Weise zum Reden zu bringen. »Der Bleistift. Wenn Du Mingqiang ihn nicht genommen hat, muss es Shun gewesen sein. Meinst du nicht auch?«

Hang begriff, dass er sich nicht weiter zurückhalten konnte, und stimmte eilig zu. »Genau das dachte ich ebenfalls.«

Da Hang sein Schweigen einmal gebrochen hatte, sah Zhang keinen Grund mehr zur Eile. Wie eine Katze, die mit der Maus spielt, beugte er sich vor. »Ach so? Sieht aus, als hättest du richtig geraten. Willst du mir erklären, wie du darauf gekommen bist?«

»Ihre Leute haben alles durchsucht und den Stift nirgendwo gefunden. Es gibt also nur eine Möglichkeit, und zwar, dass ...« Bei der Schlussfolgerung angelangt, stotterte Hang nun doch wieder. »Ähm, entweder Du oder Shun, einer von den beiden muss den Stift beim Beladen des Lkw zwischen den Paketen versteckt haben, um ihn aus dem Gefängnis zu schmuggeln.«

Genau das war auch Zhangs Hypothese, der seine Miene jedoch sorgfältig neutral hielt. Was Hang dermaßen unsicher machte, dass er hastig hinterherschob: »Das ist nur meine Meinung. Sie müssten das natürlich nachprüfen.«

Zhang verdrehte die Augen. »Und wie würde ich das anstellen?«

»Sie könnten den Fahrer anweisen, mit seinem Lastwagen zurückzukommen, und dann die Ladung durchsuchen. Wenn der Stift dabei auftaucht, ist alles wieder gut.«

»Was soll daran gut sein?«, fauchte Zhang. »Willst du, dass alle wissen, was heute in Zellblock 4 passiert ist?«

Hang wusste darauf nichts zu erwidern.

»Sollte der Stift das Gefängnis tatsächlich verlassen haben, ist das kein Problem.« Zhang wirkte einen Moment lang tief in Gedanken. »Ich will nur wissen, wer ihn genommen hat – Du oder Shun? Und warum sollte einer von ihnen das tun?«

Hang räusperte sich vorsichtig. »Ich habe ... das Gefühl, es war Shun.«

»Warum?« Zhang betrachtete ihn aufmerksam. Er spürte, dass die Antwort in greifbarer Nähe war.

»Weil Shun und Blackie kürzlich miteinander gekämpft haben. Dabei hat sich Blackie verletzt, aber geholfen hat es niemandem. Außer Shun.« Nachdem er die Bürde des

Schweigens abgelegt hatte, schaute Hang weniger gequält drein.

Das war es also. Zhang dachte fieberhaft nach. Falls zwischen Blackie und Shun wirklich eine richtige Fehde bestand, konnte das den ganzen Zwischenfall erklären. Shun würde gegen Blackie kaum in einem fairen Kampf bestehen, also war es nur logisch, dass er versuchen würde, sich den Sieg unter der Hand auf andere Weise zu sichern.

Dieses Szenario beruhigte Zhang durchaus – immerhin würde der verlorene Stift in Zukunft für keinen größeren Ärger sorgen. Trotzdem konnte er als Kommandant des Zellblocks Konflikte zwischen den Insassen schlecht ignorieren. Erstickte er solche Tendenzen nicht im Keim, konnte das durchaus zu Problemen führen. Also gestattete er sich nur eine kurze Denkpause, ehe er nachhakte: »Was genau ist zwischen Blackie und Shun vorgefallen?«

Hang wog seine Worte ab, denn er wusste, dass er nicht zu viel sagen durfte. »Blackie war schon länger dabei, Shun zu drangsalieren, und Shun hat das natürlich nicht gefallen, deswegen ...«

Zhang nickte. Es reichte, um sich ein grobes Bild zu machen.

Zhangs Stirnrunzeln ließ Hang verstummen. Statt die Frage vollständig zu beantworten, fragte er: »Falls es wirklich Shun war, wie werden Sie ihn bestrafen?«

Zhang starrte ihn an. »Was geht dich das an?«

Hang schluckte nervös. »Herr, ich fürchte nur, wenn Sie ihn zu hart bestrafen, lässt er es anschließend an mir aus.«

»Ich weiß schon, was ich tue. Wovor hast du Angst?« Zhang wirkte ungerührt. »Außerdem kümmert es mich nicht, welche Konsequenzen die Sache für dich haben könnte. Glaubst du etwa, ich hätte es ohne deine Hilfe nicht herausgefunden?«

Hang wagte keine Widerrede, sichtlich verängstigt.

»Na schön, alles Weitere regle ich.« Zhang wusste, dass Hang die Sache nicht geheuer war, hatte aber kein Interesse an weiteren Diskussionen. »Schnapp dir einen Stuhl, da ist noch etwas, das ich mit dir besprechen will.«

»Hä?« Hang glaubte, sich verhört zu haben.

Zhang deutete auf den leeren Bereich vor seinem Schreibtisch. »Hol dir den Besucherstuhl von da drüben und setz dich.«

Hang traute seinen Ohren noch immer nicht. Vorsichtig trug er den Stuhl zum Tisch, setzte sich aber nur ganz leicht auf die Kante, um weiterhin so demütig wie möglich zu erscheinen.

Zhang öffnete eine Schublade, zog ein Blatt Papier hervor und legte es vor Hang auf den Tisch. »Schau mal, ob du die Fragen beantworten kannst.«

Hang nahm das Papier zur Hand; es war ein Prüfungsbogen. Schnell überflog er die Fragen und hatte bald erraten, worum es sich handelte. »Gehört der Ihrem Sohn?«

Zhang nickte. »Kannst du die Fragen beantworten?«

»Ja«, sagte Hang mit Nachdruck. »Auch wenn sie mir für die Volksschule ziemlich schwer vorkommen.«

»Die sind für die Mathe-Olympiade. Ich habe mir von jemandem diese Kopie aus einem der Übungskurse besorgt. Mein Sohn soll nächstes Jahr den Aufnahmetest für die weiterführende Schule ablegen. Offenbar gibt es am Ende des Mathematikteils auch ein paar Fragen in diese Richtung, die zwar nicht für den Endpunktestand zählen, aber durchaus einen Einfluss darauf haben, ob er für ein Eliteprogramm ausgewählt wird. Ich will, dass mein Sohn die beste Schule der Stadt besucht, verstehst du?« Zhangs Tonfall und Haltung hatten sich immer weiter gelockert, seit Hang sich gesetzt hatte, und momentan wirkte es fast so, als plauderte er mit einem Freund der Familie.

»Leider hat mein Sohn Fragen wie diese hier noch nie gesehen, und ich bin ihm keine Hilfe.« Zhang breitete ergeben die Hände aus. »Deiner Akte zufolge hast du dein Ingenieursstudium mit Bestnoten absolviert, also dachte ich, du könntest mal einen Blick darauf werfen.«

Hang konnte sich denken, worauf die Sache hinauslief. Er rühmte sich allerdings nicht seiner Erfolge, sondern ging den Prüfungsbogen noch einmal sehr genau durch, ehe er voller Überzeugung sagte: »Das sollte überhaupt kein Problem sein.«

»Wunderbar.« Zhang lächelte offen.

»Soll ich die Aufgaben jetzt sofort lösen?«, fragte Hang eifrig.

»Jawohl.« Zhang machte eine Pause. »Obwohl ich hoffe, dass du meinem Sohn die Ergebnisse auch persönlich erklären kannst. Dadurch kann er lernen.«

»So etwas funktioniert persönlich immer am besten«, stimmte Hang sofort zu. »Aber wie soll das gehen, angesichts meiner gegenwärtigen ... Lage?«

Zhang war darauf vorbereitet. »Ich bringe meinen Sohn mit, und ihr könnt hier im Büro arbeiten.«

Hang zögerte nicht. »Wenn Sie das für richtig halten, bin ich natürlich dabei und überlasse Ihnen die Vorbereitung.«

»Alles klar, abgemacht.« Zhang stockte. »Ein Detail müssten wir allerdings noch besprechen. Mein Sohn kann nur am

Wochenende herkommen. Wenn du deine Freizeit lieber nicht hierfür opfern würdest, musst du das sagen.«

Auch wenn Zhang »besprechen« gesagt hatte, war Hang schwerlich in der Position, seine Bitte abzulehnen. Er dachte auch gar nicht daran, sondern antwortete auf der Stelle. »Natürlich mache ich das gern in meiner Freizeit. Für mich ist es ebenfalls von Vorteil – ich kann meine eigenen Kenntnisse auffrischen.«

Zhang war mit dieser taktvollen Antwort überaus zufrieden und knurrte anerkennend. »Dann nimm den Prüfungsbogen mit in die Zelle, damit du dich auf den Unterricht vorbereiten kannst. Du solltest aber trotzdem erst mal noch für die Extraschicht zurück in die Werkhalle. Ich weiß, du bist eigentlich ein fleißiger Arbeiter, aber in solch einer Situation solltest du nicht fehlen. Das ist nur zu deinem Besten.«

»Verstehe ich.« Hang stand auf und begab sich mit ein paar Schritten wieder auf die vorgesehene demütige Position neben der Tür.

Zhang hob das Tischtelefon ab und wählte eine interne Nummer. Kurz darauf marschierte ein junger Untergebener herein. »Jawohl, Kommandant?«

»Bringen Sie diesen Häftling zurück in die Werkhalle. Und stecken Sie Blackie und Shun aus Zelle 424 in Einzelhaft. Zehn Tage für beide.«

»Jawohl, Sir!« Der junge Wächter bedachte Hang mit einem Seitenblick. »Mitkommen.«

Hang verließ folgsam vor ihm den Raum, während er darüber nachdachte, wie die Sache weitergehen würde. Diese harte Strafe würde die Fehde zwischen Blackie und Shun zweifellos weiter anheizen. Wie aber würden die Konsequenzen für ihn aussehen, der zwischen ihnen stand?

So oder so war es immerhin ein fruchtbarer Abend gewesen. Jetzt, da er dem Sohn des Kommandanten Mathenachhilfe geben sollte, würden vielleicht auch seine eigenen Pläne schneller als erhofft Gestalt annehmen.

KAPITEL SECHS

UNTERNEHMEN ORCHIDEE

Leopardenkopf hatte schon lange keinen Anzug mehr getragen. Er fand diese Aufmachung derart beengend, dass er nicht einmal die Beine weit genug spreizen konnte, um richtig zu laufen. Da er sehr oft in Nahkämpfe verwickelt wurde, schien ihm der Anzug eine überaus unnötige Beeinträchtigung zu sein.

Heute aber trug er einen nagelneuen Anzug und fühlte sich trotz der ungewohnten Situation gut dabei, denn dies stellte eine Veränderung seiner gesellschaftlichen Stellung dar.

Er war nicht länger nur ein angeheuerter Schläger, sondern folgte einer wichtigeren Bestimmung, einer richtigen Aufgabe. Und für die musste er respektabel aussehen.

Er hatte sich sogar eigene Visitenkarten anfertigen lassen. Eine formschöne Reihe in Gold geprägter Schriftzeichen verkündete aller Welt seine Stellung: Qian Yaomin, Geschäftsführer der Tongda Sanierung und Rückbau GmbH.

Diesen Titel hatte Leopardenkopf vom Vorsitzenden Gao verliehen bekommen, auch wenn er der neuen Rolle erst noch durch entsprechende Taten gerecht werden musste.

Wozu sich genau jetzt die Gelegenheit ergab.

»Dieses Grundstück in der Neustadt gehört uns schon eine ganze Weile, wir haben aber immer noch keine Abrissgenehmigung bekommen. Geh zum letzten Haus und sprich mit denen. Versuch, die Sache so schnell wie möglich zu regeln, andernfalls müssen wir die Erschließung weiter nach hinten schieben, was uns eine Menge Geld kosten würde.«

Obwohl Vorsitzender Gao fast gelassen sprach, konnte Leopardenkopf den großen Druck hinter seinen Worten spüren. Bauträger kannten keine größeren Kopfschmerzen als die sogenannten »Nagelhäuser«, jene paar letzten Bewohner eines größeren Entwicklungsgebiets, die sich strikt weigerten, auszuziehen und Bauland freizugeben. Solange sie mit den verbleibenden Bewohnern keine Einigung erzielten, kostete jeder Tag Verzögerung für die gesamte Baustelle eine Unsumme an Geld.

Gao hatte Vertrauen in Leopardenkopfs Fähigkeiten, und mehr noch in seinen Ehrgeiz. Da Deng Hua ihn so lange übergangen hatte, hatte er weit unterhalb seiner Möglichkeiten gearbeitet. Nachdem Gao ihn nun abgeworben hatte, war Leopardenkopf begierig, sich zu beweisen, und fand schwierige Aufgaben verständlicherweise umso attraktiver.

Leopardenkopf war es gewöhnt, Probleme mit den Fäusten zu lösen. Jetzt, da er einen feinen Anzug trug, begriff er allerdings, dass sein Hirn eine noch mächtigere Waffe darstellte.

Er hatte sich die Akte des sturen Hausbesitzers angesehen. Dieser hatte das Haus erst vor zwei Monaten gekauft, drei Tage nach der Auktion. Da gab es auf jeden Fall einen Zusammenhang.

Für Leopardenkopf war dessen Motiv eindeutig: Er wollte

eine möglichst astronomische Summe herausschlagen, um sich zum Auszug bewegen zu lassen. Es ging ganz offensichtlich um finanzielle Bereicherung, also wollte er das Gespräch auch in entsprechende Bahnen lenken. Somit sah Leopardenkopf sein Ziel klar vor Augen.

Für einen Geschäftsmann erwächst Profit aus der Diskrepanz zwischen Einkommen und Ausgaben. Sollte Leopardenkopf das Gespräch aus Sicht des Einkommens anfangen, hätte ihn der andere Kerl bei den Eiern. Stattdessen konnte er das Gespräch aus Sicht der Ausgaben einfädeln. Falls es ihm gelang, diesem sturen Nagelhausbesitzer Kosten zu bescheren, die einen möglichen Gewinn restlos auffraßen, würde jeder vernünftige Mensch seine Taktik ändern, was hoffentlich zu einem für beide Seiten befriedigenden Abschluss führte.

Jeder Mensch hatte etwas, das ihm mehr wert war als alles andere. Reichtum, Ruf, Liebe, Ehre – je nachdem, was dem Opfer besonders viel bedeutete, stellte man seine Verhandlungstaktik entsprechend um.

Daher wünschte sich Leopardenkopf, als er Richtung Neustadt aufbrach, nichts sehnlicher, als diese Person erst einmal persönlich zu treffen, um ihre Schwächen auszuloten.

Die Fahrt aus der Innenstadt dauerte fast vierzig Minuten. Sein Assistent rief von unterwegs noch einmal an, um den Termin zu bestätigen, und der Hausbesitzer sagte, er sitze daheim und sei bereit.

Sie erreichten ein Wohngebiet. Die Straße verengte sich zu einem Durchgang, zu schmal für ein Auto. Einer seiner Leute deutete geradeaus. »Da vorne ist es, Direktor Qian. Nummer 58.«

»Mhm.« Leopardenkopf schaute sich um. »Ihr wartet im Wagen.«

Er ging die etwa hundert Meter bis zu einem kleinen Innenhof, an dessen Tor eine 58 stand. Das Tor stand offen. Er klopfte sachte, und als keine Antwort kam, betrat er den Hof.

Er war zu allen vier Seiten von Gebäuden umstanden, in der Mitte gab es einen kleinen Garten mit gewöhnlichen Pflanzen. Ein Mann stand mit dem Rücken zum Tor zwischen den Pflanzen und bewässerte sie mit einer Gießkanne, eine Tätigkeit, die seine ganze Konzentration zu erfordern schien.

»Verzeihung, sind Sie der Besitzer?« Leopardenkopf blieb ein paar Meter entfernt stehen.

»Du hier?« Der Mann drehte sich langsam um.

»Ich komme von der Tongda-Rückbau …« Leopardenkopf verstummte. Er hatte den Mann erkannt: Yan Li, Geschäftsführer des Nachtclubs *Palast* und einstiger Kampfgefährte.

Yan Li wirkte durchaus nicht überrascht, sondern kicherte spöttisch. »Ich weiß, Direktor Qian von der Tongda. Bitte verzeih, dass ich dir noch nicht zu deiner neuen Stelle gratuliert habe.«

Diese plötzliche Wendung ließ all seine sorgsam ausgearbeiteten Pläne in Rauch aufgehen. Er hatte das Gefühl, ein elektrischer Strom fließe durch seinen Kopf und radiere sämtliche Gedanken aus. Er brauchte einen Moment, um sich zu beruhigen und mit einem Lächeln zu erwidern: »Lass doch den Direktor Qian. Nenn mich einfach Leopardenkopf. Und bitte, beleidige mich nicht mit der Behauptung, du wolltest mir gratulieren – eher sollte ich dir alle Drinks der Welt spendieren.«

»Dein Status ist jetzt ein anderer, also muss ich dich

natürlich anders nennen«, sagte Yan Li mit einem ominösen Unterton. Die Stimmung im Hof wurde schlagartig unbehaglich.

Leopardenkopf unternahm einen Versuch, das Thema zu wechseln. »Wieso gießt du hier den Garten, statt deinen Nachtclub zu leiten?«

Yan Li schüttelte den Kopf und seufzte schwermütig. »Ich habe das Gärtnern schon vor einer ganzen Weile für mich entdeckt. Du bist der Einzige, der nichts davon gewusst hat. Es ist so lange her, dass du dir Zeit für deine Brüder genommen hast …«

Tatsache. Seit dem Zwischenfall mit Bruder Long war Leopardenkopf klar gewesen, dass er mit Hua und den anderen nichts mehr zu tun haben konnte. Das alles lag hinter ihm. Jetzt, da Yan Li es erwähnt hatte, griff er es jedoch auf. »Aha? Na, dann ist es doch gut, dass ich jetzt hier bin und wir uns in Ruhe unterhalten können.«

»Großartig.« Yan Li stellte die Gießkanne ab. »Dann komm. Ich hoffe, du bleibst wenigstens eine Weile, wenn du schon den weiten Weg auf dich genommen hast.«

Leopardenkopf folgte seinem ausgestreckten Zeigefinger. In einer schattigen Ecke des Gartens stand ein kleiner Tisch mit mehreren Stühlen. Die ganze Veranstaltung war also geplant. Er wusste noch nicht, was Yan Li vorhatte, freute sich aber darauf, in der kühlen Ecke zu sitzen und sich ein wenig mit ihm zu unterhalten. Immerhin sollten die Umstände die Situation deutlich entschärfen.

Sie gingen zum Tisch und nahmen Platz. Yan Li zog eine Zigarettenpackung hervor, steckte sich eine an und hielt sie Leopardenkopf hin. Der winkte ab. »Nicht nötig, erzähl mir lieber, warum du mit dem Gärtnern angefangen hast.«

Yan Li nahm einen tiefen Zug und blies einen Rauchring in die Luft. »Vor einem halben Jahr ist meine letzte Beziehung ziemlich unschön in die Brüche gegangen. Davon hast du bestimmt gehört?«

Leopardenkopf erinnerte sich vage an ein Mädchen, das regelmäßig in den Nachtclub gekommen war. Sie hatte ein Verhältnis mit Yan Li angefangen, aber solche Nummern gingen selten gut, und es hatte auch in diesem Fall nicht lange gedauert, bis sie wieder getrennte Wege gegangen waren.

»Warum einer Frau hinterherweinen? Einfach 'ne Runde vögeln und weiterziehen – war sie dir wirklich so wichtig?« Leopardenkopf musterte Yan Li verblüfft.

»Du hast gut reden. Ich bin eher der romantische Typ.« Yan Li schlug die Beine übereinander und schnipste die Asche seiner Zigarette auf den Boden. Plötzlich riss er den Blick gen Himmel und rief mit schmerzverzerrter Miene: »Als sie ›auseinandergehen‹ gesagt hat, hat sie damit meinen wundesten Punkt getroffen.«

Leopardenkopf verschluckte sich und musste husten.

»Was? Du glaubst mir nicht?« Yan Li starrte ihn mit einem Ausdruck tiefer Verletztheit an.

Leopardenkopf justierte seine entgleisten Gesichtszüge. »Doch, doch, ich glaube dir. Alles klar, mehr musst du dazu nicht sagen. Zurück zur eigentlichen Frage: Was ist mit der Gartenarbeit?«

»Wozu die Eile? Lass mich die Geschichte der Reihe nach erzählen.« Yan Li nahm einen weiteren Zug und fuhr lässig fort. »Also, ich war emotional am Ende, verstehst du? War eigentlich zu nichts mehr zu gebrauchen und habe morgens schon angefangen zu saufen. Ich wollte mich nicht mal mehr um den Club kümmern. Bruder Hua hat gewusst, dass das nicht so weitergehen kann, also hat er mir ein bisschen Geld gegeben und gesagt, ich solle mich mal richtig amüsieren gehen. Das klang nach einem guten Plan, also bin ich nach Yunnan gefahren.«

Jetzt bewegte sich das Gespräch tausend Kilometer nach Süden bis nach Yunnan? Leopardenkopf war ungeduldig, konnte Yan Li aber ansehen, dass es nichts bringen würde, ihn zu hetzen. Er zwang sich dazu, ruhig sitzen zu bleiben und zuzuhören.

»Ich bin in Yunnan angekommen und habe mich umgeschaut. Überall Berge, also dachte ich mir, ich gehe ein bisschen klettern. Ich war mies drauf und wollte sowieso keine Menschen um mich haben. Ich habe mich also für einen namenlosen Hügel nicht weit von Kunming entschieden. Ich bin ziellos gewandert. Nach einer Weile kam ich an den Rand einer Schlucht.«

»Eine Schlucht?« Die Geschichte wurde immer wirrer.

»Ja, eine Schlucht. Aber keine gewöhnliche Schlucht, sondern eine ganz besonders malerische«, sagte Yan Li mit großem Ernst. »Voll duftender Blumen, wunderschön und unbeschreiblich aromatisch. Ein echtes Paradies auf Erden.«

Leopardenkopf erwiderte nichts, sondern fragte sich, ob das alles überhaupt passiert war. Yan Li fuhr fort. »Ich war von dieser beeindruckenden Landschaft völlig verzaubert, bin am Rand der Schlucht entlanggegangen und habe mich an dem Anblick geweidet. Dabei habe ich allerdings die Zeit vergessen und erst bei Einbruch der Dämmerung daran gedacht, mich auf den Rückweg zu begeben. Und da fiel mir auf, dass ich ein echtes Problem hatte. Ich konnte den Rückweg nicht finden.«

»Ach so?«

Yan Li sah Leopardenkopfs ungläubigen Blick und holte weiter aus. »Du kannst dir wahrscheinlich gar nicht richtig vorstellen, wie diese Schlucht aussah: Zwischen zwei langen Bergrücken eingeklemmt, überall dichter Wald, keine Möglichkeit, sich irgendwie zu orientieren. Ich bin auf keinem Pfad dorthin gelangt. Das ganze Tal war vollkommen von der Außenwelt abgeschnitten, nirgendwo ein Weg.«

Leopardenkopf schüttelte den Kopf und wartete stumm, was für einen Unsinn Yan Li als Nächstes von sich geben würde.

»Ich bin am Rand der Schlucht hin und her gelaufen und wurde immer verwirrter. Nach einer Weile hörte ich irgendwo Wasser fließen, bin also in diese Richtung gegangen. Dreißig oder vierzig Meter weiter gab es tatsächlich einen kleinen Bach. Und zu meiner großen Überraschung stand dort jemand.«

»Aha?«, sagte Leopardenkopf, um seinen Teil zur Unterhaltung beizutragen. »Und wer?«

»Ein alter Knabe, der Gemüse wusch.«

Leopardenkopf zog die Stirn kraus. »Hat der da gewohnt?«

»Ja. Fand ich auch seltsam, weil die ganze Gegend so unbewohnt aussah. Er hat mir gesagt, ich würde an diesem Abend nicht mehr aus dem Tal herauskommen, also hatte ich keine andere Wahl, als mit ihm zu gehen. Unterwegs haben wir uns dann unterhalten, und es stellte sich heraus, dass er schon seit über einem Jahrzehnt als Einsiedler dort lebte. Außer ihm gab es im Tal keine Menschenseele.«

Leopardenkopf fand die ganze Geschichte immer seltsamer. »Warum hat er allein in einer Schlucht gelebt?«

»Warum?« Yan Li lachte. »Aus dem gleichen Grund, aus dem ich hier in meinem Hof stehe.«

»Gartenarbeit?« So schloss sich der Kreis.

»Ja. Der Alte hatte weder einen Sohn noch eine Tochter. Er war allein. Mehr als zehn Jahre zuvor hatte er die Sinnlosigkeit der Welt durchschaut und sich einen Ort gesucht, an dem niemand anders lebte, damit er sich ganz dem Gärtnern widmen konnte. Da stand er also und hat vor dem Abendessen sein Gemüse im Fluss gewaschen, als ich ihn entdeckte.«

»Dann war er es, der dich zum Gärtner gemacht hat?«

»Eigentlich mag ich das Gärtnern gar nicht besonders. Ich baue auch nicht so ausgefeilte Sachen an wie der Alte, meine Ziele sind sehr viel bescheidener ...« Yan Li vollführte eine Geste, die den ganzen Garten einschloss. »Schau dir diese Pflanzen an. Kannst du mir sagen, was das ist?«

Leopardenkopf schüttelte seine Mähne. Von Botanik hatte er keine Ahnung. Außerdem waren im Garten eigentlich nur dürre Sprösslinge zu sehen. Ein Laie hätte sie unmöglich identifizieren können.

Yan Li lächelte süffisant. »War mir klar, dass du keine Ahnung hast. Hatte ich am Anfang auch nicht. Aber der Alte hat mir all das hier gegeben.«

Yan Lis Zigarette war fast heruntergebrannt. Er sah durstig aus, schnappte sich die Wasserflasche vom Tisch, nahm einen tiefen Zug und wischte sich über den Mund. »Der alte Mann wohnte in einer Blockhütte mit einem kleinen Zaun drum herum. Sein Garten war voller Blumen. Es war schon zu dunkel, um sie auseinanderzuhalten, aber sie haben fantastisch geduftet. Am nächsten Morgen habe ich in die Sonne hinausgeschaut, und der Anblick war überwältigend. Ich schwöre dir, so etwas Schönes hast du in deinem ganzen Leben noch nicht gesehen. Ich werde den Anblick nie vergessen, und könnte ihn auch nicht in Worte fassen. Ich stand nur da und fühlte mich wie ein jungfräulicher Knabe, der zum ersten Mal eine nackte Frau erblickt.«

Was für eine grobe, lächerliche Metapher. Leopardenkopf betrachtete ihn argwöhnisch.

Yan Li zündete sich die nächste Zigarette an. »Ich weiß nicht, wie lange ich dagestanden und gestarrt habe. Ich habe den Alten gar nicht bemerkt, als er sich neben mich gestellt hat, bevor er den Mund aufmachte. ›He, Junge, magst du Blumen?‹ Ich bin zu mir gekommen und hab wie ein Idiot gesagt: ›Die sind aber schön.‹ Der alte Knabe hat gelacht. Es schien ihn zu freuen. ›Junge, du scheinst mir ein anständiger Kerl zu sein, es war wohl Schicksal, dass wir uns getroffen haben. Wie wäre es damit: Du sagst mir, welche dieser Blumen dir gefallen, und ich gebe sie dir mit auf den Weg.‹ Aber was wusste ich schon vom Gärtnern? Ich wollte also ablehnen, aber er hat so hartnäckig darauf bestanden, dass es irgendwann unhöflich geworden wäre, weiter abzulehnen. Stattdessen habe ich auf ein paar weniger schöne Blumen in einer Ecke gezeigt, mit dünnen Blättern und kleinen, blassen Blüten. Sie sahen eher wie Unkraut aus. Ich habe auf sie gezeigt und gesagt: ›Na gut, dann nehme ich die da.‹

Der Alte erstarrte und fragte: ›Junge, hast du denn gar keine Ahnung von Pflanzen?‹ Ich sagte, ich sei zu ungebildet, um davon etwas zu verstehen, und er sagte: ›Hier stehen alle möglichen Blumen, warum suchst du dir gerade die da aus?‹ Ich antwortete wahrheitsgemäß: ›Die sind klein und scheinen nicht besonders wertvoll zu sein, da ist es nicht so schlimm, wenn ich sie töte.‹ Der Mann brach in Gelächter aus. Als er endlich wieder reden konnte, sagte er: ›Junge, ich glaube wirklich, unser Treffen war Schicksal. Das ist eine gute Wahl, eine wirklich ausgezeichnete Wahl. Diese Blumen sind allerdings die letzten ihrer Art im ganzen Tal, die kann ich dir nicht mitgeben. Du hast trotzdem Glück – sie haben vor Kurzem Samen produziert, also werde ich dir von denen welche geben. Pflanze sie ein, wenn du wieder zu Hause bist, dann hast du schon bald deine eigenen.‹ Ich sagte, alles klar, das wäre wohl auch sowieso besser, da ich nicht gewusst hätte, wie ich richtige Pflanzen den ganzen Weg nach Hause transportieren sollte.

Der Alte ging in seine Hütte und kehrte mit einem kleinen Leinenbeutel zurück. Als ich hineinschaute, lagen darin fünf kleine Päckchen aus Wachspapier, von denen jedes einen Samen enthielt. Und auf jedem Päckchen stand ein Name geschrieben: Roter Fluss, Aroma von frischem Regen, Phönixfeder, Goldener Sand, Gekrönter Lotus.«

Yan Li machte eine Pause, um an seiner Zigarette zu ziehen. »So hießen die Blumen?«, fragte Leopardenkopf.

Ein dicker Rauchring wälzte sich aus Yan Lis Mund. »Ja. Der alte Mann zeigte auf die Blumen, die ich mir ausgesucht hatte, und wollte, dass ich mir ihre Namen einpräge. Mein Hirn wollte nicht mitspielen, also habe ich Bilder mit meinem Telefon gemacht und die Bilder mit den entsprechenden Namen versehen. Sobald sie blühen, werde ich sie mit den Fotos vergleichen und wissen, welche welche ist.«

Leopardenkopf lächelte. »Guter Plan.«

»Aber der alte Mann war noch nicht fertig. Er hat mir erklärt, wie ich mich um die Pflanzen kümmern muss, und wollte, dass ich mir sämtliche Anweisungen merke. Das wollte ich nicht, also hat er mir alles aufgeschrieben und darauf bestanden, dass ich gut auf die Aufzeichnungen aufpasse und sie genau befolge.« Yan Li zog einen Zettel hervor und zeigte ihn Leopardenkopf. »Guck mal – ist das nicht viel zu viel Aufwand?«

Leopardenkopf überflog das Papier, das vollständig von winzigen Schriftzeichen bedeckt war.

»Und hast du diese Anweisungen befolgt?«, fragte er skeptisch.

»Hatte ich eigentlich nicht vor.« Yan Li schüttelte den Kopf. »Nachdem ich das Tal verlassen hatte, habe ich noch ein paar Tage in Kunming verbracht, bis es mir besser ging. Dann bin ich nach Chengdu zurückgekommen und sofort wieder mit den Jungs einen heben gegangen. Mein Leben war ganz wie vorher. Die Samen landeten irgendwo hinten in einer Schublade, und ich habe keinen Gedanken mehr ans Gärtnern verschwendet.«

Leopardenkopf spürte, dass die Geschichte noch nicht zu Ende war. »Und dann?«

»Und dann ...« Yan Li ließ den Zigarettenstummel fallen und drückte ihn mit dem Absatz aus. Er machte den Mund auf, klappte ihn wieder zu und bedachte Leopardenkopf mit einem merkwürdigen Lächeln. »Ich will dir was zeigen.«

Damit stand Yan Li auf und verschwand im westlichen Gebäude. Als er zurückkam, hatte er mehrere Tageszeitungen dabei. Eine reichte er Leopardenkopf und legte den Finger auf einen bestimmten Artikel.

Die Überschrift lautete »Teuerste Orchidee der Welt hat fünf eigene Leibwächter«. Darunter stand geschrieben: »Gestern Vormittag erzielte auf der achten Asiatisch-Pazifischen Orchideenkonferenz eine Gattung aus Dali in Yunnan mit dem Namen ›Gewöhnlicher Gekrönter Lotus‹ einen Verkaufspreis von 15 Millionen Yuan, ein neuer Rekordwert in der Geschichte der Konferenz. Diese in einer Glasvitrine untergebrachte Blume wird zusätzlich von fünf Sicherheitskräften bewacht. Im vergangenen Jahr hatte sich der Verkäufer bei einem Gebot von 10 Millionen Yuan noch geweigert, sich von ihr zu trennen.«

Fünfzehn Millionen für eine Orchidee? Leopardenkopf konnte es kaum glauben. Er starrte Yan Li an. »Was soll das heißen?«

Yan Li schob die Hand in die Tasche und zog aufgeregt sein Telefon hervor. »Als ich den Artikel gelesen habe, ist mir fast das Herz stehen geblieben. Hier ist das Foto, das ich im Garten des alten Mannes gemacht habe. Vergleich es mit dem Bild über dem Artikel, dann verstehst du.«

Yan Li klickte das Bild an und legte sein Telefon neben den Artikel auf die Zeitung.

Die beiden Blumen waren identisch: blassgrüne Blüten und schlanke Stängel. Yan Lis Bild war mit dem Namen versehen, den ihm der alte Mann genannt hatte: Gekrönter Lotus.

»Das ...« Leopardenkopf wurde fast schwindelig. »Das ist doch nicht möglich, oder?«

»Dachte ich auch zuerst. Wie kann man diese zerrupften kleinen Blumen, die ich in der Schlucht im Garten gesehen habe, mit den Prunkstücken einer internationalen Fachmesse vergleichen? Aber sie sehen wirklich genau gleich aus. Also habe ich mit wild klopfendem Herzen einem berühmten Orchideenexperten einen Besuch abgestattet und ihm mein Foto gezeigt. Rat mal, was der gesagt hat?«

»Was?«, fragte Leopardenkopf instinktiv.

Yan Li beugte sich vor und senkte die Stimme. »Der Experte hat gesagt, meine fünf Fotos zeigten die fünf teuersten Orchideensorten überhaupt. Auch die anderen würden bei einer Auktion mindestens so viel erzielen wie die eine bei der Konferenz.«

Leopardenkopf war sprachlos. Er drehte sich um und starrte die Sprösslinge an, die ganz in der Nähe wuchsen. Konnten die wirklich so wertvoll sein?

»Sie sehen nicht nach viel aus, oder? Und es wird drei Jahre dauern, bis sie zum ersten Mal blühen.« Yan Li schien seine Gedanken gelesen zu haben. »Ich habe mich von dem Experten verabschiedet und bin nach Hause gerast. Als ich die Schublade aufgerissen habe, waren die Samen noch da, dem Himmel sei Dank. Also habe ich sie streng nach den Anweisungen des Alten eingepflanzt, und einen Monat später sind diese fünf kleinen Sprösslinge aufgetaucht. Kannst du dir vorstellen, wie ich mich gefühlt habe? Ich liebe sie mehr, als ich meine eigenen Kinder lieben würde, hätte ich welche.«

Yan Lis übertriebene Ausdrucksweise ließ Leopardenkopf schnell wieder klarsehen. Je länger er darüber nachdachte, desto sicherer war er, dass hier irgendetwas nicht stimmte. Nur wusste er noch immer nicht, worauf Yan Li eigentlich hinauswollte, also hütete er seine Zunge und fragte bloß: »Und dann?«

»Na, was wohl? Ich habe diese Schätze aufgezogen, als wären es meine Söhne. Nach einem Monat kam die Zeit, sie aus dem Topf zu nehmen. Den Anweisungen des Alten zufolge musste ich einen Bereich finden, in dem es älteren Bambusbestand gibt. Ich habe eine ganze Weile gesucht, bis ich diesen Hinterhof aufgespürt habe. Die Besitzer liebten Bambus und hatten vor sieben oder acht Jahren welchen gepflanzt. Ich habe ihnen eine Menge Geld geboten, das Grundstück übernommen, den Bambus abgeholzt und die

Samen an seine Stelle gepflanzt. Seit jenem Tag bin ich hier und tue nichts weiter, als mich um meine Pflanzen zu kümmern.«

Leopardenkopf glaubte zu begreifen, in welche Richtung die Geschichte lief. Er maß Yan Li mit einem kalten Blick. »Wie lange musst du noch bleiben?«

»Mindestens drei Jahre.« Yn Li breitete hilflos die Arme aus. »Der Alte hat ganz deutlich gesagt, dass man sie nicht umpflanzen darf, solange sie noch nicht geblüht haben.«

Leopardenkopf lächelte mit seltsam verzogenem Mund. »Du hast jetzt eine ganze Weile geredet, lass mich zusammenfassen.« Er beugte sich vor und starrte Yan Li an. »An einem Ort, den niemand wiederfinden kann, hast du einen alten Mann getroffen, den keiner je gesehen hat, und der hat dir fünf Samen ausgehändigt, von Blumen, die erst in drei Jahren blühen werden. Die hast du in diesem Hinterhof angepflanzt. Jede von ihnen ist Millionen wert, und man darf sie nicht umpflanzen.«

Yan Li tippte sich gegen die Stirn. »Ich weiß, das klingt total verrückt, aber wenn du mir schon nicht glaubst – es steht in der Zeitung.«

Er reichte Leopardenkopf die neueste Ausgabe einer lokalen Abendzeitung. Die erste Seite des Lifestyle-Bereichs trug folgende Überschrift: »Ortsansässiger bewacht nach seltsamer Begegnung in den Bergen seltene Orchideen in verlassenem Haus.« Der Journalist hatte einen bewegenden Bericht von einer halben Seite verfasst, der inhaltsgleich mit dem war, was Yan Li Leopardenkopf gerade erzählt hatte.

Leopardenkopf wusste nicht, ob er lachen oder weinen sollte. Er wusste sehr gut, wie zielstrebig Hua sein konnte. Sich einen Journalisten zu kaufen, würde für ihn nicht allzu schwierig gewesen sein, vor allem bei einer derart bizarren Geschichte, die sich so oder so durchaus interessant las. Der Zeitung würde vollkommen egal gewesen sein, ob die Geschichte ausgedacht war oder nicht, solange genug Leute sie lesen wollten.

Für die weniger gebildeten Bevölkerungsschichten der Stadt stellte diese Zeitung aber darüber hinaus eine gewisse moralische Instanz dar. Solch eine Geschichte würde sich wie ein Lauffeuer verbreiten und schon bald an jedem Esstisch diskutiert werden. Beim anstehenden Tauziehen um dieses Grundstück hatte Yan Li mit der Geschichte seiner Orchideen die Sympathie der Bevölkerung fest auf seiner Seite; ein schwer zu kalkulierender, aber nicht minder bedeutsamer Vorteil.

Leopardenkopf versuchte, einen Ausweg aus der Situation zu finden, aber es wollte ihm keiner einfallen. Schließlich griff er auf die Taktik zurück, die er sich für den angeblichen Geschäftsmann zurechtgelegt hatte. »Okay, reden wir nicht weiter um den heißen Brei herum, Bruder. Nenn mir einfach einen Preis – wie viel für diesen Hof?«

»Eine bedeutungslose Frage, Direktor Qian.« Yan Li wurde schlagartig ernst. »Glaubst du wirklich, ich will mit dir über Geld reden? Wozu? Schau dir diese fünf Orchideen an. Jede von ihnen ist mindestens zehn Millionen wert. Was soll ich dazu noch sagen?«

Leopardenkopf hatte darauf keine Antwort.

Als die Situation gerade wieder unangenehm zu werden drohte, lächelte Yan Li plötzlich. »Ich will dir aber auch keine Schwierigkeiten bereiten, Direktor Qian. Immerhin steht der Vorsitzende Gao hinter dir. Wie wäre es also hiermit: Ich garantiere dir, dass ich nur drei Jahre bleibe, und nach Ablauf dieser Zeit bekommst du das Grundstück umsonst. Nicht nur das, Vorsitzender Gao darf sich sogar eine der fünf Orchideen als Bonus aussuchen. Was sagst du dazu?«

Yan Li wirkte vollkommen ernsthaft, aber jedes seiner Worte bohrte sich wie ein Meißel in Leopardenkopfs Ohren. Wieder drehte er sich um, starrte die »Zehn-Millionen-Yuan-Setzlinge« an und wünschte, sie genüsslich zertreten zu können. Aber er hielt sich zurück.

Er hatte es mit einem mächtigen Gegner zu tun. Eine impulsive Reaktion konnte in einer Tragödie enden. Bruder Long hatte bereits einen Vorgeschmack darauf bekommen, und Leopardenkopf hatte nicht vor, ihm zu folgen.

Er musste langfristiger denken.

*

Zwei Stunden später betrat Hua das *Traumstadt*, wo ihn Yan Li und Ma Liang bereits erwarteten.

»Wie ist die Lage?«, fragte er, sobald er zur Tür hereinkam.

»Natürlich sind sie eingeknickt«, sagt Yan Li gehässig. »Leopardenkopf hat gerade angerufen und gesagt, Gao Desen will ein Treffen vereinbaren, um sich noch mal in Ruhe zu unterhalten.«

»Aha? Und worüber?«

»Über eine mögliche Zusammenarbeit. Gao Desen hat sogar noch was richtig Bescheuertes gesagt. Er hat es sein ›Geschenk für dich‹ genannt.«

»Was? Was hat er gesagt?«

»Er hat gesagt: ›Es gibt auf dieser Welt keine Feinde für immer und auch keine Freunde für immer. Das einzig

Immerwährende ist Vorteil. Nur ein Idiot würde etwas tun, das nicht zu seinem Vorteil ist.‹«

»Was für ein Schwachsinn«, fauchte Ma Liang. »Seht euch doch an, was er Longyu angetan hat. Und jetzt will er über eine Zusammenarbeit reden? Glaubt der, wir bückten uns einfach so für ihn?«

Hua schwieg einen Moment, dann sah er Yan Li an. »Wie hast du darauf geantwortet?«

»Was hätte ich schon sagen sollen?« Yan Li verdrehte die Augen. »Ich habe gesagt, wir hätten kein Kapital für eine Zusammenarbeit, nur unsere unwürdigen Leben, und die würden wir mit Freude als Einsatz für unser nächstes Spiel betrachten.«

»Richtig so. Schlimmstenfalls ziehen wir sie mit in den Ruin«, sagte Ma Liang, der offenbar wirklich einen Kampf herbeisehnte.

Hua lächelte erfreut, seine Untergebenen mit derart viel Feuer zu sehen. »Reden wir erst mal nicht darüber, jemanden in den Ruin zu stürzen. Die letzten paar Tage waren vor allem für euch sehr hart. Lasst uns was trinken.« Kurz darauf fügte er hinzu: »Wir bleiben aber bei Bier. In so einer Situation darf man sich nicht volllaufen lassen.«

»Verstanden.« Ma Liang stand auf, ging zum Tresen und bestellte. Bald betrat eine Kellnerin mit ein paar Snacks und Bier den privaten Nebenraum. Die Männer griffen zu den Stäbchen, machten sich über die Snacks her und tranken gemeinsam.

Huas Warnung zum Trotz hatte einige Stunden später jeder von ihnen eine stattliche Sammlung leerer Bierflaschen vor sich stehen.

Als sie gerade richtig schön angeheitert waren, klingelte

Huas Telefon. Er schaute aufs Display und schien erschrocken.

»Wer ist es?«, fragte Yan Li, augenblicklich wachsam.

»Nicht schon wieder Leopardenkopf, oder?«, fauchte Ma Liang. »Der soll sich ins Knie ficken, wenn er uns jetzt stören muss.«

Hua winkte ab, um Ma Liang zu signalisieren, er liege falsch, zögerte einen Moment, hob schließlich ab und drückte sich das Handy ans Ohr, um sicherzugehen, dass niemand mithören konnte.

Er sagte nichts, grunzte nur hin und wieder leise, um zu zeigen, dass er zuhörte. Ein paar Minuten später legte er auf und murmelte: »Habe ich heute Geburtstag?«

Yan Li und Ma Liang wechselten einen erstaunten Blick.

Hua nickte vor sich hin. Ja, es war tatsächlich sein Geburtstag. Wie die meisten hochrangigen Vertreter des kriminellen Milieus machte er sich aus dem Datum nicht sonderlich viel, und bei all den Querelen der vergangenen Tage hatte er es tatsächlich komplett vergessen.

Neugierig fragte Yan Li abermals nach. »Wer war es denn?«

»Ming Ming«, sagte Hua. Er war gerührt genug, um ein wenig zu lächeln.

»Ming Ming? Was für ein liebes Mädchen. Hat sogar an deinen Geburtstag gedacht.«

»Sie ist wirklich anständig«, sagte Ma Liang und wackelte nachdrücklich mit dem Finger. »Als ich sie fortgeschickt habe, hat sie sich sogar geweigert, die zwanzigtausend anzunehmen. Was für eine Frau. Sie hat sich offenbar wirklich in Bruder Hua verguckt.«

Yan Li nickte. »Schade, dass sie nicht hier ist, sonst könnten wir sie auf einen Drink einladen.«

Hua steckte sein Telefon weg. »Sie ist wieder da.«

»Wieder da? Seit wann?«, fragte Ma Liang entgeistert.

»Heute. Ist gerade angekommen.«

»Wo ist sie?«, fragte Yan Li. »Bitte sie doch her.«

Hua lächelte kokett. »Sie erwartet mich in meiner Wohnung.«

»Ach so.« Yan Li dehnte das letzte Wort, während er Ma Liang einen bedeutungsschwangeren Blick zuwarf. Der kicherte und widmete sich wieder seinem Bier.

Hua räusperte sich. »Alles klar. Wir haben einiges getrunken. Das reicht wohl für heute?«

Ma Liang und Yan Li winkten ihm zu, er solle sich nach Hause sputen.

Hua packte seine Sachen und verschwand. Er fuhr nach Hause, parkte, stieg aus dem Wagen und schaute hinauf. Im vierzehnten Stock brannte Licht. Es floss durch die knallgelben Jalousien hinaus in die Dunkelheit wie ein Hauch von Frühling.

Hua stand lange da und schaute hinauf. Er fühlte sich, als sei ein klarer Gebirgsbach in seinem Herzen entsprungen, um seine steifen Knochen und Gelenke mit neuem Leben zu taufen.

Da stand er und badete im Licht. Es sollte für den Rest seines Lebens eine herzzerreißend friedvolle Erinnerung bleiben.

Erst als sein Telefon klingelte, fuhr er aus dem Tagtraum auf.

»Hua, wo bist du? Warum bist du noch nicht hier?« Ming Ming klang besorgt.

»Bin gleich da. Ich parke nur eben.« Ein Lächeln mischte sich in seinen Tonfall.

»Na gut.« Sie hatte ihm sofort vergeben. »Dann zünde ich

jetzt die Kerzen auf dem Geburtstagskuchen an. Aber wenn du nicht hier bist, bis sie heruntergebrannt sind, werde ich böse.«

Hua wartete, bis sie aufgelegt hatte. Oben gingen die Lichter aus, wahrscheinlich in Vorbereitung für die Kerzen.

Gerade wollte er das Gebäude betreten, als ihn drei Männer überholten. Der eine trug Hausmeisterkluft, die anderen beiden hatten Werkzeugkästen dabei.

Hua rümpfte die Nase. »Was ist los? Ist der Aufzug schon wieder kaputt?« Es hatte in letzter Zeit immer wieder Probleme mit dem System gegeben.

»Nein, die Überwachungskameras sind hin. Wir sollen neue einbauen.«

Hua war viele Jahre für die Sicherheit im Longyu-Komplex verantwortlich gewesen und kannte sich dementsprechend aus. »Kurzschluss?«

»Nein, die Kameras selbst sind zerstört worden. Keine Ahnung, welcher Schuft das getan hat«, knurrte der Hausmeister.

Hua bekam allmählich ein ungutes Gefühl in der Magengegend. »Wie viele sind zerstört worden?«

»Alle vom ersten bis in den vierzehnten Stock.«

Sein Herzschlag beschleunigte sich. Ohne weitere Fragen rannte er zum Aufzug, nur um festzustellen, dass dieser bereits nach oben fuhr. Es würde zwei oder drei Minuten dauern, bis er wieder unten ankam.

Er zückte sein Handy und rief Ming Ming an, während er zurück nach draußen sprintete. Mit wild pochendem Herzen starrte er zu den dunklen Fenstern hinauf, bis Ming Ming abhob.

»Hallo?«

»Schnell, du musst sofort die Wohnung verlassen!«

»Wieso das?«, protestierte sie aufgebracht. »Ich wollte gerade die Kerzen anzünden.«

»Vergiss die Kerzen, beeil dich! Du ...« Ming Mings entsetzter Schrei schnitt ihm das Wort ab. Im selben Moment detonierte die Fensterfront im vierzehnten Stock mit einem gewaltigen Knall nach außen, und eine Stichflamme schoss in die Nacht hinaus, rot und wütend wie die Zunge eines Höllenhundes. Sofort verzehrte sich das Feuer und wurde zu einer Wolke flockiger Asche, die sich in der Nachtluft zerstreute.

*

Drei Tage verbrachte Hua im Volkskrankenhaus auf dem Flur vor der Intensivstation. Er aß kaum, nahm nur hin und wieder einen Schluck Wasser zu sich. Früh am dritten Morgen brachte ihm ein Arzt die Nachricht, auf die er gewartet hatte.

»Die Patientin ist bei Bewusstsein.«

»Wirklich?« Er konnte es kaum glauben. Als er sich endlich durch die Flammen gearbeitet und Ming Ming aus der Wohnung getragen hatte, war kein Lebenszeichen mehr von ihr ausgegangen.

»Ja«, sagte der Arzt. »Sie hat einen starken Willen ... Ihr Zustand macht trotzdem wenig Hoffnung.«

Ob aus starken Gefühlen oder purer Erschöpfung, Hua begann unkontrollierbar zu zittern.

»Sie sollten zu ihr gehen«, sagte der Arzt aufmunternd. »Sie will Sie sehen, und vielleicht können Sie ihr die Kraft geben weiterzukämpfen.«

Hua holte tief Luft und betrat die Station. Er hatte

geglaubt, sich mental auf alles vorbereitet zu haben, aber der Anblick war trotzdem unerträglich.

Das zarte, hübsche Mädchen war zu einem abstoßenden Monster geworden. Ihre blasse Haut war geschwärzt und aufgeplatzt, die dunklen Haare vollständig verbrannt, die Nase nicht mehr vorhanden, die Lippen schief erstarrt, die schlanken Arme und Beine aufgequollen.

Einzig ihre Augen waren unverändert. Sie sahen hell und klar an die Decke, aber gerade dadurch wirkte ihr zerstörtes Gesicht umso entsetzlicher.

Ihre Augen bewegten sich mit sichtlicher Mühe und versuchten, sich beim Näherkommen auf Hua zu fokussieren.

Er fand keine Worte, musste alle Kraft darauf verwenden, seine Gefühle unter Kontrolle zu halten, damit Schmerz und Wut nicht auch sein Gesicht entstellten.

»Hua ...« Ihre Stimme klang schwach und heiser.

Er hob eine Hand. »Du musst dich ausruhen. Nicht reden.«

Sie wollte nicht auf ihn hören, holte rasselnd Luft und öffnete mit Mühe abermals den Mund. »War es meine Schuld?«

»Nein, natürlich nicht.« Hinter seinem Rücken hatte sich seine rechte Hand zur Faust geballt. »Die waren es ...«

Sie blinzelte und begriff.

»Ich ... Ich hätte nicht zurückkommen sollen ...« Schrecken und Schuldgefühle spiegelten sich in ihren Augen. »Ich hätte auf dich hören sollen.«

Ming Mings Anblick fühlte sich an, als ob Stahlseile langsam sein Herz zersägten. Er raufte sich die Haare und stöhnte. »Ich habe dir das angetan.«

Das Mädchen riss die Augen auf. Sie sah entsetzlich erschöpft aus, hatte aber noch die Kraft zu sagen: »Hua ... sei nicht traurig. Ich bin ... ich bin froh.«

Was? Froh? Er verstand nicht. Hatten die Verletzungen auch ihr Gehirn beeinträchtigt? Ihr Blick war noch immer glasklar.

»Ich bin froh«, sagte sie abermals. »Weil ... Wenn ich nicht da gewesen wäre, hätten die ... hätten die dich erwischt.«

Als er endlich begriff, was sie da sagte, fing er wieder zu zittern an. Es waren die ehrlichen Worte einer sterbenden Frau. Sie lasteten wie ein Felsen auf ihm und raubten ihm die Luft.

»Das reicht.« Ohne dass Hua es bemerkt hätte, war der Arzt ins Zimmer gekommen. »Nicht zu viel reden. Sie muss sich ausruhen.«

Das Mädchen schloss folgsam die Augen und fiel fast auf der Stelle in tiefen Schlaf.

Hua zog sich aus dem Zimmer zurück. Er atmete schwer, Schweiß stand ihm auf der Stirn.

Als er sich endlich wieder unter Kontrolle hatte, ballte er die Fäuste und fletschte die Zähne. Er zog sein Telefon hervor und wählte eine Nummer: Gao Desen.

»Hallo?« Die Stimme klang so selbstbewusst, dass es schon an Arroganz grenzte.

Hua hatte seine übliche Ruhe wiedergewonnen. »Hua hier«, sagte er ausdruckslos.

»Bruder Hua?« Gao lachte herzlich. »Warum rufen Sie mich jetzt erst an? Wir hätten uns schon vor Tagen unterhalten sollen.«

Seine Stimme blieb vollkommen neutral. »Du bist geliefert.«

»Was?« Gao schien ihn nicht verstanden zu haben.

Hua legte auf. Gao hatte es gehört, das genügte. Kein Grund für weitere Erklärungen. Seiner Ansicht nach hatte er schlicht eine Tatsache ausgesprochen.

KAPITEL SIEBEN

SHUNS TOD

ERSTES GEFÄNGNIS CHENGDU

Das Verschwinden des Bleistifts löste Schockwellen im ganzen Zellblock 4 aus. Sämtliche Insassen waren gezwungen gewesen, die ganze Nacht durchzuarbeiten, trotzdem war der Stift bis zum Morgen noch immer nicht aufgetaucht. Ohne dieses entscheidende Beweisstück ließ sich der Schuldige unmöglich feststellen. Zhang Haifeng ging dem Problem schließlich aus dem Weg, indem er sowohl Shun als auch Blackie für zehn Tage in Einzelhaft steckte.

Dass Blackie bestraft wurde, leuchtete durchaus ein – er war es immerhin, der den Stift verlegt hatte, dafür musste er auf jeden Fall Verantwortung übernehmen. Shun hingegen wusste, dass sie nichts gegen ihn in der Hand hatten, war aber klug genug, um die Einzelhaft seinem Kampf mit Blackie zuzuschreiben. In Ermangelung von Beweisen war er dadurch für Zhang der Hauptverdächtige. Ein hartes Urteil, aber nicht gänzlich ungerechtfertigt.

Die dritte Person, die bei diesem Zwischenfall Aufmerksamkeit auf sich gezogen hatte, war Hang Wenzhi. Der Kommandant hatte ihn zu einer privaten Besprechung unter vier

Augen mitgenommen, und direkt nach dem Gespräch waren Blackie und Shun bestraft worden – den Ruf des Denunzianten würde er nur schwer wieder los. Zum Glück konnte er sich damit verteidigen, glaubhaft zu versichern, Zhang habe ihn bloß wegen einiger Matheaufgaben sprechen wollen, die er für dessen Sohn lösen sollte. Dafür hatte er einen Beweis in Händen: den Prüfungsbogen. Der begleitende Wächter hatte Bruder Ping instruiert, dafür Sorge zu tragen, dass Hang eine gute Arbeitsatmosphäre genoss, um die Aufgaben in Ruhe lösen zu können.

Dank der Wärter konnte Hang also trotz der Aufregung in der Werkhalle halbwegs unbehelligt arbeiten. Der Stift, mit dem er zuvor die Maße der Papptüten aufgezeichnet hatte, wurde nun einer neuen Bestimmung zugeführt. Normalerweise hätten ihn diese Matheaufgaben vor keine großen Probleme gestellt; sie aber ausschließlich nach Volksschulregeln lösen zu dürfen, stellte eine ungewöhnliche Herausforderung dar. Mehr als drei Stunden kritzelte er hoch konzentriert das Papier voll. Dann legte er sich zurecht, wie er dem Sohn die Lösungen erklären sollte, und ging jeden einzelnen Rechenschritt genau durch, um sicherzustellen, dass er keine Lücken hinterließ. Aus reiner Gewohnheit schob er sich den Stift zwischen die Zähne, als er schließlich die Finger verknotete und sich streckte.

»Fertig?«, fragte Bruder Ping.

Hang nickte und lächelte selbstzufrieden.

Du und Ah Shan sahen sich um. Wie üblich blieb Ah Shan stumm, während Du spöttisch bemerkte: »Was haben die Leute nur gegen Bleistifte? Entweder sie verschwinden, oder sie werden zerkaut.«

Hang sah sich beschämt um und nahm hastig den Stift

aus dem Mund. In der Tat hatte er dessen Ende beinahe durchgebissen. Er lächelte Du an und schüttelte selbstironisch den Kopf. Er pflegte diese schlechte Angewohnheit schon seit Jahren und kaute umso verbissener, je mehr er sich konzentrierte.

»Wenn du fertig bist, komm her und hilf uns«, sagte Bruder Ping pragmatisch.

»Alles klar.« Hang ging zum Tisch von Du und Ah Shan, um sich einen Stapel Pappe und Kordel zu holen.

Die Sonderschicht dauerte tatsächlich die ganze Nacht. Um sechs Uhr morgens konnten die Sträflinge endlich zurück in ihre Zellen. Es war ein Samstag, und eigentlich hätten sie demnächst zur Freizeit auf den Hof gedurft, aber niemand hatte die nötige Energie. Wer Besuch erwartete, hatte genug damit zu tun, die Augen offen zu halten; alle anderen brachen auf ihren Betten zusammen und rührten sich bis zum Mittagessen nicht mehr.

Am Nachmittag kam um kurz nach zwei ein Wächter zur Tür von Zelle 424 und rief: »Hang Wenzhi!«

Hang hatte ein Nickerchen gemacht, sprang aber sofort aus dem Bett, ging zur Tür und stand stramm. »Jawohl!«

»Kommandant Zhang sagt, du müsstest so weit sein?«

»Ich bin so weit!«, gab Hang zurück.

»Dann komm mit.« Der Wächter schloss die Tür auf. Hang langte unter seine Matratze, zog den vollgekritzelten Prüfungsbogen hervor und folgte dem Wächter.

Er blieb über vier Stunden weg und kehrte erst um kurz vor sieben in die Zelle zurück. Seiner Miene nach zu urteilen, war der Nachmittag zu seiner Zufriedenheit verlaufen.

Du streckte den Kopf aus dem Bett und sagte: »Hier, ich

habe dir was vom Abendessen aufgehoben.« Die anderen hatten bereits gegessen, die Essenszeit war vorbei.

Zu Dus Überraschung schüttelte Hang den Kopf. »Danke, aber ich habe schon gegessen.« Beim Anblick der verdutzten Gesichter ringsum fügte er hinzu: »Der Kommandant hat uns was bestellt.«

»Sieht aus, als ob er dich gut behandelt«, sagte Bruder Ping in einem seltsamen Tonfall. Unmöglich zu sagen, ob er erfreut oder verärgert war. Er winkte Hang zu. »Hey, Brille, komm mal her.«

Hang wagte nicht zu zögern, sondern näherte sich mit ehrerbietiger Miene. Bruder Ping lächelte und deutete auf das blaue Heft, das Hang in der Hand hielt. »Was ist das?«

»Das Hausaufgabenheft von Zhangs Sohn«, sagte Hang fröhlich. »Nachdem ich ihm die Matheprüfung auseinandergesetzt habe, hat mir der Kommandant eine neue Aufgabe erteilt. Ich soll die Hausaufgaben seines Sohns kontrollieren.«

Bruder Ping streckte die Hand aus, nahm das Heft an sich und blätterte darin herum, obwohl er ganz eindeutig kein Wort verstand. Schließlich klappte er es zu und betrachtete die Vorderseite. »Zhang Tianyang. Tianyang wie ›winkt dem Himmel zu‹. Leck mich, das Kind hat genauso einen bombastischen Namen wie der Alte.«

Du verdrehte den Kopf, um mitlesen zu können. »Volksschule Fenhe, 5. Jahrgang, Klasse 2, Zhang Tianyang, Block 2, Zimmer 203. Hä? Wieso steht seine Adresse auch auf dem Heft? Damit der Lehrer Hausbesuche machen kann?« Du lachte.

»Das ist nicht seine Adresse, sondern sein Zimmer im Wohnheim«, sagte Hang. »Fenhe ist die elitärste Volksschule der Stadt, ab dem dritten Schuljahr sind dort alle im Internat. Die Kinder kommen nur am Wochenende nach Hause.«

»Ach so.« Du betrachtete die Adresszeile, als wollte er sie sich einprägen.

Bruder Ping waren diese Details vollkommen egal. Er warf Hang das Heft zu. »Alles klar, dann leg los.«

Hang nahm das Heft mit zu seinem Bett, legte sich hin und vertiefte sich in die Lektüre.

Am nächsten Morgen, einem Sonntag, wurde Hang noch vor dem Frühstück von einem Wachmann abgeholt. Die nächste Unterrichtseinheit für Zhang Haifengs Sohn stand an.

Der Rest des Wochenendes verging wie im Flug, und schon war wieder Montagmorgen und damit der Beginn einer neuen Woche voller *Umerziehung durch Arbeit*. Die Sträflinge aßen ihr Frühstück in der Kantine und marschierten in einer geordneten Reihe zur Werkhalle, wo ihre Werkzeuge bereitlagen.

Zelle 424 stand in Rangfolge aufgereiht: Bruder Ping, Ah Shan, Du und schließlich Hang. Die ersten drei betraten die Halle ohne Verzögerung, bei Hang hingegen gab es ein Problem.

Die anderen Sträflinge suchten sich ihre Stifte aus einer großen Kiste aus, und jeder kramte ein wenig herum, um einen halbwegs neuen, längeren zu finden, denn das erleichterte die Arbeit merklich. Hang aber wurde von Hefekloß daran gehindert, in die Kiste zu greifen. Stattdessen hielt er ihm einen besonders alten und mitgenommenen Stift hin.

Hang betrachtete das traurige Ding. »Kann ich einen anderen haben? Der sieht nicht mehr sehr brauchbar aus.«

Hefekloß stieß ein verächtliches Bellen aus, das wohl Gelächter darstellen sollte. »Du willst tauschen? Aber du hast diesen Stift doch extra angebissen.«

Hang hielt ihm den Stift vors Gesicht. »Das Holz ist gesplittert, sehen Sie? Wenn ich den benutzen soll, kann ich kaum richtig drücken, sonst bricht er durch.«

Hefekloß warf einen Blick auf den Stift. Ja, ein Riss verlief der Länge nach durch den Holzschaft. Er ließ sich nicht erweichen. »Und wenn schon?«, meinte er sarkastisch. »Bei so einer Hundeschnauze wie deiner könnte ich dir hundert neue Stifte geben, die würden doch nur kaputtgehen.«

Hang verzog das Gesicht. »Dann geben Sie mir eben keinen neuen, aber deshalb müssen Sie mich noch lange nicht beleidigen.«

Hefekloß schlug mit der Faust auf den Tisch und sprang auf. »Wann habe ich dich beleidigt? Hast du etwa keine Hundeschnauze? Warum brauchst du dann ein Kauspielzeug?«

»Was soll der Lärm?«, rief Wächter Huang und kam herüber.

»Herr«, sagte Hefekloß, ehe Hang den Mund aufmachen konnte, »dieser Häftling kaut immer auf seinen Stiften herum, und jetzt will er einen neuen haben. Als ich ihm das verweigert habe, ist er ausgerastet.«

Huang kam näher und sah sich den Bleistift an, der eindeutig in einem inakzeptablen Zustand war. »Wieso hast du das getan?«

»Er macht das mit Absicht. Er zerstört unser Werkzeug als Zeichen seines Protests gegen die Arbeit«, fiel Hefekloß ein.

»Das stimmt nicht«, sagte Hang. »Es ist bloß eine schlechte Angewohnheit.«

»Du hast deine schlechten Angewohnheiten mit ins Gefängnis gebracht. Weiß du nicht, wo du hier bist? Der Zweck dieser Arbeit ist, dich von deinen schlechten Angewohnheiten zu befreien. Was ist das also für eine Einstellung?« Hefekloß, der wegen diverser Wirtschaftsdelikte einsaß, hatte vorher in der Unternehmensführung gearbeitet und sprach noch immer mit einer gewissen Autorität.

Huang pflichtete ihm bei. »So ist es, du solltest hier deine schlechten Angewohnheiten ablegen. Wie viele Bleistifte willst du noch zerstören?«

»Ich höre auf, ich verspreche es«, sagte Hang ergeben. »Aber dieser Stift ist zu nichts zu gebrauchen. Kann ich einen neuen haben? Ich schwöre, ihn nicht anzubeißen.«

»Ich soll dir also einen neuen Stift geben, nur weil du darum bittest? Glaubst du, wir haben hier keine Regeln?« Hefekloß musterte ihn durchdringend.

Aus purer Verzweiflung stieg Hang eine Idee in den Kopf, und er glich seinen Tonfall an, um ebenso amtlich zu klingen wie Hefekloß. »Falls Sie mir keinen Wechsel gestatten und ich daher auf diesem nutzlosen Bleistift sitzen bleibe, leidet dann nicht die Produktivität des gesamten Zellblocks darunter?«

Hefekloß hatte mit dieser Taktik nicht gerechnet und daher nicht gleich eine Antwort parat. Du nutzte die Pause, um etwas einzuwerfen. »Wo wir gerade von Produktivität sprechen – niemand hier kann Hang Wenzhi das Wasser reichen. Bitte lassen Sie nicht zu, dass eine kleine Verfehlung ihn verlangsamt.« Du beobachtete Huangs Gesicht und registrierte, dass der Wächter weich wurde. Man konnte sagen, was man wollte, Hangs Arbeitsmoral war in der Tat über jeden Zweifel erhaben.

Du nutzte die Gunst der Stunde und legte nach: »Herr, es gibt außerdem noch einen anderen Grund, weshalb Hangs Stift zerbissen ist. Er hat am Wochenende Kommandant Zhang geholfen, ein paar Mathematikaufgaben zu lösen und war so tief in Gedanken versunken, dass er vielleicht seine Impulse nicht völlig unter Kontrolle hatte ...«

Huang hatte natürlich auch gehört, dass Hang Zhang Haifengs Sohn Nachhilfe gab. Falls Hang wirklich deswegen auf seinem Stift herumgekaut hatte, konnte er ihn dafür nicht wirklich belangen. Allerdings durfte er auch Hefekloß' Autorität nicht untergraben. Nachdem er das Für und Wider abgewägt hatte, entschied Huang sich für einen Mittelweg.

»Wie wäre es damit«, sagte er zu Hefekloß. »Gib ihm einen kurzen Stift, und wir gucken, ob er den auch anknabbert. Wenn nicht, wunderbar. Wenn doch, letzte Chance vertan.«

Hefekloß schien widerwillig, konnte aber die Empfehlung des Wächters nicht ausschlagen. »Na gut«, murmelte er, beugte sich über die Kiste, kramte eine Weile herum und zog schließlich einen Stift hervor. »Hier, nimm den.«

Du warf einen Blick auf den Stift und musste aufkeimenden Zorn herunterschlucken. Er war viel zu kurz, kaum vier Zentimeter lang. Warum gab er sich solche Mühe, Hang das Leben schwer zu machen?

Hang aber schien sich nichts daraus zu machen. Er nahm den Stummel entgegen. »Danke, Herr.«

Huang würdigte ihn keines weiteren Blicks, sondern wedelte mit der Hand. »Alles klar, ab an die Arbeit, aber schnell.«

Hang nahm die übrigen Werkzeuge und folgte Du zu seinem Arbeitsplatz. »Kommst du mit solch einem kurzen Stift wirklich klar?«, fragte Du unterwegs.

Hang kicherte leise. »Kein Problem. Weißt du, seit wie vielen Jahren ich mit Bleistiften arbeite? Ich habe schon viel kürzere benutzt.«

Du wusste, dass Hang ein pragmatisch denkender Kerl war. Wenn er sagte, dass es in Ordnung war, würde er auch keine Probleme haben. Sie stellten sich an ihre Plätze, warteten, bis Bruder Ping die Tagesquoten aufgeteilt hatte, und machten sich an die Arbeit.

Kurz vor dem Mittagessen hörten alle zu arbeiten auf und stellten sich wieder in eine Reihe, um die Werkzeuge abzugeben. Du stand vor Hang und redete irgendetwas Belangloses daher, bis ihm einfiel: »Ach, übrigens, hast du heute auf deinem Stift gekaut?«

Hang sagte nichts, sondern hob selbstgefällig die rechte Hand. Der Stummel war makellos, nicht ein Zahnabdruck zu erkennen.

Du lobte ihn überschwänglich. »Gut gemacht. Du hast deine schlechte Angewohnheit tatsächlich besiegt.« Dann stieß er einen spitzen Schrei aus, der alle Häftlinge herumfahren ließ. Er riss Hang den Stift aus der Hand, starrte ihn an und murmelte: »Krass. Unfassbar.«

Alle begriffen schnell, warum er so aufgeregt war: Es war der kürzeste Stummel, den sie je gesehen hatten. Er maß von der Spitze bis zum Ende nicht mehr als zwei Zentimeter.

»Konntest du damit wirklich noch arbeiten?« Dus Blick wanderte vom Bleistift zu Hang.

Hang grinste. »Ich hatte keine Wahl.« Hefekloß hatte ihm nur vier Zentimeter zugestanden, die im Laufe des Vormittags zunehmend geschwunden waren.

»Leck mich am Arsch«, sagte jemand voller Bewunderung. »Mit so einem Ding könnte ich auf keinen Fall arbeiten.«

Tatsächlich war die Spitze länger als der klägliche Rest des Schaftes. Das Arbeiten war eine Sache, aber selbst das Anspitzen musste ein großes Problem sein – man hatte nichts, woran man ihn wirklich festhalten konnte.

Hang blieb als Einziger gelassen. Er lächelte in die Runde und wiederholte, was er am Morgen zu Du gesagt hatte. »Habt ihr eine Ahnung, wie lange ich schon mit Bleistiften arbeite?«

Du fummelte weiter an dem Stummel herum und gab ihn Hang erst zurück, als sie den Kopf der Schlange erreichten. Hang reichte ihn Hefekloß, der ihn sorgfältig untersuchte und schließlich verkündete: »Na gut, Respekt, das muss ich dir lassen.«

Nachdem Hang seine schlechte Angewohnheit offenbar erfolgreich abgelegt hatte, musste er sich bei der Stiftausgabe nicht länger Hefekloß' Schikane gefallen lassen. Den Rest der Woche kramte er nicht wie alle anderen in der Kiste herum, sondern nahm sich einfach den erstbesten Stift, dessen er habhaft wurde, ob lang oder kurz. Auf seine Produktivität hatte das keinerlei Einfluss.

Und schon war wieder Freitag. Nach dem Mittagessen kam Wächter Huang zur Tür herein und rief: »Du Mingqiang und Hang Wenzhi aus Zelle 424, ihr beladet heute den Lastwagen.«

»Warum schon wieder unsere Zelle?«, fragte Bruder Ping. Nachdem Du und Shun es vorige Woche erledigt hatten, hätte diese Woche eigentlich Zelle 425 an der Reihe sein sollen. Obwohl Ping selbst nicht aufgerufen worden war, musste er als Anführer der Zelle protestieren, um nicht an Einfluss zu verlieren.

»Die Firma hat von sich aus darum gebeten. Offenbar

leisten die Jungs aus eurer Zelle gute Arbeit«, sagte Huang. Eigentlich hatte die Anfrage nur Du gegolten. Huang hatte ihm Hang zugeteilt, weil der Kerl verlässlich wirkte und die beiden gemeinsam das Gefängnis als Arbeitgeber gut aussehen lassen würden.

»Aha, unsere Zelle bringt also vorbildliche Arbeiter hervor«, sagte Bruder Ping und sonnte sich im Schein seiner Leute. Dann drehte er sich zu Du und Hang um. »Seid ihr damit einverstanden? Wenn ihr nicht gehen wollt, kann ich mich auch weiter beschweren.«

Du zuckte mit den Schultern. »Nichts dagegen. Ich bin gerne an der frischen Luft.« Über seine Absprache mit Herrn Shao schwieg er wohlweislich, um Bruder Ping und den Wächtern keine Grundlage für haltlosen Argwohn zu bieten.

Da Du gehen wollte, meldete sich auch Hang. »Ich bin dabei.«

Weil Bruder Ping die Sache nun absegnen konnte, ohne schlecht dazustehen, entließ er sie mit einer gönnerhaften Geste. »Na gut, aber fleißig arbeiten, hört ihr?«

Du und Hang verließen die Werkhalle. Du erledigte diese Arbeit bereits zum zweiten Mal, wusste also, was zu tun war, und Hang folgte einfach seinem Beispiel. Sie beluden den Karren und zogen ihn in Begleitung des Wächters zum Tor.

Der Lastwagen stand schon bereit, der Fahrer wartete an der Ladeklappe auf sie. Als er Du und Hang kommen sah, winkte er und rief Du eine Begrüßung zu.

Du lächelte und winkte zurück, dann wandte er sich an Hang. »Das ist Herr Shao. Wir haben letzte Woche schon zusammengearbeitet.«

»Hallo.« Hang schob sich die Brille hoch und beäugte den Fremden vorsichtig.

Herr Shao nickte ihm zu, schenkte auch ihm ein raues Hallo und klopfte Du auf den Rücken. »Ich habe dafür gesorgt, dass die Wärter dich wieder auswählen, tut mir leid, dass du deshalb mehr arbeiten musst.«

Du schnaubte. »Kein Grund, so höflich zu sein. Es ist mir eine Ehre, für Sie zu arbeiten.«

Herr Shao sah Hang an. »Wo ist der andere Kerl?«

Ehe Du antworten konnte, schaltete sich der Wächter ein. »Der andere Kerl ist kein guter Arbeiter, also haben wir ihn diesmal nicht geschickt.«

Du verstand, dass der Wächter den Bleistift-Zwischenfall nicht vor Fremden besprochen haben wollte, wechselte also das Thema. »Das hier ist Hang. Er sieht vielleicht aus wie eine Leseratte, ist aber in Wahrheit ein fleißiger Arbeiter.«

Der Wächter war offenbar noch immer besorgt, sie könnten sich zu einer Bemerkung hinreißen lassen, und fuhr barsch dazwischen. »Alles klar, genug geplaudert. An die Arbeit.«

»Ja, fangen wir an.« Du ließ eifrig die Arme rotieren.

Herr Shao sah erst ihn an, dann Hang. »Ich muss euch beide leider bitten, diesmal noch ein bisschen kräftiger zuzupacken. Ich fühle mich nicht besonders.«

Du sah genauer hin. Herr Shao war in der Tat recht blass. »Was ist passiert? Sind Sie krank?«, fragte er besorgt.

Herr Shao wischte die Frage beiseite. »Eine lästige alte Sache, die kommt und geht. Heute ist sie mal wieder aufgeflackert, also kann ich nicht allzu viel tun. Ihr müsst den Großteil der Arbeit erledigen.«

Du warf sich in die Brust. »Kein Problem, verlassen Sie sich auf uns.« Damit sprang er auf die Ladeklappe und fing an, Hang Anweisungen zu erteilen. »Schieb den Karren rüber und reich mir die Pakete. Ich nehme sie an und schichte sie ordentlich auf.«

Hang tat wie geheißen und arbeitete so schnell wie effizient. Herr Shao hatte genug Erfahrung, um schon nach wenigen Augenblicken zu erkennen, dass er sich entspannen konnte. Der Neue mit der Brille war sehr viel geschickter als das übergroße Kind von letzter Woche. Trotzdem stand er nicht nur daneben, sondern half Hang mit den Paketen. Du übernahm das schwere Emporwuchten auf die Ladeklappe, Hang war für das Leeren des Karrens verantwortlich, und Herr Shao ging ihm hin und wieder in kurzen Schüben zur Hand. So stellten sie zu dritt trotz allem ein ansehnliches Arbeitstempo auf die Beine.

Nach etwa dreißig Minuten war der Karren so gut wie leer. »Ich kann nicht mehr. Ich brauche eine Pause«, rief Herr Shao.

Du wusste genau, was der Alte tat – diese Pause war vornehmlich für ihn und Hang gedacht.

Er sprang vom Wagen und bedankte sich bei Herrn Shao, der wortlos grinste. Hang hatte sich bereits auf den Karren gesetzt, massierte sich Arme und Schultern und sah erschöpft aus.

Der Wächter kam herbei und bot Herrn Shao eine Zigarette an. »Sie sehen wirklich nicht besonders gut aus, Shao.«

Herr Shao klopfte sich auf den Brustkorb und seufzte. »Ich hatte vor langer Zeit eine Herzentzündung, und jetzt, wo ich älter bin, flammt die immer mal wieder auf, wenn ich mich zu sehr verausgabe.«

»Das klingt nicht gut«, sagte der Wärter und zündete sich die Zigarette an. »Sie sollten damit noch mal zum Arzt gehen.«

»Da war ich schon«, sagte Herr Shao undeutlich an seiner Zigarette vorbei. »Der Arzt sagt, das muss operiert werden.«

»Dann lassen Sie sich operieren, solche Sachen sollte man nicht aufschieben«, sagte der Wächter ernst.

Herr Shao lächelte grimmig. »So einfach ist das nicht. Eine solche OP kostet Zehntausende. Mein Sohn studiert in Peking, und ich kann mir kaum seine Studiengebühren leisten. Leider bin ich auch nur Gelegenheitsarbeiter. Wenn ich mir die Zeit für die OP nehme, verliere ich sämtliche Jobs. Es ist heutzutage nicht leicht, Arbeit zu finden. Ich muss weitermachen, selbst wenn ich erschöpft bin und Schmerzen habe.«

Der Wächter schürzte die Lippen und betrachtete ihn mit hilflosem Mitgefühl. Hang hatte den Austausch von der Seite genau verfolgt. Als er Herrn Shaos wettergegerbtes, faltiges Gesicht betrachtete, überkam ihn eine Welle aus Mitleid. Er wandte sich an Du, nur um festzustellen, dass dieser in den Himmel starrte, als hätte er kein Wort gehört.

Der Wächter trat seine Zigarette aus und wies Du und Hang an, sich wieder an die Arbeit zu machen. Nach dieser Pause waren sie noch fleißiger als zuvor, auch weil Hang nun wusste, dass es Herrn Shao wirklich nicht gut ging. Die verbleibenden Pakete waren in Windeseile verladen, der Wachmann begleitete sie für die nächste Ladung zurück zur Werkhalle. Ein paar Runden später, um vier Uhr nachmittags, war die Wochenproduktion an Tüten fertig verladen, noch schneller als in der Woche zuvor.

Sobald das erledigt war, holte Herr Shao einen Notizblock und einen Kugelschreiber aus dem Führerhaus und reichte sie Hang. »Du siehst gebildet aus, Junge. Hilf mir, die Pakete zu zählen und dem Gefängnis eine Empfangsbescheinigung auszustellen.« Diese Standardprozedur übernahm Herr Shao für gewöhnlich vor der Abfahrt selbst, aber er war sehr erschöpft, und Hang wirkte vertrauenswürdig.

Hang schlug den Notizblock auf und begriff sofort, wie das Formular auszufüllen war. Er ging um den Lkw herum, zählte ab und notierte. Der Wächter folgte ihm und stellte sicher, dass er die korrekten Zahlen eintrug.

Herr Shao und Du standen vor dem Führerhaus und unterhielten sich. Als Hang und der Wächter weit genug entfernt waren, flüsterte Du: »Haben Sie einen zweiten Kugelschreiber, Herr Shao?«

»Klar.« Der Alte zog einen Stift aus seiner Brusttasche.

»Ich nenne Ihnen jetzt ein paar Zahlen, bitte schreiben Sie die auf.«

Herr Shao war verblüfft und wollte eine Frage stellen, aber Du fing bereits an, Zahlen zu nennen, und schaute dabei sehr ernst drein. Herr Shao schrieb sie sich in die linke Handfläche, insgesamt mehr als zwanzig.

Du betrachtete seine Hand und überprüfte die Richtigkeit der Zahlen. »Alles klar«, sagte er dann.

Herr Shao starrte ihn verwirrt an.

Du setzte zu einer eiligen Erklärung an. »Die ersten neunzehn Stellen sind eine Kontonummer bei der Industrie- und Handelsbank, die letzten sechs sind die PIN fürs Telefonbanking. Auf dem Konto sollten ungefähr sechzigtausend sein. Nehmen Sie die und lassen Sie sich operieren.«

»Du ...« Herr Shao bekam den Mund nicht mehr zu. »Warum tust du das?«

»Ich sitze im Gefängnis, wofür brauche ich das Geld?« Du hatte damit gerechnet, dass Herr Shao protestieren würde, und bereits Gegenargumente vorbereitet.

Herr Shao winkte heftig ab. »Wir kennen uns kaum. Einen dermaßen riesigen Gefallen kann ich nicht annehmen. Du bist zwar jetzt hier, aber eines Tages bist du wieder draußen. Ich kann nicht einfach dein Geld ausgeben.«

Du lächelte. »Bis ich herauskomme, ist Ihr Sohn mit der Uni fertig, richtig? Er wird dann Geld verdienen, dann kann er es mir irgendwann zurückzahlen.« Das sollte Herrn Shao mit Hoffnung erfüllen und es ihm gleichzeitig leichter machen, das Geld anzunehmen, als handele es sich nur um ein Darlehen. Der bärbeißige Alte wusste nicht, was er darauf erwidern sollte, und starrte Du nur an. Seine Augen leuchteten vor Dankbarkeit.

Hang und der Wächter kehrten zurück, nachdem sie eine Runde um den Lkw gemacht und den Papierkram erledigt hatten. Da Herr Shao noch immer keine Worte fand, klopfte Du ihm auf die Schulter und sagte bedeutsam: »Fragen Sie nächstes Mal auf jeden Fall wieder nach mir, Herr Shao. Es ist uns bestimmt zusammenzuarbeiten.«

»Ja, sicher«, sagte Herr Shao und lächelte, um seine Rührung zu verbergen.

Als der Lastwagen das Gefängnis verließ, war die Arbeitswoche beinahe vorüber.

Nach dem Abendessen brachten die Wärter die Sträflinge in den Aufenthaltsraum, wo sie Nachrichten schauen konnten, und danach zurück in ihre Zellen. Normalerweise waren die Zellen freitagabends laut wie nie. Da niemand am nächsten Morgen zur Arbeit aufstehen musste, blieben alle lange wach und spielten Karten oder dergleichen. Zelle 424 veranstaltete für gewöhnlich am allermeisten Lärm – heute allerdings nicht. Bruder Ping saß da und spielte eine Weile Solitär, bis er sich langweilte und die Karten beiseite wischte. »Ach, Kacke, die beiden Wichser gehen mir zwar auf den Sack, aber ohne sie ist es auch stinklangweilig.«

Er bezog sich natürlich auf Blackie und Shun, deren Einzelhaft erst kommende Woche enden würde.

Um etwa halb neun erschien ein Wächter mit einem Büchlein und las vor, wer am nächsten Tag Besuch erwarten durfte. Als er zu Zelle 424 kam, verkündete er: »Du Mingqiang, 10:00 Uhr.«

Sobald er weg war, nörgelte Bruder Ping. »Hast du nicht gesagt, du hast keine Freunde? Wieso kriegst du dauernd Besuch?«

Du rümpfte die Nase. »Das sind nicht meine Freunde.«

»Der Wächter hat nicht gesagt, wer kommt, woher willst du wissen, dass es kein Freund ist?« Bruder Ping war derart gelangweilt, dass er die Diskussion offenbar unbedingt vertiefen wollte.

Du schüttelte den Kopf und sagte nichts mehr. Als Ping sah, dass er Du zum Schweigen gebracht hatte, grunzte er trotzdem zufrieden und widmete sich doch wieder einer neuen Runde Solitär.

Am nächsten Morgen wurde Du um zehn Uhr von einem Wächter in den Besucherraum gebracht. Wie erwartet saß dort Hua.

Du folgte den Anweisungen des Wächters und setzte sich an die andere Seite des breiten Tischs, Hua gegenüber.

Huas Blick folgte ihm die ganze Zeit über, aber der Mann schwieg. Du starrte ihn an und sprach schließlich als Erster. »Du siehst furchtbar aus.« Er lächelte dabei, als begrüße er einen alten Freund.

»Tue ich das?« Hua rieb sich die Schläfen mit beiden Händen und gab sich keine Mühe, seine Ermüdung zu verbergen.

»Rückt Pei Tao dir langsam auf die Pelle?«

Hua schüttelte den Kopf. »Nein, er nicht. Ich habe ihn länger nicht mehr gesehen.« Er musterte Du und sagte kalt: »Du siehst hingegen nicht übel aus. Gefällt dir das Leben hier?«

»Gefallen würde ich nicht sagen«, meinte Du ehrlich. »Aber es gibt hier keine Sorgen. Das Leben ist unkompliziert.«

»Ab heute wird es komplizierter.« Hua legte Wert darauf, Du allein durch seinen Tonfall aus der Ruhe zu bringen.

»Aha?« Du sah ihn feierlich an und schwieg erwartungsvoll.

Hua starrte ihm fest in die Augen und sagte ausdruckslos: »Sie ist nach Amerika geflogen und hat sich der Operation unterzogen. Der Eingriff war erfolgreich.«

Dus Herz erbebte bei diesen Worten.

»Sie kann wieder sehen?« Er klang unbeholfen wie ein Kind.

Hua nickte. »Erst mal muss sie sich vollständig erholen. Sofern nichts schiefgeht, sollte ihre Sehkraft bald vollständig wiederhergestellt sein.«

Du atmete erleichtert aus und lehnte sich zurück. Er versuchte, sich im zarten Gesicht des Mädchens zwei wache, lebendige Augen vorzustellen. Perfektion.

Ein eisiges Lächeln spielte um Huas Mundwinkel. »Kannst du dir denken, was das Erste sein wird, das sie nach ihrer Rückkehr tut?«

Du erstarrte. Er roch eine Falle, sagte also nichts, sondern saß nur still da.

Hua beugte sich vor und betonte überdeutlich: »Sie wird nach dir suchen.«

»Nach mir suchen?« Ganz kurz wurde Du warm ums Herz, bis dieses Gefühl von einem Tsunami aus Entsetzen hinweggefegt wurde. Was Hua nicht verborgen blieb, der sich genau diese Reaktion erhofft hatte.

»Ja, sie wird nach dir suchen«, wiederholte er. »Und damit meine ich nicht den Kerl, dem ihre Violinkonzerte so gut gefallen haben. Nein, sie wird nach dem Mörder ihres Vaters suchen.«

Dus Herz sank in einen bodenlosen Abgrund. Natürlich. Ihr Hass auf den Mann, der ihren Vater getötet hatte, war ungleich größer als ihre Zuneigung zu ihrem geheimnisvollen Freund. Davon war auszugehen, und er hatte es lange schon gewusst – warum war diese Vorstellung dann plötzlich so unerträglich?

Abermals schnitt sich Huas Stimme durch seine Gedanken. »Und jetzt, wo sie sehen kann, braucht sie bestimmt nicht lange, um ihren Weg hierher zu finden.«

Du schaute auf und lächelte finster. Das Mädchen war hochintelligent und zweifellos in der Lage, ihn aufzuspüren. Aber was dann?

Die Frage bereitete ihm mörderische Kopfschmerzen. Zunehmend wurde er sich einer Sache bewusst, und schließlich sah er Hua direkt an. »Das ist nun der Erpressungsversuch deinerseits.«

»Ich warte bloß ab. Du weißt ja, dass wir noch eine Rechnung offen haben.«

Du schwieg so lange, dass Hua irgendwann aufstand. »Schnell jetzt. Dir bleibt nicht viel Zeit.« Er verließ den Besucherraum, ohne sich noch einmal umzusehen.

Nach diesem Besuch war Dus Wochenende ruiniert. Er aß, ohne zu schmecken, krabbelte ins Bett, ohne einschlafen zu können. Er starrte an die Decke und hatte das Gefühl, als verzehrten sich seine Eingeweide gegenseitig.

Um 14:00 Uhr sollten die Häftlinge auf den Hof gehen. Wie üblich suchte Du sich eine stille Ecke, setzte sich hin und lauschte ihrer Musik, in der Hoffnung, die Geige möge ihm ein paar Minuten Frieden bescheren. Als die CD zu Ende war, zog er die Kopfhörer heraus und stellte verblüfft fest, dass Hang sich irgendwann neben ihn gesetzt hatte. Ehe er etwas sagen konnte, meinte Hang: »Hast du was auf dem Herzen?«

Du lächelte stumm.

»Vielleicht geht es dir besser, wenn du mir davon erzählst – so wie ich es dir erzählt habe.« Hang betrachtete ihn voller Ernst.

Du schüttelte den Kopf. Ja, er musste mit irgendjemandem reden, aber wie hätte Hang begreifen sollen, was sich am Grunde seines Herzens abspielte?

Hang zögerte, dann schob er hinterher: »Oder willst du lieber allein sein? Ich wollte dich nicht stören.« Er erhob sich etwas verlegen und wandte sich zum Gehen.

Du hielt ihn am Bein fest. »Warte. Ich will dir was sagen.«

Hang setzte sich wieder. »Was? Hast du deine Meinung geändert?«

Du starrte ihn so lange an, dass Hang sich schließlich unbehaglich wand. »Was denn?«

»Weißt du noch, wie du gesagt hast ... dass du hier rauswillst?«, murmelte Du.

Das war ein arg abrupter Themenwechsel. Hang zuckte zusammen und schaute sich nervös um.

»Hör auf.« Du stieß ihm den Ellbogen in die Seite. »Einfach normal unterhalten.«

Hang versuchte sich zu fangen. »Warum fragst du mich das so plötzlich?«

»Ich habe meine Meinung geändert«, sagte Du entschlossen.

»Wie meinst du das?« Hang beugte sich ein Stück zu ihm herüber. Seine Stimme zitterte leicht.

»Ich will auch raus. Lass uns gemeinsam ausbrechen.«

Auf diesen Moment hatte Hang sehnlichst gewartet. Immer wieder hatte er versucht, Du umzustimmen, aber kaum je den Mund aufmachen können. Er war überglücklich, kam aber trotzdem nicht umhin, sich über den unverhofften Sinneswandel zu wundern. »Du hast aber doch gesagt, dass du gar nicht so lange sitzen und deshalb nicht ausbrechen musst.«

»Es hat sich etwas geändert«, sagte Du nur.

»Was?« Hang wollte es nicht so einfach auf sich beruhen lassen.

Du schüttelte den Kopf. »Spielt keine Rolle. Viel wichtiger ist: Was hast du jetzt vor?«

»Was ist mein Plan, meinst du?«

Du kniff die Augen zusammen. »Du hast behauptet, du hättest einen.«

»Ja«, sagte Hang begeistert. Vorsichtig schaute er sich um. »Sollen wir das woanders besprechen?«

Anders als Hang war Du vollkommen entspannt. Er streckte die Hand aus und hielt Hang zurück. »Wir plaudern nur ein bisschen. Starr mich nicht an und schau dich nicht um. Benimm dich einfach ganz normal.« Er lachte fröhlich. Nur zwei Kumpels, die eine Runde quatschten.

Hang nahm sich ein Beispiel an Du und wurde ein wenig ruhiger. Er betrachtete das Basketballspiel in der Nähe und murmelte: »Ich sehe das als zweistufigen Prozess. Zuerst müssen wir raus aus Zellblock 4.«

Du nickte. Ganz genau. Das Gebäude wurde derart lückenlos überwacht, dass die Wächter sie jede Sekunde im Blick hatten. Dort hinauszukommen stellte die erste große Hürde dar.

»Wie? Wo sollen wir hin?«, fragte er.

»Da drüben.« Hang streckte den Arm aus und beantwortete zuerst die zweite Frage. Er deutete auf das Labyrinth der Verwaltungsgebäude.

Du folgte seinem Finger, sagte jedoch etwas vollkommen Zusammenhangloses. »Der? Nur ein mieser kleiner Wichser, mach dir um den keine Gedanken.«

Hang war reichlich verwirrt, bis er einen Sträfling sah, der in ihre Richtung hinter dem Basketball herrannte. Er schüttelte die Faust und brüllte: »Wenn der mir noch mal blöd kommt, zeige ich ihm, dass er sich nicht mit mir anlegen sollte.«

»Hey, Brille geht gleich in die Luft!« Der Sträfling lachte ungläubig und schnappte sich den Ball.

Hang und Du starrten ihn stumm an. Er zuckte die Schultern und lief zurück aufs Feld. Sobald er verschwunden war, erweiterte Du Hangs These. »Der Bereich wird am wenigsten scharf bewacht, weil Sträflinge sich dort normalerweise nicht aufhalten dürfen. Wenn wir es bis dahin schaffen, stehen unsere Chancen, rauszukommen, gar nicht schlecht.«

»Die wichtigste Frage lautet also, wie kommen wir hin«, griff Hang Dus erste Frage auf. »Auch darüber habe ich nachgedacht. Es gibt zwei Möglichkeiten – in aller Öffentlichkeit oder heimlich.«

»Hmm.« Du glaubte zu wissen, worauf Hang hinauswollte. »Und weiter?«

»In aller Öffentlichkeit soll heißen, wir suchen uns einen

legitimen Grund rüberzugehen, zum Beispiel wie gestern auf dem Weg zum Lastwagen oder wenn einer von uns zum Verhör geholt wird.«

»Aber wenn wir das tun ...« Du dachte kurz nach. »Müssten wir Gewalt anwenden.«

»Gewalt?« Hang erstarrte. »Ich habe nicht damit ... inwiefern Gewalt?«

»Ich habe das auch noch nicht zu Ende gedacht, aber wenn wir es bis dorthin schaffen, wie sollen wir uns dann rausschleichen? Nein, das ginge nur mit Gewalt. Entweder töten wir die Torwächter oder klauen ein Fahrzeug und rammen das Tor.«

»Das ist viel zu gefährlich.« Hang schüttelte den Kopf. »Und ... wir müssten Unschuldigen wehtun.«

Du lächelte verständnisvoll. Der Plan war ohnehin nicht praktikabel, die Aussicht auf Erfolg auf diesem Weg viel zu gering. »Und was ist mit heimlich?«

»Wir müssten irgendwie ungesehen das Ackerland durchqueren und bis zu den Verwaltungsgebäuden gelangen. Dann sind wir außer Sichtweite der Wächter und können kurz durchatmen.«

Du schwieg einen Moment und schüttelte dann den Kopf. »Schleichen? Wie sollen wir das schaffen? Zellblock 4 wimmelt von Wächtern, auf den Mauern patrouillieren ebenfalls etliche. Selbst wenn wir es durchs Ackerland schaffen, kommen wir noch nicht automatisch zwischen die Verwaltungsgebäude. Da stehen auch Wächter, außerdem ist der Innenbereich ein Irrgarten. Wie sollen wir unseren Weg finden, ohne dass ihn uns jemand zeigt?«

Hang starrte in die Ferne und schien es mit einer Antwort nicht eilig zu haben.

Du betrachtete ihn von der Seite. »Lass mich raten. Du hast eine Idee?«

»Habe ich. Ich denke schon länger darüber nach.« Er legte eine dramatische Pause ein. »Wir gehen unter die Erde.«

»Unter die Erde?« In Dus Hirn setzten sich diverse Zahnräder in Bewegung.

»Ja. Unter der Erde sind sämtliche Probleme, die du angesprochen hast, belanglos.« Hangs Augen leuchteten. »Wir könnten an den Wächtern vorbei bis zu den Verwaltungsgebäuden vorstoßen, oder auch an denen vorbei und direkt weiter in Richtung Parkplatz.«

»Ein Tunnel, meinst du?«

Hang nickte. »Ich habe bei der Stadtplanung gearbeitet. Ich kenne den Aufbau solcher unterirdischen Anlagen wie meine Westentasche.«

Dieses Detail war Du vollkommen entfallen. Jetzt, da Hang es erwähnte, konnte er seine Begeisterung nicht verbergen. »Großartig!«

Ermutigt fuhr Hang fort. »Den Planungsverordnungen der Stadt zufolge muss dieses Gefängnis mehrere separate Röhrensysteme besitzen, für Trinkwasser, Abwasser, Regenwasser und Löschwasser. Müsste ich mir von denen eins aussuchen, wäre das Regenwassersystem meine erste Wahl. Da es in Chengdu eine Menge Niederschlag gibt, sind die Rohre besonders breit. Wir passen problemlos durch.«

Du hatte zumindest ein wenig Ahnung von der Materie und war von neuer Hoffnung erfüllt. »Die müssten dann direkt in den Fluss führen, oder?«

Hang nickte, musste Dus Optimismus jedoch ein wenig dämpfen. »Wir kommen aber nicht bis zum Ende durch. Den Vorschriften zufolge müssen die Röhren zur Außenwelt hin mit massiven Gittern gesichert sein. Wir können das System also nur benutzen, um von einem Bereich des Gefängnisses in einen anderen zu gelangen.«

»Was für Gitter? Sind die abschließbar?«

»Dicke Metallstäbe, und nein, die sind fest verschweißt. Die kriegen wir unter keinen Umständen auf.«

Du seufzte enttäuscht. Aufs Schlösserknacken verstand er sich außergewöhnlich gut, aber dieses Talent würde ihm in diesem Fall anscheinend nichts nutzen. Er dachte weiter nach. »Du hast recht. Der erste Schritt muss sein, aus dem Zellblock rauszukommen. Wir könnten uns irgendwie in den Verwaltungsbereich schleichen und ein paar Wächteruniformen klauen. Aber wie wir dann wirklich nach draußen kommen ... das ist eher eine langfristige Angelegenheit.«

»Ja. Ich kann mir im Moment nur den ersten Schritt vorstellen und habe keine Ahnung, was danach kommt. Aber wenn du mir helfen willst, fühle ich mich schon wesentlich zuversichtlicher.« Hang glühte förmlich vor Tatendrang.

Du war weniger optimistisch. Er hatte nicht so viel Vertrauen in ihre Fähigkeit, eine solche Nummer erfolgreich durchzuziehen, und hätte es nicht einen sehr bestimmten Grund gegeben, wäre er niemals freiwillig ein derartiges Risiko eingegangen.

Bei einem Plan wie ihrem, wo es um Leben und Tod ging, war überschwänglicher Enthusiasmus ein schlechter Ratgeber. Du wusste, er würde bis zu einem gewissen Grad als Spaßbremse fungieren müssen. »Wenn du schon eine Weile darüber nachdenkst, dann sag mir eins: Wie kommen wir aus dem Regenwassersystem in den Verwaltungsbereich?«

»Ich habe in unserer Zone hier zwei Kanaldeckel entdeckt,

die wir als Einstieg benutzen können. Mit etwas Glück finden wir vielleicht einen Ausgang, der möglichst nah bei den Verwaltungsgebäuden liegt ...«

»Vielleicht?«, sagte Du hastig. »›Vielleicht‹ will ich in diesem Zusammenhang nicht hören. Der Plan muss hundert Prozent idiotensicher sein. Die Möglichkeit, dass wir versagen, kann ich nicht akzeptieren, weil wir nur eine Chance haben.«

Hang sah ihn beschämt an. »Ich habe noch nicht die Gelegenheit gehabt, mir das Entwässerungsnetz rund um die Verwaltungsgebäude näher anzuschauen. Dorthin dürfen wir nur in Begleitung eines Wächters, und dabei dürfen wir uns nicht umschauen ...«

Du hatte Hang nur etwas herunterkühlen, nicht aber angreifen wollen. Da Hang jetzt wieder auf dem Boden der Tatsachen angekommen war, konnte er wieder freundlich sein und einen eigenen Vorschlag einbringen. »Bist du dort nicht öfters unterwegs, um Zhang Haifengs Sohn zu unterrichten? Das ist doch eine erstklassige Gelegenheit, um sich die räumlichen Gegebenheiten einzuprägen. Mach das Beste draus.«

Hang nickte. »Du hast recht.«

»Wir haben aber noch ein Problem.« Es war Du gerade erst aufgefallen. »Die Regenrohre liegen im Freien. Wir schaffen es also möglicherweise bis in die Nähe der Verwaltungsgebäude, aber auf keinen Fall in eins hinein. Das heißt, wir brauchen trotzdem noch einen Weg, wie wir reinkommen können.«

Vor jedem Eingang stand rund um die Uhr ein bewaffneter Wachposten, man konnte sich also in kein Gebäude einfach reinschleichen. Hang dachte nach. »Wenn wir bis in ein Gebäude wollen, ist die Kanalisation trotzdem der beste Weg. Die Regenrohre führen zwar nicht ins Innere, dafür aber die Lüftungstunnel. Wir benötigen also einen geschützten Platz in der Nähe des Verwaltungstrakts, wo sich Regenrohre und Ventilation treffen, und da wechseln wir vom einen System ins andere.«

Du betrachtete durch den Zaun die Äcker und die hohen Gebäude dahinter. »Wenn das so ist, wird dieser Transferpunkt zu einem zentralen Element unseres Plans.«

Hang grunzte zustimmend. »Bevor wir irgendwas unternehmen, brauche ich einen Plan des Kanalisationssystems für das gesamte Gefängnis. Damit wüssten wir, wo alle Einstiegslöcher sind. Außerdem können wir, sobald wir einmal unter der Erde sind, nicht mehr auf Sicht navigieren, also ist eine Karte ohnehin unerlässlich, wenn wir uns nicht verlaufen wollen.«

Du verzog das Gesicht. »Eine Karte des ganzen Röhrensystems? Und wo sollen wir die herbekommen?«

Hang blickte gen Westen und sagte lässig: »Ich habe eine Idee ... aber dafür muss ich auf die richtige Gelegenheit warten.«

Du folgte seinem Blick. Im Westen lag die Gefängnisküche. Eben stieg die nachmittägliche Sonne über den Schornsteinen der Küche empor und zwang die beiden Männer, die Augen zusammenzukneifen.

*

Von da an setzten sich Du und Hang bei jeder Gelegenheit zusammen, um weiter zu planen. Die übrigen Häftlinge wussten, dass die beiden Männer Freunde waren; es wunderte sich also niemand darüber, dass sie viel Zeit miteinander verbrachten.

Unterdessen hielt die öde Routine an, und wieder wich ein Wochenende einer Woche voller *Umerziehung durch Arbeit*. Je ernster Du und Hang über den Ausbruch nachdachten, desto ernster nahmen die beiden auch ihre Arbeit, um nur ja nicht in Schwierigkeiten zu geraten. So standen sie auch Montagnachmittag an ihren Arbeitsplätzen, als vom Eingang der Werkhalle her ein Raunen ertönte. Sie schauten auf und sahen, wie Blackie und Shun in die Halle eskortiert wurden – die Zeit ihrer Einzelhaft war vorüber.

Nach zehn Tagen ohne Sonne, ohne Bewegung und mit dem schwer verdaulichen Essen dort waren die beiden blass geworden und wirkten aufgedunsen. Bei genauem Hinsehen fiel außerdem auf, dass ihre Schritte nicht ganz so fest waren wie vorher, ein eindeutiges Zeichen ihrer körperlichen Schwäche.

Alles starrte sie an, auf vielen Gesichtern war Schadenfreude zu lesen. Shun und Blackie wirkten abgekämpft. Mit gesenkten Köpfen folgten sie dem Wärter in die Halle, liefen ihm fast wie Roboter hinterher. Sie hatten offensichtlich schwere psychische Folter erdulden müssen.

»Gib ihnen was zu tun. Hoffentlich haben die nicht verlernt zu arbeiten, nachdem sie so lange weggesperrt waren«, befahl Wächter Huang. Hefekloß reichte den beiden Männern Werkzeug und Materialien und konnte sich bei Blackie eine spöttische Bemerkung nicht verkneifen. »Pass auf, dass du diesen Stift nicht auch verlierst.«

Blackie nahm den Stift wie in Trance entgegen. Kurz darauf schien sein Hirn endlich einen Gang einzulegen, und er drehte sich zu Shun um. Auch Shun starrte ihn an.

Man konnte die Funken zwischen ihnen beinahe fliegen sehen.

Shuns Lippen formten ein Schimpfwort, das aufgrund der Nähe des Wächters jedoch keine akustische Gestalt verliehen bekam.

Der Wächter bekam davon nichts mit, Bruder Ping jedoch brüllte: »Kommt her und fangt an zu arbeiten, verdammte Scheiße! Habt ihr unsere Zelle nicht schon schlecht genug dastehen lassen?«

Was Blackie und Shun anging, so stand Bruder Pings Autorität der Zhang Haifengs kaum nach. Hastig wandten sie sich voneinander ab und gingen zu ihren Arbeitsplätzen. Der restliche Nachmittag verlief ohne weitere Zwischenfälle.

Nach dem Abendessen durften die Sträflinge noch einmal in den Aufenthaltsraum, um die Nachrichten zu sehen, dann ging es zurück in die Zellen. Sobald sie den vierten Stock erreicht hatten, starrten Shun und Blackie einander finster an, und offensichtlich verhinderte nur Bruder Pings Gegenwart, dass sie sofort wieder aufeinander losgingen. Es war noch früh am Abend, also ignorierte Bruder Ping die beiden und spielte Solitär. Auch Ah Shan hüllte sich in Schweigen. Nur Du und Hang plauderten entspannt miteinander, obwohl Hang zwischendurch ein wenig abwesend wirkte.

Um neun Uhr läutete die Lichter-aus-Glocke. Shun trat an Bruder Pings Bett heran. »Bruder Ping, hast du dich schon gewaschen? Ich bringe dir etwas Wasser.«

Bruder Ping winkte ab. »Ich wasche mich heute nicht. Ich habe nachher noch was zu erledigen.«

Shun, Blackie und Ah Shan wagten es nicht, sich zu waschen, wenn Bruder Ping davon absah, also blieb die um diese Uhrzeit normalerweise gut besuchte Waschecke leer. Du zupfte Hang am Ärmel. »Komm, waschen wir uns.«

Hang zögerte und warf einen Blick auf Bruder Ping. »Geht das klar?«, flüsterte er.

Du lächelte. »Keine Sorge, vertrau mir.« Dus souveräner Blick zerstreute Hangs Sorgen. Sie gingen in die Waschecke und putzten sich die Zähne, der eine überm Waschbecken, der andere über der Toilette.

Ansonsten herrschte Totenstille in der Zelle. Du war als Erster fertig und spülte seinen Becher aus. Hang hatte noch seine Zahnbürste im Mund, hielt aber einen Moment inne, um leise zu fragen: »Was passiert heute Nacht?«

»Shun hat ein paar unschöne Stunden vor sich. Aber was auch immer die anstellen, halt dich raus.«

»Warum sollte ich mich einmischen?«, fragte Hang und putzte sich weiter die Zähne.

»Shun hat dich sehr zuvorkommend behandelt«, sagte Du. »Ich hatte nur Sorge, du könntest dich erweichen lassen. Er ist es nicht wert, darüber Bruder Ping zu verärgern.« Du hatte durchaus nicht unrecht – Shun hatte definitiv versucht, sich bei Hang beliebt zu machen. Er war der einzige Mensch in diesem Gefängnis, der ihn je förmlich als »Bruder Zhi« adressiert hatte.

Hang spuckte einen Mundvoll Zahnpastaschaum aus und schüttelte den Kopf. »Er war nur wegen dir nett zu mir. Die haben alle Angst vor dir.«

Du kicherte leise, hatte aber kein Interesse daran, dieses Thema zu vertiefen. Er ließ das Waschbecken volllaufen und fing an, sich das Gesicht zu waschen.

Gerade als sie beide fertig waren, gingen die Lichter aus. Nur das fahle Mondlicht fiel durch das kleine Fenster hoch oben. Die Überwachungskamera in der Ecke neben der Tür war unter diesen Bedingungen so gut wie nutzlos.

»Kommt her, ihr beiden.« Bruder Ping warf die Spielkarten ans Fußende seines Betts und schwang die Beine über die Kante.

Er musste ihre Namen nicht aussprechen. Blackie und Shun näherten sich mit gesenkten Köpfen. »Bruder Ping«, sagten sie einstimmig.

»Auf die Knie. Bruder Ping hat ein paar Fragen an euch«, befahl Ah Shan. Wortlos knieten sich die beiden vor Bruder Ping.

In dem Moment verließen Du und Hang die Waschecke. Sie teilten sich mittlerweile das innere Bett gegenüber von Ping, aber dies schien ein ungünstiger Zeitpunkt zu sein, um diese Richtung einzuschlagen, also setzten sie sich auf Blackies Bett und warteten schweigend ab.

Bruder Ping stieß ein schauriges Lachen aus. »Na, ihr zwei habt ja eine ganz schöne Show abgezogen, wie?«

»Was für eine Show?«, rief Shun gequält. »Ich dachte, ich müsste ersticken da drin.« Blackie war so klug, ihn nur mit einem knappen Seitenblick zu bedenken, selbst aber den Mund zu halten.

»Ersticken?«, näselte Bruder Ping gehässig. »Dafür hast du aber heute Nachmittag sehr fidel gewirkt. Offenbar lässt dich Ersticken erst so richtig aufleben, was?«

Shun beugte sich vor, schwieg aber ängstlich.

»Hmpf. Dann erzählt mir mal: Was ist mit dem Bleistift passiert?«

Shun hatte seine Lektion gelernt und hielt sich wohlweislich zurück. Er schaute Blackie an, aber der hielt ebenfalls den Rand. Er schaute Bruder Ping an, erntete aber nur einen wütenden Blick. Mit wachsender Panik versuchte er sich zu verteidigen. »Woher soll ich wissen, was passiert ist? Blackie hat den Stift verloren. Ich weiß nicht, warum sie mich mit eingebuchtet haben.«

»Verstehe«, sagte Bruder Ping ruhig. Er wandte sich Blackie zu. »Und du? Was hast du zu sagen?«

Da er direkt angesprochen wurde, konnte Blackie nicht länger schweigen. »Ich habe den Stift verloren, das stimmt. Das will ich auch nicht leugnen, und dafür habe ich meine Strafe verdient. Ich wünschte, ich wüsste, welcher Bastard ihn geklaut hat. Wollte ihn wahrscheinlich mit nach Hause nehmen und seiner Mama hinten reinschieben.«

Obwohl er bei dieser obszönen Tirade keine Namen genannt hatte, schaute Blackie Shun die ganze Zeit direkt an. Der konnte sich nicht zurückhalten und kreischte. »Fick dich! Was glotzt du mich an? Ich habe ihn nicht genommen!«

»Dann ist er wohl davongeflogen?«, fauchte Blackie. »Du hast an dem Tag den Laster beladen und bist dabei weiß der Himmel wie oft an meinem Tisch vorbeigekommen. Wer außer dir hätte den Stift aus der Werkhalle schmuggeln sollen?«

Shun verdrehte die Augen. »Halt die Fresse. Du kannst labern, so viel du willst, aber ich habe ihn nicht genommen. Hurensohn.«

»Schnauze, alle beide!«, rief Bruder Ping. »Ihr seid ziemlich von euch überzeugt, oder? Wenn ihr mit irgendwem ein Problem habt, dann sucht euch eine dunkle Ecke und erteilt ihm eine Lektion. Warum musstet ihr eine derart miese Nummer abziehen? Habt ihr eine Ahnung, wie schlecht ich wegen euch Drecksäcken dastehe?«

Abermals versuchte Shun, sich zu verteidigen. »Bruder Ping, ich hatte wirklich nichts damit zu ...«

»Wenn du nichts damit zu tun hattest, warum hat er dir dann zehn Tage Einzelhaft aufgebrummt?« Bruder Ping zeigte mit einem Finger auf ihn, der nur knapp vor seinem Gesicht verharrte. »Der ist doch kein Idiot. Da der Stift nicht in der Werkhalle aufgetaucht ist, muss ihn jemand rausgeschmuggelt haben. Wer außer dir hätte das tun sollen?«

Shun schluckte schmerzhaft. Das war sehr schwer zu erklären. Eigentlich wollte er sagen: »Ist Du Mingqiang nicht auch ein und aus gegangen?« – aber er wagte es nicht, Du zu provozieren. Einen weiteren Feind konnte er sich gerade wirklich nicht leisten.

»Bruder Ping, ich habe den Stift wirklich nicht genommen«, sagte Shun mit Nachdruck, auch wenn seine Stimme nicht mehr ganz so fest klang wie zuvor.

Blackie hatte begriffen, dass Bruder Ping offenbar auf seiner Seite war, und wurde ein wenig kühner. Er drückte den Rücken durch, sodass er auf Shun herabschauen konnte, und fauchte: »Du hast ihn nicht genommen? Dann sag mir, wo er hin ist.«

»Das ist dein Stift, woher soll ich das wissen?« Shun war dank dieser neuerlichen Attacke sofort wieder auf der Palme. »Du warst so lange auf dem Klo, vielleicht hast du ihn dir selber in den Arsch geschoben.«

Sie starrten einander an. Ihr offensichtlicher Mangel an Respekt machte Bruder Ping so wütend, dass er Ah Shan zu sich rief. »Genug geredet. Kümmere dich um ihn.«

Ah Shan zögerte nicht und legte Shun den Arm um den Hals. Shun hatte ohnehin schon gekniet, jetzt aber wurde er zu Boden gedrückt, bis er fast auf dem Bauch lag. Entsetzt schrie er auf. »Was soll das, Bruder Ping? Ich kann alles erklären!«

»Was erklären? Halt dein verdammtes Maul!«, brüllte Bruder Ping. Ah Shan drückte fester zu, bis Shun nicht mehr sprechen konnte.

»Der darf heute in der Hängematte schlafen«, sagte Bruder Ping mit einer knappen abschätzigen Geste.

Hang knuffte Du in die Seite. »Was soll das heißen, in der Hängematte?«

Du hatte bereits eine Menge Gefängnisjargon aufgeschnappt. »Das heißt, er wird an den Händen gefesselt unter die Decke gehängt. Das Seil ist gerade lang genug, dass er mit den Zehenspitzen den Boden berühren kann. Eine Nacht in dieser Position, und du hast das Gefühl, deine Knochen fallen auseinander.«

Während Dus Erläuterungen schleifte Ah Shan Shun in Richtung Waschecke. Shun aber schlang die Beine um einen Bettpfosten.

Blackie schaute ihnen voller Schadenfreude hinterher, als Bruder Ping ihn mit einem Tritt in die Seite zu Boden schickte. »Was grinst du da? Los, hilf ihm.«

Blackie sprang eifrig auf die Beine und rannte zu ihnen. Bruder Ping stand ebenfalls auf und folgte gemächlich. Nur Du und Hang blieben sitzen und schauten zu.

Blackie stemmte Shuns Beine auseinander und packte ihn an den Füßen. Ah Shan nahm die Arme, und gemeinsam schleppten sie Shun in die Waschecke. Der wehrte sich verzweifelt, konnte sich aber nicht lösen.

Bruder Ping folgte ihnen, griff in die Tasche und zog ein Seil hervor, das aus einem in Streifen gerissenen Handtuch geflochten war.

Ah Shan und Blackie drückten Shun auf den Boden, Bruder Ping fesselte ihn an den Handgelenken. Als Shun sich weiterhin wehrte, verdüsterte sich Bruder Pings Miene. »Hör verdammt noch mal auf, dich zu bewegen, oder ich bringe dich um.«

Shun wusste, dass Bruder Ping in dieser Stimmung keine falschen Versprechungen abgab. Er erschlaffte, und obwohl er hin und wieder schmerzerfüllte Laute von sich gab, lag Ah Shans Arm noch immer zu fest um seinen Hals, als dass er hätte sprechen können.

Bruder Ping fesselte ihn erfolgreich und kletterte aufs Waschbecken, Blackie und Ah Shan zerrten Shun auf die Beine. Bruder Ping auf seinem Hochsitz riss das Seil und damit Shuns Hände in die Höhe.

Unter der Decke liefen Rohrleitungen entlang. Bruder Ping fädelte das Seil um eine von ihnen und zog, bis Shun gezwungen war, sich auf die Zehenspitzen zu stellen. Dann befestigte er das Seil mit einem Sackstich-Knoten.

Nachdem das erledigt war, sprang Bruder Ping vom Waschbecken und klatschte in die Hände. »Alles klar, ihr könnt ihn loslassen.«

Blackie und Ah Shan traten einen Schritt zurück. Shun fing an, unkontrolliert zu schwingen, konnte aber dank der gefesselten Hände nicht umkippen, sondern nur auf Zehenspitzen hin und her rutschen, was unglaublich unangenehm aussah.

»Jetzt kannst du in Ruhe fürs Ballett üben«, frohlockte Blackie.

Trotz seiner Qualen traute Shun sich nicht, laut zu werden, sondern winselte nur. »Bitte nehmt mich runter, Bruder Ping. Ich bin unschuldig …«

»Fick dich! Willst du sagen, Bruder Ping hat unrecht?«
Blackie zielte mit einem Roundhouse-Kick auf Shun, der
sich gerade halbwegs ausbalanciert hatte, nur um zur Seite
gefegt zu werden und wieder wild hin und her zu rudern.

»Fick du dich, Blackie!« Shun traute sich nicht, die
Stimme gegen Bruder Ping zu erheben. An seinem Rivalen
aber ließ er seinen Zorn nur zu gern aus. Er drehte sich wild
um die eigene Achse und schrie dabei. »Du behauptest, ich
hätte deinen Stift geklaut. Wo sind deine Beweise?«

Ehe Blackie antworten konnte, brüllte Bruder Ping dazwischen. »Was für Scheißbeweise? Willst du sagen, wir dürfen
dich nur mit genügend Beweisen bestrafen?«

Eine Faust aus Eis legte sich um Shuns Herz. Er ließ alle
Hoffnung fahren. Dann fiel sein Blick auf die beiden Männer, die auf dem Bett gegenüber der Waschecke saßen. Er
klammerte sich an diesen Anblick wie ein Ertrinkender an
einen Strohhalm.

»Bruder Zhi ...«, flehte er. »Hilf mir doch. Ich war es nicht.«

Hang hatte Du versprochen, sich nicht einzumischen.
Selbst jetzt, wo Shun ihm den Ball direkt zuspielte, blieb
er sitzen und sagte ruhig: »Woher soll ich wissen, ob du es
getan hast oder nicht? Außerdem ist das eine Sache zwischen Blackie und dir. Ich habe damit nichts zu tun.«

»War ich denn nicht zuvorkommend zu dir, Bruder Zhi?«
Shun weinte jetzt, weigerte sich aber noch immer, diesen
letzten Strohhalm loszulassen. »Leg doch bitte ein paar
gute Worte für mich ein. Bruder Ping wird sicher auf dich
hören ...«

»Scheiße!« Bruder Ping versetzte ihm eine schallende
Ohrfeige. »Bist du in der Einzelhaft komplett verblödet?
Warum sollte ich auf ihn hören?«

Du rümpfte die Nase. Am Ende würden sie wegen Shuns leichtsinniger Worte noch alle unter Bruder Pings Zorn leiden müssen. Während er dies dachte, stand Hang plötzlich auf. Erschreckt streckte Du die Hand nach ihm aus und schüttelte, als er sich kurz umdrehte, mit warnendem Blick den Kopf. Hang aber befreite seine Hand und näherte sich der Waschecke.

Nicht nur Du war überrascht. Auch Bruder Ping hatte nicht damit gerechnet. Er fuhr herum und starrte Hang mit finsterer Miene an.

Shun wurde bei seinem Anblick nur noch aufgebrachter. Er wand sich und schrie: »Bruder Zhi, du musst mir helfen!«

Hang erreichte die Waschecke. Blackie trat einen Schritt vor und drückte ihm den Finger gegen die Nase. »Halt dich da raus, Brille.«

Hang schüttelte den Kopf, als wollte er sagen: Du missverstehst mich. Verwirrt sah Blackie sich nach Bruder Ping um. Der aber schwieg und schien abwarten zu wollen, was Hang vorhatte.

Noch ein paar Schritte, dann stand Hang direkt vor Shun, der lächelte. »Bruder Zhi!«

Hang schnaubte. »Du machst so viel Lärm, dass gleich die Wächter kommen werden. Ich will dir helfen, den Mund zu halten.« Er schnappte sich einen stinkenden Lappen, der zusammengeknüllt neben dem Waschbecken trocknete, und stopfte ihn Shun in den Mund. Shun konnte nicht mehr tun, als schwach zu stöhnen, bevor er gar keinen Ton mehr herausbrachte.

»Alles klar, Brille, gute Aktion.« Blackie schlug ihm auf den Rücken, alle Feindseligkeit vergessen. Um noch einen draufzulegen, schob er hinterher: »Derart hinterlistigen

Leuten darf man keinen Millimeter nachgeben.« Auch Bruder Ping sah ihn wesentlich freundlicher an.

Hang blieb nicht in der Waschecke, sondern ging zurück zu Blackies Bett und setzte sich wieder.

Da Shun keinen Mucks mehr machen konnte, erklärten die anderen ihr Tagwerk für beendet. Blackie drehte mit vielen unterwürfigen Gesten den Wasserhahn auf, damit Bruder Ping sich waschen konnte. Shun mochte zwar stumm und reglos von der Decke hängen, doch seine Augen blitzten so zornig, als wollte er Blackie die Haut abziehen.

Blackie tat erst so, als bemerke er nichts davon, kehrte aber noch einmal in die Waschecke zurück, als Bruder Ping schon im Bett lag. Er hielt Shun drohend die Zahnbürste vors Gesicht und knurrte: »Was glotzt du? Mach weiter so, dann kratze ich dir hiermit die Augen aus.«

»Was zur Hölle treibst du denn noch da drin? Willst du auch in der Hängematte schlafen?«, brüllte Bruder Ping. Er hatte sich um Shun gekümmert, um die Zelle wieder unter seine Kontrolle zu bringen, nicht aber, um Blackies persönlicher Fehde zu dienen. Da Blackie sich zu vergessen schien, war die Gelegenheit günstig, auch ihn zur Ordnung zu rufen.

Blackie spürte Bruder Pings Zorn und traute sich nicht, länger im Bad zu bleiben. Shuns Blicke gingen ihm allerdings derart auf den Geist, dass er zum Abschied fauchte: »Pass bloß auf, du Bastard. Beim nächsten Mal mache ich dich fertig.«

Er verließ die Waschecke, und endlich kehrte in Zelle 424 wirklich Ruhe ein. Abgesehen von Shun lag jetzt jeder in seinem Bett.

Bruder Ping war gerade weggedöst, als er aus Richtung des Eingangs ein Geräusch hörte. Er schlug die Augen auf und sah, wie Blackie aus dem Bett sprang und ins Bad rannte. Es folgten ein paar dumpfe Schläge, die wahrscheinlich Shun trafen.

»Bist du jetzt fertig?«, brüllte Bruder Ping und setzte sich auf.

Blackie kam aus der Waschecke gelaufen und ließ sich auf sein Bett fallen. »Nein, Bruder Ping. Shun hat mich von da drüben angestarrt, so konnte ich nicht einschlafen.« Es war nicht einmal gelogen. Sein Bett stand direkt gegenüber von der Waschecke.

»Verdammte Scheiße, bist du ein Weib? Kannst du nicht schlafen, wenn dir jemand zuguckt?«

Blackie gab eilig nach. »Schon gut, Bruder Ping. Ich hätte das nicht tun sollen, tut mir leid.«

Bruder Ping war zu müde, um ihn weiter zu tadeln, und kroch wieder ins Bett. Auch Blackie legte sich hin und achtete sorgsam darauf, so leise wie möglich zu sein. Shun aber starrte ihn immer noch an, sodass er sich extrem unwohl fühlte. Am Ende drehte er sich mit dem Gesicht zur Wand, um wenigstens nichts davon mitzubekommen.

Die Nacht zog dahin, einer nach dem anderen schlief ein.

Für die Schlafenden verging die Nacht wie im Flug. Bruder Ping erwachte mit dem ersten Strahl der Morgensonne. Er hatte geschlafen wie ein Baby, schlüpfte in seine Hausschuhe und schlurfte ins Bad.

Shun hing noch immer unverändert da, nur lag das Kinn auf der Brust, und die Beine waren erschlafft. Bruder Ping fluchte leise und trat nach ihm. »Scheiße, hast du also doch eine Mütze Schlaf abbekommen.« Er trat ans Toilettenloch und erleichterte sich.

Er wollte die Waschecke wieder verlassen, stellte aber fest, dass Shuns Kopf noch immer reglos auf der Brust hing und sein Körper von dem Tritt leicht hin und her baumelte. Verärgert griff er Shun in die Haare, riss dessen Kopf hoch und murmelte: »Ganz schön tiefer Schlaf, du mieses Schwein …«

Dann aber verschluckte er den Rest des Satzes und erstarrte, als sei er Zeuge eines unglaublichen Anblicks geworden. Es dauerte einen Moment, bis er die Fassung wiedergewonnen hatte, die andere Hand hob und Shun einen Finger unter die Nase hielt.

Da rutschte ihm das Herz in die Hose. Er ließ Shun los, trat einen Schritt zurück und holte tief Luft. Schon liefen ihm die ersten Schweißperlen von der Stirn. Im selben Moment erreichte auch seine Erregung ihren Höhepunkt und brach mit einem lauten »Kacke!« aus ihm hervor.

»Was ist los, Bruder Ping?«, rief Ah Shan, vom Schrei geweckt.

Bruder Ping reagierte nicht, sondern rannte zum Bett neben der Tür und rüttelte Blackie aus dem Schlaf. »Was ist los?«, fragte dieser schlaftrunken.

Bruder Ping packte ihn am Kragen und schlug ihm mit der Faust ins Gesicht. Mit gebrochener Nase krachte Blackie aus dem Bett zu Boden.

»Auaa!«, jaulte Blackie und hielt sich die Nase. Bruder Ping ließ nicht von ihm ab, sondern winkelte ein Bein an und rammte es Blackie mit aller Kraft in den Leib, als trachte er ihm nach dem Leben. Blackie warf sich kreischend herum und versuchte hektisch davonzukriechen.

Ah Shan sah mit leerem Blick zu und wusste eindeutig nicht, was er tun sollte. Auch Du und Hang waren von dem Lärm geweckt worden, hatten aber, da sie den Beginn der Auseinandersetzung verschlafen hatten, keine Ahnung, was eigentlich los war.

Du brach das Schweigen schließlich als Erster. »Wenn du ihn weiter so trittst, hetzt du uns noch die Wächter auf den Hals, Bruder Ping.«

»Warum sollte ich jetzt noch Angst vor den beschissenen Wächtern haben?« Bruder Ping deutete ins Bad. »Schau dir an, was er getan hat. Der reißt unsere ganze Zelle mit sich ins Verderben.« Sein Bein hatte die ganze Zeit nicht stillgestanden, sondern traf Blackie, der vor Schmerzen heulte, wieder und wieder.

Dus Herz tat einen Satz. Das klang nicht gut. Er sprang aus dem Bett, dicht gefolgt von Ah Shan und Hang. Alle drei erreichten gleichzeitig die Waschecke und den reglosen Shun.

Du legte Shun die Hände auf die Wangen und hob seinen Kopf. Im Licht der Morgensonne glotzten seine trüben Augen wie die eines toten Fischs, aufgerissen und fast aus den Höhlen quellend. Im linken Augapfel steckte ein Bleistift. Er war bis zum Anschlag in seinen Kopf geschoben, nur das Endstück lugte noch hervor.

Alle drei Männer standen mit offenem Mund da. Niemand hatte mit dergleichen gerechnet. Jetzt wussten sie auch, warum Bruder Ping Blackie derart erbarmungslos angriff. Als Shun ihn am Abend zuvor angestarrt hatte, hatte er ihm noch gedroht, ihm das Augenlicht zu nehmen.

Mittlerweile hatte der Lärm aus ihrer Zelle auch den diensthabenden Wächter auf den Plan gerufen. Der Lautsprecher neben der Kamera knisterte. »Zelle 424, was glaubt ihr, was ihr da treibt?« Im Hintergrund rief jemand leise: »Schnell, geh sofort nachgucken!«

Nun bekamen sie es mit der Angst zu tun. Die Wächter würden sehr bald hier sein. Gab es eine Möglichkeit, die

Sache nicht ganz so verheerend aussehen zu lassen? Bruder Ping, der bis eben noch außer sich gewesen war, wirkte plötzlich völlig ruhig. Er ließ von Blackie ab, rannte ins Bad, sprang aufs Waschbecken und löste den Knoten des Seils. Während er noch mit dem Knoten beschäftigt war, befahl er knapp: »Los, nehmt ihn runter.« Die anderen drei begriffen: Er wollte alle Beweise für eine Folterung verschwinden lassen.

Ohne überhaupt darüber nachzudenken, ging Ah Shan Bruder Ping zur Hand. Hang zögerte, streckte dann aber die Hand aus und zog Shun den Lappen aus dem Mund. Bevor er noch etwas anderes tun konnte, zerrte Du ihn beiseite und zischte: »Halt dich da raus, wir haben nichts damit zu tun.«

Mittlerweile war Blackie mühsam auf die Beine gekommen, wirkte aber noch ziemlich benommen. Du ignorierte ihn und zerrte Hang zum Bett zurück.

Blackie stolperte ins Bad, als Bruder Ping und Ah Shan gerade Shuns leblosen Körper auf den Boden herabließen. Sein Leib war schlaff wie eine gekochte Nudel, aber noch immer glotzte er Blackie mit seinen großen Augen an, dem dieser starre Blick wie ein Stich durchs Herz fuhr.

Blackie schwankte, sammelte sich mühsam, kam ein paar Schritte näher und stammelte: »W... Was ist passiert?«

Bruder Ping wickelte das Seil von Shuns Handgelenken und ließ es ins Klo fallen. Einmal auf den Knopf gedrückt, schon war es verschwunden. Im gleichen Moment starrte er Blackie böse an. »Tu nicht so. Du wirst gleich Verantwortung für deine Tat übernehmen, verstanden? Und keinen Laut über alles, was sonst passiert ist.«

Blackie blinzelte, beugte sich näher heran und bemerkte

jetzt erst den Stift in Shuns Auge. »Um Himmels willen!«, jaulte er.

»Halt dein Maul«, fauchte Bruder Ping wütend.

Die eiserne Zellentür klapperte und wurde mit lautem Quietschen aufgestoßen. Ein Wächter trat ein, ein zweiter blieb im Flur stehen.

»Was habt ihr vor? Wollt ihr einen Aufstand anzetteln?«, brüllte der Wächter, der eingetreten war, und wedelte mit seinem Elektroschocker. Er sah sich um und bemerkte, dass die meisten Insassen in die enge Waschecke gepfercht waren.

»Herr!«, rief Bruder Ping aus dem Gewühl. »Blackie hat Shun ins Auge gestochen, und wir versuchen gerade, ihn zu retten.« Seine Stimme hallte mit gerechtem Zorn in der Zelle wider.

»Ich habe doch nicht ...« Blackie sah erst Bruder Ping an, dann den Wärter. Er war sichtlich verzweifelt. »Das ... Das war ich nicht.«

Der Wächter hatte die Augen aufgerissen und stieß die Häftlinge aus dem Weg. Tatsächlich, Shun lag mit einem Bleistift im Auge auf dem Boden. Er legte ihm die Hand auf, aber Shuns Körper war eiskalt. Er war eindeutig schon seit einer ganzen Weile tot.

»Von wegen retten!« Der Wächter war vollkommen außer sich und schwang den Elektroschocker drohend nach allen Seiten. »Raus hier, alle raus!«

Bruder Ping, Ah Shan und Blackie rannten aus dem Waschbereich, kauerten sich folgsam in eine Ecke und falteten die Hände über den Köpfen.

Der Wächter auf dem Flur hatte mitbekommen, dass irgendetwas vorgefallen war. »Stimmt was nicht?«

»Das kann man wohl laut sagen. Hol sofort Kommandant Zhang!«, schrie sein Kollege in der Waschecke aus voller Kehle.

Es war noch früh am Morgen, und der Telefonanruf erwischte Zhang Haifeng, als er gerade aus dem Bett stieg. Als der Wächter berichtete, was passiert war, verzichtete Zhang auf Frühstück und Waschen, stieg sofort ins Auto und raste so schnell er konnte zum Gefängnis.

Er traf vor Zelle 424 ein und fand dort zwei junge Wächter vor – Jiang Ping und Li Ming, die beide leicht panisch wirkten.

Zhangs Gesicht war aschfahl. Er begrüßte sie nicht, sondern marschierte sofort ins Bad. »Wo sind die restlichen Insassen?«

»Haben wir vorerst in Einzelzellen gesteckt«, antwortete Jiang Ping, der sich an Zhangs Fersen geheftet hatte. Nachdem er begriffen hatte, dass Shun tot war, war dies seine erste Reaktion gewesen, um den Tatort zu sichern und zu verhindern, dass sich die Häftlinge weiter absprechen konnten.

Zhang grunzte zufrieden. »Was genau ist passiert? Erzählen Sie mir alles.«

»Um kurz vor fünf haben wir auf der Überwachungskamera gesehen, dass Shen Jianping Blackie angegriffen hat, also sind wir nachgucken gekommen. Da haben wir Shun tot im Bad gefunden. Shen Jianping hat Blackie dafür verantwortlich gemacht.« Das war beileibe nicht »alles«, aber viel mehr wussten sie im Augenblick noch nicht.

Zhang kniete sich in der Waschecke nieder, um Shuns Leiche zu untersuchen. Sofort wurde er argwöhnisch. »Der ist seit mindestens zwei Stunden tot. Warum habt ihr das erst um fünf gemerkt?«

»Man sieht vorher nichts ...«, sagte Jiang Ping hilflos. »Nachts ist es zu dunkel, da sind die Kameras völlig nutzlos. Wir saßen die ganze Zeit im Überwachungsraum, haben aber auch nichts Verdächtiges gehört.«

»Jemand ist ermordet worden. Ist das vielleicht verdächtig genug?« Zhang fuhr herum und starrte ihn finster an.

Bei näherer Betrachtung der Leiche musste Zhang sich jedoch eingestehen, dass er seinen Untergebenen vielleicht vorschnell gemaßregelt hatte. An Shuns Handgelenken fanden sich Abschürfungen, die seiner Erfahrung nach eindeutig darauf hindeuteten, dass der Mann viele Stunden gefesselt gewesen war. Hatte man ihm vor dem Mord die Fesseln angelegt? In diesem Fall hätte er nicht allzu viel Lärm veranstalten können. Mit diesem Gedanken im Hinterkopf sah er sich in der Waschecke um und entdeckte bald die kleine Lache neben dem Klo, als flösse das Spülwasser nicht richtig ab.

Er schob die Hand in das Loch und tastete herum. In der ersten Biegung des Rohrs steckte etwas fest. Er zog und zerrte, bis er ein selbst gemachtes Seil aus zerrissenen Handtüchern zum Vorschein brachte.

»Oh!«, rief Jiang Ping und schaute seinen Chef voller Bewunderung an.

»Diese miesen Schweine«, knurrte Zhang. Er ließ das Seil, das nun mit Pisse und Scheiße verschmiert war, ins Waschbecken fallen.

Jiang Ping schauderte. »Dann war das gar kein spontaner Streit – sondern vorsätzlicher Mord.«

»Haben Sie sie schon verhört? Was hat Shen Jianping gesagt?« Zhang war klar, dass in dieser Zelle nichts passierte, ohne dass ihr Anführer davon wusste.

»Noch nicht.«

»Sehr gut ...« Zhang präsentierte eine nichtssagende Geste. »Sie hätten es wahrscheinlich verbockt.«

Er widmete seine Aufmerksamkeit wieder der Leiche, vor allem aber dem Stift, der im linken Augapfel versenkt worden war. Dies bildete ohne jeden Zweifel die Todesursache. Obwohl schwerlich abzuschätzen war, wie lang der Stift sein mochte, musste er bis ins Stammhirn gerammt worden sein, um zum Tod zu führen.

Wo war dieser Bleistift hergekommen? Wenn es derselbe war, den Blackie verloren hatte, wie hatte er dann bei der intensiven Suche vor zehn Tagen nicht auftauchen können? Eine ganze Weile hockte Zhang da und drehte im Kopf die Puzzleteile hin und her, kam der Lösung aber kein Stück näher. Nicht ohne eingehende Untersuchung. Er winkte Jiang Ping zu sich. »Bringt ihn in die Leichenhalle. Dr. Liu soll den Stift entfernen und mir ins Büro bringen.«

Jiang Ping nickte und verschwand mit Li Ming, um einen Leichensack und eine Bahre zu holen. Im Türrahmen drehte er sich noch einmal um. »Sollen wir die Familie des Verstorbenen benachrichtigen, Kommandant?«

»Jetzt sofort?« Zhang lächelte grimmig. »Dann können wir drei uns allesamt darauf einstellen, diese Uniform heute zum letzten Mal getragen zu haben.«

Jiang Ping erbleichte. Das war eindeutig keine leere Drohung. Sollte die Familie beschließen, diesen Mord unter Insassen an die große Glocke zu hängen, konnten sich sämtliche Verantwortlichen gleich welchen Ranges auf einiges gefasst machen. Gefeuert zu werden, wäre noch das geringste Problem – bei einer möglichen Verurteilung wegen Verletzung der Aufsichtspflicht blühte ihnen am Ende selbst eine Haftstrafe.

Nachdem die beiden jungen Wachmänner die Leiche entfernt hatten, fuhr Zhang in sein Büro. Während er noch darauf wartete, dass man ihm den Bleistift brachte, beschloss er, bereits einen der Insassen von Zelle 424 zu verhören.

Statt direkt mit Bruder Ping anzufangen, entschied er sich für die Person, die seiner Ansicht nach mit der Sache am wenigsten zu tun haben konnte – Hang Wenzhi.

Als Hang hereingeführt wurde, sagte Zhang erst einmal gar nichts, sondern starrte ihn lange schweigend an. Hang fühlte sich alles andere als wohl in seiner Haut, senkte den Kopf und starrte mit angespannter Miene zu Boden.

Schließlich war Zhang der Meinung, genug Druck ausgeübt zu haben, und räusperte sich. »Na los, sprich. Was ist passiert?«

»Ich ... Ich weiß es nicht«, sagte Hang ausdruckslos. Die Worte klangen derart unehrlich, dass es sich offensichtlich um eine Lüge handelte.

»Du weißt es nicht?«, höhnte Zhang. »Bist du dumm, oder hältst du mich für dumm?«

Hang wusste darauf nichts zu erwidern und ließ den Kopf nur noch mehr hängen.

Zhang wusste genau, dass Hang große Angst haben musste und sich am Ende gar irgendwelchen Illusionen hingab, sich aus der Verantwortung stehlen zu können. Diesen Zahn wollte er ihm unverzüglich ziehen. Er nahm etwas vom Schreibtisch und warf es Hang vor die Füße. »Du weißt bestimmt, was das ist?«

Hang sah das Seil, mit dem Bruder Ping Shun gefesselt hatte. Sein Gesichtsausdruck veränderte sich, er hob den Kopf und blickte Zhang direkt an.

»Was ist das?«, fragte Zhang deutlich schärfer und musterte ihn durchdringend.

Hang hatte nicht damit gerechnet, dass das Seil so schnell wieder auftauchen würde. Nach kurzem Zögern musste er zugeben: »Ein Seil, das Bruder Ping gemacht hat ...«

Zhang klopfte auf den Tisch. »Bruder Ping? Wer ist das? Sag schon, wer hat das gemacht?«

»Shen Jianping«, korrigierte sich Hang eilig. »Er hat das gestern Abend hervorgeholt, um Shun zu fesseln ...«

Zhang knurrte; etwas Ähnliches hatte er erwartet. »Warum hat er Shun gefesselt?«

»Er dachte, Shun hätte Blackies Stift geklaut und damit die ganze Zelle in Schwierigkeiten gebracht ... Und als Nummer eins musste er Shun dafür bestrafen, also hat er ihn in der Hängematte schlafen lassen.«

»Wer war daran sonst noch beteiligt?«

»Hauptsächlich ... Eigentlich nur Shen Jianping. Und Blackie und Ah Shan«, schob Hang stockend hinterher.

»Aha.« Zhang wusste genau, dass die Geschichte noch nicht zu Ende war. »Vergiss mal ›hauptsächlich‹. Wer war alles daran beteiligt?«

Hang schluckte und schwieg verängstigt.

Zhang amüsierte sich insgeheim durchaus. Als Hang aber weiter zögerte, beschloss er, die Sache abzukürzen. »Und du? Was hast du getan?«

Hang sah sich zu einer Lüge außerstande. »Ich habe ihm einen Lappen in den Mund gestopft, um ihn zum Schweigen zu bringen.«

»Beeindruckend«, sagte Zhang sarkastisch. »Bist gerade erst bei uns eingezogen und hast schon gelernt, wie man andere Leute drangsaliert.«

»Ich hatte keine Wahl«, versuchte Hang sich zu verteidigen. »Shun wollte nicht aufhören, mich um Hilfe anzubetteln, und wenn ich ihm nicht das Maul gestopft hätte, wären Shen Jianping und die anderen irgendwann auch auf mich losgegangen ...«

Normalerweise hätte Zhang ihm noch einen Vortrag gehalten, aber gerade gab es Wichtigeres zu sortieren. Dies schien der geeignete Moment zu sein, um die entscheidende Frage zu stellen. »Wer hat Shun den Bleistift ins Auge gerammt?«

Hang sprang auf und wedelte verzweifelt mit den Armen. »Keine Ahnung! Wirklich nicht.«

Selbstverständlich konnte Zhang diese Antwort nicht so einfach akzeptieren. »Bist du blind?«

»Ich habe geschlafen«, erklärte Hang. »Alle haben geschlafen. Shen Jianping hat ihn früh am Morgen in diesem Zustand gefunden.«

»Tatsache?« Zhang konnte es nicht recht glauben.

»Ja. Nachdem Shen Jianping und die anderen Shun gestern Abend im Bad aufgehängt hatten, sind wir alle sofort ins Bett gegangen. Ich habe geschlafen wie ein Stein und bin erst davon aufgewacht, dass Blackie verprügelt wurde. Erst dadurch habe ich erfahren, dass Shun tot ist.«

Zhang nahm ihm die Geschichte ab. Da die Sträflinge zumeist früh aufstehen und hart arbeiten mussten, schliefen sie normalerweise tief und fest. Wenn Shun gefesselt und mit Maulkorb versehen unter der Decke gehangen hatte, hätte er sich weder wehren noch um Hilfe rufen können; es war also durchaus vorstellbar, dass keiner seiner Zellengenossen gehört hatte, wie er mitten in der Nacht ermordet worden war.

Was bedeutete, dass die Gesamtsituation noch ernster war, als er erwartet hatte. Er dachte einen Moment nach. »Also weiß keiner von euch, wer es war?«

»Ich auf jeden Fall nicht«, sagte Hang. »Aber Shen Jianping hat gesagt, es war Blackie. Vielleicht hat er irgendwas gesehen ...«

Zhang schüttelte den Kopf – nicht unbedingt. Shen Jianping musste über Shuns Tod vollkommen außer sich gewesen sein, um Blackie derart brutal anzugreifen. Da war es fast ausgeschlossen, dass er Shuns Tod mitangesehen und nicht eingegriffen hätte.

Es klopfte an der Tür. »Kommandant Zhang?«

Die Stimme gehörte zu Jiang Ping. »Herein«, sagte Zhang.

Jiang Ping betrat das Büro mit einer Plastiktüte in der Hand. »Ich habe den Bleistift, Kommandant. Wollen Sie ihn jetzt sehen?«

»Ja«, sagte Zhang sofort.

Jiang Ping kam näher und stellte die Tüte auf dem Tisch ab. Darin lag der Stift, der noch nassgrau mit Resten von Shuns Gehirn zu glänzen schien.

Zhang verzog angesichts des grässlichen Objekts das Gesicht. Jiang Ping sah sich zu einer Erklärung genötigt. »Ich wollte ihn noch nicht abwischen, um nicht eventuelle Spuren zu vernichten.«

Zhang drehte die Tüte wortlos in den Händen. Der Stift gehörte eindeutig zu der Marke, die sie im Gefängnis austeilten, und war quasi unbenutzt, ganz wie der, der von Blackies Arbeitsplatz verschwunden war.

Ehe er ihn eingehender untersuchen konnte, fiel ihm ein, dass Hang noch immer im Zimmer stand. »Zurück mit ihm«, sagte er zu Jiang Ping und deutete auf den Häftling.

Jiang Ping nickte und verschwand mit Hang, um ihn zu den Einzelzellen zu bringen.

Keine zehn Minuten später betrat der Wärter abermals Zhangs Büro. Sein Chef saß noch immer da und betrachtete den Stift. »Kommandant.«

Zhang schaute auf. »Kommen Sie her. Ich habe eine Frage.«

Jiang Ping rutschte das Herz in die Hose. Das klang nicht gut. Er stählte sich innerlich und ging zum Schreibtisch.

»Als der Stift aus der Werkhalle verschwunden ist, habe ich mehrere Suchmannschaften ausgeschickt.« Zhang kniff die Augen zusammen. »Und Sie waren für die Toilette zuständig, richtig?«

Jiang Ping nickte. »Jawohl.«

»Wie genau haben Sie die Suche durchgeführt?«, fragte Zhang ziemlich unfreundlich.

»Ich habe den gesamten Bereich genauestens abgesucht. Den Wasserkasten, das Loch selbst, jeden Platz, an dem man einen Stift hätte verstecken können. Und überall zweimal nachgeschaut.« Jiang Ping klang sehr entschlossen.

»Und das Abwasserrohr?«, ließ Zhang nicht locker. »Haben Sie da drin nachgeschaut?«

Dies war das Rohr, durch das nach dem Abziehen Scheiße und Pisse fortgespült wurden. Der dreckigste Ort im ganzen Toilettenbereich.

»Habe ich«, sagte Jiang. »Ich habe mein Feuerzeug genommen und das Rohr gründlich ausgeleuchtet.«

Zhang rümpfte die Nase. »Sie haben nicht Ihre Hand reingesteckt?«

»Ich ...« Jiang schüttelte den Kopf. »Nein.«

Zhang seufzte.

Diese Rohre waren voller Exkremente, wie konnte er seine Hand da reinstecken? Jiang Ping traute sich zwar nicht, es so zu formulieren, sah sich aber trotzdem zu einer weiteren Verteidigung gezwungen. »Ich konnte mit dem Feuerzeug bis zur Biegung im Rohr alles deutlich erkennen. Einen so langen Stift hätte ich auf jeden Fall gesehen. Dafür musste ich nicht extra reingreifen.«

Zhang schwieg einen Moment, dann deutete er auf den Boden. »Reichen Sie mir das.«

Jiang Ping schaute nach unten und erkannte das Seil, das Zhang persönlich aus dem Abflussrohr der Toilette in Zelle 424 gezogen hatte. Es war widerlich, aber er konnte sich Zhang schlecht widersetzen, also hob er es mit zwei Fingern an. »Wo soll ich es hinlegen, Kommandant?«

»Geben Sie her.« Zhang streckte die Hand aus.

Jiang seilte das stinkende Stück Stoff auf Zhangs Handteller ab. Ohne mit der Wimper zu zucken, ballte Zhang die Hand zur Faust und zerknüllte das Seil zu einem Ball. »Das hier kommt aus dem Klo. Es ist mit Scheiße besudelt und stinkt zum Himmel, richtig?«

Jiang Ping lächelte verschämt und wusste nicht, was er darauf erwidern sollte. Mit einer flinken Bewegung warf Zhang dem anderen Mann das aufgerollte Seil mitten ins Gesicht. Jiang Ping fuhr zusammen und protestierte. »Kommandant ...«

»Ich habe meine Hand ins Klo geschoben, warum sind Sie nicht auch dazu in der Lage? Ich habe das hier in die Hand genommen, warum benutzen Sie nur zwei Finger? Für wen zum Teufel halten Sie sich eigentlich? Sind Sie was Besseres als ich?« Zhang war mittlerweile aufgestanden und brüllte dem jungen Wächter ins Gesicht.

Jiang Ping stolperte verschreckt ein paar Schritte zurück. Sein Gesicht war aschfahl, jegliche Gegenrede blieb ihm im Hals stecken.

Zhang setzte sich wieder hin. Jiang Ping hob sichtlich nervös das Seil auf, diesmal mit der ganzen Hand. Auch sein Gesicht war voller Dreck, aber er traute sich nicht, ihn abzuwischen.

Zhang hatte sich ein wenig beruhigt und klang nun eher enttäuscht als wütend. »Als ich nach dem Seil gefischt habe, ist Ihnen da aufgefallen, wie tief ich mit der Hand in das Rohr vorgestoßen bin?«

Jiang Ping erinnerte sich. »Sie sind mit der ganzen Hand rein und ... Ich glaube, mindestens bis zum Handgelenk.«

»Genau bis hier.« Zhang deutete auf eine Stelle an seinem Unterarm. »So tief musste ich reingreifen, um das Seil zu finden. Und wissen Sie auch, warum?«

Jiang Ping schüttelte den Kopf. Er verstand es nicht. Hätte das Seil nicht entweder sofort sichtbar sein oder aber bereits vollständig weggespült sein müssen? Wie konnte es knapp außer Sichtweite hängen bleiben?

»All unsere Toiletten haben eine U-förmige Kehre im Abflussrohr eingebaut, damit der ganze Gestank nicht wieder hochkommt. Sie glauben, man kann einfach flüchtig reingucken und sieht sofort alles? Ob Stift oder Seil, in einem U kann alles Mögliche stecken bleiben, und wenn man nicht tief genug reinfasst, kann man nie wissen, was da alles hängt.«

Jiang Ping begriff langsam. Könnte sich der verlorene Bleistift die ganze Zeit in einem Abflussrohr verborgen haben?

Zhang konnte quasi dabei zusehen, wie es in Jiangs Kopf arbeitete, und sich weitere Worte sparen. Er streckte den Stift vor. »Riechen Sie mal.«

Er hatte die Tüte geöffnet und hielt sie ihm mit der Öffnung hin, aus der das Ende des Stifts ragte.

Jiang Ping beugte sich vor und holte tief Luft. Der Stift stank definitiv nach Pisse und Scheiße. Keine weiteren Fragen. Er verzog das Gesicht zu einer Fratze aus Verzweiflung und Reue.

Als Zhang sah, wie sehr Jiang sich schämte, machte er ihm keine weiteren Vorwürfe. »Los, holen Sie mir das Material der Überwachungskameras von dem Tag, als der Stift verschwand. Ich will mir das noch mal anschauen.«

»Jawohl, Sir!« Jiang Ping spürte, dass er soeben eine Gnadenfrist bekommen hatte, und eilte aus dem Büro. Sehr bald war er mit einer externen Festplatte in der Hand wieder da.

Sie sahen sich die Filmaufnahmen aufmerksam an. Blackie betrat die Toilette um 15:35 Uhr und verließ sie um 15:57 Uhr. In dieser Zeitspanne war er dort definitiv allein. Sobald er an seinen Arbeitsplatz zurückkehrte, begann er zu schreien, jemand habe seinen Stift geklaut, und sofort sperrten die Wächter die komplette Halle ab.

»Dann muss es Blackie gewesen sein«, sagte Jiang Ping. »Außer ihm war schließlich niemand auf der Toilette. Kein Wunder, dass er so lange gebraucht hat – er musste sich erst überlegen, wo er den Stift am besten versteckt.«

Zhang nickte. Er war zum selben Schluss gekommen.

Das Video schien keine Fragen offenzulassen. Blackie hatte beschlossen, einen Bleistift zu klauen, und ihn bei einem ausgedehnten Gang auf die Toilette verschwinden lassen. Er hatte sich die Sache genau überlegt und definitiv damit gerechnet, dass die Wächter nichts von den U-förmigen Kehren wussten und zu zimperlich sein würden, um tatsächlich mit der Hand ins Klo zu greifen. Nach dieser riskanten Aktion hatte er zehn

Tage in Einzelhaft zugebracht – in dem Wissen, dass der Stift in Sicherheit war. Als man ihn tags zuvor entließ, hatte er den Stift aus der Toilette geholt und in seine Zelle geschmuggelt. Und als alle anderen eingeschlafen waren und Shun sich nicht mehr wehren konnte, hatte Blackie ihm den Stift tief ins Auge gerammt und ihn damit getötet.

Warum hatte Blackie den Stift gestohlen? Warum hatte er Shun getötet? Beide Fragen legten die gleiche Antwort nah: Blackie war ein rachsüchtiger Mann, dessen Hass auf Shun schon seit geraumer Zeit geschwelt hatte. Lange bevor er im Zuge der Posse mit dem verlorenen Bleistift zur Tat geschritten war, hatte er den Mord bereits im Herzen getragen.

Jiang Ping sah, dass Zhang seiner Meinung war. »Ich gehe und hole Blackie her«, sagte er eifrig.

Zhang sah zu ihm auf. »Was haben Sie vor?«

»Ich will ihn mit meinem Elektroschocker bekannt machen.« Jiang Ping fletschte die Zähne. »Und dann sorge ich dafür, dass er ein Geständnis formuliert. Wir müssen ihn für den Mord drankriegen.«

Zhang schüttelte den Kopf. »Es sollte kein Problem sein, ihm den Mord anzuhängen, aber was dann? Was tun wir hinterher?«

Die Frage ließ Jiang Ping erstarren. Fand im Gefängnis ein Mord statt, wurde erst der Schuldige ermittelt und verurteilt, danach allerdings ging es darum, wie viel Mitschuld die zuständigen Aufseher traf. Vom Kommandanten bis zum kleinsten Wächter konnte sich niemand der unweigerlich folgenden Untersuchung entziehen. Als die Personen, die mit dem Zwischenfall unmittelbar zu tun gehabt hatten, konnte speziell ihm selbst und Zhang Haifeng am Ende gar eine Verurteilung wegen Pflichtvernachlässigung drohen.

Jiang Ping spürte Panik in sich aufsteigen. Ziellos irrte sein Blick im Büro umher, aber als er Zhang in die Augen schaute, keimte ein neuer Optimismus in ihm. Zhang würde es kaum zulassen, über solch eine Sache zu stolpern, er hatte bestimmt schon einen Ausweg vor Augen. Der Kommandant war so tief in Gedanken, seine Stirn so kraus, dass es aussah, als könnte er sie nie wieder glätten. Kurz darauf wurde sein Blick wieder scharf, und er wandte sich an Jiang Ping.

Der näherte sich dem Schreibtisch und wartete gespannt auf Anweisungen.

Zhang schaute ihm einen Moment wortlos in die Augen, dann sagte er feierlich: »Ab jetzt müssen Sie genau tun, was ich sage, egal, was passieren mag. Wir haben keinen Spielraum für Zweifel oder Zögern. Verstanden?«

Jiang Ping nickte.

»Sehr gut.« Zhang wirkte zufrieden. »Dann holen Sie mir jetzt Shen Jianping her.«

Jiang Ping tat wie geheißen, und kurz darauf stand Bruder Ping in Zhangs Büro. Er war viel älter und erfahrener als Hang und blieb selbst im Angesicht drohender Gefahr betont lässig.

Für diese Art Kontrahent hatte Zhang eine andere Taktik auf Lager. Er lehnte sich auf seinem Sessel zurück und betrachtete den Gefangenen gleichgültig.

Bruder Ping trat an den Schreibtisch und verbeugte sich tief. »Herr.«

Zhang betrachtete ihn eine Weile stumm, aber Bruder Ping hielt seinem Blick ohne Probleme stand.

»Shen Jianping ...«, sagte Zhang schließlich. »Du bist schon seit mehreren Jahren der Platzhirsch in deiner Zelle.

Bislang hast du immer alles unter Kontrolle behalten, aber jetzt hast du mir ganz schöne Kopfschmerzen bereitet.«

Bruder Ping verzog das Gesicht. »Ich war unvorsichtig. Aber wer konnte damit rechnen, dass Blackie den Stift in die Zelle schmuggelt? Die Wächter haben alles gründlich durchsucht. Ich dachte, wenn er noch da wäre, hätten sie ihn längst gefunden.«

Das versteckte Ziel dieser Worte war eindeutig: die Schuld den Wächtern in die Schuhe zu schieben. Zhang machte sich im Geiste eine Notiz, ließ sich aber nichts anmerken. »Und du bist sicher? Es war auf jeden Fall Blackie, der den Stift eingeschmuggelt hat?«

»Wer außer Blackie hätte Shun töten wollen?«

»Hast du gesehen, wie er es getan hat?«

»Nein. Sonst hätte ich ihn doch wohl aufgehalten? Das war eine miese Nummer. Er hat es getan, während alle geschlafen haben.« Bruder Pings Entrüstung machte praktischerweise deutlich, dass er selbst auf keinen Fall etwas damit zu tun gehabt hatte.

»Ach, ihr habt alle geschlafen.« Zhang nickte. »Aber hätte Shun sich nicht vielleicht gewehrt, statt zuzulassen, dass ihm jemand einen Bleistift ins Auge drückt? Nur haben wir keine Anzeichen einer Auseinandersetzung finden können – ist das nicht seltsam?«

Bruder Ping zuckte unmerklich. Zhang war direkt zum Kern der Sache gekommen.

Aber Bruder Ping hatte schon längst beschlossen, dass er diese Frage durchpeitschen würde – koste es, was es wolle. Er fasste sich ein Herz und gab sich Mühe, verwirrt dreinzuschauen. »Ja, es hat mich auch sehr verwundert, wie Blackie das hinbekommen haben könnte. Vielleicht hat er Shun aufgelauert, als der mitten in der Nacht aufs Klo musste?«

Da Zhang Hang bereits die Wahrheit entlockt hatte, wusste er, dass es sich hier um eine dreiste Lüge handelte. Er lachte eisig und gab Jiang Ping mit einem knappen Blick ein Zeichen.

Jiang Ping trat neben ihn und ließ das feuchte Seil auf die Tischplatte fallen. Bruder Pings linkes Augenlid zuckte.

»Das hier habe ich bei euch im Abflussrohr gefunden.« Er starrte Bruder Ping fest in die Augen, und sein Blick wurde zunehmend finsterer.

Bruder Ping schauderte. Die Wahrheit war also längst ans Licht gekommen. Trotzdem versuchte er weiter, auf Unwissenheit zu setzen.

»Was ist das?« Er wollte lächeln, was ihm aber entsetzlich misslang. »Hat Blackie das zusammengeknotet?«

Zhang schlug mit der flachen Hand auf den Tisch und riss die Augen auf. »Warum versuchst du immer noch, die Sache Blackie anzuhängen? Hältst du uns alle für völlig verblödet?«

Aber es gab längst kein Zurück mehr. Bruder Ping biss die Zähne zusammen und marschierte weiter. »Ich versuche gar nicht, Blackie irgendwas anzuhängen, aber jeder Mensch muss Verantwortung für seine Taten übernehmen. Diese Nummer geht immer weiter, Sie ziehen mich runter, ich ziehe Sie runter. Am Ende liegen wir alle gemeinsam im Dreck. Das können Sie doch nicht wollen?«

Die versteckte Drohung war nicht zu überhören. Bruder Ping musste lebensmüde sein, so mit ihm zu reden. Zu seiner eigenen Überraschung wurde Zhang aber nicht wütend, sondern schaute Ping überheblich an. Ein lähmender Druck fiel von seinen Schultern ab. Plötzlich hatte er das Gefühl, als Katze vor einer Maus zu sitzen.

Bruder Ping fühlte eine Welle aus Bestürzung und Angst über sich zusammenschlagen. Unwillkürlich senkte er den Kopf. Ohne etwas dagegen tun zu können, hatte sich das Kräfteverhältnis zu seinen Ungunsten verschoben.

Zhang war überaus erfreut von diesem Ergebnis und sagte triumphierend: »Aber, aber, Shen Jianping, du hast mich missverstanden.«

Verwirrt schaute Bruder Ping auf.

»Du sagst die ganze Zeit, dass Blackie Shun getötet hat, hast aber keine Beweise dafür. Wir haben nichts als deinen Augenzeugenbericht, und selbst in dem klafft ein dickes Loch. Wie soll ich dir da bitte glauben?«

Zhang klang einigermaßen versöhnlich, fast so, als wollte er Bruder Ping zur richtigen Antwort lotsen. Der beugte sich vor und fragte: »Wer hat es Ihrer Meinung nach getan?«

»Shun ist von jemandem getötet worden, der ihm einen Bleistift ins Auge gestochen hat. Es ist mitten in der Nacht passiert, aber niemand in der Zelle hat etwas davon mitbekommen, und am Tatort gibt es keinerlei Anzeichen einer Auseinandersetzung. Klingt das nicht danach, als wäre ein Selbstmord viel wahrscheinlicher?«, sagte Zhang bedächtig und starrte Bruder Ping dabei eindrücklich an.

Was für eine Offenbarung. Bruder Ping hatte das Gefühl, ihm müsse der Schädel explodieren, während er eilig zustimmte. »Ja, natürlich, das kann eigentlich nur Selbstmord gewesen sein.«

»Shun muss das Seil selbst angefertigt haben«, fuhr Zhang fort. »Er hat sich mitten in der Nacht in die Waschecke geschlichen und offenbar vorgehabt, sich zu erhängen, sich dann aber aus unerfindlichen Gründen umentschieden und sich stattdessen den Stift ins Auge gerammt.«

»Genau so muss es sich abgespielt haben.« Bruder Ping stürzte sich mit Feuereifer in die Spekulation. »Dann war er es also, der den Bleistift gestohlen hat.«

»Shun hat gewartet, bis Blackie auf die Toilette gegangen ist, dann hat er ihn vor der großen Suche im Abflussrohr versteckt. Nachdem er aus der Einzelhaft entlassen wurde, hat er den Stift in eure Zelle geschmuggelt. Wir haben dafür zwar keine Augenzeugen, konnten den Tathergang aber nach Auswertung des Materials der Überwachungskameras rekonstruieren.« Zhang wandte sich an seinen Untergebenen. »Nicht wahr, Jiang Ping?«

»Jawohl«, sagte Jiang Ping. »Kurz nachdem Blackie aufs Klo ging, ist Shun ihm gefolgt. Während die beiden sich dort aufhielten, war kein anderer Sträfling dabei. Das Material ist mittlerweile leider überspielt worden, aber Kommandant Zhang und ich haben es gemeinsam angesehen, und ich erinnere mich ganz genau.«

»Am allerwichtigsten«, fügte Zhang hinzu, »ist die Tatsache, dass der Stift nach Scheiße stinkt, was zweifelsfrei beweist, dass er im Abflussrohr versteckt wurde.« Er hob die Tüte von der Tischplatte und hielt sie Bruder Ping zum Riechen hin.

Bruder Ping traute sich nicht, die Regeln zu verletzen und zum Schreibtisch zu gehen, also brachte Jiang Ping den Stift zu ihm. Bruder Ping steckte die Nase in die Tüte und rief sogleich: »Ja, das ist Scheiße. Shun hat den Stift also an einem Ort versteckt, von dem er wusste, dass die Wächter dort nicht genau nachschauen würden, weil sie sich zu sehr ekelten.« Noch während er diese Worte aussprach, wunderte er sich darüber, sich nicht daran erinnern zu können, wie Shun Blackie aufs Klo gefolgt war – er war sich sicher gewesen, dass nur Blackie den Stift genommen haben konnte.

»Die Sache ist also denkbar einfach.« Zhang klopfte die Punkte leise mit den Knöcheln auf dem Tisch ab. »Shun wollte sich umbringen und hat dafür sowohl das Seil als auch den Stift vorbereitet. Wahrscheinlich hätte ihn ohnehin niemand daran hindern können.«

»Das stimmt wohl.« Bruder Ping seufzte. »Eine Schande. Er war noch so jung. Warum hätte er das tun sollen?«

Zhang betrachtete ihn lauernd. »Genau das wollte ich dich auch gerade fragen. Ihr habt am meisten Zeit mit ihm verbracht. Ist dir nichts an ihm aufgefallen?«

»Jetzt, wo Sie danach fragen – doch, da war was.« Bruder Ping erinnerte sich demonstrativ und verdrehte die Augen zur Decke. »Er hat sich schon seit einer Weile komisch benommen. Zeigte seltsame Stimmungsschwankungen – manchmal war er sehr aggressiv, dann wieder grüblerisch und in sich gekehrt. Einmal habe ich ihn sogar irgendwas murmeln hören, von wegen er kommt hier nie wieder raus, also kann er auch gleich sterben. Ich habe dem keine große Aufmerksamkeit geschenkt. Wer hätte auch damit rechnen können, dass es zu so etwas kommt?«

Zhang grunzte. »Bist du dir da ganz sicher? Es gibt noch andere Leute in eurer Zelle, und eure Geschichten müssen miteinander in Deckung zu bringen sein. Denke noch einmal in Ruhe über alles nach, dann wird Wächter Jiang deine Zeugenaussage protokollieren.«

»Verstehe«, sagte Bruder Ping, der den Hinweis begriffen hatte. »Soll ich noch mal mit den anderen reden und

334

schauen, ob ich deren Erinnerungsvermögen auffrischen kann?«

»Von mir aus«, sagte Zhang und sah Jiang Ping an. »Kümmern Sie sich so bald wie möglich um alles.«

Jiang Ping nickte und ging zur Tür. Bruder Ping fragte hastig: »Soll ich gleich mit ihm gehen?«

Zhang schüttelte den Kopf. »Keine Eile. Ich will noch was anderes mit dir besprechen.«

»Natürlich.« Bruder Ping senkte respektvoll das Haupt.

Zhang wartete, bis Jiang Ping die Tür hinter sich zugezogen hatte. »Wie hat sich Blackie in letzter Zeit benommen?«

Bruder Ping nahm sich einen Moment Zeit, um die Implikationen dieser Frage zu entwirren. Dann entschied er sich für eine vage Antwort. »Nicht so schlecht, obwohl er eine kleine Auseinandersetzung mit Shun hatte.«

»Das ist ein Problem. Wenn wir sein Denken nicht läutern und verbessern können, könnte er in Zukunft noch eine Gefahr darstellen.«

Das schien ein eindeutiger Hinweis zu sein. Bruder Ping versuchte entsprechend zu reagieren. »Stimmt. Blackie hatte schon immer eine schwierige Einstellung und hat nie wirklich viel Einsatz in seine Arbeit gesteckt. Er hat sogar hin und wieder Tagträumen über einen Umsturz der Regierung nachgegangen.«

»Das ist eindeutig krankhaftes Verhalten. Dann hat er wahrscheinlich auch mehr Verbrechen begangen, als wir wissen.« Zhangs Miene duldete keinen Widerspruch.

Bruder Ping verstand sehr gut, in welche Richtung die ganze Nummer lief. Zhang wollte die Sache zu einem Selbstmord umbauen, damit so wenig Leute wie möglich darin verwickelt waren. Nur konnte Blackie, der für die Geschichte verantwortlich war, deswegen noch lange nicht straffrei davonkommen. Sie würden zwar nie herausfinden, was genau passiert war, konnten Blackies Schuld aber auf anderem Weg begründen. So wurden in Zellblock 4 Probleme geregelt.

»Ihr Anführer kennt doch alle Geheimnisse eurer Männer. Wir müssen uns darauf verlassen können, dass ihr Leute wie Blackie im Auge behaltet«, führte Zhang die Sache weiter aus.

Bruder Ping schlug sich vor die Brust. »Keine Sorge. Ich frage rum, und wenn Blackie wirklich noch mehr ausgefressen hat, stelle ich sicher, dass er dafür bezahlt.«

Zhang nickte. »Gut. Du hast sicher Autorität genug, um das durchzuziehen.«

Bruder Ping lächelte. »Sie sind zu gütig, Kommandant. Welche Autorität sollte ich schon haben? Nur das bisschen, das Sie mir zusprechen.« Eine höchst diplomatische Antwort. Es klang bescheiden, war aber in Wahrheit eine weitere Möglichkeit, sich aus der Verantwortung zu ziehen. Zhang wusste es genau, hielt sich aber nicht damit auf. Sie benutzten einander eben, so gut sie konnten.

Einige Zeit später kehrte Jiang Ping zurück. »Alles bereit, Kommandant.«

Zhang entließ Bruder Ping mit einem Winken. »Geh mit Wächter Jiang. Bringen wir die Sache in Ordnung.«

Wortlos folgte Bruder Ping Jiang Ping zu den Arrestzellen, wo die Insassen von Zelle 424 am Morgen in Einzelhaft genommen worden waren, damit sie nicht miteinander kommunizierten.

Bruder Ping wurde in eine der Zellen gebracht, wo bereits Ah Shan, Hang und Du saßen. Nur Blackie fehlte – was natürlich Teil des Plans war.

»Ihr dürft euch noch ein bisschen unterhalten, ich kommen später wieder, um eure Aussagen einzeln aufzunehmen.« Jiang Ping ging hinaus und schloss hinter sich die Tür ab.

In dieser Zelle gab es nur eine schmale Pritsche, auf der die drei Männer gesessen hatten, aber nun sprang Ah Shan auf, um Bruder Ping Platz zu machen. »Was ist los?«, fragte er dabei verstört.

Auch Hang erhob sich. Nur Du, der ganz hinten an der Wand saß, blieb, wo er war. Bruder Ping überging die Entgleisung und nahm in der Mitte Platz. »Mann, der Kommandant weiß wirklich, was er tut«, sagte er mit Inbrunst.

Ah Shan betrachtete ihn ängstlich. »Er weiß, was letzte Nacht passiert ist?«

Bruder Ping starrte ihn an. »Sie haben das Seil gefunden. Natürlich weiß er Bescheid.«

Ah Shan wirkte fast panisch. »Was sollen wir tun?« Kein Wunder, dass er es mit der Angst zu tun bekam, er hatte die Folterung schließlich initiiert.

»Wovor hast du solche Angst?« Bruder Ping kicherte. »Der Kommandant ist zu dem Schluss gekommen, dass Shun Selbstmord begangen hat.«

»Selbstmord?« Ah Shan sah ihn wie vom Donner gerührt an. Hang saß daneben und wirkte fast noch ungläubiger: Er hatte immerhin zugegeben, Shun einen Lappen in den Mund gestopft zu haben, nachdem der Mann bereits gefesselt worden war – wie konnte es sich da um Selbstmord handeln? Du hatte als Einziger begriffen. Er applaudierte leise und meinte trocken: »Selbstmord. Nicht schlecht. Dann sind wir alle fein raus, stimmt's?«

Jetzt war es auch bei den anderen angekommen. Ah Shan

sagte »Oh!« und wurde sichtlich entspannter, nur Hang wirkte noch immer verwirrt.

»Na gut«, sagte Bruder Ping energisch. »Dann wollen wir mal dafür sorgen, dass wir alle die gleiche Geschichte parat haben. Wir können uns später bei den Zeugenaussagen keine Fehler erlauben.«

»Sag uns einfach, was wir tun sollen, Bruder Ping«, meinte Ah Shan eifrig. »Wir richten uns ganz nach dir.«

Bruder Ping erzählte ihnen von dem Gespräch mit Kommandant Zhang, damit alle im Bilde waren. Das Wichtigste, so betonte er mehr als einmal, war die Tatsache, dass sowohl für das Seil als auch für den Stift die Schuld allein bei Shun liegen musste, nur dann konnten sie alle heil aus der Sache herauskommen.

Hang und Ah Shan hörten Bruder Ping folgsam zu, nur Du stellte weitere Zwischenfragen. »Es ergibt aber doch keinen Sinn, dass Shun den Stift geklaut hat, oder? Ich habe an dem Tag mit ihm zusammen den Lkw beladen, und er ist nicht ein einziges Mal aufs Klo gegangen. Wenn sie es genau überprüfen, werden sie das auch auf dem Material der Überwachungskamera sehen.«

»Die kümmern sich schon um das Band. Solange du die Klappe hältst, kann uns nichts passieren«, sagte Bruder Ping und sah Du finster an.

»Verstehe.« Du bedachte ihn mit einer großherzigen Geste. »Bitte, fahre fort.«

Bruder Ping lachte trocken. »Wenn wir darauf bestehen, dass Shun sich umgebracht hat, kann das nicht aus dem Nichts kommen. Wir müssen uns ein paar Details einfallen lassen, damit es so klingt, als hätte er schon länger solche Absichten gehegt.«

Hang und Ah Shan dachten eine Weile nach und machten ein paar Vorschläge. Bruder Ping stellte sie zusammen und teilte sie hinterher unter ihnen auf. Wenn jeder etwas anderes sagte, klang es vielleicht weniger abgesprochen.

Dieses Problem war also gelöst, nun mussten sie sich noch um Blackies Schuld kümmern. Alle waren überzeugt davon, dass nur er Shun getötet haben konnte, also hassten sie ihn im Moment alle gleichermaßen und verspürten keinerlei Gewissensbisse, ihm die Sache auch offiziell anzuhängen. Aber wofür konnten sie ihn sonst noch verantwortlich machen? Blackie war wegen Drogenschmuggels verurteilt worden; davon abgesehen wusste aber keiner von ihnen, welche Dinger er sonst gedreht haben könnte.

Nachdem sie eine Weile fruchtlos hin und her überlegt hatten, schlug Bruder Ping plötzlich mit der flachen Hand auf die Pritsche und zeigte auf Ah Shan. »Hast du nicht noch ein ungeklärtes Verbrechen am Hals? Schieb das doch Blackie unter!«

Ah Shan zuckte zusammen und zog unwillkürlich den Kopf ein. »Nicht so laut.«

Bruder Ping schaute ihn wütend an. »Wovor hast du Angst? Hier ist sonst niemand.«

Ah Shan nickte in Richtung Tür, wohl um anzudeuten, Jiang Ping könnte sie belauschen.

»Der Junge sitzt mit uns im selben Boot«, sagte Bruder Ping laut.

»Wir sollten trotzdem vorsichtig sein«, sagte Ah Shan flehentlich.

»Na gut, na gut.« Bruder Ping gab nach und senkte die Stimme. »Also? Was sagst du?«

Ah Shan dachte darüber nach. »Wenn wir das wirklich

hinkriegen, von mir aus. Aber was, wenn etwas schiefgeht und es doch auf mich zurückfällt?«

»Schwächling«, sagte Bruder Ping verächtlich. »Das ist so viele Jahre her, und du machst dir immer noch in die Hose? Wir alle werden sagen, es war Blackie, wie soll das dann auf dich zurückfallen? Außerdem ist Kommandant Zhang auf unserer Seite. Blackie wird sich da nicht mehr rausreden können, selbst wenn er hundert Mäuler hätte.«

»Stimmt schon, ich habe keine Beweise hinterlassen«, murmelte Ah Shan. »Ansonsten hätten sie mir das definitiv angehängt, als sie mich wegen der anderen Sache verknackt haben.«

»Es gibt tatsächlich keine Beweise«, mischte sich Du ein. »Dein Komplize Pan Dabao ist tot, und außer ihm kann niemand sagen, was wirklich passiert ist.«

Ah Shan konnte sich noch immer nicht erklären, woher Du das alles wusste, vertraute aber darauf, dass er die Wahrheit sagte.

»Siehst du? Es kann gar nichts schiefgehen«, sagte Bruder Ping. »Und wenn es klappt, musst du dir auch nie mehr Sorgen machen. Kommandant Zhang wird uns helfen. Wann sollte sich je noch mal eine solche Gelegenheit bieten? Das ist deine beste Chance!«

Ah Shan sah ihn mit großen Augen an. Die Sache klang tatsächlich gar nicht schlecht. »Alles klar, Bruder Ping, so machen wir es.«

»Gut. Dann einigen wir uns darauf, alle gehört zu haben, wie Blackie mit der Nummer angegeben hat.« Bruder Ping dachte nach und förderte weitere Einzelheiten zutage. »Er hatte doch die Fehde mit Shun, nicht? Wir sagen also einfach, Shun hat damit angegeben, ein Mörder zu sein, und dann hat Blackie diese Leiche erwähnt, um zu beweisen, dass er genauso übel drauf ist. Wir haben es alle gehört, und Blackie hat es so überzeugend rübergebracht, dass wir es ihm auch geglaubt haben.«

»Jawohl!« Ah Shan war restlos überzeugt.

Bruder Ping zeigte mit dem Finger auf ihn. »Okay, du bist Blackie. Erzähle uns von dem Verbrechen.«

Ah Shan nahm seine Rolle ein und erzählte ihnen von dem Raubmord im Jahre 1996.

Als er fertig war, fasste Bruder Ping die wesentlichen Punkte zusammen und überzeugte sich davon, dass jeder wusste, was er zu sagen hatte. Als sie ihre Geschichten sortiert hatten, stand er auf, ging zur Tür und klopfte mehrmals.

Jiang Ping schob das kleine Fenster auf. »Und? Seid ihr fertig?«

»Jawohl, Herr!«, sagte Bruder Ping entschlossen.

Jiang Ping schloss die Tür auf und sah sich in der Zelle um. »Na schön. Shen Jianping, du zuerst.«

Bruder Ping verließ die Zelle und folgte Jiang Ping einmal mehr in Zhangs Büro. Li Ming, der andere Wächter, war ebenfalls anwesend.

Hinter Zhangs Schreibtisch standen drei Stühle, Stifte und Zettel lagen bereit.

Jiang Ping saß rechts von Kommandant Zhang, Li Ming links. Diese drei würden das Verhör durchführen. Sie stellten ihre ersten Fragen, die sich natürlich auf Shuns Selbstmord und Blackies bislang unbekanntes Verbrechen konzentrierten.

Nachdem Bruder Ping seinen Bericht abgeliefert hatte, war Ah Shan an der Reihe, danach Hang. Beide käuten ergeben ihre Versionen der Geschichte wieder. Es gelang ihnen, einander nicht zu widersprechen, und so wurden diese beiden großen Lügen zu einem einzigen wasserdichten Fall verknüpft.

Du war der Letzte, und von der ersten Sekunde an war sofort klar, dass seine Einstellung eine andere war als die seiner Zellengenossen. Er stand lässig da, schaute sich ungeniert um und wirkte insgesamt vollkommen unbekümmert.

Zhang räusperte sich. »Du Mingqiang, wir haben dich kommen lassen, um dir ein paar Fragen zu stellen. Ich hoffe, du hast vor zu kooperieren.«

Du schaute ihm direkt in die Augen und sagte gelangweilt: »Wozu die ganzen Fragen? Schreiben Sie das Protokoll doch einfach selbst.«

Zhang rümpfte die Nase. »Was soll das heißen?«

Du grinste. »Ich kooperiere, oder etwa nicht? Ganz egal, was Sie da reinschreiben, ich unterzeichne es. Ich will uns allen bloß Zeit ersparen.«

Zhang spürte Wut in sich aufsteigen, hielt es aber in Anbetracht der Umstände für das Beste, die ganze Sache ohne Auseinandersetzung über die Bühne zu bringen. Er grunzte. »Das hier ist ein Verhör, also wirst du selbstverständlich etwas von dir geben müssen. Wir notieren, was du sagst, und dann unterschreibst du das Ganze. Oder hältst du dich für eine Art Staatsminister? Dass du einfach so alle Dokumente unterzeichnest, die wir dir vorlegen dürfen?«

Du seufzte und schaute genervt. »Sie wollen wirklich, dass ich rede? Ich bin nicht besonders verlässlich. Falls ich etwas sage, was Sie nicht hören wollen, schreiben Sie das dann trotzdem auf?«

Das ging nun doch zu weit. Jiang Ping schlug mit der flachen Hand auf den Tisch. »Du Mingqiang, wie kannst du es wagen ...«

Zhang legte ihm sofort eine Hand auf den Arm und brachte ihn damit zum Schweigen, starrte Du aber gleichzeitig unheilvoll an.

Du wandte den Blick nicht ab, sondern erwiderte ihn unbeeindruckt. Zhang bekam allmählich ein ungutes Gefühl bei der Sache.

Bislang war Du ein vorbildlicher Sträfling gewesen. Er hatte sich weder einer der rivalisierenden Banden angeschlossen noch den Wächtern in anderer Form Ärger bereitet. Warum also begehrte er gerade in diesem entscheidenden Moment auf? Zhang dachte angestrengt nach und erkannte, dass es dafür nur einen Grund geben konnte.

Von allen Beteiligten wusste allein Du, was wirklich passiert war, wollte die Schuld aber nicht auf sich nehmen. Das verschaffte ihm einen entscheidenden Vorteil, während die anderen umeinander tanzten, um möglichst keine Verantwortung übernehmen zu müssen. Hatte er deshalb beschlossen, sich gerade jetzt aufs hohe Ross zu schwingen?

Nach diesen Überlegungen wandte Zhang den Blick ab und sagte zu Li Ming: »Fassen Sie einfach die Aussagen der übrigen Insassen knapp zusammen. Die waren sowieso alle in derselben Zelle, und da wir längst wissen, was passiert ist, müssen wir es nicht noch einmal durchkauen.«

Li Ming musste tun wie geheißen. Als er die Zeugenaussage fertig konstruiert hatte, legte er sie Du zur Unterschrift vor. Es fühlte sich tatsächlich an, als sei Du der große Boss, der ein Gutachten vorgelegt bekam.

Trotz dieser Ungereimtheit lagen ihnen nun vier unterzeichnete Zeugenaussagen vor, die Shuns Selbstmord und Blackies Schuld an einem noch ungeklärten Verbrechen bekräftigten. Zhangs Plan hatte nahezu reibungslos funktioniert, und hoffentlich würden sie alle ohne weitere Schwierigkeiten aus der Sache herauskommen.

Als Du aus dem Büro eskortiert wurde, starrte Zhang ihm Löcher in den Rücken und murmelte düster: »Und was die offene Rechnung zwischen uns beiden angeht, die werden wir früher oder später auch noch begleichen ...«

KAPITEL ACHT

DIE SCHWALBE, DIE MUSCHEL UND DER FISCHER

30. AUGUST 2003
FLUGHAFEN CHENGDU-SHUANGLIU

Das Flugzeug würde erst in einer Stunde landen, also beschloss Hua, sich in eins der Cafés im Hauptgebäude zu setzen. Es waren kaum andere Gäste anwesend, daher suchte er sich einen Fensterplatz aus, von dem aus er den Vorplatz des Cafés und den Eingang im Blick behalten konnte. Niemand würde den Laden betreten oder verlassen, ohne dass er es bemerkte.

Hua hatte eine Menge guter Gründe, auf der Hut zu sein, vor allem nach dem, was Ming Ming widerfahren war. Zum Glück konnte er auf die langjährige Erfahrung als professioneller Leibwächter zurückgreifen und wusste genau, wie er sich zu verhalten hatte.

Die attraktive Kellnerin brachte ihm den bestellten Kaffee, stellte ihn vorsichtig auf dem Tisch ab und lächelte. »Ihr Getränk, Herr.«

Hua nippte an der Tasse und verzog das Gesicht. Die Kellnerin musterte ihn besorgt. »Stimmt etwas nicht, Herr?«

Er winkte sie fort. Seine Reaktion hatte nichts mit dem Kaffee zu tun. Vielmehr glitten seine Augen immer wieder ab – in Richtung Eingangstür.

Die Kellnerin folgte seinem Blick. Eben betrat ein Mann das Café. Er war um die vierzig, machte ein ernstes Gesicht und näherte sich mit schweren Schritten.

Die Kellnerin trat ihm entgegen. »Tisch für eine Person, Herr?«

Der Mann deutete auf Hua. »Ich habe eine Verabredung.« Er ging an ihr vorbei, und die Kellnerin folgte ihm, bis er sich Hua gegenübersetzte. Sie reichte ihm die Karte. »Was darf ich Ihnen bringen, Herr?«

Er schob die Karte beiseite. »Nicht nötig, ich bleibe nur ein paar Minuten.«

Die Kellnerin nahm die Karte und zog sich zurück. Hua trank in Ruhe einen Schluck Kaffee, ehe er den ungebetenen Besucher ansah. »Hauptmann Pei. Was für ein Zufall.«

Pei Tao gab sich unbeeindruckt von der kühlen Begrüßung. »Mit Zufall hat das nichts zu tun. Spätestens seit Bruder Longs Unfall behalten wir Sie genau im Auge.«

Dieser Name versetzte Hua einen Stich, obwohl er sich natürlich nichts anmerken ließ. Er lächelte nur. »Sind Sie hier, um mich zu verhaften?«

»Falls ich vorhätte, Sie deswegen zu verhaften, hätte ich dann bis jetzt gewartet?« Pei Tao kniff die Augen zusammen.

Hua starrte ihn an und war nicht bereit, auch nur einen Zentimeter nachzugeben. »Das war ein Autounfall, mehr nicht«, sagte er spöttisch. »Sie haben keine gegenteiligen Beweise.«

»Sehr richtig. Ich habe keine Beweise.« Obwohl es klang,

also wollte er sich geschlagen geben, schaute Pei Tao ihn weiter entschlossen an.

Hua war sich nicht ganz sicher, woran er war, und widerstand der Versuchung, noch eine spitze Bemerkung loszuwerden. Stattdessen fragte er lauernd: »Na gut, jetzt sitzen Sie hier, wollen aber keinen Kaffee trinken. Was dann?«

Pei Tao schaute aus dem Fenster und beendete damit den Wettstreit im gegenseitigen Anstarren. »Ich will, dass Sie mir jemanden übergeben.«

Hua schaute ihn verblüfft an, während Pei Tao weiter die Menschen vor dem Fenster sondierte. »Ich rede von Zheng Jia«, sagte er kurz darauf. »Bitte, geben Sie sie in meine Obhut.«

Das kam unerwartet – Hua hatte nicht damit gerechnet, Pei könnte hinter dem blinden Mädchen her sein. Er strich mit dem Finger über den Rand der Kaffeetasse und fragte nach kurzem Schweigen: »Was soll das heißen?«

Pei Tao richtete abermals den Blick auf ihn, allerdings wesentlich sanfter als zuvor.

»Das ist keine Anweisung als Polizist, sondern eine Bitte als Freund ihres verstorbenen Vaters. Ich will sichergehen, dass sie in Sicherheit ist.« Er schaute Hua eindringlich an.

Hua sah sich missverstanden und wurde aufbrausend. »Sie glauben, ich könnte ihr etwas antun? Ich tue nur jemandem einen Gefallen. Ich bin selbst damit betraut, das Mädchen zu beschützen.«

»Ich weiß«, unterbrach ihn Pei Tao. »Ich weiß, dass Sie dem Mädchen nichts Böses wollen. Sie haben für sie sogar eine Augenoperation in Amerika in die Wege geleitet. Sie agieren als ihr Gönner. Und ich weiß, wem Sie diesen Gefallen tun. Ich weiß sogar ganz genau, was für einen Deal Sie mit ihm ausgehandelt haben.«

»Sie wollen, dass ich unsere Vereinbarung breche?«, fragte Hua aufgebracht. Wenn Pei Tao von der Vereinbarung wusste, hatte er es garantiert auch auf die Aufnahme abgesehen. Die Polizei wusste also, dass dieses Mädchen Eumenides' Achillesferse war. Wollte Pei Tao sie am Ende dazu benutzen, eine Konfrontation mit dem Mörder zu erzwingen?

Pei Tao schnaubte. »Warum sollte ich das wollen?«

Hua hob seine Tasse und trank bedächtig einen Schluck. »Sie träumen immer noch davon, mich vor Gericht zu bringen, oder?«

»Selbstverständlich tue ich das«, sagte Pei Tao und starrte ihn streng an. »Und das ist auch kein Traum, sondern die unausweichliche Realität, die Sie sehr bald einholen wird.«

Hua spürte den enormen Druck, den dieser Mann auf ihn ausübte, war jedoch daran gewöhnt, unter Druck zu arbeiten. Er stellte die Kaffeetasse ab und fauchte: »Ich warte nur darauf.«

»Sie müssen nicht mehr lange warten«, sagte Pei Tao feierlich. Es klang fast wie ein Schwur. Nach einer kurzen Pause griff er das eigentliche Thema wieder auf. »Natürlich habe ich nicht vor, das Mädchen zu benutzen. Wir wissen beide, dass das keine gute Idee wäre.«

Hua nickte. Einer solchen Drohgebärde würde sich Eumenides niemals fügen, und falls er selbst die Vereinbarung brechen sollte, die er mit dem Mörder eingegangen war, würde das die Situation nur noch verschlimmern. Jetzt, da er das im Kopf durchgespielt hatte, beruhigte Hua sich wieder ein bisschen und lächelte Pei Tao sogar an. »Dann glaube ich kaum, dass Sie das durchgezogen kriegen. Es sei denn, Sie wollen mir ein kleines Verkehrsdelikt anhängen und mich für ein halbes Jahr ins Gefängnis stecken?«

Pei Tao verstand die unterschwellige Bedeutung dieser Worte nur zu gut. Der unverhohlene Sarkasmus entlockte ihm lediglich ein stummes Grinsen.

Da Pei Tao sich offensichtlich nicht provozieren lassen wollte, gab Hua seine Bemühungen auf und trank einen weiteren Schluck Kaffee. »Na schön, wenn dieses Gespräch also nichts mit dem offiziellen Polizeigeschäft zu tun hat, liefern Sie mir einen anderen Grund. Warum wollen Sie mir Zheng Jia wegnehmen?«

Pei Taos Antwort fiel schlicht aus. »Zu ihrer Sicherheit.«

Huas Kaffeetasse verharrte auf halbem Weg. »Sie glauben, Sie können sie beschützen?«

Pei Tao antwortete nicht, aber seine Miene sagte eindeutig *Ja.*

Hua lachte schallend. »Gibt es irgendwo in dieser Stadt einen zweiten Leibwächter mit meiner Erfahrung?«

»Wahrscheinlich nicht einmal in der ganzen Provinz«, sagte Pei Tao ehrlich.

»Warum glauben Sie dann, ich könnte diese Frau nicht beschützen?«

Pei Tao seufzte leise. »Die Umstände haben sich geändert. Sie sind nicht mehr nur Leibwächter, sondern längst selbst ein dankbares Ziel. Wären Sie bloß ein Leibwächter, wäre die Person, die Sie beschützen sollen, mit wachsender Macht Ihrerseits ebenfalls sicherer. Als Ziel aber schweben die Leute, mit denen Sie sich umgeben, in immer größerer Gefahr, je mehr Macht Sie ansammeln. Verstehen Sie, was ich meine?«

Hua war sprachlos. So hatte er das noch nie betrachtet, aber jetzt, da er es ausgesprochen hörte, kam er sich fast ein wenig verloren vor.

Statt eine Antwort abzuwarten, starrte Pei Tao ihn scharf an und holte zum endgültigen Totschlagargument aus. »Denken Sie an Ming Ming. Wie ist sie in diese Situation geraten?«

Das traf Hua an seiner empfindlichsten Stelle. Unfähig, die Kontrolle zu bewahren, ließ er die Kaffeetasse auf den Tisch krachen und brüllte: »Was soll das heißen? Ist es meine Schuld, dass sie verletzt wurde?«

Pei Tao schüttelte den Kopf. »Was ich dazu zu sagen habe, spielt keine Rolle. Wichtig ist nur, was tatsächlich passiert ist.«

Was tatsächlich passiert war? Hua blieb keine andere Wahl, als Pei Taos Worte sacken zu lassen.

Wäre Ming Ming auch dann fast bei lebendigem Leib verbrannt, hätte sie ihm nicht so nahegestanden? Einen derart skrupellos agierenden Feind konnte er vielleicht persönlich bekämpfen, aber alle um ihn herum würden kaum unbeschadet davonkommen. Und besonders die Leute, die ihm am nächsten standen, würden schließlich als Kollateralschäden enden.

Hua legte beide Hände um die Kaffeetasse, die so sehr zitterte, dass kleine Wellen über die dunkle Oberfläche liefen. Wie durch einen Schleier hörte er Pei Tao weitersprechen. »Sie haben es also begriffen. Ich will nicht, dass Sie Ihre Vereinbarung mit dieser Person brechen – ich will Ihnen dabei helfen, sie zu erfüllen.«

Hua versuchte verzweifelt, seine Gefühle unter Kontrolle zu bringen. Als er wieder etwas ruhiger atmete, fragte er: »Was genau wollen Sie von mir?«

Pei Tao schaute auf die Uhr. »Das Flugzeug landet in einer guten halben Stunde. Geben Sie mir Zheng Jias Telefonnummer und verschwinden Sie – und Ihre Verfolger hoffentlich mit Ihnen.«

Hua wusste natürlich, dass er unter Beobachtung stand. Er schaute sich im Terminal um und entdeckte sofort ein paar Verdächtige in der Menge. »Ist das alles?«, höhnte er. »Die mache ich mit dem kleinen Finger kalt.«

Pei Tao runzelte die Stirn. »Sie auszuschalten löst das Grundproblem nicht.«

Hua wusste sehr gut, dass Pei Tao leider recht hatte, trotzdem tat er sich überaus schwer damit, seinen Vorschlag anzunehmen. Nach kurzem Zögern führte er weiteren Widerspruch ins Feld. »Was bringt es, jetzt zu verschwinden? Gao Desens Leute werden längst gesehen haben, dass wir hier zusammensitzen. Die werden bestimmt jemanden abstellen, der auch Sie im Auge behält.«

»Gut möglich.« Pei Tao versuchte nicht, die Gefahr kleinzureden. »Aber das macht nichts. Ich würde mich sogar freuen, wenn Gao Desen weiß, dass ich Zheng Jia beschütze. Das macht es für sie umso sicherer, da Gao Desen es auf Sie abgesehen hat. Der will keinen Ärger mit der Polizei.«

Hua nickte düster. »Sie haben recht. Gao Desen ist in Chengdu auf dem Vormarsch. Er wird alles daransetzen, gute Geschäftsbeziehungen zur Polizei aufzubauen.«

Das ließ Pei Tao aufhorchen. »Wie meinen Sie das, gute Geschäftsbeziehungen?«

»Arbeiten Sie nicht sowieso schon zusammen?« Hua lachte kalt. »Wie können die Angriffe auf die Longyu-Gesellschaft sonst so koordiniert gewesen sein?«

»Blödsinn. Die Longyu-Gesellschaft steckt in Schwierigkeiten, weil die Vergangenheit sie einholt. Falls Gao Desen dadurch nichts lernt, wird es ihm früher oder später genauso ergehen. Zusammenarbeiten? Seit wann macht die Polizei mit solchen Leuten gemeinsame Sache?« Pei Tao war wirklich sauer.

»Na gut, von mir aus. Vielleicht arbeiten Sie mit ihm zusammen, vielleicht nicht. So oder so jagt er mir keine Angst ein.« Hua griff in seine Brusttasche und zog eine Visitenkarte hervor. »Ich habe veranlasst, dass Zheng Jia auf dem Rückflug von einer Ärztin begleitet wird. Über die können Sie sich mit ihr in Verbindung setzen. Was danach geschieht, liegt in Ihrer Hand.«

Pei Tao nahm die Karte entgegen und zeigte ein seltenes dünnes Lächeln. »Was auch passiert, ich danke Ihnen«, sagte er aufrichtig.

Hua hob abwehrend die Hände. »Ich halte nur meinen Teil der Abmachung ein. Falls Sie wirklich glauben, mir was schuldig zu sein, stellen Sie mir einen Scheck aus.« Er erhob sich, setzte die halb leere Kaffeetasse ab und ging, ohne sich noch einmal umzudrehen.

Pei Tao saß eine Weile allein da, bis er eine Durchsage zur bevorstehenden Landung des Flugzeugs hörte. Er zahlte und verließ das Café. Vor der Tür wählte er die Nummer auf der Visitenkarte und machte mit der Dame einen Treffpunkt aus.

Keine zehn Minuten später betraten die ersten Passagiere die Ankunftshalle durch die Schleuse. Mit seinen scharfen Augen hatte Pei Tao Zheng Jia schon bald entdeckt. Ihre Augen waren bandagiert, geführt wurde sie von einer Frau in einem weißen Kittel.

Pei Tao schlenderte in ihre Richtung. Die Ärztin sah ihn kommen und verlangsamte ihre Schritte. Zheng Jia neigte den Kopf und nickte in Richtung der nahenden Schritte. »Hallo, Hauptmann Pei. Wie geht es Ihnen?«

Pei Tao erstarrte. »Woher wussten Sie das?« Er hatte der Ärztin nur einen Treffpunkt genannt, nicht aber seinen Namen.

Zheng Jia lachte. »Ich habe gehört, wie Sie mit Dr. Chen telefoniert haben.«

»Sie hat ein beeindruckendes Gehör und vergisst niemals eine Stimme«, sagte Dr. Chen.

Das war es also. Trotzdem war Pei Tao voller Bewunderung – Zheng Jia hatte ihn erst einmal getroffen, seine Stimme aber einwandfrei durchs Telefon identifiziert. Zumal an einem geschäftigen Ort wie dem Flughafen. Ihr Gehör musste wahrlich überragend funktionieren.

Nachdem sie sich begrüßt hatten, erkundigte sich Pei Tao nach dem Ausgang der Operation. »Wie geht es Ihnen?«

»Die Operation war ein Erfolg«, sagte Dr. Chen. »Sie braucht jetzt viel Ruhe, aber sobald sie den Verband abnehmen kann, wird sie wieder sehen können.«

»Die Ärzte haben gesagt, die Augen sind gesund, werden sich aber nur langsam wieder ans Licht gewöhnen. Also muss ich den Verband in Schichten abnehmen, eine dünne Schicht pro Tag. Insgesamt 32 Tage lang, ab heute.«

»Wo ist Herr Rao?«, erkundigte sich Dr. Chen nach dem Mann, der sie angeworben hatte. »Er hatte uns bei der Landung treffen wollen.«

»Ach, der musste in letzter Minute wegen dringender Termine wieder los«, sagte Pei Tao mit Bedauern. Zheng Jia legte sorgenvoll den Kopf schief, also fügte er hinzu: »Hua wird in nächster Zeit leider ziemlich beschäftigt sein. Möglicherweise wird er Sie fürs Erste gar nicht treffen können.«

Zheng Jia senkte enttäuscht den Kopf.

Pei Tao wollte dieses Gespräch wohlweislich nicht vertiefen. Während er Zheng Jia und Dr. Chen zum Flughafenparkplatz begleitete, nutzte er die Gelegenheit, das Thema zu wechseln. »Ich habe Ihnen eine Unterkunft in der Polizeiakademie besorgt und eine gute Freundin darum gebeten, sich um Sie zu kümmern. Dort ist es sicher und ruhig, und ganz in der Nähe gibt es ein Ärztehaus und eine Cafeteria, alles sehr praktisch gelegen. Dort können Sie in Ruhe gesunden.«

Zheng Jia war gerührt von seiner Gründlichkeit. Nachdem sie sich wortreich bedankt hatte, schien sie sich jedoch erneut Sorgen zu machen. »Wenn ich so plötzlich umziehe, werden mich meine Freunde dann noch erreichen können?«

Pei Tao lachte. »Wenn die Sie erreichen wollen, werden sie das auch tun.«

Sie nickte und entspannte sich.

Da Dr. Chen ihre Aufgabe erledigt hatte, verabschiedete sie sich bei Pei Taos Wagen von Zheng Jia und zog los, um sich von Hua bezahlen zu lassen. Pei Tao fuhr Zheng Jia zur Polizeiakademie, drehte eine Runde über den beschaulichen Campus und hielt vor einem Wohngebäude.

Am Straßenrand wartete bereits eine Frau auf sie: Mu Jianyun, Dozentin für Psychologie an der Akademie.

Pei Tao parkte, sprang aus dem Wagen, öffnete die hintere Tür und reichte Zheng Jia zum Aussteigen eine Hand.

Mu Jianyun trat zu ihnen, hakte sich bei dem Mädchen unter und fragte verschwörerisch: »Wie geht es Ihren Augen?«

»Nicht schlecht. Ist alles glattgegangen.« Eine schlichte Antwort. Sie drehte den Kopf ein wenig in Mus Richtung, als versuchte sie, die Silhouette der Frau auszumachen.

Pei Tao machte sie miteinander bekannt. »Das ist die Freundin, die ich vorhin erwähnt habe, Frau Professor Mu von der Akademie. Sie können bei ihr wohnen – ich bin mir sicher, sie wird sich rührend um Sie kümmern.«

Nachdem Pei Tao beschlossen hatte, Zheng Jia würde sich bestimmt in Gesellschaft einer Frau sicherer fühlen, hatte er Mu darum gebeten, sich des Mädchens anzunehmen, und Mu hatte freudig eingewilligt. Sie wohnte schon seit mehreren Jahren allein in einer Wohnung auf dem Campus und genoss die Aussicht, etwas Gesellschaft zu bekommen, zumal die Tochter eines hoch angesehenen städtischen Polizisten.

Zheng Jia verneigte sich tief. »Ich danke Ihnen, Frau Professor Mu.«

»Kein Grund für Förmlichkeiten«, sagte Mu. »Sag einfach Jianyun zu mir.«

»Jianyun«, sagte Zheng Jia folgsam.

Mu lächelte. »Braves Mädchen. Du wohnst jetzt eine Weile bei mir. Hauptmann Pei hat gesagt, du bist eine erstklassige Geigerin – ich würde mich sehr freuen, dich spielen zu hören.«

»Alles klar, sollen wir was essen gehen?« Pei Tao war froh zu sehen, dass sich die beiden sofort verstanden. Mu half Zheng Jia zurück ins Auto. Nachdem das Eis nun gebrochen war, unterhielten sie sich fröhlich zu dritt, bis sie das Restaurant erreichten, in dem Mu einen Tisch reserviert hatte.

Nach einem köstlichen Mahl fuhren sie Zheng Jia zurück zur Akademie und versicherten sich, dass es ihr an nichts fehlte. Obwohl es erst früher Nachmittag war, hatte Zheng Jia noch mit dem Jetlag zu kämpfen. Schon nach wenigen Minuten war sie eingeschlafen.

Pei Tao und Mu hatten einander seit Wochen nicht gesehen und nutzten die Gelegenheit, sich mal wieder zu unterhalten. Um Zheng Jia nicht zu wecken, gingen sie nach unten und unternahmen einen kleinen Spaziergang über den Campus.

»Ihr Ausbilder macht euch ein wirklich nettes Leben hier«, sagte Pei. »Du hast deine eigene Wohnung. Die jungen Beamten in unserer Abteilung können davon nur träumen.«

Mu schüttelte den Kopf. »Das sieht bequemer aus, als es ist. Die Wohnungen sind nur für Singles vorgesehen. Sobald hier einer heiratet, schnappt sich die Akademie die entsprechende Wohnung wieder.«

»Schiebst du das Heiraten deshalb noch auf?«, neckte Pei.

Mu biss sich auf die Unterlippe, und ihr Blick wurde kurz traurig. »Wen sollte ich heiraten? Ich habe den Richtigen noch nicht gefunden.«

Pei hatte nur einen Spaß machen wollen und nicht mit einer ernsten Antwort gerechnet. Jetzt hatte er das Gefühl, sie trösten zu müssen, wusste aber nicht, was er sagen sollte. Schließlich meinte er lahm: »Vielleicht stellst du zu hohe Ansprüche.«

»Das ist es nicht.« Mu schüttelte den Kopf. »Es ist eher ... Berufsrisiko?«

»Berufsrisiko?«

»Manchmal bereue ich es, Psychologie studiert zu haben. Denk mal darüber nach. Wenn ich einen Mann kennenlerne, kann ich seine Persönlichkeit schon nach ein paar Sätzen ziemlich genau einsortieren. Danach gibt es kaum noch was Neues zu entdecken. Wie soll ich bei dieser Hürde jemals eine zarte Empfindung wie Verliebtheit entwickeln?«

»So läuft das also?« Pei Tao grinste. »Was soll nur aus dir werden? Die Männer müssen sich ja fürchten vor einer Begegnung mit einer Frau wie dir.«

»Echt?« Sie schaute sorgenvoll drein, als hätte er einen Nerv getroffen. Nach kurzer Pause fragte sie abrupt: »Hast du Angst vor mir?«

Pei schaute sie verdutzt an. »Ich ... nicht wirklich ...«, stammelte er.

Mu seufzte erleichtert. »Das bedeutet auch, dass ich dich noch nicht durchschaut habe.«

Pei zuckte mit den Schultern und wusste nicht recht, ob das gut oder schlecht war.

»Erzähl mir was über dich«, lenkte Mu die Unterhaltung in eine neue Bahn. »Warum bist du nach so vielen Jahren immer noch allein? Du wirst noch zu einem eingefleischten Junggesellen, wenn du nicht aufpasst.«

»Das Leben als Single passt mir ganz gut ...«, sagte Pei vage.

Mu hatte nicht vor, ihn so einfach davonkommen zu lassen. »Du kannst Meng Yun noch immer nicht vergessen, oder?«

Mit einem leichten Glitzern in den Augen murmelte Pei: »Ich ... ich weiß es nicht.«

»Du weißt es nicht?«

Er seufzte und entspannte sich ein wenig. Dann sah er sie direkt an und sagte mit Nachdruck: »So ist es. Ich weiß es nicht.«

Sie musterte ihn nachdenklich, als wollte sie bis in seine Seele schauen. Irgendwann schüttelte sie den Kopf und gab sich geschlagen. »Ich kann dich wirklich nicht einordnen. Weißt du, warum? Du hast so viele Sachen so tief in dir vergraben, dass du selbst nicht weißt, was genau dort alles schlummert. Wie sollte dich jemand anders verstehen können?«

Pei blieb stumm und wandte den Blick ab. Jetzt, wo Mu es erwähnt hatte ... Je mehr er versuchte, sich von ihr zu lösen, desto öfter kehrten seine Gedanken zu ihr zurück. Wohin er auch schaute – die Parklandschaft des Campus, die wogenden Hügel und die vereinzelten Baumgruppen –, Meng Yun war überall. Ihr Schatten überlagerte alles, erfüllte jede Ecke mit unsagbar bittersüßen Erinnerungsfetzen.

Beide schwiegen so lange, dass die Stille fast ein wenig unbehaglich wurde. Irgendwann fragte Mu ein wenig steif: »Und, wie läuft die Arbeit in letzter Zeit? Irgendwelche Neuigkeiten?«

Pei seufzte. »Alles wird immer komplizierter.«

»Aha?« Mus Interesse war geweckt. »Du hattest erwähnt, dass Bruder Longs Unfall irgendwie mit Hua in Verbindung stand. Weißt du mittlerweile mehr?«

»Im Prinzip wissen wir, was passiert ist – Hua hat die ganze Nummer eingefädelt. Er hat ein Mädchen engagiert, das Bruder Long betrunken machen sollte, und dann persönlich den Wagen gesteuert, der Bruder Long gerammt hat.«

»Warum habt ihr ihn dann noch nicht festgenommen?«

Pei breitete hilflos die Arme aus. »Keine Beweise. Für den Unfall war Bruder Long eindeutig allein verantwortlich, außerdem hat er die offizielle Version der Verkehrspolizei unterschrieben. Wie sollen wir da noch eine Strafverfolgung einleiten?«

»War nicht noch diese Frau involviert? Könntet ihr nicht mit der anfangen?«

»Sie heißt Ming Ming und hatte vor zwei Wochen ihrerseits einen Unfall. Sie liegt im Volkskrankenhaus auf der Intensivstation.«

Das klang eindeutig fragwürdig. »Ein Unfall? Wirklich?«

Pei sah sie bedeutsam an. »Es hat wirklich nach einem Unfall ausgesehen. Genau an Huas Geburtstag. Sie war vor ihm in der Wohnung und hat mit einer Geburtstagstorte auf ihn gewartet. Es gab ein Gasleck, und als sie das Feuerzeug genommen hat, um die Kerzen anzuzünden, ist die Wohnung detoniert. Ming Ming wurde schwer verletzt.«

»Was für ein Zufall«, sagte Mu. »Wer steckt dahinter? Gao Desen?«

Pei nickte. »Wahrscheinlich. Er muss es auf Hua abgesehen haben, aber Ming Ming ist ihm dazwischengekommen und hat ihm wahrscheinlich das Leben gerettet.«

Mu dachte nach. »Wenn wir also an Hua momentan nicht rankommen, sollten wir uns auf Gao konzentrieren. Das ist ein mieser Typ, und wenn er so weitermacht, wird er der nächste Deng Hua.«

»Exakt. Wie die Dinge im Moment stehen, stellt Gao Desen eine wesentlich größere Bedrohung für die öffentliche Sicherheit dar als Hua. Es wird aber alles andere als einfach, diesen Fall zu knacken. Das war eindeutig das Werk eines kriminellen Meisterstrategen.«

Mu wurde immer neugieriger. »Wie hat er es angestellt?«

»Weder an den Gasleitungen noch an der Eingangstür war irgendein Anzeichen von Fremdeinwirkung festzustellen. Und nach der Explosion waren natürlich weder Fingerabdrücke noch sonstige Beweise zu finden. Es war allerdings eine piekfeine Luxuswohnung mit Überwachungskameras überall, also hatten wir gehofft, dort etwas zu finden.«

»War aber nichts?«, vermutete Mu.

»Am selben Tag ist jede einzelne Kamera im gesamten Gebäude beschädigt worden.«

»Alle Achtung«, sagte Mu energisch.

»Ja, wir haben es also mit jemandem zu tun, der Schlösser knacken und Gaslecks verursachen kann. Und er muss sich mit dem Aufbau des Sicherheitssystems im Gebäudekomplex ausgekannt haben, um ungesehen hineinzukommen. Drinnen hat er dann den Aufzug vermieden, damit man ihn auch dort nicht entdecken kann, und nacheinander vom Treppenhaus aus auf sämtlichen Stockwerken die Kameras zerstört.«

Mu nickte hin und wieder – ungefähr so hatte sie sich den Ablauf vorgestellt. »Aber das ist nicht alles«, fügte Pei hinzu. »Dieser Mensch hat auch noch etwas anderes unerhört Kluges getan.«

»Was denn?«, fragte Mu gespannt.

»Er ist in eine zweite Wohnung im gleichen Stock eingebrochen, deren Bewohner nicht daheim waren, und hat von dort eine kleinere Summe Bargeld mitgehen lassen. Natürlich auch in diesem Fall fehlerfrei und ohne jegliche Spuren.«

Mu blinzelte. »Als zusätzliche Absicherung also. Hätte er aus Versehen irgendwelche Hinweise hinterlassen und wäre von euch eingesammelt worden, hätte er einfach sagen können, er wäre nur wegen des Einbruchs gekommen, und wegen der geringen Summe auch nicht mit einer hohen Strafe rechnen müssen.«

Pei nickte und bewunderte im Stillen einmal mehr Mus Gabe, sofort zum Kern eines Problems vorzustoßen. »Er versteht sich sogar auf polizeiliche Arbeit – das bereitet mir wirklich Sorge. Er hat also genau gewusst, wie er die Überwachungskameras ausschalten kann, aber wir haben noch andere Wege, um ihn aufzuspüren. Zuerst befragen wir sämtliche Bewohner des Gebäudes, und solange wir gründlich genug vorgehen, müssen wir früher oder später einen Hinweis finden. Dann befragen wir Taxifahrer, Busfahrer, Parkplatzwächter in der Nähe, durchforsten die Aufnahmen der Überwachungskameras der umliegenden Straßen oder der gesamten Nachbarschaft. Wenn wir all das zusammennehmen, ist es durchaus nicht unmöglich, den Täter zu finden.«

Mu schnalzte mit der Zunge. »Nur ist das eine gewaltige Menge Arbeit.«

»Genau da liegt das Problem. Für eine derart flächendeckende Suchaktion mit der dazu nötigen Menge an Leuten müssten wir die Sache offiziell beantragen. Und dafür würden wir niemals eine Genehmigung erhalten, solange der eigentliche Fall nicht wichtig genug ist.«

»Verstehe. Mord könnte also reichen, ein Diebstahl mit geringem Volumen aber keinesfalls.«

»So ist es.« Pei sah sie freudig von der Seite an und dachte, wie schön es doch war, sich mit jemandem auf gleicher Wellenlänge zu unterhalten. »Wer auch immer diese Explosion eingefädelt hat, versteht sein Handwerk gut genug, um keine Spuren zu hinterlassen. Was bedeutet, wir können es nur als Unfall klassifizieren – und genau das wollte er erreichen. Es gab nur ein Problem: Um unerkannt zu bleiben, musste er die Überwachungskameras zerstören, die wir als Beweismittel hätten heranziehen können. Also hat er den Einbruch vorgetäuscht, um einen Grund zu haben, die Kameras zu zerstören. Deswegen haben wir nicht genug Beweise, um die Kameras mit der Explosion zu verbinden, was bedeutet, dass wir die Explosion nicht als versuchten Mord einstufen und daher nicht einmal ein richtiges Verfahren eröffnen können.«

»Der muss ein alter Hase sein.« Mu schaute ihn groß an. »Vielleicht ist er schon einmal wegen einer ähnlichen Sache verurteilt worden?«

Pei schüttelte den Kopf. »Keine Ahnung, das würde uns in der Tat bei der Ermittlung helfen. Ich habe aber eine ganz andere Sorge ...«

Mu hatte ein Bauchgefühl, wollte es aber nicht laut aussprechen. »Welche?«

»Ich fürchte, Gao Desen könnte einen Spitzel bei der Polizei eingeschleust haben.«

Mu schwieg eine Weile. »Das ist eine schwere Anschuldigung. Schießt du damit nicht ein Stückchen übers Ziel hinaus?«

»Vielleicht ist es vorschnell, wenn man nur diesen einen Fall betrachtet. Aber in Kombination mit mehreren anderen Zwischenfällen kann meines Erachtens kaum ein Zweifel daran bestehen.«

Mu machte große Augen. »Was für Zwischenfälle?«

»Zu der Zeit, als Gao Desen seine Angriffe auf Hua begann, war die Polizei gerade dabei, eine groß angelegte Ermittlung wegen diverser Aktivitäten der Longyu-Gesellschaft anzuschieben. Das ist erschreckend gutes Timing, was leider ... was dazu führt, dass ...«

»Spuck es aus«, sagte Mu ungeduldig. »Was wozu führt?«

»Was dazu führt, dass Hua zu dem Schluss gekommen ist, Gao Desen macht gemeinsame Sache mit der Polizei«, wiederholte Pei schließlich, was Hua ihm am Flughafen vorgehalten hatte.

Mu dachte nach, aber es fühlte sich nicht richtig an. »Du glaubst wirklich, dass Gao jemanden bei euch eingeschleust hat?«

Pei antwortete nicht, sondern schaute nur mit glasigem Blick ins Leere. Schwer zu sagen, woran er genau dachte.

»Du musst der Sache auf den Grund gehen«, sagte Mu mit Nachdruck. »Wenn diese Sache rauskäme, wäre das ein herber Schlag für unsere Glaubwürdigkeit.«

Pei hob eine Hand und ging ein paar Schritte geradeaus, ohne zu antworten. Mu rannte hinter ihm her. »Hey, hast du mir zugehört? Ich bin mir sicher, dass es jemandem deines Kalibers gelingt, ein paar Hinweise auszugraben.«

Das hatte eine sofortige Wirkung. Pei blieb stehen und drehte sich um. »Ja, es gibt Hinweise.«

»Was für Hinweise?«

»Wir müssten uns noch mal genau überlegen, wer diese Explosion verursacht hat. So gerissen der Täter auch sein mag, es gibt kein perfektes Verbrechen.« Pei stapfte weiter, aber langsamer diesmal. »Überleg mal. Wenn du ein Mörder und hinter jemandem her wärst, der so gefährlich ist wie Hua, was würdest du tun?«

Mu überlegte. »Ein direkter Angriff hätte kaum Erfolg. Also müsste es so etwas wie ein Gasleck sein.«

»Und wie würdest du das in die Wege leiten?«

»Hast du das nicht gerade beschrieben? Ofen aufdrehen, warten, bis sich die Wohnung mit Gas gefüllt hat, und wenn Hua nach Hause kommt, fliegt alles in die Luft, sobald er den Lichtschalter drückt.«

Pei lachte freudlos. »So einfach ist es nicht. Hua ist mehr als zehn Jahre lang Leibwächter eines kriminellen Konzernchefs gewesen; er war rund um die Uhr in höchster Alarmbereitschaft. Er hätte die Tür aufgemacht und das Gas auf der Stelle gerochen – wie auch nicht? Nur ein Idiot würde in diesem Moment den Lichtschalter betätigen.«

Mu blinzelte. Pei hatte die Lücke in ihrer Argumentation entdeckt, aber sie versuchte dennoch zu kontern. »Irgendwie muss es dem Kerl gelungen sein, den Gasgeruch zu neutralisieren. Erdgas besteht hauptsächlich aus Methan, das eigentlich geruchlos ist. Der Geruch wird normalerweise von den Gasfirmen aus Sicherheitsgründen hinzugemischt. In Chengdu benutzen sie Tetrahydrothiophen – es riecht ein bisschen wie das gute alte Kerosin von damals. Falls der Typ also ein wenig Ahnung von Chemie hat, muss er nur ein Lösemittel für Tetrahydrothiophen finden, einen Stofflappen darin tränken und diesen in die Gasleitung stopfen. So wird der Geruch vollkommen absorbiert. Und natürlich würden keine Spuren zurückbleiben, weil der Lappen bei der Explosion verbrennt.«

»Man würde den Geruch aber nicht vollständig loswerden«, sagte Pei. »Der Lappen wäre schon nach ein paar Minuten gesättigt und könnte nicht mehr alles aufnehmen. So oder so hätte Hua merken müssen, dass irgendwas nicht stimmt, sobald er die Tür aufmacht.«

Mu spürte ihr Hirn brodeln. »Du willst damit sagen, der Plan, Hua mit einem Gasleck aus dem Weg zu räumen, war von vornherein zum Scheitern verurteilt?«

»Hast du je das alte Sprichwort gehört: ›Verbringst du nur genug Zeit zwischen Abalonen, so wirst du ihren Gestank irgendwann nicht mehr bemerken‹?«

Das Zitat stammte aus den »Gesprächen« des Konfuzius. Als Geisteswissenschaftlerin wusste Mu selbstverständlich, was es zu bedeuten hatte. Lange genug mit den falschen

Leuten herumzuhängen ist genauso, wie in einem Lagerhaus voller Fisch zu hocken – irgendwann nimmt man den Gestank nicht mehr wahr, gewöhnt sich an das Benehmen und macht am Ende sogar mit.

Sofort wusste sie, worauf er hinauswollte. »Hua hätte also dem Gasleck längere Zeit ausgesetzt sein müssen, um es nicht mehr zu riechen.«

»So ist es. Wenn das Gasleck schon aktiv gewesen wäre, bevor Hua nach Hause kam, hätte er es sofort gerochen. Der einzig mögliche Plan kann also gewesen sein, das Leck erst zu verursachen, als Hua bereits in der Wohnung war. Am Anfang hätte er nichts gerochen, weil der Lappen mit dem Lösemittel das Tetrahydrothiophen absorbiert hätte, und die schleichende Veränderung hinterher hätte er kaum bemerkt, auch bei steigender Konzentration nicht, ein Phänomen, das man auch Nasenblindheit nennt. Auf dem Weg hätte die Konzentration irgendwann für eine Explosion gereicht, ohne dass er etwas davon mitbekommt.«

»Der Kerl hat also mit dem Gasleck gewartet, bis Hua nach Hause kommt?« Mu schüttelte bereits den Kopf, bevor sie ihren Satz beendet hatte. »Aber das geht nicht. Jemand wie Hua hätte das niemals zugelassen.«

Pei schaute sie mit funkelnden Augen an. »Du hast es gleich. Nur weiter.«

Mu starrte ihn einen Moment lang gedankenversunken an. Dann hob sie den Kopf. »Ah! Er hat den Ofen aufgedreht, aber die Gaszufuhr am Haupthahn außerhalb der Wohnung unterbrochen. Er hat gewartet, bis Hua nach Hause kommt, und dann erst die externe Zufuhr wiederhergestellt, um das Leck zu erzeugen.«

»Na bitte!« Pei nickte begeistert. »Er muss sich einen

sicheren Platz gesucht haben, von dem aus er die Fenster der Wohnung im Blick hatte. Als das Licht anging, wusste er, dass Hua zu Hause war. Ming Mings plötzliches Auftreten hat seine Pläne durchkreuzt – er dachte, Hua sei zu Hause, also ist er zurück ins Haus geschlichen und hat den Gashahn aufgedreht. Mehr musste er nicht tun. Dann ist er bestimmt sofort verduftet, um sicherzugehen, dass er zum Zeitpunkt der Explosion möglichst weit weg ist.«

So ergab alles Sinn. Mu hegte nicht länger irgendwelche Zweifel, sondern kniff sofort die Augen zusammen, als sie mit der Macht der Gewohnheit zu einer psychologischen Analyse überging. »Was wird ihm durch den Kopf gegangen sein, als er erfahren hat, dass er die falsche Person erwischt hat?«

Pei hatte daran noch keinen Gedanken verschwendet und kratzte sich bedächtig den Kopf. »Wahrscheinlich war er frustriert, enttäuscht ... vielleicht auch verängstigt?«

»Auf jeden Fall wird er gewusst haben, dass ihm harte Zeiten bevorstehen. Hua würde ihn jagen, und darüber hinaus unser fähiger Hauptmann Pei ...« Sie grinste ihn schelmisch an. »Na komm, raus damit. Du hast doch einen entscheidenden Hinweis gefunden, oder?«

»Ja, tatsächlich. An der Explosionsstelle wurde ein Haar gefunden.«

»Ein einzelnes Haar? Wie habt ihr etwas so Kleines in dem Chaos überhaupt entdeckt? Und woher weißt du, dass es zum Täter gehört und nicht zu Ming Ming oder Hua?«

Pei sah der Flut ihrer Fragen gelassen entgegen. »Hua hatte das Frühstücksgeschirr zum Einweichen in die Spüle gestellt. Weil die Spüle voller Wasser war, hat sie die Explosion unbeschadet überstanden. Später habe ich ein einziges langes, gelocktes Haar im Spülwasser gefunden. Ming Ming hat glatte schwarze Haare, Hua kurze. Es muss also dem Täter gehören, und ich kann es sogar jemandem aus Gao Desens innerem Zirkel zuordnen.«

Mit solch entscheidenden Fortschritten hatte Mu nicht gerechnet. »Warum rückst du ihm dann nicht auf die Pelle?«, rief sie.

»Ich wollte noch ein bisschen warten ... Wenn ich jetzt zuschlage, erziele ich vielleicht nicht das gewünschte Ergebnis.«

»Was soll schiefgehen? Du hast das Haar als Beweismittel. Reicht das nicht für einen Schuldspruch?«

Pei schaute in die Ferne. »Was habe ich davon, ihn in den Knast zu schicken? Er ist bloß ein Handlanger.«

»Du meinst ...«

Pei schaute sie an. »Ich meine Hua und Gao Desen. Die zwei sind meine eigentlichen Ziele.«

Mu nickte langsam. Die ganze Verbrechensserie mochte zusammenhanglos wirken, drehte sich im Kern aber um den Machtkampf zwischen Hua und Gao. Es würde ihnen wenig helfen, die Person hinter der Explosion hochzunehmen, wenn dafür die dicken Fische durchs Netz gingen. Aus diesem Grund hielt Pei sich noch zurück.

Beide schwiegen eine Weile und dachten über die beste Strategie nach. »Was hast du dann vor?«, fragte Mu schließlich.

»Wenn wir jetzt zuschlagen, bin ich mir fast sicher, dass ich beweisen könnte, wer die Explosion verursacht hat, und auch ein Geständnis bekäme. Ein bisschen tiefer graben, und ich gebe uns eine Fünfzig-fünfzig-Chance, dass wir Gao Desen gleich mit erwischen.« Obwohl Pei zuversichtlich klang, nahmen seine Worte eine unerwartete Wendung. »Allerdings können wir möglicherweise noch mehr erreichen, als Gao das Handwerk zu legen.«

Mu war verwirrt. »Worauf willst du hinaus?«

Statt zu antworten, stellte er ihr eine Gegenfrage. »Überlege mal. Wer ist in der aktuellen Pattsituation besonders nervös? Wen würde es am meisten freuen, wenn ich Gao Desen hochnehme?«

Da begriff Mu, worauf er hinauswollte. »Im Moment stehen Gao und Hua unter Druck, nicht du. Wenn du aber Gao aus dem Spiel nimmst, bist nicht du der eigentliche Gewinner – Hua ist es.«

»Kennst du die Geschichte von der Schwalbe, der Muschel und dem Fischer?«, sagte Pei. »Die Schwalbe wollte die Muschel fressen, aber die Muschel hat den Schnabel der Schwalbe zwischen ihren Schalen eingeklemmt und nicht mehr losgelassen – am Ende hat der Fischer also beide gefangen. Wer wäre nicht gerne der Fischer?«

Mu war dieser Vergleich nicht ganz geheuer. »Du willst, dass sie sich so lange gegenseitig bekriegen, bis beide am Boden sind?«

»Im Moment liefern sich Gao und Hua ein Kopf-an-Kopf-Rennen. In einem derart heiklen Moment kann die Reaktion der Polizei alles verändern. Gegen wen von ihnen wir auch losschlagen, der andere wird sich zurücklehnen und die Ernte einfahren. Wenn wir aber abwarten und beide genau im Auge behalten, mag sich die Lage ändern.«

»Du willst also warten. Die beiden das Ganze unter sich ausfechten lassen, an der Seitenlinie stehen und Beweise sammeln. Ob Hua dann Gao besiegt oder andersrum, du bringst den Sieger vor Gericht und wirst so zum Fischer.«

Peis zufriedenes Schweigen signalisierte Zustimmung.

Mu betrachtete ihn ernst. »Ist das nicht arg riskant?«

»Ziemlich«, pflichtete er ihr bei. »Deshalb will ich alles daransetzen, dass keine Unschuldigen mit reingezogen werden.« Und genau deswegen hatte er Zheng Jia hergebracht und Mus Obhut anvertraut. Obwohl er selbst Mu nicht zur Gänze in seinen Plan einweihen wollte.

»Wie lange warten wir ab?« Damit hatte Mu sich zu ihm in den Schützengraben begeben – bis jetzt hatte sie von »ihr« gesprochen, nun war sie zum »wir« gewechselt.

»Bis zu dem Tag, an dem kein Gleichgewicht mehr herrscht.« Die Antwort war so vage, dass er sie weiter ausführte. »Im Moment stehen Gao und Hua sich feindlich gegenüber, aber keiner ist in der Lage, dem jeweils anderen einen entscheidenden Schlag zu verpassen. Wie bei einem Staudamm. Beide Seiten haben eine Menge Wasser gesammelt, und es fließt nicht ab, doch eine Seite ist hoch genug, um den Damm zum Bersten zu bringen. Eine sehr gefährliche Art von Gleichgewicht. Je länger das dauert, je höher das Wasser zu beiden Seiten steigt, desto größer der Druck auf den Damm. Irgendwann kommt der Tag, an dem das Gewicht des Wassers zu groß wird, und dann gibt es eine gewaltige Flutwelle. Auf die müssen wir lauern.«

»Die Gefahr wird offensichtlich größer, je höher das Wasser steigt«, sagte Mu und umschlang sich mit den Armen. »Also müssen wir einen Weg finden, das Gleichgewicht möglichst schnell zu brechen. Wenn wir ein kleines Loch in den Damm bohren könnten ... nur wie?«

Pei Tao antwortete nicht, sondern starrte in den Himmel, als schaute er seinen davoneilenden Gedanken hinterher.

Da er offensichtlich nicht vorhatte, weitere Details seines Plans zu verraten, ließ Mu es dabei bewenden. Ohne es zu bemerken, hatten sie den Campus einmal komplett umrundet und standen nun wieder vor ihrer Wohnung. Mu verabschiedete sich, da sie für vier Uhr nachmittags noch ein Seminar vorzubereiten hatte, und Pei fuhr allein zum Hauptquartier zurück.

Unterwegs klingelte sein Telefon. Er warf einen Blick aufs Display, aber die Nummer war unbekannt. Als Polizist konnte er das nicht einfach ignorieren, parkte also schleunigst am Straßenrand und hob ab.

»Hallo? Polizeihauptmann Pei Tao hier.«

»Hauptmann Pei?« Eine Männerstimme. »Kommandant Yu von der Polizei Linjiang.«

»Ach, Kommandant Yu, hallo! Was kann ich für Sie tun?« Linjiang war einer der östlichen Vororte von Chengdu, Pei allerdings noch nicht lange genug auf seinem neuen Posten, um alle Distriktkommandanten persönlich zu kennen.

»Folgendes: Yin Jian sitzt wegen eines Einbruchs in Untersuchungshaft. Wir haben ihn momentan hier bei uns. Könnten Sie so schnell wie möglich herkommen?«

»Wie bitte?« Pei traute seinen Ohren nicht.

»Das ist bestimmt nur ein Missverständnis«, sagte Yu, dem die Sache hörbar unangenehm war. »Aber bis wir es aus der Welt geschafft haben, müssen wir uns an die Regeln halten.«

»Alles klar«, sagte Pei Tao, »ich komme sofort.« Er legte auf, wendete und fuhr nach Linjiang.

Im Eingangsbereich der dortigen Polizeiwache fand er zwei Streifenpolizisten vor. »Wo ist Kommandant Yu?«, fragte er.

Einer der Beamten musterte ihn von Kopf bis Fuß. »Kommen Sie von der Kripo?«

Als Pei bejahte, stand der Mann auf. »Kommen Sie mit. Unser Kommandant sitzt im Verhörraum – mit Yin Jian.«

Der Kollege führte ihn durch das Gebäude. Kurz vor dem Verhörraum kamen sie an zwei jungen Ganoven vorbei, die auf dem Flur herumstanden. Einer hatte eine Zigarette im Mund und paffte fette Wolken.

»Das ist hier verboten«, sagte der Beamte. »Rauchen nur auf dem Hof.«

Die beiden Kerle schienen es mit dem Gehorchen nicht besonders eilig zu haben, sondern musterten den Polizisten mit einem gelangweilten Seitenblick. Einer der beiden meinte träge: »Glauben Sie, wir sind freiwillig hier? Wir warten schon seit Ewigkeiten. Können Sie uns nicht endlich eine Antwort geben?«

Der Beamte biss sich auf die Zunge. »Wir tun, was wir können. Bitte, Sie dürfen hier drin nicht rauchen.«

»Na gut, dann rauche ich eben nicht, mir doch egal.« Der Kerl nahm einen letzten Zug, schnippte die Kippe den Gang hinunter und murmelte: »Kein Wunder, dass die nichts gebacken kriegen, bei all den Scheißregeln hier.«

Der Beamte würdigte die jungen Männer keines weiteren Blickes, sondern ging mit Pei zum Verhörraum und klopfte, bis von drinnen jemand sagte: »Herein.« Pei erkannte Kommandant Yu an seiner Stimme.

Der Beamte öffnete die Tür und winkte Pei hinein. Er selbst blieb draußen und schloss die Tür.

Sobald Pei den Raum betrat, näherte sich ein untersetzter Mann mittleren Alters. »Mensch, sind Sie das, Hauptmann Pei? Kommen Sie, setzen Sie sich.«

Dies musste der Kommandant der Wache von Linjiang sein. Pei gab ihm die Hand und wechselte einige höfliche

Floskeln, aber sein Blick blieb an den dritten Mann auf der anderen Seite des Raums geheftet.

Der Mann war durchschnittlich groß, eher dünn und ziemlich blass: ein typischer Nerd. Natürlich saß dort Yin Jian, Pei Taos Assistent. Er hockte auf einem harten Holzstuhl und hielt den Kopf gesenkt, als hätte er einen schweren Fehler begangen und traute sich nicht, seinem Chef in die Augen zu schauen.

Pei Tao wusste, dass es der Etikette zuwiderlief, Yin direkt anzusprechen, weshalb er sich an Kommandant Yu wandte. »Was zum Teufel ist passiert?«

»So ganz begreife ich das selbst nicht.« Kommandant Yu deutete auf einen Stuhl und fuhr erst fort, als Pei sich gesetzt hatte. »Am frühen Nachmittag haben wir einen Anruf aus Bezirk 110 wegen eines Einbruchs in unserem Distrikt erhalten. Der Einbrecher wurde offenbar vom Hausbesitzer überrascht und hat ihn angegriffen. Ich habe einen Beamten hingeschickt. Das hätte keine große Aktion sein sollen, und ich habe mir nichts weiter dabei gedacht. Aber dann kam der Kollege zurück und sagte, wir hätten den Dieb geschnappt, aber er wollte nicht reden, uns nicht einmal seinen Namen verraten. Als ich das hörte, dachte ich, es müsse irgendwie mit einem größeren Fall zusammenhängen, wenn er seine Identität geheim halten will. Also bin ich sofort hingefahren und wollte ihn persönlich verhören, aber sobald ich dort ankam, sah ich, dass es sich um einen von unseren Leuten handelte.«

Beim letzten Satz deutete Kommandant Yu auf Yin, der weiter den Kopf gesenkt hielt und schwieg.

Pei Tao ging zur wichtigsten Frage über. »Was hat er gestohlen?«

»Der Hausbesitzer hat angegeben, er habe den Einbrecher gestellt, bevor er etwas mitgehen lassen konnte.« Yu nahm den Blick nicht von Yin. »Ich habe ihn gefragt, was das alles soll, aber er redet nicht mit mir. Er hat nur gesagt, wenn ich ihn gehen lasse, erklärt er mir eines Tages alles. Aber das ist keine Entscheidung, die ich treffen kann – außerdem standen alle draußen und warteten. Selbst wenn ich ihm die Handschellen abgenommen und ihn rausgeschmuggelt hätte, bräuchte das Opfer nur eine offizielle Beschwerde zu verfassen, und man würde mich bestrafen.«

Pei Tao sah ihn an. »Wie hätten Sie den Verdächtigen auch gehen lassen wollen, wenn man den Fall in Bezirk 110 bereits protokolliert hatte? Es war freundlich genug von Ihnen, ihn nicht gleich gründlich ins Verhör zu nehmen.«

Kommandant Yu nickte dankbar. »Als ich ihn weiter befragt habe, hat er nur gesagt, dass er Sie sprechen will. Ich wusste, ich bekomme sonst nichts mehr aus ihm heraus, also musste ich leider Sie damit behelligen.«

Nachdem Pei die Schilderung vernommen hatte, war klar, dass nur Yin die Situation aufklären konnte. Er trat an die Seite seines Assistenten. »Na los – was ist passiert?«

Yin sah erst ihn an, dann Kommandant Yu, schien aber keinen Ton rauszubringen.

»Wollten Sie mich nicht sprechen? Ich bin hier, also raus damit.«

Endlich machte Yin den Mund auf. »Ich habe nichts gestohlen. Ich habe nur meine Pflicht erfüllt.«

»Sehen Sie, es muss sich um ein Missverständnis handeln.« Kommandant Yu seufzte erleichtert. »Sie haben also nur Ihre Arbeit erledigt? Warum haben Sie das nicht gleich gesagt?«

»Moment.« Pei Tao schaute Yin noch immer in die Augen. »Was für eine Pflicht haben Sie erfüllt? Wie kommt es, dass ich nichts davon weiß?«

»Das ist …« Yin stockte. »Ich habe eigenverantwortlich gehandelt. Deshalb habe ich Ihnen vorher nichts davon erzählt.«

»Wenn Sie mir nichts davon erzählt haben, wie können Sie es dann als Erfüllung Ihrer Pflicht bezeichnen?« Pei war eindeutig verstimmt.

»Wenigstens erzählt er es Ihnen jetzt. Besser spät als nie«, sagte Kommandant Yu, der tapfer versuchte, Yin beizustehen, anscheinend in der Hoffnung, die unangenehme Sache dadurch so schnell wie möglich hinter sich zu bringen.

Yin hingegen schien seine Unterstützung nicht zu goutieren. Er starrte Yu finster an, ehe er sich wieder an Pei wandte. »Uneingeweihte würden das kaum verstehen, Hauptmann. Ich muss mit Ihnen unter vier Augen reden.«

Kein Wunder, dass er kaum etwas gesagt hatte – er hatte offenbar Angst. Instinktiv drehte Pei sich um und schaute Kommandant Yu an, der sichtlich betreten seine vor der Brust verschränkten Finger betrachtete.

Pei wandte sich wieder an Yin und schaute ihn tadelnd an. »Hier sind nur Kameraden anwesend«, sagte er streng. »Also raus damit.«

»Soll ich Sie beide ein Weilchen allein lassen?«, fragte Kommandant Yu nur der Form halber. Natürlich gefiel ihm die Sache nicht – er kannte Yin schon eine ganze Weile und hatte ihn auch heute den Umständen entsprechend zuvorkommend behandelt. Und jetzt saß Yin da und wollte ihm etwas verheimlichen. Er hatte durchaus nicht vor, einfach so den Raum zu verlassen.

»Nicht nötig, Kommandant«, sagte Pei und setzte sich. »Yin Jian kann frei reden, und Sie können Protokoll führen. Wir spielen ganz offiziell nach den Regeln. Übernehmen Sie ruhig den Vorsitz, ich sitze nur hier und höre zu.«

»Na gut, aber wir brauchen vorläufig nichts aufzuschreiben«, sagte Kommandant Yu, noch immer bemüht, die Sache unter den Tisch fallen zu lassen.

»Los jetzt«, befahl Pei Tao und starrte Yin an.

Yin hatte keine andere Wahl, als ehrlich zu antworten. Er sah richtig elend aus. »Ich habe nach Beweisen dafür gesucht, dass Hua in den Mordfall im Longyu-Komplex verwickelt war.«

»Hua? Deng Huas ehemaliger Leibwächter?« Kommandant Yu war fassungslos. Deng Hua und sein Zögling waren wichtige Prominente in Chengdu gewesen, und die vielen Unfälle der letzten sechs Monate, bei denen der Name Longyu gefallen war, hatten einiges an Aufsehen erregt. Aber trotzdem – wer hätte ahnen können, dass die stellvertretenden Vorsitzenden Meng Fangliang und Lin Henggan am Ende durch Huas Hand gestorben sein könnten?

Pei nickte Yu zu. Der Fall war noch nicht abgeschlossen, und die Kriminalpolizei hielt sämtliche Details sorgsam unter Verschluss – kein Wunder, dass sich Yin so wortkarg gegeben hatte. Einem hochrangigen Kollegen wie Yu gegenüber war diese Form von Geheimniskrämerei allerdings unangebracht. Pei setzte die Befragung also fort. »Wie sind Sie bei der Suche nach Beweisen in einem fremden Haus gelandet?«

Ehe Yin antworten konnte, fiel Pei allerdings ein weiteres Detail ein. »Haben diese beiden Kerle da draußen etwas mit Longyu zu tun?«

Zum Glück schüttelte Yin den Kopf. »Nein, absolut nicht. Die mieten nur zufällig die Wohnung, in der Wen Chengyu bis vor ein paar Monaten gelebt hat.«

»Ach so?« Pei machte große Augen. Das erklärte eine Menge. »Woher wissen Sie, dass Wen Chengyu dort gewohnt hat?«

»Das war nicht einfach herauszufinden. Ich habe so gut wie jedem Vermieter in der Stadt sein Foto gezeigt und gefragt, ob einer den Mann kennt. Nach langem Suchen fand sich endlich jemand, der sagte, der Mann erinnere ihn sehr an einen ehemaligen Mieter, der knapp ein halbes Jahr zuvor plötzlich verschwunden sei und keine Kontaktadresse hinterlassen habe.«

»Nicht übel.« Immerhin ein verhaltenes Lob von Pei. »Wie sind Sie überhaupt darauf gekommen?«

»Ganz einfach«, sagte Yin. »Ich war mir zunehmend sicher, dass Wen Chengyu für seine Aktionen mehr als ein Versteck in der Stadt gehabt haben muss. Er mag zwar jede Menge offizielle Ausweise besitzen, kann aber sein Aussehen nur in Grenzen verändern. Also müsste ich bei einer Suche von Tür zu Tür früher oder später auf einen Hinweis stoßen.«

Pei nickte. »Clever. Aber warum haben Sie mir das nicht schon längst gesagt?«

»Ich hatte vor, die Sucharbeit allein zu erledigen und Sie erst damit zu belästigen, wenn ich tatsächlich etwas gefunden habe. Ein offizielles Gesuch um mehr Leute erschien mir für solch eine Nadel-im-Heuhaufen-Nummer eher unangebracht, also habe ich mich auf meine persönlichen Kontakte verlassen.«

Pei wusste wohl, dass Yin nach vielen Jahren bei der Kriminalpolizei über ein ansehnliches Netzwerk verfügte. Und überhaupt war eine solche Basisorganisation für diese Art von Suchaktion meist das effektivste Mittel. Trotzdem blieb eine Sache, die ihm missfiel. »Warum haben Sie mich nicht wenigstens informiert, nachdem Sie den Treffer landeten?«

»Das war heute erst«, sagte Yin. »Ich hatte noch keine Zeit, einen Bericht zu schreiben.«

»Aber um irgendwo einzubrechen, als Einbrecher erkannt zu werden und sich verhaften zu lassen, dafür hatten Sie schon Zeit?«

»Ich konnte nicht warten, bis ...«

»Konnte nicht warten?«, brüllte Pei. Er hatte ohnehin nicht vorgehabt, seinen Untergebenen einem Kollegen gegenüber in Schutz zu nehmen, aber darüber hinaus hasste er es ganz besonders, wenn jemand blöde Ausreden vorschob, statt zu den eigenen Fehlern zu stehen.

Yin wusste, dass er in Schwierigkeiten steckte, ließ sich aber nicht unterkriegen. »Ich habe den Vermieter heute Mittag gefunden. Er hat mir erzählt, dass sein verschollener Mieter eine ganze Menge Zeug zurückgelassen habe, das seit seinem Verschwinden in einer Abstellkammer liegt ...«

»Und Sie haben gedacht, die Aufzeichnung, die Wen Chengyu gestohlen hat, könnte auch dabei sein.«

»Gut möglich. Irgendwo muss er das Band schließlich aufbewahrt haben. Die Wohnung, die er als Du Mingqiang gemietet hatte, stand unter ständiger Beobachtung unsererseits, dort also nicht. Also in einem seiner anderen Verstecke. Und er hat nicht damit gerechnet, von Ihnen festgenommen zu werden, und deswegen auch keine Zeit gehabt, wichtige Dinge verschwinden zu lassen.«

Pei hatte vorsorglich außer Mu kaum jemandem von der

Beziehung zwischen Zheng Jia und Eumenides erzählt. Selbst Yin wusste nichts davon und somit auch nichts von der Tatsache, dass Eumenides bereits einen Handel mit Hua eingegangen war und ihm das Band zurückgegeben hatte. Trotzdem tat dieses Unwissen seiner Schlussfolgerung keinen Abbruch.

Obwohl Eumenides und Hua einen Deal vereinbart hatten, würden sie einander weiterhin argwöhnisch belauern. Mit ziemlicher Sicherheit musste also irgendwo noch eine Kopie der Aufzeichnung existieren. Und falls die Wohnung, die Yin ausfindig gemacht hatte, tatsächlich ein weiteres Versteck von Eumenides war, konnte sich die Sicherheitskopie durchaus dort befinden.

Dennoch war es ein herber Fauxpas, in die Wohnung von unbeteiligten Zivilisten einzubrechen, weshalb sich auch Peis Miene nicht erweichen ließ. »Und warum haben Sie die jetzigen Bewohner nicht einfach kontaktiert, statt direkt einzubrechen?«

»Genau das habe ich getan. Ich habe an ihrer Tür geklopft, mich als Polizist ausgewiesen und ihnen gesagt, ich müsste auf der Suche nach einem bestimmten Gegenstand ihre Wohnung durchsuchen. Sie wollten mich ohne Durchsuchungsbeschluss nicht reinlassen. Ich habe versucht, ihnen die Umstände zu erklären, aber sie wollten nicht zuhören. Dann haben sie angefangen, mich zu beschimpfen ...« Yin atmete schwer – offensichtlich war er noch immer wütend über den Zwischenfall.

»Also haben Sie sich mit denen gestritten?«

»Nur ein bisschen.«

»Was gab es da groß zu diskutieren? Sie hätten schlicht ins Büro zurückkommen und den nötigen Papierkram erledigen müssen.«

»Das hatte ich eigentlich auch vor, aber dann haben die Kerle angefangen rumzuschreien, sie würden, sobald ich weg wäre, alles aus der Abstellkammer rausschmeißen. Und wie die mich angeglotzt haben – Hauptmann, Sie wären an meiner Stelle auch sauer geworden.«

»Sie dürfen auf solche Leute nicht wütend werden«, riet Kommandant Yu. »Wenn Sie die Beherrschung verlieren, haben die schon gewonnen.«

»Sie haben recht.« Yin schlug sich vor Wut über den eigenen Mangel an Beherrschung mit der flachen Hand vor die Stirn. Nach diesem Gefühlsausbruch sprach er etwas ruhiger weiter. »Aber da war es längst zu spät. Ich konnte nicht mehr weg, aus Angst, sie würden wirklich alle Beweise vernichten, also bin ich runter auf die Straße und wollte Verstärkung anfordern. Und da sah ich diese beiden Typen aus dem Haus spazieren. Ich habe mich versteckt und sie belauscht – sie wollten zum Mittagessen.«

»Und dann?«

Yin verzog das Gesicht. »Also habe ich mir gedacht, warum erst auf Verstärkung warten, wenn ich in ihrer Abwesenheit schnell die Wohnung durchsuchen kann? Kurz und schmerzlos, bevor es zu weiteren Zwischenfällen kommt.«

Pei und Yu wechselten einen Blick. Was danach passiert war, ließ sich unschwer erraten: Yin brach in die Wohnung ein, die beiden Männer kehrten vom Mittagessen zurück und überraschten ihn in ihrer Wohnung, eine unschöne Auseinandersetzung. Diese Ganoven hatten sich geweigert, ihn gehen zu lassen, sondern sofort die Polizei gerufen.

»Haben Sie etwas gefunden?«

»Ich hatte keine Zeit, um gründlich zu suchen«, sagte Yin

traurig. »Ich habe zu lange gebraucht, um das Sicherheitstor aufzukriegen.«

Pei schüttelte den Kopf, war aber gegen seinen Willen belustigt. Er wandte sich an ihren Gastgeber. »Kommandant Yu, in Anbetracht der Umstände ... Ich glaube, wir können uns darauf einigen, dass er eine Ermittlung durchgeführt hat, selbst wenn er die Arbeitsvorschriften etwas sehr weit ausgelegt hat.«

»Ja, Sie brauchen gar nicht weiterzusprechen. Ich kümmere mich darum.« Kommandant Yu erhob sich, ging zur Tür und rief die beiden Männer auf dem Flur. »He, Sie können jetzt reinkommen.«

Die beiden schlurften ins Zimmer, ignorierten Yin und musterten Pei von Kopf bis Fuß. Augenscheinlich waren sie erfahren genug, um mit einem Blick zu wissen, wer die wichtigste Person im Raum war.

Pei drehte sich zur Seite und überging ihre streitlustigen Blicke.

»Ich will Ihnen erklären, was heute passiert ist«, sagte Yu und baute sich vor den beiden Männern auf. »Der Beamte Yin Jian ist ein Kollege von der Kriminalpolizei. Er hat in einem wichtigen Fall ermittelt, aber die Ereignisse haben sich derart überschlagen, dass ihm die Zeit fehlte, die nötigen Formalitäten zu erledigen, was schließlich zu dem Missverständnis mit Ihnen geführt hat. Insgesamt liegt die Verfehlung also bei der Polizei. Wenn wir uns nun bei Ihnen entschuldigten, wäre die Sache damit erledigt?«

»Wer will sich entschuldigen?«, fragte der Größere der beiden hochnäsig.

Pei warf Yin einen Blick zu, der unzweifelhaft dazu riet, die Geschichte hinter sich zu bringen. Yin war noch immer stinksauer, zwang sich aber dazu, aufzustehen und eine kleine Verbeugung zu vollführen. »Ich. Was passiert ist, tut mir überaus leid.«

Seine respektvolle Geste führte jedoch nicht zu Vergebung, sondern schien die beiden Kerle nur noch mehr zu ermutigen. Der Kleinere lachte gehässig. »Das ist alles? Wenn einer von uns das nächste Mal von der Polizei verhaftet wird, müssen wir uns dann auch bloß entschuldigen, und alles ist vergeben?«

»Ihr …« Yin wurde nun doch wieder wütend, konnte aber nichts tun.

»Okay, jetzt treten alle einen Schritt zurück. Was haben wir davon, uns so zu echauffieren?«, sagte Kommandant Yu, um dann abrupt das Thema zu wechseln. »Gehen Sie einer geregelten Arbeit nach?«

Der Größere beäugte ihn misstrauisch. »Ja.«

»Und wo?«

»Wir sind Türsteher im *Kristallstadt*, das ist ein Nachtclub«, sagte der Mann stolz. Es war das erste Mal, dass er sich in einer Polizeiwache befand, um ein Verbrechen zu melden, und er war fest entschlossen, das Beste daraus zu machen.

Kommandant Yu schien mit dieser Antwort zufrieden zu sein. Als käufliche Muskelmänner für irgendeinen Nachtclub bestand ihre Arbeit hauptsächlich darin, extreme Maßnahmen zu ergreifen, um unerwartete Situationen zu entschärfen. Diese Männer waren nicht fest angestellt, damit ihre Chefs alle Verantwortung von sich weisen konnten, sollte etwas Ernstes passieren. Mit anderen Worten befanden sie sich in jener Schattenwelt ganz am Ende der Nahrungskette und waren daran gewöhnt, Probleme mit Gewalt zu lösen. Kein Wunder, dass sie derart impulsiv reagiert hatten.

Was Yu die Lösung der Situation deutlich erleichterte. »Wie wäre es mit Folgendem«, sagte er fröhlich. »Soll ich einfach den Vorsitzenden Huang einladen, herzukommen und Ihnen beiden Guten Tag zu sagen?«

Vorsitzender Huang war der Besitzer des *Kristallstadt*. Da die Polizei in Lijiang dem Nachtclub regelmäßige Besuche abstattete, kannte Yu ihn sogar recht gut.

Der Name ihres Herrn nahm den beiden Männern sichtlich den Wind aus den Segeln. Sie schauten einander an, sagten aber nichts.

»Na gut. Also alles kein Problem, sondern nur ein Missverständnis. Machen wir die Sache nicht zu kompliziert.« Nachdem er die beiden zum Schweigen gebracht hatte, zog Yu den Sack zu.

Der Kleinere wollte sich noch nicht geschlagen geben und streckte störrisch den Kopf vor. »Aber er hat uns körperlich angegriffen. Hat das etwa keine Konsequenzen?«

»Ihr habt mich zuerst attackiert«, gab Yin zurück.

»Wenn Sie einen Einbrecher bei sich zu Hause überraschen, würden Sie den nicht schlagen?«

»Wen nennen Sie hier einen Einbrecher?«

Gerade hatte sich die Atmosphäre im Raum ein wenig entspannt, schon heizten die beiden die Stimmung erneut an. Pei Tao konnte nicht länger danebensitzen, sondern starrte Yin an. »Sie: Klappe zu.«

Yin biss sich auf die Zunge. Pei wandte sich an den jungen Mann und knurrte: »Was wollen Sie?«

Kommandant Yu schaltete sich ein. »Sie scheinen sich nicht verletzt zu haben. Warum bringen wir die Sache nicht einfach auf freundlichem Weg hinter uns? Und sollten Sie in Zukunft in Schwierigkeiten geraten, sorge ich dafür, dass Sie sich nicht direkt mit der Kriminalpolizei herumschlagen müssen. Lieber einen Freund bei der Polizei als einen Feind, richtig?« Yu nickte in Richtung Pei. »Wissen Sie, wer das ist?«

Die beiden Männer schwiegen, schienen es aber sehr gern wissen zu wollen.

»Das ist Hauptmann Pei Tao von der Kriminalpolizei. Ein berühmter Kriminalbeamter. Wenn Sie sich mit ihm anlegen, wird er alles ans Tageslicht bringen, was Sie jemals falsch gemacht haben, wie nichtig es auch sein mag.«

Endgültig geschlagen ließen die zwei die Köpfe hängen.

Yu hatte sie einschüchtern wollen – augenscheinlich ein voller Erfolg. Jetzt mussten sie nur noch die diensthabenden Polizisten anweisen, ein Formular zur Schlichtungsvereinbarung einer Zivilstreitigkeit auszufüllen und beide Parteien unterschreiben lassen. Thema erledigt.

Kommandant Yu fiel ein Stein vom Herzen. Er schickte einen Beamten los, um das Formular vorzubereiten, und sagte zerknirscht: »Hauptmann Pei, wenn Ihre Beamten in Zukunft nach Beweismitteln suchen, muss ich sie darum bitten, die offiziellen Kanäle zu bemühen, statt bei Zivilpersonen einzubrechen. Sollte so etwas noch einmal vorkommen, bin ich vielleicht nicht in der Lage, Ihnen zu helfen.«

»Verstanden«, sagte Pei. »Wir machen uns jetzt auf den Rückweg und kümmern uns um die Formalitäten.«

»Haben Sie das gehört? Hauptmann Pei wird sich den nötigen Durchsuchungsbeschluss besorgen.« Kommandant Yu wandte sich wieder an die beiden Männer, die stumm dasaßen. »Und während er das tut, muss ich Sie darum bitten, die fraglichen Gegenstände unangetastet zu lassen. Das ist Ihre Bürgerpflicht.«

Die beiden verdrehten die Augen und verließen kommentarlos den Raum. Sie hatten auf mindestens 2.000 Yuan Schmerzensgeld gehofft und waren entsprechend empört, die Wache mit leeren Händen verlassen zu müssen. Leider konnten sie es sich wirklich nicht leisten, jemanden bei der Kriminalpolizei zu verärgern.

Nur wussten sie noch immer nicht, wonach die Kriminalpolizei bei ihnen suchte. Sie hatten Springmesser und diverse andere verbotene Dinge in ihrer Wohnung, und eine gründliche Hausdurchsuchung würde sie in ernst zu nehmende Schwierigkeiten bringen. Ob die ganze Nummer nur ein Vorwand gewesen war? Als Türsteher verletzten sie notgedrungen eine Menge Leute, ganz zu schweigen von den Kämpfen, in die sie abseits ihrer Arbeit regelmäßig verwickelt wurden. Waren sie am Ende doch die eigentlichen Zielpersonen?

Auf dem Weg nach Hause diskutierten sie die Lage und wurden immer nervöser. Der Hauptmann war überzeugt gewesen, einen Durchsuchungsbefehl zu bekommen, da gab es kein Entrinnen. Sie mussten ihrem Boss Bescheid sagen.

Also telefonierten sie mit dem Vorsitzenden Huang, der überhaupt nicht erfreut darüber war, dass Hauptmann Pei vorhatte, die Wohnung seiner Handlanger auf den Kopf zu stellen. Er rief sogleich Kommandant Yu an.

Nach kurzem Vorgeplänkel kam er rasch zum Punkt. »Ich höre, die Kripo macht meinen Leuten das Leben schwer. Was ist da los?«

»Nur ein kleines Missverständnis«, sagte Yu ehrlich. »Die ermitteln in einem ganz anderen Fall.«

»Und der wäre?« Huang wollte sich nicht so einfach abspeisen lassen.

»Tja«, sagte Yu begeistert, »erinnern Sie sich noch an den Mord an den beiden stellvertretenden Vorsitzenden von Longyu letztes Jahr?«

»Das weiß doch jeder. Der Fall ist immer noch nicht aufgeklärt.«

»Genau daran arbeiten sie auch jetzt«, sagte Yu geheimnisvoll.

»Wirklich?« Huang war überrascht. »Und warum müssen die dafür in die Wohnung?«

Yu hätte liebend gern weiter geplaudert, aber die Dienstvorschriften ließen ihn verstummen. »Mehr kann ich Ihnen nicht sagen. Bis der Fall abgeschlossen ist, ist alles streng vertraulich.«

Vorsitzender Huang war ein gerissener Mann und hatte die Kernaussage des Gesprächs sofort erfasst. »Na, wie auch immer, auf jeden Fall hat das nichts mit mir zu tun.« Sie tauschten noch ein paar Nettigkeiten aus, dann legte er auf.

Die beiden Türsteher waren inzwischen in ihrer Wohnung angekommen und wollten sich gerade daranmachen, diverse illegale Dinge verschwinden zu lassen, als das Handy des Größeren klingelte.

»Das ist Vorsitzender Huang«, sagte er nach einem Blick aufs Display. Er hob ab und hörte seinen Boss sagen: »Ihr zwei geht runter vor die Tür. Falls jemand von der Kripo aufkreuzt, versperrt ihm den Weg. Niemand betritt das Gebäude, verstanden?«

»Aber das sind Polizisten, und die besorgen sich gerade einen Durchsuchungsbeschluss. Wie sollen wir sie aufhalten?«

»Mir egal«, fauchte der Vorsitzende Huang. »Macht, was immer ihr für richtig haltet, Hauptsache, die bleiben draußen. Sollte es Probleme geben, kläre ich das hinterher. Aber wenn die Polizei das Gebäude betritt, seid ihr am Ende, verstanden?«

Das klang ernst. Der Größere zitterte und leitete die Anweisungen rasch an seinen Kumpan weiter. Ohne sich weiter um ihren Hausrat zu kümmern, liefen die beiden zum Eingangstor.

Keine zehn Minuten später kam ein teurer Geländewagen mit brüllenden Reifen um die Ecke gebogen und hielt auf sie zu, sodass sich die beiden Männer mit Hechtsprüngen in Sicherheit bringen mussten. Mit ohrenbetäubendem Quietschen bremste der Wagen direkt neben ihnen ab. Ein gut aussehender junger Mann sprang vom Beifahrersitz und öffnete eilig die Hintertür. Aus dem geräumigen Wageninneren schälte sich ein fetter Mann mittleren Alters.

Der Größere der beiden Ganoven erholte sich als Erster von seinem Schrecken. »Vorsitzender Huang.«

Ihr Boss ignorierte sie und verbeugte sich respektvoll in Richtung Auto, aus dem soeben ein weiterer Mann kletterte. Er war um die vierzig und dürr, mit einer beeindruckenden Hakennase wie ein Falkenschnabel. Er wirkte vollkommen entspannt und sah sich ganz in Ruhe um, bevor sein Blick auf die beiden jungen Männer beim Tor fiel.

»Die beiden sind Türsteher in meinem Club«, sagte Huang. »Na los, begrüßt den Vorsitzenden Gao!«

Die beiden erstarrten. Vorsitzender Gao hatte einen großen Namen in Chengdu, und nun trafen sie ihn zum ersten Mal. Sie verbeugten sich tief und sagten im Chor: »Hallo, Vorsitzender Gao!« Danach standen sie wie angewurzelt da und trauten sich nicht, auch nur einen unaufgeforderten Schritt zu machen.

Gao Desen quittierte ihre Begrüßung mit einem Grunzen. »War die Polizei schon hier?«

»Noch nicht«, sagte der Größere hastig.

»Das habt ihr gut gemacht.« Obwohl Vorsitzender Gao sie mit einem Lächeln bedachte, glomm ein unheilvolles Funkeln in seinem Blick.

Während dieser kurzen Interaktion waren dem Geländewagen zwei weitere gut gebaute junge Herren entstiegen, die sich mit ihrem Kollegen als Ring um Gao Desen postierten, ihn abschirmten und aufmerksam die Umgebung beobachteten.

Vorsitzender Huang trat einen Schritt auf seine beiden Untergebenen zu und schaute von einem zum anderen. »Der Vorsitzende Gao möchte sich eure Wohnung ansehen. Wir folgen euch.«

Die beiden drehten sich hastig um und stapften in großer Verwirrung die Treppe hinauf.

Huang und Gao folgten ihnen dichtauf. Der Mann vom Beifahrersitz blieb direkt hinter Gao und bedeutete seinen beiden Kollegen, den Eingang zu bewachen.

Der größere Türsteher schloss die Wohnungstür auf und bat Gao Desen herein.

»Wo sind die Sachen eures Vormieters?«, fragte Huang, sowie er über die Schwelle war.

»Im Abstellraum.« Der Größere deutete auf einen Durchgang in der hinteren Ecke des Wohnzimmers.

Der Vorsitzende Huang öffnete die Tür und schaltete das Licht ein. Es war nur ein kleiner Raum, dessen Inhalt auf einen Blick zu erfassen war: ein Ersatzbett, ein Waschbecken mit ein paar Hygieneartikeln und zwei prall gefüllte Rucksäcke.

Huang blieb einen Moment in der Tür stehen und sagte dann: »Ihr zwei geht zurück nach unten und steht Wache. Lasst die Polizei nicht hier rauf.«

In Wahrheit wollte er die beiden Türsteher loswerden – sie hatten eine dringende Suche vor sich, die ohne überzählige Mitwisser deutlich schneller vonstattengehen würde.

Die Türsteher trollten sich in wortloser Demut.

Sobald sie verschwunden waren, kippte Huang die beiden Rucksäcke auf dem Bett aus. Kurz darauf schrie er triumphierend auf. »Da! Gefunden.«

Gao kam näher, und Huang drehte sich um, eine geöffnete Plastiktüte in der Hand, in der eine Kassette steckte.

Auf einen Wink von Gao hin förderte der junge Mann einen Walkman zutage. Gao nahm Huang die Kassette ab, legte sie ein, streifte sich die Kopfhörer über und drückte auf *Play*. Kaum drei Minuten später hatte er die gesamte Aufnahme gehört.

Huang war außerstande, Gaos ausdrucksloser Miene etwas zu entnehmen. »Und?«

»Höre es dir selbst an.« Gao reichte ihm den Walkman. Huang spulte eifrig zurück, schaltete ein und konnte sich bald darauf ein gehässiges Grinsen nicht verkneifen. Als er fertig war, kratzte er sich am Kopf. »Und was jetzt? Geben wir das an die Bullen weiter, oder ...?«

»Selbstverständlich behalte ich es«, sagte Gao. Endlich verzogen sich auch seine Lippen zu einem dünnen Lächeln, aber noch immer lag etwas unerklärlich Schauriges in seinem Blick.

KAPITEL NEUN

VERSCHWÖRUNG

Dank Zhang Haifengs weitsichtiger Fürsorge war der Zwischenfall in Zellblock 4 ohne großes Aufsehen beigelegt worden. Shuns Tod wurde zum Selbstmord erklärt, Blackie ein bislang nicht aufgeklärter früherer Fall zur Last gelegt. Ah Shan konnte überzeugende Details zu jenem Fall vorbringen, und alle Finger zeigten auf Blackie, der aus der Sache nicht mehr herauskam.

Mit zwei Insassen weniger wurde es bedeutend ruhiger in Zelle 424. Ah Shan war noch immer kein Mann vieler Worte, und Bruder Ping nahm sich viel zu wichtig, um ständig Small Talk zu veranstalten. Du Mingqiang und Hang Wenzhi hingen beide ihren eigenen Gedanken nach, und so sagte keiner von ihnen viel.

Shuns allzu frühes Ableben wurde zum Anlass genommen, im Gefängnis eine Kampagne ins Leben zu rufen, betitelt mit: »Habe die richtige Einstellung, gewinne neues Selbstvertrauen, erneuere dich von Grund auf.« Zellblock 4 bildete natürlich den Schwerpunkt des Programms, und Zhang verlangte von jeder Zelle, einen gemeinsamen

Aufsatz zu der Frage zu verfassen, was sie aus diesem Ereignis gelernt hatten. Die Aufsätze sollten bei einer gesonderten Zusammenkunft verlesen werden, um Raum für gegenseitige Kritik und Anregungen zu bieten. Da Hang eindeutig der gebildetste Insasse von Zelle 424 war, übertrug Bruder Ping ihm diese Aufgabe. Hang nahm sie sehr ernst und verbrachte einen ganzen Tag damit, gut 5.000 Wörter zu Papier zu bringen. Er freute sich sogar drauf, sie bei der Versammlung vorzutragen.

Am folgenden Freitag fuhr Herr Shao zur üblichen Zeit vor und verlangte einmal mehr nach Du als Hilfskraft. Und wieder bat Du um Hangs Mithilfe. Sie genossen diese Arbeit, die außer ihnen niemand machen wollte, weil sie ihnen eine Menge Gelegenheit gab, ihre Fluchtpläne weiter zu erörtern.

Herr Shao sah viel besser aus – seine Wangen hatten wieder eine gesunde Farbe. Als er Du erblickte, sagte er feierlich: »Vielen Dank, Junge!« Hang und der Wächter nahmen an, er bedanke sich nur für die Hilfe bei der schweren Verladearbeit drei Wochen in Folge; Du aber wusste, dass Herr Shao das Geld von seinem Konto genutzt hatte.

Er antwortete nichts, sondern sah Herrn Shao mit einem Blick an, der alles enthielt – sie verstanden einander. Als einmal mehr alle Pakete im Lkw waren, bat Herr Shao wie in der Woche zuvor Hang darum, alles in der Liste zu erfassen. Während Hang und der Wächter ihre Runde um den Wagen drehten, konnten Herr Shao und Du sich einen Moment in Ruhe unterhalten.

»Ich habe das Geld ausgegeben, mein Junge, es wäre also zu spät, sich die Sache anders zu überlegen.«

»Wieso anders überlegen? Irgendwann werden Sie es mir schon wieder zurückzahlen. Abgesehen davon – für mich waren es nur ein paar Papierstapel auf einem Konto, für Sie eine Frage von Leben und Tod.« Dus Logik war bestechend.

Herr Shao redete auch gar nicht weiter darüber. Stattdessen plauderten sie über dies und das, als wären sie alte Freunde. Was Hang, der kurz darauf mit dem Wächter ums Führerhaus bog, nicht verborgen blieb. Bei nächster Gelegenheit fragte er Du neugierig: »Seit wann bist du so dicke mit Herrn Shao?«

»Ich habe ihm einen großen Gefallen getan«, sagte Du sehr leise und warf dem Wärter einen schnellen Blick zu. Doch sie zogen den leeren Karren durch die Felder, und der Wächter war von den anderen Häftlingen ringsum zu sehr abgelenkt, um ihnen viel Aufmerksamkeit zu schenken.

»Was für einen Gefallen?«, konnte Hang sich nicht verkneifen.

Du sah keinen Grund dafür, das Ganze zu verschweigen, also erklärte er Hang die Sache mit der teuren Arztrechnung. Hang schwieg einen Moment. »Herr Shao ist ein anständiger Mensch, es war also gut, ihm zu helfen. Aber wir werden auch Geld brauchen, wenn wir draußen sind.«

»Geld ist bloß eine Sache, die es zu benutzen gilt«, sagte Du bedeutungsschwanger. »Falls wir hier wirklich rauskommen, wird ein verlässlicher Freund viel wichtiger sein als Geld.«

Hang nickte. »Du bist vorausschauender als ich.«

Sie gelangten an den Rand der Äcker, wo der Wächter sie einholte. Sofort ließen sie das Thema fallen und gingen eine Weile schweigend weiter, am nächsten Wachturm vorbei, bis sie wieder auf das Gelände von Zellblock 4 kamen.

»Ich habe gehört, sie wollen in ein paar Tagen den Schornstein sauber machen«, sagte Hang plötzlich und schaute zum Heizraum hinüber.

Du hatte Ähnliches vernommen. Der Heizraum versorgte das gesamte Gefängnis mit Warmwasser; da er aber auf dem Gelände von Zellblock 4 stand, fiel die Reinigung des Schornsteins in ihren Aufgabenbereich. Es war harte, dreckige und nicht zuletzt gefährliche Arbeit. Weil niemand sie erledigen wollte, hatte sie sich längst als beliebte Strafmaßnahme etabliert. Da der Schornstein nun wieder an der Reihe war, fragten sich alle, welches arme Schwein diesmal dran glauben musste.

Du wusste nicht, warum Hang das gerade jetzt erwähnt hatte, sagte also nichts, sondern starrte nur zu dem imposanten Koloss von Schornstein hinüber. Hang drehte sich um und sah den Wächter an, aber auch der ließ die Aussage unkommentiert.

Am nächsten Tag war Sonntag und damit Besuchertag. Du hatte gehofft, vorher noch in Ruhe mit Hang reden zu können, aber Hang wurde abberufen, um Zhang Haifengs Sohn zu unterrichten. Da er sonst nichts zu tun hatte, setzte Du sich in eine Ecke, hörte seine Musik und dachte nach.

Die Nacht verging ereignislos. Am Sonntagmorgen wurden die Häftlinge nach dem Frühstück in die Gemeinschaftshalle gebracht, wo fein säuberlich Reihen von Tischen und Stühlen aufgestellt waren. An der Stirnseite der Halle stand sogar eine kleine Bühne. Die gesamte Belegschaft war anwesend, Zhang Haifeng eingeschlossen. Alle Wächter saßen in einer Reihe und hielten ein langes Banner über den Köpfen, auf dem »Habe die richtige Einstellung, gewinne neues Selbstvertrauen, erneuere dich von Grund auf« zu lesen war.

Nachdem alle Platz genommen hatten, räusperte Zhang sich und hielt eine knappe Rede. »Diese Versammlung soll unsere erste zellblockübergreifende gemeinsame Studie werden. Der Ausgangspunkt ist sicherlich längst allen bekannt. Vor Kurzem hat sich unser Freund Zhong Xiaoshun aus Zellblock 4 das Leben genommen. Ein trauriger Tag, aber für uns alle auch ein wichtiger Denkanstoß. Ihr seid hier, weil ihr den einen oder anderen Fehler begangen habt. Trotzdem ist dies nicht der Ort, an dem euer Leben endet, sondern vielmehr ein Neuanfang. Ihr alle sollt hier neu anfangen können, damit ihr wieder Teil der Gesellschaft werden und ein normales Leben führen könnt. Es stimmt uns traurig, dass Zhong Xiaoshun diese Stufe nicht erreichen konnte. Vielleicht war seine Angst zu groß, vielleicht hatte er den Glauben an die Zukunft verloren, vielleicht konnte er sich das, was er getan hatte, nicht verzeihen. Wie dem auch sei, sein Selbstmord geht nicht nur ihn allein etwas an, sondern kann jedem von uns als Spiegel dienen. Wir müssen in diesen Spiegel schauen und uns selbst hinterfragen, unsere Schwächen herausfinden und sie fest entschlossen konfrontieren. Nur so können wir verhindern, dass sich eine solche Tragödie wiederholt.«

Nach dieser erhebenden Ansprache erhob Zhang sein Glas und nahm einen kleinen Schluck. Die Sträflinge nutzten die Gelegenheit für donnernden Applaus. Von ihrem Zuspruch sichtlich gerührt, hob Zhang die Arme und fuhr fort. »Im Laufe der vergangenen Woche habt ihr zusätzlich zu eurer regulären Arbeit unabhängige Überlegungen angestellt. Ich bin sicher, jeder von euch hat ein paar Gedanken, die er mit uns teilen möchte? Sinn und Zweck der heutigen Veranstaltung bestehen darin, euch die Gelegenheit zu geben, genau das zu tun. Zunächst aber wird jede Zelle einen Vertreter auf die Bühne schicken, um einen kurzen Vortrag zu halten.«

Zhang nickte den Wächtern zu, die auf sein Zeichen hin die Vertreter der Zellen aufreihten, angefangen bei Zelle 101 aus dem ersten Stock.

Auf 101 folgte 102 und so weiter, eine nicht enden wollende Parade äußerst fragwürdiger Reden. Die meisten Häftlinge waren vulgär und ungebildet und nicht in der Lage gewesen, mehr als ein paar Plattitüden zusammenzukratzen, die zeigen sollten, dass sie traurig, aber dennoch entschlossen waren; irgendwann waren die Ohren aller Anwesenden vor lauter Klischees so gut wie taub. Mittlerweile war es schon nach 16:00 Uhr und sogar Zhang sichtlich ermattet.

Als gerade alle vor Langeweile beinahe umkamen, rief ein Wächter Zelle 424 auf. Zhang spitzte sofort die Ohren und schaute genau hin, als Hang »Hier!« rief und eifrig in Richtung Bühne lief.

Er war der Vertreter der Zelle, in der dieser »Selbstmord« stattgefunden hatte; Zhang musste ihn genau im Auge behalten.

Hang erreichte das Rednerpult und begann seinen Vortrag. Alle spürten sofort, dass es nicht der übliche Einheitsbrei war. Die meisten hatten mit theatralisch schmerzverzerrten Gesichtern monoton vor sich hin schwadroniert, welche lehrreichen Schlüsse sich aus Shuns Tod ziehen ließen. Hang baute seinen Vortrag ganz anders auf, begann mit seinem ersten Tag im Gefängnis und dem Eindruck, den er von Shun gewonnen hatte. Dank seiner lebhaften Erzählung kam hinter Shuns ruppigem Auftreten ein ängstlicher, labiler Mensch zum Vorschein. Hang legte eindrücklich dar, dass diesem Mann eine Art chronische psychische Krankheit zum Verhängnis geworden war, die der Grund dafür sein musste, dass er sich vom rechten Weg abgewandt hatte: der

Umerziehung durch Arbeit. Er hatte seine Wächter und seine Ausbilder enttäuscht, die viel Arbeit in den Versuch investiert hatten, ihn zu einem besseren Menschen zu machen. All dies war tadellos begründet und nachvollziehbar argumentiert. Niemand, der seinem Vortrag lauschte, konnte ernsthaft daran zweifeln, dass Shuns Selbstmord das Resultat eines geistigen Tumors gewesen war, der zu sehr metastasiert hatte. So sehr die Wächter sich auch bemüht hatten, sie waren nicht in der Lage gewesen, ihn von seinem Irrweg abzubringen.

Als Nächstes beschrieb Hang, dass Shuns Selbstmord in Wahrheit zwei Seiten hatte. Zwar war er ein Negativbeispiel an Verhalten, aber ein solches Negativbeispiel konnte lehrreicher sein als endlose Stunden Unterricht. Sollte es den Häftlingen gelingen, von Shun zu lernen, konnte jeder von ihnen vielleicht schneller ein neues Leben anfangen. Auf diesem Weg konnte die Tragödie am Ende doch zu etwas Positivem führen. Shuns Tod sollte also auch weiterhin als Studienbeispiel im Erziehungsprogramm des Gefängnisses eingesetzt werden.

Hangs gelehrter Vortrag erstreckte sich über mehr als zehn Minuten. Selbst Zhang schlug er mehr und mehr in seinen Bann. Die Worte des Sträflings bildeten den Zuckerguss auf dem Kuchen seiner Verschleierungstaktik. Sowie Hang fertig war, sprang Zhang auf. »Großartig!«

Auf sein Befürworten hin klatschten auch alle anderen ausgelassen.

Zhang schien noch mehr sagen zu wollen und hob die Hand.

Der Applaus verhallte, erwartungsvolle Stille senkte sich über den Saal. Alles wartete darauf, dass der Kommandant seinen Gedanken Ausdruck verlieh, aber ehe er dazu kam, stieg ihnen ein disharmonisches Geräusch in die Ohren.

Es war nicht besonders laut, wirkte aber in der feierlichen Atmosphäre umso respektloser: das Geräusch eines Mannes, der hemmungslos schnarchte.

Leichte Unruhe breitete sich aus, als jeder sich nach der Quelle der Störung umschaute. Zum allgemeinen Erstaunen handelte es sich um Hangs Freund Du Mingqiang. Sein Kopf war leicht nach vorn geneigt, die Augen fest geschlossen. Er schlief eindeutig schon seit einer ganzen Weile, nur war es während der Rede niemandem aufgefallen, bis alle mit angehaltenem Atem auf Zhangs Reaktion warteten.

Zhang hatte sichtlich nicht mit einer solchen Unterbrechung gerechnet. Seine Gesichtszüge verhärteten sich – für alle, die ihn kannten, ein eindeutiges Zeichen, dass er kurz vor einem Wutanfall stand.

Bruder Ping saß zwei Stühle neben Du, zwischen ihnen nur Hangs leerer Sitz. Als er den Ernst der Lage erkannte, reckte er den Fuß und trat Du kräftig vors Schienbein. Du heulte auf und starrte verwirrt in die Runde, eindeutig schlaftrunken.

Mittlerweile konnten einige Mithäftlinge ihr Gekicher nicht länger zurückhalten, und die ehrfürchtige Stimmung, die seit Tagesanbruch über dieser Veranstaltung gehangen hatte, verpuffte auf der Stelle.

Du begriff allmählich, dass alle ihn anstarrten. Schnell zog er sich etwas aus den Ohren, stopfte es in seine Hemdtasche, setzte sich demonstrativ aufrecht hin und schaute geradeaus.

Für solche Gesten war es allerdings zu spät. »Du Mingqiang, sofort auf die Bühne!«, brüllte Zhang in großem Zorn.

Du wirkte unbeeindruckt. Er stand auf und schlenderte erhobenen Hauptes nach vorn. Er betrat die Bühne und stellte sich Hang direkt gegenüber. Die beiden einander anstarrenden Männer, einer groß, einer klein, sahen aus, als wollten sie sich gleich in eine pantomimische Darbietung stürzen.

Der Anblick reichte aus, um einigen Leuten im Publikum abermals hemmungsloses Gelächter zu entlocken, obwohl mehrere Sitznachbarn versuchten, sie mit Zischlauten zum Schweigen zu bringen.

Zhang hatte die Augen so weit aufgerissen, dass sie fast aus den Höhlen traten. »Was soll das werden, Du Mingqiang?« Sein Brüllen zerriss Gekicher und Zischlaute gleichermaßen und sorgte für absolute Stille.

Einzig Du wirkte noch immer gänzlich entspannt. Er stand da und würdigte Zhang keines Blickes, als hätte all das nichts mit ihm zu tun.

Zhang richtete seinen Blick auf Hang. »Hang Wenzhi, zur Seite.«

Zhang erhob sich und näherte sich beinahe lauernd der Bühne. Direkt vor Du blieb er stehen, holte tief Luft und blies Du seinen schalen Atem in die Nase.

Du blieb, wo er war. Weder schaute er Zhang in die Augen, noch wich er seinem starren Blick aus. Seine ganze Haltung erweckte den Eindruck, dass er den Kommandanten gar nicht wahrnahm.

Das Publikum starrte fasziniert auf die Bühne und wartete darauf, dass Zhang zum Angriff überging.

Aber kein Sturm brach los. Zhang steckte lediglich eine Hand in Dus Tasche und zog einen Gegenstand hervor. Sofort veränderte sich Dus Gesichtsausdruck.

»Was ist das?« Zhang hielt den Gegenstand hoch, drehte ihn in der Luft und ließ den Blick über seine Untergebenen schweifen. »Das ist ein Discman«, antwortete ein junger Mann. »Hauptmann Pei Tao hat ihn gebracht. Da sollte auch eine CD drin sein ...«

»Schnauze!«, fuhr Zhang dazwischen. Er fuhr herum und grinste Du an wie eine Katze, die eine Maus gefangen hat. »Das ist ein verbotener Gegenstand. Von heute an wird das Gefängnis ihn für dich aufbewahren.«

Du konnte nicht länger ruhig bleiben. Wutentbrannt starrte er Zhang an, der mit großer Genugtuung erkannte, endlich einen wunden Punkt getroffen zu haben.

Obwohl er nichts von der besonderen Bedeutung der Geigenmusik wusste, hatte Zhang sofort begriffen, dass diese CD Du eine Menge bedeutete. Dass Hauptmann Pei Tao ihm den Discman gegeben hatte, war schon mehr als ungewöhnlich gewesen, und dass Du quasi rund um die Uhr Musik hörte ... Solche Dinge fielen Zhang auf und wanderten in seine Notizen. Bislang hatte er nichts dagegen unternommen, um für eine zukünftige Auseinandersetzung wie die jetzige ein Ass im Ärmel zu haben.

Du konnte es unmöglich gelassen hinnehmen – er fletschte die Zähne. »Kommandant Zhang, das bedeutet mir sehr viel. Bitte nehmen Sie es mir nicht weg.«

»Ach?« Zhangs Stimme klang seidenweich, und er lächelte. »Was willst du damit sagen? Flehst du mich an?«

Du schüttelte den Kopf. Sein Blick wurde zu Eis. »Nein«, sagte er sehr betont. »Ich möchte Sie nur daran erinnern, dass jeder etwas hat, das ihm lieb und teuer ist. Wenn Sie jemandem etwas wegnehmen, könnte er auch Ihnen etwas wegnehmen wollen.«

Die Drohung war mehr als eindeutig. Zhang stierte Du höhnisch an, sah sich aber nicht zu einer Antwort genötigt. Er ließ den Discman fallen, hob ein Bein und zermalmte das Gerät unter der harten Sohle seines Stiefels.

Du stieß ein wütendes Geheul aus. Er wollte Zhang beiseitestoßen, aber der hatte genau darauf gewartet und den Elektroschocker bereits aus der Gürtelschlaufe gezogen. Mit einem lauten Knistern ging Du gekrümmt zu Boden.

»Handschellen anlegen! Krötengriff!«, brüllte Zhang und zeigte mit dem Elektroschocker auf Du. Zwei Wächter kamen auf die Bühne gerannt und leisteten dem speziellen Befehl Folge. Sie fesselten Du mit den Handgelenken an den Fußknöcheln, beide Seiten separat. So würde er nur noch wie eine behäbige Kröte ungelenk hüpfen können.

»Du wagst es? Du wagst es, dich mit mir anzulegen?« Zhang stampfte noch immer auf dem Discman herum, dessen gebeutelte Elektronik längst in Einzelteilen verstreut lag. Auch die CD war zersprungen.

Du stieß ein kehliges Stöhnen aus, wie ein verwundetes Tier. Wieder versuchte er, Zhang zu erreichen, aber seine Glieder waren gebunden. Die Wächter mussten ihn nur leicht mit der Schuhspitze antippen, damit er wieder wie ein Kreisel zur Seite kippte.

Zhang hatte zweifellos den Sieg davongetragen. Er kicherte in sich hinein, so anmaßend kam ihm Dus Versuch vor. Nicht auszudenken – hatte der ihn doch wirklich in seinem eigenen Revier herausfordern wollen.

Du krümmte sich noch immer auf dem Boden. Zhang trat die Reste des Discmans in seine Richtung, kniete sich daneben und drückte ihm den Elektroschocker an den Unterkiefer. »Du wolltest Stress. Bist du jetzt zufrieden?«

Du starrte ihn an, die Augen blutunterlaufen und voller Hass. Er flüsterte Zhang etwas zu, das den Kommandanten wie ein Stromschlag traf. Zhang erstarrte und sah ihn schockiert an. Eine Sekunde später war die Überraschung entsetzlichem Zorn gewichen.

Er trat Du in die Brust, der den Rücken wölbte und kaum noch atmen konnte. Aber das war erst der Anfang. Wieder knisterte der Elektroschocker, und Dus gesamter Körper erzitterte, als würde er von einem Riesen durch ein Sieb geschüttelt. Der Schmerz war so vollkommen, dass alle Gedanken aussetzten und er nicht mehr wusste, wie ihm geschah.

Alle im Saal schauten mit offenem Mund zu, während Zhang Du wie ein Wahnsinniger folterte, ihn pausenlos mit Tritten und Stromstößen traktierte. Es dauerte eine ganze Weile, bis einige seiner Untergebenen die Geistesgegenwart besaßen, die Bühne zu stürmen und ihn beiseitezuzerren.

»Kommandant, beruhigen Sie sich. Sie bringen ihn noch um.«

»Ja, hier sind zu viele Zeugen. Denken Sie nach.«

Der Chor der Stimmen brachte ihn allmählich wieder zur Vernunft. Er deutete auf Du, der mit Schaum vor dem Mund dalag. »Bringt ihn in eine Arrestzelle. Lasst die Handschellen in dieser Position. Zehn Tage Einzelhaft.«

Zwei Wächter schleiften Du von der Bühne. Zhang blieb stehen, stemmte die Hände in die Hüften und atmete schwer. Er war noch immer außer sich.

Die Sträflinge schauten einander entsetzt an. Alle versuchten sich auszumalen, was Du gesagt haben mochte, um den Kommandanten dermaßen in Rage zu versetzen.

Du hatte so leise gesprochen, dass ihn niemand im Publikum hätte verstehen können. Eine Person aber hatte noch immer neben ihnen auf der Bühne gestanden: Hang Wenzhi.

Und Hang hatte nicht nur die Worte gehört, sondern auch die grauenvolle Andeutung dahinter begriffen.

Jeder hat etwas, das ihm lieb und teuer ist. Wenn Sie jemandem etwas wegnehmen, könnte er auch Ihnen etwas wegnehmen wollen.

»Volksschule Fenhe, 5. Jahrgang, Klasse 2, Zhang Tianyang, Block 2, Zimmer 203«, hatte Du gesagt.

Selbst der ausgeglichenste Mann der Welt wäre bei einer derart nackten Drohung gegen sein eigen Fleisch und Blut ausgerastet. Zhang war vor Wut derart hell entbrannt, dass Hang die Flammen noch ein paar Meter weiter hatte spüren können. Er wusste nicht, warum Du Zhangs Autorität wieder und wieder herausfordern musste, und diese letzten Worte, die zum endgültigen Kontrollverlust geführt hatten, waren vollkommen unnötig gewesen. Einzige Erklärung dafür war die CD, die Du offenbar so viel bedeutet hatte, dass er sich vorübergehend vergaß.

Niemand wusste, wie Du die zehn Tage Einzelhaft überstehen sollte. Im Krötengriff gefesselt konnte er nicht aufstehen, und auch so gut wie jede andere Bewegung war quasi unmöglich. Er konnte weder laufen noch die Arme heben. Er würde nur essen und trinken können, indem er sein Gesicht wie ein Hund in einen Napf hängte, und sich seiner Hose zu entledigen, um zu kacken oder zu pissen, würde eine noch viel größere Herausforderung darstellen. Einzelhaft war nicht nur körperliche Folter, sie sollte auch die Willenskraft brechen und – vor allem – maximal erniedrigen.

Zehn Tage später begab Zhang sich persönlich zu den Arrestzellen, um Du zu entlassen. Als er die Tür öffnete, schlug ihm ein unbeschreiblicher Gestank entgegen. Er trat einen Schritt zurück und wies einige Angestellte an, die Sauerei zu beseitigen. Diese hielten sich die Nasen zu, drehten einen Schlauch auf und richteten ihn auf die undeutliche Silhouette, die zusammengesunken an der Rückwand lehnte. Der Wasserschwall wusch die Dreckkruste zusammen mit verschütteten Essensresten vom Boden das Toilettenloch hinab. Die Gestalt kauerte dort, zu einem Ball zusammengerollt, und ließ sich vom Wasser bespritzen. Erst als ihm eine Ladung in die Nase stieg, regte er sich und prustete.

»Du atmest noch? Dachte, du wärst längst tot«, sagte ein Wächter spöttisch.

»Das reicht«, sagte Zhang. »Handschellen ab.«

Die Wächter drehten den Schlauch ab. Einer schloss die Handschellen auf, der andere stupste Du mit der Stiefelspitze an. »Aufstehen. Lauf mal ein bisschen im Kreis.«

Du wankte und versuchte, auf die Beine zu kommen, konnte aber nicht genug Kraft aufbieten.

Zhang rümpfte die Nase. »Helft ihm auf.«

Selbst nach seiner brutalen Dusche stank Du noch immer zum Himmel. Trotzdem taten die Wachen wie geheißen, stellten sich zu beiden Seiten des Häftlings auf und packten ihn unter den Armen. Seine Haltung jedoch blieb gebeugt. Nach zehn Tagen war er nicht sofort in der Lage, wieder eine normale Position einzunehmen.

Zhang stand vor der Tür und wartete, bis sie Du zu ihm gebracht hatten. Mit ernster Miene musterte er den Häftling. »Du Mingqiang. Hast du begriffen, was du falsch gemacht hast?«

Du hob mühevoll den Kopf und fixierte Zhangs Gesicht.

Seine Augen waren leer und trüb; nur sehr langsam schien neues Leben in seinen Blick zu treten, als erwachte er aus einem Koma.

Zhang sprach mit sanfter Stimme. »Die Einzelhaft dient nur als eine Form der Weiterbildung. Keinesfalls Mittel zum Zweck. Das Wichtigste ist, dass du deine Lektion gelernt hast. Verstehst du das?«

Du kniff die Augen zusammen und zeigte ein seltsames Lächeln. »Fünf Jahre«, sagte er leise.

Zhang sah ihn verwirrt an. »Was?«

»Meine Strafe …« Du holte tief Luft und hustete röchelnd das Wasser hervor, das sich in seiner Luftröhre gesammelt hatte. Dann lächelte er. »… beträgt nur fünf Jahre.«

In diesem Lächeln steckte ein Messer verborgen, das Zhang ins Herz traf. Er begriff, dass dieser Mann, der kaum stehen konnte, alles andere als besiegt war. Selbst nach Folter und Erniedrigung waren sein Kampfgeist und sein Durst nach Rache nur gewachsen.

Während seiner ganzen Zeit in Zellblock 4 hatte Zhang nie auch nur daran gedacht, einen Sträfling zu fürchten. Er war der Gebieter dieses kleinen Reichs.

Hier stand das erste echte Problem seiner Laufbahn vor ihm.

Dieser Mann war nicht lebenslänglich verurteilt. Er war kein Schwerverbrecher, sondern bloß für fünf Jahre zu Gast.

Ganz ohne Frage würde sich der Kerl in fünf Jahren wie ein wild gewordenes Tier aufführen. Selbst wenn Zhang sich um sich selbst nicht allzu viele Sorgen machte – was war mit seinem Sohn?

Er betrachtete Du mit kühler Miene, hinter der jedoch bohrende Kopfschmerzen wüteten. Nach über einem Jahrzehnt in diesem Job hatte er zum ersten Mal das Gefühl, er könnte eventuell eine Auseinandersetzung verlieren. Schließlich winkte er resigniert den Wärtern. »Bringt ihn zurück zu den anderen. Er soll über seine Taten nachdenken.«

Da gerade Arbeitszeit war, brachten die Wächter Du in die Werkhalle. Als die anderen Häftlinge ihn hereinkommen sahen, schauten alle von ihrer Arbeit auf und starrten ihn an.

Du war bleich und hohläugig. Stoppeln verunzierten sein Kinn, und er war so schwach, dass die Wächter ihn immer noch stützen mussten. Die feuchten Kleider klebten ihm am Leib und ließen ihn vor Kälte unkontrolliert zittern. Er hatte offensichtlich sehr gelitten in diesen letzten zehn Tagen, aber ebenso offensichtlich blieb sein Wille ungebrochen.

Sein Blick war wieder hell und entschlossen. Er schaute starr geradeaus wie auf eine imaginäre Zielscheibe, die er fest anvisiert hatte und nicht mehr verfehlen konnte.

Niemand wagte es, ein Wort zu sagen, aber viele betrachteten ihn voller Bewunderung. Das Gefängnis war ein Ort voller Pragmatismus, und persönliche Stärke wurde angemessen gewürdigt. Ganz gleich, wie sie ihn bislang behandelt haben mochten – von jetzt an würde jeder Häftling Du ein Mindestmaß an Respekt entgegenbringen.

Die Wächter eskortierten ihn zu seinem Arbeitsplatz und wandten sich an Bruder Ping, der in der Nähe saß. »Shen Jianping, weis ihm einen Teil eurer Arbeit zu.«

Bruder Ping sprang auf. »Jawohl, Herr.«

»Was stimmt bloß mit eurer Zelle nicht? Immer macht irgendwer Ärger«, murrte der Wächter beim Gehen.

Bruder Ping stellte einen Stapel mit Materialien vor Du

ab und sagte gelassen: »Willkommen zurück, und jetzt an die Arbeit. Was für ein toller Hecht du auch sein magst, hier drin bist du bloß ein weiteres Schamhaar. Denk mal drüber nach – ein Schamhaar kann so sehr wachsen, wie es will, es reicht doch nie über den Bauchnabel hinaus.«

Du antwortete nicht, sondern setzte sich hin und versuchte, sich zu sammeln. Hang trat neben ihn. »Entspann dich noch ein bisschen, du bist schließlich gerade erst entlassen worden. Ich mache das schon.« Er nahm den Stapel und trug ihn zu seinem Platz. Du nickte dankbar.

Etwa eine Stunde später gab es Abendessen. Niemand wollte in der Kantine neben Du sitzen, weil er noch immer einen fragwürdigen Geruch absonderte – bis auf Hang, der die Gelegenheit ergriff, sich in Ruhe mit ihm in eine Ecke zu setzen und unterhalten zu können.

»Wie konntest du nur so impulsiv reagieren?«, fragte Hang. »Zhang ist der Boss. Musstest du ihn wirklich dermaßen reizen? Was hat dir das gebracht? Bist du am Ende nicht der Einzige, der darunter gelitten hat?« Es klang halb wie eine Schelte, halb wie gut gemeinter Rat.

Du schlang zunächst ein paar Bissen herunter, ehe er Luft holte. »Ist es nicht ein bisschen früh, über das Ende zu reden?«

Hang schaute ihn entsetzt an. »Du willst weitermachen?«

Du antwortete nicht, sondern widmete sich wieder seinem Essen. Nach zehn Tagen Einzelhaft war er ausgehungert und musste so viel wie möglich verdrücken, um wieder zu Kräften zu kommen.

»Du bist ein kluger Mensch, wieso dann diesen Weg einschlagen?«, fragte Hang besorgt. »Selbst wenn du unbedingt Rache nehmen willst, musst du dich damit derart beeilen?«

Du sah auf. »Ich beeile mich durchaus nicht. Bis ich hier raus bin, passiert diesbezüglich gar nichts.«

»Ein Glück. Ich dachte schon, du hättest vor, deinen Fehler zu wiederholen.« Hang stieß erleichtert den Atem aus und sprach noch leiser weiter. »Vergiss unseren Plan nicht. Wir stehen kurz vor der entscheidenden Phase, du musst die richtigen Prioritäten setzen.«

Du antwortete nicht, sondern schaute scheinbar nervös an Hang vorbei. Hang drehte den Kopf und sah Bruder Ping und Ah Shan, die sie aus sieben oder acht Metern Entfernung anstarrten. Schnell drehte er sich wieder um. »Die reden über uns. Einfach normal verhalten. Sie können uns nicht hören.«

Du hatte den Blick längst abgewandt. »Was hat Bruder Ping getrieben, während ich weg war?«

»Nicht viel.« Hang kratzte sich den Kopf und versuchte zu erraten, worum Dus Gedanken sich drehten. »Alles war anders als beim letzten Mal. Als Blackie und Shun in Einzelhaft saßen, hat uns das alle schlecht dastehen lassen. Deshalb war Bruder Ping stocksauer. Aber du hattest die Eier, Zhang Haifeng öffentlich die Stirn zu bieten, und dafür bewundern dich alle.«

Du schüttelte skeptisch den Kopf und aß stumm weiter.

Hang wirkte abgelenkt und stocherte nur in seinem Essen herum. Endlich platzte er heraus: »Ich habe eine Karte des Kanalsystems.«

Du hob überrascht den Kopf.

»Eine Übersichtskarte sämtlicher Rohrleitungen unter dem Gefängnis«, sagte Hang leise, aber sichtlich aufgeregt. »Das ist der nächste große Schritt in unserem Plan.«

Du stopfte sich den Mund voll und murmelte kauend:

»Wo hast du die her?« Er war extrem verblüfft, ließ sich aber kaum etwas anmerken.

Hang war ein klein wenig enttäuscht von Dus verhaltenem Enthusiasmus, redete aber trotzdem weiter. »Vor zwei Tagen haben sie endlich jemanden gesucht, um den Schornstein zu reinigen. Niemand wollte es machen, also habe ich mich freiwillig gemeldet.«

Hang hatte den Schornstein bereits vor Dus Zeit in Einzelhaft erwähnt. Es hatte durchaus nach einer größeren Geschichte geklungen, nur war Du nicht weiter darauf eingegangen. Da das Thema nun wieder auf dem Tisch lag, konnte er sich denken, was es damit auf sich hatte. »Du bist bis ganz oben raufgeklettert und hast von der Schornsteinspitze aus eine Karte gezeichnet?«

Hang lächelte und nickte.

Von der Spitze des Schornsteins aus musste Hang das gesamte Gefängnisgelände zu seinen Füßen gesehen haben. Du war beeindruckt, hatte aber weitere Fragen. »Wie konntest du von so weit oben alle Zuleitungen sehen?« Während er das fragte, schob er sich ein Essstäbchen in den Kragen und kratzte sich eine Stelle am Rücken. Die lässige Geste bildete einen seltsamen Kontrast zu seinem ernsten Tonfall.

Hang schob mit umwölkter Stirn das Essen auf seinem Teller hin und her. »Erinnerst du dich an meine Ersatzbrille?«

Er wartete nicht auf Rückfragen, sondern schob sofort hinterher: »Die war gegen Weitsichtigkeit.«

Du begriff sofort. »Du hast ein Fernrohr gebaut.«

Hang klopfte mit den Essstäbchen gegen den Tellerrand, um nicht schon wieder nicken zu müssen.

Du hatte es in der Tat erfasst. Hang besaß zwei verschiedene Brillen: eine gegen Kurzsichtigkeit mit konkaven Gläsern und eine Lesebrille mit konvexen Gläsern. Sowie er den Schornstein erklommen hatte, hatte er sein improvisiertes Fernrohr gezückt, gefertigt aus den zwei Brillen und einer Rolle Pappe aus der Werkstatt.

Du musste nicht fragen, wie er darauf gekommen war – natürlich war Hang mit den physikalisch-mechanischen Grundlagen eines Fernrohrs vertraut. Von seinem Hochsitz aus war es ihm demnach möglich gewesen, alle Einzelheiten auf dem Gefängnisgelände genau zu erkennen.

Wahrlich eine abenteuerliche Geschichte. Du grinste breit. »Kein Wunder, dass du deinen Freund gebeten hast, dir die Brillen zu besorgen. Du hast dir von Anfang an Gedanken über einen Ausbruch gemacht.«

Hang aß einen Bissen. »Stimmt, den Gedanken hatte ich sofort, aber der Plan war anfangs noch nicht so detailliert. Ursprünglich wollte ich mir ein Fernrohr basteln, um den Aufbau der Verwaltungsgebäude zu studieren. Aber dann sind wir mehrfach durchgelaufen, also war das nicht mehr nötig. Als wir dann auf die Idee mit den Kanälen gekommen sind, habe ich daran gedacht, auf den Schornstein zu klettern.«

Du schwieg einen Moment. »Der Schornstein ist ganz schön hoch. Du hast von da oben bestimmt eine Menge gesehen?«

»Ja, und nicht nur auf dem Gefängnisgelände, sondern auch draußen. Ich habe jetzt eine ziemlich vollständige Karte, inklusive des Wegs vom Verwaltungstrakt bis jenseits der Mauer. Sollen wir ihn gemeinsam durchgehen?«

Du spürte, dass sein Freund darauf brannte, alles sofort zu besprechen, trotzdem legte er die Essstäbchen ab und wischte sich mit dem Ärmel über die Mundwinkel. »Wir sollten gehen. Die Essenszeit ist vorbei.«

Hang schaute sich um. Die meisten Häftlinge hatten in der Tat fertig gegessen und bildeten bereits eine Schlange, um ihre Tabletts zurückzugeben. Als Einzige sitzen zu bleiben, würde eindeutig zu viel Aufmerksamkeit erregen, also musste er nicht nur die restlichen Bissen, sondern auch jedes weitere Wort über den Plan erst einmal herunterschlucken.

Du wartete, bis Hang den letzten Bissen im Mund hatte, dann stellten sie sich zu den anderen. Sie plauderten noch ein wenig, verloren aber keinen weiteren Ton über ihr Vorhaben.

Auf das Abendessen folgte eine kleine Freizeit. Wer wollte, konnte sich in den Aufenthaltsraum setzen und fernsehen, obwohl sie nur Kanal Eins von CCTV schauen durften, wo wie seit Jahrzehnten jeden Abend um sieben Uhr die Nachrichten liefen.

Um neugierige Blicke zu vermeiden, setzten auch Hang und Du sich in den Aufenthaltsraum und widmeten dem Fernseher ihre volle Aufmerksamkeit. Als um acht Uhr die Nachrichten des Tages mit anschließender Analyse endeten, betrat ein Wächter den Raum. »Alles klar, die Freizeit ist vorbei, ab in eure Zellen.«

Die Sträflinge zerstreuten sich. Der Wächter ging mit seinem mächtigen Schlüsselbund herum und öffnete, beginnend im Erdgeschoss, nacheinander sämtliche Zellen für den abendlichen Appell. Nachdem ihre Namen aufgerufen worden waren, wurde die Tür der jeweiligen Zelle hinter ihnen verriegelt. Einmal mehr durften die Insassen auf engstem Raum auf den nächsten Tag warten.

Hang und Du gingen gemeinsam nach oben. Schon aus der Ferne war zu sehen, dass das Licht in Zelle 424 bereits brannte. Weder Bruder Ping noch Ah Shan machten sich viel aus Fernsehen – Ping legte lieber Karten und verbrachte den Großteil seiner Freizeit mit Solitär, Ah Shan versuchte grundsätzlich, so wenig wie möglich aufzufallen und hielt sich von anderen Menschen fern. Das brennende Licht an sich war also kein ungewöhnlicher Anblick. Erst beim Betreten der Zelle merkten Hang und Du, dass die Stimmung angespannt war.

Bruder Ping hatte keine Karten vor sich, sondern ein Blatt Papier, das er konzentriert anstarrte. Seine Körperhaltung war irgendwie seltsam – er hatte den Hals nach vorn verrenkt, als könnte er kaum etwas erkennen. Ah Shan saß ihm gegenüber. Als Hang und Du die Zelle betraten, huschte sein Blick sofort zu ihnen. Er war offensichtlich besorgt.

Hang rutschte das Herz in die Hose. Bruder Ping trug eine Brille – das »Ersatzexemplar«, das Hang normalerweise neben dem Bett aufbewahrte.

»Was soll das, Kleiner? Brauchst du in deinem Alter schon eine Lesebrille?«, fragte Bruder Ping, nestelte an der Brille auf seiner Nase herum und setzte ein spöttisches Grinsen auf.

»Bruder Ping ...« Hang suchte fieberhaft nach einer Erklärung. »Mein Freund hat mir neulich eine falsche mitgebracht. Ich hatte ihn um zwei Paar gebeten, aber er hat aus Versehen die Lesebrille meines Vaters eingepackt.«

»Ei, das war aber unvorsichtig von deinem Freund.« Bruder Ping wedelte mit dem Blatt Papier. »Und was ist das hier?«

Es war etwa halb so groß wie ein normales Schreibpapier

und auf einer Seite mit Bleistift komplett dunkel ausgemalt, auf der anderen Seite voll mit Berechnungen, Kreisen und anderen Markierungen, als hätte dort jemand eine mathematische Formel erarbeitet.

Du fiel auf, dass das Blatt in Richtung der dunklen Seite gewölbt war. Sein Herz tat einen Satz. Hang musste hieraus sein Fernrohr gebastelt, es zu einer Röhre zusammengerollt haben – deren Innenseite natürlich dunkel sein musste, um nicht zu viel Licht zu reflektieren.

Warum aber hatte er es danach nicht sofort entsorgt, sondern herumliegen lassen? Du überlegte einen Moment, begriff aber rasch: Irgendwo hatte Hang schließlich den Aufbau der Kanalisation unter dem Gefängnis skizzieren müssen. Zwischen den seltsamen Kreisen und Symbolen auf der Außenseite war also seine Karte versteckt.

Dus Vermutung traf zu, weshalb Hang das Papier nicht nur unter seiner Matratze versteckt hatte, sondern sich außerdem bereits eine Erklärung zurechtgelegt hatte für den Fall, dass es doch jemand entdeckte. »Ich habe das Blatt dazu benutzt, um in der Werkhalle meinen Bleistift zu spitzen und dann die Rückseite für Notizen, als ich Kommandant Zhangs Sohn bei seiner Prüfung helfen sollte.«

Bruder Ping verdrehte die Augen. »Das war alles in der Werkhalle, warum hättest du das Blatt mit in die Zelle nehmen sollen?«

»Ich wollte mir die Gleichungen noch einmal in Ruhe anschauen«, sagte Hang lässig.

Bruder Ping drehte das Blatt und untersuchte es von allen Seiten. Er schien sich sicher zu sein, dass damit irgendetwas nicht stimmte, konnte aber nichts erkennen. Was ihn nicht davon abhielt, trocken zu lachen. »Du darfst keine Arbeitsmaterialien aus der Werkhalle mitnehmen. Ich werde das später den Wächtern übergeben. Und diese Lesebrille brauchst du auch nicht, oder? Dann werde ich die ebenfalls los.«

Das war ein harter Schlag.

Hang zitterte. Vor lauter Angst wollte ihm keine gute Taktik mehr einfallen, weshalb er sich aufs Betteln verlegte. »Bruder Ping ... warum musst du ...?«

Bruder Ping registrierte Hangs Stimmungswandel und sagte kalt: »Warum muss ich was? Ich will nur diese unwichtigen Dinge loswerden, damit wir als Zelle keine Gefängnisregeln brechen.«

Hang drehte sich um und sah Du flehentlich an, der wusste, dass Bruder Ping Blut geleckt hatte und erst lockerlassen würde, wenn ein Stück Fleisch herausgerissen war. Nach kurzer Überlegung schritt er ein. »Bruder Ping, es wäre besser, die Sachen hierzubehalten. Sie könnten uns allen nützlich sein ...«

Seine Worte fielen absichtlich vage und sein Gesichtsausdruck geheimnisvoll aus. Der angeblich tiefere Sinn war Teil seiner Verzögerungstaktik, die Bruder Pings Neugier so weit wecken sollte, dass er das Blatt Papier nicht mehr weggeben wollte. Sobald diese unmittelbare Gefahr überstanden war, konnte er sich einen längerfristigen Plan einfallen lassen.

Bruder Ping sah ihn an. »Nützlich? Inwiefern?«

Du wölbte die Brauen und warf einen Blick in Richtung Tür. »Jetzt nicht«, sagte er leise. »Nachdem die Wächter ihre Runde gedreht haben.« Mittlerweile hatte der abendliche Appell die vierte Etage erreicht und näherte sich ihrer Zelle.

Bruder Ping war mit allen Wassern gewaschen und begriff sofort, was Du vorhatte. Doch er wollte die Oberhand behalten, unbedingt herausfinden, was die beiden ausgeheckt hatten, und beschloss daher, den nahenden Wärter als Druckmittel einzusetzen. Er lachte.

»Willst du damit sagen, das hier ist 'ne richtig große Nummer? Dann werde ich das bestimmt nicht für mich behalten. Ah Shan – ruf den Wächter!«

Ah Shan rannte zur Tür und streckte den Kopf auf den Gang hinaus. »Herr!«

Der Wächter war noch vier oder fünf Zellen entfernt. »Was ist los?«, fragte er ungehalten.

Ah Shan wusste darauf keine Antwort und sah sich Hilfe suchend nach Bruder Ping um. Ping seinerseits starrte Du und Hang an und wartete auf ihre Entscheidung.

Die beiden wechselten einen Blick. Sie konnten nicht länger zögern. Entweder sie schwiegen, ließen zu, dass Bruder Ping dem Wächter die Sachen aushändigte, und versuchten später, sie irgendwie zurückzubekommen; oder sie sagten Bruder Ping die Wahrheit und setzten alles darauf, dass er sie nicht verpfeifen würde, wodurch er am Ende sogar zu einem hilfreichen Faktor in ihrem Plan werden könnte.

Eine allzu schwere Entscheidung in so kurzer Zeit. In der Zelle herrschte Totenstille. Die vier Männer sagten kein Wort, sondern durchbohrten einander mit Blicken.

»Was los ist, will ich wissen«, rief der Wächter. »Warum antwortet ihr nicht?« Der Klang seiner Schritte kam rasch näher.

Abermals betrachtete Bruder Ping das Papier in seiner Hand. Er saß in jeder Hinsicht am längeren Hebel. Du und Hang wussten, dass sie nicht länger warten konnten, und als der Schatten des Wächters im Türrahmen zu sehen war, zischte Hang: »Gefängniskarte. Behalten, wir brechen aus.«

Diese leisen Worte erschütterten Bruder Ping wie ein Erdbeben. Er hatte damit gerechnet, das Blatt könnte wichtig sein, sich ein Geheimnis dieser Größenordnung aber nicht träumen lassen. Längst nicht mehr so selbstsicher wie noch wenige Sekunden zuvor, zerknüllte er hastig das Papier und starrte Hang an.

Hang erwiderte seinen Blick.

Der Wächter erreichte die Tür und baute sich vor Ah Shan auf, der ihn wortlos anglotzte. »Taubstumm, oder was?«, knurrte der Wächter, schob Ah Shan zur Seite und brüllte: »Shen Jianping, was ist hier los?«

Du betrachtete Bruder Ping und schwitzte vor Erregung. Anders als die meisten hier hatte Bruder Ping nie ausbrechen wollen. Aber nun, da sein alter Feind tot war, mochte sich auch das geändert haben. Hatte er sich am Ende neue Ziele gesteckt?

In die erstickende Atmosphäre hinein gab Bruder Ping seine Antwort. Er stand auf und lächelte den Wächter an. »Ich hatte Ah Shan gesagt, er solle das Bad putzen, aber er hat sich beschwert, das sei nicht fair. Wahrscheinlich wollte er Sie als Schiedsrichter einspannen.«

Der Wächter verzog das Gesicht. »Was soll der Mist? Ihr steckt alle in derselben Zelle, wen kümmert es da, ob jemand ein bisschen mehr oder weniger arbeitet?«

Ah Shan gab vor, seine Meinung zu ändern. »Ja, okay, das leuchtet ein. Ich ziehe die Beschwerde zurück.«

»Alles klar. Dann rein mit dir, ich muss euch noch abhaken.«

Ah Shan zog sich in die Zelle zurück, und der Wärter hakte ihre Namen auf seiner Liste ab. Als er zu Bruder Ping kam, stockte er. »Was hast du da in der Hand?«

»Das gehört unserer Brillenschlange«, sagte Bruder Ping. »Der hilft dem Sohn Ihres Chefs mit den Hausaufgaben.«

Der Wächter nickte und kümmerte sich nicht weiter darum. Da er alle vier Insassen abgehakt hatte, schloss er die Tür ab und setzte seinen Rundgang fort.

Als seine Schritte weit genug verhallt waren, sagte Bruder Ping frostig: »Ihr wollt ausbrechen? Dazu gehört ordentlich Mumm.«

Ah Shan hatte noch nicht mitbekommen, worum es eigentlich ging, und schien entsprechend entgeistert. Mit offenem Mund starrte er Du und Hang an.

Hang seufzte. Er hatte gehofft, wenigstens Ah Shan ihren Plan vorzuenthalten, aber jetzt war selbst dieser im Bilde.

Bruder Ping schien seine Gedanken gelesen zu haben. »Komm schon, was glaubst du, wie lange ihr das noch hättet geheim halten können? Wir sitzen alle in derselben Zelle, du kannst uns also auch gleich einweihen.«

Hang schaute unglücklich drein und sah Du an, der langsam nickte.

»Na gut.« Hang schien sich langsam mit der Situation abzufinden. »Jetzt sitzen wir wirklich alle in einem Boot ...«

»Wer sagt, dass ich in eurem Boot sitzen will?«, unterbrach ihn Bruder Ping und wedelte ihm mit dem Papier vorm Gesicht herum. »Ich könnte das immer noch jederzeit dem Wächter übergeben und dafür mit einer reduzierten Strafe rechnen. Warum sollte ich mir die Hände schmutzig machen?«

Hang schluckte und starrte Bruder Ping verständnislos an.

Bruder Ping musterte Ah Shan. »Was sollten wir deiner Ansicht nach tun?«, fragte er seinen Handlanger.

Ah Shan dachte einen Moment nach. »Ich wurde zu zwanzig Jahren verurteilt. Selbst mit einem Erlass wegen guter Führung habe ich immer noch mehr als zehn vor mir. Außerdem ...« Er stockte. Die Vorstellung eines geglückten Ausbruchs war sichtlich verlockender als der Gedanke an eine Haftverkürzung dank guter Führung. Und mit dem anderen ungeklärten Verbrechen im Nacken würde er sowieso nie wirklich ruhig schlafen können, solange er im Gefängnis saß.

Bruder Ping grunzte unverbindlich. Er wusste, dass Ah Shan ein nachdenklicher Bursche war und hatte ihn gerade deswegen in den Plan einweihen wollen. Außerdem wollte er nicht ausbrechen, nur um hinterher eines Tages mit dessen Messer im Rücken zu enden.

»Komm mit uns, Ah Shan. Selbst wenn es nicht klappt, liefern wir ihnen wenigstens einen richtigen Kampf«, sagte Du erregt. Er wusste, ihr Plan konnte nur funktionieren, wenn die anderen sofort dabei waren.

Ah Shan nickte. Er hatte sich schnell entschieden.

»Dann hängt alles an dir, Bruder Ping«, sagte Du.

»An mir?« Bruder Ping kicherte. »Ich glaube, es hängt eher an euch beiden.«

Du zog die Stirn kraus.

»Legt mir euren Plan dar«, sagte Bruder Ping.

»Sobald es dunkel ist«, sagte Du.

Bruder Ping warf einen Blick in Richtung Überwachungskamera und zuckte mit den Schultern. »Von mir aus.« Wahrscheinlich würde es tatsächlich Argwohn erregen, wenn jemand die Insassen tuschelnd zusammensitzen sah.

Also trollte sich jeder in sein Bett und tat so, als sei dies ein ganz gewöhnlicher Abend. Alles wirkte ruhig, trotzdem war die unterschwellige Anspannung zu spüren.

Der Nervöseste von allen war Hang. Er wartete, bis Du in die Waschecke ging, und tat so, als müsste er dringend pinkeln, damit sie sich einen Moment lang ungestört unterhalten konnten. »Sollen wir ihnen wirklich so früh alles verraten?« Bruder Ping hatte bis jetzt schließlich weder Ja noch Nein gesagt. Was, wenn das alles eine Falle war?

Du putzte sich weiter die Zähne und antwortete mit vollem Mund. »Wir müssen sie sogar einweihen, und zwar so detailliert wie möglich. Bruder Pings Antwort hängt davon ab, wie gut dein Plan ist, verstehst du?«

Da begriff Hang: Der alte Fuchs war zu vorsichtig. Dann half es wirklich nichts – sie mussten ihm den gesamten Plan anvertrauen.

Endlich gingen die Lampen aus. Die vier setzten sich erneut zusammen und machten sich daran, ihr unaussprechliches Geheimnis mit leisen Stimmen zu erörtern.

Bruder Ping hatte das Papier vorher noch im Schein der Deckenlampe studiert, sich aber keinen Reim darauf machen können. »Ist das wirklich eine Karte?«, fragte er jetzt. »Für mich sieht das nur aus wie Kritzelei.«

»Es ist eine Karte«, sagte Hang.

Bruder Ping breitete sie auf dem Tisch aus. »Erkläre sie mir.«

Im fahlen Schein des Mondes fuhr Hangs Finger die Linien entlang. »Jeder dieser Kreise steht für einen Gullydeckel; die verschiedenen Nummern stehen für unterschiedliche Sorten. Mit der Karte kann man sich die Anordnung sämtlicher Rohrleitungen auf dem Gelände erschließen. Und sobald wir da unten drin sind, können wir uns nicht verlaufen, solange wir die Karte dabeihaben.«

Bruder Ping betrachtete die Karte eine ganze Weile, bis

er die Einzelheiten begriffen hatte. »Okay. Ihr wollt also auf unterirdischem Weg raus?«

»Wir können nicht die gesamte Strecke unterirdisch zurücklegen, weil an manchen Stellen Gitter verbaut sind«, sagte Hang. »Wir kommen aber von hier bis in die Verwaltungsgebäude, und von da können wir uns einen Weg nach draußen suchen.«

»Was für einen Weg?«, wollte Bruder Ping wissen.

Auch Du hörte ganz genau zu. Beim Essen hatte Hang von einem ausgereiften Plan gesprochen, der auch den Verwaltungstrakt einschloss, also war er natürlich neugierig, mehr zu erfahren.

Stattdessen konterte Hang mit einer Gegenfrage. »Weiß irgendwer von euch, wie es außerhalb der Mauern aussieht?« Die drei schauten ihn verwirrt an. »Das Gelände, meine ich«, legte er nach.

»Woher zum Teufel sollen wir das wissen? Wir sitzen alle hinter genau dieser Mauer fest«, fauchte Bruder Ping. »Schluss mit der Geheimniskrämerei, klare Worte jetzt.«

»Östlich des Gefängnisses liegt ein großer See.« Hang deutete auf ein paar Wellenlinien auf der Karte, die offenbar Wasser darstellen sollten.

»Aha?« Bruder Ping schaute ein wenig zweifelnd. »Wo hast du die Karte überhaupt her?«

»Selbst gemalt.« Hang erzählte noch einmal die Geschichte mit dem selbst gebauten Fernrohr.

»Als du unbedingt den Schornstein sauber machen wolltest, habe ich schon gewusst, dass irgendwas nicht stimmt«, sagte Bruder Ping. »Na gut, weiter.«

In Chengdu gab es viele kleinere Gewässer, die Anwesenheit eines Sees in der Nachbarschaft war also an sich nichts

Ungewöhnliches. Was aber hatte Hangs Plan damit zu tun? Während Hang die Entstehung der Karte darlegte, starrte Du die Wasserlinien an und versuchte, das Rätsel zu lösen. Ohne Erfolg.

»Schaut euch das an ...« Hangs Fingerspitze markierte eine Stelle, an der er einige gleichmäßige Formen gezeichnet hatte, als ergründe er ein geometrisches Problem. »Das sind die Verwaltungsgebäude. Fünfzehn Stück, angeordnet in einer komplizierten Form, damit Leute, die sich unrechtmäßig dorthin verirren, nur schwer wieder herausfinden. Darüber müssen wir uns aber nicht den Kopf zerbrechen – wir umgehen das Problem unterirdisch. Reden wir über das Hauptgebäude, das ganz im Süden. Es ist das größte und liegt direkt gegenüber vom großen Tor.«

Bruder Ping und die anderen nickten. Jeder Häftling hier kannte das Aussehen dieses Gebäudes, denn es war das erste gewesen, das sie bei Haftantritt erblickt hatten. Es war hoch und imposant und dafür geschaffen, den Betrachter mit bedrückender Furcht zu schlagen. Dahinter erstreckte sich der Irrgarten der kleineren Gebäude.

Hang räusperte sich, damit sich alle wieder auf ihn konzentrierten. Was er als Nächstes mitzuteilen hatte, war besonders wichtig. »Vom Dach des Hauptgebäudes können wir über die Ostmauer springen.«

Alle starrten ihn an. Bruder Ping schüttelte den Kopf. »Willst du uns verarschen?«

Hang schaute ihn mit ernster Miene an. »Die Mauer ist ungefähr sieben Meter hoch, beziehungsweise zehn, wenn man den Elektrozaun mitzählt. Das Hauptgebäude hat neun Stockwerke, macht ungefähr dreißig Meter. Wenn wir über die Ostkante vom Dach springen, müssen wir es nur über die Mauer schaffen, dann landen wir im See. Ihr könnt hoffentlich alle schwimmen?«

Die meisten Jungen, die in einer derart nassen Stadt aufwuchsen, lernten irgendwann schwimmen. Bruder Ping grunzte nur, als sei die Frage nicht einmal eine Antwort wert. »Dann erkläre mir mal: Wie weit steht diese Ostwand vom Hauptgebäude entfernt?«

»Meinen Berechnungen nach etwa fünfundzwanzig Meter, plus minus maximal zwei«, sagte Hang zuversichtlich. Als Stadtplaner besaß er ein gutes Gefühl für Entfernungen, Höhen und dergleichen.

»Fünfundzwanzig Meter?«, sagte Bruder Ping verächtlich. »Hältst du uns für Superhelden?«

Hang fuhr eine weitere Gruppe von Linien mit dem Finger entlang. »Das Dach liegt etwa zwanzig Meter über der Mauer. Natürlich wäre es unmöglich, diese fünfundzwanzig Meter im Fall horizontal zu überqueren, und welcher Architekt auch immer diese Anlage entworfen hat, hätte kaum einen derart offensichtlichen Fehler eingebaut. Wir können uns allerdings einer bestimmten Gerätschaft bedienen.«

Hang wirkte derart selbstsicher, dass sogar Bruder Ping seine Vorbehalte einen Moment zurückstellte. »Was für ein Gerät?«

Hang warf ein einziges Wort in den Raum. »Fahnenmast.«

»Hä?« Alle schauten ihn verdutzt an und glaubten, sich verhört zu haben.

»Der große Fahnenmast oben auf dem Hauptgebäude.«

Da verstanden sie. Tatsächlich kannten sie diesen Mast alle, denn dort oben wehte die große Rote Fahne. Bei besonderen Anlässen wurden die Häftlinge zu einem Fahnenappell versammelt. Der Mast war hoch genug, dass man ihn dank der Höhe des Hauptgebäudes von überall im Gefängnis sehen konnte.

»Der Fahnenmast ist etwa zehn Meter hoch«, sagte Hang und zeigte auf eine weitere Zahl auf der Karte. »Wir können ihn abmontieren und zur Ostkante des Dachs tragen. Der Fuß ist rechteckig, den können wir dort in einer Lücke in der Brüstung festklemmen, damit der gesamte Mast nach außen ragt. Das erweitert uns das Dach um zehn Meter in Richtung Ostmauer.«

Bruder Ping ging das Szenario im Kopf durch und fragte skeptisch: »Du willst, dass wir über den Mast balancieren und dann am Ende runterspringen?«

Hang lächelte. »Natürlich nicht. Wir sind keine Zirkusakrobaten. Wenn einer ausrutscht, wäre es ein sicheres Todesurteil, stimmt's?«

»Was hast du dann vor?«, fragte Bruder Ping unwirsch.

»Wir organisieren uns ein zehn Meter langes Seil und binden es an der Spitze des Mastes fest. Dann nehmen wir das andere Ende und springen damit vom Dach.«

Bruder Ping kniff die Augen zusammen. »Wie eine Schaukel?«

Hang klopfte auf den Tisch. »Genau! Wenn wir an dem Seil vom Dach springen, bilden wir im Prinzip die Masse eines Pendels. Die zugrunde liegende Physik besagt, dass wir am Punkt direkt unter der Mastspitze, also am Scheitelpunkt unserer Parabel, einen Impuls Richtung Osten von etwa vierzehn Metern pro Sekunde erreichen sollten. Wenn wir an der Stelle loslassen, nehmen wir diesen Schwung mit. Da befinden wir uns noch immer gute zehn Meter oberhalb des Elektrozauns. Der Fall dauert eins Komma vier Sekunden, in der Zeit legen wir etwa fünfundzwanzig Meter in der Horizontalen zurück. Und wir sind schon zehn Meter geschwungen, macht also fünfunddreißig Meter vom Dach des Hauptgebäudes nach Osten, was uns problemlos über die Mauer bringt.«

Bruder Ping hatte kein Wort von dieser Erklärung verstanden, baute sich im Kopf aber trotzdem ein Bild zusammen, wie er vom Dach schwang und wild kreiselnd durch die Luft segelte. Auch in seiner Vorstellung reichte der Schwung von der Spitze des zehn Meter langen Fahnenmasts, um die fünfundzwanzig Meter zwischen Gebäude und Mauer zu überqueren.

»Was ist mit dem Luftwiderstand?«, fragte Du zögernd. »Ich glaube nicht, dass wir die vierzehn Meter pro Sekunde wirklich erreichen.«

Hang lächelte. »Daran hatte ich auch gedacht, aber die tatsächlichen Bedingungen sind vielversprechender, als du glaubst. Um diese Jahreszeit weht der Wind in Chengdu fast immer von West nach Ost. Je mehr Wind, desto besser für unseren Plan. Außerdem haben wir zehn Meter Puffer. Selbst wenn es an diesem Tag vollkommen windstill ist, sollte das problemlos klappen.«

Du nickte. Solange der Wind nicht direkt aus der Gegenrichtung blies, sollte es tatsächlich keine Rolle spielen. Ah Shan hatte bis jetzt geschwiegen und sich seine Gedanken gemacht. Langsam wurde er lebhafter. »Wie kompliziert wird es, den Mast abzumontieren?«

»Der ist im Dach verschraubt«, sagte Hang. »Wir brauchen nur einen Schraubenschlüssel.«

Bruder Ping runzelte die Stirn. »Woher weißt du das?«

»Ich habe es geschafft, bei meinem Unterricht mit Zhang Tianyang aufs Dach zu kommen«, erzählte Hang. »Der Kommandant war gerade auf Patrouille, und ich habe dem Kleinen einen Test vorgelegt und gesagt, ich müsste pinkeln. Dann bin ich durch den Lüftungsschacht aus dem Klo aufs Dach geklettert, und da habe ich den See direkt vor der Mauer gesehen und mir den Plan mit dem Fahnenmast ausgedacht.«

Bruder Ping glaubte ihm – langsam fügte sich alles zusammen. Hang unterrichtete Zhang Tianyang schon seit mehreren Wochen und würde diese Zeit natürlich darauf verwendet haben, seinen Ausbruch detailliert vorzubereiten.

»Wo bekommen wir den Schraubenschlüssel her?«, fragte Bruder Ping.

»Im Hauptgebäude gibt es einen eigenen Raum für den Hausmeister«, sagte Hang. »Dort sollte sich auch ein Werkzeugkasten befinden.«

Bruder Ping dachte angestrengt nach. Der Plan klang solide, auch wenn er achtgab, sich diese Überzeugung nicht anmerken zu lassen, sondern Hang weiterhin kritisch zu mustern. »Geh den ganzen Plan noch mal von Anfang bis Ende für mich durch.«

Hang merkte, dass Bruder Ping knapp davorstand, seine endgültige Entscheidung zu treffen, nahm sich also kurz Zeit, um sich noch einmal zu sammeln. »Wir bereiten drei Seile vor. Zwei von ihnen etwas über zehn Meter, eins zwanzig Meter lang. Wenn wir damit fertig sind, suchen wir uns eine passende Nacht aus und machen uns auf den Weg. Wir klettern durch den Luftschacht in unserer Waschecke und von da aus aufs Dach. Dabei müssen wir sehr vorsichtig sein, denn das Lüftungssystem durchzieht das gesamte Gebäude, und das kleinste Geräusch könnte andere Häftlinge oder sogar die Wächter alarmieren. Sobald wir auf dem Dach sind, seilen wir uns mit dem ersten der drei Seile ab. Die nordwestliche Ecke dieses Gebäudes wird von keiner Kamera eingesehen, das ist ein blinder Fleck. Die Fassade wird regelmäßig von Flutlichtscheinwerfern abgesucht, also müssen wir in den dunklen Abschnitten dazwischen runter. Unser Trakt ist vier Stockwerke hoch, also sollte ein Seil von zwölf oder dreizehn Metern reichen. Ein weiterer Grund für die Nordwestecke ist, dass es ganz in der Nähe einen Gullydeckel zur Regenentwässerung gibt. Da müssen wir so schnell wie möglich rein, denn jede Sekunde über der Erde erhöht das Risiko, von den Wachtürmen oder Patrouillen entdeckt zu werden.«

Bruder Ping stellte ein paar schnelle Berechnungen an. Die Flutlichter schwenkten ungefähr einmal pro Minute herum, was vier Leuten genug Zeit geben sollte, an einem Seil zu Boden zu rutschen. Eine Frage allerdings war noch nicht geklärt. »Was ist mit dem Seil? Lassen wir das einfach an der Wand hängen?«

»Was anderes bleibt uns nicht übrig«, sagte Hang. »Bevor wir verschwinden, beschweren wir das untere Ende mit einem Ziegel, damit es nicht im Wind schwingt. Die Wachtürme sind weit genug entfernt, damit es hoffentlich nicht auffällt.«

Bruder Ping rümpfte die Nase, eindeutig wenig erfreut von dieser Antwort, und auch Du schüttelte den Kopf. »Wir können das Seil nicht zurücklassen. Das ist zu riskant.«

»Was sollen wir sonst machen?« Hang breitete hilflos die Hände aus. »Wir sind dann alle auf dem Boden und haben niemanden mehr auf dem Dach, der den Knoten lösen könnte.«

»Ich weiß es«, rief Du leise. »Wir nehmen ein doppelt so langes Seil und legen eine Schlinge um die Reling oben auf dem Dach. Sobald alle unten sind, lösen wir die Schlinge und holen uns das Seil zurück.«

»Klasse Idee«, sagte Ah Shan. Hang stimmte sofort zu. »Ja, das ist großartig – warum habe ich nicht gleich daran gedacht? So benötigen wir nur zwei Seile, eins etwas über zwanzig und eins etwas über zehn Meter.«

Bruder Ping lächelte nicht, sondern winkte Hang nur, er solle fortfahren. »Weiter. Nehmen wir an, wir schaffen es durch den Gullydeckel nach unten.«

»Dieser Karte nach müssten wir den ganzen Weg unter den Feldern durch den Regenablauf kommen, direkt bis zum nordöstlichen Rand des Verwaltungsareals. Dort treffen sich zwei Schächte, die weniger als fünf Meter auseinanderliegen, einer für Regen und einer für die Lüftung.« Hang zeigte die Stelle auf der Karte. »Wir kommen also aus dem einen und steigen sofort in den anderen um. Da sämtliche Verwaltungsgebäude an einem System hängen, sollten wir dadurch bis ins Hauptgebäude gelangen.«

»Und dann? Wie schaffen wir's aufs Dach? Weiter durch die Lüftungsschächte?«

»Es wäre zu schwierig, neun Stockwerke zu überwinden. Wir müssen die Treppe nehmen. Obwohl das Treppenhaus sicher auch mit Kameras bestückt ist, sollte man uns nicht sehen können, solange wir die akustischen Sensoren nicht aktivieren. Aber die Nachtwächter schenken den Verwaltungsgebäuden auf ihren Monitoren wahrscheinlich sowieso die geringste Aufmerksamkeit.« Hang machte eine kurze Pause. »Ein Problem gibt es aber. Die Lüftungsklappe aus dem Schacht ins Treppenhaus ist wahrscheinlich verschlossen. Wir müssen überlegen, wie wir sie aufkriegen.«

»Das ist kein Problem«, sagte Du lässig, und Ah Shan

pflichtete ihm sofort bei. »Das schafft jedes Kind. Man braucht nur einen Zahnstocher.«

Hang grinste – kurz hatte er vergessen, in welcher Gesellschaft er sich befand. »Sobald wir auf dem Dach sind, machen wir es so, wie ich eben erklärt habe – wir montieren den Fahnenmast ab, befestigen das Zehn-Meter-Seil an der Spitze und das Zwanzig-Meter-Seil an der Basis. Nachdem der Erste seinen Schwung erfolgreich absolviert hat, zieht sich der Zweite mit dem Zwanzig-Meter-Seil als Lasso das kürzere Seil wieder in Griffweite, und so weiter.« Hang beendete seine Erläuterung und schaute Bruder Ping erwartungsvoll an.

Dieser dachte in Ruhe nach, ehe er antwortete. »Du hast eine Menge erzählt, und alles klingt so, als könnte die Nummer klappen. Trotzdem noch einmal ganz direkt die Frage: Bist du dir völlig sicher, dass dein Plan keine Schwachstellen aufweist?«

Hang selbst konnte keinen Fehler entdecken, hatte aber das Gefühl, als wollte Bruder Ping auf etwas Bestimmtes hinaus. »Bitte teile deine Weisheit mit uns.«

»Was tun wir, wenn wir draußen sind? Tropfnass, in Gefängnisklamotten, kahl rasiert, vom Schwimmen durch den See total erschöpft. Sobald die erste Patrouille den Fahnenmast und die Seile findet, schicken sie sofort Suchtrupps hinter uns her. Wir sind mitten im Nirgendwo. Wo sollen wir hin? Wie weit, glaubst du, kommen wir?«

»Na ja ...« Hang verstummte. Bis zu diesem Punkt hatte er nicht gedacht.

»Wir brauchen jemanden, der uns aufpickt«, sagte Ah Shan, dem dieser wichtige Punkt auch schon aufgefallen war. Hoffnungsvoll richtete er seinen Blick auf Bruder Ping.

»Weißt du jemanden? Du hast noch so viele Kontakte da draußen ...«

Bruder Ping schnaubte. »Was habe ich davon? Wie soll ich irgendwem was von unseren Plänen erzählen? Die Wächter begleiten unsere Besuche und lesen unsere Post. Es gibt keine Möglichkeit, eine Nachricht nach draußen zu schmuggeln.«

Dies schien in der Tat ein Problem zu sein. Ah Shan schüttelte enttäuscht den Kopf, und auch Hang blieb stumm, als hätte jemand einen Eimer mit kaltem Wasser über ihn geleert.

Du war es, der schließlich das Schweigen brach. »Ich kann dafür sorgen, dass uns jemand erwartet. Überlasst mir das.«

Hang schaute ihn erleichtert an, Bruder Ping hingegen war argwöhnisch. »Wie?«

Du verschränkte die Finger. »Ich verstehe mich ausgezeichnet mit Herrn Shao, dem Lastwagenfahrer. Wenn ich ihn das nächste Mal sehe, überzeuge ich ihn davon, uns zu helfen.«

»Der arbeitet fürs Gefängnis. Glaubst du im Ernst, er hilft uns?«, sagte Bruder Ping verächtlich.

»Ich habe ihm einen großen Gefallen getan«, sagte Du lächelnd. »Er wird nicht ablehnen.«

»Nicht ablehnen?«, spottete Bruder Ping. »Stimmt, der wird dich gleich verpfeifen.«

»Ist er nicht in zwei Tagen schon wieder hier? Warum streckst du nicht mal vorsichtig die Fühler aus?«, schlug Ah Shan vor.

Bruder Ping überlegte. Es schien trotz aller Vorbehalte ihre beste Möglichkeit zu sein. Sollte Herr Shao ablehnen, hatten sie niemanden sonst, dem sie sich anvertrauen konnten. Eine Frage hatte er allerdings noch. »Was für einen Gefallen?«

Du sah keinen Grund, das Geheimnis länger für sich zu behalten. »Er hat eine Herzkrankheit und konnte sich die nötige Behandlung nicht leisten. Ich habe ihm eine fünfstellige Summe zukommen lassen.«

»Stimmt, sein Herz war wirklich nicht in Ordnung«, sagte Hang. »Das sah ganz schön ernst aus.«

Bruder Ping sah Du an. »Ach was? Er verdankt dir also gewissermaßen sein Leben.«

Du blieb gelassen. »Einen Versuch ist es wert. Und wenn das nicht klappt, lassen wir uns was anderes einfallen.«

»Na schön, sprich mit ihm«, sagte Bruder Ping. »Wenn er dir so viel schuldet, wird er dich wohl zumindest nicht verraten, auch wenn er uns nicht hilft.«

Damit war die Diskussion beendet – sie hatten alles besprochen. Blieb nur noch, auf Freitag zu warten, wenn Du und Hang einmal mehr den Lastwagen beladen würden. Nun aber hatten sie eine Nebenmission auszuführen: Herrn Shao mit ins Boot zu holen.

Freitags erledigten sie ihre Arbeit gewissenhaft wie immer, um nur keine Aufmerksamkeit zu erregen. Erst ganz am Ende beim Zusammenrechnen baute Hang absichtlich einen Fehler ein, sodass die Zahlen nicht übereinstimmten. Besorgt drehten er und der Wärter daraufhin eine zweite, sorgfältigere Runde um den Lastwagen. Währenddessen nahm Du Herrn Shao für ein Gespräch beiseite.

Es dauerte über zehn Minuten, bis die Stapel endlich korrekt abgezählt waren. Hang gestand seinen Fehler ein und entschuldigte sich unterwürfig bei ihrem Wächter, der sehr ungehalten war. Hangs Augenmerk lag die ganze Zeit auf

Du und Herrn Shao, die ein Stück abseits des Wagens ins Gespräch vertieft standen. Langsam entspannte er sich innerlich ein wenig – alles schien zu funktionieren.

Irgendwann war der Wächter fertig damit, ihn zusammenzufalten. »Na gut, dann ab mit dir.« Hang händigte Herrn Shao den Papierkram aus, der nicht einen Blick darauf warf, sondern den Notizblock durchs offene Fenster ins Führerhaus warf. Dann winkte er zum Abschied und kletterte auf den Fahrersitz.

Während der Wagen krachend zum Leben erwachte, nutzte Hang den Lärm, um Du zu fragen: »Und?«

»Alles gut. Später.«

Tief erleichtert stellte Hang keine weiteren Fragen. Als der Lkw das Tor passierte, setzten er und Du sich mit dem Karren in Bewegung und folgten dem Wächter zurück zu ihrem Zellblock.

Nachdem an diesem Abend die Lichter erloschen waren, gab es in Zelle 424 eine weitere konspirative Sitzung. Du erzählte ihnen, was sich am Nachmittag ereignet hatte. »Ich habe Herrn Shao überredet. Er ist bereit, mir zu helfen – ich habe es so formuliert, als würde ich allein ausbrechen, und euch drei fürs Erste nicht erwähnt.«

»Was sollen wir dann machen?«, fragte Ah Shan aufgebracht.

Du lächelte dünn. »Ihr kommt mit. Aber das konnte ich ihm jetzt noch nicht verraten – vielleicht hätte er sonst nicht eingewilligt.«

Bruder Ping verstand seine Denkweise und nickte. »Schon gut so, solange er dabei ist, muss er eh mitmachen. Wenn er sich weigert, übernehmen wir einfach den Wagen.«

Du fuhr fort. »Ich habe Herrn Shao ebenfalls darum gebeten, etwas Bargeld und ein paar Sätze Arbeiterklamotten im Lkw mitzubringen. Er wird uns aus der Stadt fahren und irgendwo in einer unbewohnten Gegend absetzen. Wir teilen das Geld und die Kleidung auf, und dann trennen sich unsere Wege. Ab da ist jeder auf sich allein gestellt.«

Eine Weile verstummten alle und überlegten, was sie dann tun wollten.

Bruder Ping brach schließlich das Schweigen. »Hast du dir auch einen Zeitpunkt überlegt?«

»Nächsten Freitag – besser so schnell wie möglich. Aber falls es doch noch Änderungen geben sollte, haben wir am Nachmittag noch einmal die Chance, mit ihm zu sprechen, während wir den Wagen beladen.«

»Keine Änderungen. Wir machen es am nächsten Freitag.« Bruder Ping klatschte in die Hände. Sobald etwas einmal entschieden war, sollte man nie zu lange warten. Außerdem standen momentan zwei leere Betten in der Zelle. Sollten in der Zwischenzeit neue Zellengenossen auftauchen, würde das nur zu Problemen führen – sie mussten hier raus, bevor es dazu kommen konnte.

Ah Shan und Hang hatten nichts mehr hinzuzufügen. Einmal mehr gingen sie zu viert jede Einzelheit des Plans durch. Sie alle kamen aus einer Generation, die größten Wert auf Detailgenauigkeit legte, und mit jeder Besprechung wurde der Plan vollständiger, beinahe wasserdicht. Natürlich war und blieb es nur ein Plan, bei dessen Ausführung alles Mögliche schiefgehen konnte. Die Chancen, dass sie es tatsächlich aus dem Gefängnis schaffen würden, standen bei etwa fünfzig-fünfzig. Das wussten sie alle, aber jeder von ihnen hatte seine Gründe, die Nummer trotzdem durchziehen zu wollen.

In dieser Nacht schlief niemand besonders gut. Die

Zukunft war ungewiss, der Plan jedoch unverrückbar, und somit gab es kein Zurück.

Zum Glück war der nächste Tag ein Samstag, an dem sie nicht arbeiten mussten, der Schlafmangel fiel also nicht allzu sehr ins Gewicht. Einzig Hang litt ein wenig, denn während sich die anderen auf dem Hof vergnügten, wurde er von einem Wächter abgeholt. Mittlerweile war es kein Geheimnis mehr, dass er Zhangs Sohn Nachhilfeunterricht gab.

Hang folgte dem Wächter in Zhangs Büro, wo er Tianyang allein vorfand. Sie fingen an, die Fragen abzuarbeiten, die im Lauf der Woche aufgetreten waren. Offenbar vertraute der Kommandant ihm mittlerweile genug, um ihn mit seinem Sohn allein zu lassen, und ging während der Nachhilfe sogar gezielt auf Rundgang, damit sie in Ruhe arbeiten konnten.

Zur Mittagszeit tauchte Zhang mit drei Fertiggerichten auf, die sie gemeinsam in seinem Büro verspeisten. Zhang nutzte die Gelegenheit, um die Hausaufgaben seines Sohns zu kontrollieren, und war überaus zufrieden mit dem Ergebnis. »Sehr gut. Nach dem Essen darfst du runter in den Hof zum Spielen. Aber stell keinen Unsinn an und halt dich von den Zellblöcken fern.«

Tianyang jauchzte und schlang den Rest des Mittagessens herunter. Dann rannte er aus dem Büro und verschwand die Treppe hinab. Zhang wandte sich an Hang. »Ich muss dich um etwas bitten.«

»Nur zu.« Hang legte die Essstäbchen ab und setzte sich gerade hin.

Zhang aß weiter und fragte beiläufig: »Wie hat sich Du in den letzten Tagen verhalten?«

Hang lächelte. »Warum fragen Sie mich nicht direkt? Sie wollen doch wissen, ob er noch immer auf Rache sinnt.«

Der Treffer saß. Zhang schaute überrascht auf und stellte fest, dass Hang ihn unverwandt anstarrte.

Zhangs Miene verdüsterte sich ein wenig, er kaute langsamer. »Wie meinst du das?«

»Neulich in der Halle. Ich habe gehört, was Du zu Ihnen gesagt hat, und ich weiß, was für ein Mensch er ist. Und ich weiß auch«, Hang kniff die Augen zusammen und setzte einen beinahe spöttischen Tonfall auf, »dass Sie Angst haben.«

Nie hätte Zhang damit gerechnet, solche Worte von Hang zu hören. Er schmiss die Essstäbchen auf den Tisch und brüllte: »Hang Wenzhi, du wirst mir eindeutig zu frech!«

Hang wirkte völlig unbeeindruckt, sondern lehnte sich entspannt zurück. »Ich bin nicht frech, Sie sind bloß unvernünftig. An Ihrer Stelle würde ich jemanden wie Du Mingqiang nicht provozieren. Er ist nicht wie die anderen – er sitzt nur ein paar Jahre ab, und so mächtig Sie hier drin auch sein mögen, auf Dauer können Sie ihn nicht kontrollieren.«

»Du glaubst, ich kann den nicht kontrollieren? Ha!« Zhang lachte bellend. »Aber bitte, selbst wenn ich ihn nicht kontrollieren kann, dann dich ja wohl umso besser, oder? Ich bin neugierig – wie kommt es, dass ihr in letzter Zeit meint, euch so viel rausnehmen zu können? Habt ihr vergessen, wer ihr seid?«

»Ich weiß sehr genau, wer ich bin.« Hang nahm die Brille ab und spielte einen Moment an ihr herum. »Sie können mich nicht kontrollieren.«

Zhang starrte ihn an wie einen Unbekannten. In wenigen Minuten hatten sich Hangs Benehmen und Tonfall radikal gewandelt. Jetzt nahm er in aller Seelenruhe eine Serviette vom Tisch und fing auch noch an, sich die Brille zu putzen.

Zhang verstand die Welt nicht mehr. Wie hatte sich dieser schüchterne, wehleidige Sträfling plötzlich in einen derart nonchalanten Mann verwandeln können?

Hang hatte die Putzaktion beendet und setzte sich die Brille wieder auf. Offenbar sah er jetzt klarer und machte sich daran, Zhangs Verwirrung aufzugreifen.

»Wie Sie wissen, bin ich dank einer Verurteilung wegen Diebstahls hier«, sagte er glatt. »Da gab es eine Frau, die mir eine Menge Geld schuldete, also hatte ich ein Messer dabei, als ich versucht habe, sie dazu zu bringen, mir mein Eigentum zurückzugeben. Die harte Strafe habe ich nur bekommen, weil ich das Schuldverhältnis nicht beweisen konnte.«

Natürlich wusste Zhang das alles, begriff aber nicht, wieso Hang es ihm noch einmal erzählte. Sein Blick ruhte auf Hangs Gesicht, und er fragte sich, ob der Junge vielleicht unter dem Gefängnisdruck verrückt geworden war.

Plötzlich lächelte Hang. »Sollte diese Frau aber eines Tages aussagen, dass sie mir das Geld tatsächlich schuldete, würde meine Haftstrafe fallen gelassen, oder?«

Zhang hatte das Gefühl, langsam zu begreifen. »Sie hat Gewissensbisse?«

Hang rückte die Brille auf der Nase zurecht. »So einfach ist das nicht. In Wahrheit habe ich die Frau kontrolliert. Ich habe sie dazu gebracht, zur Polizei zu gehen, und deswegen wurde ich festgenommen. Sobald ich ihr sage, dass sie ihre Aussage zurückziehen soll, wird sie das tun, und ich bin raus.«

Je länger Hang redete, desto verwirrter wurde Zhang. Er hatte das Gefühl, durch dichten Nebel zu waten.

Doch Hang war noch nicht fertig. »Also kontrollieren Sie mich ebenso wenig wie Du Mingqiang.«

»Du hast die ganze Sache nur vorgetäuscht?« Eine andere

Lösung wollte Zhang nicht einfallen. Seine Gedanken überschlugen sich, und langsam überkam ihn ein sehr ungutes Gefühl. Ihm war klar, dass er irgendetwas unternehmen musste. »Das werde ich den Behörden mitteilen müssen. Es ist mir egal, was deine Beweggründe waren, ich will dich aus meinem Gefängnis raushaben. Hier sollten nur Leute sein, die echte Verbrechen begangen haben. Was immer zwischen dir und dieser Frau vorgefallen ist, erzähle es Hauptmann Pei Tao.«

»Sollte ich wirklich mit Hauptmann Pei sprechen, werde ich ihm aber nicht nur von meinem Fall erzählen.« Hang beugte sich vor und senkte die Stimme. »Sondern auch von Shuns Tod und dem Verbrechen, das Sie Blackie angehängt haben.«

Zhang spürte Verzweiflung in sich aufsteigen. Er begriff, dass er sich einen Feind gezüchtet hatte, den er nur sehr schwer wieder loswerden würde.

»Warum fragen Sie mich nicht, was ich will?«, griff Hang seinen vordringlichsten Gedanken auf. »Wieso habe ich ein Verbrechen erfunden, um in dieses Drecksloch gesteckt zu werden?«

Zhang wartete schweigend. Hang hatte die Frage selbst gestellt, also sollte er sie auch beantworten.

Hang konnte sich kaum bremsen und grinste nun sogar. »Eigentlich ist die ganze Sache auch zu Ihrem Vorteil. Wir stehen gewissermaßen auf der gleichen Seite.«

Zhang schnaubte. »Schluss mit dem Gequatsche – raus damit!«

»Ich bin nur mit einem Ziel hergekommen.« Plötzlich blitzte es in Hangs Augen gefährlich, und er fletschte die Zähne. »Ich hasse Du Mingqiang!«

Das kam unerwartet. Zhang konnte sich keinen Reim darauf machen. »Warum?«

»Das Warum ist egal. Wichtig ist nur, dass wir zwei das gleiche Ziel verfolgen.«

»Du machst Witze«, sagte Zhang kalt. »Was für ein Ziel bitte?«

»Sie wollen verhindern, dass Du rauskommt, weil er Sie aus tiefstem Herzen hasst«, sagte Hang bedächtig. »Sie haben ihm genommen, was ihm hier drin am meisten bedeutet hat – die CD. Sie haben nicht die leiseste Ahnung, wie wichtig ihm diese Musik war. Er wird Ihnen niemals vergeben, sondern Rache nehmen wollen. Und zu diesem Zweck ihr liebes Söhnchen ins Visier nehmen.«

Zhang ballte die Hände zu Fäusten und ließ sie auf den Tisch krachen. »Solange ich lebe, wird ihm niemand wehtun!«

Hang schüttelte den Kopf und schaute ihn fast traurig an. »Sie verstehen überhaupt nicht, wie Du Mingqiang tickt. Haben Sie all die Geschichten über ihn nicht gehört? Seinen Entschluss, jemanden zu töten, hat noch niemand überlebt.«

Zhang erwiderte nichts, aber die Fäuste auf der Tischplatte begannen zu beben. Ja, natürlich hatte er von Du gehört. Offenbar handelte es sich bei ihm in Wahrheit um den Internet-Mörder Eumenides, und genau aus diesem Grund hatte Pei Tao ihn hergeschickt. Um sich selbst machte Zhang sich keine Sorgen, aber der Gedanke, sein Sohn könnte ins Kreuzfeuer geraten, erfüllte ihn mit namenlosem Entsetzen.

Hang legte ihm eine Hand auf die Fäuste. »Ich kann Ihnen dabei helfen, ihn unschädlich zu machen.«

Das war eindeutig eine Falle, aber Zhang sah auf die Schnelle keinen Ausweg. »Wie?«

»Ganz einfach.« Hang beugte sich noch weiter vor und flüsterte nur zwei Worte. »Ihn töten.«

»Was?« Zhang starrte ihn ungläubig an.

Hang ließ seine Hände los und lehnte sich zurück. »Sie sind hier der Boss. Sie können das veranlassen.«

»Was für ein dummer Scherz soll das sein?« Zhang starrte ihn mit großen Augen an. »Wir sind hier in einem Gefängnis der Kommunistischen Partei, nicht in irgendeinem Privatknast.«

Hang verdrehte die Augen und schaute ihn umso eindringlicher an. »Ich kann Ihnen helfen.«

»Du wirst mir nur noch mehr Ärger einbringen. Ich stecke dank Shuns Tod schon viel zu tief drin. Wenn noch etwas passiert, sitze ich am Ende selbst hier ein.«

»Sie haben mich missverstanden, Kommandant. Ich will Ihnen nur dabei helfen, einen Grund zu finden. Wenn Sie ihn dann töten, wird das gar keinen Ärger nach sich ziehen – im Gegenteil, man wird Sie dafür belohnen, Sie am Ende gar versetzen, vielleicht in die Zentralstelle der Behörde, wo Sie viel bessere Aussichten genießen.«

Zhangs Herz machte einen Satz, aber er sagte nichts. Sein Blick fiel auf die Hausaufgaben seines Sohnes. Irgendwann fragte er: »Was für einen Grund?«

»Einen Ausbruch«, sagte Hang zufrieden. »Reicht das als Grund?«

KAPITEL ZEHN:

BANKETT

Ma Liang döste auf einem Plastikstuhl neben der Tür. Er hatte die Arme um den Leib geschlungen, den Kopf zur Seite gelegt und den Mund offen stehen. Hua ging zu ihm und versetzte ihm einen Tritt.

Ma Liang schreckte auf, rieb sich die Augen und war mit einem Satz auf den Beinen. »Da bist du ja«, sagte er und tupfte sich den Sabber vom Kinn.

»Ich habe doch gesagt, du sollst Ming Ming Gesellschaft leisten«, sagte Hua. »Wieso machst du hier draußen ein Nickerchen?«

»Ming Ming hat mich rausgescheucht«, sagte Ma und kratzte sich betreten den Kopf. »Und ... sie hat den ganzen Tag noch nichts gegessen.«

Hua legte die Stirn in Falten. »Was ist passiert?«

Ma nickte in Richtung Zimmertür. »Schau selbst nach.«

Statt noch mehr Zeit zu verplempern, drückte Hua die Tür auf und trat ein. Ming Ming lag eingerollt auf dem Bett, den Rücken zur Tür, augenscheinlich schmollend. Das Essen auf dem Nachttisch hatte sie nicht angerührt.

Hua befühlte das Essen, stellte fest, dass es kalt war, und schob es in die Mikrowelle.

Ming Ming hörte die Bewegung, drehte sich aber nicht um. »Du weißt doch: Solange du mir keinen Spiegel bringst, esse ich nichts.« Selbst ihre Kehle war versengt worden, ihre Stimme heiser und kratzig. Nichts erinnerte mehr an den zarten Wohlklang von zuvor.

»Einen Spiegel?«, fragte Hua entgeistert. Beim Klang seiner Stimme drehte Ming Ming sich erfreut herum und rief seinen Namen.

»Du willst einen Spiegel haben?« Er starrte ihr Gesicht an, ein wahrhaft albtraumhafter Anblick, wenn auch nicht sein erster dieser Art. Es hatte da noch jemanden mit einem entstellten Gesicht gegeben. Wann immer Hua an diese Person dachte, war sein Herz von Hass und Feindschaft erfüllt.

Natürlich hegte er bei Ming Mings Anblick vollkommen andere Gefühle – stechendes Mitleid und beißende Trauer. Was sehr ungewöhnlich für ihn war. Tatsächlich hatte er noch nie zuvor so empfunden.

»Ich will einen Spiegel«, sagte Ming Ming mit Nachdruck. »Ich habe ein Recht zu wissen, wie ich aussehe.«

Hua starrte sie einen Moment wortlos an, ehe er antwortete: »Ja, das Recht hast du, aber du kannst das Essen nicht als Druckmittel benutzen. Iss auf, dann besorge ich dir einen Spiegel.«

Im selben Augenblick pingte die Mikrowelle. Er brachte ihr die aufgewärmte Mahlzeit. Ihr Blick folgte ihm, aber der Ärger schien verraucht zu sein. »Das ist kein Bluff?«, murmelte sie.

»Ich lüge nie«, sagte Hua ernst. Er beugte sich vor, schob ihr eine Hand unter den Nacken und hob sie sanft in eine aufrechte Haltung. Sie schloss die Augen, den Geist eines Lächelns auf den zerstörten Lippen. Als Hua ihr die warme Schachtel in die Hände legte, griff sie ergeben zu. »Ich vertraue dir. Nachdem ich das hier aufgegessen habe, bringst du mir den Spiegel.«

Hua nickte. Sobald sich Ming Ming den ersten Löffel in den Mund geschoben hatte, ging er zur Tür und fand Ma Liang, der durch den Spalt linsen wollte. »Hol mir einen Spiegel.«

»Was?« Ma Liang machte einen Schritt zurück und senkte die Stimme. »Du willst ihr einen Spiegel geben? Sie verliert den Verstand, wenn sie begreift, wie sie jetzt aussieht.«

Hua verzog das Gesicht. »Tu, was ich sage.« Ma Liang wagte kein Widerwort, sondern machte sich schleunigst aus dem Staub. Keine drei Minuten später kehrte er mit einem runden Spiegel zurück, den er sich aus dem Schwesternzimmer geliehen hatte. Hua nahm ihn entgegen, reichte ihn aber nicht gleich weiter. Stattdessen setzte er sich ans Bett und sah Ming Ming beim Essen zu.

Endlich stellte sie die leere Schachtel auf dem Nachttisch ab und sah Hua auffordernd an.

»Bist du sicher? Willst du das wirklich sehen?«, fragte er noch einmal.

Ihre Lippen teilten sich und versuchten sich an einem Lächeln. »Früher oder später bleibt mir sowieso nichts anderes übrig.«

Wortlos reichte Hua ihr den Spiegel. Ming Ming nahm ihn entgegen, drehte ihn ganz langsam um und betrachtete ihr entstelltes Antlitz.

Hua hatte erwartet, dass sie schreien oder in Tränen ausbrechen würde. Aber nur ihre zerstörte Hand begann zu zittern. »Warum lebe ich noch? Warum lebe ich noch?«, fragte sie mit erstickter Stimme.

Kein Funke von Leben in diesen Worten, einzig Verzweiflung.

Hua ergriff ihre Hände und unterdrückte ihr Zittern. »Du musst weiterleben, ob nun für die Leute, die dir das angetan haben, oder für die, die dich lieben.« Er schaute ihr direkt in die Augen. »Ich werde dich rächen.«

Tränen kullerten aus ihren Augen, dem einzigen Bereich ihres Körpers, der noch einen Rest Glanz verbreitete. Hua wirkte wie verzaubert, kniete sich nieder und legte die Lippen an ihren Augenwinkel. Flüssigkeit rann in seinen Mund, salzig und bitter, und verschlug ihm fast den Atem.

Eine ganze Weile später öffnete jemand die Tür und hüstelte zurückhaltend. Hua ließ Ming Ming los und sah auf. Ma Liang stand mit erhobenem Telefon da.

Ming Ming betupfte sich die Augen. »Ist etwas passiert? Na los, kümmere dich darum.«

Hua nickte, verließ das Zimmer und zog die Tür hinter sich zu. Ma Liang reichte ihm das Handy. Lautlos öffnete und schloss sich sein Mund zu einem runden »Gao«. Genau damit hatte Hua gerechnet. »Hallo, Vorsitzender Gao?«

»Bruder Hua«, sagte Gao herzlich. »Haben Sie mein Geschenk schon erhalten?«

Hua schwieg einen Moment. »Wann können wir uns treffen?«

Gao lachte schallend. »Na so was? Als ich mich mit Ihnen treffen wollte, hatten Sie merkwürdigerweise nie Zeit. Und jetzt haben Sie es plötzlich eiliger als ich. Aber bitte, ich mache den Menschen gern eine Freude. Da Sie so verzweifelt klingen, wollen wir es so schnell wie möglich einrichten. Wie wäre es mit morgen Mittag?«

»Wo?«

»Im Longyu-Komplex.«

Hua runzelte die Stirn. Nach Deng Huas Tod hatte die Polizei zügig begonnen, gegen Longyu zu ermitteln und unter anderem auch die ehemalige Zentrale beschlagnahmt. Vor Kurzem hatte die Stadt das Gebäude zur Auktion angeboten und Gao das höchste Gebot abgegeben. Kaufvorgang und Übertragung der Besitzverhältnisse waren allerdings noch nicht abgeschlossen. Und nun wollte Gao sich dort mit ihm treffen. Was hatte das zu bedeuten?

Gao schien seine Gedanken erraten zu haben und kicherte leise. »Lieber Bruder Hua, ich weiß, offiziell befindet sich das Gebäude noch in Ihrer Obhut, auch wenn meine Jungs morgen vorbeikommen und den Laden endgültig übernehmen. Bis dahin arbeiten Sie aber theoretisch für mich. Selbst wenn Sie die Stelle nicht haben wollen, müssen Sie trotzdem zu Ihrem letzten Arbeitstag erscheinen, nicht wahr?«

Hua ließ den Spott gelassen an sich abprallen. »Nun denn, Vorsitzender Gao. Ich erwarte Sie morgen. Soll ich irgendetwas vorbereiten lassen?«

»Wir wollen ein kleines Bankett in der Halle des Goldenen Drachen zelebrieren«, sagte Gao. »Sobald meine Leute vollzählig eingetroffen sind, können sie den Betrieb übernehmen. Ab dann sind Sie nur noch mein Gast, und wir können uns gepflegt unterhalten, während wir dort im achtzehnten Stock in der Halle des Goldenen Drachen noch einen Drink zu uns nehmen.«

»Und das Menü?«, fragte Hua. »Soll ich mich darum kümmern?«

»Was das Essen angeht, habe ich nur eine einzige Bitte.«
Gao gluckste. »Ich würde gern diesen seltenen Arowana
probieren, den Herr Deng in seinem Aquarium hatte.«

Hua legte wortlos auf. Ma Liang starrte ihn mit offenem
Mund an. »Was für ein Wichser! Für wen hält der sich?«

Hua blieb noch einen Moment stocksteif stehen, dann
riss er sich mit Gewalt los. »Auf zum Longyu-Komplex.«

Eine halbe Stunde später verließen die beiden den Wagen
und standen auf dem Parkplatz vor dem Gebäude, das nun
dezent heruntergekommen wirkte, weit von seinen Glanz-
zeiten entfernt.

Obwohl Hua offiziell der Geschäftsführer war, hatte er
keine Zeit für Selbstmitleid. Er begab sich unverzüglich mit
Ma Liang in den achtzehnten Stock, ins Herz des Gebäudes.

Am Ende des langen Korridors lag Deng Huas ehemaliges
Büro. Links davon gab es einen geräumigen Konferenzraum,
rechts davon den Speisesaal, der so luxuriös ausgestattet
war, wie der Name vermuten ließ. Die Möbel allein waren
fast eine Million Yuan wert. Der iranische Seidenteppich war
angeblich mehrere Jahrhunderte alt und mindestens so viel
wert, als hätte man den gesamten Boden mit Gold belegt.
Stühle und Tische waren aus exquisitem Mahagoni gefertigt
und hätten auf jeder Kunstauktion für Verzückung gesorgt.
Der Getränkeschrank neben der Tür sah zwar gewöhnlich
aus, war aber mit Weinen bestückt, die selbst den kritischs-
ten Connaisseur sprachlos gemacht hätten. Geladene Gäste,
die sich an den erlesenen Speisen erfreuten, mochten meist
nicht bemerken, dass das gesamte Porzellan aus den kai-
serlichen Öfen der Ming- oder Song-Dynastie stammte und
jeder einzelne Teller so viel wert war wie ein feiner Import-
teppich.

Niemandem, der je in diesem Raum getafelt hatte, war entgangen, die grandiose Ausstattung entsprechend zu würdigen, aber die wenigsten Gäste hätten gewusst, dass das Wertvollste dort nicht der Teppich war, nicht das Mahagoni, nicht der Wein und nicht die Teller, sondern der Fisch im Aquarium.

Der gewaltig ausgeschmückte Wassertank nahm eine gesamte Seite des Raums ein, war aber als fugenloser Teil der Wand gestaltet, dem Eingang direkt gegenüber, sodass Gäste beim Betreten des Saals das Gefühl haben mussten, sich in die Halle des Drachenkönigs verirrt zu haben.

Trotz der enormen Größe enthielt dieses Aquarium nur einen einzigen Fisch, einen Arowana oder Gabelbart von über neunzig Zentimetern Länge. Seine Schuppen glitzerten in purem Gold, nicht die kleinste Verunreinigung war zu sehen. Zog er seine Bahnen durchs Wasser, sah es aus, als flöge ein goldener Drache die Wand entlang.

Niemand wusste genau, wie viel dieser Fisch wert war. Angeblich war Deng Hua vor fast zwei Jahrzehnten, als er noch auf dem Weg nach oben war, einen Deal mit einem Drogenbaron aus Südostasien eingegangen, aber einer von dessen Handlangern hatte sich als verdeckter Ermittler aus Yunnan entpuppt, weshalb alle Beteiligten an dem Ort, an dem die Transaktion über die Bühne gehen sollte, in einen Hinterhalt geraten und verhaftet worden waren. Deng Hua hatte eine große Menge Geld und zwei seiner besten Stellvertreter verloren. Außer sich vor Wut war er mit einigen Männern zur Grenze nach Yunnan gefahren und hatte den Drogenbaron gefangen gesetzt. Deng Huas übliche Geschäftspraxis hätte es nach sich gezogen, den Mann umzubringen, wäre dieser Fisch nicht gewesen. Der

Legende nach war er von einem indischen Hohepriester gesegnet worden und sollte seinem Besitzer ein Leben voller Reichtum und Glück bescheren. Der Drogenbaron aus Südostasien hatte ihn Deng Hua als Kompensation für die großen Verluste angeboten.

Und Deng Hua hatte eine starke Bindung zu diesem Fisch aufgebaut, vielleicht auch durch die anfängliche Geste der Gnade milde gestimmt. Über ein Jahrzehnt lang war der Fisch immer in seiner Nähe gewesen, und tatsächlich hatten sich seine Geschäfte prächtig entwickelt. Bei Fertigstellung des Longyu-Komplexes legte Deng Hua Wert darauf, dass der Arowana dank der Wasserwand im Speisesaal die unverstellte Aussicht auf sein neues, luxuriöses zu Hause genießen konnte.

Hua betrat die Halle, stellte sich vor die Wand und starrte ins Aquarium, als läge dort die Vergangenheit verborgen. Der goldene Fisch glitt von links nach rechts und funkelte hoheitsvoll.

Nach einer vollen halben Stunde rührte er sich endlich. »Nimm den Fisch raus.«

Ma Liang starrte ihn mit offenem Mund an. »Bruder Hua, du kannst doch nicht wirklich ...«

»Der Vorsitzende Deng ist tot. Ohne ihn muss sich der Fisch schrecklich einsam fühlen ...« Hua machte eine kurze Pause und seufzte. »Alles ist vorbei. Selbst wenn wir uns noch so sehr daran festklammern wollen, es ändert nichts.«

Am nächsten Tag traf Hua schon früh ein und setzte sich auf einen Platz, der Gästen vorbehalten war. Um Punkt zwölf Uhr würde das Gebäude nicht länger ihm gehören. Nachdem er Ma Liang und Yan Li weggeschickt hatte, saß er über eine Stunde lang allein da und starrte ins Aquarium.

Nichts als saubere Flüssigkeit hinter der riesigen Scheibe, keine Spur des Fisches.

Mitten auf dem Tisch stand eine große Wärmeglocke.

Um kurz nach elf betrat ein Junge Mitte zwanzig den Raum.

»Sind Sie Bruder Hua?«, fragte er und blieb höflich bei der Tür stehen.

Hua nickte.

Der Junge verbeugte sich. »Ehrerbietige Grüße. Ich bin Zhao, Geschäftsführer der Immobilienagentur Tianfang. Der Vorsitzende Gao hat mich geschickt, um den Betrieb dieses Gebäudes zu übernehmen.«

Hua musterte ihn. »Dann schicken Sie Ihre Leute rein. Meine haben heute Morgen alles Nötige veranlasst. Sämtliche Schlüssel und Unterlagen befinden sich im Verwaltungsbüro im ersten Stock – und ich habe jemanden dort postiert, der die Übergabe regeln wird.«

»Alles klar – vielen Dank, Bruder Hua.« Geschäftsführer Zhao zog sich zurück. Keine zehn Minuten später hörte Hua Schritte im Treppenhaus – der neue Geschäftsführer hatte offenkundig Verstärkung mitgebracht. Sie betraten jedoch den Speisesaal nicht, sondern bezogen zu beiden Seiten der Tür auf dem Gang Stellung.

Hua schenkte sich eine Tasse Tee ein und nippte daran. Kurz darauf hörte er die Wachen draußen im Chor »Hallo, Bruder Min!« sagen.

»Bruder Min« antwortete nicht, sondern schritt geradewegs in den Speisesaal. Hua hob den Kopf und stieß ein lautloses Lachen aus.

Dort stand ein breitschultriger Mann mit wallender, dunkelblonder Mähne. Hua hatte ihn allzeit nur als Leopardenkopf gekannt.

Leopardenkopf schaute Hua ein wenig betreten an. »Bruder Hua«, sagte er nach kurzem Zögern.

»Himmel«, sagte Hua spöttisch. »Eben warst du noch der Vorsitzende Qian, jetzt bist du Bruder Min – ich habe fast das Gefühl, ich kenne dich gar nicht mehr.«

»Du machst dich über mich lustig«, sagte Leopardenkopf. Er hatte die Fassung wiedererlangt. »Wie man mich auch nennen mag, ich versuche nur, meinen Lebensunterhalt zu verdienen.«

Hua spielte müßig an seiner Teetasse herum und lächelte herablassend. »Und der Vorsitzende Gao ist dein aktueller Brötchengeber? Ich warte schon eine ganze Weile auf ihn.«

»Tut mir leid, Bruder Hua. Dieses Gebäude gehört jetzt dem Vorsitzenden Gao, und es gibt einen gewissen protokollarischen Ablauf, dem sich all seine Gäste unterziehen müssen.« Leopardenkopf bedeutete Hua, sich zu erheben, und brachte einen langen schwarzen Stab zum Vorschein.

Hua erkannte den Gegenstand als tragbaren Metalldetektor. In seiner Zeit als Sicherheitschef des Firmensitzes hatte er seinerseits oft von diesen Geräten Gebrauch gemacht, um sicherzustellen, dass Besucher keine gefährlichen Geschenke mitbrachten. Aber so hatten sich die Zeiten geändert; jetzt war er es, der inspiziert werden sollte. Er wehrte sich nicht, stand nur wortlos auf und breitete die Arme aus.

Leopardenkopf fuhr seinen gesamten Körper mit dem Gerät ab, konnte aber nichts Verdächtiges entdecken. Schließlich trat er einen Schritt zurück. »Bitte, setze dich wieder.«

Bruder Hua setzte sich. »Jetzt kann dein Vorsitzender Gao mir endlich beim Essen Gesellschaft leisten.«

Leopardenkopf ignorierte ihn und untersuchte den Rest des Speisesaals. Als er sicher war, dass sich nirgendwo Waffen verbargen, zückte er ein Walkie-Talkie. »Alles sauber.«

Hua hatte unterdessen weiter an seinem Tee genippt. Jetzt grinste er. »Hätte nie gedacht, dass dir solch eine Arbeit liegt.«

Leopardenkopf lächelte humorlos. »Du hast immer gedacht, ich kann nur kämpfen? Ich kann sehr viel mehr als das.«

»Oha«, sagte Hua. »Dann habe ich dich wohl unterschätzt. Dein volles Potenzial nicht erkannt.« Trotz seiner Worte tat es ihm keineswegs leid. Die wichtigste Eigenschaft eines guten Mitarbeiters war und blieb Treue. Ohne Loyalität waren alle anderen Qualitäten wertlos.

Etwa fünf Minuten später waren abermals Schritte von draußen zu vernehmen, und die Männer auf dem Gang verstummten. Leopardenkopf ging zur Tür und stellte sich auf. Hua setzte sich gerade hin. Das musste er sein.

Fünf Männer betraten in schneller Folge den Saal. In der Mitte schritt Gao Desen, umgeben von vier strammen Leibwächtern in schwarzen Maßanzügen.

Sobald Gao Hua erblickte, setzte er ein breites Lächeln auf. »Bruder Hua, ich bin untröstlich, dass ich Sie warten lassen musste.« Er setzte sich Hua gegenüber auf den prächtigen Thron des Gastgebers, auf dem sich so oft Deng Hua niedergelassen hatte, um Gäste zu empfangen.

Die Leibwächter teilten sich auf – zwei an der Tür, zwei hinter Gao. Gao winkte Leopardenkopf. »Hey, Min, du kennst doch Bruder Hua. Steh nicht herum, setz dich dazu und trink etwas mit ihm.«

Leopardenkopf grunzte und ließ sich neben Hua nieder,

der leise lächelte. Es ging keineswegs um einen Drink, sondern darum, ihn genauer im Auge zu behalten.

Gao verschränkte die Arme vor der Brust und schaute sich stolz im Saal um. Endlich fiel sein Blick auf die Wärmeglocke in der Tischmitte. Er lächelte. »Hua, ist dies das üppige Mahl, das Sie für uns haben zubereiten lassen?«

Hua nickte. Ihm war gerade nicht nach Reden zumute.

Gao winkte einen seiner Leibwächter herbei. »Abnehmen.« Der Mann machte einen Schritt zum Tisch, beugte sich vor und hob die große silberne Wärmeglocke an. In einer Dampfwolke kam ein großer Fisch zum Vorschein. Der Körper war breit und flach, aus seinem Kinn traten zwei lange Barteln hervor. Er war in seinem Schuppenkleid gedünstet worden, das noch immer golden schimmerte, ein unvergleichlicher Anblick.

»Was für ein prachtvoller Arowana!«, rief Gao entzückt. Er betrachtete das tote Tier voller Hingabe. »Wissen Sie, was diese Fische am liebsten essen?«

Hua beantwortete die Frage nicht, sondern merkte an: »Sie scheinen sich wirklich sehr für diesen Fisch zu interessieren, Vorsitzender Gao.«

Gao seufzte. »In Wahrheit ist es nicht das erste Mal, dass ich in diesem Saal sitze. Ich habe diesen Fisch schon einmal gesehen – sein Anblick hat mich dreizehn Jahre lang nicht losgelassen.«

Vor dreizehn Jahren hatte Hua noch nicht für Deng Hua gearbeitet. Er wusste nicht, was damals passiert war, schwieg also und wartete, bis Gao fortfuhr.

»Damals war die Longyu-Gesellschaft natürlich nicht auf ihrem späteren Zenit angelangt, und auch mich hat noch niemand ›Vorsitzender‹ Gao genannt. Ich war nur ein gewöhnlicher Gangster, der seinen Weg im Milieu suchte. Der Anführer meiner Gang hatte große Ambitionen und wollte mit Deng Hua um die Kontrolle der Stadt kämpfen. Leider war er Deng Hua in keiner Hinsicht gewachsen und musste nach ein paar Runden eine herbe Niederlage einstecken. Ich habe dann vorgeschlagen, wir sollten lieber einen Kompromiss finden und überhaupt irgendwie heil aus der Sache herauskommen, als diesen ungleichen Kampf fortzusetzen. Er hat meinen Vorschlag schließlich angenommen und einen Unterhändler mit einem Gnadengesuch zu Deng Hua geschickt, in der Hoffnung, die beiden könnten sich die Hände reichen und die ganze Sache vergessen. Kurz darauf kam der Unterhändler mit Deng Huas Einladung zu einem Bankett im Longyu-Komplex zurück.«

»Ah«, sagte Hua. »Ihr Anführer muss durchaus was hergemacht haben.«

Gao wusste, worauf er hinauswollte. »Natürlich. Jeder, der hierher zum Essen eingeladen wurde, sei es Freund oder Feind, war jemand, den Deng Hua respektierte. Mein Boss wusste, was für eine Ehre das darstellte, und hat angenommen. An jenem Tag habe ich ihn begleitet und zum ersten Mal diesen Saal betreten.«

Gao schaute sich um, als suchte er nach Schnipseln seiner Erinnerung. »Drei Leute waren an dem Tag eingeladen worden, alles wichtige Persönlichkeiten der Stadt. Es gab ein bisschen Small Talk, eher ungelenk. Ich stand hinter meinem Boss und konnte den Anlass bald entschlüsseln: Alle drei Gäste hatten sich im Laufe der letzten Jahre mit Deng Hua angelegt und den Kürzeren gezogen. Man unterhielt sich noch ein bisschen, dann wurden die Plätze am Tisch eingenommen. Deng Hua kam als Letzter. Er betrat den Saal und setzte sich auf diesen Thron. Der goldene Fisch zog hinter seinem Rücken seine Bahnen. Den Anblick habe ich nie vergessen.«

Während er sprach, streichelte Gao die Armlehnen des Throns, sichtlich befriedigt von dem Gefühl. Nach einer kleinen Pause fuhr er fort. »An jenem Tag gab es ein großes Festmahl. Essen und Wein sahen unglaublich einladend aus. Leider war ich ein unbedeutender Knecht und musste die ganze Zeit hinter meinem Boss stehen, ohne selbst einen Bissen probieren zu dürfen. Deng Hua erhob sein Glas und prostete den Gästen warmherzig zu, als sei er froh, die ganze Geschichte hinter sich zu lassen. Aber so freundlich er auch dreinschaute – da lag etwas Gefährliches in seinen Gesichtszügen, und niemand traute sich, ihm direkt in die Augen zu schauen. All seine Gäste saßen da und taten ihr Bestes, sich normal zu benehmen, fühlten sich aber offensichtlich unbehaglich. Irgendwann war meinem Boss klar, dass Deng Hua das Thema nicht von sich aus anschneiden würde, also hat er einen Trinkspruch genutzt, um seine Entschuldigung vorzutragen. Deng Hua wirkte erfreut und leerte sein Glas. Dann sagte er, man solle die Vergangenheit hinter sich lassen, und er sei froh, die drei als Gäste bei sich zu haben. Alles sei vergeben und vergessen. Als er das gesagt hatte, konnten die anderen sich endlich entspannen. Sie unterhielten sich locker, aßen und tranken reichlich. Aus irgendeinem Grund war ich aber immer noch misstrauisch. Ich wusste nicht, wie es den anderen ergangen war, aber mein Boss hatte sich zwei Jahre lang erbittert mit Deng Hua bekriegt – wie sollte das plötzlich alles vergessen sein? Je weniger Deng Hua reagierte, desto größer die Chance, dass doch noch etwas Schlimmes passierte. Und ich sollte recht behalten.«

Hua war derartig in der Geschichte gefangen, dass er herausplatzte: »Was ist passiert?«

Gao betrachtete ihn, betrachtete den goldenen Fisch und sagte leise: »Nachdem alle genug gegessen und getrunken hatten, legte Deng Hua seine Essstäbchen ab, deutete auf die Wasserwand und wies alle Anwesenden an, seinen Fisch zu bewundern. Selbstverständlich waren sie begierig, sich zu beweisen, und lobten das Tier in den Himmel. Deng Hua lächelte zufrieden und hielt eine kleine Rede über diesen außergewöhnlichen und wundersamen Fisch. Plötzlich schien ihm etwas einzufallen. ›Du meine Güte. Wir haben uns alle satt gegessen, aber mein armer Fisch ist noch hungrig.‹ Natürlich riefen alle, man müsse den Fisch füttern. Und da fragte Deng Hua: ›Weiß einer von Ihnen, was dieser Fisch am liebsten frisst?‹«

Stille im Saal. Alle warteten auf die Antwort.

Gao fuhr fort. »Die drei Gäste gaben einige Vermutungen ab, kamen aber nicht auf die richtige Antwort. Irgendwann schüttelte Deng Hua den Kopf. ›Das erraten Sie nie. Selbst sein ehemaliger Besitzer hat es nie herausbekommen. Und auch ich habe es nur durch Zufall erfahren. Der ursprüngliche Besitzer war ein Geschäftsmann aus Südostasien. Er hat mich hintergangen, also habe ich ihn zur Rede gestellt. Er hat mir diesen Fisch im Tausch für sein Leben angeboten. Ein sehr schöner Fisch, aber ich wollte nicht, dass er völlig ungeschoren davonkam, also habe ich ihm gesagt, er solle sich eins seiner Augen ausstechen und an den Fisch verfüttern. Sollte der Fisch es verspeisen, würde ich ihn am Leben lassen. Und er hat es wirklich getan, hat sich eins seiner Augen ausgestochen und es ins Wasser geworfen, und der Fisch war ganz versessen darauf, also habe ich ihn gehen lassen. Stellen Sie sich das mal vor. Um am Leben zu bleiben, hat er sich ein Auge ausgestochen und zugesehen, wie sich der Fisch darüber hermachte. Ha, und seitdem habe ich den Fisch nicht mehr mit solcher Begeisterung fressen sehen. Wie sich also herausstellte, waren menschliche Augäpfel des Fisches Lieblingsspeise.‹«

Gao hatte Deng Huas Stimme gekonnt nachgeahmt, seinen gleichmäßigen, bedächtigen Tonfall – und doch schienen die Worte in einem unsichtbaren Fluss aus Eis zu schwimmen. Seine Zuhörer erschauderten vor der grausigen Szene, die sich in ihre Vorstellung fraß: der Mann aus Südostasien, der sich selbst verstümmelte und dann mit dem verbliebenen Auge zusehen musste, wie sein eigener Fisch das andere fraß. So schlimm die körperlichen Schmerzen gewesen sein dürften, die seelischen mussten überwogen haben.

Leopardenkopf und die Leibwächter starrten den dampfenden Fisch an. Nun drehte ihnen der Anblick den Magen um, und einige schienen nur mit Mühe ihren Brechreiz im Zaum zu halten.

Einzig Hua wirkte unbeeindruckt. Nach all den Jahren an Deng Huas Seite war er mit den ausgefallenen Geschäftspraktiken seines Chefs bestens vertraut gewesen. Feinde mussten vernichtet werden, mit Leib und Seele. Das Entsetzen und die Verzweiflung, die jemand fühlen musste, der mit dem gesunden Auge zusah, wie das ausgerissene gefressen wurde, reichten sicherlich aus, um diesem Menschen ein Gefühl dafür zu geben, was ihm noch blieb, und ihn aller Kampfkraft zu berauben.

Nun hatten die Zuhörer auch den tieferen Sinn hinter Deng Huas Einladung verstanden: Wir können Frieden schließen, aber der wird jeden von euch ein Auge kosten. Gao sah aus, als habe er seine Geschichte beendet, also fragte Hua mit sarkastischem Unterton: »Dann haben die drei Typen wohl je ein Auge an den Fisch verfüttert?«

»Nur einer von ihnen, mein Boss und der andere nicht.« Gaos linkes Auge zuckte leicht. Der Schrecken dieses Anblicks schien ihn noch immer zu verfolgen.

»Ihr Boss hat einen dummen Fehler begangen«, sagte Hua und zuckte mit den Schultern. »Hätte er mitgemacht, hätte er den Rest seines Lebens in Frieden verbringen können.«

Gao schaute an die Decke und seufzte. »Da haben Sie nicht unrecht. Es war die einzige Chance, die Deng Hua ihnen geben würde. Eine Schande, dass mein Boss sie nicht ergreifen wollte. Ich habe sogar angeboten, eins meiner Augen an seiner statt zu opfern.«

»Was?« Hua musterte ihn mit neuem Respekt. »So treu waren Sie ihm ergeben?«

Gao kicherte. »Bruder Hua, es erfreut mein Herz, dass Sie eine derart hohe Meinung von mir haben, aber ganz so einfach war es nicht. Es ging mir schlicht um den bestmöglichen Ausgang. Sollten Deng Hua und mein Boss das Kriegsbeil nicht begraben, würde ich mit ziemlicher Sicherheit selbst darunter zu leiden haben. Also habe ich zwar dieses waghalsige Angebot unterbreitet, aber in erster Linie um meiner eigenen Haut willen. Hätte Deng Hua mein Auge angenommen, hätten wir Frieden schließen und ich mir einen Namen machen können. Mit einem Schlag hätte ich besser dagestanden als mein Boss. Ob ich danach mein eigenes Ding gemacht oder mich Deng Hua angeschlossen hätte, mein Ruf wäre ein gutes Startkapital gewesen. Aus diesem Blickwinkel erschien mir das Opfer durchaus wert.«

Hua verzog das Gesicht. »Und da dachte ich einen Moment lang, Sie wären doch ein Ehrenmann. Obwohl es immerhin ein Mindestmaß an Ehrgefühl erfordert, derart offen über alles zu reden – wenigstens sind Sie kein Heuchler.«

Die Worte schienen Gao weder zu schmeicheln noch in Verlegenheit zu bringen. Er rieb sich die Hände. »Durchaus nicht. Wirklich schade, dass Deng Hua mein Angebot abgelehnt hat. Er hat mich bloß angestarrt und gebrüllt: ›Dich habe ich nicht eingeladen, womit hättest du verdient, meinen Fisch füttern zu dürfen?‹«

Hua schnaubte. »Selbstverständlich hat der Vorsitzende Deng Sie sofort durchschaut. Solch ein offensichtlicher Trick hätte jemanden wie ihn nicht täuschen können.«

Gao schaute verletzt drein. »Nicht nur hat Deng rundheraus abgelehnt, auch mein Boss war nicht glücklich über das Angebot. Wie es aussah, hatte ich es mir mit beiden erfolgreich verscherzt. Als mein Boss dann seinerseits das Angebot ablehnte, fragte Deng Hua ihn kein zweites Mal. ›Da Sie meinen Fisch nicht füttern möchten, wollen wir so tun, als hätte dieses Bankett nie stattgefunden.‹ Das waren seine Worte.«

Hua konnte sich denken, wie die Geschichte weiterging, fragte aber trotzdem: »Was ist mit Ihrem Boss passiert?«

»Der Zweite, der abgelehnt hatte, verschwand wenige Tage später. Seine Leiche ist nie gefunden worden. Meinen Boss machte das so nervös, das er sich in ein sicheres Versteck zurückgezogen hat. Und dort die nächsten dreizehn Jahre geblieben ist.«

Hua nickte. »Ziemlich beeindruckend.«

»Er hat sich dafür den bestmöglichen Platz ausgesucht:

den Hochsicherheitstrakt im großen Stadtgefängnis. Dort wäre nicht einmal Deng Hua an ihn rangekommen.«

Hua blinzelte. »Sie reden also von Shen Jianping.«

Gao bestätigte die Vermutung wortlos, dann schlug er auf die Armlehne. »Aber gut, genug von meinem ehemaligen Boss. Reden wir über mich. Deng Hua hat mich an jenem Tag gedemütigt, hat behauptet, ich hätte nicht das Recht, seinen Fisch zu füttern. Ich habe damals nichts gesagt, sondern mir nur gedacht, dass einmal der Tag kommen wird, an dem dieser Fisch mich füttern wird.«

Hua musterte ihn. »Und jetzt ist Ihr Wunsch in Erfüllung gegangen.«

Gao starrte einmal mehr den Fisch an, dann ließ er den Blick durch den opulenten Speisesaal schweifen. Auf einmal schien echte Emotion in seinem Tonfall mitzuschwingen. »Das alte Sprichwort ist wahr. Das Leben ist wie ein Rad. Manchmal ist man ganz oben, manchmal ganz unten. Dieser Fisch durfte meinen Augapfel nicht fressen, aber jetzt werde ich ihn fressen. Ist es nicht seltsam, wie sich die Dinge wandeln können?«

Hua starrte ihn kalt an. »Vorsitzender Gao, haben Sie die Kassette dabei?«

»Natürlich«, sagte Gao mit Nachdruck. »Ich wusste ja, Sie würden sehr genau lauschen wollen.« Auf einen knappen Wink hin brachte ihm einer seiner Untergebenen einen tragbaren Kassettenrekorder. Gao stellte ihn auf den Tisch, drehte die Lautsprecher in Richtung Hua und drückte auf *Play*.

Die Kassette befand sich bereits an der richtigen Stelle. Keine Sekunde später war die Stimme eines Mannes zu hören.

»Hier spricht Hauptmann Han Hao von der Kriminalpolizei Chengdu. Ich fertige diese Aufzeichnung an, um die Wahrheit über ein Verbrechen zu enthüllen, das sich in Kürze ereignen wird.

Rao Donghua, Sicherheitschef im Longyu-Komplex, plant, die beiden stellvertretenden Vorsitzenden der Longyu-Gesellschaft zu ermorden, namentlich Lin Henggan und Meng Fangliang. Diese Tat wird er morgen, am zweiten November, in Zimmer 1801 des Longyu-Komplexes verüben. Bei diesem Zimmer handelt es sich um das ehemalige Büro des verstorbenen Firmenchefs Deng Hua.

Gestern hat Rao Donghua den beiden Opfern im Namen des Serienmörders Eumenides Todesanzeigen zukommen lassen und ihnen vorgeschlagen, sich in Zimmer 1801 zu verschanzen. Danach hat Rao einen Pakt mit Meng Fangliang geschlossen und ihn dazu angestiftet, Lin Henggan morgen Nacht um 23:35 Uhr zu ermorden. Daraufhin soll Meng sich schlafend stellen.

Rao Donghuas Plan sieht folgendermaßen aus: Nachdem Meng Lin getötet hat, werden Rao und ich Zimmer 1801 betreten, wo ich Meng töte. Beide Morde sollen wie das Werk von Eumenides aussehen.

Ich habe eine geheime Tonbandaufnahme des entscheidenden Gesprächs zwischen Rao und Meng angefertigt, die das erste Beweisstück bildet, um die Wahrheit hinter diesem Verbrechen ans Licht zu bringen. Des Weiteren soll mein Geständnis beweisen, dass auch Meng durch Rao Donghuas Plan gestorben ist. Um die Echtheit meiner Worte zu untermauern, werde ich ein paar Zeichen hinterlassen, nachdem ich Meng getötet habe.

Erstens: Zusätzlich zu der tödlichen Wunde werde ich das rechte Ohrläppchen des Opfers einritzen.

Zweitens: Ich werde dem Opfer eine Ein-Yuan-Münze aus dem Jahr 1999 in den Mund legen.

Drittens: Ich werde dem Opfer eine Haarsträhne ausreißen und sie in einer nahen Blutlache fallen lassen.

Diese Einzelheiten kann niemand außer den mit der Ermittlung befassten Beamten und dem Mörder kennen. Indem ich sie hier aufzähle, beweise ich, dass ich die Person bin, die unmittelbar für die Tat verantwortlich ist. Ich habe kein Motiv für den Mord an Meng Fangliang, sondern führe diese Tat auf Befehl von Rao Donghua aus. Ohne seine logistische Vorbereitung wäre es mir unmöglich, den vorgesehenen Tatort zu erreichen.

Seit ich ein kleines Kind war, habe ich davon geträumt, Polizeibeamter zu werden. Ein einziger falscher Schritt hat mich vom Weg abgebracht, und jetzt gibt es für mich keinen Weg zurück. Meine einzige Hoffnung ist, dass es mir noch gelingen möge, Eumenides zu schnappen, andernfalls sterbe ich unvollendet. Dies ist der einzige Grund für meine Teilnahme an diesem Mord. Sobald mein Wunsch in Erfüllung geht, stelle ich mich meinen Kollegen und sorge dafür, dass Rao Donghua zur Rechenschaft gezogen wird.

Für den Fall, dass mir vorher etwas zustößt, hinterlasse ich diese beiden Aufnahmen als zwingende Beweismittel. Ich hege tiefste Hochachtung für Recht und Gesetz.

Aufgezeichnet von Han Hao, erster November 2002.«

Das also war das Geschenk, das Gao erwähnt hatte. Hua hörte es zum ersten Mal in voller Länge, und je länger er lauschte, desto mehr verfinsterte sich seine Miene. Das war in der Tat Han Haos Stimme, und die Worte des einstigen Hauptmanns reichten aus, um ihn in eine äußerst missliche Lage zu bringen.

Hua bereute, diesen Mann unterschätzt zu haben. Er hatte jede denkbare Vorsichtsmaßnahme ergriffen, um sicherzugehen, dass seine Gespräche mit Han nicht aufgezeichnet werden konnten, nur bei der Unterredung mit Meng war er weniger gründlich gewesen. Dieses umfangreiche Geständnis kam vollkommen unerwartet und machte es ihm unmöglich, sich glaubhaft zu verteidigen, sollte die Polizei diese drei Details tatsächlich gefunden haben.

Im Moment allerdings nützte ihm Frust wenig. Jetzt gerade hatte er ein noch dringenderes Problem.

»Woher haben Sie die Kassette?«

Gao lehnte sich auf seinem Thron zurück und sagte ausschweifend: »Han Hao hatte arrangiert, dass das Band nach seinem Tod an Meng Fangliangs Witwe geschickt wird. Da waren Sie ihm einen Schritt voraus und haben sein Haus überwachen lassen, um eine Nachricht abzufangen. Aber jedes Raubtier steht seinerseits bei irgendwem anders auf dem Speiseplan; ein mysteriöser Fremder hat Ihre Handlanger bewusstlos geschlagen und die Kassette gestohlen. Augenscheinlich Eumenides, ebenjener Mörder, dem Sie die Tat in die Schuhe schieben wollten.«

»Sie sind gut informiert.« Hua bedachte Leopardenkopf, den er damals zu Mengs Haus geschickt hatte, mit einem Seitenblick. Nun, da er die Seiten gewechselt hatte, musste er Gao alles über die Sache erzählt haben.

Leopardenkopf schaute starr geradeaus und tat betont unbeteiligt.

Huas Herz machte unvermittelt einen Satz. Hatte dieser Bastard von Anfang an die Hälfte der Aufnahmen in der Hinterhand behalten? Nein, das konnte kaum sein. Eumenides würde sich keine solche Blöße geben.

Gao las Hua den Gedankengang am Gesicht ab und lachte. »Ach, Hua, jetzt tun Sie Ihrem Bruder aber unrecht. Ich bin durch pures Glück an diese Kassette gelangt. Vor Kurzem hatte jemand von der Kripo zwei meiner Leute im Visier und wollte deren Wohnung durchsuchen. Die wussten nicht, warum, haben also mich eingeschaltet. Ich habe jemanden gebeten, sich umzuhören, und herausgefunden, dass es um diesen Longyu-Fall geht. Also bin ich persönlich dorthin und habe die Kassette mitgenommen, bevor die Polizei sie in die Finger kriegen konnte.«

Hua verstand langsam gar nichts mehr. »Was hatte die Kassette bei Ihren Leuten in der Wohnung verloren?«

»Die waren gerade erst eingezogen. Die Kassette wurde vom Vormieter dort vergessen. Der Beschreibung des Vermieters nach muss es sich um Eumenides gehandelt haben.«

Gao hatte offenkundig keine Ahnung von dem Handel, den Eumenides mit Hua eingegangen war, nachdem er die erste Kassette in die Finger bekommen hatte. Seine Hirnwindungen arbeiteten jetzt in Vollgeschwindigkeit. Eumenides hatte geschworen, keine Kopien der Aufnahme angefertigt zu haben – und das hatte er auch nicht getan, sondern bloß die zweite Hälfte der Aufnahme für sich behalten. Also hatte er eben doch einen Plan B gehabt. Hätte Hua seinen Teil der Abmachung nicht eingehalten, wäre die Aufnahme zweifellos aufgetaucht. Nur hatte niemand damit gerechnet, die Kassette könnte Gao in die Hände fallen.

»Ich habe Ihnen das Leben gerettet, Hua«, sagte Gao. Als Hua nicht reagierte, bohrte er weiter. »Wäre diese Kassette bei der Polizei gelandet, würden Sie in großen Schwierigkeiten stecken.«

Hua sammelte sich. »Sie haben recht, Sie haben mich tatsächlich gerettet. Wenn Sie mir die Kassette geben, kommen wir vielleicht doch noch ins Geschäft.«

»Geschäft?« Gao kicherte. »Was für ein Geschäft?«

»Darüber muss ich noch nachdenken. Ich will die Kassette haben. Nennen Sie Ihren Preis, und sollte der mir akzeptabel vorkommen, schlage ich ein.«

Gao sah Hua an und lachte dann noch lauter, wie ein Erwachsener, der sich köstlich über die Worte eines Kindes amüsiert. Irgendwann hatte er sich wieder gefangen. »Mit Ihnen mache ich keine Geschäfte. Sie wollen die Kassette haben? Bitte, sie gehört Ihnen.«

Er zog sie aus dem Abspielgerät und warf sie Hua zu, der das Gesicht verzogen hatte und wie erstarrt dasaß. Die Kassette klatschte auf den Tisch.

»Ich will abermals ehrlich sein. Natürlich habe ich Kopien angefertigt, jede Menge sogar. Die werden Sie niemals alle zerstören können.« Gao sah immer noch fröhlich aus, obwohl sich ein drohender Unterton in seine Stimme geschlichen hatte.

»Dann kommen wir wohl nicht ins Geschäft, da haben Sie recht«, sagte Hua achselzuckend. »Sie hätten mich um jeden möglichen Gefallen bitten können, und ich hätte tatsächlich ein bisschen länger gewartet, bis ich Sie umbringe.«

»Sie? Mich umbringen?«, wiederholte Gao ungläubig.

»Das sowieso«, sagte Hua ungerührt. »Selbst wenn wir zu einer Übereinkunft gekommen wären, hätte das Ende festgestanden.«

»Wenn Sie mich töten, landet diese Aufzeichnung noch am selben Tag bei der Polizei.«

»Ich weiß. Deswegen wollte ich Ihnen Gelegenheit geben, mit mir zu verhandeln.«

Gao starrte ihn an und stieß schließlich ein unterkühltes Lachen aus. »Mit Ihrem Gehirn scheint wirklich etwas nicht in Ordnung zu sein.«

Hua antwortete nicht. Er hatte endgültig eingesehen, dass Gao und er aus verschiedenen Welten stammten und keine Hoffnung bestand, jemals zueinanderzufinden.

Doch so schnell wollte Gao die Aussage nicht zu den Akten legen. »Warum wollen Sie mich töten? Eher wäre Ihnen dringend geraten, sich auf einen Handel einzulassen. Wir sollten zusammenarbeiten. Verstehen Sie das nicht? Eine Kooperation würde uns beide stärker machen. Ihre Gang und meine Gang als eine große glückliche Familie. Wozu die ewigen Kämpfe? Am Ende bringen wir uns nur alle gegenseitig um.«

»Zusammenarbeiten?«, wiederholte Hua. »Sie glauben immer noch, wir könnten jemals zusammenarbeiten?«

»Warum nicht? Sie arbeiten für mich, und ich wahre für immer Ihr Geheimnis. So ziehen wir beide einen Vorteil aus der Sache.«

»Einen Vorteil ...« Hua kaute auf dem Wort herum. Schlagartig war ihm klar, worin genau der Unterschied zwischen ihnen bestand. »Dieses Wort steht im Zentrum Ihres gesamten Handelns.«

»Ja. Wir leben in solchen Zeiten – es geht immer nur um Vorteile.« Gao sah ihn ernst an. »Wenn Sie das nicht akzeptieren, verlieren Sie irgendwann den Anschluss.«

Hua dachte zu angestrengt nach, um zu antworten. Gao saß stumm da und betrachtete ihn abwartend. Irgendwann zückte Hua ein Päckchen Zigaretten, zog eine heraus und wedelte damit in Richtung Gao.

»Nein danke.«

Hua steckte sich die Zigarette in den Mund, Leoparden-kopf gab ihm Feuer.

Hua nahm einen tiefen Zug und blies einen Ring in die Luft. Dann wechselte er unerwartet das Thema. »Wissen Sie, wie ich den Vorsitzenden Deng kennengelernt habe?«

Gao war zwar verblüfft, aber auch neugierig. Die gesamte Unterwelt von Chengdu wusste, dass Deng Hua und sein Zögling zwar nicht verwandt gewesen waren, aber dennoch eine Art Vater-Sohn-Beziehung geführt hatten. Hinter solch einer Freundschaft musste sich eine außergewöhnliche Geschichte verbergen. »Nein. Erzählen Sie.«

Hua nahm die Zigarette aus dem Mund und redete langsam. »Ich bin in einem Waisenhaus aufgewachsen. Es war nicht besonders schön dort. In der Volksschule hatte ich immer nur alte vererbte Schulsachen. Alle Klassenkameraden besaßen schöne neue Sachen in leuchtenden Farben. Ich war neidisch auf sie. Als ich zehn Jahre alt wurde, hat ein netter Herr dem Waisenhaus Geld gespendet, und mein sehnlichster Wunsch ging in Erfüllung: Ich bekam einen eigenen neuen Schulranzen.«

»Und dieser Herr war Deng Hua?«

Hua nickte.

Gao kicherte. »Er muss damals schon so viel Böses getan haben, dass er sein schlechtes Karma irgendwie ausgleichen wollte. Sie waren nur Mittel zum Zweck, um sein Gewissen zu beruhigen.«

Hua ignorierte die Stichelei. »Als unsere Betreuerin die Schulsachen austeilte, verriet sie uns, der nette Herr würde uns zum chinesischen Neujahrsfest besuchen kommen und ein paar Leckereien mitbringen. Die anderen Kinder waren begeistert und haben sofort wild geraten, was er wohl mitbringen wird. Ich hingegen habe an etwas anderes gedacht.«

»Aha? Und das wäre?«

»Daran, wie ich mich für seine Wohltaten revanchieren könnte. Der nette Herr hatte mir meinen dringendsten Wunsch erfüllt, also wollte ich ihm etwas Besonderes schenken. Wir bekamen nicht viel außer der Reihe im Waisenhaus, nur ein paar Süßigkeiten jeden Sonntag, einen Lutscher oder ein paar Butterkekse. Was Kinder eben gerne mögen. Also entschloss ich mich, dem netten Herrn zu danken, indem ich meine Süßigkeiten sammelte. Bis zum chinesischen Neujahrsfest hatte ich eine ganze Papiertüte voll. Er tauchte auf – Deng Hua, wie Sie richtig vermutet haben –, mit Geschenken für alle Kinder. Als ich meins bekam, habe ich mich nicht nur bedankt, sondern ihm auch die Tüte mit den Süßigkeiten überreicht. Seine Reaktion war nichts Außergewöhnliches, er hat mich nur angeschaut und gefragt, wie ich heiße. Erst viel später habe ich erfahren, dass diese Begegnung mein Leben grundlegend verändern sollte.«

Huas Augen wurden ein wenig feucht, während er sich zurück in seine Kindheit begab. Der Rauch seiner Zigarette, die schon über zwei Zentimeter Asche angesammelt hatte, schraubte sich träge in die Höhe.

»Deng Hua hat aufgrund dieser Begegnung so große Stücke auf Sie gehalten?«, fragte Gao mit zusammengekniffenen Augen.

Hua betrachtete die Zigarettenspitze und murmelte wie zu sich selbst: »Das habe ich mich später oft gefragt. Warum sollte sich der Vorsitzende Deng für eine Tüte Süßigkeiten interessieren? Aber nein, er hat mir vertraut, weil er an jenem Tag gesehen hat, dass ich weiß, wie wichtig Dankbarkeit ist. Wenn dir jemand etwas schenkt, musst du es ihm mit Zinsen zurückzahlen. Er war mir gegenüber nie geizig. Er war wie ein Vater für mich.«

Da Hua geradezu bedrückt wirkte, beugte Gao sich vor und stützte beide Hände auf den Tisch. »So nett Deng Hua auch zu Ihnen gewesen sein mag, er ist tot. Diese Stadt wird zu meinem Königreich. Dieses Gebäude gehört mir, Deng Huas geliebter Arowana ist mein Mittagessen. Ich weiß, wie Sie ticken, Hua. Sie sind ein fähiger Mann, Sie müssen bloß Ihren Blick für die Zukunft schärfen. Intelligente Menschen schauen niemals zurück, sondern nur nach vorn.«

Hua schnippte die Asche fort. »Genug von Deng Hua. Reden wir über das Mädchen.«

»Drauf geschissen.« Gao verdrehte die Augen. »Warum sollten wir Worte über irgendeine Frau verlieren?«

»Ja, sie ist eine Frau«, sagte Hua schlicht. »Eine Frau, die bereit war, alles für mich zu opfern, sogar ihr Leben.«

»Im Moment sollten Sie sich lieber um Ihr eigenes Schicksal kümmern. Es geht in der Tat um Leben und Tod. Wollen Sie Ihre Zeit wirklich damit vertrödeln, Liebeshymnen auf irgendein Weibsstück abzusondern?«

Hua seufzte. »Ihrer Meinung nach sollte ich sie wohl gar nicht erst erwähnen? Geht es darum? Ich verhandle hier mit dem mächtigen Vorsitzenden Gao – dem künftigen Herrscher dieser Stadt. Wie kann ich es da wagen, ein Weib ins Gespräch zu bringen? In einer derart wichtigen Unterhaltung hat sie nichts zu schaffen.«

Gaos Blick verfinsterte sich, als stimmte er der sarkastischen Rede inhaltlich zu.

Hua schüttelte den Kopf. »In Wirklichkeit ist es genau andersrum. Sie sind der Einzige, der es nicht wert ist, Teil dieser Unterhaltung zu sein. Wir verstehen etwas von Dankbarkeit, Sie nicht. In Ihrer Welt lautet das alles beherrschende Prinzip Vorteil, in unserer Vergeltung. Freundlichkeit wird mit Freundlichkeit vergolten, Schmerz mit Schmerz. Kein Platz für schlampige Buchhaltung, egal in welche Richtung.«

Gao verlor langsam die Geduld. Er schlug mit der flachen Hand auf den Tisch. »Idiot! Sie reden so, als ob Sie sterben *wollen*.«

»Nach Ihnen«, sagte Hua und schaute ihn unverwandt an. Seine Stimme war gefasst, aber von solcher Kälte durchzogen, als wäre sie geradewegs aus dem Hades emporgestiegen.

Gaos Wut verpuffte in einem Lachanfall. Dies waren die Worte eines Irren. »Alles klar, alles klar.« Er lehnte sich auf dem Thron zurück und grinste siegessicher. »Ich wüsste gerne, wie genau ich sterben soll.«

Hua erwiderte nichts, sondern nahm einen letzten Zug von seiner Zigarette, lang und tief. Er stand am Scheideweg. Die Zigarettenspitze glühte hell, obwohl fast nichts mehr übrig war. Seine rechte Hand fiel zu Boden, packte das Stuhlbein und warf den Stuhl in einer einzigen fließenden Bewegung durch den Raum.

Der Eisenholz-Stuhl aus der Qing-Dynastie war zweifellos schwer genug, um einigen Schaden anzurichten. Gao hatte allerdings mit einem Angriff gerechnet und duckte sich rechtzeitig. Sowieso schien es um Huas Treffsicherheit nicht besonders gut bestellt zu sein, denn der Stuhl segelte über den Thron hinweg und krachte gegen die Wand des Aquariums. Das Glas konnte der Wucht des Aufpralls nicht standhalten und zersprang mit einem lauten Knall. Eine von Splittern durchzogene Flutwelle schwappte auf Gao zu.

Die beiden Leibwächter hinter ihm warfen sich schützend über ihn und schirmten ihn vom Großteil der Splitter ab. Er war durchnässt, ansonsten aber unverletzt.

Auf der gegenüberliegenden Seite des Tischs hatte Leopardenkopf noch schneller reagiert. Sobald der Stuhl Huas Hand verließ, sprang er auf, die goldene Mähne wild gewallt wie bei einer Raubkatze, die sich auf ihre Beute stürzt. Dem besten Nahkämpfer der Stadt hatte Hua wenig entgegenzusetzen. Leopardenkopf legte die Hände um seinen Hals und zog ihm mit einem raschen Tritt die Beine weg. Der Kampf schien in weniger als einer Sekunde entschieden zu sein.

Gao und seinen Handlangern blieb allerdings keine Zeit, ihren Sieg zu feiern. Sobald Hua von Leopardenkopf ruhiggestellt worden war, fiel allen im Raum ein seltsam penetranter Geruch auf.

Reiner Alkohol.

Das Aquarium war nicht mit Wasser, sondern mit Alkohol gefüllt gewesen. Gao und seine Leibwächter waren von Kopf bis Fuß davon durchnässt.

Huas Körper war im Schraubstock von Leopardenkopfs Händen gefangen, aber obwohl er die Gliedmaßen nicht mehr rühren konnte, hinderte ihn nichts daran, seinen Mund zu gebrauchen. Er holte tief Luft und spuckte den Zigarettenstummel, so weit er konnte. Die glühende Kippe schraubte sich durch die Luft. Hua schaute ihr voller Genugtuung hinterher.

All das geschah im Bruchteil einer Sekunde. Unter großem Rauschen stieg eine Flammensäule vom Einschlagort der Zigarette auf, dann waren darin drei brennende Gestalten zu erkennen, die zuckten und um sich schlugen und schrecklich schrien.

Leopardenkopf war einen Moment lang wie erstarrt, dann ließ er Hua mit einem leisen »Scheiße« los. Sehr spät begriff er, dass das Feuer auch ihm gefährlich werden würde, und rannte Richtung Ausgang. Auch die anderen beiden Leibwächter hatten sich auf den Gang zu ihren Kollegen zurückgezogen und brüllten: »Feuer! Schnell, wir müssen den Vorsitzenden retten!« Jeder versuchte, zuerst beim Feuerwehrschlauch zu sein, alle standen sich gegenseitig im Weg.

Hua floh nicht. Er schloss die Tür und verriegelte sie von innen. Dann kehrte er zu seinem Platz am Tisch zurück, von dem aus er Gao in der Feuersbrunst tanzen sehen konnte. Wann immer er dem Inferno zu entrinnen suchte, schubste Hua ihn mit einem Stuhl zurück in die Mitte. Die beiden Leibwächter, die umherrannten und sich auf dem Boden wälzten, ignorierte er.

Leopardenkopf und die anderen auf dem Flur hatten das Gefühl, plötzlich in einem Albtraum aufgewacht zu sein. Endlich war es ihnen gelungen, den schweren Schlauch abzurollen, nur um feststellen zu müssen, dass die große Tür verriegelt war. Sie hörten die Schreie aus dem Saal, als lägen alle Kreise der Hölle hinter der Tür verborgen. Je leiser die Schreie wurden, desto größer wurde ihre Verzweiflung, bis sie die Hoffnung schließlich aufgaben.

Endlich herrschte vollkommene Stille. Die Tür ging auf. Hua schritt langsam auf den Gang hinaus und ließ den Brandherd hinter sich. Die Luft war voller Funken, von denen einige auch in seinen Haaren und auf seiner Kleidung landeten, sodass er beim Gehen immer wieder kleine Feuer ausklopfen musste. Seine Miene war kalt wie Eis und hart wie Stahl, ein Avatar des Hades, der aus seinem Reich in die Welt der Lebenden kam.

Wenige Minuten später erreichte Pei Tao mit einem Team das Gebäude. Das Feuer war gelöscht, die drei Opfer lagen leblos da. Leopardenkopf und die Leibwächter hatten Hua umstellt, auch wenn sich keiner von ihnen traute, ihm zu nahe zu kommen.

Pei Tao trat auf Hua zu, der ohne Widerstand seine Handgelenke entblößte. Sobald er sich zum Kampf auf Leben und Tod mit Gao entschieden hatte, war ihm klar gewesen, wie die Sache enden würde.

Pei legte ihm die Handschellen an, drehte sich um und musterte Leopardenkopf und seine Kollegen.

Die meisten starrten ihn entsetzt an. Nur Leopardenkopf hatte den Blick abgewandt und wirkte sorgenvoll.

»Abführen«, sagte Pei und deutete auf Leopardenkopf. Zwei Polizisten traten zu ihm und ergriffen je einen Arm.

Mit lautem Klicken war auch Leopardenkopf gefesselt. »Warum nehmen Sie mich fest?«, brüllte er.

Pei ging auf ihn zu und schaute ihm in die Augen. »Sie wissen genau, was Sie getan haben.«

Leopardenkopf wirkte überrascht, dann aber lächelte er. »Sie machen einen Fehler, Hauptmann Pei. Und das werden Sie auch sehr bald begreifen.«

KAPITEL ELF

DER AUSBRUCH

ERSTES GEFÄNGNIS CHENGDU

Es war schon spät, trotzdem konnte Hang nicht schlafen. Mit offenen Augen lag er auf seinem Bett und starrte durch das schmale Fenster. Seine Gedanken tobten, aber er wagte nicht, sich wie ein normaler Schlafloser herumzuwälzen, denn die Zellengenossen durften auf gar keinen Fall merken, dass irgendetwas nicht stimmte.

Vor allem das Wetter hatte einen großen Einfluss auf seinen gegenwärtigen Gemütszustand.

Draußen tobte ein stürmischer Herbstregen, dessen Böen nach Schluchzen und Stöhnen klangen. Sie wirbelten auch seine Erinnerungen auf, warfen ihn zurück an einem Herbsttag zehn Jahre zuvor.

Hang erinnerte sich an einen frühen Morgen an einem Wochenende. Wegen des eisigen Regens hatte kaum jemand den Weg zur Arbeitsvermittlung auf sich genommen. Er selbst kauerte in einer Hausecke, die dünnen Kleider vollkommen durchnässt.

Er war gerade neunzehn Jahre alt und erst vor ein paar Tagen aus seinem kleinen Dorf in die große Stadt gekommen, nachdem er den Eignungstest für die Universität bestanden hatte. Während seine Kameraden wohlig in ihren Betten lagen, musste er dem Sturm des Lebens ins Auge sehen.

»He, Kleiner, was kannst du?«, rief eine Stimme ganz in der Nähe.

»Alles«, gab er hastig zurück. »Solange die Bezahlung stimmt.«

»Was kannst du?«, wiederholte die Stimme, nun aber mit spöttischem Unterton. Ohne die Antwort abzuwarten, machte sich der Sprecher auf die Suche nach einem kräftigeren Arbeiter.

Jemand anders bemerkte, wie ängstlich und mitgenommen Hang dort stand, und näherte sich.

Hang warf sich in die Brust, um stämmiger zu wirken.

Kurz darauf kniff der Mann kritisch die Augen zusammen. »Machst du wirklich alles?«

Hang nickte und sagte mit Nachdruck: »Solange die Bezahlung stimmt.«

Der Mann gluckste. »Wie viel willst du?«

»So viel wie möglich. Ich brauche es dringend!« Hang wischte sich das Wasser aus dem Gesicht, das in seine Augen tropfte. Der verzweifelte Hunger in seiner Stimme schien bei dem Sprecher Eindruck zu hinterlassen. »Ich hätte einen Auftrag, mit dem sich eine Menge Geld verdienen lässt.«

Hang blinzelte. »Wie viel?«

Der Mann dachte kurz nach. »Fünfzigtausend.«

Fünfzigtausend? Eine derart astronomische Summe wagte Hang sich kaum vorzustellen. Er riss die Augen auf, beruhigte sich nach der anfänglichen Euphorie aber schnell wieder. »Was für ein Auftrag?«, fragte er zögerlich.

»Dauert nicht lange«, sagte der Sprecher ausweichend,

denn genau das war Hangs wunder Punkt. »Brauchst du nicht dringend Geld? Wenn du die Sache für mich erledigst, kriegst du das Geld innerhalb eines Monats.«

Dieser Aussicht konnte er unmöglich widerstehen. »Ich mache es!«, sagte Hang. »Solange es nicht um einen Bankraub oder etwas in der Art geht.«

»Nichts derart Absurdes«, sagte der Mann und lächelte. Er reichte Hang eine Visitenkarte. »Heute Nachmittag um drei kommst du zu dieser Adresse und bringst einen Lebenslauf mit. Solltest du es nicht finden können, ruf an.«

Als Hang die Karte sorgfältig verstaut hatte, war der Mann verschwunden.

Um drei Uhr fand er sich an der genannten Adresse ein, die in einem nicht-so-wirklich-respektablen Viertel lag. Der Mann, der ihn am Morgen angesprochen hatte, erwartete ihn vor einem einstöckigen Wohnhaus.

»Sehr pünktlich, vorbildlich.« Er winkte ihm. »Na los, komm rein, unser Boss wartet bereits.«

Hang folgte dem Mann ins Haus. Sie betraten einen kleinen Raum mit einem eckigen Tisch, um den mehrere kräftige Kerle saßen. Den Resten auf dem Tisch nach zu urteilen, hatten sie gerade ein üppiges Mahl hinter sich.

»Hier ist er, Bruder Chang«, sagte der Mann zu einem feisten Kerl, der ihn genauso trunken musterte wie die übrigen Anwesenden.

Hang zog ungewollt den Kopf ein.

Der fette Kerl rülpste laut. »Lebenslauf dabei?«

Hang reichte ihm das Dokument, das er sorgfältig ausgearbeitet hatte. Schon beim ersten Satz rief der Fette überrascht: »Aha! Student an einer Universität? Und an einer guten noch dazu!«

Der Mann, der ihn hergebracht hatte, sah ihn von der Seite an. »Ja, in der Tat.« Dann musterte er Hang ausgiebig und sichtlich überrascht.

Hang war sich nicht sicher, ob er stolz oder beschämt sein sollte, in dieser Situation zu stecken. Er zog den Kopf noch ein bisschen tiefer ein.

Neben dem fetten Kerl saß ein jüngerer, der sich sehr für Hang zu interessieren schien. Er tippte seinem Nachbarn auf den Arm. »Lass mal sehen.«

Der Fette reichte ihm den Lebenslauf und wandte sich an Hang. »Knapp bei Kasse?«

Hang schaute auf. »Ja. Sehr sogar.«

»Weißt du, worum es geht?«

Hang schüttelte den Kopf. »Nur, dass es nicht um einen Bankraub oder so was geht.«

»Würdest du eine Niere verkaufen?«, fragte der Fette unverblümt.

Eine Niere? Hang war wie vor den Kopf gestoßen. Er hatte wohl davon gehört, dass dergleichen manchmal vorkam, wusste aber nicht viel darüber.

Der Mann, der ihn hergebracht hatte, schaltete sich ein. »Bist du bereit, dir eine Niere rausschneiden zu lassen? Für jemanden, der dringend eine neue braucht? Der Preis beträgt fünfzig Riesen. Die meisten Menschen haben zwei Nieren, und man kommt auch mit einer prima klar. Keine Sorge, man findet dann trotzdem noch eine Frau.«

Irgendetwas an der Art, wie er »Frau« sagte, klang seltsam, und die Männer am Tisch kicherten grob. Hang erhob die Stimme und sagte entschlossen: »Wer sagt, dass ich Angst habe? Solange ich die Kohle bekomme, verkaufe ich euch eine Niere. Ach was, von mir aus beide!«

Der Fette starrte ihn ernst an. »Überleg es dir gut. Das ist unser Tagesgeschäft. Sobald du einwilligst, gibt es keinen Weg zurück.«

»Ich brauche keinen Ausweg«, sagte Hang. Er verzog das Gesicht, stand aber seinen Mann. »Ihr habt nur Angst, dass ich einen Rückzieher mache.«

Der Fette musterte ihn überrascht, dann wandte er sich an einen seiner Handlanger. »Los, setz den Vertrag auf, er soll heute noch unterschreiben.«

»Einen Moment«, sagte eine Stimme.

Es war der junge Mann, der neben dem Fetten saß. Er war kaum älter als Hang, sprach und benahm sich aber wie ein erfahrener Gangster. Er musste schon einige Jahre Erfahrung in dem Geschäft gesammelt haben.

Der Fette drehte sich um und sah ihn an. Obwohl er älter war und dies sein Revier zu sein schien, wirkte er dem Jungen gegenüber beinahe unterwürfig.

Der Junge hielt Hangs Lebenslauf in der Hand. Er schaute ihm in die Augen und machte einen freundlichen Eindruck – zu Hangs großer Erleichterung. »Du hast Ahnung, du bist gebildet, du hast eine große Zukunft vor dir. Was willst du hier?«

»Ich brauche das Geld«, sagte Hang schlicht.

»Wofür?«

»Mein Vater ist krank.«

»Ach?«

»Er hat Krebs und muss dringend operiert werden. Aber wir haben nichts.« Seine Augen röteten sich.

»Und dafür bist du bereit, deine Niere herzugeben?«

»Was ist eine Niere, verglichen mit dem Leben meines Vaters?«

Der Junge aber machte Hangs Hoffnung sogleich zunichte. »Selbst wenn du diese Niere verkaufst – wer sagt, dass du ihn wirklich retten kannst? Vielleicht ist die Operation ein Fehlschlag, und selbst wenn sie erfolgreich verläuft, was ist mit der anschließenden Pflege? Weiteren Behandlungen? Reichen da fünfzigtausend Yuan wirklich?«

Hang biss die Zähne zusammen. »Was soll ich sonst verkaufen? Na los, sag schon! Ich habe noch eine zweite Niere und ein Herz und eine Leber und eine Lunge. Ich würde sie samt und sonders verkaufen, wenn ich meinem Vater damit helfen kann.«

Der junge Mann schüttelte den Kopf. Hang hatte ihn missverstanden, aber er blieb gelassen. »Du würdest sie alle verkaufen? Aber dann müsstest du sterben.«

»Und wenn schon. Mein Vater hat mir das Leben geschenkt, ich erwidere ihm den Gefallen gern.« Hang versagte die Stimme.

Der junge Mann betrachtete ihn eine Weile, und Hang erwiderte den Blick hoffnungsvoll. Dieser Mann hatte hier eindeutig das Sagen, und das Leben seines Vaters lag in seiner Hand.

Der junge Mann drehte sich zum Fetten und flüsterte ihm etwas zu.

Der Fette brach in schallendes Gelächter aus. »Wenn Bruder Hua das sagt, wie kann ich da ablehnen?«

Hua. Nie würde Hang diesen Namen vergessen.

Hua drückte dem Fetten dankbar die Schulter, erhob sich und ging auf Hang zu. »Komm mit.«

»Wohin gehen wir?«, fragte Hang unsicher.

»Jemanden besuchen. Jemanden, der deinen Vater retten kann.«

Bei diesen Worten fasste Hang sich ein Herz und verließ mit Hua das Haus.

Hua fuhr sie quer durch die Stadt in ein Luxusviertel und hielt vor einer der prächtigsten Villen der ganzen Gegend. Nachdem sie eingetreten waren, verschwand er und ließ Hang für geraume Zeit allein im Wohnzimmer sitzen.

Noch nie hatte Hang solchen Prunk gesehen. Er schaute sich in dem fürstlich ausgestatteten Raum um, wusste nicht, wie er sich zu benehmen hatte, und blieb beim Fenster stehen. Für mehrere Stunden.

Endlich öffnete sich die Tür, und ein Mann Mitte dreißig betrat das Zimmer. Er hatte eine würdevolle Körperhaltung und einen stechenden Blick. Etwas an seiner Aura nötigte Hang Respekt ab.

Hang war plötzlich kleinlaut, kratzte sich den Kopf und wusste nicht, was er sagen sollte.

Zum Glück betrat in diesem Moment auch Hua den Raum und machte sie miteinander bekannt. »Darf ich vorstellen – unser Vorsitzender Deng.«

»Hallo, Vorsitzender Deng«, sagte Hang nervös.

Deng knurrte zustimmend und ließ sich auf einem Sessel nieder. Er winkte Hang. »Setz dich.«

Hang zog einen Stuhl heran und setzte sich vorsichtig. Hua stellte sich hinter den Vorsitzenden.

»Man hat mich über deine Situation unterrichtet«, sagte Deng ohne Umschweife. »Wo ist dein Vater gerade?«

»Im Provinzkrankenhaus in meinem Heimatbezirk.«

»Ich brauche seinen Namen und den Namen des Krankenhauses.«

»Hang Guozhong. Erstes Krankenhaus Suizhou.«

Hang hatte gedacht, Vorsitzender Deng wolle nur sicherstellen, dass er nicht log, aber das schien nicht der Fall zu sein. Deng wandte sich an Hua. »Schick jemanden nach Suizhou, der dafür sorgt, dass sein Vater ins Erste Volkskrankenhaus Chengdu verlegt wird. Dann gehst du direkt zu Doktor Du, dem Leiter der Onkologie, und bittest ihn, einen Spezialisten zur Beurteilung dieser Operation hinzuzuziehen. Den besten Spezialisten, die beste Behandlung, die besten Medikamente. Verstanden?«

Hua nickte und verschwand.

»Ich ... ich habe aber nicht viel Geld«, stammelte Hang. Er hatte das Ganze im Kopf überschlagen und war ziemlich sicher, dass für den genannten Behandlungsplan auch der Verkauf beider Nieren niemals ausreichen würde.

»Das kostet dich überhaupt nichts, und du brauchst auch keine Niere zu verkaufen. Von jetzt an kümmere ich mich um die Kosten der Behandlung deines Vaters.«

Die unerwartete Entwicklung flößte Hang allerdings mehr Furcht als Freude ein. »Aber ... Warum?«

»Hua sagt, du bist ein anständiger Kerl. Du bist intelligent, hast Respekt vor deinen Eltern und keine Angst vor dem Tod. Es gibt heutzutage nur noch wenig junge Leute, auf die das zutrifft.« Deng betrachtete Hang mit Wohlwollen.

»Hua!« Voller Dankbarkeit rief Hang den Namen.

Der Vorsitzende Deng betrachtete den Jungen und vermerkte, dass dessen erster Impuls nicht darin bestand, diese positive Wendung zu feiern, sondern Hua zu danken. Ein erfreulicher Zug. Deng nickte und meinte vielsagend: »Hua mag noch sehr jung sein, verfügt aber über große Menschenkenntnis.«

Während er sprach, kehrte Hua ins Wohnzimmer zurück, beugte sich vor und flüsterte Deng ins Ohr: »Erledigt.«

Deng wandte sich an Hang. »Hast du noch weitere Wünsche bezüglich der Behandlung deines Vaters? Nur raus damit.«

Hang blinzelte und fragte sich, ob er träumte. Er brauchte einen Moment, um sich zusammenzureißen und ausdruckslos zu fragen: »Vorsitzender Deng, Sie tun all das für mich, obwohl wir uns gar nicht kennen. Wie soll ich Ihnen das je zurückzahlen?«

Deng schüttelte den Kopf. »Du musst es mir nicht zurückzahlen, und ehrlich gesagt gibt es sowieso nicht viel, was du für mich tun könntest. Ich bitte dich nur darum, dich gut um deinen Vater zu kümmern und fleißig zu studieren, damit du es zu etwas bringst.«

Hang nickte begeistert und sagte mit großem Ernst: »Für Sie tue ich alles, Herr.«

»Ich weiß.« Deng Hua und Hua wechselten einen Blick, dann lenkte Deng ein. »Na gut, wie wäre es damit: Falls, und wirklich nur falls ich eines Tages deine Hilfe brauchen sollte, werde ich mich melden.«

Hang seufzte erleichtert, als hätte jemand eine große Last von ihm genommen. Endlich ließ er auch den Tränen freien Lauf und sagte feierlich: »Ich werde mein Leben lang auf diesen Tag warten.«

Obwohl Hang nie in Dengs Dienste eintrat, verlief sein Lebensweg danach weniger steinig.

In den folgenden zehn Jahren sah Hang zu, wie Dengs Imperium von florierend über prächtig bis zu unschlagbar anwuchs, während er selbst sich vom Landei zu einem Mitglied der Mittelschicht hocharbeitete. Deng Hua signalisierte gelegentlich Sorge um sein Wohlergehen, ließ ihn aber nie an seinen Geschäften teilhaben. Deng schien mit diesem Arrangement zufrieden zu sein, Hang aber konnte sich des Gefühls nicht erwehren, als wachse seine Schuld Deng gegenüber von Jahr zu Jahr.

Nur ist das Leben manchmal unvorhersehbar, und hat eine Dynastie einmal den Zenit erreicht, kann der Verfall umso plötzlicher einsetzen.

Vom Mord an Deng Hua erfuhr Hang aus den Fernsehnachrichten. Mehr noch als Trauer verspürte er tiefe Enttäuschung. Jetzt würde er das Versprechen, das er vor zehn Jahren gegeben hatte, niemals einlösen können. Zehn lange Jahre des Wartens, alles für nichts. Er starrte den Bildschirm an und rührte sich viele Stunden nicht vom Fleck.

Die nächsten Monate stolperte er wie ein Zombie durch das eigene Leben. Erst als er erfuhr, dass der Mann, der den Vorsitzenden Deng ermordet hatte, lediglich zu fünf Jahren Haft verurteilt worden war, erwachte neues Feuer in seiner Brust.

»Ich bringe ihn um, diesen Bastard«, sagte er zu Hua.

»Du machst dein eigenes Leben kaputt«, erwiderte Hua bloß.

»Und wenn schon?« Hang starrte ihn böse an. »Deng hat meine gesamte Familie gerettet. Das ist meine letzte Chance, mich zu revanchieren, und nichts und niemand wird mich davon abhalten.«

Hua sah ihn an und erkannte in diesem Moment wilder Entschlossenheit den Jungen wieder, der schon vor zehn Jahren keine Angst vorm Sterben gehabt hatte.

Da es offensichtlich zwecklos war, ihn von seinem Vorhaben abbringen zu wollen, sagte Hua: »Dann leite ich alles Nötige in die Wege.«

Und so wurde ein minutiös ausgetüftelter Plan in Gang

gesetzt, dessen erster Schritt darin bestand, Hang in das Gefängnis zu bringen, in dem Eumenides einsaß.

Die Rache musste ausgeführt werden, bevor Eumenides wieder auf freien Fuß gesetzt wurde – da waren Hua und Hang sich einig. Nicht nur konnten sie ihren Hass unmöglich länger als fünf Jahre im Zaum halten; vor allem war es deutlich einfacher, einen Tiger in Gefangenschaft zu töten, statt sich ihm in freier Wildbahn entgegenzustellen.

Und so bastelten sie sorgfältig die Sache mit dem Erpressungsversuch zusammen. Hangs Geschichte sollte bei Eumenides ein leises Echo dessen erzeugen, was dem eigenen Vater vor all den Jahren widerfahren war, um Sympathie für Hang zu wecken. Die Schlüsselstelle des Falls war ein genialer Kniff: Alles hing davon ab, ob Hang beweisen konnte, dass ihm seine »Ex-Freundin« wirklich das Geld schuldete, das er gewaltsam zurückverlangt hatte. Er wurde verurteilt, weil er keine Beweise vorlegen konnte, und die »Ex« sagte natürlich aus, er habe ihr niemals Geld geliehen, also landete er im Gefängnis. Sollte sie eines Tages Gewissensbisse entwickeln und mit der Wahrheit herausrücken, würde Hangs Gefängnisstrafe umgehend aufgehoben. Und das brachte ihn in eine unerhört vorteilhafte Lage: Obwohl er im Hochsicherheitstrakt saß, blieb ihm jederzeit die Möglichkeit eines taktischen Rückzugs.

Hua bestach den Beamten, der für die Bettenverteilung zuständig war, damit Hang in Zelle 424 bei Eumenides landete. Ein einfacher Vorgang, der ihrer Tarnung kaum gefährlich werden konnte; dennoch gab Hua an, es gehe bei der Sache um Bruder Ping, denn der hatte dort im Knast das Sagen und könne am besten auf seinen Freund aufpassen.

Auf die Frage, wie sie Eumenides tatsächlich beseitigen

wollten, sobald Hang in Stellung gebracht war, hatten sie noch keine eindeutige Antwort gefunden. Es waren schlicht zu viele Unwägbarkeiten im Spiel, also hieß es: abwarten. Bevor Hang seine Haft antrat, bekam er ein wenig Unterweisung von Hua, einschließlich einiger Einheiten zum Thema, wie man mit dem Gefängnisleben fertigwurde, sowie einer kurzen Lehrstunde bezüglich unkomplizierter, schneller Mordmethoden. Auf welche Weise sie aber im Endeffekt Rache nehmen würden, hing ganz davon ab, was sich entwickelte, sobald Hang und Eumenides aufeinandertrafen.

Sowie Hang im Gefängnis war, arbeitete er hart auf sein Ziel hin. Es gelang ihm, Eumenides' Sympathie und Freundschaft zu gewinnen, und seine Arbeit als Stadtplaner half ihm, einen Fluchtplan auszuhecken, der tatsächlich funktionieren konnte. Dass Kommandant Zhang Haifeng einen guten Eindruck von ihm gewann, war ebenfalls ein großer Pluspunkt. Alles schien gut voranzugehen, bis auf ein entscheidendes Detail: Eumenides wollte gar nicht aus dem Gefängnis ausbrechen.

Als Hang Du in seinen Plan einweihte, lehnte Du rundheraus ab und klang derart endgültig, dass Hang beinahe verzweifelte.

Aber das Leben ist unberechenbar. Hang hatte den Plan gerade verworfen und lenkte seine Überlegungen in neue Bahnen, als Du an ihn herantrat und den Ausbruch von sich aus ins Gespräch brachte. Eine völlig unerwartete Kehrtwende.

Und so stimmte Eumenides dem Plan aus heiterem Himmel plötzlich zu.

Hang kannte den Grund für diesen Sinneswandel noch immer nicht. Er wusste nur, dass Eumenides am selben

Morgen Besuch von einem »Freund« gehabt hatte. Offenbar war dieser Besuch der Auslöser gewesen.

Von Zeit zu Zeit mag man das Gefühl haben, dass die Überwindung eines einzigen hartnäckigen Hindernisses alle anderen Probleme ebenfalls beseitigt, und so war es auch bei Hangs Plan.

Nach dem Zwischenfall mit der CD erreichte der Zwist zwischen Du und Zhang einen Punkt, an dem Versöhnung keine Option mehr war. Hang ergriff die Gelegenheit auf der Stelle: Indem er Zhang die Karten auf den Tisch legte, zog er den Kommandanten auf seine Seite.

Zhangs Rolle in diesem Plan war eine einfache – er musste sich bloß dort verstecken, wo Hang ihn hinschickte, mit dem Revolver in der Hand. Die Zielpersonen würden auftauchen, eine einfache Betätigung des Abzugs das Problem Du aus der Welt schaffen. Bruder Ping und Ah Shan würden sich gründlich in die Hosen machen und ohne Schwierigkeiten wieder einfangen lassen. Zhang würde nicht etwa Ärger bekommen, sondern im Gegenteil als Held dastehen, weil es ihm gelungen war, eigenhändig einen Ausbruch zu vereiteln, auch wenn dabei einer der vier beteiligten Insassen ums Leben gekommen war. Es sollte zweifellos zum glorreichsten Augenblick in Zhangs gesamter Karriere werden.

Eine Sache allerdings ließ Zhang keine Ruhe. »Aber was ist mit dir?«, fragte er Hang. »Hast du keine Angst, dass man deine Haftstrafe verlängert, wenn du bei einem Ausbruch erwischt wirst?«

Hang lachte schallend. »Ich bin gekommen, um Du Mingqiang zu töten. Ich war sogar bereit, mich zu diesem Zweck wegen Erpressung und Raub einbuchten zu lassen, was kümmert mich also ein Ausbruch? Abgesehen davon –

sobald Du aus dem Weg ist, sorgen meine Freunde draußen dafür, dass meine Verurteilung aufgehoben wird. Und wenn ich von Anfang an zu Unrecht im Gefängnis saß, wie hätte ich da ausbrechen können?«

Damit waren auch bei Zhang die letzten Zweifel ausgeräumt, und er willigte ein, die entscheidende Rolle in Hangs Plan einzunehmen. An jenem Samstagnachmittag ging er zusammen mit Hang wieder und wieder alle Einzelheiten durch, um sicherzustellen, dass der Plan wirklich wasserdicht war. Er selbst war überzeugt davon, dass er Du ohne Probleme ausschalten konnte, sobald Hang ihn aus dem Zellblock gelockt hatte.

Selbst der Himmel schien sich dem Plan angeschlossen zu haben. Früh am Donnerstagmorgen hatte ein satter Herbstregen eingesetzt. Hang wohnte lange genug in dieser Stadt, um zu wissen, dass es meist drei oder vier Tage durchregnete, wenn es erst einmal angefangen hatte.

Dunkle Wolken würden den Mond verbergen, der Regen selbst würde die Funktion der Flutlichtscheinwerfer und die Sichtweite der Wachtürme beeinträchtigen, das unablässige Tropfen ihre Geräusche übertünchen, sodass die Gefahr sank, im Verwaltungstrakt von Wächtern oder Arbeitern gehört zu werden. Alles in allem perfekte Bedingungen und genau die Sorte Glücksfall, auf die Hang gehofft hatte.

Nun also lag Hang stumm in seinem Bett, den Blick auf das schmale Fenster und die Gedanken zehn Jahre in die Vergangenheit gerichtet. Dieser Abschnitt seines Lebens hatte in einem regnerischen Herbststurm begonnen und würde jetzt auch in einem solchen enden.

Der folgende Tag war der Freitag, den sie sich ausgesucht hatten. Jetzt, da die Zeit gekommen war, waren sie natürlich aufgeregt, hatten bisher aber alles geheim halten können. Niemand hatte irgendetwas Verdächtiges bemerkt, als sie ihr Frühstück einnahmen und zur Arbeit gebracht wurden. Ah Shan war schweigsam wie immer, Hang fingerfertig wie eh und je. Du behielt seine Gedanken für sich, und Bruder Ping gebärdete sich weiterhin wie der große Oberboss, lungerte herum und warf hin und wieder mit Beleidigungen um sich.

Nach dem Mittagessen war es einmal mehr Zeit, den Lastwagen zu beladen. Der Wärter betrat die Werkhalle und rief Hang und Du zu sich. Bruder Ping unterhielt sich mit Ah Shan, warf Du aber einen knappen Blick zu. Niemand sonst hätte dem Blick Bedeutung beigemessen – nur die Insassen von Zelle 424 wussten, dass Dus letzte Gelegenheit, mit Herrn Shao zu kommunizieren, unmittelbar bevorstand. Solange der Fahrer noch immer bereit war, würden sie in dieser Nacht zur Tat schreiten.

Bruder Ping und Ah Shan blieben in der Werkhalle zurück, während Du und Hang den Karren beluden und sich mit ihrem Wächter auf den Weg machten. Gegen den Dauerregen hatte man ihnen durchsichtige Regenmäntel ausgehändigt und den Karren mit Wachspapier abgedeckt.

Der Lastwagen stand auf seinem üblichen Parkplatz, Herr Shao allerdings war nirgendwo zu sehen. Verblüfft lief der Wachmann umher und rief nach ihm, bis er eine Antwort aus Richtung des Hauptgebäudes erhielt. Herr Shao rannte herbei und lächelte verlegen. »Ich wollte nur raus aus dem Regen.«

Der Wächter grinste und wandte sich an Hang und Du. »Je schneller ihr arbeitet, desto schneller kommt auch ihr wieder ins Trockene.«

Sie nickten und nahmen ihre vertrauten Positionen ein. Herr Shao holte seinen Regenmantel aus dem Führerhaus, streifte ihn über und sprang auf die Ladefläche. »Du hast einen langen Tag vor dir, Junge«, sagte er zu Du.

Du lächelte. »Das macht mir nichts aus.« Hang erschien mit dem ersten Paket. Herr Shao wollte es entgegennehmen, aber Du war schneller und rief über die Schulter: »Herr Shao, wären Sie so gut, die Plane anzuheben?«

Herr Shao sah, dass Du einmal mehr daran gelegen war, ihm die schwerste Arbeit abzunehmen, weshalb er sich keine Mühe gab, weiterhin höflich zu sein, sondern die schützende Plane anhob, die den Laderaum vor dem Regen abschirmte, damit Du das Paket an den richtigen Platz schieben konnte. Dieses umständliche Navigieren mit der Plane sorgte natürlich dafür, dass die Arbeit heute langsamer voranging.

Hang hatte bereits das nächste Paket in der Hand und wartete geduldig. Sie arbeiteten ununterbrochen, waren aber dank des Wetters außerstande, der Anweisung des Wächters nachzukommen, »schneller« zu machen. Der Wächter langweilte sich dermaßen, dass er irgendwann beschloss, es sei Zeit für eine Zigarettenpause. Er schaute sich um, entdeckte ganz in der Nähe einen kleinen Unterstand und ging hinüber, um sich eine anzuzünden.

Hangs Herz tat einen Satz. Der Wächter war zwar nicht weit weg und konnte sie immer noch sehen, doch sie würden sich im Schutz von Wind und Regen ungestört unterhalten können. Was Du und Herrn Shao Gelegenheit gab, ihren Plan ein letztes Mal zu besprechen.

Sobald Du den Wächter gehen sah, wurde er noch penibler als zuvor, was die korrekte Anordnung der Pakete anging, um mehr Zeit für das Gespräch zu haben. Manchmal, wenn er das nächste Paket von Hang in Empfang nahm, warf er ihm einen vielsagenden Blick zu und nickte kaum merklich. Hang war hocherfreut – Herr Shao war also offenbar bereit, und ihr Plan konnte wie vorgesehen anlaufen. Er händigte Du ein weiteres Paket aus und starrte dann kalt seinen Rücken an.

Trotz der gewissenhaften Arbeit brauchten sie bis fünf Uhr, um den Lastwagen im strömenden Regen fertig zu beladen. Während der Wächter mit Hang den üblichen Kontrollrundgang unternahm, sprach Du mit Herrn Shao. Da sie bereits alles Wesentliche vereinbart hatten, konnten sie sich jetzt entspannt unterhalten.

Alle Zahlen stimmten überein. Herr Shao kletterte ins Führerhaus und winkte zum Abschied. Der Wärter machte sich daran, sie zurück zur Werkhalle zu eskortieren, aber nachdem sie beinahe um das Gebäude verschwunden waren, hatte sich der Lkw noch immer nicht in Bewegung gesetzt. Argwöhnisch drehte der Wächter sich um.

Herr Shao sprang aus dem Führerhaus und rief ihnen hinterher. »Ich kann den Zündschlüssel nicht finden. Komisch.« Er beklopfte seine Hosentaschen und schaute verwirrt drein.

»Kann der nicht irgendwo im Führerhaus liegen?«, sagte der Wächter.

Herr Shao schüttelte den Kopf. »Ich habe schon nachgeschaut. Dort ist er nicht.«

Da sie ihn schlecht so stehen lassen konnten, sah sich der Wächter gezwungen, umzukehren und den Sträflingen entsprechende Anweisungen zu geben. »Los, ihr beiden helft Herrn Shao, den Lastwagen zu durchsuchen.«

Du und Hang suchten jeweils eine Seite des Führerhauses

ab, konnten den Schlüssel aber nicht entdecken. Herr Shao durchforstete derweil all seine Taschen – ohne Erfolg.

»Wo bewahren Sie ihn normalerweise auf?«, fragte der Wächter.

»Normalerweise im Zündschloss. Aber als ich mich vor dem Regen in Sicherheit gebracht habe, dachte ich, ich sollte ihn besser an mich nehmen.« Er kniff die Augen zusammen und versuchte sich zu erinnern. »Erst hatte ich ihn in der Hand, aber als ich im Gebäude war und aufs Klo gegangen bin, habe ich ihn wohl in die Tasche gesteckt.«

Der Blick des Wächters fiel auf Herrn Shaos ausgeleierte Arbeitshose, die nicht so aussah, als berge sie tiefe Taschen. »Das klingt aber nicht sehr sicher.«

»Vielleicht ist er mir auf dem Rückweg rausgefallen?« Herr Shao kratzte sich am Kopf. »Vielleicht, als Sie mich gerufen haben und ich losgeflitzt bin.«

»Dann schauen Sie nach«, erwiderte der Wächter. »Wir bleiben hier und behalten den Wagen im Auge.«

Herr Shao bedankte sich und eilte den Weg Richtung Hauptgebäude zurück. Zehn Minuten später trat er wieder ins Freie, schaute aber keine Spur fröhlicher drein.

»Und? Erfolg?«, rief der Wächter.

Herr Shao schüttelte den Kopf. »Dann muss ich ihn wohl irgendwo zwischen der Ladung verloren haben«, sagte er beim Näherkommen. »Wir werden alles noch mal runternehmen müssen.«

Der Wächter schürzte die Lippen. »Das ist extrem ärgerlich.«

Herr Shao hatte sich den ganzen Nachmittag über dauernd gebückt, der Schlüssel konnte ihm also durchaus irgendwann aus der Tasche gefallen sein. Unter dem schweren Regenmantel wäre ihm das kaum aufgefallen. Nur war der Lkw voll beladen, ihnen stand also eine gewaltige Aufgabe bevor.

Herr Shao verzog das Gesicht. »Heute finden wir den bestimmt nicht mehr. Ich werde Sie morgen noch mal bemühen müssen.«

Der Wächter stimmte sofort zu. Statt eine derart langwierige Suche jetzt noch zu beginnen, wo es schon fast dunkel wurde, warteten sie besser bis zum nächsten Tag. Da der Samstag aber kein normaler Arbeitstag war, würde er eine Sondergenehmigung einholen müssen, um die Häftlinge einzusetzen.

»Kein Problem. Ich schicke Ihnen die beiden morgen wieder her, und wenn Sie den Schlüssel gefunden haben, helfen sie Ihnen auch wieder beim Einladen.« Der Wächter gewährte Herrn Shao diesen Gefallen nur zu gerne, er selbst würde schließlich keinen Finger rühren müssen.

»Vielen Dank.« Herr Shao zückte seine Zigarettenschachtel und bot dem Wächter eine an.

»Ach, keine Ursache.« Der Wächter gab sich Feuer und nahm einen Zug. »Was machen Sie denn heute Nacht?«

»Ich werde wohl in meinem Führerhaus übernachten – was anderes bleibt mir kaum übrig. Hier gibt es sonst weit und breit nichts. Wenn Sie mir morgen irgendwas zum Frühstücken mitbringen könnten, wäre ich noch dankbarer.«

Der Wärter nickte. Lastwagenfahrer waren dazu verpflichtet, bis zur Erledigung eines Auftrags bei ihren Fahrzeugen zu bleiben, also konnte Herr Shao nirgendwo anders hin. Er dachte kurz nach. »Gut, wie Sie meinen. Ich muss die beiden hier jetzt zurück in ihre Zelle bringen. Wenn Sie sich ein bisschen gedulden, können wir danach gemeinsam was essen gehen.«

»Nicht nötig, ich kaufe mir drüben im Laden ein paar Snacks.«

»Eigentlich hatte ich bloß an unsere Mannschaftskantinen gedacht. Ich hoffe, Sie begleiten mich?«, sagte der Wächter aufrichtig. Als Herr Shao nickte, winkte der Wächter ihm zum Abschied. »Alles klar, dann bis gleich.«

Während der Wächter und Herr Shao redeten, standen Du und Hang stumm ein Stück abseits. Jetzt verabschiedeten auch sie sich von ihm und setzten sich in Bewegung, der Wächter dicht hinter ihnen. Dank des langsamen Vorankommens am Nachmittag und der fruchtlosen Suche nach dem Schlüssel kehrten sie erst nach Einbruch der Dunkelheit zurück, als die übrigen Sträflinge längst in der Kantine saßen. Obwohl sie den Karren in aller Eile zurück zur Werkhalle gebracht hatten, waren nur noch kalte Reste vom Abendessen übrig. Trotzdem mussten sie etwas essen – sie würden in dieser Nacht schließlich all ihre Kräfte brauchen.

Nachdem sie mit Mühe genug Reste zusammengekratzt hatten, um halbwegs satt zu werden, suchten sie sich eine ruhige Ecke. Hang schaute sich gewohnheitsmäßig um und stellte fest, dass Bruder Ping in ihre Richtung starrte. Wahrscheinlich hatte er sich Sorgen gemacht, weil sie so lange nicht aufgetaucht waren, aber hier konnten sie kaum reden und mussten also mit Erklärungen warten, bis sie wieder in der Zelle waren.

Eine Frage, die ihm keine Ruhe ließ, musste er Du jedoch stellen. Nach ein paar Bissen fragte er beiläufig: »Hast du dafür gesorgt, dass der Schlüssel verschwindet?«

Du nickte, kaute weiter und schluckte. »Hätte Herr Shao jetzt beim See auf uns gewartet, wäre der Lkw von den Wachtürmen bemerkt worden, vor allem, weil sich Fahrzeuge dem Gefängnis nur nähern, wenn sie hier etwas zu schaffen haben. Besser, Herr Shao wartet drinnen. Er wird das Hauptgebäude genau im Auge behalten. Sobald er sieht, dass sich der Fahnenmast neigt, wird er verkünden, den Schlüssel gefunden zu haben, und dann aufbrechen, um uns am See aufzugabeln. Wenn er nur kurz dort hält, schöpfen auch die Wächter auf den Türmen keinerlei Verdacht.«

Hang nickte und bewunderte widerwillig Dus Sinn für Sorgfalt, musste aber auch innerlich lachen – er glaubte nicht, dass Du lange genug überleben würde, um das Dach des Hauptgebäudes zu verlassen, also würde sich auch der Fahnenmast niemals senken. All die mühsame Planung würde ihm nicht helfen.

Nach dem Essen war niemandem aus Nummer 424 danach zumute, Nachrichten zu schauen, also begaben sie sich zurück in ihre Zelle. Sie hatten den Augenblick, der den Rest ihres Lebens bestimmen würde, beinahe erreicht.

Bruder Ping fragte nach den Ereignissen des Nachmittags, und Hang erzählte, warum sie erst so spät zurückgekommen waren. Ping hörte ihm zu und wandte sich dann an Du. »Also ist alles in Ordnung?«

Du blieb der Unterton nicht verborgen. »Alles in Ordnung.«

Bruder Ping seufzte erleichtert und wechselte das Thema. Eine halbe Stunde später füllten sich auch die Nachbarzellen wieder. Der diensthabende Wächter machte seinen Rundgang, hakte ihre Namen auf der Liste ab und verriegelte die Türen.

Die vier Bewohner von 424 wussten, dass sie sich normal verhalten mussten. Nachdem die Tür abgeschlossen war, unterhielten sie sich weiter über Alltägliches. Jetzt, da der entscheidende Tag endlich gekommen war, mussten sie kein Wort mehr über ihren Plan verlieren, denn sie hatten alles in mehreren schlaflosen Nächten wieder und wieder durchgekaut. Sie konnten nichts mehr vorbereiten, nichts mehr austüfteln, nur noch warten.

Sie gingen früh ins Bad und waren alle im Bett, bevor die Lichter ausgingen. Zwei oder drei Stunden lagen sie still da. Die Nacht wurde immer schwärzer, nach und nach verstummten die Stimmen aus den Zellen ringsum. Nur noch Regen und Wind waren zu hören, die sich draußen vor dem Fenster austobten.

»Los«, raunte Bruder Ping schließlich. So leise er auch gesprochen hatte, seine Stimme schien wie ein Messer in die Stille der Zelle zu fahren.

Auf sein Zeichen hin setzten sich alle auf und fingen an, ihre Laken und Decken in Streifen zu reißen, um die beiden Seile zu fertigen, die sie für ihren Plan benötigen würden.

Die Gefängnisbettwäsche bestand aus dünnem Material, war also nicht allzu schwer zu zerreißen. In unter einer halben Stunde hatte jeder vier bis fünf lange Streifen gerissen, die zusammengenommen sieben bis acht Meter ergaben. Mehr als genug für ihren Plan.

Die vier Männer entstiegen ihren Betten und wickelten sich die improvisierten Seile um die Bäuche, damit sie unbeschwert durch den Lüftungsschacht klettern konnten. Dann standen sie da und starrten einander an, bis Hang die Gruppe in die Waschecke führte, mit Bruder Ping im Schlepptau. Ah Shan und Du folgten ihnen so leise wie möglich mit dem Tisch.

Der Tisch wurde unterhalb der Lüftung positioniert. Hang und Du kletterten darauf und entfernten gemeinsam das Holzgitter. Über ihren Köpfen gähnte die schwarze Öffnung. Hang streckte beide Arme aus, fand Halt und zog sich mit Dus Unterstützung in den Schacht hinauf.

Du nickte Ah Shan und Bruder Ping zu. Die Reihenfolge war längst festgelegt worden, und da Hang mit dem Aufbau der Anlage am besten vertraut war, sollte er sie führen. Du war der Stärkste und brauchte keine Hilfe beim Klettern, sollte also als Letzter nachkommen. Bruder Ping und Ah Shan folgten Hang ohne jegliches Zögern in den Schacht. Sobald die drei verschwunden waren, stellte Du den Tisch zurück, schaute sich ein letztes Mal in der Zelle um und versicherte sich, dass alles an seinem Platz war. Dann kletterte er behände wie ein Affe und vollkommen lautlos hinter den anderen her.

Da das Gebäude dank der kleinen Fenster schlecht zu lüften war, fielen die Lüftungsschächte größer aus als gewöhnlich. Trotzdem passte ein Erwachsener nur hindurch, indem er sich wie eine Schlange vorwärtsschob. Die vier Männer krochen voran und bemühten sich, die Seile so breit wie möglich zu platzieren, um möglichst wenig am nackten Metall entlangzukratzen. Das Geflecht der Schächte spannte sich durchs gesamte Gebäude und verband sämtliche Zellen miteinander. Es würde jedes störende Geräusch wie ein Lautsprecher verbreiten. Trotz der Hilfe von Wind und Regen draußen mussten sie in dieser kritischen Phase so leise wie irgend möglich sein.

Das Vorankommen war äußerst beschwerlich. Zum Glück lag Zelle 424 nicht allzu weit von den Treppen entfernt, und der vertikale Schacht, zu dem sie unterwegs waren, verlief direkt hinter der Wand des Treppenhauses. Sie krochen um eine Ecke. Der Schacht verbreiterte sich ein wenig, die Zugluft im Gesicht wurde stärker. Hang hatte ihnen erklärt, dies sei das Zeichen, dass sie den horizontalen Hauptschacht erreicht hätten und sich in unmittelbarer Nähe des vertikalen befänden.

Und tatsächlich war ganz allmählich fahles Mondlicht zu bemerken. Ihr Ausstieg. Hang steckte den Kopf in die Leere und fand sich in einem vertikalen Schacht von etwa einem Meter Breite, der in tiefer Finsternis versank. Nach oben hingegen waren es kaum drei Meter bis zum Nachthimmel – zu ihrem Glück lag Zelle 424 im obersten Stock.

Hang schälte sich vorsichtig aus dem Tunnel und stützte sich zu beiden Seiten mit den Händen ab. Die Oberflächen waren kalt und klamm und von einer schlüpfrigen Moosschicht bedeckt. Hang biss die Zähne zusammen und nahm die Ellbogen zu Hilfe, um so viel Halt wie möglich zu bekommen. Wenn er jetzt abrutschte, würde er nicht nur die Wächter alarmieren, sondern nach einem Sturz über vier Stockwerke mindestens schwer verletzt enden.

Erst als er sich sicher war, dass die Arme sein Gewicht hielten, zog er die Beine aus dem horizontalen Schacht und stützte sich zusätzlich ab. »Seid vorsichtig«, flüsterte er. Nicht auszudenken, sollte sein sorgfältiger Plan durch den Fehler eines anderen misslingen.

Es sah allerdings ganz danach aus, als machte er sich umsonst Sorgen – die anderen drei folgten ihm durchaus geschickt. Hang kletterte voran, stützte sich alle paar Zentimeter erneut ab und hatte bald das Ende des Schachts erreicht. Er drückte den Rücken durch und zog sich aufs Dach. Draußen wehte ihm der stürmische Herbstwind neblige Regenschwaden ins Gesicht. Obwohl es dunkel und kalt war, fühlte sich die Freiheit sehr erfrischend an.

Der Regen legte sich auf die Brille und raubte ihm die Sicht. Er nahm sie ab und wollte sie gerade am Ärmel putzen, als jemand von hinten gegen ihn krachte und ihn zu Boden warf.

Er keuchte auf, traute sich aber nicht, etwas zu sagen. Da flüsterte ihm die Person, die ihn geschubst hatte, etwas ins Ohr. »Kopf unten halten und nicht bewegen.«

Bruder Ping. Er war als Zweiter aus dem Schacht gekommen und hatte den Strahl des Flutlichtscheinwerfers gesehen, der vom nächsten Wachturm her in ihre Richtung glitt. Die Zeit hatte gerade ausgereicht, um sich gegen Hang zu werfen und ihn zu Boden zu reißen.

Jetzt sah auch Hang den stechenden Strahl, der die Dunkelheit zerriss. Eiseskälte legte sich um sein Herz. Sowie das Licht über sie hinweggezogen war, zerrte Bruder Ping seinen schmächtigen Körper wieder auf die Beine und drehte sich nach den anderen um, die gerade hastig aus der Öffnung krabbelten. »Schnell! Zur Ecke im Nordwesten!«

Gebückt rannten sie zur Ecke, auf die Bruder Ping gezeigt hatte. Dort gab es den blinden Fleck, den die Suchscheinwerfer nicht erreichten und von dem aus sie den Abstieg wagen wollten.

Für den Augenblick in Sicherheit, kauerten sie sich ans Geländer und schnappten nach Luft. Sie konnten die Freiheit schon schmecken, aber dies war nicht der passende Moment zum Feiern. Nach einer kurzen Pause wickelten sie die selbst gemachten Seile von ihren Leibern ab und knoteten drei von ihnen zusammen. Als Hang gerade das eine Ende um die Reling knoten wollte, legte Bruder Ping ihm eine Hand auf die Schulter. »Erst nass machen.«

Das ergab Sinn. Nass wäre der Stoff schwer genug, um

nicht im Wind zu schwingen, außerdem etwas dunkler und damit näher am Farbton der Fassade. In einer Regennacht sollte das ausreichen, um ungesehen operieren zu können.

An Wasser mangelte es auf dem Dach keineswegs, und schnell hatten die vier Männer ihre Seilstücke durchnässt. Nun musste das fertige Seil nur noch in einer Schleife ums Geländer gelegt werden, die bis zum Boden reichte.

»Du zuerst, Brille«, sagte Bruder Ping. »Und schnell. Sobald du unten bist, suchst du dir ein Versteck.«

Hang hielt Ausschau nach dem Flutlicht, um sicherzugehen, dass er seinen Fehler nicht wiederholte. Nachdem der Kegel ein weiteres Mal über das Dach geglitten war, schwang er sich übers Geländer, packte das Seil und sprang.

Das Seil sackte unter seinem Gewicht weg. Nach zwei Metern stellte er fest, dass er zu schnell unterwegs war, und packte das zweite Seil der Schlaufe. Das bremste seinen Abstieg auf der Stelle, und er holte tief Luft, ehe er wieder losließ, griff immer wieder nach dem Seil, um nach Bedarf die Geschwindigkeit zu verringern, bis er den Boden berührte.

Auf diese Methode hatten sie sich geeinigt, um so schnell wie möglich vom Dach zu kommen. Da die Suchscheinwerfer unablässig in Bewegung waren, hätte man sie mitten an der Wand zweifellos entdeckt. Und tatsächlich funktionierte die Technik in der Praxis ausgezeichnet, als eine Art kontrolliert freier Fall.

Hang drückte sich an die Wand in den kleinen toten Winkel, den die Scheinwerfer nicht erreichten. Mit jeder Runde der vorbeiziehenden Lichter stieg ein weiterer Mann vom Dach. Du kam zuletzt und war am schnellsten. Er verlangsamte kaum, sondern verließ sich ganz auf die Reibung zwischen Seil und Metall. Am Boden löste er sofort den entsprechenden Knoten, zog die Seilschlaufe vom Geländer hinter sich her und huschte um die Ecke, wo ihn die anderen bereits erwarteten.

»Der Gullydeckel dort drüben gehört zum Regenwassersystem. Da müssen wir runter.« Hang zeigte auf eine Stelle nicht weit vom Gebäude, die sie im Schimmer der Suchscheinwerfer eben noch erkennen konnten – sieben oder acht Meter entfernt. Dazwischen lag offenes Gelände ohne jeden Sichtschutz. Statt also alle auf einmal loszurennen, sollte erst einer den Deckel öffnen, bevor die anderen wie gehabt in den Intervallen zwischen den Scheinwerfern folgten.

Ihr Plan sah Du für diese Aufgabe vor. Hang hatte ihm dafür extra ein Werkzeug angefertigt, das er ihm nun überreichte: ein Stofffetzen von etwa einem halben Meter Länge, an dessen Ende eine Zahnbürste befestigt war.

Bruder Ping musterte ihn von der Seite. »Du kriegst das hin, ja?«

Du grinste gelassen und nahm den Blick nicht vom Scheinwerferkegel. Sobald er sie das nächste Mal passiert hatte, flitzte er los und sah fast so aus, als wollte er das Licht durch die Dunkelheit verfolgen. Bei seiner Geschwindigkeit waren acht Meter nicht der Rede wert. Im nächsten Augenblick war er bereits dort und bückte sich über dem gusseisernen Deckel; er war rund und wies entlang der Mittelachse mehrere daumengroße Schlitze auf. Die Wartungstechniker öffneten diese Deckel, indem sie von zwei Seiten Metallhaken einführten und den Deckel zur Seite hoben. In Ermangelung dieser Werkzeuge hatten sie abermals improvisieren müssen.

Du fädelte die Zahnbürste durch einen der Schlitze und hielt das Seil genau senkrecht darüber. Er schwang es wie ein Pendel, beförderte die Zahnbürste mit Schwung durch den Nachbarschlitz hinaus und zog. Wie bei einer Taschenuhr klappte der Deckel zur Seite auf, kippte leise nach hinten und gab ein schwarzes Loch frei.

Du sprang sofort hinein. Das Wasser im Tunnel reichte ihm bis zu den Knien und rauschte einer nahen Öffnung entgegen, die etwa halb so hoch war wie ein Mensch.

Zehn Sekunden später folgte Hang. Nun war es dort unten bereits so eng, dass unmöglich ein dritter Mann hineingepasst hätte. Einer von ihnen würde sich jetzt schon in den Tunnel zwängen müssen. Ihr Plan sah Hang vor, denn er allein war mit dem Kanalsystem vertraut.

Hang zögerte nicht, sondern krabbelte voran. Das Zwanzig-Meter-Seil war um seinen Leib gewickelt, nur das letzte Stück schleifte wie ein langer Schweif hinter ihm.

Als Nächste kamen Bruder Ping und Ah Shan in vorher festgelegter Reihenfolge. Du war der Letzte, nachdem er abermals die Zahnbürste eingesetzt hatte, um den Deckel hinter ihnen zu schließen. Sobald das geschehen war, steckten sie in vollkommener Finsternis.

Jetzt erwies sich das Seil als nützlich. Hangs Hintermänner ergriffen den Schweif, um einander in der Dunkelheit nicht zu verlieren. Hang kroch vorneweg und verließ sich ganz auf die Karte, die er auswendig im Kopf hatte. Das rasch fließende Regenwasser wirbelte allerlei schmierigen Schmutz auf, der unerträglichen Gestank verbreitete. Sie mussten sorgsam darauf achten, die Köpfe so weit wie möglich in den Nacken zu legen, um nichts von der dreckigen Brühe in die Nase zu bekommen.

Sie kamen nur quälend langsam voran, wussten aber, dass es keinen bequemeren Weg gegeben hätte. Nach beinahe einer halben Stunde war vor ihnen ein schwaches Glimmen auszumachen.

Bruder Ping wusste, dass dies auf den nächsten Deckel hindeutete. »Wo sind wir?«

»Das sollte jetzt Zellblock 3 sein«, sagte Hang.

»Wie sind wir zu Zellblock 3 gekommen?«, fragte Bruder Ping derart verblüfft, dass er aus Versehen einen Mundvoll Wasser nahm und angewidert spucken musste. Die schnellste Route von Zellblock 4 zum Verwaltungstrakt führte direkt nach Süden, unter dem Ackerland hindurch, Zellblock 3 hingegen befand sich im Nordwesten. Sie beschrieben demnach einen großen Kreis.

Hang reckte den Hals und erklärte: »Die Regenleitungen führen nicht unter den Feldern entlang, bringen uns also drum herum. Wir kommen noch an den anderen Blocks und am Krankenhaus vorbei, bevor wir die Verwaltungsgebäude erreichen.«

Bruder Ping verstand. Nur die bebauten Flächen brauchten ein Entwässerungssystem, also wurde ihr Weg von der Lage der Gebäude vorgegeben. Was bedeutete, dass sie erst ein Viertel des Wegs hinter sich hatten.

Immerhin konnten sie, als sie den Deckel bei Zellblock 3 erreichten, sich unterhalb der Öffnung abwechselnd kurz aufrecht hinstellen und strecken. Vor allem für die Knie war ihr Weg sehr beschwerlich.

Trotzdem setzten sie ihn bald fort, krochen unter Schmerzen weiter und machten an jedem Gullydeckel kurz Rast. Nach fast zwei Stunden gelangten sie zum fünften Deckel, wo Hang endlich sagte: »Wir sind da.«

Alle vier spürten große Freude. Sie waren im Verwaltungstrakt, und das bedeutete, dass sie die erste große Hürde genommen hatten und quasi schon halb draußen waren.

Jetzt würden sie gleich das Hauptgebäude betreten. Der verbleibende Weg war sehr viel kürzer als der hinter ihnen, dafür allerdings auch weitaus gefährlicher. Sie würden sich nicht länger im Schutz der unterirdischen Tunnel bewegen, konnten also jederzeit von Wächtern oder Überwachungskameras entdeckt werden.

Laut Hangs Karte befanden sie sich jetzt am Nordostrand des Hauptgebäudes. Sobald sie an die Oberfläche kamen, mussten sie zehn Meter nach Norden in Richtung der nächsten Wand rennen, wo sie durch einen Lüftungsschacht gelangen wollten, der dazu da war, im Falle eines Feuers auf den unteren Ebenen möglichst schnell Rauch nach draußen abzuleiten. Er führte in den Keller und war Hangs Plan zufolge der schnellste Weg, um unbemerkt ins Gebäude zu gelangen.

Sie befanden sich nun im Süden des Verwaltungsbezirks in einer Gegend, die vergleichsweise offen gestaltet war. Freunde und Familie, die zu Besuchsterminen erschienen, reguläre Mitarbeiter, Zuarbeiter von außerhalb durften sich hier allesamt frei bewegen. Nicht jedoch die Insassen. Aus diesem Grund gab es auch weniger Überwachung – keine Türme oder Flutlichter, außerdem wurden die Lichter aus dem Norden durch die nächsten Gebäude abgeschnitten.

Was natürlich nicht bedeutete, dass es gar keine Sicherheitsvorkehrungen gab. Statt der Suchscheinwerfer war der ganze Platz dauerhaft in Flutlicht gehüllt, und Patrouillen sowie einzelne Nachtwächter machten regelmäßig ihre

Runden. Die Gefahr einer unerwarteten Begegnung war also allgegenwärtig.

Die vier Ausbrecher waren sich dessen vollauf bewusst. Sie wussten, sie mussten beim Sprint vom Gullydeckel zur Lüftungsklappe so schnell und so beweglich wie möglich sein, und selbst dann brauchten sie noch eine Portion Glück dazu. Sie konnten unmöglich sehen, was an der Oberfläche vor sich ging; sollte also in dem Moment, da sie den Deckel anhoben, gerade eine Patrouille vorbeikommen, waren sie definitiv geliefert.

Dennoch hatten sie bei der Wegstrecke der Patrouillen durchaus nicht die schlechtesten Karten. Außerdem war es spät genug, dass keine anderen Wärter oder Arbeiter mehr draußen sein sollten. Hoffentlich erwartete sie also niemand.

Vorsichtshalber drückte Hang sein Ohr an den Deckel, hörte aber nichts. »Ich gehe los. Folgt mir«, flüsterte er.

»Und du bist ganz sicher, dass es hier keine Kameras gibt?«, hakte Bruder Ping nach. Er und Hang standen in dem kleinen Bereich unterhalb des Deckels, Ah Shan und Du kauerten noch im Tunnel.

»Absolut. Ich habe auf dem Weg zum Lkw immer wieder darauf geachtet«, sagte Hang und schickte sich an, den Deckel anzuheben. »Warte!«, zischte Bruder Ping und packte seine Hand. Er befürchtete, Hang könnte den Deckel zu weit anheben, sodass er mit Getöse nach hinten kippte.

Gemeinsam hoben sie den Deckel ganz leicht an und schoben ihn zur Seite weg. Im Schein der Laternen erkannten sie, wie dreckig und abgerissen sie aussahen.

Hang schob den Kopf bis zur Nase aus dem Loch und sah sich um. Nichts Ungewöhnliches zu sehen, bis auf den

Lastwagen des Herrn Shao, der zwanzig Meter weiter stand. Hang wusste, Du hatte Herrn Shao vorgewarnt, der also hoffentlich nicht Alarm schlagen würde, selbst wenn er aus dem Führerhaus etwas hören sollte. Jetzt musste alles sehr schnell gehen. »Los«, sagte er heiser, wuchtete sich aus dem Schacht ins Freie und rannte geduckt auf die Fassade zu.

Die Lüftungsklappe war von einem rechteckigen Gitter bedeckt, das viel leichter zu entfernen war als der Gullydeckel. Hang schaffte es problemlos allein und kletterte sofort hinein. Kurz darauf spürte er etwas von hinten gegen seinen Leib drücken und wusste, dass Bruder Ping angekommen war. Es war gefährlich, zu lange am Eingang zu verharren, daher drängte Bruder Ping ihn vorwärts.

Hang kletterte ein Stückchen weiter. Als er das leise Klappern hinter sich hörte, entspannte er sich. Das Gitter wurde wieder eingesetzt, Du war also als Letzter eingestiegen.

Sie befanden sich in einem neuen engen Gang, der trotzdem wesentlich komfortabler war als der verdreckte Regenablauf. Und viel kürzer obendrein. Nach nicht einmal zehn Minuten hatte Hang das andere Ende erreicht. Er entfernte das dortige Gitter und kletterte leise in einen großen Zwischenraum hinaus. Im fahlen Schein der Deckenleuchte sah er kreuz und quer verlaufende Rohre und hohe Metallschränke dicht an dicht. Alles richtig; sie befanden sich im Keller.

Bruder Ping und die anderen schälten sich hinter ihm aus der Lüftung und schauten sich mit erleichterten Mienen um. Bis jetzt war alles erstaunlich glattgegangen. Sollten sie heute tatsächlich frei sein?

Obwohl es hier keine Kameras gab und mitten in der Nacht kaum jemand in den Keller kommen würde, war es nicht ratsam, länger als nötig zu verweilen. Bruder Ping schaute ihn an. »Wo ist die Treppe?«

Hang reckte den Daumen nach rechts. »Gleich da drüben.« Er setzte sich in Bewegung. Bruder Ping nickte – er hatte richtig geraten. Aus reiner Vorsicht und dem Entschluss getrieben, dass ein unerfahrener Mensch wie Hang im Zweifel vielleicht nicht schnell genug auf eine Krise reagieren würde, hielt er ihn am Arm fest. »Du brauchst uns jetzt nicht mehr zu führen. Ich übernehme.«

Hang verstand sofort, warum, und trat zurück. Nun führte Bruder Ping, gefolgt von Hang und Ah Shan, während Du weiterhin die Nachhut bildete. Im Schutz von Rohren und anderen Objekten schlichen sie durch den Keller. Kurz darauf kamen sie um eine Ecke und sahen das Treppenhaus.

Der Durchgang war schmal, davor eine Eisentür mit einer schweren Kette. Hang hatte sie vorgewarnt: So waren die meisten unterirdischen Durchlässe gesichert, um Unbefugte am Zutritt zu hindern. Nach dem Verschließen musste die Kette noch ein paarmal um das Schloss gewickelt werden, damit man die Tür nicht einmal einen Spalt breit öffnen konnte.

Ping drehte sich zu Ah Shan um. »Zeit für deinen Draht.«

Ah Shan bückte sich, zog sich einen Schuh aus und zog ein dünnes Stück Metalldraht hervor, das Herr Shao auf Dus Bitte hin letzte Woche mitgebracht hatte. Da Ah Shan ein meisterhafter Schlossknacker war, ging diese Aufgabe an ihn. Er näherte sich der Tür und fädelte den Draht ins Schloss ein. Keine vier Sekunden später sprang es mit leisem Klicken auf. Er warf den Draht weg und entwirrte die Kette, was keine schwierige Arbeit darstellte. Allerdings musste er so leise wie möglich vorgehen, legte also langsam und vorsichtig Windung um Windung frei.

Hang und Bruder Ping standen direkt hinter ihm. Hang betrachtete seine Fingerfertigkeit aufmerksam, Bruder Ping konzentrierte sich ganz auf ihre Umgebung und blieb in Alarmbereitschaft. Keiner der drei achtete auf Du, der ganz hinten stand.

Und da Bruder Ping gerade so hoch konzentriert in alle anderen Richtungen schaute, nutzte Du diesen Augenblick. Er hob die rechte Hand und ließ sie in einem geübten Karateschlag auf Bruder Pings Nacken niedersausen. Der flinke Schlag war genau platziert und fällte Bruder Ping vollkommen lautlos.

Hang hatte direkt vor ihm gestanden. Von dem plötzlichen Zusammenbruch erschrocken, fuhr er herum, konnte sich aber keinen Reim auf die Situation machen. »Was ist passiert?«, japste er.

Du ignorierte ihn und griff wortlos Ah Shan an. Der hatte, von Hangs leisem Schrei gewarnt, gerade genug Zeit gehabt, sich umzudrehen, spürte einen Luftzug am Hals und zuckte blitzschnell zurück, sodass Dus Schlag nur sein Ohr traf. Trotz der Schmerzen blieb er bei Bewusstsein.

Du hatte allerdings noch mehr zu bieten. Als Ah Shan sich zur Seite wegduckte, zog Du die rechte Hand zurück und benutzte die Bewegungsenergie, um den linken Ellbogen vorschießen zu lassen. Mit einem abscheulichen Klang traf er Ah Shans Schläfe, dessen Beine auf der Stelle nachgaben. Ehe er zu Boden gehen konnte, sprang Du vor und fing ihn auf, ohne die Metalltür zu berühren.

All das ereignete sich in Sekundenbruchteilen. Keine zwei Sekunden nach Hangs »Was ist passiert?« hing Ah Shan bewusstlos in Dus Armen. Die plötzliche Wendung traf Hang völlig unvorbereitet. Instinktiv trat er einen Schritt zurück und starrte Du an. »Was tust du?«

Du ließ Ah Shan lautlos zu Boden sinken, richtete sich auf und schenkte Hang ein schiefes Grinsen. »Diese beiden Männer sind durch und durch böse. Wolltest du sie wirklich mitnehmen und in die Freiheit entlassen?«

»Du meinst ...«

»Egal. Hilf mir mal. Sie werden nur kurz bewusstlos sein.« Nachdem Hang begriffen hatte, was Du plante, war er deutlich weniger verwirrt.

Zu zweit fesselten sie Ah Shan und Bruder Ping so gründlich wie möglich und stopften ihnen Stofffetzen in den Mund. Der Schlag in den Nacken hatte Bruder Pings Gehirn kurzfristig vom Blutfluss abgeschnitten und so die Sauerstoffzufuhr unterbrochen. Als er gerade geknebelt wurde, wachte er auf und starrte benommen um sich, die Gedanken noch immer benebelt.

Hang überprüfte die Knoten, um sicherzugehen, dass die beiden sich weder befreien noch um Hilfe rufen konnten, dann wandte er sich an Du. »Alles klar, verschwinden wir.«

Du nickte, bewegte sich aber nicht. »Wohin gehen wir?«, fragte er plötzlich.

»Die Treppe hoch.« Hang zeigte auf die Tür. »Haben wir die nicht gerade extra aufgemacht?«

Du schüttelte den Kopf. »Da können wir nicht lang.«

»Warum nicht?« Plötzlich stand der ganze Plan kopf, und Hang bekam es mit der Angst zu tun, bemühte sich aber wacker, sich nichts anmerken zu lassen.

»Weil Kommandant Zhang dort oben ist. Er schiebt Nachtschicht.«

Hang rutschte das Herz in die Hose. Hatte Du sein doppeltes Spiel durchschaut? Er musterte ihn aufmerksam, konnte aber keine Feindseligkeit in seinem Blick erkennen.

Hang breitete die Arme aus. »Woher weißt du, dass er heute spät arbeitet? Und selbst wenn, was kümmert uns das? Solange wir vorsichtig sind und die Bewegungsmelder nicht aktivieren, können wir uns vor den Kameras verbergen. Zhang könnte mit aufgerissenen Augen im Überwachungsraum sitzen und würde trotzdem nichts mitbekommen.«

»Er hat aber noch nie freitagabends so spät gearbeitet. Er verschwindet immer so früh wie möglich, um sein Kind fürs Wochenende von der Schule abzuholen. Vor allem in den letzten Wochen, als er das Kind mit hergebracht hat, damit du ihm Nachhilfe gibst, war es für ihn umso unmöglicher, freitags die Nachtschicht zu übernehmen.« Er schaute Hang abwartend an. »Heute ist alles anders. Findest du das nicht komisch?«

Darum also machte er sich Sorgen. Hang überlegte blitzschnell und lächelte. »Ich weiß, was los ist. Tianyang bleibt dieses Wochenende in der Schule, weil ein Praxistest ansteht, er kommt also nicht nach Hause. Deshalb kann der Kommandant bleiben. Kein Grund zur Sorge.«

Du betrachtete Hang, fand aber offenbar keinen Widerspruch. »Wenn der Kommandant wüsste, dass wir ausbrechen, was würde er wohl tun?«, fragte er nach einer Weile.

Hang erstarrte. Auf eine derart plötzliche und präzise Frage hatte er keine befriedigende Antwort parat. Als er nicht sofort reagierte, beantwortete Du seine eigene Frage. »Der Kommandant hasst mich aus tiefstem Herzen. Ich glaube, er würde mit gezücktem Revolver auf mich warten, damit er mich erschießen kann, wenn ich zu fliehen versuche. Und wo würde sich das zutragen? Im Verwaltungsbezirk natürlich, da es den Wächtern laut Vorschrift verboten ist, sich den Zellblöcken bewaffnet zu nähern. Nur gibt es auch hier überall Kameras, was ihm unpraktisch erscheinen könnte. Sollte Bildmaterial auftauchen, wie er sich meinetwegen auf die Lauer legt, hätte er ein Problem. Also müsste er sich den Ort sorgsam auswählen. Würde er unsere Route kennen, wäre das wohl das Dach. Da gibt es nicht nur keine Kameras, er könnte sich auch direkt ein passendes Alibi einfallen lassen; er hat spätnachts noch gearbeitet, dann Geräusche von der Treppe gehört, ist ihnen aufs Dach gefolgt, hat begriffen, dass gerade ein Ausbruchsversuch stattfindet, und sah sich gezwungen, einen der Sträflinge zu erschießen, der sich der Festnahme widersetzte.«

All das erzählte Du beiläufig, während seine Worte wie Donnerhall über Hang zusammenschlugen. Er hatte bis ins letzte Detail präzise beschrieben, wie Zhang Haifeng ihn umzubringen gedachte. Hang dröhnte der Schädel. Hatte Du von ihrem Plan Wind bekommen? War er schlicht paranoid? Da er sich allerdings immer noch nicht gegen ihn gewandt hatte, würde Hang seine Rolle weiterspielen, und wenn es ihn das Leben kostete.

»Was redest du da?« Er grinste. »Woher sollte der Kommandant wissen, dass wir ausbrechen? Und selbst wenn, würde er niemals auf unseren Fluchtweg kommen.«

Dus Blick verharrte auf seinem Gesicht, legte sich wie eine unbeschreibliche Last auf ihn. Hang konnte es kaum ertragen, aber die Augen abzuwenden hätte bedeutet aufzugeben, also erwiderte er den Blick, so gut er konnte.

Endlich sprach Du. »Hast du es ihm nicht erzählt?« Ein Mundwinkel zuckte zu einem sarkastischen Grinsen in die

Höhe. Hangs wankender Kampfgeist ging vollends in die Knie. Er wusste jetzt, dass er in diesem Katz-und-Maus-Spiel nicht mehr als die klägliche kleine Maus war.

»Warum sollte ich ihm das sagen? Warum?« Obwohl Hang so leise sprach, war die Hysterie in seiner Stimme nicht zu überhören.

»Weil du mich tot sehen willst«, sagte Du einfach. »Nur deswegen bist du überhaupt hier.«

Hang erwiderte nichts, sein Atem ging stotternd. Sein Plan war auf ganzer Linie gescheitert. Eisige Verzweiflung drohte ihn zu übermannen, aber noch wollte er sich nicht ergeben. Ein letztes Ass hatte er im Ärmel, und ein vielversprechendes dazu. Auf dem Dach wartete in der Tat Zhang Haifeng mit gezücktem Revolver. Noch war nicht alles verloren.

Bei dem Gedanken flackerte sein Blick in Richtung Treppenhaus. Ohne Vorwarnung und flink wie ein Kaninchen flitzte er los.

Aus Dus Sicht bewegte er sich jedoch eher wie ein altersschwacher Ochse. Du musste nicht einmal einen Schritt machen, sondern streckte bloß die rechte Faust aus. Hang spürte einen Vorschlaghammer in der Magengrube. Er krümmte sich, stand wie erstarrt da, konnte nicht einmal atmen.

Du entfaltete seine Faust und schlug Hang mit der Handkante gegen die Kehle. Hang ging wie eine Marionette zu Boden.

Du hatte einen anderen Punkt getroffen als bei Bruder Ping. Er hatte Hang nicht bewusstlos schlagen, sondern seine Stimmbänder lähmen wollen. Hang würde eine ganze Weile nicht in der Lage sein, laut zu reden oder gar zu schreien und seinem Plan somit nicht in die Quere kommen.

Er kniete sich neben Hang und fesselte ihn. Hang hatte nicht die Kraft, sich zu wehren, blieb einfach liegen, das Gesicht an den kalten Boden gedrückt. Aus dem Augenwinkel sah er die beiden anderen Opfer, Bruder Ping und Ah Shan. Sie waren wieder bei Bewusstsein und betrachteten die Szene mit einer Mischung aus Entsetzen und leichter Schadenfreude.

Du hatte jetzt alle Karten in der Hand. Während er Hang die Arme zusammenband, kicherte er finster. »Ich habe von Anfang an gewusst, dass du für Deng Hua arbeitest. Du bist hergekommen, um mich zu töten. Diese ganze Geschichte, unser Ausbruch inklusive, war eine Falle.«

Selbst jetzt wollte Hang noch nicht akzeptieren, dass er verloren hatte. »Blödsinn«, hauchte er, die Stimme nach dem Schlag auf den Kehlkopf schwach und unbeständig wie alte Spinnfäden.

Du redete ungerührt weiter. »Du hast dir eine Menge Mühe gegeben, dir eine Geschichte ausgedacht, die mich berühren sollte, in aller Ruhe auf die beste Gelegenheit gelauert, um zuzuschlagen. Das war wirklich ein perfekter Plan. Nur haben perfekte Dinge leider immer einen entscheidenden Haken: Sie sind nicht echt.«

Hang wand sich auf dem Boden, um Du direkt anzuschauen. Er begriff nicht, worauf er hinauswollte.

»Jemand mit einer ganz ähnlichen Geschichte wie der meinen wird kurz nach mir ins Gefängnis gesteckt und landet rein zufällig in meiner Zelle? Ist das nicht ein bisschen dick aufgetragen?«

Hang starrte ihn an und krächzte kaum hörbar: »So ein paranoider Mist.«

Du zerrte an dem improvisierten Seil, das sich wie Stahl

um Hangs Körper legte. »Dein kleines Drama mit dem Ader-lass hat mich sogar fast überzeugt. Erstklassige Darbietung. Aber allzu viel Blut hast du nicht verloren, oder? Du hast nur das Handgelenk ins Klo hängen lassen, damit es so aussieht, als hättest du schon länger dort gelegen. Leider bist du zu schnell wieder zu Kräften gekommen. Fürs nächste Mal soll-test du dir merken, dass sich nach einer Ohnmacht durch Blutverlust der Körper am nächsten Tag schon wieder bes-ser anfühlen mag, der Kopf aber keineswegs. Du aber warst beim Verlassen des Krankenhauses frohgemut und absolut nicht in Sorge um deine Gesundheit.«

Du verknotete das Seil mit einem Sackstich und betrach-tete zufrieden sein Werk. Dann tätschelte er Hangs Wange wie ein Raubtier, das mit seiner Beute spielt. »Die nächste verdächtige Nummer gab es in der Nacht, als Bruder Ping und die anderen auf mich losgehen wollten. Ich hatte dich gebeten zu bestätigen, dass Deng Hua tot ist. Weißt du noch, was du gesagt hast?«

Hang blinzelte. Nein, an dieses Detail konnte er sich nicht erinnern.

Du half ihm. »Deine genauen Worte waren: ›Ein Internet-Mörder hat ihm eine Todesanzeige geschickt, und gestorben ist er in der Wartehalle am Flughafen‹.«

»Und?«

»Ich habe bei den meisten meiner Morde auch im Netz Todesanzeigen hinterlassen, das stimmt, aber nicht bei diesem. Von dieser Todesanzeige wussten nur Deng Hua selbst und die Polizei. Die Person, die Deng Hua tatsäch-lich erschossen hat, war ein Polizist namens Han Hao, also haben sie die Einzelheiten der Tat unter den Teppich gekehrt. Woher kanntest du dieses Geheimnis?«

Das war es also. Hang machte sich schwere Vorwürfe. Natürlich hatte er von Hua die Wahrheit über Deng Huas Tod erfahren. Versunken in Wut und Trauer hatte er keinen Gedanken daran verschwendet, was die Öffentlichkeit über diese Tat wusste. Er hatte gewusst, dass Eumenides mit Vorliebe seine Todesanzeigen im Netz veröffentlichte, und war davon ausgegangen, dass er es bei Deng Hua ähnlich gehandhabt haben würde. Kein wichtiges Detail, aber genug für einen messerscharfen Verstand wie den von Eumenides.

Bruder Ping und Ah Shan waren unterdessen völlig fassungslos. Erst aus diesem Gespräch hatten sie erfahren, dass Du für Deng Huas Tod verantwortlich war und Hang das Gefängnis infiltriert hatte, um Deng zu rächen. Kaum zu glauben, vor allem nicht für Bruder Ping, der so sehr daran gewöhnt war, das Sagen zu haben, dass er es schlicht nicht fassen konnte, eine bloße Randfigur in dieser komplizierten Auseinandersetzung zwischen Hang und Du gewesen zu sein. Nicht auszudenken, dass Du Hangs Plan schon lange durchschaut hatte, während er selbst vollkommen im Dunkeln getappt hatte. Hätte er nur etwas geahnt, hätte er sich niemals auf diese undurchsichtige Geschichte eingelassen.

Hang schwieg einen Moment lang, dann entschloss er sich, stur bis zum bitteren Ende zu kämpfen. »Du bist wirklich völlig paranoid. Es gibt kein perfektes Geheimnis – der Wind findet einen Weg durch jede Wand. Glaubst du im Ernst, das weiß sonst niemand? Noch bevor sie dich ins Gefängnis gesteckt haben, waren Gerüchte in Umlauf. Aber weißt du, was ich wirklich nicht wusste? Ich hatte keine Ahnung, dass *du* der Mörder bist.«

»Klingt alles plausibel«, gab Du zu. »Vielleicht war ich zu misstrauisch. Dieser Tage kann man sich leicht vorstellen, dass ein Polizist selbst solche Details im Netz preisgibt. Und auch meine Zweifel an dir ließen sich aus der Welt schaffen: Bei deinem Selbstmordversuch hast du zwar nicht so viel Blut verloren, bist aber ohnmächtig geworden, weil dir die Sache arg zugesetzt hat; und was deine Ankunft im Gefängnis angeht – na schön, die Welt ist voller seltsamer Zufälle. Wenn das allein reichen würde, um jemanden zu verurteilen, gäbe es nicht eine unschuldige Person auf der Erde.«

Hang starrte ihn verblüfft an. Leise Hoffnung flackerte in ihm auf, nur um von Dus nächsten Worten sofort wieder gelöscht zu werden.

»Aber warum hast du Shun umgebracht?«

Hang bemühte sich verzweifelt, seine Panik nicht zu zeigen. »Was redest du da? Blackie hat Shun umgebracht. Das weiß doch jeder.«

Du schürzte die Lippen. »Weil du ihn verleumdet hast.«

»Wie hätte ich das anstellen sollen? Der Stift, die Mordwaffe, war im Abflussrohr versteckt. Nur Blackie hätte ihn dort hinterlassen können. Wie hätte ich an den Stift kommen sollen?«

»Alle glauben, der verschollene Stift war im Klo versteckt, aber ich weiß es besser. An dieses Versteck habe ich schon gedacht, während die Wächter alles abgesucht haben, also habe ich direkt nach Ende unserer Schicht an dem Tag nachgeschaut. Ich wusste, sollte er da sein, würde ich ihn finden, selbst wenn die Wächter ihn übersehen hatten. Aber da war gar nichts, außer Scheiße und Pisse, davon habe ich mich überzeugt.«

»Wo soll er sonst gewesen sein?«, gab Hang zurück. »Wenn er dort nicht war, wie kann er dann verschwunden und wieder aufgetaucht sein?«

Du betrachtete ihn nachdenklich. »Das war wirklich clever, das muss ich dir lassen.«

»Willst du damit sagen, ich hätte ihn versteckt? Okay, wo denn bitte?«

»Irgendwo am Körper wahrscheinlich. Da gibt es jede Menge Möglichkeiten – im Socken, unter der Zunge, im Ohr.«

Bruder Ping schnaubte leise. Der verlorene Stift war fast neu gewesen, an die zwanzig Zentimeter lang. Als ob der wie ein Zauberstab in jemandes Ohr hätte verschwinden können.

Noch seltsamer aber war die Tatsache, dass Hang nicht widersprach. Stattdessen starrte er Du mit großen Augen an, als hätte dieser gerade die Wahrheit ans Licht gebracht.

Du durchschaute anscheinend, was Bruder Ping dachte. Er lächelte, erwiderte seinen Blick und zeigte auf Hang. »Das war nur ein Stummel. Er hat Blackies Stift geklaut und ihn fast komplett weggespitzt. Du weißt ja, wie gut er darin ist, er hat ihn sicher auf unter zwei Zentimeter bekommen. Und einen so kleinen Stift konnte er überall verstecken.«

Diese Erklärung verwirrte Bruder Ping nur noch mehr. Klar ließ sich ein Stummel überall verstecken, aber wie sollte er ihn wieder in den langen Stift zurückverwandelt haben, mit dem Shun getötet worden war?

Du hatte auch darauf eine Antwort. »Ein Bleistift ist verschwunden, ein Bleistift ist aufgetaucht. Natürlich hat jeder gedacht, es handle sich um ein und denselben Stift. Er hat den Stift geklaut und den Mord begangen. Weil alle davon ausgingen, die beiden Dinge stünden miteinander in Zusammenhang, hatten alle nur Augen für die Fehde zwischen Shun und Blackie. Niemand hat begriffen, dass es eigentlich nur das Teilstück eines viel komplizierteren Plans war.«

Du wandte sich wieder an Hang. »Das war ein beachtlicher Trick. Obwohl ich wusste, dass der Stift nicht im Klo war, habe ich deinen Plan trotzdem nicht durchschaut. Ich konnte ihn nur dank deiner schlechten Angewohnheit knacken. Also habe nicht ich dich entlarvt, sondern dein eigener Tick.«

Hang sagte nichts, aber der Funke in seinen Augen verblasste.

»Du hast ständig auf deinem Stift herumgekaut – eine Angewohnheit dieser Art baut sich über viele Jahre auf. Selbst nachdem Hefekloß dich zusammengefaltet hat, warst du außerstande, damit aufzuhören, deshalb hat er dir einen eigenen Stift zugedacht. Das ist auch normal – solche Angewohnheiten loszuwerden ist sehr schwer. Du warst außerdem so auf die Arbeit konzentriert, dass du unbewusst damit weitergemacht hast.« Du zog die Stirn kraus. »Komischerweise ist diese schlechte Angewohnheit von einem Tag auf den anderen verschwunden.«

Wie wahr – eines Tages hatte Hang aufgehört, auf seinem Stift zu kauen. Bruder Ping erinnerte sich daran. Und war das nicht direkt nach dem Verschwinden von Blackies Stift gewesen?

»Es ist sehr schwer, eine solche Angewohnheit loszuwerden«, wiederholte Du. »Das erfordert sowohl Zeit als auch Engagement. Aber bei dir kam der Wandel nicht nur plötzlich, sondern auch hundertprozentig. Was mich zum Schluss brachte, dass offenbar eine mächtigere Motivation als der Wille zur Verhaltensänderung dahintersteckte.

Also habe ich angefangen zu überlegen, worin diese Motivation bestehen könnte. Nicht sehr kompliziert: Die größte Veränderung für dich war, dass du dir danach wieder wie alle anderen einen beliebigen Stift aus der Kiste nehmen durftest. Am Tag zuvor hattest du deinen Stift total ruiniert und musstest ihn abgeben, also bestand dein eigentliches Ziel darin, an einen neuen Stift zu kommen und auch weiterhin selbst wählen zu können, welchen du nimmst. Was mich zur nächsten Frage brachte: Hinter was für einer Sorte Stift warst du eigentlich her? Meiner Beobachtung nach hast du dir in den ersten paar Tagen Stummel ausgesucht, die alle anderen nicht genommen hätten. Das fand ich merkwürdig, dachte aber, vielleicht magst du kurze Bleistifte einfach lieber – bis mir aufgefallen ist, dass du von Tag zu Tag längere genommen hast, bis du dir wie alle anderen immer die neuesten ausgesucht hast. Sehr seltsam. Dann wurde Shun mit einem so gut wie neuen Stift durch den Augapfel getötet. War der verschollene Stift wieder aufgetaucht? Nein, das war nicht derselbe. Und als ich begriffen habe, wie diese beiden Stifte zusammenhängen, habe ich deinen Plan mit einem Schlag durchschaut.«

Dus erbarmungslos scharfe Analyse ließ Hang schweigen.

»Tatsächlich hast du jeden Tag einen Stift gegen einen anderen eingetauscht. Wie gesagt, du hast Blackies Stift genommen und ihn zu einem Stummel gespitzt, den du verstecken konntest, weil die Wächter nach einem viel längeren Stift gesucht haben. Am nächsten Tag hast du dir einen Vier-Zentimeter-Stift genommen, einen Zwei-Zentimeter-Stift zurückgegeben und glaubhaft behauptet, mehr sei nicht übrig. Durch die im Laufe eines normalen Werktags anfallende Arbeit ist das niemandem aufgefallen, du aber warst mit deinen professionellen Zeichenkünsten in der

Lage, den Stift sehr viel weniger abzunutzen als gewöhnlich. Also hattest du am Ende des Tages einen vier Zentimeter langen Stift. Und Hefekloß hat dir sogar unwissentlich geholfen – als Strafe für die Zerstörung des ersten Stifts hat er dir den kleinsten gegeben, und genau den wolltest du haben. Hätte man dir einen längeren Stift zugeteilt, hätte das deine Pläne zurückgeworfen.

Danach war alles recht einfach. Du hast den Vorgang mehrfach wiederholt, zweimal am Tag, und jedes Mal einen längeren Stift behalten. Somit wuchs der heimliche Stift Tag für Tag. Shun und Blackie waren für zehn Tage in Einzelhaft, ungefähr die Zeitspanne, die du gebraucht hast, um dich bis zu einem fast neuen Stift hochzutauschen. An dem Punkt hast du ihn mit in die Zelle geschmuggelt und im Abflussrohr versteckt. Teils, um ihn griffbereit zu haben, und teils, damit er so bestialisch stank, dass du Blackie verdächtigen konntest.«

»Aber warum hätte ich das alles Blackie überhaupt anhängen sollen?«, protestierte Hang und klammerte sich an seine letzte Chance, sich zu verteidigen. »Blackie hat Shun gehasst, natürlich wollte er ihn umbringen. Warum hätte ich Shun töten sollen? Ich habe mich gut mit ihm verstanden.«

Du lachte. »Und warum hast du dich gut mit ihm verstanden?«

Hang erwiderte nichts, denn das war kaum zu erklären. Bruder Ping und Ah Shan starrten Du an. Hatten sich Shun und Brille nicht einfach angefreundet? Als Du in jener Nacht all ihre Geheimnisse ausgeplaudert hatte, um Brille zu decken, hatte Shun beschlossen, ihn ebenfalls zu beschützen, und sich mit den beiden gegen Blackie verbündet. War das nicht der Beginn ihrer Fehde gewesen?

Dus nächste Worte trafen sie alle unvorbereitet.

»Hätte Shun sich nicht gut mit dir verstanden, hätte er auch nicht sterben müssen. Von allen Insassen unserer Zelle hatte er den Tod am wenigsten verdient.« Du klang fast ein wenig gerührt. »Blackie hat in der Nacht versucht, Shun zu foltern. Als Shun dich um Hilfe angefleht hat, hast du etwas erwidert – etwas sehr Bedeutsames.«

Bruder Ping war überrascht, denn an dieses Detail erinnerte er sich noch genau. Shun hatte gesagt: »War ich denn nicht zuvorkommend zu dir, Bruder Zhi? Leg doch bitte ein paar gute Worte für mich ein. Bruder Ping wird sicher auf dich hören ...« Er selbst hatte die Beherrschung verloren und Shun dafür geohrfeigt.

Du sah Bruder Pings Reaktion und wandte sich wieder an ihn. »Das hat dich wütend gemacht, oder? Aber hast du dich nicht gefragt, wie Shun überhaupt darauf kommt, so etwas zu sagen?«

Bruder Ping riss die Augen auf und murmelte etwas in seinen Knebel. Was er sagen wollte – aber nicht konnte –, war: »Fick dich, Brille, du mieses Schwein – also wusste Shun zu diesem Zeitpunkt schon, wer du bist.«

Du ignorierte ihn wieder und widmete sich erneut Hang. »Als Shun das gesagt hat, bist du aufgesprungen und hast ihm einen Knebel in den Mund gestopft. Das kam völlig aus dem Nichts und hat mich verständlicherweise misstrauisch gemacht. Genau in dem Moment habe ich angefangen, ernsthaft darüber nachzudenken, ob du vielleicht mehr zu verbergen hast, als ich anfangs dachte. Shun wusste es zunächst auf keinen Fall, sonst hätte er es nicht gewagt, dich zu hänseln. Also habe ich überlegt, wann sein Sinneswandel einsetzte. Ich weiß noch, wann er dich zum ersten Mal ›Bruder Zhi‹ genannt hat. Das war an einem Samstagnachmittag. Du, er und ich hatten Besuch. Wir zwei waren gleichzeitig fertig und sind zusammen auf den Hof gegangen, dann kam Shun zu uns rüber und wollte sich unbedingt versöhnen. Ich war ihn leid und habe mir eine Ausrede einfallen lassen, um zu verschwinden, aber du bist mit ihm ins Gespräch gekommen. Ich habe euch aus der Entfernung beobachtet. Zu Beginn hast du eher genervt gewirkt, ihn aber sehr bald augenscheinlich akzeptiert. Ich dachte, er hätte dir einfach erfolgreich Honig ums Maul geschmiert, und habe erst später begriffen, dass er deine wahre Identität bereits kannte und du ihn gut behandeln musstest, damit er dein Geheimnis nicht ausplaudert. Du hast dich sogar für ihn eingesetzt und dich dafür mit Blackie angelegt. Ab da dachte Shun, er könnte auf dich zählen und müsste Blackie keinen Respekt mehr zollen. Für dich eine schrecklich störende Situation. Dich darauf zu verlassen, dass Shun dein Geheimnis für sich behält, war ungefähr so, wie einem Kind die Kontrolle über eine Zeitbombe zu geben. Er war einfach nicht verlässlich genug. Wahrscheinlich würde er früher oder später dank seiner kindischen Persönlichkeit im ganzen Gefängnis herausposaunen, wer du bist, um sich als dein größter Fan einen Namen zu machen. Und in jener Nacht hatte Shun endgültig die Schnauze voll von Blackie und den anderen; er hätte dich jederzeit verraten können. Deshalb musstest du ihn töten.«

Hang lächelte grimmig. Genauso war es gewesen. Aus exakt diesem Grund hatte er Shun geknebelt und später erstochen. Der Plan zu Dus Beseitigung hatte gute Fortschritte gemacht, bis Shun drohte, alles entgleisen zu lassen, indem er den Mund aufmachte. Nur hatte Hang sich leider verdächtig gemacht, indem er ihn zum Schweigen brachte.

Du zeigte mit dem Finger auf ihn. »Du hattest die Waffe und ein Motiv. Willst du immer noch behaupten, Shun nicht umgebracht zu haben?«

Hang grunzte genervt und starrte ihn böse an. Er sah keinen Grund, seinen Hass länger zu verbergen.

Du starrte furchtlos zurück. »Eine Sache habe ich allerdings noch nicht verstanden. Wie hat Shun herausgekriegt, wer du bist? Sein Besuch kam direkt nach deinem, also muss er wohl irgendwas gesehen haben. Aber was?«

Hang ächzte. Die Sache war äußerst frustrierend. Hua hatte wissen wollen, wie es mit dem Plan voranging, aus reiner Vorsicht aber Ma Liang geschickt, statt persönlich zu erscheinen. Die Gefängnisordnung sah vor, dass kein Häftling den Besucherraum betreten durfte, solange sich dort noch ein anderer Häftling aufhielt, doch leider war es zu einem unglücklichen Zwischenfall gekommen: Shun hatte im Warteraum gesessen, als ihn ein Wärter anwies, einen Stuhl zu verschieben. Shun war mit dem Stuhl in der Hand am Fenster des Besucherraums vorbeigekommen, hatte zufällig einen Blick hineingeworfen und gehört, wie Ma Liang Hang mit »Bruder Zhi« anredete und dabei ehrerbietig schaute. Zu Hangs Unglück hatte Shun vor seiner Haftstrafe als Schläger gearbeitet, und einige seiner Bosse aus der Szene hatten Ma Liang gekannt, den Shun daher sofort als Huas Handlanger einordnen konnte. Wie konnte eine derart wichtige Person Hang mit so viel Respekt begegnen? Von da an klammerte Shun sich an Hang und gab sich diesem gegenüber derart demütig, dass es von Tag zu Tag wichtiger wurde, ihn loszuwerden.

Statt Du all das zu erklären, zog Hang es jedoch vor, ihm ins Gesicht zu spucken.

Du blieb ruhig und wischte sich das Gesicht mit einer Ecke der zerrissenen Laken ab. »Ob du es mir verrätst oder nicht, spielt keine Rolle. Das Wichtigste ist: Ich habe anhand der vorliegenden Hinweise herausgefunden, wer du bist, nämlich eine wichtige Größe in der Unterwelt und außerdem jemand, der die wahren Hintergründe von Deng Huas Tod kennt. Du konntest also nur Deng Huas Mann sein.«

»Richtig. Ich wollte Rache für den Vorsitzenden Deng. Und wenn du mich ausradierst, sorge ich dafür, dass du mit mir untergehst.« Hangs kratziges Flüstern war von brennendem Hass durchzogen. Er klang wie eine Figur aus einem Horrorfilm.

»Deshalb hast du dich ins Gefängnis sperren lassen, hast dich mit mir angefreundet und mich in deinen Ausbruchsplan reingezogen. Alles nur eine Falle, nicht wahr?« Du lachte grob. »Aber ich wollte den Köder leider nicht schlucken. Also hast du dir eine Alternative einfallen lassen und dir all die Mühsal mit dem Stift aufgeladen, weil du mich damit umbringen wolltest, stimmt's? Aber bevor es dazu kam, habe ich meine Meinung geändert und einem Ausbruch zugestimmt, also hast du beschlossen, auf das Risiko mit dem Stift zu verzichten. Und kurz darauf hat Shun angefangen, dir gefährlich zu werden, also fand der Stift einfach ein anderes Opfer. Du hattest bereits vorgehabt, alles Blackie anzuhängen, weshalb dieser Teil des Plans auch reibungslos funktionierte.«

»Okay, aber warum das alles derart breittreten?«, fragte Hang, der es müde war zuzuhören, wie Du sich mit seinen Fähigkeiten brüstete. »Wenn du mich töten willst, dann tue es.«

Du rümpfte die Nase. »Warum sollte ich dich töten?«

Hang lächelte süffisant. »Wäre besser für dich. Wenn du mich heute nicht umbringst, kommt der Tag, an dem ich mich um dich kümmere.«

Du schüttelte den Kopf. »Du glaubst, wenn ich dich umbringe, kannst du mich dadurch zu Fall bringen?«

Hang fröstelte. Genau das hatte er sich gedacht. Wenn es ihm gelang, Du dazu zu bringen, ihn umzulegen, stünde seinem Widersacher die Todesstrafe bevor, auch wenn er in dieser Nacht Zhang Haifeng und dessen Revolver entkommen sollte. Es war Hangs letzte Chance, Du zu beseitigen. Aber selbst jetzt war Du ihm einen Schritt voraus. Hang fühlte sich wie ein Clown. Wie ein jämmerlicher Clown.

»Ich habe deinen Plan längst durchschaut«, sagte Du. »Was glaubst du, warum ich so lange mitgespielt habe?«

Bruder Ping und Ah Shan krümmten sich vor Wut über diese Frage.

Hang wusste, dass Du komplexere Ziele verfolgte. Er überlegte und sagte schließlich resigniert: »Weil du tatsächlich ausbrechen willst.«

Du lächelte. »Na also, so blöd bist du ja gar nicht. Genau, ich habe dich nur benutzt, um bis hierher zu kommen.«

Hang hatte das Gefühl, auf einem berstenden Gletscher zu stehen; haltlos rutschte er in einen eisigen Abgrund. Nicht nur war seine Rache fehlgeschlagen, er hatte darüber hinaus zugelassen, wie eine Schachfigur benutzt zu werden. Heftiger Zorn wallte in ihm auf, doch die Fesseln hinderten ihn daran, diesen Gefühlen Ausdruck zu verleihen. Er wollte schreien, aber seine Kehle brannte wie Feuer und ließ seine Stimme als verkümmertes Krächzen erklingen, das kaum menschlich wirkte. »Das kannst du nicht. Unmöglich. Es gibt keinen anderen Fluchtplan.«

Du lächelte ihn gutmütig an, sagte aber nichts.

»Wie willst du entkommen? Selbst wenn du Zhang Haifeng tötest, bevor er dich erschießen kann, der Fahnenmast lässt sich nicht bewegen. Die alberne Nummer, wir könnten uns damit über die Mauer schwingen, habe ich mir nur ausgedacht. Was glaubst du, wie du hier rauskommst?« Hang redete sich immer mehr in Rage und klang fast ein wenig irre.

Du wartete geduldig ab, bis Hang sich ausgelassen hatte, dann zuckte er mit den Schultern. »Ich will nicht aufs Dach. Ich habe einen eigenen Plan.«

»Du träumst wohl. Hier ist noch nie jemand ausgebrochen. Was glaubst du, wer du bist? Ein Halbgott?« Hang starrte ihn an und verzog höhnisch das Gesicht. »Du glaubst, du hast gewonnen? Du wirst noch mieser enden als wir drei.«

Du blieb völlig entspannt. »Du versuchst, mich zu provozieren. Glaubst du, dann verrate ich dir meinen Plan?«

Hang ließ alle Hoffnung fahren. Gegen diesen Mann hatte er einfach keine Chance. Also blieb ihm nur noch ein Weg – er musste seine Verletzlichkeit ausspielen.

»Ja, stimmt, ich will dich provozieren. Wagst du es, ihn mir zu verraten?«, sagte Hang langsam und schaute Du fest an.

Er hoffte inständig, Du würde sich diese Blöße geben. Sollte er verraten, was er vorhatte, würde Hang einen Weg finden, ihm Steine in den Weg zu legen und eventuell gar Boden gutzumachen. Ein Gefängnisausbruch war eine delikate, äußerst fragile Angelegenheit voller unbekannter Faktoren. Kein Plan war über äußere Einflüsse erhaben.

Du betrachtete ihn und ließ sich tatsächlich erweichen.

»Ich verschwinde mit Herrn Shao in seinem Laster. Er wartet draußen auf mich, wie du weißt.«

»Herrn Shaos Laster?« Hang kicherte. »Jedes Fahrzeug muss beim Passieren des Tors durch den Infrarot-Scanner. Auf diesem Weg kannst du nur als eiskalte Leiche ausbrechen.«

»Natürlich ist mein Körper wärmer als der einer Leiche, doch ich weiß, wie ich ihn verbergen kann«, sagte Du geduldig. »Ich habe Herrn Shao darum gebeten, unterhalb des Motors eine Metallkiste anzubringen. Wenn ich mich darin verstecke, wird die Wärme des Motors die meines Körpers überstrahlen, und der Scanner kann mich nicht sehen.«

Diese Methode war Hang noch nicht in den Sinn gekommen, klang aber durchaus plausibel. Er machte sich bittere Vorwürfe, nicht scharf genug aufgepasst zu haben. Du hatte sich von Anfang an blendend mit Herrn Shao verstanden und die Kommunikation mit ihrem Fluchthelfer übernommen. Einem wachsameren Menschen wäre aufgefallen, dass die beiden eigene Pläne schmiedeten.

»Alles klar, ich sollte mich langsam auf den Weg machen.« Die Erwähnung des eigenen Plans schien Du daran zu erinnern, dass er nicht ewig Zeit hatte. Er erhob sich, streckte sich und murmelte: »Mittlerweile sollte der Lkw vorgewärmt sein.«

Deswegen hatte er sich demnach zu solch langen Gesprächen hinreißen lassen; der Motor musste erst die passende Temperatur erreichen. Herr Shao hatte wahrscheinlich das Hauptgebäude im Auge behalten. Sobald Du als Letzter durch die Lüftung eingestiegen war, würde er den Wagen gestartet haben, um ihn aufzuheizen. Hier im Keller hatte Du in aller Ruhe warten können.

Und jetzt wollte er verschwinden. Hang wurde panisch

und spürte, wie sein Gehirn unter der Anspannung einen Gang hochschaltete. Er wusste, was Du vorhatte, und musste sich in dieser Notlage unbedingt etwas einfallen lassen, wie er ihn aufhalten konnte.

Du streckte sich und absolvierte ein paar Dehnübungen. Beim Anblick von Hangs zerfurchter Stirn schnaubte er leise. »Gib dir keine Mühe. Ich habe dir meine Geheimnisse verraten, weil ich extrem zuversichtlich bin, dass niemand meinem Plan in die Quere kommen kann. Ihr alle seid schuldig, und jetzt ist die Zeit gekommen, eurer höchstmöglichen Strafe ins Auge zu sehen.«

Während Du redete, vollzog sich ein wundersamer Wandel in seiner Stimme und seiner Körperhaltung. Die spöttische, respektlose Figur verpuffte und wurde von einer eiskalten, ausdruckslosen Maske ersetzt. Niemals zuvor hatte einer von ihnen solch einem Menschen gegenübergestanden. Trotz seiner unmittelbaren Nähe schien er auf einem fernen Gipfel zu stehen, den keiner von ihnen je erreichen würde. Von dort oben schaute er auf die Menschen und die Sünder herab, die sich unter ihnen verbargen.

Bruder Ping und Ah Shan wandten instinktiv den Blick ab, so sehr fürchteten sie sich vor diesem Gesicht. Sie hatten mehrere Monate mit dieser Person zusammengelebt und nun einen Fremden vor sich.

Hang begriff, dass dies sein eigentliches Wesen war. Eumenides, der Mörder.

Wenn ein Mörder seine Tarnung abwirft, was wird er dann wohl als Nächstes tun, wenn nicht morden?

Als Hang mit seinen Überlegungen an diesen Punkt gelangt war, begann seine Wange zu zucken. Der Vorhang senkte sich über sein Leben.

Eumenides ging in die Hocke und nahm Hang die Brille ab. Als seine Finger Hangs Gesicht streiften, konnte dieser ein Zittern nicht unterdrücken.

Eumenides ließ die Brille zu Boden fallen, wo sie mit hellem Klirren zersprang. Mit Zeige- und Mittelfinger der rechten Hand hob er die größte Scherbe auf, schob die linke Hand in die Tasche seiner Gefängnisuniform und zog mehrere Pappkarten hervor. Er betrachtete die oberste und wandte sich an Ah Shan.

Ah Shan wollte mit der Wand verschmelzen, war aber zu gut gefesselt, um sich zu rühren.

»Fang Weishan, vor acht Jahren hast du am Taiping-See einen Mann umgebracht. Du hättest längst zum Tode verurteilt werden sollen. Dein Komplize Pan Dabao wartet in der Hölle auf dich.« Sowie er fertig gesprochen hatte, warf er die oberste Karte mit einer schnellen Bewegung des Handgelenks. Sie landete vor Ah Shan auf dem Boden.

Die Karte bestand aus dem Material, das sie zur Herstellung der Tüten in der Werkhalle benutzten, darauf kantige Schriftzeichen, mit Bleistift angefertigt.

TODESANZEIGE

DER ANGEKLAGTE: Fang Weishan
VERBRECHEN: Raub, Mord
DATUM DER URTEILSVOLLSTRECKUNG: 11. Oktober
HENKER: Eumenides

Nachdem Ah Shan es gelesen hatte, schaute er mit großen Augen zu Eumenides auf und kaute murmelnd auf dem Knebel.

Eumenides machte sich nicht einmal die Mühe, seinen Blick zu erwidern. Er ging in die Hocke. »Du brauchst nicht zu reden, denn deine Schuld ist unbestreitbar.«

Als er sich wieder aufrichtete, gab Ah Shan keine Geräusche mehr von sich. Blut sprudelte aus seiner Kehle und benetzte die Pappkarte mit seinem Namen.

Eumenides drehte sich um. Sein nächstes Ziel war Bruder Ping.

Der reckte den Hals und starrte Ah Shans Leiche an. Er hatte sich noch nicht von dem Anblick losreißen können.

»Shen Jianping, du warst zwischen 1984 und 1990 als geheimer Kämpfer in gewissen gesellschaftlichen Kreisen tätig und hast zu viele Verbrechen begangen, um sie alle aufzuzählen. Als Drahtzieher von mindestens drei Morden steht jedoch außer Frage, dass du den Tod verdienst.«

Die Worte wurden von einer weiteren Pappkarte begleitet, die flink zu Boden flatterte.

TODESANZEIGE

DER ANGEKLAGTE: Shen Jianping
VERBRECHEN: Verbrecherische Umtriebe, Mord
DATUM DER URTEILSVOLLSTRECKUNG: 11. Oktober
HENKER: Eumenides

Bruder Ping verfolgte die Flugbahn der Karte mit den Augen, las sie aber nicht. Er wirkte beinahe weggetreten, als müsste er zu angestrengt nachdenken.

Eumenides sah einen seiner Mundwinkel zucken, als rüste sich Bruder Ping für ein bitteres Lächeln. Das Lächeln wurde von einer Glasscherbe zerrissen, dann im eigenen Blut ertränkt.

Endlich wandte sich Eumenides an Hang.

»Du bist mein Feind«, sagte er tonlos, »aber ich spreche in diesem Augenblick nicht als Feind zu dir. Du hättest Shun nicht umbringen dürfen. Dafür musst du geradestehen.«

»Was war schon schützenswert an Shun? Er war ebenso schuldig. Wie kannst du mich für seinen Tod bestrafen wollen?«, verteidigte Hang sich verzweifelt. Er hatte keine Angst zu sterben, aber nur lebend blieb ihm eine minimale Restchance, die Situation umzudrehen.

Leider hatte Eumenides nicht vor, ihm einen Funken Hoffnung zu lassen. Eine knappe Bewegung der rechten Hand, ein paar Blutspritzer von seinen Fingern. Die nächste Todesanzeige wirbelte durch die Luft, begleitet von tanzenden roten Tröpfchen. Ganz leise landete sie vor Hang auf dem Boden.

Er starrte die Karte an und fühlte etwas wie Melancholie. Sein Schicksal hatte sich im Herbstregen gewandelt. Sollte sein Leben nun auch in diesem Wetter enden?

Eumenides ließ ihm nicht viel Zeit für Selbstmitleid. Schon schnellte die rechte Hand vor, das kalte Glitzern der Scherbe zwischen den Fingern.

Hang brüllte leise, rollte sich herum und warf seinen Leib gegen Eumenides' Beine. Aber auch dieses letzte Aufbäumen half ihm nicht, denn Eumenides trat einfach einen Schritt zurück und änderte den Winkel seiner Hand. Die scharfe Kante schnitt durch Hangs Kehle. Hang klappte den Mund auf, aber kein Geräusch war zu hören. Seine Bewegungsenergie trug ihn noch ein Stück weiter, bis er neben Ah Shan stilllag.

Ihr Henker hatte sorgfältig die Schlagadern geöffnet, sodass die drei Männer mit erstaunlicher Geschwindigkeit ausbluteten. Bald lagen alle drei in großen roten Lachen. Eumenides ließ die Scherbe in eine der Pfützen fallen, wartete noch ein paar Minuten und hielt ihnen dann reihum den Zeigefinger unter die Nase, um sicherzugehen, dass ihr Atem versiegt war.

Das Ergebnis fiel wie erwartet aus. Dies war seine bevorzugte Tötungsart – was sollte bei drei gefesselten, hilflosen Opfern schiefgehen?

Die drei Schuldigen hatten ihre gerechte Strafe erhalten, aber Eumenides hielt eine letzte Karte in der Hand, eine Todesanzeige, die ihren Adressaten noch nicht gefunden hatte. Vorsichtig klebte er sie Ah Shan ins blutige Gesicht und vertraute darauf, dass sie bald von der betreffenden Person gefunden werden würde.

Danach hatte Eumenides keinen Grund mehr, noch länger im Keller zu bleiben. Er ging den Weg zurück, den sie gekommen waren, und schickte sich an, das Gefängnis zu verlassen.

Schnell war er mit leichten, federnden Schritten in einer dunklen Ecke des Kellers verschwunden. Er würde durch die Lüftung zurück nach draußen klettern, Herrn Shaos modifizierten Lkw besteigen und bald schon die Straße der Freiheit befahren.

Bis jetzt war sein Plan restlos aufgegangen, und alles sah danach aus, als könnte ihn niemand mehr aufhalten.

Aber die Realität hatte andere Pläne.

Sobald seine Schritte verklungen waren, regte sich eine der blutigen Gestalten auf dem Boden der Hinrichtungsstätte.

Jemand war noch am Leben.

Die Person versuchte sich umzudrehen, die gefesselten Hände kratzten hinter ihm über den Boden. Bald fanden sie, wonach sie suchten: eine Scherbe der Brille. Mühsam sägte er das zerrissene Laken durch und hatte sich nach ein paar Minuten befreit. Er stützte sich auf einer Hand auf, die andere befühlte hektisch die Wunde am Hals.

Der Schnitt war tief und breit und blutete stark, reichte aber nicht ganz bis zur Halsschlagader. Unsicher kam die Person auf die Beine. Sie war schmächtig und leicht – Hang Wenzhi, Eumenides' letztes Opfer.

Natürlich war er nicht nur mit Glück seiner Todesstrafe entronnen. Im letzten Moment, als sich die Scherbe schon näherte, war es ihm gelungen, den Gegner doch noch zu überlisten.

Als Hang sich seitlich in Richtung Eumenides gerollt hatte, war sein Ziel nicht gewesen, ihn umzuwerfen. Stattdessen hatte er zwei Absichten gehegt: den Angriffswinkel zu ändern und in Ah Shans Blutlache zu liegen.

Zu seinem großen Glück hatte tatsächlich beides funktioniert.

Eumenides hatte ihm zwar die Kehle durchgeschnitten, dabei aber die Schlagader verfehlt. Durch die Nähe zu Ah Shan hatte er Kopf und Brustkorb mit so viel Blut benetzt, dass Eumenides dachte, er blute stärker, als er tatsächlich tat.

Obwohl gerade eben noch alles danach ausgesehen hatte, als habe Hang den Kampf verloren, war es ihm gelungen, Eumenides zu überlisten und wieder zum Leben zu erwachen.

Aber dies war nicht der Moment zum Feiern. Er musste

den letzten Rest seiner Kräfte sammeln, um Eumenides' Flucht zu vereiteln.

Er wusste, dass er viel zu schwach war, um einen derart mächtigen Gegner anzugreifen. Ihm allein zu folgen bedeutete den sicheren Tod. Er brauchte Hilfe von jemandem, der stark genug war, um Eumenides gefährlich zu werden.

Zum Glück hatte er einen solchen Helfer – der Mann erwartete ihn auf dem Dach.

Hang holte tief Luft. Gerade wollte er sich in Richtung Treppe in Bewegung setzen, als er die Karte an Ah Shans Stirn bemerkte. Seltsam. Er bückte sich und löst sie.

Noch eine Todesanzeige, aber nicht für Ah Shan. Erst war Hang überrascht, als er den Namen las, doch dann dachte er nach. Es ergab Sinn. Wieder betrachtete er die Karte, und ein schiefes Grinsen zog sein Gesicht in die Breite. Nun war er endgültig sicher, dass der Mann auf dem Dach alles daransetzen würde, Eumenides aufzuhalten.

Rasch sammelte Hang auch die übrigen drei blutverschmierten Todesanzeigen auf, dann wankte er zum Treppenhaus, eine Hand über der klaffenden Halswunde. Ah Shan hatte die Tür entriegelt, die sich mit etwas Mühe aufziehen ließ – mit einer Hand und einem Fuß. Dann raffte er alle Kraft zusammen und lief so schnell wie möglich aufs Dach.

Neun Stockwerke sind nicht allzu viel, aber mit einer derart schweren Verletzung durfte er sich nicht zu schnell bewegen. Er brauchte fast sieben Minuten, um oben anzukommen, die Tür aufzudrücken und aufs Dach zu stolpern.

Endlich war er draußen. Es war dunkel. Kalter Herbstwind und frostiger Regen fuhren über seine Wunde und lösten ein schmerzhaftes Feuerwerk aus.

Hang wusste, dass sich sein rettender Helfer in einer

dunklen Ecke versteckt hielt, den Revolver in der Hand, und sehnsüchtig auf Du Mingqiang wartete.

Aber Du würde nicht kommen.

Hang holte tief Luft und schrie so laut er konnte, um seinen Komplizen zu warnen, dass sich die Lage geändert hatte. Seine Stimmbänder waren arg mitgenommen und die Kehle aufgeschlitzt. Er brachte nicht mehr als ein ersticktes Krächzen zustande. Es war gerade laut genug, um den Mann zu erreichen, der in der Dunkelheit lauerte. Kurz darauf löste sich ein Schatten und kam näher, in der einen Hand den Revolver, in der anderen eine Taschenlampe. Der Lichtkegel traf Hang für eine Sekunde, dann kam die Gestalt mit den entschlossenen Schritten eines Polizisten näher und fragte leise: »Was ist passiert? Wo ist Du Mingqiang?«

»Er ... er ist weg.« Hang konnte kaum reden, außerdem gab sein Körper langsam nach. Er streckte eine zitternde Hand aus, bekam aber nur Luft zu fassen. Zhang fing ihn auf, ehe er hinfallen konnte. Als er die schreckliche Wunde am Hals sah, wurde Zhang mulmig zumute.

»Er ist im Lkw von Herrn Shao ... hat ... den Motor ... umgebaut, um ... seine Körperwärme ... zu überdecken«, keuchte Hang und versuchte verzweifelt, die Situation zu erklären, obwohl er keine ganzen Sätze mehr formulieren konnte. Seine rechte Hand hielt Zhang etwas hin, und dieser nahm die Pappkarten an sich. Im Schein der Taschenlampe las er sie hastig durch. Obwohl die ersten drei blutverschmiert waren, konnte er gerade noch erkennen, dass es sich um die Todesanzeigen für Shen Jianping, Hang Wenzhi und Fang Weishan handelte.

»Beide ... tot«, sagte Hang mühsam und zeigte auf seinen Hals. Zhang lief ein kalter Schauer über den Rücken.

Der größte Schock stand ihm allerdings noch bevor. Er betrachtete die letzte Karte. Ein Ruck durchfuhr seinen Körper, als hätte ihn der Blitz getroffen.

TODESANZEIGE

DER ANGEKLAGTE: Zhang Tianyang
VERBRECHEN: Für Zhang Haifeng das Kostbarste zu sein
DATUM DER URTEILSVOLLSTRECKUNG: 11. Oktober
HENKER: Eumenides

Verglichen mit den anderen war diese Karte makellos – für Zhangs Augen triefte dennoch jedes Wort vor Gewalt und Blut. Ein gefährliches Tier war auf freiem Fuß. Nachdem es bereits drei Männer mit seinen Klauen gerissen hatte, war es nun hinter seinem geliebten Sohn her.

Beim Gedanken an sein Kind gaben Zhangs Beine um ein Haar nach. Er konnte Hang nicht mehr halten, sondern ließ ihn zu Boden gleiten.

»Schnell ... los ... hinterher«, brachte Hang gerade noch heraus. Seine Hand rutschte Zhangs Ärmel hinab und hinterließ eine Blutspur.

Zhang riss sich von dem Anblick los, ließ Hang allein zurück und raste die Treppe hinunter. Gleichzeitig zog er das Telefon aus der Tasche und wählte die Wachstube am Haupttor an.

Bevor der diensthabende Wächter etwas sagen konnte, keuchte Zhang: »Ist ein Lkw raus?«

»Ja, gerade eben.«

Zhang spürte seine Hoffnung schrumpfen. »Da war ein Häftling an Bord! Er ist in dem Lkw geflohen!«, brüllte er.

»Das ... Unmöglich«, sagte der Wächter. »Der Infrarot-Scanner hat nichts angezeigt.«

Zhang hatte keine Zeit, die Sache zu erklären. Er versuchte, seine Gefühle unter Kontrolle zu bringen. »Wie lange ist das her?«

»Fünf oder sechs Minuten.«

Zhang fasste sich ein Herz. »Hier spricht Zhang Haifeng, Kommandant von Zellblock 4. Ich befehle Ihnen hiermit, den Notfallplan umzusetzen. Ziel ist dieser Lastwagen!«

Der Wächter hatte Zhangs Stimme bereits zugeordnet, und der drängende Tonfall ließ keinen Zweifel daran, dass es sich nicht um eine Übung handelte. Sofort legte er das Telefon ab und drückte den roten Knopf auf dem Armaturenbrett der Wachstube.

Die ohrenbetäubende Sirene zerfetzte die Stille der regnerischen Nacht. Zwei kurze Töne und ein langer, unablässig wiederholt, das Signal für einen erfolgreichen Ausbruch.

Der Lärm hob Zhangs Stimmung wenigstens ein bisschen. Vom Gefängnis bis zur Stadt war es ein weiter Weg, und auf den holprigen Landstraßen würde der Lastwagen nicht sonderlich schnell vorankommen. Mit einem Großaufgebot an Wärtern war es nicht unmöglich, ihn rechtzeitig einzuholen.

Mit diesen Gedanken im Kopf rannte Zhang zu seinem Wagen. Er wollte Du persönlich fassen. Nachdem Hangs Plan gescheitert war, traute er niemandem mehr. Du musste durch eine Kugel aus seinem Revolver sterben, um alle Zweifel auszuräumen.

Aber noch lief er die Treppe hinab und wählte eine zweite Nummer. Sie gehörte zum Wohnheim der Schule seines Sohnes. Es klingelte, aber niemand hob ab.

Es war bereits weit nach Mitternacht – die Erzieher schliefen wahrscheinlich tief und fest. Selbst wenn sie das Telefon hörten, hatten sie vielleicht keine Lust, das Bett zu verlassen. Während er voller Angst wartete, versank er immer tiefer in Selbstvorwürfen und Reue. Bis vor einer Stunde war Freitag gewesen, und normalerweise hätte er seinen Sohn nachmittags abgeholt. Selbst wenn Du trotzdem ausgebrochen wäre, hätte er seinen Sohn bei sich gehabt, um ihn zu beschützen. Aber er hatte die falsche Entscheidung getroffen, und jetzt musste Tianyang dieser Gefahr allein ins Auge sehen. Sollte ihm irgendetwas zustoßen, würde er sich das nie verzeihen.

Nach dem achten oder neunten Klingeln hob endlich jemand ab. »Hallo?«, sagte eine schläfrige Stimme.

»Ich bin der Vater von Zhang Tianyang aus Zimmer 203. Ein Mörder, der meinen Sohn umbringen will, ist zu Ihnen unterwegs. Sie müssen mein Kind beschützen.«

»Was?« Der Erzieher klang plötzlich hellwach.

»Gehen Sie sofort zu Zimmer 203 und bleiben Sie bei meinem Sohn! Halten Sie Türen und Fenster geschlossen und lassen Sie niemanden rein, bis ich da bin. Verstanden?« Zhangs herrischer Tonfall duldete keinen Widerspruch.

»Soll ich ... soll ich die Polizei rufen?«

»Nicht nötig, bewachen Sie einfach meinen Sohn!«, schrie Zhang. Als er sicher war, dass der Mann begriffen hatte, legte er auf. Mittlerweile war er in der Eingangshalle angekommen und rannte zum Parkplatz, während er sich in seinem Adressbuch bis zur nächsten Nummer vorarbeitete. Schnell fand er den gesuchten Namen: Pei Tao.

Diesmal wurde sein Anruf schnell entgegengenommen, von einer Stimme, die trotz der späten Stunde hellwach war und eine ruhige Intelligenz ausstrahlte. »Hauptmann Pei Tao.«

»Du Mingqiang ist ausgebrochen!«, platzte Zhang heraus.

Selbst Pei brauchte eine Sekunde, um das zu verarbeiten. »Wann? Wie hat er es angestellt?«

»Vor ein paar Minuten. Er ist in einem Lkw geflohen, den er umgebaut hat, um unseren Scanner zu täuschen. Zulassung 17195. Er ist unterwegs zum Wohnheim der Volksschule Fenhe, Block 2, Zimmer 203, um meinen Sohn Zhang Tianyang zu töten!« Mit diesen Worten brach Zhang durch den Eingang ins Freie, wo er von peitschendem Wind und Regen empfangen wurde. Soeben verließ ein Polizeiwagen das große Tor. Das musste die Wachdienst-Reserve sein – niemand sonst war so schnell einsatzbereit.

»Sind Sie sicher? Er will Ihren Sohn töten?« Ein Rascheln begleitete seine Worte – offenbar zog er sich an.

»Ich bin mir sicher. Er hat eine Todesanzeige für meinen Sohn hinterlassen.« Zhang rannte zu seinem Wagen, der auf dem reservierten Platz stand. »Keine Zeit, das genauer zu erklären. Ich muss hinter ihm her.«

»Ich fahre sofort zur Schule Ihres Sohns«, sagte Pei ruhig. »Und ich schicke Kollegen los, um den Lastwagen anzuhalten.«

»Gut.« Zu gestresst, um sich auch nur zu bedanken, legte Zhang auf und ließ sich auf den Fahrersitz fallen. Der Zündschlüssel war bereits in seiner Hand. Er drehte ihn, und der Motor erwachte mit einem dumpfen Rumpeln zum Leben.

Im selben Augenblick traf ihn ein harter Schlag in den Nacken. Ohne einen Laut von sich zu geben, sackte Zhang über dem Lenkrad zusammen. Sein Angreifer betätigte den Hebel, der den Fahrersitz waagerecht stellte, und zog Zhang geschickt auf die Rückbank. Der Angreifer trug eine Gefängnisuniform und hatte einen kahl rasierten Schädel – Eumenides.

Ein Ausbruch im Lkw hatte nie zur Debatte gestanden – alles reine Ablenkung. Theoretisch hätte der dargelegte Plan zwar funktionieren können, praktisch aber hätte eine Kiste für einen Mann seiner Größe neben dem Motor keinen Platz gefunden. Und selbst wenn die komplizierte Modifikation möglich gewesen wäre, hätte Du Herrn Shao niemals um solch einen Gefallen bitten können – einem rechtmäßig Verurteilten aktiv zur Flucht zu verhelfen, hätte sein Leben vollkommen ruiniert. Sie verstanden sich gut, aber *so* gut nun auch wieder nicht.

All diese Schlüsse hätte man auch durchaus ziehen können, weshalb Eumenides darauf bedacht gewesen war, die Geschichte so üppig wie möglich auszuschmücken, um Hang und Zhang hinters Licht zu führen.

Seine scheinbare Nachlässigkeit von vorhin, die irrationale Impulsivität – alles Absicht und Teil des eigentlichen Plans.

Eines Plans, der mit Shuns Tod ins Rollen gebracht worden war.

Wie Du im Keller verraten hatte, war ihm Hang Schritt für Schritt verdächtiger vorgekommen; sicher war er sich jedoch erst gewesen, als Shuns Tod das Rätsel mit einem Schlag löste.

Während er Hang dabei zusah, wie dieser auf sein Ziel hinarbeitete, begriff er auch, warum Hua ihn quasi dazu genötigt hatte auszubrechen. Sie bauten gemeinsam an einer netten Falle für ihn, die so gefährlich war, dass ihm gar nichts anderes übrig blieb, als hineinzutappen.

Du hatte also von Anfang an gewusst, Hang würde den Ausbruch so einfädeln, dass er nicht heil rauskam, musste also gleichzeitig einen eigenen Plan entwickeln, um eben doch rauszukommen.

Hangs Plan mit dem Fahnenmast war eindeutig unmöglich, sein Wissen um das Kanalsystem jedoch hochgradig hilfreich. Also wollte er Hang lange genug benutzen, um in den Verwaltungsbezirk zu gelangen. Um allerdings das Gefängnis tatsächlich zu verlassen, bedurfte es noch einer weiteren Figur: Zhang Haifeng.

Und so trieb Du Zhang bei der Versammlung absichtlich zur Weißglut, um die Feindschaft zwischen ihnen bis zur Unversöhnlichkeit zu vertiefen. Hang sah bei Du Rachegelüste und bei Zhang Angst und Zorn und musste zwangsläufig zu einer unwiderstehlichen Folgerung gelangen: Er würde die Situation ausnutzen, um Du Mingqiang zu eliminieren.

Du schuf also die Umstände, unter denen sich Hang und Zhang verbünden konnten, nachdem der Kommandant dem jungen Mann dank der Nachhilfestunden für seinen Sohn bereits halbwegs vertraute. Du war sicher, Hang würde sich diese Chance nicht entgehen lassen. Außerdem hatte Zhang, indem er Shuns Tod zum Selbstmord erklärte, Hang selbst die Mittel in die Hand gegeben, ihn notfalls zu erpressen. Hang konnte also sowohl auf Argumente als auch auf Druckmittel zurückgreifen, um Zhang von dem Plan zu überzeugen, der somit keinen Grund hatte, der Sache nicht zuzustimmen, zumal er Du sowieso hasste.

Natürlich konnte man sich bei einer komplexen Angelegenheit wie einem Gefängnisausbruch nicht nur auf Mutmaßungen verlassen, sondern musste einige Eckdaten prüfen. In Wahrheit hatte sich Herr Shao an diesem Nachmittag nicht vor dem Regen ins Hauptgebäude geflüchtet, sondern um einen Blick auf den Schichtplan in der Lobby zu werfen. Als er Du erzählte, Zhang sei für die heutige Nachtschicht eingetragen, bestätigte dies Dus Hypothese, dass die beiden zusammenarbeiteten, und so konnte er deren Partnerschaft nutzen, um sich selbst das Tor zur Freiheit zu öffnen.

Herr Shao hatte Du bei zwei weiteren Details geholfen – er hatte ihm Zhangs Nummernschild verraten und vorgegeben, seine Schlüssel verlegt zu haben, um erst auf Dus Zeichen hin loszufahren. Beides kleine Gefallen, und Du achtete sorgfältig darauf, dass Herr Shao nichts vom Rest des Plans erfuhr – nicht einmal, dass es sich überhaupt um einen Ausbruch handelte, und vor allem nicht, dass er unterwegs weitere Morde begehen wollte. Nur so konnte er sicherstellen, dass der alte Mann hinterher nicht in Schwierigkeiten geraten würde.

Als die Zellengenossen im Schutz der Dunkelheit loszogen, sah alles danach aus, als hätte Hang das Sagen, der aber in Wahrheit nichts weiter als Dus Marionette war. Du wusste, sie würden es problemlos bis in den Verwaltungsbereich schaffen, da Zhang ihnen den Weg frei hielt – zum Beispiel, indem er die nächtlichen Dienstpläne entsprechend anpasste.

Als das Quartett den Keller erreichte, wurde Hangs Plan kurzgeschlossen, und stattdessen lief Dus an. Eigentlich war es Eumenides egal gewesen, ob er Hang, Bruder Ping und Ah Shan tötete oder nicht. Sobald die Wahrheit über den Mord an Shun ans Licht kam, würde Hang so oder so seine gerechte Strafe ereilen, und Bruder Ping und Ah Shan verbüßten bereits lange Haftstrafen, und ihre Aussichten würden sich durch einen gescheiterten Ausbruchsversuch kaum bessern. Keiner von ihnen war dem Gesetz durchs Netz geschlüpft, also musste Eumenides streng genommen nicht eingreifen.

Er ermordete sie trotzdem, um die Unternehmung richtig in Stimmung zu bringen und Zhang Haifeng so verzweifelt wie möglich agieren zu lassen.

Natürlich sorgte er dafür, dass Hang dem Tod entrann. Hang musste Zhang schließlich mitteilen, dass Du sich in Herrn Shaos Lastwagen befand. Dieser Teil des Plans war ein wenig heikel – seinen Fluchtplan zu schnell preiszugeben, hätte Hang zweifellos misstrauisch gemacht. Stattdessen hatte Du eine Menge Zeit damit verbracht, Hangs Plan zu zerpflücken, um ihn zu verunsichern und davon zu überzeugen, dass Du ein Angeber war. Als Hang dann versuchte, ihm den wahren Plan zu entlocken, gab Du nach und pflanzte so seine falsche Geschichte tief in Hangs Hirn ein.

Zweitens ließ er Hang am Leben, damit dieser Zhang die Todesanzeige für seinen Sohn überbringen konnte. Die selbstverständlich niemals umgesetzt werden würde – das angebliche Verbrechen war lachhaft, weder ein Verbrechen noch ein unmoralischer Akt, und lag daher nicht in seinem Zuständigkeitsbereich.

Hang und Zhang hätten beide begreifen müssen, dass diese Todesanzeige nichtig war, hätte Du nicht alles derart gründlich vorbereitet. Von Blut und Gewalt geblendet, wagten sie nicht, auch nur daran zu denken, dass diese letzte Karte nicht ernst gemeint sein könnte. Während Hang unter Qualen neun Stockwerke erklomm, war Du schon hinaus auf den Parkplatz geschlüpft, hatte Herrn Shao das vereinbarte Zeichen gegeben und sich im Fußraum vor der Rückbank von Zhang Haifengs Dienstwagen versteckt.

Herr Shao passierte das große Tor zum perfekten Zeitpunkt; nur ein paar Minuten, bevor Zhang und Hang auf dem Dach zusammentrafen. So hatte Zhang noch Hoffnung, den Lkw einzuholen. Du war sicher, Zhang würde umgehend eine Großfahndung ausrufen.

Als Eumenides noch von seinem Mentor ausgebildet wurde, war das tiefe Verständnis für die Funktionsweise von Gefängnissen eine seiner wichtigsten Lektionen gewesen. Er wusste sehr gut, dass die Gefängnisse von Chengdu äußerst strenge Sicherheitsvorkehrungen besaßen, die einen Ausbruch unter normalen Umständen praktisch unmöglich machten – er konnte also seine Freiheit nur gewinnen, indem er eine abnormale Situation konstruierte.

Er hatte gelernt, im Gefängnis zu überleben, was für Notfallpläne für diverse Umstände in der Schublade lagen, darunter eben auch eine Großfahndung bei tatsächlich erfolgtem Ausbruch. Es handelte sich um eine schnelle Eingreiftruppe, was eine höfliche Formulierung für »gehetzt« darstellte. Während alles durcheinanderrannte, würde er die Gelegenheit nutzen, tatsächlich zu fliehen.

Mitten in der ausgerufenen Fahndung war Zhang zweifellos noch gestresster als alle anderen. Die Sorge um seinen Sohn musste sein rationales Denken beeinträchtigen: Alle zerebralen Ressourcen wurden darauf verwendet, ihn so schnell wie möglich in Sicherheit zu bringen, während sein Körper Du hinterherjagte. Wie hätte er, da also Körper und Geist gleichermaßen vollauf beschäftigt waren, diesem Hinterhalt entgehen können?

Daher gelang es Du, Zhang in dessen Auto auszuschalten. Sekunden später hatte er sich die stinkende Gefängniskluft vom Leib gerissen und Zhangs Uniform samt Schirmmütze angelegt. Auch Zhangs Waffe nahm er an sich und fesselte den Mann mit dem letzten Seil aus Lakenfetzen, solider Knebel inklusive. Nachdem all das erledigt war, kletterte er auf den Fahrersitz, schaltete die Scheinwerfer ein und fuhr los.

Am Haupttor war gerade ein Wagen inspiziert worden und wurde vom Wächter durchgewunken. Seit der Alarm ausgelöst worden war, standen die schweren Metallflügel weit offen, da es viel zu lange gedauert hätte, sie für jeden Wagen erneut zu öffnen und zu schließen. Bei der Jagd nach entflohenen Sträflingen kam es auf jede Sekunde an.

Du drückte das Gaspedal durch und rauschte aufs Tor zu. Ein Lächeln huschte über sein Gesicht.

Das Tor stand weit offen. Er fuhr einen Polizeiwagen und hatte eine geladene Waffe. Wer sollte ihn jetzt noch aufhalten?

Die beiden Torwächter streckten die Arme aus, um den Wagen zwecks Inspektion anzuhalten. Obwohl sie bewaffnet waren, würden sie selbstverständlich nicht auf den Wagen schießen, den sie längst als Zhang Haifengs erkannt hatten. Als er weiter mit blendenden Scheinwerfern auf sie zuhielt, ohne langsamer zu werden, begriffen sie, dass er nicht anhalten würde, und sprangen aus dem Weg, um nicht überfahren zu werden. Der Wagen raste an ihnen vorbei und verfehlte sie nur knapp. Bald war er in der verregneten Nacht verschwunden.

»Kacke, hat der Kommandant den Verstand verloren?« Die Wärter schauten einander an, beide zitterten noch immer. Sie hatten keine Ahnung, was wirklich passiert war, sondern gingen davon aus, dass bei Zhang vor lauter Eifer, den entflohenen Verbrecher einzufangen, eine Sicherung durchgebrannt war. Er war schließlich weithin als kühner und forscher Beamter bekannt.

Du seufzte erleichtert. Langsam entspannten sich seine Nerven ein wenig.

Er legte den Revolver auf den Beifahrersitz und kurbelte sein Fenster herunter. Eisiger Wind mit scharfen Regentropfen fuhr herein und kühlte sein fiebriges Gesicht. Gierig atmete er den Wind ein und labte sich am langersehnten Geschmack der Freiheit.

KAPITEL ZWÖLF:

AUF DER JAGD NACH DER WAHRHEIT

11. OKTOBER 2003
KONFERENZRAUM, HAUPTQUARTIER DER
KRIMINALPOLIZEI CHENGDU

Pei Tao saß am Kopfende des Konferenztischs, die Augen rötlich geschwollen, das Haar unordentlich. Es sah nicht danach aus, als hätte er viel Schlaf bekommen.

Die übrigen Menschen im Raum wirkten zwar weniger erschöpft, aber überaus niedergeschlagen. Lähmende Trübsal schien wie ein Echo des unverminderten Herbstregens vor den Fenstern über ihren Köpfen zu hängen.

Pei kam sofort zum Punkt. »Danke, dass Sie so schnell für diese Krisensitzung zusammengekommen sind. Vor wenigen Stunden ist Du Mingqiang aus dem Gefängnis ausgebrochen.«

Niemand reagierte. Sie alle hatten den Bericht bereits gelesen und wussten, dass Eumenides wieder auf freiem Fuß war. Stumm und angespannt richteten alle den Blick auf Pei und warteten auf weitere Details.

»Um 02:27 Uhr hat mich Zhang Haifeng angerufen, einer

der Kommandanten des Gefängnisses. Er hat mir mitgeteilt, dass Du Mingqiang in einem umgebauten Lkw geflohen ist, Zulassung 17195. Ich habe umgehend Straßensperren eingerichtet, um nach dem Fahrzeug zu fahnden, und mich persönlich zur Volksschule Fenhe begeben, wo Zhangs Sohn wohnt. Du hatte eine Todesanzeige hinterlassen, laut der Zhang Tianyang sein nächstes Opfer sein sollte.«

Die einzige anwesende Frau machte große Augen und schüttelte den Kopf. Als Psychologin war es ihre Aufgabe gewesen, ein genaues Gutachten von Temperament und Absichten des Mörders anzufertigen.

Pei sah ihre Reaktion und wusste, woher sie rührte. So unberechenbar Eumenides sein mochte, seine Todesanzeigen verteilte er anhand strenger persönlicher Prinzipien. Wie sollte ein Kind im Volksschulalter auch nur in Betracht kommen?

»Diese Todesanzeige war etwas ungewöhnlich – Zhang war jedoch gerade Du auf den Fersen und hatte keine Zeit für Diskussionen«, erklärte Pei. »Zur Sicherheit bin ich so schnell wie möglich zu Tianyangs Wohnheim gefahren. Dem Jungen ging es bestens, aber der Erzieher hatte sich mit ihm eingeschlossen und weigerte sich, mich reinzulassen. Er sagte, er würde die Tür nur für Zhang Haifeng persönlich öffnen. Also habe ich Zhang angerufen, aber der ging nicht mehr dran.

Irgendwann habe ich ein paar Kollegen als Verstärkung angefordert. Als der Erzieher den Streifenwagen gesehen hat, hat er sich bereit erklärt, Tianyang gehen zu lassen. Ich habe das Kind mit zu uns ins Hauptquartier genommen und unterwegs Hauptmann Liu angerufen, um ihn um Hilfe zu bitten.«

Pei schaute den hochgewachsenen, drahtigen Mann an, der mit strammer Haltung zu seiner Rechten saß. Hauptmann Liu Song war der fähigste Beamte der Spezialeinheit SEP, deren Leitung er nach Hauptmann Xiongs unglücklichen Tod im letzten Jahr übernommen hatte.

Liu nickte Pei zu.

Pei wandte sich wieder an den Rest der Belegschaft. »Um 03:16 Uhr erreichte mich die Mitteilung, der Lkw 17195 sei im Osten der Stadt nahe der Guoxing-Straße abgefangen worden. An Bord nur eine Person, der Fahrer. Ich bin sofort hingefahren und habe selbst mit Shao Daquan – dem Fahrer – gesprochen, während Kollegen den Wagen gründlich durchsucht haben. Die Ergebnisse waren geradezu peinlich. Shao Daquan hatte nicht nur keine Ahnung, dass ein Ausbruch stattgefunden hatte, auch sein Lkw zeigte keinerlei Anzeichen, umgebaut worden zu sein. Nirgendwo in diesem Wagen hätte sich ein Mensch verstecken können, um den Scannern am Haupttor des Gefängnisses zu entgehen.«

»Dann hat er uns an der Nase herumgeführt?«, sagte jemand. »Du war nie in diesem Lkw, und die Todesanzeige war auch Nonsens. Alles nur dazu da, uns möglichst viel Zeit zu rauben und vom eigentlichen Thema abzulenken.«

Der Sprecher war ein bebrillter Mann Mitte zwanzig, dessen Uniform schlaff an seiner dürren Gestalt hing. Zeng Rihua, führender Computerexperte der Polizei Chengdu.

Pei stimmte seiner Analyse voll und ganz zu. »Da ich Zhang nicht erreichen konnte, habe ich beim Gefängnis angerufen. Die Großfahndung lief noch, viele Beamte aus dem Gefängnis waren draußen unterwegs. Von Zhang Haifeng hatte seltsamerweise seit längerer Zeit niemand etwas gehört. Die Torwächter gaben an, er habe kurz nach dem

Alarm mit seinem Dienstwagen die Verfolgung aufgenommen und sei in so großer Eile gewesen, dass er nicht einmal angehalten habe, um sich am Tor auszuweisen.«

Zeng schlug mit der flachen Hand auf den Tisch. »Verdächtig! Gut möglich, dass Du in dem Wagen saß.«

Pei nickte. »Stimmt, Zhang ist wahrscheinlich die entscheidende Figur bei der ganzen Sache. Ich habe Zhangs Nummernschild sofort zur Fahndung ausgerufen. Längere Zeit erfolglos, bis ich um 05:21 Uhr einen Anruf von einer unbekannten Nummer erhielt. Es war Zhang. Er wollte wissen, wie es seinem Sohn gehe, und als ich gesagt habe, er sei in Sicherheit, sagte er nur: ›Hauptmann Pei, ich danke Ihnen – und es tut mir leid.‹«

»Aha?«, sagte Zeng. Er hatte schon vermutet, dass Zhang mit Du unter einer Decke steckte, aber dieses Telefonat klang danach, als sei die Sache nicht ganz so einfach. »Was hat das zu bedeuten?«

»Er hat aufgelegt, bevor ich ihn fragen konnte. Ich habe den Anruf zurückverfolgen lassen – er kam von einer Telefonzelle beim Vollmondsee. Ich habe mir ein paar Mann Verstärkung geschnappt und bin hingefahren. Wir haben Zhangs Wagen neben dem See in einer verlassenen Seitenstraße entdeckt, aber er war leer und die Zündung sabotiert. Die Fenster waren eingeschlagen, und überall fanden sich Stofffetzen, die nach zerrissenen Gefängnislaken aussahen.«

»Hmm.« Zeng zerzauste sich die ohnehin unordentlichen Haare und dachte nach. Mu und Liu sagten nichts, zerbrachen sich aber eindeutig ebenfalls die Köpfe.

Pei fuhr fort. »Ich habe also das Gefängnis informiert, und da sagte man mir, Zhang sei mittlerweile allein zurückgekehrt. Man vermute eine schwere Pflichtverletzung und habe ihn bis zum Beginn der internen Untersuchung festgenommen. Da ich die Umstände von Dus Flucht für relativ eindeutig halte, wollte ich Sie alle hier versammeln, um unser weiteres Vorgehen zu besprechen.«

»Du muss Zhang gekidnappt haben und dann mit dessen Wagen zum Tor hinausgefahren sein«, sagte Zeng hitzig, bevor er seinen letzten Gedanken zu Ende gedacht hatte. »Das Auto hat er am Vollmondsee stehen lassen, weil es eine gottverlassene Gegend ist, wo die Polizei den Wagen erst nach einer Weile findet. Mit den Stofffetzen hat er offenbar Zhang gefesselt. Nachdem Du weg war, hat Zhang die Scheibe eingeschlagen und sich mit einer Scherbe befreit. Du hatte sein Handy mitgenommen, also musste er sich für den Anruf bei Ihnen eine Telefonzelle suchen. Nachdem er wusste, dass sein Sohn in Sicherheit ist, hat er sich schnell auf den Rückweg zum Gefängnis begeben. Obwohl er also seine Pflicht verletzt hat, scheint mir unwahrscheinlich, dass er mit Du gemeinsame Sache gemacht hat.«

Liu wartete, bis Zeng seine Theorie erläutert hatte, ehe er bedächtig einwarf: »Das klingt alles sehr überzeugend, aber ich verstehe nicht, wie Du Zhang in seine Gewalt bringen konnte.«

Mu schüttelte den Kopf. »Das ist auch kaum begreiflich. Hier geht noch etwas anderes vor sich, und was genau, kann uns nur Zhang verraten.« Sie wandte sich an Pei. »Wie kompliziert wird es, uns in die interne Untersuchung im Gefängnis einzuschalten?«

»Ich habe bereits Yin Jian als Vertretung rübergeschickt«, sagte Pei. Ihm war allerdings klar, dass ein erfolgreicher Ausbruch eine herbe Blamage für die Leitung des Gefängnisses darstellte, vor allem, da einer ihrer eigenen Zellblockkommandeure darin verwickelt war. Sie würden definitiv ihre eigene Untersuchung durchführen, und ob sie bereit waren, deren Ergebnisse zu teilen, musste sich erst noch zeigen.

»Oh!«, rief Zeng plötzlich. »Haben wir den Lkw-Fahrer noch in Gewahrsam? Wir sollten ihn ein bisschen ausführlicher verhören. Ich glaube ihm nicht, dass er einfach den Schlüssel verloren hat. Er muss irgendetwas mit Du vereinbart haben. Wenn nicht alle dem Lkw hinterhergejagt wären, hätte Du gar nicht erst entkommen können.«

Liu und Mu nickten. Das klang überzeugend.

Pei hingegen zuckte die Schultern. »Ich habe Shao Daquan persönlich verhört. Er besteht darauf, seinen Schlüsselbund verlegt zu haben und erst mitten in der Nacht zufällig darauf gestoßen zu sein. Abgesehen davon hat er keinen Schimmer. Gut möglich, dass Du seine Schlüssel geklaut hat oder er sogar mit Du zusammengearbeitet hat, aber nichts davon lässt sich beweisen. Und mehr werden Sie aus ihm nicht herausbekommen.«

Mu verstand sofort, was er damit meinte. Sie lächelte grimmig. »Selbst der größte Idiot würde in dieser Situation die Klappe halten. Ein einziges Wort, und er steckt bis zum Hals in der Scheiße.«

Zeng schnalzte leise mit der Zunge und kniff die Augen zusammen, schien aber keine weiteren Ideen auf Lager zu haben. Wie auf der Suche nach Inspiration starrte er Pei an.

Dieser verschaffte sich mit einer ausladenden Geste Aufmerksamkeit. »Im Prinzip ist egal, wie Du ausgebrochen ist. Deswegen habe ich Sie nicht hergebeten.«

»Stimmt«, sagte Liu entschlossen. »Viel wichtiger ist – wie fangen wir das Schwein wieder ein? Sollen sich die Kollegen aus dem Gefängnis die Köpfe darüber zerbrechen, wie er ihnen entwischen konnte.«

»Die erste Frage lautet also: Warum wollte Du überhaupt ausbrechen?«, sagte Pei. Er wartete, bis alle bei der Sache waren. »So listig er auch sein mag, ein Ausbruchsversuch ist ein extrem gefährliches Unterfangen. Offenbar hat er unterwegs auch einige seiner Zellnachbarn ermordet, was bedeutet, dass er bereit war, mit dem Leben zu bezahlen, sollte die Aktion fehlschlagen. Schließlich war er bloß zu fünf Jahren verurteilt – wohl kaum lange genug, um ein derartiges Risiko einzugehen. Ich glaube, er muss einen unglaublich wichtigen Grund gehabt haben, unbedingt früher rauszukommen. Der mag innerhalb oder außerhalb der Gefängnismauern liegen. Falls außerhalb, müssen wir nur herausfinden, worum es geht, um zu wissen, was er als Nächstes tun wird.«

»Was kann er vorhaben?« Zengs Augen blitzten hinter seinen Brillengläsern auf. »Kann es eine neue Todesanzeige sein, die er unbedingt vollstrecken muss?«

Pei schaute Zeng von der Seite an. »Wir brauchen eine eingehendere Analyse in diese Richtung. Untersuchen Sie Schuldige, die nicht verurteilt wurden. Zielpersonen könnten Leute sein, die sich erst kürzlich einen unrühmlichen Namen gemacht haben, solche, die kurz davorstehen, das Land zu verlassen, solche, die gerade aus dem Gefängnis freikommen oder kurz vor Antritt einer Haftstrafe stehen, oder solche, die angesichts einer tödlichen Krankheit nicht mehr lange leben werden.«

»Alles klar.« Zeng rückte die Brille zurecht, und plötzlich kam der erfahrene Profi hinter seiner saloppen Fassade zum Vorschein. »Bis morgen früh haben Sie einen detaillierten Bericht.«

»Gut.« Pei wandte sich an Mu. »Frau Dozentin, ich muss Sie bitten, sich noch einmal Eumenides' Psyche zu widmen. Was, abgesehen von einer Todesanzeige, könnte ihn dazu bewogen haben, unbedingt ausbrechen zu wollen?«

Mu rümpfte die Nase. »Keine Ahnung. Er hatte sich längst durch eiserne Disziplin zu einem perfekten Rächer und Mörder gemacht. Was sonst sollte ihm in dieser Welt etwas bedeuten?«

Obwohl Mu keine besonders hilfreiche Antwort gegeben hatte, lösten ihre Worte etwas in Pei aus.

Denn er wusste, dass es *doch* etwas gab, das Eumenides viel bedeutete – nur war dies sehr wenigen Leuten bekannt.

Eumenides hatte das Mädchen nie vergessen können. Als er sich selbst in Gefahr befand, hatte er dafür gesorgt, einen vertrauenswürdigen Beschützer für sie zu organisieren. Aber diese Person steckte jetzt ebenfalls in Schwierigkeiten. Konnte Eumenides das herausgefunden und daher beschlossen haben, zum Wohle des Mädchens auszubrechen?

Aber nein. Ein Ausbruch würde das genaue Gegenteil bewirken. Erstens wusste Eumenides, dass Pei das Mädchen im Auge behielt, würde sich ihr also kaum nähern können, ohne aufzufliegen. Hätte er seine Haftstrafe als Du Mingqiang abgesessen und wäre danach entlassen worden, hätte er offen mit ihr zusammen sein können, ohne dass Pei etwas dagegen unternehmen konnte. Jetzt aber war er auf der Flucht und würde Pei den Rest seines Lebens aus dem Weg gehen müssen, was bedeutete, dass er das Mädchen nie wiedersehen konnte. Wäre es um das Mädchen gegangen, wäre er also im Gefängnis geblieben, bis er es als freier Mann verlassen konnte.

Als Pei all dies gerade sortiert hatte, stürmte jemand ins Zimmer – sein Assistent Yin Jian.

»Was ist los?«, fragte Pei, noch bevor Yin Platz genommen hatte.

»Mit Zhang Haifeng konnte ich nicht sprechen – die Gefängnisleitung will nicht, dass wir uns einmischen«, fing Yin gleich mit den schlechten Nachrichten an. »Aber ich konnte mir ein grobes Bild davon machen, wie Du ausgebrochen ist. Er und drei seiner Zellengenossen sind unterirdisch durch die Kanäle für Regenwasser und oberirdisch durch die Lüftungsschächte bis ins Hauptgebäude gekrabbelt. Dort im Keller hat er die anderen drei angegriffen und eine falsche Fährte gelegt, damit sich die Wächter auf den Lkw konzentrieren. Dann hat er sich in Zhangs Dienstwagen versteckt, ihn überwältigt und ist mit seinem Wagen getürmt.«

Pei grunzte anerkennend, dann aber fiel ihm auf, dass Yin aufgebrachter wirkte, als seine Worte vermuten ließen. »Und was noch?«

»Die hier hat Du am Tatort zurückgelassen.« Yin zückte eine durchsichtige Asservatentüte, in der sich mehrere Pappkarten befanden, allesamt von Regen und Blut gezeichnet.

Pei nahm die Tüte entgegen und warf einen Blick auf den Inhalt. »Todesanzeigen.«

Yin schluckte. »Ja. Vier Stück.«

Pei streifte sich weiße Plastikhandschuhe über, zog die Karten vorsichtig aus der Tüte und untersuchte sie nacheinander. Es war eindeutig Eumenides' Handschrift.

Mu und die anderen rückten mit ihren Stühlen näher heran. Alle wussten, was das bedeutete.

»Du hat also offiziell zugegeben, Eumenides zu sein«, rief Zeng. Vor einem halben Jahr hatten sie Himmel und Hölle in Bewegung gesetzt, um Du festzunehmen, nur um festzustellen, dass sie ihm keinen Mord nachweisen konnten, weshalb er bloß zu fünf Jahren verurteilt worden war. Und nun hatte er seine Identität bestätigt – zu schade, dass er gerade verschwunden war.

Mu schaltete sich ein. »Ganz egal, wie viele legale Dokumente er besitzt – er kann nie wieder leugnen, Eumenides zu sein, sobald wir ihn finden.«

Zeng kicherte. »Sein Ausbruch hilft uns also dabei, seinen Fall endgültig zu lösen.«

Pei breitete die vier Todesanzeigen mit finsterer Miene auf dem Tisch aus und betrachtete sie genau. Die verwischten Blutspritzer erinnerten ihn immer wieder an die eine Wahrheit: Wenn Du willens war, seine Identität preiszugeben, musste es einen unglaublich dringenden Grund für diesen Ausbruch gegeben haben.

»Was für ein Verbrechen soll das denn sein?«, rief Liu, der gerade Zhang Tianyangs Todesanzeige entdeckt hatte.

»Sie können den Kollegen, die ich zu seinem Schutz abgestellt habe, mitteilen, dass keine Gefahr mehr besteht«, sagte Pei. »Eumenides wird diesem Kind nichts tun. Die Todesanzeige ist ein Schwindel – nichts als eine Requisite für seinen Ausbruch.«

Mu nickte. »Ein rein strategischer Zug. Drei Leute umbringen und dann die Todesanzeige für Zhang Tianyang hinterherschieben. Das muss Zhang Haifengs Urteilsvermögen dermaßen beeinträchtigt haben, dass er sofort die Großfahndung veranlasst hat und blindwütig in die Falle getappt ist. Ergibt alles Sinn.«

»Allerdings«, sagte Yin vorsichtig, »hat einer der drei Zellengenossen überlebt. Er ist schwer verletzt, aber er lebt noch.«

»Ach was? Wer?«, fragte Pei sofort.

»Hang Wenzhi.« Yin tippte dessen Todesanzeige an.

»Hang Wenzhi?« Pei war platt. Irgendwo in seinen Erinnerungen öffnete sich ein kleines Fenster. »Der?«

»Wer?«, fragte Yin. Auch die anderen schauten verwirrt.

Pei aber konnte sich nicht gleich artikulieren. Sein Hirn arbeitete fieberhaft. Er erinnerte sich noch an den jungen Mann, den er im Frühling festgenommen hatte, ein armes Schwein, von einer Frau um seinen gesamten Besitz gebracht, den sie dann wegen räuberischer Erpressung verhaftet hatten, als er versuchte, sich sein Geld gewaltsam zurückzuholen. Pei war im Zuge der Verhandlung zu dem Schluss gekommen, dass sie ihm das Geld tatsächlich abgeluchst hatte, nur landete Hang aus Mangel an Beweisen trotzdem im Gefängnis. In dieser Hinsicht war Hangs Haftstrafe eine monströse Ungerechtigkeit, in einer Liga mit dem, was Eumenides' biologischem Vater Wen Hongbing widerfahren war.

Jetzt, wo der Name einmal mehr aufkam, begriff Pei, dass dieser Mann, dessen Hintergrundgeschichte der von Wen Hongbing so ähnlich war, in einer Zelle mit Eumenides gehaust – und die Flucht als Einziger überlebt hatte. Konnte das wirklich Zufall sein?

Pei sah sich im Raum um und wandte sich an Yin. »Wo ist er jetzt?«

»Wahrscheinlich immer noch auf der Intensivstation im Volkskrankenhaus. Sie haben ihn mit Mühe und Not retten können.«

»Ich will alles über ihn wissen.« Pei klopfte mit den Fingerknöcheln auf den Tisch und schaute Zeng an. »Nehmen Sie seinen Fall auseinander. Überprüfen Sie seinen familiären Hintergrund, seine persönliche Geschichte und so weiter. Drehen Sie jeden Stein um. Ich will wissen, ob es irgendwelche Verbindungen zu Longyu gibt.«

»Verstanden«, sagte Zeng, auch wenn sein Gesichtsausdruck das Gegenteil verhieß. Was sollte die Longyu-Gesellschaft bitte mit diesem Fall zu tun haben?

Pei hatte sich bereits wieder an Yin gewandt. »Sie fahren zurück zum Gefängnis und erfragen, wie sich dieser Hang Wenzhi benommen, wer ihm die Zelle zugeteilt, wer ihn besucht und wie er sich mit Du verstanden hat.«

»Jawohl, Sir!« Yin sprang auf die Beine, obwohl er erst vor wenigen Minuten zurückgekommen war – sein Sitz war nicht einmal warm.

»Frau Mu, Sie fahren mit mir zum Volkskrankenhaus. Wir wollen Hang Wenzhi besuchen. Hauptmann Liu, Sie übernehmen bitte fürs Erste die offiziellen Ermittlungen. Wir ziehen in die Schlacht!« Bei den letzten Worten war Pei bereits aufgestanden, sein Rücken kerzengerade, die Erschöpfung spurlos ausgebrannt von den Flammen des Krieges.

*

11 : 23 UHR,
INTENSIVSTATION, VOLKSKRANKENHAUS CHENGDU

Hang kam langsam wieder zu sich. Er fühlte sich, als hätte ihm jemand den Schädel mit Watte ausgestopft, außerdem spürte er einen stechenden Schmerz in der Kehle. Über ihm hing ein großer Blutbeutel, dessen Inhalt langsam in seinen Körper sickerte und sein schwaches kleines Leben aus den Klauen des Todesengels befreite.

Eine Krankenschwester kam, um nach ihm zu sehen, und verschwand wieder. Kurz darauf hörte er, wie sie noch im Türrahmen seinen Namen erwähnte.

»Er ist wach.«

»Dürfen wir reinkommen?«

»Ja, aber er darf sich nicht aufregen und sollte so wenig wie möglich reden.«

»Alles klar.«

Schritte näherten sich seinem Bett. Hang konnte den Kopf nicht drehen, musste also abwarten, wessen Gesicht in seinem Blickfeld auftauchen würde.

Es handelte sich um einen Mann mittleren Alters in Polizeiuniform und eine schlanke Frau, die am Rand seines Sichtfelds stehen blieb, weshalb er ihr Gesicht nur schemenhaft erkennen konnte. Hang kniff die Augen zusammen und versuchte, den Mann besser zu erkennen.

Der Mann schien zu begreifen, dass Hang nicht sonderlich gut sah, und beugte sich näher heran. »Erkennen Sie mich?«

Hang erinnerte sich dunkel. Mit Mühe sperrte er den Mund auf und hauchte: »Hau... Hauptmann Pei.«

Pei winkte ab. »Gut, dass Sie sich erinnern. Bitte, sagen Sie nichts mehr, sondern hören Sie nur gut zu.«

Hang blinzelte, denn nicken konnte er nicht.

Pei entspannte sich ein wenig. Hang mochte schwer verletzt sein, aber immerhin konnten sie noch kommunizieren. Er kam sofort zum Punkt. »Wir haben uns genauer mit Ihrer Lebensgeschichte beschäftigt. Vor zehn Jahren hat Ihr Vater Krebs bekommen. Die besten Onkologen der ganzen Provinz haben sich zusammengefunden, um ihn zu behandeln. In Anbetracht der damaligen finanziellen Situation Ihrer Familie hätte er sich solch eine Behandlung niemals leisten können. Ich habe mit einigen dieser Spezialisten gesprochen, die mir bestätigt haben, dass es Deng Hua war, der die Rechnung beglichen hat. Außerdem habe ich mir angeschaut, wer Sie die letzten Wochen im Gefängnis besucht hat. Sie stehen in Kontakt mit Ma Liang, Geschäftsführer des *Traumstadt* und Huas rechte Hand. Was uns zu der Schlussfolgerung bringt, dass Sie eine tiefgreifende Verbindung zur Longyu-Gesellschaft pflegen, die Sie uns verheimlicht haben.«

Hang starrte Pei an, verneinte aber nicht.

Genau diese Reaktion hatte Pei sich erhofft. »Des Weiteren haben wir herausgefunden, dass jemand den Beamten bestochen hat, der dafür zuständig war, Sie in Zelle 424 unterzubringen, wo Sie sich mit Du Mingqiang angefreundet haben. Sie wollten so nah wie möglich an ihn rankommen, um Deng Hua zu rächen. Stimmt das bis hierher?«

Hang blinzelte abermals und öffnete den Mund. »Du ...«

Pei konnte erraten, was er fragen wollte. »Du Mingqiang ist erfolgreich aus dem Gefängnis ausgebrochen.«

Hang schloss in tiefer Verzweiflung die Augen.

»Denken Sie an nichts anderes, beantworten Sie einfach meine Fragen«, sagte Pei. »Was Sie uns jetzt erzählen, könnte uns helfen, Du Mingqiang so schnell wie möglich einzufangen, verstanden?«

Mit plötzlichem Enthusiasmus im Blick riss Hang die Augen wieder auf. Er wollte helfen.

»Wer hatte die Idee mit dem Ausbruch?«

Hangs Lippen formten: »Ich.«

»Sie haben Du als Teil Ihrer Rache eingeweiht?«

Hang blinzelte.

»Hat er sofort zugestimmt?«

»Nein«, hauchte Hang.

»Wie haben Sie ihn dann überzeugt?« Das war die entscheidende Frage – warum hatte Du sich umentschieden?

Hang mühte sich ab. »Ich … ich nicht …«

»Sie nicht?«, wiederholte Pei überrascht. »Wer dann?«

Hang antwortete nicht sofort. Sein Atem ging schneller, als müsste er innere Kämpfe austragen. Wahrscheinlich wollte er seine Komplizen nicht in Schwierigkeiten bringen; diese Sorge würde Pei ihm nehmen müssen.

»Der Ausbruch selbst interessiert mich überhaupt nicht – was immer Sie getan haben, ist Sache der Gefängnisbehörde. Ich will nur Du schnappen. Ich muss wissen, warum er fliehen wollte, damit wir ausarbeiten können, was er als Nächstes vorhat.«

Peis ehrliche Erläuterung klang sehr überzeugend. Hang sammelte neue Kraft und schaffte es, deutlich zu sagen: »Fragen Sie Hua.«

Peis Gedanken rasten. Er drehte sich auf dem Absatz um. »Los!«

Mu hatte ebenfalls begriffen. Mit hörbar vorwurfsvollem Unterton, der offenbar gegen sie selbst gerichtet war, murmelte sie: »Zu spät. Wir hätten direkt zu Hua gehen sollen.«

Eilig verließen sie die Intensivstation. Pei dachte sich bereits, dass Hua – da Hang es nicht geschafft hatte, Du zu überzeugen – von außen zusätzlichen Druck aufgebaut haben musste, und Hang klang nicht, als wüsste er, wie genau Hua das angestellt hatte. Sie würden sich direkt an Hua wenden müssen.

*

Hua wurde in den Verhörraum gebracht. Als Mordverdächtiger war er an Händen und Füßen gefesselt und konnte sich nur mühsam bewegen. Sein Körper war über und über mit Verbänden und Pflastern bedeckt, wo er Verbrennungen unterschiedlichen Grades erlitten hatte.

Trotz allem wirkte er weder schwächer noch weniger würdevoll, als er den Raum betrat. Im Gegenteil, seine zeitlupenhaften Bewegungen verliehen ihm eine zusätzliche gravitätische Aura. Er blieb stehen, um die Situation einzuordnen. Jenseits der Gitterstäbe saßen ein Mann und eine Frau, die er beide kannte: Pei Tao und Mu Jianyun.

»Warum sind Sie hier?«, fragte er Pei, als er sich unaufgefordert setzte. »Ich dachte, ich hätte mich klar ausgedrückt. Schreiben Sie einfach ›hat ein umfassendes Geständnis abgelegt‹ quer über meine Akte und lassen Sie's gut sein.« Er hob die Arme und betrachtete theatralisch seine Verletzungen wie ein Krieger, der Trophäen zur Schau stellt.

»Wir sind nicht wegen Ihnen hier«, sagte Pei gelassen. Hua war ganz anders als Hang. Ihm die Wahrheit zu entlocken hatte eher etwas von einem Angelausflug; dieser gerissene aalglatte Typ musste sich erst müde kämpfen, bevor er sich einholen lassen würde.

Hua verdrehte die Augen. »Warum dann?«

Pei schwieg eine Weile, ehe er bedächtig sagte: »Du Mingqiang ist aus dem Gefängnis ausgebrochen.«

Hua war noch mit der Inspektion seiner Arme beschäftigt gewesen, nun schaute er plötzlich auf. Pei war vorbereitet. Sobald sich ihre Blicke trafen, gab es kein Zurück mehr.

»Du Mingqiang ist aus dem Gefängnis ausgebrochen«, wiederholte er mit Nachdruck. »Unterwegs hat er seine drei Zellengenossen angefallen, von denen einer erst vor sechs Monaten ins Gefängnis gewandert ist: Hang Wenzhi.«

In Huas Augenwinkel zuckte ein Muskel, während er sich mit mächtiger Willenskraft zusammenriss und daran hinderte, aufzuspringen und den Stuhl mit seinen Handschellen zu zerschmettern. Nach mehreren tiefen Atemzügen hatte er sich wieder unter Kontrolle. »Sind sie alle tot?«, fragte er tonlos.

Pei erriet seine Gedanken. »Sie machen sich Sorgen um Hang, nicht wahr? Er lebt noch. Eumenides hat ihm die Kehle durchgeschnitten, aber die Schlagader verfehlt.«

Hua atmete leise aus und schloss die Augen. Dann lehnte er sich zurück und dachte Unergründliches.

Pei spürte die Wellen der Emotionen, die Hua durchfluteten, und genau diese Reaktion hatte er hervorkitzeln wollen. Schon schwanden dem arroganten Fisch die Kräfte.

Er ließ nicht locker.

»Sie haben verloren. Nicht nur ist Ihr Plan gescheitert, Sie haben Du damit sogar direkt geholfen«, sagte er verächtlich. »Sie sind ihm einfach nicht gewachsen. Warum versuchen Sie es immer wieder?«

Hua starrte ihn finster an. »Wenn ich gescheitert bin, dann nur, weil die verfluchte Polizei keinen Pfifferling wert ist.«

»Armselig«, sagte Pei entschlossen. »Ich habe Ihnen persönlich die Handschellen angelegt. Was bilden Sie sich ein, meine Fähigkeiten in Zweifel zu ziehen?«

Hua lachte, neigte den Kopf und musterte Pei spöttisch, als betrachte er die Aufführung eines Clowns.

Pei hielt sein Temperament im Zaum und fragte in ruhigem Ton: »Was ist daran so lustig?«

»Sie glauben ernsthaft, die Polizei könnte mich einfangen?«

»Das haben wir bereits«, sagte Pei sanftmütig.

»Weil ich es *zugelassen* habe! Wie hätten Sie es sonst fertigbringen wollen?« Hua schüttelte großspurig den Kopf. »Vergessen Sie's. Ich habe keine Lust, Ihnen das zu erklären. Sie würden es eh nicht verstehen.«

Pei stieß einen knappen Lacher aus. »Ich verstehe sehr gut.«

Hua kniff die Augen zusammen. »Was verstehen Sie?«

»Sie haben zeitlebens auf die Polizei herabgeschaut. Als wir Sie festgenommen haben, als wir Sie verhört haben, immer haben Sie so getan, als wäre das alles unter Ihrer Würde, alles nur ein Spiel, das Sie mit uns spielen. Aus Ihrer Sicht haben wir Sie nicht festgenommen, Sie haben sich gestellt. Sie haben Gao Desen am helllichten Tag umgebracht, und nur deshalb konnten wir Sie mitnehmen. Sie haben sich uns quasi auf dem Silbertablett serviert. Wir sollten vor schierer Dankbarkeit in Tränen der Rührung ausbrechen.«

Peis Lächeln verblasste, die Stimmung im Raum wurde bleischwer. Hua spürte prickelndes Unbehagen und setzte sich anders hin.

Peis Blick hielt Hua weiter fest, während er mit der rechten Hand in die Schreibtischschublade griff, einen tragbaren Kassettenrekorder zum Vorschein brachte und ihn auf den Tisch stellte.

»Sie haben unser Gespräch aufgenommen?« Hua schnaubte. »Was soll das bringen?«

Pei drückte wortlos auf *Play*.

»Hier spricht Hauptmann Han Hao von der Kriminalpolizei Chengdu. Ich fertige diese Aufzeichnung an, um die Wahrheit über ein Verbrechen zu enthüllen, das sich in Kürze ereignen wird ...«

Hua erkannte die Aufnahme sofort: Han Haos Geständnis über den Doppelmord im Longyu-Komplex. Das Original war beim Brand in der Halle des Goldenen Drachen verkohlt. Wie war die Polizei an Gao Desens Kopie gekommen? Hua starrte Pei an und wartete auf eine Erklärung.

Pei sah seinen neugierigen Blick und stoppte die Kassette.

»Sie haben Lin Henggan und Meng Fangliang im Longyu-Komplex umgebracht. Sie haben gedacht, die Polizei würde keine Beweise finden, Sie wären also vor dem Gesetz in Sicherheit.« Peis Stimme wurde schwermütig. »Aber Sie haben sich geirrt. Sie sind nicht Herr der Lage, wir sind es. Wir haben diese Kassette schon lange. Ich habe eine Kopie platziert, damit Gao Desen sie findet. Absichtlich. Verstehen Sie?«

Hua verzog das Gesicht und ließ endlich den Kopf hängen. Er war ein kluger Mann und konnte die richtigen Schlüsse aus Peis Worten ziehen. Nach langem Schweigen starrte er seine Handgelenke an und sagte verbittert: »Sie haben mich benutzt ... Benutzt, um Gao Desen auszuschalten.«

»Zwei Fliegen mit einer Klappe«, sagte Pei triumphierend. »Die Longyu-Gesellschaft und das Gao-Konsortium binnen eines Tages ausradiert. Das hat unserer Stadt eine Menge Ärger erspart.«

Hua war aschfahl geworden und schwieg. Er hatte sich selbst für den Puppenspieler gehalten. Gao Desens Tod war ein beeindruckendes Drama gewesen, mit ihm selbst in der Hauptrolle. Und die Polizei? War erst ganz am Ende aufgetreten und hatte sich wie armselige kleine Aasfresser durch die Reste gewühlt. Aber er hatte sich getäuscht. Auch er war nur Schauspieler gewesen, hatte alles auf Geheiß des Regisseurs veranstaltet – jenes Mannes, der die Szene ausgearbeitet hatte und ihm nunmehr gegenübersaß.

Währenddessen hatte Pei seinen letzten, entscheidenden Schlag vorbereitet.

»Es gibt in Wahrheit eine ganze Menge Dinge, von denen Sie nichts wissen.« Er seufzte leise. »Ich wette, Sie haben geglaubt, Gao Desens Tod würde Ming Ming rächen, nicht wahr?«

Das war ein direkter Treffer. Huas Kopf ruckte hoch. »Was reden Sie da?«

»Für den Angriff war jemand anders verantwortlich. Er hat Ihnen sogar Beweise am Tatort hinterlassen. Sehen Sie selbst.« Pei zog eine Asservatentüte aus der Jackentasche und reichte sie dem Wachmann, der sie an Hua weitergab. Huas Blick wurde milchig. Er hatte das goldbraun gelockte Haar gesehen und begriffen, was es bedeutete. Seine Hände ballten sich zu Fäusten, sein Körper zitterte unkontrolliert. Endlich brachen sich Wut und Erniedrigung Bahn, und er ließ die Handschellen krachend auf die Tischplatte niedersausen, woraufhin unter heftigem Splittern ein Stück aus dem Sperrholz herausbrach.

»Was machen Sie da?« Der bewaffnete Wächter trat

einen Schritt vor und legte Hua beide Hände um den Hals. »Benehmen Sie sich.«

Gegen Handschellen und Wächter kam auch Hua nicht an. Während sein Gesicht rot anlief, zischte er: »Undankbarer Wichser ... Ich bringe ihn um, ich bringe ihn um!«

»Welches Recht sollten Sie haben, ihn umzubringen?« Pei sprach nicht besonders laut, aber es reichte, um Huas heiseres Bellen zu übertönen. »Außerdem ist das gar nicht nötig. Zur gleichen Zeit, als wir Sie festgenommen haben, haben wir auch Leopardenkopf eingesackt. Selbstverständlich wird er seiner gerechten Strafe nicht entgehen.«

Bei Peis sachlichen Worten regte sich Hua ein wenig ab. Tatsächlich hatte er Leopardenkopf im Untersuchungsgefängnis kurz gesehen, aber natürlich nicht gewusst, dass er wegen des Anschlags hier war, der Ming Ming so schwer verletzt hatte. Noch während er sich dafür verfluchte, das nicht früher erkannt zu haben, sah er sich gezwungen, den Polizeihauptmann mit widerwilligem Respekt zu mustern.

Hua hatte berufsbedingt lange eine große Abneigung der Polizei gegenüber gehegt. Als Eumenides Han Hao dazu verleitet hatte, Deng Hua zu erschießen, hatte sich diese Antipathie noch einmal deutlich verstärkt. Was ihn anging, bedeutete das Wort »Polizei« nicht nur Feind, sondern war auch ein Synonym für »nutzlos«.

Während der Auseinandersetzung mit Gao Desen hatte er zwischendurch vermutet, die Polizei könnte seinem Rivalen insgeheim helfen, was seine Feindschaft weiter vertieft hatte. Bis Pei Tao, der neu ernannte Hauptmann der Kriminalpolizei von Chengdu, seine Meinung geändert hatte.

Dieser Mann hatte ihn nicht nur besiegt, sondern auch Ming Mings wahren Angreifer gefangen. Sowohl bei Gao

Desen als auch bei Leopardenkopf hatte er keine Gnade gekannt – ein wahrer Hüter des Gesetzes. Jemand von seinem Kaliber mochte am Ende gar in der Lage sein, diesen Bastard zu schnappen.

Pei spürte den Stimmungswechsel und bedeutete dem Wächter, Hua wieder loszulassen. Sofort ließ der Mann ab, behielt ihn aber genau im Auge.

Hua dehnte seinen Hals und versuchte, den Schmerz und das Erstickungsgefühl zu vertreiben. Als er Pei abermals ansah, war alle Feindseligkeit aus seinem Blick gewichen. Ernst fragte er: »Warum sind Sie noch hier? Sie sollten da draußen sein und sich um dieses Schwein kümmern.«

Pei antwortete ebenso ernst: »Ich brauche Ihre Hilfe.«

»Ach?« Hua lächelte. »Schauen Sie mich an. Wie könnte ich Ihnen helfen?«

»Ich muss wissen, warum Du ausgebrochen ist. Das ist der einzige Weg, ihn wieder einzufangen.«

Hua grunzte, konnte sich dieser Logik aber nicht verschließen. Kurz dachte er nach, dann platzte er heraus: »Ich sage es Ihnen, aber unter einer Bedingung.«

»Nur zu«, sagte Pei. »Solange es nichts Illegales ist, gebe ich Ihnen mein Wort.«

»Ich will Leopardenkopf sterben sehen.«

Pei wusste, wie Hua sich fühlte – er konnte Leute wie Leopardenkopf ebenfalls nicht ausstehen. Obschon alle drei Kriminelle, nahmen Eumenides, Hua und Leopardenkopf in seinem Kopf doch sehr unterschiedliche Positionen ein. Er überlegte. Leopardenkopf erfüllte die Kriterien für die Todesstrafe zweifellos, sowohl bezüglich des Vorsatzes als auch bezüglich der Schwere des Ausgangs seiner Tat. Insofern konnte er problemlos versprechen: »Das lässt sich einrichten. Wir sorgen dafür, dass Leopardenkopfs Urteil in Ihrem Beisein vollstreckt wird.«

Hua nickte. »Danke.« Er vertraute Pei, dass dieser Wort halten würde, gab ihm also die gewünschte Information. »Wenn Sie Eumenides schnappen wollen, müssen Sie nur das Mädchen im Auge behalten.«

Pei verzog das Gesicht. Irgendetwas nagte an seinem Verstand, wollte sich aber nicht zeigen.

Hua schob eine Erklärung hinterher. »Ich habe ihr erzählt, der Mörder ihres Vaters sei festgenommen worden, aber die Polizei habe keine Beweise für diese Tat, weshalb er nur zu fünf Jahren verurteilt worden sei. Deswegen ist Eumenides ausgebrochen. Können Sie mir folgen?«

Das war es also. Pei sah plötzlich wieder klar. Dus Prozess war unter Ausschluss der Öffentlichkeit geführt worden, da er ein klaffendes Loch in der Polizeiarbeit ans Licht gebracht hätte. Also konnte auch das Mädchen nichts davon erfahren haben – bis Hua es ihr erzählt hatte. Was Eumenides in eine missliche Lage brachte und ihn zum Ausbruch verleitete.

Während sich bei Pei alles zu einem schlüssigen Bild fügte, war Mu noch immer verwirrt. Sie hatte wohl erraten, dass es sich bei dem »Mädchen«, von dem die beiden sprachen, um Zheng Jia handeln müsste, die Tochter des verstorbenen Kommissars Zheng Haoming, nur konnte sie sich nicht erklären, was das mit Dus Ausbruch zu tun haben sollte.

Pei winkte dem Wächter. »Alles klar, bringen Sie ihn zurück.«

Hua wartete nicht auf die Aufforderung des Wächters, sondern war bereits aufgestanden. Im Türrahmen drehte er sich noch einmal um. »Wenn Sie ihn kriegen, bringen Sie mir ein Rauchopfer an meinem Grab dar.«

Pei nickte. Hua wandte sich ab und kicherte – er fühlte sich vollkommen frei.

Mu konnte kaum abwarten, bis der Wächter und Hua außer Hörweite waren, ehe sie barsch fragte: »Haben Sie mal wieder Geheimnisse vor uns, Hauptmann?«

»Ja«, gab er leise zu. »Und ich habe dich hergebeten, weil ich dich in die Wahrheit einweihen will.«

Mu schürzte die Lippen. »Na, dann los.« Peis arroganter Kontrollzwang ging ihr bisweilen gehörig auf die Nerven, aber er schien einfach so gebaut zu sein.

Pei zeigte auf den Kassettenspieler. »Ich fange am besten mit dieser Aufnahme an ...«

»Die musst du nicht erklären«, unterbrach Mu ihn sofort. »Ich weiß.«

»Du weißt?« Er starrte sie an. »Was weißt du?«

»Ich weiß, dass du das schon sehr früh in die Finger gekriegt und dich seitdem geweigert hast, es als Beweismittel zu verwenden, um Hua festzunehmen.« Sie starrte ihn unverwandt an.

Er kicherte, verschränkte die Arme vor der Brust und wartete auf weitere Erklärungen, als wäre die ganze Sache ein Test.

Mu beugte sich vor und flüsterte ihm ins Ohr. »Weil die Aufnahme eine Fälschung ist.«

Volltreffer. Pei neigte den Kopf und sah sie leicht betreten an, als wäre er einer ihrer Schüler, den sie gerade beim Schummeln erwischt hatte.

Mu kicherte erfreut darüber, ihn derart in Verlegenheit gebracht zu haben.

Pei starrte sie ein paar Sekunden an, um ganz sicherzugehen, dass sie nicht bluffte, dann fragte er traurig: »Wie habe

ich mich verraten? Stimmt mit der Aufnahme etwas nicht?«
Ohne die Antwort abzuwarten, streckte er die Hand aus, um
abermals auf *Play* zu drücken.

Sie legte ihm die Hand auf den Arm.

»Alles gut. Hör auf, dir selbst Angst einzujagen.« Sie
lachte. »Die Aufnahme ist fehlerlos.«

Er legte die Stirn in Falten. »Aber wie ...?«

Sie lächelte. »Zeng Rihua hat es mir erzählt. Er ist nicht
wie du und kann ein solches Geheimnis nie im Leben für
sich behalten.«

Peis Miene erhellte sich. Er schüttelte den Kopf. »Mieser
kleiner Penner.«

Die Aufnahme war in der Tat eine Fälschung, angefertigt
von ihrem Computergenie Zeng Rihua.

Eumenides hatte das Original an sich genommen, um
Hua damit zu erpressen; diese Quelle war also so gut wie
unerreichbar.

Als sich der Konflikt zwischen Hua und Gao weiter zu-
spitzte, wurde er zunehmend zur Gefahr für den Rest der
Stadt. Pei wollte die beiden Übel unbedingt loswerden,
sorgte sich aber auch, dass die Polizei einem der beiden helfen könnte, indem sie den anderen festnahmen.

Pei wollte weder Schwalbe noch Muschel sein, sondern
unbedingt Fischer.

Er begann zu eruieren, ob es einen Weg geben könnte, die
Pattsituation zwischen Hua und Gao zu brechen. Am besten
wäre natürlich, die beiden würden einander bei einem Duell
auf Leben und Tod gegenseitig ausschalten, damit die Polizei hinterher nur noch die Reste wegräumen musste. Somit
wären die beiden größten Bedrohungen für den Frieden in
der Stadt auf einmal ausgemerzt.

Etwa zur gleichen Zeit unternahm Gao einen erfolglosen Versuch, Hua umbringen zu lassen, traf damit aber nur die unschuldige Ming Ming. Hua sann auf bittere Rache. Gao war äußerst vorsichtig und bewegte sich nur noch in Begleitung einer hervorragend ausgebildeten Leibgarde. Ohne sehr guten Grund würde er ein Treffen mit Hua unter keinen Umständen riskieren. Da kam Pei eine Idee: Was, wenn die Kassette mit Han Haos Geständnis Gao zufällig in die Hände fiel und ihm einen derartigen Vorteil verschaffte, dass er Hua auf jeden Fall treffen musste, um ihn auszuspielen? Aus Gaos Sicht würde Hua keine andere Wahl haben, als einzulenken, aber Hua war überaus zäh. Selbst wenn ihn der Feind in die Enge getrieben hatte, würde er sich niemals ergeben oder um Gnade winseln, sondern weiterkämpfen in der Hoffnung, wenigstens seinen Gegner mit in den Untergang zu reißen. Aus Sicht der Polizei das ideale Szenario.

Leider existierte diese Aufnahme nicht mehr. Während Pei noch ihren Verlust betrauerte, regten sich leise Gedanken: Die Aufnahme selbst war nicht entscheidend, sie musste nur als Katalysator dienen, um den Entscheidungskampf zwischen Gao und Hua herbeizuführen. Warum also nicht einfach eine neue anfertigen? Auch die falsche Aufnahme konnte den echten Krieg vom Zaun brechen und so zum gewünschten Resultat führen.

Pei ging zu Zeng und fragte ihn, wie kompliziert es wäre, eine solche Aufnahme herzustellen, und Zeng sagte, er würde es wohl hinbekommen, wenn er genug andere Aufnahmen von Han Haos Stimme zur Verfügung hätte, die er dann digitalisieren und manipulieren und über die Stimme von jemand anders legen könnte. Natürlich besaß jeder Mensch gewisse sprachliche Eigenheiten – Betonung,

Rhythmus, Interjektionen –, die selbst bei perfekt gefälschter Stimme kaum zu rekonstruieren waren. Der gründlichen Prüfung im Rahmen einer Gerichtsverhandlung würde eine solche Aufnahme demnach niemals genügen, sie sollte aber ausreichen, um einen normalen Hörer zu täuschen.

Als ehemaliger Hauptmann der Kriminalpolizei hatte Han Hao an unzähligen Konferenzen teilgenommen und eine entsprechende Masse an O-Tönen hinterlassen. Pei hatte Zeng sämtliches Material zur Verfügung gestellt, und gemeinsam hatten sie eine gefälschte Aufnahme zusammengebastelt. Tatsächlich war es Pei selbst gewesen, der das »Geständnis« eingesprochen hatte, und die eindeutigen Zeichen, die er angeblich am Tatort hinterlassen wollte, hatte es nie gegeben. Das Verbrechen hatte im Dunkeln stattgefunden, die Polizei hatte danach alles abgeriegelt, also konnte Hua das unmöglich wissen.

Als die Aufnahme fertig war, spielte Pei sie sicherheitshalber zuerst Hans Witwe Liu Wei vor. Als diese nichts Verdächtiges entdeckte, wusste Pei, dass er sich auf die Fälschung verlassen konnte. Blieb nur noch die Frage, wie sie Gao in die Hände fallen konnte, ohne eine Spur zu hinterlassen.

Pei schickte Yin aus, der sich schließlich zwei niedere Handlanger Gaos ausguckte, die in der Nähe von Linjiang wohnten. Er brach in deren Mietwohnung ein, allerdings keineswegs, um etwas zu suchen – ganz im Gegenteil, er war dort, um etwas zu hinterlegen. Und so fand die Aufnahme ihren Weg in die Abstellkammer.

Pei und Yin führten für den Polizeikommandanten von Linjiang ein kleines Theaterstück auf, und kurz darauf befand sich die Aufnahme in Gaos Besitz. Der war natürlich hocherfreut, ein derart entscheidendes Druckmittel aufgetrieben zu haben. Wie hätte er ahnen sollen, dass es seine Eintrittskarte in die Hölle war?

Alles lief genau nach Plan. Hua reagierte auf Gaos Drohung, indem er endgültig durchdrehte. Er tauchte allein beim Bankett auf und brachte es trotzdem fertig, Gao eigenhändig zu ermorden. Kurz davor hörte auch er sich die ganze Aufnahme an, ohne Verdacht zu schöpfen.

Es war nicht allein Zengs technischer Expertise zu verdanken, dass die Arbeit wirklich gelungen war – Pei hatte seine Worte sehr sorgfältig gewählt. Hua hätte sich kaum vorstellen können, dass außer Han und ihm selbst irgendjemand diesen Doppelmord derart detailliert beschreiben konnte. Pei hatte das Verbrechen so aufwendig rekonstruiert, dass Hua glauben musste, nur Han hätte all das wissen können.

Als ihn der Anruf aus dem Longyu-Komplex erreichte, fuhr Pei mit seinem Team rüber. Sie nahmen nicht nur Hua fest, sondern auch Leopardenkopf, der bereits in Verdacht stand, Huas Wohnung in die Luft gesprengt zu haben. So wurden die zwei größten Verbrecherorganisationen der Stadt an einem Tag geköpft und standen beide kurz vor dem Kollaps.

Obwohl Peis Plan wunderbar aufgegangen war, blieb ein leicht schäbiger Beigeschmack, diese gesellschaftlich offiziell etablierten Organisationen mit gefälschten Beweismitteln aufeinander gehetzt zu haben, also sorgten sie dafür, dass kaum etwas davon an die Öffentlichkeit drang. Als Mu nun aus heiterem Himmel festgestellt hatte, die Aufnahme sei eine Fälschung, hatte Pei sich Sorgen gemacht, doch irgendwo einen vermeidbaren Fehler eingebaut zu haben.

Dass lediglich Zengs große Klappe dafür verantwortlich war, erleichterte ihn sehr.

Sobald er genug auf den »miesen kleinen Penner« geschimpft hatte, hakte er nach. »Wann hat er es dir verraten?«

»Als Hua festgenommen wurde. Er hat mich angerufen, sobald es in den Nachrichten kam, und musste unbedingt damit angeben, was für eine Schlüsselrolle er dabei gespielt hat.«

Pei atmete erleichtert aus. »Dann ist ja gut.«

Mu schien bereits das Interesse verloren zu haben. »Alles klar, anderes Thema. Was ist mit dem Mädchen?«

Pei sah aus, als wollte er laut seufzen, hielt sich aber zurück. »Am Ende weißt du mehr über die Sache als ich.«

Mu schaute ihn verständnislos an. »Was weiß ich darüber?«

»Vielleicht erinnerst du dich, dass wir nach Yuan Zhibangs Tod darüber geredet haben, dass Eumenides jetzt ein neues Ziel für seine Zuneigung braucht – eventuell eine verletzliche Frau, die keinerlei Bedrohung für ihn darstellt und etwas Ähnliches durchgemacht hat. Er würde sich einer solchen Dame nähern wollen und im Idealfall, nachdem sie Gemeinsamkeiten entdeckt hatten, eine emotionale Bindung zu ihr aufbauen.«

»Er sucht nach Zheng Jia?«, fragte Mu fassungslos.

Pei nickte. »Er war es nämlich, der ihre Amerikareise und die Operation eingefädelt hat. Er hat die gestohlene – echte – Aufnahme benutzt, um Hua dazu zu zwingen, sich um sie zu kümmern.«

»Um Himmels willen!« Mu starrte ihn wütend an. »Wie kannst du mir eine so wichtige Sache vorenthalten?«

»Ich sag's dir doch jetzt, oder?«, meinte Pei hastig. »Außer dir weiß es niemand. Zheng Jia weiß selbst nicht, dass Eumenides ihren Vater getötet hat. Wenn das rauskommt, wird das ein furchtbarer Schlag für das arme Mädchen.«

Die Tatsache, dass Pei sich ihr allein anvertraute, glättete die Wogen bei Mu ein wenig. Je länger sie darüber nachdachte, desto mehr Fragen tauchten auf.

»Was für eine Beziehung besteht zwischen den beiden? Wie hast du das rausgekriegt? Warum hast du das nicht benutzt, um ihn zu fangen, sobald du es wusstest?«

Pei beantwortete sie der Reihe nach. »Als ich den Doppelmord im Longyu-Komplex untersucht habe, bin ich durch Zufall darauf gestoßen, dass Eumenides immer wieder Violinkonzerte von Zheng Jia besucht hat. Sie hatten sich tatsächlich erst ein paar Male persönlich getroffen, schienen sich aber sehr gut zu verstehen. Und jetzt, wo Zheng Jia dank Eumenides wieder sehen kann, muss sie sich umso mehr zu ihm hingezogen fühlen – ich fürchte, sie sieht sich ihm in tiefer Dankbarkeit verbunden. Und was die Frage angeht, warum ich ihn damit nicht überführt habe – schon vergessen? Zu dem Zeitpunkt hatte er sich bereits als Du Minqiang neu erfunden und unser Team infiltriert. Ich habe ihn hinterher weiter beobachtet, bis sich eine Möglichkeit bot, ihn persönlich festzunehmen.«

Mu nickte hier und da. Als er fertig war, seufzte sie. »So ein Jammer. Hätten wir früher gewusst, dass Zheng Haoming eine blinde Tochter hatte, hätten wir Eumenides vielleicht schon ganz am Anfang einsacken können.«

Pei grunzte zustimmend. Leider hatten sie sich nicht groß mit Zhengs Familie befasst und diesen essenziellen Hinweis daher schlicht übersehen.

Mu kam ein neuer Gedanke. »Dann war Yuan Zhibang aber offenbar auch unvorsichtig. Er hat seinen Zögling dazu gebracht, Zheng Haoming umzubringen, um ihm jede Chance auf ein normales Leben zu verwehren, damit er der nächste Eumenides werden kann. Aber Zheng Jias Existenz könnte all das gefährden.«

Pei nickte. Yuan Zhibangs Strategie war tatsächlich nach hinten losgegangen.

Aus Yuans Sicht würde Eumenides es zeitlebens vor allem mit zwei Sorten von Gegnern zu tun haben: mit Verbrechern, die ihrer gerechten Strafe entgangen waren, und mit der Polizei. Waren Erstere schwarz und Letztere weiß, existierte Eumenides in der grauen Zwischenzone.

Als jemand, der Bestrafungen austeilen sollte, musste er den Verbrechern gegenüber absolut gefühlskalt sein. Bei Polizisten war das wesentlich komplizierter; sie waren schließlich genau wie er Verteidiger von Recht und Ordnung und damit eigentlich auf seiner Seite. Trotzdem würden sie ihm gegenüber kein Erbarmen zeigen. Irgendwann würde er sich zwangsläufig in einer lebensgefährlichen Konfrontation mit der Polizei befinden, die zu seinen Ungunsten ausgehen würde, sollte er sich zurückhalten.

Als ehemaliger Polizist kannte Yuan Zhibang den psychologischen Unterschied zwischen diesen beiden Gefühlslagen, weshalb er gerade Meng Yun als sein persönliches rituelles Opfer ausgewählt hatte. Nachdem sie bei der Explosion ums Leben gekommen war, hatte Yuan Zhibang nicht mehr das Gefühl, auf der gleichen Seite zu sein wie die Polizei und sich selbst somit erfolgreich den Rückweg verbaut.

Achtzehn Jahre später sollte dann sein Zögling Eumenides' unvollendetes Werk zum Abschluss bringen. Und obwohl

Yuan wusste, dass die Fähigkeiten des Jungen ihresgleichen suchten, war seine moralische Festigkeit noch nicht auf Herz und Nieren geprüft worden. Also schickte er seinen Schüler auf eine Mission, die als Initiationsritus fungieren sollte; er musste Zheng Haoming töten, den alten Polizisten, der seit so vielen Jahren hinter Eumenides her war.

Der junge Mann tat, wie ihm geheißen, brachte Zheng um und hinterlegte einen Haufen falscher Beweise am Tatort, um die Polizei in die Irre zu führen. Yuan Zhibang baute darauf, dass die psychologischen Verteidigungsmechanismen seines Zöglings durch diese Tortur gestählt worden waren und kein Feind ihm mehr aus dieser Richtung gefährlich werden konnte.

Yuan Zhibang rechnete nicht damit, dass eine junge Frau ein Loch in dieser Verteidigung finden und hindurchschlüpfen würde.

Unklar blieb, wie sich die beiden überhaupt begegnet waren. Vielleicht hatte er von ihr erfahren, als er sich vor dem Mord an ihrem Vater mit dessen Lebensgeschichte vertraut machte, vielleicht war sie ihm ganz zufällig im Restaurant aufgefallen, als er sich eine erlesene Mahlzeit mit etwas musikalischer Begleitung gönnte. Eigentlich unwichtig, denn was für sie bei dieser Geschichte zählte, war nicht der Anfang, sondern das Ende.

Als Yuan Zhibang herausfand, dass sein Zögling mit diesem Mädchen in Kontakt gewesen war, begriff er, dass der Mord nicht nur seinen Zweck verfehlt hatte, den Jungen von seinen Gefühlen abzuschneiden, sondern sogar einen gefährlichen Weg zu seinem Herzen eröffnet hatte.

Und sobald Gefühle einmal gewurzelt hatten, war es fast unmöglich, sie daran zu hindern, sich wie Schösslinge im

Frühjahr auszubreiten. Das wusste Yuan Zhibang nur zu gut, also mischte er sich nicht direkt ein, sondern gab dem Mädchen eine Aufnahme, die die Wahrheit über den »Raubüberfall 30 / 1« enthüllte. Der Junge sollte eine Entscheidung treffen müssen.

Die folgenden Ereignisse zeigten, dass Yuan Zhibangs Intervention erfolgreich gewesen war. Als Eumenides II die Aufnahme hörte, ließ er das Mädchen sitzen und beschritt den Weg, den sein Mentor ihm zugedacht hatte.

Pei hatte geglaubt, der junge Mann würde nie mehr zurückblicken – bis ihn die Nachricht von seinem Ausbruch erreichte. Da er dem jungen Mann nicht in den Kopf schauen konnte, wandte er sich an eine Expertin.

»Glaubst du, Eumenides wird das Mädchen aufsuchen?«, fragte er direkt.

»Warum hätte er sonst ausbrechen sollen? Ob er Angst vor ihr hat? Vielleicht ist das das Einzige, wovor er Angst hat – dass sie sein Gesicht sieht.«

Pei wusste darauf nichts zu erwidern.

Eumenides hatte keine Angst vor dem Ausbruch gehabt, weil er vermeiden musste, dass sie ihn zuerst fand. Er fürchtete sich nicht so sehr davor, dass sie Rache an Eumenides nehmen wollen würde, sondern vielmehr davor, dass seine andere Seite mit hineingezogen wurde – der nette, liebevolle Freund, den sie so gerne mochte.

Sobald Zheng Jia Eumenides' Gesicht sah, würde er ihr nicht länger als der andere junge Mann erscheinen können. Was lediglich einen Schluss zuließ: Er hatte das gewaltige Risiko des Ausbruchs nur auf sich genommen, weil er noch immer daran glaubte, mit diesem Mädchen zusammen sein zu können.

Mu spürte die zögerliche Note in seinem Schweigen. »Worüber denkst du nach?«

»Ich wundere mich nur – er hatte sich eindeutig entschieden.« Peis Stirn war arg zerfurcht. »Er hat die Rolle des Eumenides übernommen, was bedeutet, er hat sich absichtlich von zwischenmenschlichen Beziehungen abgekapselt, vor allem von solchen wie mit Zheng Jia. Und er hat ihr geholfen, wieder sehen zu können, was bedeutet, dass er sich nie mehr mit ihr treffen kann. Wie will er da einen Rückzieher machen? Er muss doch wissen, dass ein solches Hin und Her nur seinen Untergang bedeuten kann.«

Mu wusste, was er meinte, und stimmte ihm zu. Der junge Mann konnte unmöglich beide Rollen gleichzeitig spielen, sowohl Feind dieser jungen Frau als auch ihr Geliebter sein. Als er sich dazu entschlossen hatte, Eumenides zu bleiben, hätte er endgültig jede Verbindung mit ihr kappen müssen, vor allem jetzt, da Pei über sie wachte. Wie konnte er hoffen, als Eumenides irgendeine Zukunft mit ihr zu haben? Einen solchen Fehler konnte ein derart erfahrener Mörder kaum begehen.

»Vielleicht hat er sich geändert«, sagte Mu nachdenklich.

Pei sah sie mit großen Augen an. »Inwiefern geändert? Und warum?«

Mu legte den Kopf schief. »Wegen Zheng Jia natürlich. Vielleicht will er nicht mehr Eumenides sein, sondern ein ganz normaler Mensch.«

Pei schüttelte den Kopf. »Aber er hat gerade erst drei Leute hingerichtet.«

»Das war Teil des Ausbruchs und gibt uns vielleicht keinerlei Aufschluss darüber, was er als Nächstes vorhaben könnte.« Mu tänzelte zwischen blindem Raten und ihrer professionellen Vorstellungskraft hin und her. »Durchaus möglich, dass Eumenides nach dieser Nummer spurlos verschwindet. Und viele Jahre später, wenn der Fall längst zu den Akten gelegt wurde und sich niemand mehr an Eumenides erinnert, ist vielleicht auch Zheng Jias Rachedurst erloschen ... Und dann mag der Tag kommen, an dem er Zheng Jia aufsucht und die beiden irgendwo, wo sie keiner findet, glücklich bis ans Ende ihrer Tage leben. Seine Fähigkeiten reichen für einen solchen Plan allemal aus. Daran würde ihn niemand hindern können, nicht einmal du, der große Pei Tao.«

»Stimmt, ich würde ihn nicht daran hindern können.« Pei breitete die Arme aus. »Ich kann nicht den Rest meines Lebens damit zubringen, dieses Mädchen zu überwachen.«

Mu sah ihn scharf an. Ihr Tonfall änderte sich. »Und selbst wenn du es könntest – würdest du? Ich meine, wenn du sicher wüsstest, dass er Eumenides an den Nagel gehängt hat und ein normales Leben führen will.«

Pei saß steif da und antwortete nicht.

Mu lächelte. »Stille ist auch eine Antwort.«

Er lächelte zurück, wirkte gleichsam verlegen und verwundert.

Mu starrte ihn weiter an, als wollte sie ihn mit Blicken sezieren. »Du bist Eumenides' mächtigster Gegner, stehst aber eigentlich auf seiner Seite – euch beiden ist jegliche Form von Verbrechen verhasst. Du hast Deng Huas Tod unter den Tisch fallen lassen und dafür gesorgt, dass Hua und Gao Desen sich gegenseitig vernichten – das allein bestätigt meine Vermutung. Trotzdem hältst du dich ansonsten an die Regeln und würdest nie etwas Verbotenes tun. Vor achtzehn Jahren hast du Eumenides geboren; jetzt tust du alles, um ihn einzufangen. Es wird aber immer einen Eumenides in deinem Herzen geben – einen, der zu gründlich mit den Ketten des Gesetzes gefesselt ist, um dir seinen Willen aufzuzwingen, der aber trotzdem Einfluss auf deine Gefühle hat. Mindestens so weit, dass du diesen jungen Mann nicht hasst, sondern Mitleid hegst. Ihn vielleicht sogar ein bisschen bewunderst. Würde er seine Verbrecherkarriere für immer aufgeben, könntest du ihn gehen lassen?«

Pei Tao hatte mit gesenktem Kopf gelauscht. Nie zuvor hatte ihm jemand so tief und so gründlich ins Herz geschaut. Er wusste, er konnte ihr nichts verheimlichen. »Ich hasse diesen Burschen nicht. Er kämpft auf seine Weise gegen das Böse. Vielleicht würde ich das selbst gerne tun, aber ich kann nicht. Natürlich hat er auch Unschuldigen wehgetan. Der Mord an Zheng Haoming ist eine Sünde, die er niemals ausgleichen kann, aber vielleicht wäre seine Sorge um Zheng Jia eine verzerrte Art der Wiedergutmachung. Wenn du mich also fragst, ob ich ihn trotzdem festnehmen würde, falls er sich dazu entschließt, niemanden mehr zu töten und friedlich mit ihr zusammenzuleben – ich weiß es nicht. Ich stecke zwischen meinen Gefühlen und dem Gesetz in der Klemme. Wenn ich mich für etwas entscheiden müsste, wäre es mir fast am liebsten, er könnte mich besiegen, sodass ich ihn nicht absichtlich gehen lassen muss.«

»Du weichst der Frage aus«, sagte Mu unerbittlich. »Würdest du verlieren, würdest du den Ausgang damit passiv hinnehmen, müsstest aber nicht aktiv gegen deine Standards verstoßen.«

Pei seufzte. »Genau. Ich bin ziemlich oft ziemlich passiv.«

»Und du bist zu emotional«, sagte Mu und zerriss damit den letzten Schleier vor seinem Herzen. »Es ist eine Schande, dass deine Gefühlswelt so strikt gebaut ist, dass du dich keinen Schritt über die eigenen Grenzen hinauswagst.«

Das war ein schwerer Treffer. Pei musste an viele Gegebenheiten in seiner Vergangenheit denken. Natürlich hatte er in all seinen Jahren als Junggeselle emotionale Bedürfnisse verspürt – aber kalte Vernunft hatte seine Gefühle zu oft überlagert und ihn daran gehindert, wirklich aus sich herauszugehen. Jetzt, wo Mu genau das ansprach, konnte er diese Gefühle nicht länger zurückhalten. Er spürte die feuchten Stellen in den Augenwinkeln.

Mu sagte nichts mehr, sondern betrachtete ihn aufmerksam und vereinte die Fetzen seiner Emotionen zu einem Gesamtbild. Sie legte die rechte Hand auf den Tisch und ließ sie auf ihn zukriechen. Ganz knapp vor seinem Arm hielt die Hand an, drehte sich um und gab die blasse Haut ihres Handtellers frei. Sie schien auf etwas zu warten.

Pei zögerte, streckte seine Rechte aus und legte sie auf ihre. Mu lächelte und schloss die Finger um seine.

Viele Minuten lang sagten beide kein Wort. Mu sah Pei an, Pei sah ihre umschlungenen Hände an. Ihre Augen waren gelassen wie Wolken, die träge über den Himmel ziehen, seine aufgewühlt wie stürmische See.

Irgendwann zog Mu ihre Hand weg und grinste. »Wir sind im Dienst. Hier könnte jederzeit irgendwer reinkommen.«

Er kicherte leise und sah sie an. Nie hatte sie einen so sanften und schutzlosen Blick bei ihm gesehen. Dann verhärteten sich seine Gesichtszüge. »Ich will nicht leugnen, dass du eine herausragende Psychologin bist, aber du bist und bleibst eine Frau.«

»Ach was?« Mu war gespannt, worauf er hinauswollte.

»Frauen glauben daran, dass die Liebe alles ändern kann,

aber Männer wissen, dass es ein paar Dinge gibt, die sich niemals ändern.«

»Was soll das heißen?«, fragte Mu leicht ungehalten.

»Eumenides wird mit dem Morden nicht aufhören«, sagte Pei fest. »Dein idealistisches Szenario wird sich nicht erfüllen.«

Seine Gedanken waren also schon wieder bei dem Fall. Sie stieß den Atem aus und fragte forsch: »Warum nicht?«

Pei zuckte mit den Schultern. »Glaubst du, ich werde je aufhören, Verbrecher zu jagen?«

»Nein. Von dem Moment an, als du einen Fuß in die Akademie gesetzt hast, wolltest du nichts anderes.«

»Bei ihm ist es ähnlich. Er stand am Scheideweg, aber als er dann weiter gemordet hat, gab es kein Zurück mehr. Es ist nicht nur seine Betätigung – es ist sein Schicksal.«

»Trotzdem empfindet er noch derart viel für Zheng Jia?« Mu schürzte die Lippen. »Er kann nicht mit dem Töten aufhören, hat aber eine Bindung, von der er nicht loskommt. Er tanzt auf Messers Schneide. Das wird nicht gut ausgehen.«

So waren sie nach dem ganzen Gespräch wieder zum Ausgangspunkt zurückgekehrt. Es war nicht besonders schwierig, den Grund für Eumenides' Ausbruch zu erkennen, aber irgendetwas an der Sache wirkte seltsam. Wo lag das Problem? Keiner der beiden konnte es auf den Punkt bringen.

Pei schaute auf die Uhr und sagte beinahe entschuldigend: »Es ist schon fast zwei. Wir sollten uns ums Mittagessen kümmern.«

»Alles klar.« Aber etwas ließ Mu keine Ruhe. »Warum bist du so entspannt?«

Seit sie die Nachricht von Eumenides' Ausbruch erreicht hatte, war Pei ihm entschlossen auf den Fersen gewesen.

Er hatte sich nicht einmal Zeit für einen Schluck Wasser genommen, von Mittagessen ganz zu schweigen. Nachdem er jetzt ein entscheidendes Puzzleteil von Hua erhalten hatte, hätte er eigentlich abermals hektische Aktivität entfalten sollen. Stattdessen saß er hier seelenruhig und redete von Mittagessen. Kein Wunder, dass Mu etwas verwirrt war.

»Zu viele Sorgen bringen uns auch nicht weiter«, sagte Pei und lächelte. »Was sollen wir deiner Ansicht nach tun?«

»Zheng Jia observieren«, sagte sie sofort. Pei schaute sie entspannt an. »Aber das hast du längst getan, stimmt's?«

»Nein.« Er schüttelte den Kopf und schien es ernst zu meinen.

»Dann los«, drängte sie. »Das Mittagessen hat Zeit. Was, wenn er sie vor uns erreicht?«

»Ruhig Blut, der hat es nicht so eilig wie du.« Pei stand auf. »Sehen wir zu, dass wir was in den Magen kriegen, dann erkläre ich es dir gerne.«

Mu hatte keine andere Wahl, als ihm zu folgen. Sie suchten sich ein kleines Restaurant ganz in der Nähe und bestellten beide das Mittagsmenü. Mu spielte mit ihren Essstäbchen herum, starrte aber Pei an.

Sie hatten beide eine kostenlose Tasse Tee serviert bekommen. Pei nippte an seiner. »Keine Sorge. Selbst wenn wir Zheng Jia persönlich bei Eumenides abliefern würden, würde er sie nicht wollen.«

»Warum nicht?«

»Er muss eine Menge vorbereiten, bevor er sich mit ihr treffen kann. Ansonsten wäre er umsonst ausgebrochen.« Pei machte eine kurze Pause, dann ging er ins Detail. »Überlege doch mal. Sobald sie wieder richtig sehen kann, wird sie sich auf die Suche nach dem Mörder ihres Vaters machen.

Eumenides mag aus dem Gefängnis entkommen sein, aber es gibt eine Menge Fotos von ihm, nicht zuletzt in seiner Rolle als Du Mingqiang. Wir haben jede Menge im Archiv. Wie soll er sie wiedersehen können, wenn er die Bilder nicht vorher verschwinden lässt?«

Mu nickte. Darum ging es also. Sie entspannte sich ein wenig, nippte an ihrem Tee, dann kam ihr ein neuer Gedanke. »Er muss nicht unsere Daten loswerden, oder? Er kann sich auch unters Messer legen.«

»Das würde noch länger dauern. Ich hatte überlegt, auch in diese Richtung Vorkehrungen zu treffen, aber das halte ich wirklich für unwahrscheinlich. Wenn er sein Aussehen verändert, werden all die verschiedenen legalen Dokumente mit einem Schlag unbrauchbar. Das wäre ein zu herber Verlust.«

Mu schaute ihn an und musste ihm beipflichten.

Nachdem diese Frage erörtert war, widmete sie sich wieder dem eigentlichen Thema. »Also sollten wir diese Daten bewachen und darauf warten, dass uns Eumenides ins Netz geht?«

»Wäre möglich, aber die Daten sind auf zu viele Quellen verteilt. Wir können nicht alle gleichzeitig bewachen. Selbst wenn wir uns nur ein Datenzentrum herauspicken, ist das eine zu grobe Herangehensweise. Uns würden vielleicht Zeit und Personal ausgehen, bevor er sich überhaupt zeigt.«

Mu dachte weiter nach. »Also bleiben wir ganz ruhig und überlegen uns, wie wir ihn an der Nase herumführen können.«

Pei schaute sie anerkennend an. »Die Situation mag uns unmöglich vorkommen, aber für Eumenides sieht es auch nicht gut aus. Du Mingqiang als Identität ist abgenutzt, unter diesem Namen ist er im Gefängnis gelandet. Und heutzutage geht es nicht mehr lediglich um Papierkram, sondern um alle möglichen digitalen Daten, die ihn mit dieser Identität verbinden. Das alles auszulöschen wird kaum möglich sein.«

Mu nickte, gleichzeitig wurde ihr Essen serviert. »Dann wollen wir mal«, sagte Pei. Seine Essstäbchen verharrten allerdings in der Luft, während er seinen Gedanken zu Ende führte. »Ich an seiner Stelle würde die Sache möglichst ruhig angehen und als Erstes natürlich die offensichtlichen Dinge loswerden: Ausweise, Bankverbindungen, Akten, Archivmaterial und so weiter. Danach könnte ich Zheng Jia aber immer noch nicht treffen, weil ich mir nicht sicher wäre, nicht doch etwas übersehen zu haben. Ich würde sie aber im Auge behalten, vielleicht auch unter Zuhilfenahme ungewöhnlicher Mittel. Sobald sie wieder richtig sehen kann, wird sie sich auf die Suche nach Informationen über Du Mingqiang begeben. Das wird sie öffentlich betreiben, und da ihr Vater bei der Polizei war, verschafft sie sich vielleicht Zugang zu Quellen, die mir verschlossen sind. Wenn ich sie jedoch observiere, kann ich ihr Vorgehen als Leitfaden benutzen. Wann immer sie einen Hinweis ausgräbt, sorge ich dafür, dass ich ihr einen Schritt voraus bin, und schalte mich rechtzeitig dazwischen. Irgendwann wird sie schließlich aufgeben, und dann kann ich wieder ohne Sorge Verbindung mit ihr aufnehmen.«

Mu schaute auf und lächelte. »Ich weiß schon, worauf du hinauswillst. Du lässt sie dann eben doch observieren. Eumenides wird hinter ihr her sein wie die Gottesanbeterin hinter der Grille, dann kommst du als Spatz angerauscht und verschlingst die Gottesanbeterin. So willst du ihn schnappen.«

Pei nickte, fügte aber hinzu: »Ich muss sie allerdings nicht mal observieren. Ich brauche nur einen passenden Köder auszulegen.«

»Ah. Du hältst Du Mingqiangs Akte unter Kontrolle und sorgst dafür, dass Zheng Jia auf Umwegen drankommen könnte. Eumenides gräbt sich dann freiwillig in deine Tasche, weil du einen schier endlosen Vorrat hast. Solange er versucht, an Zheng Jia zu kommen, wirst du weiter diese Fallen aufbauen.«

Pei sah sie überrascht an. »Bis zu diesem Punkt hatte ich gar nicht gedacht. Eigentlich brauche ich nur eine gute Gelegenheit, um ihn dingfest zu machen.«

Mu zuckte die Achseln. »So oder so bist du der Spieldesigner, also kann er nicht gewinnen, wie auch immer er spielen mag.«

Nachdem all das geklärt war, versenkte Pei seine Stäbchen endlich im Mittagessen, um nach wenigen Bissen erneut innezuhalten. Er schaute Mu an, machte aber den Mund nicht auf.

Sie starrte zurück. »Was denn?«

Er zögerte einen Moment länger. »Es gibt noch einen anderen Grund dafür, dass ich mir keine Sorgen mache.«

Sie blinzelte. »Aha?«

»Ich möchte einfach ein bisschen abwarten.« Wieder diese ungewohnte Sanftheit in seinem Blick. »Vielleicht ändern die Gefühle, die sich zwischen einem Mann und einer Frau abspielen, wirklich alles.«

KAPITEL DREIZEHN

UNTERNEHMEN »ERNTE«

BÜRO FÜR ÖFFENTLICHE SICHERHEIT, CHENGDU

Nach dem schlichten Mahl setzte Pei Mu bei der Akademie ab und fuhr zurück ins Büro.

Yin Jian erwartete ihn bereits. »Polizeichef Song hat nach Ihnen gefragt, Sir.«

»Was wollte er?«

»Hat er nicht gesagt. Er hat nur angerufen und gefragt, ob Sie da sind.«

»Wann?«

»Vor knapp zehn Minuten.«

»Ich gehe sofort rüber.« Pei machte auf dem Absatz kehrt und nahm die Treppe hinauf zum Büro des Polizeichefs. Die Tür stand einen Spalt offen, er klopfte.

»Herein«, ertönte die volle Stimme des Polizeichefs.

Pei schob die Tür auf und trat ein. Polizeichef Song stand neben dem Kleiderständer und rückte seine Uniform zurecht, als wollte er ausgehen.

»Sie wollten mich sprechen?«

»Ja, ich hatte durchgerufen, aber Yin sagte, Sie wären nicht da.«

»Warum haben Sie es nicht auf meinem Handy versucht?«, fragte Pei verdutzt.

»Ich weiß ja, dass Sie hinter Eumenides her sind, also wollte ich Sie nicht stören«, sagte Song. »Sie sind immerhin Leiter des 18/4er-Teams. Der Fall ist zu wichtig, um sich ablenken zu lassen.«

Pei nickte. Die Erwartungshaltung seines Vorgesetzten verstärkte den dumpfen Druck auf seinen Schultern.

»Wie geht es voran?«, fragte der Polizeichef und drehte sich zu Pei um, während er den letzten Knopf der Uniformjacke schloss.

»Wir haben ein paar Hinweise«, sagte Pei schlicht.

»Gut.« Song lächelte. »Ich werde mir beizeiten einen etwas detaillierteren Bericht abholen, aber erst wollen wir zum Untersuchungsgefängnis fahren.«

»Wieso das?« Pei war gerade erst von dort zurückgekehrt und sah keine Veranlassung für einen weiteren Besuch.

»Also, Folgendes«, sagte Song bedächtig, »ich habe selbst noch einige Fragen bezüglich der Longyu-Gesellschaft und Gao Desen. Danach kann das Büro für Öffentliche Sicherheit die Sache übernehmen, und Sie können sich ganz darauf konzentrieren, Eumenides zu fassen.«

Pei nickte. Sollte ihm recht sein – die Faktenlage war eindeutig genug, um den Fall ohne Kopfzerbrechen abzugeben. Und die Jagd nach Eumenides würde in der Tat all seine Aufmerksamkeit verlangen.

»Deshalb wollte ich Sie sprechen. Sie sind gerade rechtzeitig zurückgekommen, sonst wäre ich allein gefahren.« Polizeichef Song schritt bereits zur Tür. »Kommen Sie. Sie können den Fall gleich vorschriftsmäßig übergeben. Ach, und wenn wir dort ankommen, habe ich noch eine Überraschung für Sie.«

»Eine Überraschung?« Pei konnte sich nicht zurückhalten. »Was?«

Song warf ihm einen spitzbübischen Blick zu. »Das erfahren Sie, sobald wir da sind.«

Pei stellte keine weiteren Fragen, sondern folgte seinem Vorgesetzten aus dem Gebäude, wo bereits ein Wagen wartete. Pei machte die Beifahrertür auf und musste feststellen, dass der Sitz bereits belegt war.

»Hallo, ich grüße Sie, Hauptmann Pei«, sagte der Mann, den Pei als Hauptmann Shi Jianjun vom Büro für Öffentliche Sicherheit erkannte. Er erwiderte die freundliche Begrüßung und ließ sich neben Polizeichef Song auf der Rückbank nieder.

»Jianjun, haben Sie die Dokumente dabei, die ich Ihnen übermittelt hatte?«, fragte der Polizeichef ohne Umschweife.

Shi Jianjun hielt eine Mappe hoch. »Keine Sorge.« Pei blieb nicht verborgen, dass die Mappe versiegelt und mit einem breiten Aufkleber versehen war, auf dem fett und rot »Geheim« stand.

Der Polizeichef nickte. »Abfahren.«

*

15 : 52 UHR,
UNTERSUCHUNGSGEFÄNGNIS CHENGDU

»Rao Donghua, auf zur Befragung«, bellte der Wächter, während sein Kollege die Zellentür aufschloss.

»Schon wieder? Ich bin gerade erst befragt worden.« Hua war größer als die beiden Wächter und klang überlegen.

»Reden Sie keinen Müll.« Der Wächter stupste ihn unsanft

an. Als Hua weiterhin träge schlurfte, fügte er hinzu: »Diesmal ist auch ein richtig hohes Tier dabei.«

Ein hohes Tier? Hua schnaubte amüsiert. Mit hocherhobenem Haupt verließ er seine Zelle, ein Wächter hinter ihm, einer voraus. Zu dritt gingen sie den Gang hinunter, schlugen dann aber nicht den Weg zum Verhörraum ein, sondern gingen um die nächste Ecke und befanden sich vor Leopardenkopfs Zelle.

»Qian Yaomin, Sie haben zu einer Befragung zu erscheinen«, rief der Wächter übereifrig. Wieder schloss sein Kollege die Tür auf, ohne Huas schrecklichen Blick zu bemerken.

Die Tür ging auf. Ehe Leopardenkopf einen Schritt machen konnte, warf Hua sich auf ihn. Wie besessen legte er ihm die Hände an den Kopf und schnürte ihm mit der Kette der Handschellen die Luft ab. Leopardenkopf taumelte und fiel mit einem dumpfen Schlag nach hinten.

»Was zur Hölle?« Beide Wächter stürmten in die Zelle. Der eine hielt Hua den Schlagstock unters Kinn und zwang ihn zurückzuweichen. Leopardenkopf kam mühsam auf die Beine, sein Kiefer rot geschwollen. Obwohl er ein erfahrener Kämpfer war, hatte ihn Huas wilder Angriff völlig aus dem Nichts getroffen.

Hua wurde von beiden Wächtern festgehalten, aber sein Blick bohrte sich noch immer in Leopardenkopf. »Ich muss blind gewesen sein, dich jemals als Bruder zu akzeptieren«, fauchte er.

Leopardenkopf rieb sich das Kinn. »Bruder Hua, du hast recht, ich stehe in deiner Schuld. Deshalb habe ich mein Kinn auch gerne hergehalten.«

»Na und? Du undankbarer Wurm, selbst wenn du vor meinen Augen verreckst, würde ich keine Miene verziehen.«

Im Angesicht von Huas grenzenloser Wut machte Leopardenkopf tapfer einen Schritt nach vorn, erwiderte seinen Blick und sagte feierlich: »Du irrst. Ich bin nicht der Mensch, für den du mich hältst.«

»Nein?«, krähte Hua verächtlich. »Wer dann? Ein Bastard, der seine Brüder ans Messer liefert, um voranzukommen. Wer dann?«

»Du irrst. Ich habe seit über einem Jahrzehnt in der Unterwelt gekämpft. Mein Körper ist mit Narben übersät. Ich habe nie gekämpft, um voranzukommen, immer nur aus Treue.« Leopardenkopf richtete sich langsam auf.

Hua starrte ihn kalt an. »Ich wüsste zu gerne, von welcher Treue du redest.«

»Das wirst du bald erfahren«, sagte Leopardenkopf nur und erwiderte seinen Blick ruhig.

Zehn Minuten später saßen die beiden Männer im Verhörraum einem Polizeigremium gegenüber.

Hua betrachtete das »hohe Tier« in der Mitte, das er als Polizeichef Song erkannte. Flankiert wurde der Mann von Hauptmann Pei Tao und Hauptmann Shi Jianjun.

Kommandant Tian, der Leiter des Untersuchungsgefängnisses, saß auf der Seite und gerierte sich als Gastgeber.

Ein ganz schönes Aufgebot, dachte Hua. Trotzdem kein Grund, sich zu fürchten. Er ließ sich auf den Stuhl fallen und harrte der Dinge, die da kommen mochten.

Leopardenkopf setzte sich auf den anderen Stuhl. Erst sah er Hauptmann Pei an, dann Polizeichef Song. Er bemühte sich um eine neutrale Fassade, aber der flackernde Blick verriet seine Anspannung.

Pei beugte sich zu Song rüber und flüsterte: »Sollten wir sie nicht separat verhören?«

Song wischte seine Bedenken beiseite. »Nicht nötig. Warum fassen Sie uns die Situation nicht knapp zusammen?«

Pei tat wie geheißen. Er deutete auf Hua. »Dort sitzt der Verdächtige Rao Donghua, der ehemalige Leibwächter des verstorbenen Deng Hua. Ihm wird nicht nur ein Doppelmord zur Last gelegt, der sich letzten November im Longyu-Komplex ereignet hat, sondern auch Brandstiftung mit Todesfolge letzte Woche. Beide Verbrechen bestreitet er nicht. Ich sitze noch an den letzten Aktenvermerken, sollte sie aber bald fertig haben, mit etwas Glück schon morgen.«

Polizeichef Song betrachtete Hua, nickte langsam und seufzte tief. »Der Longyu-Komplex – ein echtes Gruselkabinett.«

Tatsache. Nach Deng Hua waren dort Lin Henggan und Meng Fangliang gestorben und jetzt noch Gao Desen – eine ganze Menge Tote binnen eines Jahres, die alle entweder mit der Firma zu tun gehabt oder aber versucht hatten, sie zu übernehmen. Aber war es das Gebäude oder doch eher die Unterwelt von Chengdu, auf der ein Fluch lastete?

Pei deutete auf Leopardenkopf. »Dort sitzt der Verdächtige Qian Yaomin. Er hat über zehn Jahre als Söldner für Deng Hua gearbeitet, bis er zu Gao Desen übergelaufen ist. Er war an einer großen Menge von Bandenkämpfen beteiligt.«

Leopardenkopf stieß ein belustigtes »He« aus und zog ein seltsames Gesicht. Song streckte langsam die Hand aus und ließ sie über den Tisch wandern. Sein Blick wirkte schwermütig; niemand wusste, was er dachte.

Pei hatte ein merkwürdiges Gefühl im Magen, konnte es aber nicht näher eingrenzen. Alle sahen den Polizeichef an und warteten darauf, dass er das Verhör eröffnete.

Endlich tippte er schwer mit dem Zeigefinger auf den Tisch und wandte sich an den Mann zu seiner Linken. »Jianjun, zeigen Sie ihnen die Unterlagen.«

Shi Jianjun hielt die Mappe hoch, öffnete sie aber noch nicht. »Diese Akte ist im Jahre 1992 versiegelt worden. Wenn Sie mir bitte alle bestätigen, dass dieses Siegel seitdem nicht angerührt wurde?«

Song nahm die Akte, begutachtete das Siegel und reichte sie Pei weiter. »Bitte genau hinschauen.«

Pei untersuchte das Siegel. Es war zweifellos intakt, datiert auf den 3. September 1992, Büro für Öffentliche Sicherheit.

Shi Jianjun zupfte vorsichtig an der Kordel, die unter dem Wachs hervorschaute, und brach das Siegel. Die Mappe öffnete sich, und Shi Jianjun zog einen Stapel Papier heraus, den er an Song weiterreichte.

Leopardenkopf hatte all das andächtig verfolgt. Beim Anblick der Dokumente zuckte sein Oberkörper vor, als zöge eine unsichtbare Kraft an seinen Nerven.

Pei fiel die ungewöhnliche Bewegung auf. Sofort wurde er misstrauisch. Auch Huas Augenbrauen wölbten sich, während ihm allmählich aufging, dass diese Befragung nicht so geradlinig verlaufen würde, wie er angenommen hatte.

Song zog ein Blatt heraus und gab es Shi Jianjun zurück. »Würden Sie bitte diesen Lebenslauf vorlesen?«

»Name: Qian Yaomin ...« Shi Jianjun pausierte stotternd. Er starrte Leopardenkopf durch die Gitterstäbe an, dann wieder das Foto auf dem Blatt. Obwohl es über zehn Jahre alt war, zeigte es eindeutig Leopardenkopf. Nur hatte der junge Mann auf dem Bild kurz geschorene Haare.

Und nicht nur Shi Jianjun starrte ihn an – bei Erwähnung

des Namens richteten sich alle Augen auf ihn. Einzig Polizeichef Song wusste, was vor sich ging, und saß gelassen da.

Shi Jianjun räusperte sich. »Geschlecht: männlich. Ethnische Zugehörigkeit: Han-Chinese. Geburtsdatum: 13. Mai 1971. Höchstes erreichtes Bildungsniveau: Mittelschule. Politischer Status: Parteimitglied.

September 1987: Abschluss der Mittelschule Nummer 3 in Chengdu; Eintritt in die Armee im November desselben Jahres, Dienst bei der Militärpolizei SEP, Bataillon XX.

August 1992: Versetzung zum Büro für Öffentliche Sicherheit Chengdu im Rahmen des Unternehmens Ernte.«

»Du bist ein Bulle, du mieses Schwein?«, sagte Hua entgeistert.

Leopardenkopf antwortete nicht, sondern saß gerade da und streckte die Brust vor, als wollte er eine optische Grenze zwischen seinem jetzigen Selbst und den vielen Jahren als Teil des kriminellen Bodensatzes ziehen.

Nun hatten es alle begriffen. Der Verdächtige Qian Yaomin war vor elf Jahren Polizist geworden. Als er in die kriminelle Unterwelt abtauchte, hatte man seinen Lebenslauf als Geheimdokument versiegelt. Was wahrscheinlich etwas mit jenem Unternehmen Ernte zu tun hatte, das dort erwähnt wurde. Aber was für eine Mission erforderte, dass ein ehemaliger Militärpolizist ganze zehn Jahre undercover arbeitete?

Song beantwortete diese Frage so direkt wie möglich, indem er weitere Blätter auswählte und sie Shi Jianjun überreichte. »Lesen Sie die hier bitte auch noch.«

Shi gehorchte. »ANTRAG GENEHMIGT. Nach einer Diskussion im Komitee hat das Büro für Öffentliche Sicherheit dem Antrag der Stadt Chengdu zur Durchführung von

Unternehmen Ernte stattgegeben. Der Einsatz wird von Kommandant Xiao Hua vom Büro für Öffentliche Sicherheit überwacht, der die verschiedenen Untergruppen koordiniert. Der Beamte, der zur Infiltration von Deng Huas Bande ausgesucht wird, darf nicht aus dem städtischen Kader stammen. Des Weiteren wird vorgeschlagen, einen möglichst jungen Offizier zu rekrutieren. In jedem Fall unterliegt die Operation strikter Geheimhaltung, um das Leben des verdeckt ermittelnden Kameraden nicht zu gefährden. Büro für Öffentliche Sicherheit, Provinzleitung Sichuan, 26. Juli 1992.«

Er blätterte um. »VERSETZUNGSBESCHEID. Kamerad Qian Yaomin ist im November 1987 zum XX. Bataillon der SEP gestoßen. Er hat seinem Bataillon stets zur Ehre gereicht, hat hart gearbeitet und unbeugsame politische Überzeugung demonstriert. Im August 1992 hat das Bataillon einen Antrag auf Versetzung zum Büro für Öffentliche Sicherheit Chengdu bekommen, damit Kamerad Qian an einem Spezialeinsatz teilnehmen kann. Diesem Antrag wird hiermit stattgegeben, die nötigen Unterlagen zur Versetzung des Kameraden Qian wurden bereits übermittelt. Im Dienste der Geheimhaltung der anstehenden Mission wurde verlautbart, Kamerad Qian sei wegen Fehlverhaltens entlassen worden. Das vorliegende Dokument erläutert den eigentlichen Sachverhalt und wird dem Büro für Öffentliche Sicherheit Chengdu zur Verwahrung überantwortet. Militärpolizei SEP, Bataillon XX, 17. August 1992.«

Die beiden Dokumente ließen keinen Zweifel an der Wahrheit. Hua starrte Leopardenkopf an, sein Herz ein schmerzhafter Knoten, seine Gedanken umwölkt. Er hatte diesen Mann ohnehin für einen erbärmlichen Verräter gehalten, aber darüber hinaus war er die ganze Zeit ein verdeckter Ermittler gewesen, der die Longyu-Gesellschaft von innen hatte zerstören sollen. Hatte er das gemeint, als er vorhin sagte, er habe stets nur »aus Treue« gehandelt?

Hua hatte keine Ahnung, wie er sich dem Mann gegenüber verhalten sollte, der zehn Jahre lang sein Waffenbruder gewesen war. Nach aufwühlendem inneren Kampf brachte er mühsam »Gut, sehr gut ...« hervor.

»Haben alle Anwesenden begriffen, in welcher Situation sich Kamerad Qian Yaomin befindet?« Der Blick des Polizeichefs wanderte über die Gesichter und verharrte schließlich bei Kommandant Tian.

Der Gefängnisleiter wusste sofort, worauf er hinauswollte, und winkte seinen Wärtern. »Der Kollege Qian ist auf der Stelle zu befreien.«

Ohne Zögern nahmen die Wächter Leopardenkopf die Handschellen ab. Einer der beiden murmelte sogar: »Tut mir leid, dass ich Sie so schlecht behandelt habe, Kollege.«

Qian machte mit einem Kopfschütteln deutlich, dass es ihm nichts ausmachte, dann erhob er sich und schritt um den vergitterten Tisch auf die andere Seite.

»Setzen Sie sich«, sagte Song und kramte seine Brieftasche hervor. »Ich habe hier noch ein weiteres Dokument, dass ich vortragen möchte.« Er zog ein gefaltetes Blatt hervor und rezitierte lautstark: »ERNENNUNGSURKUNDE. Das zuständige Parteikomitee für das Büro für Öffentliche Sicherheit der Stadt Chengdu verkündet in Übereinstimmung mit dem Büro für Öffentliche Sicherheit der Provinz Sichuan, dass Kamerad Qian Yaomin mit sofortiger Wirkung der Rang eines Hauptmanns im Dienst des Büros für Öffentliche Sicherheit der Stadt Chengdu zugesprochen wird. Büro für Öffentliche Sicherheit der Stadt Chengdu, 11. Oktober 2003.«

Qian stand stramm und salutierte formvollendet.

»Hervorragend«, sagte Song und schlug Qian auf die Schulter. »Ich habe damals schon gesagt, dass ich noch nie jemanden derart zackig habe salutieren sehen. Sie sind noch immer so gut wie vor zehn Jahren.«

Qian nahm die Ernennungsurkunde entgegen, steckte sie ein und wandte sich an Shi. Song sagte: »Ich darf Ihnen Hauptmann Shi Jianjun vorstellen, von der Brigade für Öffentliche Ordnung. Sie beide werden eng zusammenarbeiten, um das Unternehmen Ernte offiziell abzuschließen.«

»Sie können sich auf uns verlassen.« Shi beugte sich vor und schüttelte Qian freundschaftlich die Hand.

Polizeichef Song deutete auf Pei und grinste. »Ihn muss ich aber nicht vorstellen, oder? Sie sind ja quasi alte Freunde.«

Qian wandte sich an Pei. Sie beäugten einander etwas verlegen. Nach kurzem Zögern ging Qian auf ihn zu. »Hauptmann Pei, es mag in der Vergangenheit das eine oder andere Missverständnis zwischen uns gegeben haben ...«

Pei zögerte ebenfalls eine Sekunde, ehe er vortrat und die ausgestreckte Hand ergriff. Song lächelte und nickte zufrieden.

Hua kicherte böse, warf den Kopf in den Nacken und schüttelte sich vor Lachen. Sein wütender Blick irrte dabei durch den Raum, bis er auf Pei Tao verharrte.

Kommandant Tian und Hauptmann Shi wirkten arg verwirrt von diesem Benehmen, Pei aber fühlte die Röte in seine Wangen steigen. Er wusste, was Hua mit dem Gelächter und dem Blick zum Ausdruck brachte, und schaute instinktiv zu Boden. Ohne es zu bemerken, hatte er Qians Hand losgelassen.

*

Wie versprochen fand Pei Tao sich mit einem Stapel Akten unter dem Arm in Songs Büro ein, darunter auch handschriftliche Zeugenaussagen und andere Beweisstücke. Die Brigade für Öffentliche Ordnung würde ab jetzt die Ermittlungen zur Longyu-Gesellschaft und deren Verstrickung in diverse kriminelle Machenschaften übernehmen, damit Pei sich voll und ganz auf Eumenides konzentrieren konnte.

Nach einem knappen Bericht erhob er sich und wandte sich zum Gehen, aber Song hielt ihn zurück. »Warten Sie einen Augenblick.«

»Jawohl, Sir.« Pei setzte sich wieder. »War sonst noch was?«

Der massige Polizeichef lehnte sich im Sessel zurück. »Von Ihrer Seite aus vielleicht, dachte ich.«

Pei blinzelte und schaute wortlos aus dem Fenster.

Song betrachtete ihn eine Weile. »Sie haben eindeutig jede Menge Fragen. Warum stellen Sie sie nicht einfach?«

Pei sah ihn an und lächelte finster. »Ein paar Dinge will ich nicht wissen. Es mag Antworten geben, denen ich mich nicht stellen möchte.«

Song nickte verständnisvoll. »Sie stehen noch nicht lange unter meinem Kommando – weniger als ein Jahr, oder? Aber Ihre Stärken und Schwächen sind recht offensichtlich. Deshalb habe ich Sie auch von diesem Fall abgezogen – es gibt Dinge, für die Sie sich nicht eignen.«

Pei seufzte. »Darf ich gehen?«

»Nein«, sagte Song. »Ich will diese Zweifel ausräumen, die Sie mit sich herumtragen.«

Da der Polizeichef derart unverblümt redete, sah Pei keinen Ausweg, zuckte also mit den Schultern und lehnte sich ebenfalls zurück. »Nur zu.«

Song nahm seine Teetasse zur Hand und ergriff mit ruhiger, leiser Stimme das Wort. »Ich muss die Geschichte von Anfang an erzählen, gehen wir also elf Jahre zurück. 1992 fing Deng Hua gerade erst an, die Stadt unter seine Kontrolle zu bringen, und eine ganze Reihe Leute beschwerten sich bei der Polizei darüber, dass seine Firma gegen diverse Gesetze verstoße. Die Beschwerden wurden von den Behörden ernst genommen. Kamerad Xiao Hua, damals Leiter unserer Abteilung, hat eine Untersuchungsgruppe eingerichtet, die sich schließlich das Unternehmen Ernte ausgedacht hat. Ziel der Veranstaltung war, diese immer mächtigere Organisation und ihre Verbindungen zur Unterwelt vollständig auszuschalten.«

Pei hatte am Vortag zum ersten Mal vom Unternehmen Ernte gehört, auch wenn er natürlich wusste, dass die Polizei Deng Huas Firma schon lange im Visier gehabt hatte. Was er nicht verstand, war, wie es sein konnte, dass dieses Unternehmen ein ganzes Jahrzehnt gelaufen und Deng Huas Firma in diesem Zeitraum nicht nur nicht ausgeschaltet, sondern sogar immer mächtiger geworden war. Was hatte Qian Yaomin mit all seiner Zeit als verdeckter Ermittler angestellt, und warum war er nach Deng Huas Tod sogar selbst zu einem der Hauptdarsteller geworden, um die nächste Runde Machtkämpfe zu beeinflussen?

Genau auf diese Fragen nahm Song im Folgenden Bezug.

»Obwohl Deng Huas Organisation damals noch nicht so mächtig war, wie sie einmal werden sollte, war er trotzdem bereits eine wichtige Figur in der Stadt. Kommandant Xiao wusste, dass eine direkte Auseinandersetzung nicht gut ausgehen würde, also wurde ein junger Offizier ausgewählt, der die Gruppe infiltrieren und Beweise für ihre illegalen Aktivitäten sammeln sollte. Deshalb wurde Qian Yaomin von der SEP zu uns versetzt, unter dem Vorwand, er sei unehrenhaft entlassen worden. Er war ein überragender Nahkämpfer. Es hat nicht lange gedauert, bis Deng Huas Handlanger ihn ins Boot holten und er Deng Hua persönlich auffiel.«

Song machte eine Pause, um an seinem Tee zu nippen. Der bittere, wohltuende Duft schien ihn an jene schwierigen frühen Tage zu erinnern.

Er ließ den Tee seine Kehle hinabrinnen und fuhr fort. »Qian Yaomins wahre Identität unterlag striktester Geheimhaltung. Niemand außer mir und Xiao Hua wusste von ihm, nicht einmal die übrigen Mitglieder der Untersuchungsgruppe. Nur hatten wir Deng Hua unterschätzt, denn trotz allem drang etwas über das Unternehmen Ernte an sein Ohr. Deng Hua wurde noch vorsichtiger als ohnehin schon und vertraute nur noch den Stellvertretern, die er persönlich herangezogen hatte. Obwohl Qian Yaomin in der Szene von sich reden machte, übertrug Deng Hua ihm also nie eine wichtigere Aufgabe, weshalb das Unternehmen Ernte viele Jahre gewissermaßen auf Eis lag. Aber dass sich die Geschwindigkeit der Ermittlung verlangsamt hatte, heißt natürlich nicht, dass es gar keine Ergebnisse gab. Als Deng Hua die Longyu-

Gesellschaft offiziell gründete, konnten wir einige interne Telefonleitungen zu seinem Büro anzapfen. Zu der Zeit hatte er bereits angefangen, sein eigenes Netzwerk an Kontakten auszubauen. Je größer sein Reichtum, desto größer und engmaschiger das Netz. Schnell durchzog es die ganze Stadt, sowohl die rechtschaffenen als auch die zwielichtigen Kreise. Als der Polizei endlich handfeste Beweise für illegale Aktivitäten vorlagen, war die Situation für uns schon nicht mehr zu kontrollieren. Ich kann die Gründe dafür nicht im Detail erläutern, aber ich bin mir sicher, Sie wissen, was ich meine.«

Pei verstand, worauf Song hinauswollte: Natürlich würde sich die Polizei zurückgehalten haben, aus Angst, mit Deng Huas Festnahme ungleich größeren Schaden anzurichten. Zu seinem weitreichenden Netz an Kontakten hatten sicher auch genug Prominente gehört, die ansonsten unangreifbar waren. Viele von ihnen mochten nicht wirklich in Deng Huas Machenschaften verstrickt sein, aber es ist viel einfacher, ein Piratenschiff zu betreten, als es wieder zu verlassen. Solange sie mit Deng Hua in Verbindung standen, würde er ihnen kaum erlauben, das Schiff zum Kentern zu bringen. In der brutalen Arena namens Politik reichte dem Gegner schon der kleinste Verdacht, um einen Strick daraus zu knüpfen, der nicht mehr zu lösen war. Insofern ging es bei der Ermittlung ab dem Zeitpunkt nicht mehr nur um Deng Hua, sondern um noch weitreichendere politische Konsequenzen.

Song nickte bedächtig. Er sah Pei an, dass er politisch nicht ins Detail gehen musste, beschränkte sich also auf die Einzelheiten des Unternehmens Ernte. »1995 wurde Xiao Hua zum stellvertretenden Polizeichef ernannt, ich übernahm seine Rolle als Kommandant, was bedeutete, dass ich ab da auch für das Unternehmen Ernte zuständig war. Zu dem Zeitpunkt lag die Ermittlung so gut wie auf Eis. Kamerad Qian Yaomin und ich haben mehrfach geheime Botschaften ausgetauscht. Ich habe ihn unter anderem gefragt, ob er seine Tarnung aufgeben und in den aktiven Dienst zurückkehren möchte. Mit seinen Kontakten nach mehreren Jahren im Untergrund hätte er bestimmt eine Menge erreicht, ob beim Büro für Öffentliche Sicherheit oder bei der Kriminalpolizei.«

»Aber er wollte nicht?«, vermutete Pei.

»Nein, er wollte nicht.« Song stellte seinen Tee auf den Tisch zurück. »Er hatte das Gefühl, seinen Auftrag noch nicht erfüllt zu haben, also konnte er auch noch nicht zurückkommen. Er wollte weiter als Schläfer arbeiten, weil er fest daran glaubte, dass er eines Tages die Gelegenheit bekäme, in Deng Huas inneren Kreis vorzustoßen.«

»Und dann?«, fragte Pei. »Da war Deng Hua doch längst fest etabliert. Selbst wenn Qian Yaomin doch noch sein Vertrauen gewonnen hätte, hätte er ihn nicht mehr stürzen können.«

»Das stimmt, aber wer solch eine starke Überzeugung in sich trägt, ist manchmal in der Lage, Wunder zu vollbringen. Also wurde Kamerad Qian Yaomin der einzig verbleibende Aktivposten des Unternehmens Ernte. Acht Jahre lang hat er seine Undercover-Existenz innerhalb des Unternehmens fortgesetzt. Und seine Arbeit war nicht vollkommen fruchtlos.« Der Polizeichef hatte ein wenig niedergeschlagen geklungen, jetzt schien er neuen Mut zu fassen. »Leopardenkopf ist ein stadtbekannter Name, und er stand Hua sehr nahe, Deng Huas rechter Hand.«

Das konnte Pei nicht verneinen, trotzdem murmelte er: »Na und?«

»Stimmt schon, all das war nicht ansatzweise genug, um Deng Hua zu besiegen. Wäre uns nicht dieser Unfall dazwischengekommen, würde er die Stadt wohl immer noch beherrschen.«

Pei wusste nur zu gut, was mit diesem »Unfall« gemeint war; das gekonnte Kabinettstückchen, mit dem Eumenides Deng Huas Tod verursacht hatte. Er begriff nur noch nicht, warum Deng Huas Tod das längst verflossene Unternehmen Ernte wiederbelebt hatte, und kam nicht umhin, seine Skepsis auszudrücken. »Warum hat Qian Yaomin nach Deng Huas Tod der Polizei nicht sofort tatkräftig geholfen? Sollten all seine Jahre im Verborgenen nicht genau diesem Zweck dienen?«

Wenn die Ermittlung durch Deng Huas Netzwerk erstickt worden war, hätte sein Tod dieses Hindernis doch sicher aus dem Weg räumen müssen. Das hatte die jüngere Geschichte gelehrt: In den letzten paar Monaten hatte die Polizei den Großteil der Longyu-Gesellschaft ausgeschaltet wie ein Herbstwind, der die abgefallenen Blätter hinwegfegt. Nur die Fraktion mit Hua an der Spitze hatte sich bis zuletzt gut gehalten – genau aus dem Grund war Hua auch nicht aggressiver vorgegangen. Hätte Qian dann später die Polizei kontaktiert, als Hua schon den Doppelmord im Longyu-Komplex plante, als er Han Hao in den Selbstmord trieb und die verdächtige Aufnahme stahl, wäre die Polizei einmal mehr in der unangenehmen Situation gewesen, nichts unternehmen zu können.

Der Polizeichef starrte Pei eine ganze Weile an, ehe er antwortete. »Ich habe Qian Yaomin persönlich angewiesen, seine Tarnung noch nicht aufzugeben und keine Beweise für Huas Missetaten an die Polizei weiterzuleiten. Und wenn ich ›Polizei‹ sage, meine ich im Speziellen die Abteilung für Kriminalpolizei unter Ihrer Leitung.«

»Warum?«, fragte Pei entgeistert.

»Weil ich wollte, dass das Unternehmen Ernte noch ein bisschen weiterläuft.«

Pei dachte fieberhaft nach, konnte aber keinen Sinn dahinter erkennen. War das Unternehmen Ernte an dem Punkt nicht definitiv zu Ende? Warum hätte man es fortsetzen sollen, wenn alle geplanten Ziele erreicht worden waren?

Polizeichef Song lächelte ihn an – ein dünnes Lächeln tiefgründiger Verheißung. Er trank einen weiteren Schluck Tee, der nun deutlich abgekühlt war.

»Sie sind Ermittler«, sagte er und schluckte. »Das ist ein schwieriger Job. Die meisten Leute würden den Druck nicht ertragen. Aus einem anderen Blickwinkel ist Ihre Arbeit aber auch sehr simpel. Sie nehmen einen Fall an, lösen ihn, finden den Täter. Das ganze Prozedere läuft wie ein Uhrwerk, man muss sich nicht mit komplexen gesellschaftlichen Zusammenhängen oder komplizierten zwischenmenschlichen Beziehungen befassen.«

»Ich gebe zu, ich bin nicht besonders gut darin, mit der Außenwelt oder Menschen klarzukommen«, sagte Pei.

»Und genau deswegen wollte ich nicht, dass Sie mit diesem Unternehmen zu tun haben. Wir reden hier von etwas gänzlich anderem als einem normalen Fall – es geht um die gesellschaftliche Ordnung. Sie könnten vielleicht ein paar Kriminelle hochnehmen und dadurch ein paar Fälle lösen, aber das würde die Situation in der Stadt keineswegs beruhigen.«

Pei hielt dieses Argument nicht für sonderlich überzeugend, stellte jedoch lieber eine schlichte Frage, statt sich mit seinem Vorgesetzten zu streiten. »Das soll aber bestimmt nicht heißen, wir sollten uns keine Mühe mehr geben, Verbrecher zu erwischen oder Kriminalfälle zu lösen?«

»Keineswegs.« Song schwieg einen Moment, die Hände um seine Teetasse gelegt. »Ich bin den Großteil meines Lebens Polizist gewesen und jetzt seit fast acht Jahren Leiter in dieser Stadt. Es gibt ein paar Dinge, die ich als junger Beamter nicht verstanden habe, die mir jetzt vollkommen offensichtlich vorkommen. Wäre die Gesamtgesellschaft ein menschlicher Körper, welche Rolle würden dann Sie, der Kriminalist, darin einnehmen?«

Pei schüttelte den Kopf. Er gab sich keinen Illusionen hin, dem Polizeichef bei seinem Gedankenspiel hinterherzukommen, dessen Einzelheiten dieser offenkundig über viele Jahre ausformuliert hatte, also hörte er bloß zu.

»Sie wären der Chirurg.« Song musterte ihn mit zusammengekniffenen Augen. »Sie operieren an den schwärenden Wunden dieses Leibes und müssen mit Ihrem Skalpell hin und wieder auch ein Stück Fleisch entfernen, das nicht mehr zu retten ist. Das ist eine absolut entscheidende Rolle. Ohne Sie würde die Gesellschaft sehr schnell erodieren, der Patient schließlich sterben.«

Keine allzu originelle Metapher, die Pei außerdem nicht zum ersten Mal hörte. Bis das Gespräch plötzlich eine unerwartete Wendung nahm. »Leider haben Sie zwar ein Leben gerettet, sind aber kein herausragender Arzt. Ein noch besserer medizinischer Fachmann wäre in der Lage, dem Patienten dabei zu helfen, sich veränderten Bedingungen anzupassen und eben gar nicht erst krank zu werden oder sich zu verletzen.«

Peis Gedanken rasteten bei Ding Ke ein, der ehemaligen Legende der Polizeiwelt. Dieser unbesiegbare Ermittler war auf dem Gipfel des Erfolgs zurückgetreten und verschwunden, weil er genau das erkannt hatte. Den Rest des Lebens hatte er verborgen im Fundament der Gesellschaft verbracht und seine Kraft darauf verwendet, dafür zu sorgen, dass Verbrechen möglichst gar nicht erst begangen wurden. Und in der Tat hatte er sich bis zum Tod seines Sohns eine beschauliche kleine Welt erschaffen, von der die meisten Menschen nur träumen konnten.

Song hatte Peis Gesicht aufmerksam betrachtet und wusste, dass sein Gegenüber begriffen hatte. »Deswegen lautet einer unserer Leitsprüche auch, dass es wichtiger ist, die Menschen mit dem Gesetz vertraut zu machen, als es zu vollstrecken. Gäbe es nur gesetzestreue Bürger, wäre diese Gesellschaft auch nicht mehr krank – und das wäre unser oberstes Ziel als Polizei. Nur Kriminalisten wie Sie wären dann vielleicht ihren Job los.«

Pei brachte es nicht übers Herz, über diesen Witz zu lachen, sondern seufzte bloß. »Ausschließlich gesetzestreue Bürger? Wie soll das gehen?«

»Sie haben recht, es ist unmöglich«, sagte Song, der jetzt nicht mehr lächelte. »Und genau das wollte ich heute mit Ihnen besprechen.«

Pei setzte sich gerade hin und wartete gespannt.

»Es ist unmöglich, jeden in unserer Gesellschaft dazu zu bringen, sich an die Gesetze zu halten, genauso wie niemand für immer gesund bleiben kann – was für Vorsichtsmaßnahmen man auch ergreift, irgendwann wird jeder Mensch krank. Warum, glauben Sie, ist das so?«

Pei hielt seinen Mund geschlossen.

Der Polizeichef ließ die Stille wirken, bis er schließlich bedächtig sagte: »Umwelt.«

»Umwelt?«, wiederholte Pei leise.

»Niemand kann seiner Umwelt entkommen – das ist das Problem, vor dem wir beide stehen. Keime und Bakterien aus unserer Umwelt dringen in unsere Körper ein und machen uns krank. Sie infizieren unsere Wunden und lassen sie faulen. Irgendwann bleibt uns keine andere Wahl mehr, als einen Arzt aufzusuchen, der uns mit Medikamenten oder einer Operation hilft. Und der Gesellschaft insgesamt ergeht es nicht anders.« Der Polizeichef breitete die Arme aus. »Was ich eben gesagt habe, war also ein Scherz. Natürlich werden Kriminalisten wie Sie niemals ohne Arbeit sein.«

Pei hatte das Gefühl, allmählich dahinterzukommen. »Um die Gesellschaft also gesund zu halten, ist das Wichtigste, was wir tun können, unsere Umwelt zu reinigen, Keime und Bakterien zu eliminieren.«

»Sie sagen ›reinigen‹, aber vollkommene Reinigung kann es nicht geben. Der einzige Weg, völlig keimfrei zu bleiben, besteht darin, sich komplett von der Umwelt abzuschneiden.« Er vollführte eine weitere ausladende Geste. »Schauen Sie sich um. Ist es irgendwo wirklich sauber? Bakterien lauern in jeder Ecke, und sobald man eine Gruppe abtötet, taucht die nächste auf.«

Pei verstand endlich, was all das mit der gegenwärtigen Situation zu tun hatte. »Worauf Sie also hinauswollen, ist Folgendes: Die kriminelle Energie der Longyu-Gesellschaft wirkt wie Bakterien, die unsere Gesellschaft krank machen. Sobald man einen Straßenzug desinfiziert hat, taucht die nächste Ladung auf und nistet sich erneut ein.«

Der Polizeichef nickte. »Exakt. Deng Huas Tod hat ein Machtvakuum in der Unterwelt hinterlassen. Es standen jede Menge andere Gruppierungen bereit, um sofort zu übernehmen, unter anderem auch Gao Desen, der schon vorher eine Hausnummer war. Mir war klar, dass es nicht lange dauern konnte, bis er sich an die Spitze des Rudels setzen will, also habe ich Qian Yaomin angewiesen, nun seine Organisation zu infiltrieren. Natürlich können wir nicht jedes letzte Bakterium abtöten, aber ein gezieltes Vorgehen gegen die gefährlichsten Erreger ist unverzichtbar. Eine besondere Infektion verlangt nach besonderen Medikamenten; so muss man beispielsweise einen neuen Impfstoff entwickeln, um die schlimmsten Infektionskrankheiten zu bekämpfen.«

Pei grunzte zustimmend. »Also war Qian Yaomin Ihre Version eines polizeilichen Antikörpers.«

Song nickte, seufzte dann aber. »Eine Schande, dass dieser Antikörper nicht schon gegen Deng Hua zum Einsatz kommen konnte.«

Der niedergeschlagene Blick des Polizeichefs eröffnete Pei endgültig, warum Song Unternehmen Ernte unbedingt hatte verlängern wollen – damit Qian Yaomin eben doch noch Verwendung fand, indem er gegen diese neue und tödliche Infektion eingesetzt wurde.

Song hob die Teetasse an und betrachtete, wie sich die Oberfläche darin langsam beruhigte. Pei nutzte diesen Moment, um die Frage zu stellen, die ihn am meisten beschäftigte. »War es Teil Ihres Plans, dass Qian Yaomin Hua töten sollte?«

»Da lässt sich nur schwer eine klare Linie ziehen.« Song lehnte sich zurück und schaute sogar ein wenig beschämt.

»Beweggründe hin oder her, es wäre sämtlichen Polizei-prinzipien zuwidergelaufen, eine Explosion in einem zivilen Umfeld zu verursachen, insofern hätte ich solch einen Befehl niemals erteilen können. Qian Yaomin hat das zum Wohle des Plans selbst in die Hand genommen. Gao Desen wollte Hua ausschalten, also hat Qian die Gelegenheit genutzt, sein Vertrauen zu gewinnen.«

»Dann hat er auf eigene Faust gehandelt?« Pei sah zu Boden, wusste nicht, was er sagen sollte. Irgendwann sah er auf und murmelte. »Wie schrecklich ...«

»Wir müssen das aus seiner Sicht betrachten«, sagte der Polizeichef. »Er war so viele Jahre undercover, ohne wirklich etwas vorweisen zu können, weil es ihm nie gelungen war, Deng Hua zu erweichen. Er hatte gerade erst die Seiten gewechselt, also würde natürlich auch Gao Desen entsprechend misstrauisch sein. Hua zu töten, war der beste Weg, Gao zu beweisen, dass er ihm vertrauen kann. In solchen speziellen Situationen haben unsere verdeckten Ermittler den nötigen Spielraum, im eigenen Ermessen zu entscheiden. Schon richtig, er hat eine Methode angewendet, die wir nicht abgesprochen hatten, und dadurch eine Unschuldige verletzt. Dass er das unmöglich vorhersehen konnte, macht es nicht weniger betrüblich.«

Pei schwieg. Sein »schrecklich« hatte sich nicht auf die Explosion bezogen, sondern auf die zugrunde liegende Motivation, die zu Leopardenkopfs Handlung geführt hatte.

Obwohl er als verdeckter Ermittler eingeschleust worden war, hatte sein Verhalten der Ermittlung nicht geholfen. Er hatte sogar alles darangesetzt, möglichst nicht aufzufallen. Sein eigentliches Ziel mochte durchaus nicht der Erfolg von Unternehmen Ernte, sondern die Erfüllung eines geheimen eigenen Plans gewesen sein. Je länger er darüber nachdachte – was sollte Leopardenkopf dazu motiviert haben, fast elf Jahre an Ort und Stelle zu bleiben, wenn nicht größere eigene Ambitionen, für die sich dieser Aufwand lohnen würde?

»Worüber denken Sie nach?« Der Polizeichef konnte sehen, dass Pei ihm etwas verschwieg.

Pei schüttelte den Kopf. Vieles davon konnte er noch nicht aussprechen, und es hätte wohl ohnehin nichts gebracht. »Was wollen Sie nun mit ihm anstellen?«, fragte er also bloß.

»Kamerad Qian war elf Jahre lang im Untergrund. Was immer er erreicht hat, er ist auf jeden Fall ein Held unserer städtischen Polizei.« Obwohl er die Frage nicht beantwortet hatte, war damit eindeutig klar, wo Song stand.

Pei hatte es nicht anders erwartet. Stumm drehte er den Kopf und starrte aus dem Fenster in den herbstlichen Himmel.

»Ich weiß, dass Sie eigene Ansichten vertreten«, sagte der Polizeichef gelassen. »Auch deshalb habe ich Ihnen den Fall entzogen, um Sie nicht in eine unangenehme Situation zu bringen.«

»Ich verstehe«, sagte Pei. »Ich verstehe vollkommen.«

Der Polizeichef nickte und nahm abermals seine Tasse zur Hand.

Das schien ein Signal zum Aufbruch zu sein. »Darf ich dann gehen?«, fragte Pei.

»Ja, widmen Sie sich wieder Ihrer Arbeit.« Polizeichef Song trank einen Schluck Tee und blätterte mit einer Hand durch die Akten auf seinem Schreibtisch. »Habe ich damit alles vorliegen?«

Pei grunzte zustimmend. Als er sich erhob, stützte er sich

mit der rechten Hand an der Tischkante ab und brachte es fertig, ungesehen eine kleine Asservatentüte mitgehen zu lassen. Auf seinem Weg Richtung Tür zupfte er sich die Ärmel zurecht und ließ die Tüte in der Brusttasche verschwinden.

KAPITEL VIERZEHN

ELEGIE

23. OKTOBER 2003

Der junge Mann erwachte erfrischt und voller Tatendrang.

Seine Zweizimmerwohnung war nur eine von vielen, die er im Raum Chengdu gemietet hatte, eine von mehreren, die als Notunterschlupf ausgestattet waren. Nachdem er Zhang Haifengs Wagen abgestellt hatte, war er in der regnerischen Nacht verschwunden und hielt sich seitdem bedeckt.

Der Besitzer der Wohnung lebte im Ausland, und der junge Mann hatte einen Dauerauftrag eingerichtet, sodass die Miete regelmäßig bezahlt wurde und er sich keine Sorgen machen musste, eventuell gestört zu werden.

Er stieg aus dem Bett und zog die Vorhänge beiseite. Licht strömte ins Zimmer. Draußen wirkte es zwar schon herbstlich, aber immerhin war der Himmel klar. Er schaute aus dem Fenster und beschloss, den heutigen Tag für ein paar Erledigungen zu nutzen. Nachdem diese Entscheidung gefallen war, ging er in die Küche, wo zwei große Kühlschränke alles enthielten, was er theoretisch brauchen würde – Medikamente, Lebensmittel, Getränke, Konserven.

Zur Not konnte er mehrere Monate in dieser Wohnung verbringen.

Er schnappte sich eine Milchtüte und eine Scheibe Brot, verputzte sie in Windeseile, wusch sich gründlich die Hände und betrat die kleine Kammer gegenüber des Schlafzimmers.

Dort standen zwei große Kleiderschränke, vollgestopft mit allen erdenklichen Klamotten, darunter auch eine Polizeiuniform und ein Arztkittel. Es waren sogar einige Damenoutfits dabei, lange Kleider und Seidenstrümpfe.

Zwischen den beiden Schränken stand eine Frisierkommode. Der junge Mann nahm vor dem Spiegel Platz und betrachtete sein schönes Gesicht.

Er schüttelte den Kopf und seufzte, als missfalle ihm der Anblick. Lange starrte er sich an, dann nahm er eine kleine Schere zur Hand und stutzte seine buschigen Augenbrauen, bis nur noch spärliche Borsten übrig waren. Als Nächstes setzte er sich flink und geübt Kontaktlinsen ein, die seine glänzend schwarzen Augen in milchiges Grau tauchten.

Die Linsen reichten allerdings nicht aus, um seine Augen ganz zu tarnen, weshalb er sich zusätzlich eine schwarze Hornbrille ohne Stärke aufsetzte, die in den Bügeln über unsichtbare Umbauten verfügte. Vorne zogen unsichtbare Haftpolster an der Schläfenhaut, wodurch die Augen länglicher und die Augenwinkel leicht nach oben verlagert wurden. Hinten drückten sie die Ohrmuscheln heraus, sodass diese deutlich weiter abstanden.

Nachdem die obere Gesichtshälfte somit fertig war, steckte sich der junge Mann falsche Zähne in den Mund. Sie waren gelblich und standen so weit heraus, dass er den Mund kaum noch schließen konnte. Außerdem drückten Kunststoffpolster die Wangen nach außen, was seine Gesichtsform vollkommen veränderte und ihm einen Überbiss bescherte.

Der junge Mann grinste sich an, wodurch die Zähne noch mehr herausstachen. Einzig seine Nase blieb, wie sie war; ansonsten hatte er sich so sehr verändert, das er sich selbst nicht mehr erkannte.

Im Aufstehen zog er die zerzauste Perücke vom linken Spiegelhalter und streifte sie über. Das lange, gelockte Haar verdeckte die Brillenbügel, wodurch deren Modifikationen endgültig verschwanden.

Seine Gesichtstarnung war also komplett, fehlte nur noch das passende Outfit. Er schritt vor den beiden geöffneten Kleiderschränken auf und ab; schließlich entschied er sich für eine klobige Jacke, die ihm etwas zu groß war – genau richtig. Er kehrte zum Spiegel zurück und ließ die Schultern hängen. Nun hatte er einen hässlichen, gebückten Mann mit leblosen kleinen Augen vor sich. Er sah aus, als hätte er sich seit Tagen nicht mehr gewaschen, die Haut im Gesicht wirkte trocken und matt. Die Jacke hing an ihm herab, die Ärmel ragten halb über die Hände. Die sperrige Brille sah aus, als müsste sie seine Nase platt drücken.

»Auf geht's«, sagte der junge Mann zu seinem Spiegelbild. Er zog den Kopf ein, um noch ein wenig schüchterner zu wirken. Er sah haargenau aus wie ein arbeitsloser junger Kerl – wahrscheinlich Absolvent einer drittklassigen Uni irgendwo auf dem Land.

*

Mu Jianyun saß am Schreibtisch und bereitete den Unterricht für ihr Seminar in Kriminalpsychologie für den folgenden Tag vor, als es plötzlich an der Tür klopfte.

»Wer ist da?«, rief sie und verließ das Arbeitszimmer, während von draußen die Antwort kam. »Paket für Sie.«

Sie öffnete die Tür und sah einen Kerl mit Schirmmütze, der ihr ein Paket in die Hand drückte. »Sie sind doch Zheng Jia?«

»Zheng Jia?«, wiederholte sie erschrocken.

Der Typ sah sie an. »Sie sind es nicht.«

Mu schüttelte den Kopf. »Nein.« Sie schaute über die Schulter. Zheng Jia saß im Nebenzimmer, aber ihr Augenlicht hatte sich noch nicht weit genug erholt, um sich ohne Schwierigkeiten fortzubewegen. »Kann ich für sie unterschreiben?«

»Klar. Kann ich Ihren Ausweis sehen?«

Mu reichte ihm den Ausweis und unterschrieb die Lieferbescheinigung mit einem »Im Auftrag von« als Zusatz. Sie gab dem Boten den Zettel, der sich umdrehte und verschwand. Mu schloss die Tür und ging zum Schlafzimmer.

Die Tür stand offen, trotzdem klopfte sie vorsichtig. »Komm rein«, erklang Zheng Jias helle Stimme sofort.

Zheng Jia saß an ihrem Tisch und las im Lampenschein ein Buch. Die treue Niuniu lag zu ihren Füßen. Zheng Jias Augen waren noch zu schwach für grelles Licht, also hielt sie tagsüber die Vorhänge geschlossen und gewöhnte sich langsam daran, alltägliche Dinge im Lampenlicht zu erledigen.

Wann immer sie sonst nichts zu tun hatte, las sie Bücher. Da sie ihr Augenlicht im Alter von zehn Jahren eingebüßt hatte, war ihre Lesefähigkeit auf Grundschulniveau stehen geblieben, weshalb sie stets ein Wörterbuch daneben liegen hatte, denn noch bereiteten ihr selbst einfache Romane Probleme.

Sie ließ das Buch sinken und lächelte Mu an. »Was gibt es, Jianyun?« In den zwei Monaten, die Zheng Jia jetzt schon bei ihr wohnte und von ihr versorgt wurde, waren die beiden wie Schwestern zusammengewachsen. Niuniu erhob sich und wedelte fröhlich mit dem Schwanz.

»Da ist ein Paket für dich gekommen. Ich habe für dich unterschrieben.« Mu stellte das Paket auf den Tisch.

»Ein Paket, für mich? Wer weiß denn, dass ich hier bin?«, fragte Zheng Jia verwirrt. Sie kannte ohnehin nicht viele Leute, und kaum jemand wusste, wo sie wohnte. Sie hob das Paket an und drehte es, aber die Felder für Name und Adresse des Absenders waren leer.

Die rätselhafte Zustellung ließ ihr Herz schneller schlagen. Konnte das Paket von ihm sein? Passte es nicht genau zu ihm, sich aus heiterem Himmel plötzlich zu melden? Die Vorstellung ließ sie frösteln. Mit glitzernden Augen wandte sie sich an Mu. »Das ist ... vielleicht kommt es von einem ... sehr engen Freund ...«

Mu begriff sofort und grinste. »Dann lass dir Zeit damit, ich verschwinde.« Sie verließ den Raum, schloss die Tür und kehrte an ihren Schreibtisch zurück.

Ihr kleines rotes Handy lag auf dem Tisch. Sie durchsuchte die Adressliste nach Peis Nummer und rief ihn an.

Sobald er sich meldete, sagte sie leise: »Zheng Jia hat gerade ein Paket ohne Absender bekommen. Vielleicht ist es von ihm.«

Pei war sofort wachsam. »Was ist drin?«

»Weiß ich nicht. Sie hat sehr geheimnisvoll getan und wollte mich beim Öffnen nicht dabeihaben, also nehme ich an ...«

»Schon klar«, unterbrach er sie. »Leiste ihr einfach Gesellschaft. Vielleicht ist es gar nichts. Ich komme gleich rüber.«

»In Ordnung.« Sie legte auf, warf einen Blick auf die geschlossene Tür zum Schlafzimmer und fühlte sich schon besser.

Im selben Moment hatte Zheng Jia auf der anderen Seite der Tür das Paket geöffnet und dessen Inhalt auf dem Tisch verteilt. Neben einigen Bögen Papier war auch ein nagelneues Handy dabei. Sie nahm es in die Hand, und als sie sich gerade fragte, was sie damit anstellen sollte, begann es auf ihrem Handteller zu tanzen.

Erschrocken schaute sie aufs Display: ein eingehender Anruf. Das Telefon musste bereits auf Vibrieren eingestellt gewesen sein, und jetzt passte sich ihr Herz dem Rhythmus an. Schnell nahm sie den Anruf entgegen, brauchte aber eine Weile, bis sie das Handy ans Ohr gelegt hatte, als müsste sie erst die nötige Kraft sammeln.

Der Anrufer schwieg, aber sie hörte deutlichen Atem.

Schließlich brach sie selbst das Schweigen. »Hallo?«

Noch eine kurze Pause, dann hörte sie endlich die Stimme, nach der sie sich gesehnt hatte.

»Hallo.« Nur ein einziges Wort, aber sie erkannte den sanften, vertrauten Klang seiner Stimme sofort wieder, die sie auch im Traum oft gehört hatte.

»Wo bist du?« Sie klammerte sich an dem Telefon fest, als könnte sie damit auch ihn an sich halten.

Er räusperte sich, antwortete aber nicht.

Sie glaubte seine Stimmung zu spüren und lächelte grimmig. »Willst du mich nicht sehen?«

Seine Antwort fiel knapp aus. »Nein.«

Enttäuscht biss sie sich auf die Lippe. »Warum nicht?«

»Weil …« Er seufzte. »Ich will nicht, dass du weißt, wie ich aussehe.«

Was für eine Begründung war das denn bitte? »Wieso nicht?«

»Wenn du mich sehen würdest, wäre deine Vorstellung von mir völlig zerstört.«

Sie ahnte, was er meinte. »Hältst du dich für hässlich?«, fragte sie vorsichtig.

»Ja.« Und mit noch mehr Emphase: »Abstoßend.«

»Na und?«, sagte sie ehrlich. »Wenn ich jemanden mag, dann nur wegen seines Charakters, das Aussehen ist mir egal.«

Aber ihr Anrufer widersprach.

»Das mag so gewesen sein, als du noch blind warst. Aber jetzt kannst du sehen, das ändert alles.« Traurig fügte er hinzu: »Du wirst mich nicht mögen. Du mochtest nur diesen Menschen, den du nicht sehen konntest.«

Sie hörte die Mischung aus Selbsthass und Sehnsucht in seiner Stimme. Fieberhaft überlegte sie, wie sie ihn eines Besseren belehren konnte, als ihr plötzlich eine Idee kam.

Wenn dieser Mann wirklich davon überzeugt war, zu hässlich zu sein, um sich mit ihr treffen zu wollen, würde sie ihn davon wahrscheinlich nicht abbringen, was auch immer sie sagte. Konnte sie ihn aber irgendwie persönlich treffen, waren ihre Ehrlichkeit und Zuneigung vielleicht stark genug, um ihn davon zu überzeugen, dass sie meinte, was sie sagte. Diese einfache und direkte Methode erschien ihr weitaus erfolgversprechender als eine weitere Diskussion per Telefon.

Nachdem sie entschieden hatte, was zu tun war, setzte sie eine harmlose Lüge ein, um ihr Ziel zu erreichen. »Meine Augen funktionieren immer noch nicht. Selbst wenn wir uns jetzt treffen, kann ich dich nicht sehen.«

Er blieb stumm.

»Die letzte Schicht vom Verband kommt erst nächste Woche runter«, schob sie hinterher, aus Sorge, er könne ihr nicht glauben. »Willst du mich nicht wenigstens ein letztes Mal sehen? Ansonsten geht es vielleicht nie wieder, wenn mein Augenlicht einmal zurück ist.«

Ihrer Ansicht nach konnte er keinen Grund haben, sie zurückzuweisen. Sollte er einwilligen, würde sie mit einem Verband über den Augen auftauchen und ihn dann unvermittelt entfernen. Er traute sich nicht, ihr sein Gesicht zu zeigen; wenn sie es aber einmal gesehen hatte und ihn immer noch mochte, mussten sich seine Ängste in Luft auflösen.

Leider sollte all das offenbar ein Traum bleiben. Er lachte. »Du lügst. Du kannst sehr wohl schon sehen.«

»Nein«, beharrte sie. »Kann ich nicht.«

Er schnaubte. »Wenn du noch einen Verband über den Augen hast, warum müssen dann die Vorhänge geschlossen bleiben?«

Sie erstarrte und wandte sich dem Fenster zu. Die Vorhänge waren in der Tat geschlossen. Wie sollte sie das erklären?

Aber woher wusste er das überhaupt? Sowie sie sich diese Frage gestellt hatte, wusste sie, wie die Antwort lauten musste. Sie rannte zum Fenster, lupfte eine Ecke des Vorhangs und sah aus dem dritten Stock hinaus.

Es war helllichter Tag. Das Sonnenlicht fraß sich in ihre

Augen, aber sie ignorierte den stechenden Schmerz, hatte keinen Gedanken für Selbstschutz übrig. Sie suchte das Gelände vor dem Haus ab und konzentrierte sich schnell auf einen Punkt.

Ganz in der Nähe stand dort ein unattraktiver junger Mann auf dem begrünten Randstreifen. Er hielt sich ein Handy ans Ohr und schaute direkt zu ihrem Fenster hinauf. Er hatte offenbar mit ihrem Erscheinen gerechnet, wirkte keineswegs verblüfft. Ganz langsam ließ er die Hand mit dem Telefon sinken. Eine unwiderstehliche Macht schien ihn zu überkommen.

Die Macht ging von den glänzend dunklen Augen des Mädchens aus, die noch schöner erstrahlten als die Musik, die sie ihrer Violine entlockte. Diese Augen und dieses bildhübsche Gesicht schienen den jungen Mann zu überwältigen. Es war der herrlichste Anblick, den er je gesehen hatte.

Auch sie ließ das Telefon sinken und legte es an ihre Brust. Worte waren in diesem Moment überflüssig. Sie musste bloß Blickkontakt mit diesem Mann halten – das war mehr als genug, um ihre Gefühle auszudrücken.

So standen sie eine ganze Weile da und starrten einander an, während die Welt ringsum verblasste. Endlich riss sich der Mann aus seiner Verzauberung und wandte sich ab, duckte sich geradezu vor ihrem Anblick. Was die junge Frau sehr erregte, die nicht anders konnte, als laut zu schreien: »Du brauchst dich nicht zu verstecken! Es ist mir egal, wie du aussiehst!«

Er schaute ein letztes Mal zu ihr auf, aber nur kurz. Dann drehte er sich um und entfernte sich mit raschen Schritten.

»Geh nicht!«, rief sie vergeblich. Er beachtete sie nicht. Aufgebracht rannte sie aus dem Zimmer.

Mu saß im Wohnzimmer und fuhr hoch, als Zheng Jia an ihr vorbeistürmte. »Was ist los?«, rief sie, aber die junge Frau ignorierte sie und rannte zur Treppe. Mu folgte ihr, und so rannten die beiden Frauen kurz darauf draußen über die Wiese. Leider fehlte von dem Mann jede Spur.

Zheng Jia blieb stehen und schaute sich mit leerem Blick um. Erst wusste sie nicht, was sie tun sollte, dann drückte sie in plötzlicher Eingebung eine Taste auf ihrem Handy.

Eine mechanische weibliche Stimme antwortete: »Dieser Anschluss ist vorübergehend nicht erreichbar.«

Zheng Jia ließ das Telefon sinken. Das Sonnenlicht brannte in ihren schönen Augen, trotz des Films aus Tränen, der sich gebildet hatte.

Mu legte ihr sanft eine Hand auf die Schulter. »Was ist passiert?«

»Das war mein Freund …«, sagte Zheng Jia niedergeschlagen. »Er will mich nicht mehr sehen.«

Mu begriff langsam, was passiert war. Sie nahm Zheng Jia bei der Hand und sagte leise, aber eindringlich: »Lass uns wieder raufgehen, das Licht hier ist viel zu stark. Dann kannst du mir in Ruhe von deinem Freund erzählen.«

Zheng Jia nickte. Sie musste jemandem ihr Herz ausschütten, und Mu war eine willige Zuhörerin.

Etwa zwanzig Minuten später traf Pei ein und fand die Tür zu Mus Wohnung offen vor. Sie selbst stand draußen auf dem Gang.

»Was ist los?«, fragte er und spähte durch die Tür. Zheng Jia war nirgendwo zu sehen.

»Sie ist im Schlafzimmer«, sagte Mu leise und winkte ihn zur Seite. »Lass uns hier draußen reden.«

Pei folgte ihr die Treppe hinab auf den nächsten Flur. Mu

schaute ihn ernst an. »Ich habe gerade länger mit ihr gesprochen. Ich fürchte, du hast die Lage falsch eingeschätzt.«

»Was?« Pei wurde schwer ums Herz. Mus Gesichtsausdruck ließ keinen Zweifel an ihren schlechten Neuigkeiten.

»Eumenides war eben hier. Er hat Zheng Jia gesehen.« Mu machte eine kurze Pause und schob dann mit Nachdruck hinterher: »Aber es scheint ihr Abschiedstreffen gewesen zu sein.«

»Sie haben sich getroffen?«, rief Pei entgeistert. Hatte Eumenides keine Angst davor, dass sie herausfand, wer er war?

»Ja, aber nicht im klassischen Sinn.« Mu schlang sich die Arme um den Oberkörper. »In dem Paket war ein Handy. Eumenides hat sie angerufen und ans Fenster gelockt – er stand unten vor dem Haus. Was sie aber gesehen hat, war ein hässlicher junger Kerl. Er hat sein Aussehen als Grund vorgeschoben, sich ihr nicht nähern zu wollen. Als sie unten ankam, war er bereits weg und sein Handy ausgeschaltet.«

Pei wusste zu gut, dass man Eumenides keinesfalls als hässlich beschreiben konnte. »Er hat sich verkleidet?«

Mu nickte. »Wahrscheinlich. Deshalb hat er sich auch nur aus der Ferne betrachten lassen.«

Das ergab Sinn. Selbst die beste Verkleidung konnte nur bis zu einer gewissen Entfernung standhalten. Der einzige Grund, dafür zu sorgen, dass sie ihn vom Fenster aus sah und er verschwand, ehe sie sich nähern konnte, bestand darin, dass sie nicht sehen sollte, wie er wirklich aussah. Aber warum überhaupt plötzlich auftauchen? Mit einer Verkleidung, die bei näherer Betrachtung aufflog? Wozu das alles?

Während Pei noch grübelte, fragte Mu: »Und bei dir? Wie läuft's?«

»Hmm?« Pei zog die Stirn kraus und wusste nicht, worauf sie hinauswollte.

»Hattest du nicht gesagt, Eumenides würde sämtliches Bildmaterial bezüglich Du Mingqiang vernichten wollen? Hat er schon irgendwas unternommen?«

»Ich glaube, das hat er«, sagte Pei nachdenklich. »Vor ein paar Tagen gab es beim Lokalfernsehen einen Einbruch. Ein paar Originalaufnahmen sind verschwunden, darunter auch die Berichterstattung über Dus Gerichtsverhandlung. Ein höchst professioneller Einbruch, bestimmt war er das. Sein nächstes Ziel dürften unsere Ermittlungsakten sein. Ich habe entsprechende Vorkehrungen getroffen, unter anderem hat Zeng Rihua ein paar Fallen gebaut. Sollte er versuchen, unser System aus der Ferne anzugreifen, sind wir ihm sofort auf der Spur.«

Mu schüttelte den Kopf. »Das wird nicht funktionieren.«

Pei rümpfte die Nase. Woher wollte sie das wissen? Aber Mu hielt den Beweis dafür in der Hand – ein Blatt Papier, das sie ihm nunmehr reichte. »Das hier hat er Zheng Jia geschickt.«

Pei faltete das Blatt auf. Den Großteil der Seite nahm ein Foto von Du Mingqiang ein, unter dem stand: »Du Mingqiang, männlich, 25 Jahre. 2002 von Polizeihauptmann Pei Tao festgenommen und beschuldigt, der Serienmörder Eumenides zu sein. Aus Mangel an Beweisen zu lediglich fünf Jahren Haft verurteilt. Am 11. Oktober 2003 aus dem Gefängnis ausgebrochen. Im Verlauf des Ausbruchs unter Verwendung des Namens Eumenides zwei Menschen umgebracht und einen weiteren schwer verletzt.«

Pei war fassungslos. »Wie kann das sein?« Er war fest davon überzeugt gewesen, dass Eumenides alles daransetzen würde, jegliches Bildmaterial über Du Mingqiang zu vernichten, um seine wahre Identität vor Zheng Jia zu verbergen. Stattdessen hatte er ihr sein Foto sogar per Post geschickt. Was wollte er damit bezwecken?

»Er wird Zheng Jia nie mehr wiedersehen; dieses Foto ist sein endgültiger Abschied. Nur deswegen hat er sich ihr heute so hässlich gezeigt. Er will sich selbst den Fluchtweg abschneiden. Mit anderen Worten: Er hat sich ein für alle Mal für Eumenides entschieden.«

Mus Worte ergossen sich wie ein Bach aus Eis in Peis Herz. Er hatte verstanden. Der junge Mann wollte sein tatsächliches Aussehen fest an den Namen Eumenides knüpfen; seine Stimme und alternative Persönlichkeit würden derweil mit dem hässlichen Gesicht von heute verbunden bleiben, um eine vollständige Figur zu schaffen, die nur in Zheng Jias Herzen leben sollte, selbst wenn sie ihn nie wiedersah.

Pei verspürte tiefe Bitterkeit, aber auch einen kleinen nagenden Zweifel. »Wenn er bereits entschieden hatte, sich von ihr zu verabschieden, warum dann überhaupt ausbrechen?«

Mu lächelte grimmig – auch über diese Frage hatte sie bereits nachgedacht. »Er hat sein Herz verschlossen und sich darauf vorbereitet, ganz zu Eumenides zu werden, wollte aber diese andere Version seiner selbst wenigstens in Zheng Jias Herzen am Leben erhalten. Er ist nicht ausgebrochen aus Angst, sie könnte sein Gesicht sehen, sondern aus Angst, sie könnte seine Stimme erkennen.«

Das war es also. Der junge Mann hatte seine beiden Rollen nicht verbinden wollen, sondern das genaue Gegenteil bezweckt. Sie waren nunmehr vollständig voneinander getrennt: schwarz und weiß, eine grausam, eine sanftmütig, eine schön, eine hässlich. Eine würde den Pfad beschreiten, der sein Schicksal zu sein schien, die andere würde sich zu einer Art geisterhafter Essenz verflüchtigen, die nur noch im Herzen einer einzigen jungen Frau Bestand hatte. Von diesem Tag an kannte Zheng Jia das Gesicht des Mannes, der ihren Vater ermordet hatte, und konnte sich gleichzeitig voll Trauer an diese Stimme klammern, an die sie sich erinnerte. Um das zu erreichen, hatte der junge Mann die Verbindung zwischen Gesicht und Stimme kappen müssen. Er war also ausgebrochen, um beim Fernsehsender einzubrechen, der das einzige Beweismittel besaß, das beides verknüpfte.

Pei trat ans Fenster des Treppenhauses und starrte ausdruckslos hinaus. Der junge Mann war lange verschwunden, aber er stellte sich vor, in der Ferne eine einsame Gestalt zu sehen, die davontrottete.

Mu kam an seine Seite. Sie spürte seinen Trübsinn und legte ihm sanft eine Hand auf den Rücken. »Aus Sicht der Ermittlung mag das der schlechteste aller möglichen Ausgänge sein, aber vergiss nicht, aus Zheng Jias Perspektive ist es vielleicht sogar das Beste.«

Pei nickte.

Die Aktionen des jungen Mannes zielten eindeutig darauf ab, Zheng Jia zu schützen. In der ganzen Geschichte war diese junge Frau die einzige Figur, die rein und unschuldig blieb. Niemand konnte ertragen, ihr ein Leid anzutun, weder Pei noch Mu, weder Hua noch Eumenides.

Diese Vorstellung hob seine Stimmung ein wenig. Nur einen Gedanken konnte er nicht ignorieren: Er und der junge Mann waren somit dazu bestimmt, bis zum bitteren Ende zu kämpfen. Es gab kein Zurück mehr.

*

Zheng Jia war hergekommen, um ihre Niuniu abzuholen.

Jetzt, da sie ihr Augenlicht wiedergewonnen hatte, musste ihre Blindenhündin ein paar neue Dinge lernen.

Der Ausbilder brachte Niuniu. Zheng Jia bat darum, gezeigt zu bekommen, was ihre Hündin im Lauf des letzten Monats gelernt hatte, und wurde in einen der abgetrennten Trainingsbereiche geführt.

Es handelte sich um ein ehemaliges Lagerhaus, einen großen Raum von über zehn Metern Tiefe. Vor der Rückwand standen mehrere Schaufensterpuppen in verschiedener Kleidung, die sie aus der Entfernung menschlich wirken ließ.

Der Ausbilder verband Niuniu die Augen, sodass sie sich ganz auf ihre feine Nase verlassen musste. Plötzlich schien sie etwas zu wittern und hob den Kopf.

Der Ausbilder ließ ihre Leine los und tätschelte ihr den Rücken. »Na los!«

Niuniu senkte den Kopf, trottete davon, schnüffelte am Boden, folgte einer unsichtbaren Spur. Schnell hatte sie die Puppen erreicht und biss einer von ihnen ins Bein.

Zheng Jia lächelte. Die Puppe trug eine Sträflingsuniform, die sie dem Ausbildungszentrum höchstpersönlich zur Verfügung gestellt hatte. Sinn und Zweck von Niunius Sonderausbildung war gewesen, ihr beizubringen, wie sie den Mörder von Zheng Jias Vater aufspüren konnte: Eumenides.

*

Mu Jianyun betrat den Speisesaal, sah sich um und entdeckte Pei Tao nach wenigen Sekunden. Er hatte einen Platz am Fenster und erhob sich, um ihr zu winken. Sie lächelte und ging zu ihm. Heute sah sie anders aus als sonst. Die auffälligste Veränderung stellten die offenen Haare statt des üblichen Pferdeschwanzes dar. Sie ergossen sich in schwarzen Kaskaden über ihre Schultern und bescherten ihrem Aussehen jene Sanftheit, die den Damen aus Jingnan zu eigen ist.

Pei stand höflich still, bis sie den Tisch erreicht hatte, dann zog er ihren Stuhl hervor. Mu nickte, dankte ihm, zog den blassgelben Regenmantel aus und setzte sich.

Pei nahm ihr den Regenmantel ab und faltete ihn über die hohe Rücklehne ihres Stuhls, während Mu mit beiden Händen ihr Haar glättete. Sie trug einen eng anliegenden Pullover in leuchtendem Lila. Pei stand hinter ihrem Stuhl, spürte ihre Körperwärme und den Geruch ihrer Haare in der Luft. Einen Moment lang war er wie berauscht und wollte nicht an seinen Platz zurückkehren.

Mu schaute über die Schulter, ihre Blicke trafen sich. Pei errötete wie ein Kind, das beim Klauen von Süßigkeiten erwischt wird. Mu lachte. »Komm. Setz dich.«

Pei ging schnell zu seinem Stuhl. Wieder schauten sie einander an, aber Pei wandte bald den Blick ab, unsicher, was er sagen sollte.

Irgendwann wurde Mu die Stille zu lang. »Was ist los?«

»Nichts, ich ...« Pei atmete tief durch. »Du bist nur – du siehst heute anders aus.«

»Ach?« Mu sah an sich herab. »Gefällt's dir nicht?«

»Doch, doch.« Pei sah sie mit großen Augen an und schien seinen Mut zusammenzunehmen. »Du bist sehr schön«, sagte er entschlossen.

Mu strahlte und warf zufrieden die Haare zurück.

Ein Kellner erschien mit der Karte. »Guten Abend. Wer von Ihnen möchte bestellen?«

Pei deutete auf Mu. »Mach du. Und keine falsche Bescheidenheit bitte.«

Mu grinste. »Na, dann werde ich dir ein fürstliches Mahl entlocken.« Trotzdem war sie recht bescheiden und bestellte sich nur zwei oder drei Gerichte mittlerer Preisklasse. Dann reichte sie Pei die Karte. »Übernimm du den Rest.«

Pei erkundigte sich nach den Spezialitäten des Hauses, bestellte diese sowie Getränke dazu. Der Kellner verschwand. Pei hatte bereits eine Kanne grünen Tee geordert, ehe Mu angekommen war, und schenkte ihr eine Tasse ein.

Mu schloss die Hände um die Tasse und wärmte sich. Ihr Blick wanderte zur Plattform in der Mitte des Saals. »Wann fängt Zheng Jia an?«

»Um sieben.« Pei schaute auf die Uhr. »Dauert noch ein bisschen.«

Mu nickte und spürte leise Ungeduld. Als Pei sie zum Essen eingeladen hatte, hatte sie das *Grüner Frühling* vorgeschlagen. Sie wollte Zheng Jia unbedingt spielen hören.

Sie nippten am Tee und unterhielten sich hin und wieder ein wenig. Das Essen brauchte seine Zeit. Pei schaute sich um und stellte fest, wie voll es inzwischen war – die Küche hatte sicher jede Menge zu tun. »Wo kommen all die Leute her? Es ist doch noch nicht Wochenende.«

Mu warf ihm einen seltsamen Blick zu.

»Nein, wirklich ...« Er machte eine ausladende Geste. »Es sieht so aus, als ob die alle verfrüht feiern würden.«

»Verfrüht feiern?« Mu starrte ihn an und begriff allmählich. »Welchen Feiertag meinst du?«

»Neujahr. Sieh nur, wie schön sie alles geschmückt haben. Ist das nicht schon für die Neujahrsfeier gedacht?« Pei zuckte mit den Schultern. »Aber heute ist es brechend voll, die scheinen ihre Feier alle vorzuverlegen ...«

Mu konnte es nicht länger ertragen. Sie stellte die Tasse ab. »Du weißt wirklich nicht, warum es hier heute so voll ist?«

»Warum?«, fragte er ahnungslos.

Mu schüttelte den Kopf und fühlte ihre Freude verebben. Aber als sie jetzt darüber nachdachte, dämmerte ihr, dass jemand in Peis Alter wahrscheinlich nichts von diesem neumodischen Feiertag namens Weihnachten wusste. Leider nichts Ungewöhnliches. Und sie Ärmste hatte für heute eine ganze Reihe anderer Einladungen ausgeschlagen, nur um jetzt hier mit diesem Holzklotz zu sitzen.

Ihm blieb nicht verborgen, dass sie unglücklich dreinschaute. »Was ist? Was ist so besonders am heutigen Abend?«

»Nichts.« Sie winkte ab und gab sich Mühe, sich aufzuheitern. »Warum hast du mich zum Essen eingeladen?«

Er zögerte, ehe er ausweichend antwortete: »Ich muss was mit dir besprechen.«

Mu wusste, eine Rückfrage wäre zwecklos gewesen – er würde es ihr sagen, sobald er dazu bereit war. Sie wechselte das Thema. Zum Glück kannten sie sich gut genug und konnten, statt stumm dasitzen zu müssen, auf eine Menge Themen zurückgreifen.

Als sie den Tee gerade beendet hatten, wurde das Essen gebracht. Pei schenkte ihr Mineralwasser ein und hob sein Bierglas. »Werte Frau Dozentin, da arbeiten wir schon seit über einem Jahr zusammen, und ich habe dich nicht ein einziges Mal zum Essen ausgeführt. Dieses Versäumnis sei hiermit behoben. Trinken wir auf zukünftigen Erfolg, und mögest du immer so jung und schön bleiben.«

Mu stieß mit ihm an und kicherte. »Ach, wenn das nur möglich wäre. Ein ganzes Jahr vorbei, und ich bin auch ein Jahr älter ...«

»Was man dir nicht ansieht.« Er trank einen Schluck. »Wenn du über den Campus läufst, halten dich sicher viele Leute für eine Studentin.«

»Du weißt auf jeden Fall, wie man einem Mädchen Komplimente macht«, gab Mu zurück und trank ebenfalls.

Pei stellte sein Glas ab. »Essen wir. Die Huaiyang-Küche hier soll sehr authentisch sein.«

Mu zückte ihre Essstäbchen und probierte ein paar Kleinigkeiten. Ringsum brandeten Applaus und Johlen auf. Sie hob den Blick. »Zheng Jia spielt gleich.«

Pei hatte die junge Frau bereits entdeckt, die mit der Violine in der Hand auf die Bühne trat. Sie trug ein langes blassgrünes Kleid von erlesenem Schnitt.

»Sie wird schöner und schöner«, murmelte Mu. Nachdem ihre Sehkraft vollständig zurückgekehrt war, hatte Zheng Jia wieder ihre alte Wohnung bezogen. Sie hatten einander einen Monat nicht gesehen. Obwohl Mu nur aus dem Publikum zuschaute, kam es ihr wie ein freudiges Wiedersehen vor.

Zheng Jia machte noch ein paar Schritte, dann drehte sie sich um. Offenbar wartete sie auf jemanden. Eine zweite

Frau betrat die Bühne. Auch sie war schlank, trug jedoch eine traditionelle langärmlige Han-Robe, ein Kleidungsstück von klassischer Eleganz. Ihr Gesicht war hinter einem weißen Schleier verborgen, der von ihrem Bambushut herabhing.

Zheng Jia berührte die Frau am Ärmel, und gemeinsam betraten sie die Bühne. Zheng Jia setzte sich auf den linken Stuhl, die Frau ließ sich zu ihrer Rechten auf einem flachen Schemel nieder, vor dem eine Zither stand.

Mu sah Pei an. »Ist das ihre neue Partnerin?«

Pei nickte. »Sie spielen jetzt seit einem Monat zusammen. Die Resonanz ist so gut, dass die beiden langsam zu einem Standbein des Restaurants werden.«

Mu schaute ihn überrascht an. »Klingt, als wärst du hier Stammgast.«

Pei leugnete es nicht. »Ich bin seit zwei Monaten fast jeden Abend hier.« Allerdings klang er für diesen herrlichen Ort mit seinem köstlichen Essen und der wunderbaren Musik viel zu ernst.

»Du wartest darauf, dass er auftaucht.«

Peis Schweigen sprach Bände.

Mu lächelte dünn. »Ich habe dir doch gesagt, der taucht nicht noch mal auf. Er hat alle Bindungen gekappt.«

Pei wollte gerade etwas erwidern, als ein reiner, hallender Ton den Saal erfüllte. Die Frau in der Han-Robe ließ zum Auftakt ihre Finger über die Saiten gleiten. Note um Note schimmerte in der Luft, begleitet vom leichten Flattern ihrer langen Ärmel.

Die Melodie begann verträumt, zog aber schnell das Tempo an, als wollte sie die Zuhörer in einen uralten, verschlungenen Tunnel ziehen, dessen Wände sich allmählich verengten.

Die wilden Noten kamen jetzt in immer schnellerer Folge, und bald traute sich das Publikum kaum noch zu atmen. In diesem Moment setzte die Zither plötzlich aus. Fast zögerlich setzte die Violine ein.

Eine fließende Melodie wusch alle Anspannung fort, als hätte das Publikum mit Mühe und Not die engste Stelle des Tunnels gemeistert und fände sich nunmehr auf einer weiten Lichtung wieder, mit Baumgruppen und zwitschernden Vögeln. Ein Ort, um die Seele baumeln zu lassen.

Da setzte die Zither erneut ein, kleinen Ausbrüchen frühlingshaften Regens gleich, anschwellend und verebbend, erst schnell, dann wieder langsam, die Herzen der Lauschenden wässernd.

Mu war vollkommen verzaubert. Sie ließ die Essstäbchen sinken und schloss die Augen, vertieft in dieses hinreißende Duett. Als das Stück endete, öffnete sie die Augen. »Das war unglaublich! Kein Wunder, dass dieser Bastard sich zu ihr hingezogen fühlte.«

Pei schien nicht zustimmen zu wollen. Er hielt das volle Bierglas in der Hand und starrte die Frau in der Han-Robe an.

»Woran denkst du?« Sie wedelte mit der Hand vor seinem Gesicht herum. Er setzte das Bierglas an die Lippen, trank aber nur einen kleinen Schluck, ehe er es wieder absetzte, als habe er an der Bitterkeit schwer zu schlucken.

»Was ist denn mit ihr?«, fragte Mu vorsichtig.

Pei antwortete nicht direkt. »Erinnerst du dich an eine Frau namens Ming Ming?«

Mu stieß vor Verblüffung einen leisen Pfiff aus. Sie betrachtete die Frau eingehender und sagte fassungslos: »Das ist sie also.« Sie war zweifellos eine Schönheit. Mu riss sich von ihrem Anblick los und musterte Pei voller Sorge. »Aber du hast doch gesagt, dass sie bei der Explosion schwer verletzt wurde. Was tut sie hier?«

Pei seufzte. »Nachdem Zheng Jia wieder richtig sehen konnte, hat sie Hua im Gefängnis besucht, und er hat sie darum gebeten, sich um Ming Ming zu kümmern. Sie ist ein liebes Mädchen, und außerdem hat Hua ihr geholfen, also wollte sie für Ming Ming natürlich tun, was sie konnte. Die beiden sind unzertrennlich.«

»Ah.« Mu schwieg eine Weile. »Kann man durchaus verstehen, die beiden haben viel gemeinsam, und vielleicht kann Zheng Jia dank ihrer Blindheit gut verstehen, was Ming Ming gerade durchmacht.«

Pei nickte. »Und sie teilen die Leidenschaft für Musik. Ming Ming spielt eine Reihe von Instrumenten, aber weil ihre Familie so arm ist, musste sie sich als Sexarbeiterin durchschlagen.«

Abermals betrachtete Mu Ming Ming. Nicht nur war ihr Gesicht verschleiert, auch die Hände waren sogar beim Spielen von den langen Ärmeln der Robe bedeckt – als sei jeder Zentimeter ihrer Haut so kostbar, dass niemand ihn ansehen durfte. Unwillkürlich musste sie an Yuan Zhibang denken, dessen entstelltes Gesicht sie selbst nur schwer hatte ertragen können. Wie sah wohl Ming Mings Gesicht unter dem Schleier aus? »So ein hübsches Mädchen. Eine Schande ...«

Pei seufzte. »Das kannst du laut sagen.«

Mu erkannte, wie bedrückt er war, und ergriff seine Hand, um ihn aufzumuntern. »Du hättest es nicht verhindern können. Du hast die Verantwortlichen gestoppt, mehr kannst du nicht tun.«

Sie konnte nicht wissen, wie sehr diese Worte brannten. Er zog die Hand weg und fauchte: »Gar nichts habe ich getan. Der eigentliche Täter ist ungeschoren davongekommen.«

Mu zog ihrerseits unbehaglich die Hand zurück. »Wovon redest du? Gao Desen ist tot. Das war dein Verdienst.«

Pei lächelte grimmig. »Gao Desen ist tot, aber der Mann, der hinter der Explosion steckt, hat seine gerechte Strafe noch nicht bekommen.«

Mu starrte ihn an. »Wer?«

Pei hüllte sich in melancholisches Schweigen. Nach einer ganzen Weile schaute er auf. »Tut mir leid, ich kann es dir nicht sagen. Das unterliegt strengster Geheimhaltung.«

Mu fragte nicht weiter. »Ich weiß nicht, was ich sagen soll. Wenn du daran nichts ändern kannst, dann mach dir bitte keine Vorwürfe. Manche Dinge liegen schlicht nicht in unserer Macht.«

»Ich weiß, ich darf mir das nicht zu sehr zu Herzen nehmen ...« Pei verzog das Gesicht. »Aber ich kann nicht einfach so tun, als wäre es mir egal.«

Mu schenkte ihm ein aufmunterndes Nicken. »Hm?«

Pei schaute zur Bühne hinüber, wo Zheng Jia und Ming Ming auf ihre Darbietung konzentriert waren. Ihre Bewegungen waren makellos, die Musik umfloss sie. Sie leuchteten geradezu.

Stumm wartete Pei das Ende des Stücks ab, ehe er weitersprach. »Letzten Monat hat Zheng Jia eine förmliche Beschwerde eingelegt und war seitdem wiederholt auf der Wache. Da die rangniederen Beamten es nicht gewagt haben, ihr zu helfen, hat man sie direkt zu mir geschickt.«

Mu betrachtete die beiden Frauen. »Zheng Jia weiß

über den Fall Bescheid?« Noch während sie das aussprach, wurde ihr klar, wie überflüssig die Frage war. Wie konnte sie es nicht wissen, so vertraut, wie die beiden wirkten? Und Zheng Jia besaß ein derart starkes Rechtsbewusstsein, dass sie Ming Mings Geschichte unmöglich hatte hören können, ohne danach Gerechtigkeit für sie einzufordern.

Bevor Pei antworten konnte, preschte Mu voran. »Und du konntest ihr die Bitte nicht abschlagen und hast ihr geholfen?«

Pei nickte. »Natürlich konnte ich nicht ablehnen. Ich habe gewisse andere Kanäle angezapft, um die Sache zu regeln.«

»Warum hast du mir nichts davon erzählt? Vielleicht hätte ich helfen können.« Mu hatte im Rahmen ihrer Tätigkeit an der Akademie immer wieder mit hochrangigen Funktionären zu tun.

Pei schüttelte den Kopf. »So einfach ist das nicht. Ich wollte dich ungern mit reinziehen.« Er lachte selbstkritisch. »Und so, wie die Nummer ausgegangen ist, war es auch ganz richtig, dich nicht einzuweihen.«

Das klang unheilvoll. »Inwiefern?«

Pei betrachtete sie. Widersprüchliche Emotionen schienen in ihm zu kämpfen. Als er den Mund wieder öffnete, wechselte er das Thema. »Du hast eben gefragt, warum ich dich zum Essen eingeladen habe. Ich bin dir noch eine Antwort schuldig.«

»Ja?« Mu fühlte sich beklommen.

»Ich wollte mich verabschieden«, sagte Pei heiser. »Ich verlasse die Stadt.«

Obwohl sie sich auf schlechte Kunde vorbereitet hatte, klappte sie den Mund auf und brauchte eine Weile, bis sie fragen konnte: »Wohin willst du?«

»Zurück nach Longzhou.« Er zog ein Blatt Papier aus seiner Tasche, faltete es auf und legte es vor ihr auf den Tisch. »Ich habe heute den Versetzungsbescheid bekommen.«

Mu überflog das Dokument. »Im Oktober 2002 wurde der Kamerad Pei Tao als Leiter der Einsatzgruppe 18/4 zum geschäftsführenden Hauptmann der Kriminalpolizei von Chengdu ernannt. Er hat hervorragende Arbeit geleistet und ist den ihm anvertrauten Pflichten vorbildlich nachgekommen. Die Einsatzgruppe 18/4 hat ihren Zweck erfüllt. Das Büro für Öffentliche Sicherheit verkündet hiermit den Beschluss, Kamerad Pei Tao nach Longzhou zurückzubeordern, wo er die Stelle des stellvertretenden Polizeipräsidenten bekleiden wird. Das Hauptquartier der Provinz hat diese Versetzung bewilligt. Auf Kamerad Pei Taos gegenwärtigem Posten wird ein passender Nachfolger eingesetzt.«

Mu wusste, was das bedeutete. Sie fühlte die tiefe Ungerechtigkeit und konnte ihre Trauer nicht zurückhalten. Ihre Nase zuckte, die Augen röteten sich.

Diesmal war es an Pei, ihre Hand zu ergreifen. Er gab sich Mühe, so fröhlich wie möglich zu klingen. »Longzhou ist nicht besonders weit weg. Wenn du mal weniger mit Unterrichten zu tun hast, kannst du mich besuchen kommen.«

Sie sah auf und rang sich ein Lächeln ab. »Stimmt, wir sollten auf deine Beförderung anstoßen.«

Er hob das Glas. »Prost.«

Mu leerte den Saft in ihrem Glas zurück in die Karaffe und füllte es mit Bier. »Das ist ein freudiges Ereignis und verlangt danach, dass ich was Richtiges mit dir trinke.« Ohne seine Antwort abzuwarten, stieß sie mit ihm an und trank einen großen Schluck.

Pei wusste, dass Mu nicht viel vertrug. »Nicht so hastig.«

Sie ignorierte ihn und deutete auf sein Glas. Er hatte keine andere Wahl, als das Glas anzusetzen und nachzuziehen.

Mit einem Glas Bier intus bekamen Mus Wangen Farbe. Sie holte tief Luft. »Wann musst du weg?«

»Noch vor Neujahr.«

»So schnell?« Enttäuscht und verständnislos schüttelte sie den Kopf.

»Irgendjemand will eindeutig verhindern, dass ich länger bleibe«, sagte er hilflos. »Am dritten Januar sollen die Verurteilungen und Belobigungen für diese letzte große Razzia-Welle stattfinden.«

Die Logik hinter diesem Entschluss war klar erkennbar. Das würde ein wichtiges Ereignis in der Polizeiwelt werden. An dem Tag würden die Urteile für Hua und die anderen Persönlichkeiten der kriminellen Unterwelt, die sie festgenommen hatten, verkündet werden. Qian Yaomin hingegen würde vom Bürgermeister eine Medaille verliehen bekommen. Wenn man sich solche Mühe gab, Pei bis dahin loszuwerden, musste das etwas mit der streng geheimen Sache zu tun haben, die er erwähnt hatte.

Ein schmerzlicher Abschied war also unausweichlich, so knapp, wie seine Abreise bevorstand. Mu spürte alle möglichen Gefühle in sich aufsteigen, aber Reden kam ihr fast wie Zeitverschwendung vor. Stattdessen starrte sie ihn stumm an und überließ es ihrem Blick, alles Nötige zu sagen.

Kurz darauf setzte die Musik wieder ein. Die Melodie war nicht nur schön, sondern schien Mus Herz in leichten Wellen zu durchfluten und sie in lähmende Trauer hinabzuziehen. Ihr Sichtfeld verschwamm immer mehr, bis sie nicht länger Pei sah, sondern verschiedene Augenblicke, die sie im Lauf des letzten Jahres geteilt hatten. Die Erinnerungen rankten sich an den Noten entlang und zogen sie ganz in ihren Bann.

Mu bemerkte nicht, dass diese starke Resonanz daher rührte, dass sie die Stimmung des Komponisten teilte. Das aktuelle Stück war Chopins berühmte *Elegie*.

Die drei Frauen, zwei auf der Bühne und eine im Publikum, mochten einen komplett unterschiedlichen Hintergrund und Stand haben, aber alle spürten sie diesen Trennungsschmerz, und in dem Moment wirkte die Musik wie Glieder einer Kette, die sie miteinander verband. Die Musikerinnen legten all ihr Herzblut in die Darbietung, und die Zuhörerin war betört.

Als das Stück endete, war Mu zunächst außerstande, sich von dem traurigen Gedanken des Abschieds zu lösen. Erst als Pei sanft ihre Schulter berührte, kam sie wieder zu sich.

»Diese Melodie …«, murmelte sie. »So was Unbeschreibliches habe ich noch nie gefühlt.«

Pei Tao sagte nichts, sondern zog die linke Hand unter dem Tisch hervor. Er legte den roten Apfel vor Mu auf den Tisch und lächelte. »Für dich.«

Sie keuchte. »Du …«

»Heute ist Weihnachtsabend. Meinst du, das weiß ich nicht?« Er strahlte. »Das ist doch das traditionelle Geschenk, oder? Ein Apfel?«

»Du hast mich an der Nase herumgeführt.« Sie ergriff den glänzenden Apfel und sog sein schwaches Aroma ein.

Er starrte sie an, bis sie den Blick wieder hob. »Frohe Weihnachten. Ich hoffe, dein Leben ist immer voller Frieden.«

»Ich danke dir.« Sie hielt den Apfel fest und spürte, wie

sich Wärme in ihr ausbreitete. Trotzdem klammerten sich noch einige Tränen an ihre Augen und drohten sich jeden Moment zu lösen.

*

25. DEZEMBER, FRÜHER MORGEN
HAUPTQUARTIER DER KRIMINALPOLIZEI CHENGDU

Obwohl Pei Tao seinen Versetzungsbescheid bereits erhalten hatte, erschien er wie üblich sehr früh zur Arbeit. Allein saß er in seinem Büro und ging die Akten durch, die er seinem Nachfolger übergeben musste. Nebenbei verarbeitete er ein Jahr voller intensiver Emotionen.

Um halb neun klopfte es an der Tür. »Herein«, sagte er. Es war sein Assistent Yin Jian.

»Gerade rechtzeitig«, sagte Pei. »Ich habe die Akten sortiert. Helfen Sie mir, sie zusammenzulegen und einen sicheren Platz bis zur Übergabe zu finden.«

Yin nickte, sah aber alles andere als glücklich aus. Nach dem unrühmlichen Ende von Han Hao stand er kurz davor, seinen zweiten Chef zu verlieren. Für einen gefühlvollen Menschen wie ihn war jeder Abschied eine schwere Last. Trotzdem erledigte er pflichtschuldig seine Arbeit.

»Song will Sie noch einmal sehen, Chef«, sagte er, als er an den Tisch trat, um mit den Akten zu helfen.

»Oh.« Pei stand auf und versuchte, den Grund zu erraten. Hatte man seinen Nachfolger bereits bestimmt?

Als er Songs Büro betrat, sah er seinen Verdacht bestätigt. Neben Song war eine weitere Person zugegen: Qian Yaomin.

Seit die Neuigkeit über Peis Abschied die Runde machte,

wurde sie von Gerüchten begleitet, der »Undercover-Polizeistar« Qian Yaomin sei als Nachfolger so gut wie gesetzt. Kein Rauch ohne Feuer, dachte Pei.

»Da sind Sie ja«, sagte Song knapp. Qian erhob sich vom Sofa und schüttelte ihm herzlich die Hand.

Pei reagierte so neutral, wie es die Höflichkeit eben noch zuließ, und setzte sich auf die andere Seite des Sofas.

Der Polizeichef schaute von Pei zu Qian, sagte aber nichts. Er mochte alles Mögliche denken. Da keiner der beiden Männer als Erster reden wollte, wurde die Stimmung im Büro immer trüber.

Pei begriff, dass etwas nicht stimmte. Er sah Qian an und stellte fest, dass dieser ihn anstarrte, seine Miene ernst und angespannt.

Das alles fühlte sich keineswegs wie eine normale Amtsübergabe an. Als Pei endgültig verwirrt war, öffnete Song schließlich doch noch den Mund. »Wovon halte ich Sie gerade ab, Pei Tao?« Sein feierlicher Tonfall machte deutlich, dass dies nur ein kurzer Small Talk vor dem eigentlichen Thema war.

»Es gibt nicht viel zu tun. Ich bereite alles für die Übergabe vor«, sagte Pei vage.

»Stellen wir das einen Moment zurück.« Song beugte sich vor. »Es gibt da etwas Neues, worum Sie sich kümmern sollten.«

Pei schwieg und wartete auf weitere Anweisungen.

Der Polizeichef nickte Qian zu. »Zeigen Sie es ihm.«

Qian nahm einen Umschlag von der Armlehne und reichte ihn an Pei weiter. »Den hier habe ich heute Morgen in meinem Briefkasten gefunden.«

Der Umschlag war unbeschriftet – er musste persönlich

eingeworfen worden sein. Pei machte ihn auf und zog eine Notiz hervor.

Sowohl Format als auch Handschrift kamen ihm unverzüglich bekannt vor.

Schwarze Tinte auf einer weißen Karte, Schriftzeichen wie gedruckt.

TODESANZEIGE

DER ANGEKLAGTE: Qian Yaomin
VERBRECHEN: Versuchter Mord
DATUM DER URTEILSVOLLSTRECKUNG: 3. Januar
HENKER: Eumenides

KAPITEL FÜNFZEHN

DAS KONZERT IST VORBEI, DAS PUBLIKUM VERLÄSST DEN SAAL

3. JANUAR 2004

Über die Feiertage war Schnee gefallen. Nicht viel zwar, aber genug, um festliche Stimmung zu erzeugen. Ganz Chengdu war in ein asketisches weißes Gewand gehüllt.

Qian Yaomin erwachte und schaute auf den Wecker. 05:13 Uhr. Zu früh zum Aufstehen. Er schloss die Augen, aber sein Hirn wollte nicht zu rotieren aufhören. Schlaf schien unmöglich zu sein.

Dabei hätte es ein glorreicher Tag für ihn werden sollen. In den letzten zwei Monaten waren seine Taten in den Medien ausführlich gelobt worden. Die Propagandaabteilung des Büros für Öffentliche Sicherheit hatte ihn als Undercover-Helden inszeniert, der elf Jahre voller Entbehrungen und Erniedrigungen durchgestanden hatte, um endlich die zwei großen Verbrechersyndikate zu Fall zu bringen, welche die Stadt terrorisiert hatten. Leider wurde all der Ruhm von seiner Todesanzeige überschattet.

Qian hatte keine Angst vorm Sterben. Nach mehr als einem Jahrzehnt im Untergrund war er daran gewöhnt, jeden Tag dem Tod ins Auge zu blicken. Seiner Ansicht nach musste sich ein Mann sogar seiner Sterblichkeit stellen, wenn er etwas erreichen wollte. Seine Arbeit und seine Männlichkeit waren Dinge, für die es sich zu sterben lohnte. Diese Überzeugung verlieh ihm die Kraft, in Situationen zu bestehen, die normale Menschen sich nicht einmal vorstellen konnten. Solch wohligen Ruhm zu erreichen, nur um dann von einem Internet-Mörder getötet zu werden, wäre eine unvorstellbare Tragödie.

Wenn aber selbst jemand wie Deng Hua Eumenides nicht hatte entrinnen können, wie konnte er dann hoffen, dieses Duell zu gewinnen?

Sooft er daran dachte, brach ihm kalter Schweiß aus. Es gab allerdings einen Punkt, der seine Furcht linderte: Die Welt ist in ständigem Wandel begriffen, und nichts verläuft je gänzlich nach Plan. Er befand sich in einer völlig anderen Situation als Deng Hua.

Erstens hatte Deng Hua zum Zeitpunkt seines Todes wie die Mittagssonne gestrahlt und im Zenit seiner Macht gestanden – es konnte für ihn also nur noch abwärts gehen. Qian hingegen stand am Anfang seiner Reise und hatte die Zukunft noch vor sich. Und dieser Moment, in dem ein Vogel zum ersten Mal die Schwingen ausbreitet und zum Flug ansetzt, ist genau jener Moment, in dem er voller Energie und so gut wie unbesiegbar ist.

Auch die äußeren Umstände waren verschieden. Deng Hua hatte sich zu viele Feinde gemacht, und obwohl er ein glamouröses Leben genoss, stand er ständig unter enormem Druck und ließ sich vom Leben auf eine Sackgasse zutreiben. An dieser Stelle war der Tod mehr oder weniger unausweichlich gewesen, und man mochte in Eumenides lediglich die Hand des Himmels sehen. Bei Qian lagen die Dinge anders: von seinen Vorgesetzten gepriesen, von den Medien gelobt, von der Bevölkerung geliebt. Alles sprach dafür, dass es ihm weiterhin gut ergehen sollte. Eumenides konnte nur Erfolg haben, wenn er sich all dem konsequent entgegenstellte. Wie groß war die Wahrscheinlichkeit?

Derlei ermuntert beschloss Qian, doch schon aufzustehen. Er schlenderte zum Fenster und zog die Vorhänge auf.

Von seiner Wohnung im zweiten Stock aus konnte er in der Ferne einen schwachen Schimmer erkennen. Der Wetterbericht hatte wolkenlosen Himmel vorhergesagt, und bald schon würde die Sonne ihre Wärme über den Horizont ergießen.

So kalt der angesammelte Schnee auch war, gegen die gleißende Sonne hatte er keine Chance. Und Qian fühlte sich wie eine Sonne, die gerade erst zu scheinen begonnen hatte. Nach elf Jahren im Untergrund hatte er endlich die Oberfläche durchbrochen, und jetzt würde ihn nichts mehr aufhalten.

Er schaute in die Ferne und malte sich aus, wie die aufgehende Sonne seine glorreiche Zukunft beschien. Natürlich würde er, um diesen Weg einzuschlagen, erst den gefährlichen heutigen Tag überstehen müssen.

Das plötzliche Klopfen an seiner Tür klang wie eine Warnung. »Qian, bitte bleiben Sie weg vom Fenster. Es könnte schlimme Folgen haben, sich zu zeigen.«

Qian erkannte Yin Jians Stimme. Er zog die Vorhänge zu. »Alles klar.« Eine ganze Reihe Kollegen in Zivil waren im Gebäude verteilt. Bei Eumenides konnte man nicht vorsichtig genug sein.

Qian legte seine Uniform an und ging ins Wohnzimmer.

Abgesehen von Yin Jian war der Hauptmann der Kriminalpolizei und Leiter seines persönlichen Personenschutzes anwesend: Pei Tao.

»Danke für alles«, sagte er aus reiner Höflichkeit. »Waren Sie die ganze Nacht lang wach?«

Pei erhob sich. »Seit Mitternacht ist Ihr Leben in Gefahr. Wir dürfen keine Sekunde unachtsam sein.«

»Ich habe immerhin gut geschlafen.« Qian kicherte leise und nutzte die Gelegenheit für eine Schmeichelei. »Hauptmann Pei, ich bin sicher, Sie haben einen famosen Plan. Sie werden mich beschützen *und* diesen Mörder zur Rechenschaft ziehen.«

Pei wusste, dass Qian einiges von Diplomatie verstehen musste, um einen intelligenten Mann wie Hua so lange täuschen zu können, und erwiderte mit einem dünnen Lächeln: »Es gibt einen Plan, aber der kann erst anlaufen, sobald wir die Volkshalle betreten.«

Qian nickte. Wie genial und unberechenbar Eumenides auch sein mochte, selbst er würde niemanden umbringen können, der von einer solchen Menge Polizisten bewacht in seiner Wohnung saß. Aber heute sollten auch die Urteile verkündet werden, und dieses Ereignis bot sich für seine Tat durchaus an. Aus diesem Grund hatte er das heutige Datum für die Todesanzeige gewählt – die Pläne der Polizei würden also davon abhängen, was im Saal geschah.

Wie passend, dass diese Urteilsverkündung auch über sein Schicksal entscheiden würde.

*

Im gleichen Moment bereitete in einem anderen Stadtteil ein junger Mann alles für seinen Aufbruch vor.

Es blieben noch viele Stunden bis zur Urteilsverkündung, aber er musste jetzt losstarten, solange sich die Polizeipräsenz noch auf Qians Wohnung konzentrierte.

Es war verwegen, wenn nicht gar leichtsinnig gewesen, den heutigen Tag auszuwählen. Aber er baute darauf, dass diese Verwegenheit die Polizei zum Handeln zwang.

Über die Neujahrsfeiertage hatte er seine Todesanzeige ins Netz gestellt, wo sie natürlich sofort durch die Decke gegangen war. Da inzwischen die ganze Stadt darüber redete, konnte die Polizei Urteilsverkündung und Medaillenzeremonie auf keinen Fall verschieben, ohne den Anschein zu erwecken, Angst vor Eumenides zu haben, was sie mitten in diesem großen Triumph zum Gespött gemacht hätte.

Sie mussten sich also auf eine direkte Auseinandersetzung einlassen.

Der junge Mann freute sich auf dieses Kräftemessen. Vor allem freute er sich auf den direkten Schlagabtausch mit Pei Tao.

Ihr letztes Zusammentreffen hatte er überlebt, allerdings einen Finger dabei eingebüßt. Das konnte nicht alles gewesen sein. Er wollte eine Revanche unter fairen Bedingungen.

Qians Wiedererscheinen bot die perfekte Gelegenheit. Sein Kampf mit Pei Tao konnte dadurch auf eine beinahe spirituelle Ebene gehoben werden.

Zweifellos hatte Qian während seiner Zeit als verdeckter Ermittler Dinge getan, die den gesetzlich erlaubten Rahmen sprengten – aber dieser Paragrafenreiter Pei Tao konnte nicht nur nichts dagegen unternehmen, sondern wurde deswegen sogar aus der Stadt gejagt. Dies war das stärkste

Argument, das Eumenides für die geplante Intervention auf seiner Seite sah: Wenn er Qian Yaomin die gerechte Strafe erteilte, konnte er einen doppelten Sieg über Pei feiern. Nicht nur zeigte er damit, dass man ihn fürchten musste, sondern bewies auch, dass er es war, der wirklich für Recht und Ordnung sorgte, nicht die Polizei.

Sowohl der junge Mann als auch Pei Tao sahen sich selbst als Inbegriff von Gerechtigkeit und hatten lediglich zwei grundverschiedene Herangehensweisen gewählt. Und nun würden sie sich um ihrer Überzeugungen und Würde willen eine Entscheidungsschlacht liefern.

Natürlich gab es noch einen Grund, aus dem der junge Mann Qian Yaomin als Ziel gewählt hatte. Zheng Jia.

Er wollte die junge Frau auf keinen Fall irgendeiner Gefahr aussetzen. Nichts würde er unversucht lassen, um sich vor ihr zu rehabilitieren.

In erster Linie hatte er die Todesanzeige ins Netz gestellt, damit sie es sah. Bislang hatte er ihr stets unter einem anderen Namen geholfen. Diesmal würde er es als Eumenides tun, damit sie erkennen konnte, dass er in Wahrheit ein Streiter für die Gerechtigkeit war.

Der junge Mann wusste nicht, ob das irgendetwas ändern konnte. Selbst wenn er Erfolg hatte, würde sie ihn deshalb weniger hassen? Er wagte es nicht zu hoffen. Wenn sie aber in Zukunft beim Namen Eumenides überhaupt irgendetwas anderes als Verachtung empfinden sollte, war ihm das schon gut genug. Es war sein letzter Wunsch, ehe er gehen wollte.

Denn Mu hatte richtig geraten – der junge Mann würde die Stadt verlassen. Jetzt, da er das Geheimnis seiner Herkunft entschlüsselt und seine Romanze beendet hatte, hielt ihn nichts mehr an diesem Ort. Er war zu bekannt; sein Gesicht klebte quasi an jeder Ecke. Zu bleiben wäre nicht nur zu gefährlich, es würde auch seine Arbeit als Eumenides behindern.

Er würde sich einen anderen Ort suchen und eine Weile untertauchen. Wozu die Eile? Schuld gab es überall, und wo immer er wohnte, nie würde es Eumenides an Zielen mangeln.

Der junge Mann machte sich auf den Weg. Er musste diesen Teil des Plans knapp vor Morgengrauen erledigen, solange genug Leute draußen unterwegs waren und ihm zusammen mit dem noch dunklen Himmel genügend Schutz boten.

Zum Glück hatte es zwei Tage hintereinander geschneit. Es war kalt genug, um sich ungeniert in Schal und Hut zu hüllen. Er hatte sich ergraute Augenbrauen angeklebt und sein Gesicht mit Altersflecken und Falten verziert. Als er aus dem Gebäude ins Freie trat, war er ein älterer Herr, der seinem Lebensabend entgegenschlurfte.

*

16 : 41 UHR

Ming Ming saß im Schlafzimmer an der Frisierkommode, starrte in den Spiegel und arrangierte sorgfältig ihr Haar. Es war das erste Mal, dass sie so viel Zeit mit ihrem Spiegelbild verbrachte, seit man ihr Antlitz zerstört hatte.

Die Explosion vor einem halben Jahr hatte nicht nur ihre Haare verbrannt, sondern auch die Kopfhaut versengt. Für die Auftritte mit Zheng Jia hatte sie sich eine Perücke anfertigen lassen. Normalerweise trug sie diese offen bis über die Schultern, um die Narben am Hals zu verdecken; heute jedoch wollte sie einen Knoten tragen.

Als die Perücke hochgesteckt war, betrachtete sie sich von allen Seiten und war durchaus zufrieden mit dem Ergebnis. Sie zog eine Schublade auf und griff nach einer Haarnadel.

Die Haarnadel glänzte und wirkte überaus robust – sie bestand aus rostfreiem Edelstahl. Das Design war schlicht; lang und dünn, rund am einen und spitz am anderen Ende, keinerlei Verzierung.

Ming Ming betrachtete die Nadel in ihrer Hand, als suchte sie etwas. Aber es war nur eine gewöhnliche Haarnadel. Langsam schob sie sie in den Haarknoten.

Nachdem die Frisur gerichtet war, erhob sie sich und kleidete sich an; ein langer Daunenmantel, ein Hut, ein Schal und eine Maske, die ihr Gesicht bis auf die großen, sanften Augen vollständig bedeckte.

Sie schaute auf die Uhr. Es wurde Zeit. Sie verließ ihre Wohnung und stellte sich an die nächste Ecke. Sie brauchte nicht lange zu warten, bis ein Taxi hielt.

»Hey, Ming Ming, spring rein«, rief eine Frauenstimme von der Rückbank – Zheng Jia. Als Ming Ming um den Wagen herumging und die Tür aufmachte, sah sie, dass es einen dritten Passagier gab – eine hinreißende kleine Hündin, die in der Mitte der Rückbank lag.

»Niuniu«, rief sie und kraulte ihr den Kopf. Niuniu streckte die Zunge raus und leckte ihr freundschaftlich über die Handfläche.

Während sie mit der Hündin spielte, fragte Ming Ming: »Warum hast du sie heute mitgebracht?« Da Zheng Jia keine Blindenhündin mehr brauchte, hatte sie Niuniu in letzter Zeit immer seltener dabeigehabt. Gerade heute wirkte die Entscheidung seltsam – sie waren unterwegs zu einem besonderen Ereignis, und einen Hund mitzuführen konnte sich als durchaus hinderlich erweisen.

Zheng Jia schaute ihre Hündin an und murmelte: »Niuniu, meine liebe Niuniu, nach all deinem Training ist heute der Tag gekommen, an dem du dich beweisen kannst.«

Der Fahrer hatte den Wagen wieder gestartet und drehte sich zu ihnen um. »Wohin jetzt?«

»Zur Volkshalle«, sagten sie wie aus einem Mund.

Der Fahrer nickte. »Sie wollen wohl auch zur Urteilsverkündung.«

Die beiden Frauen schwiegen in Gedanken versunken. Jede hatte ihre eigenen Geheimnisse zu ergründen.

*

17 : 00 UHR
VOLKSVERSAMMLUNGSHALLE CHENGDU

Eine halbe Stunde vor Beginn der Zeremonie öffnete die Polizei die Absperrung und ließ die ersten Leute ein.

Dies war eine öffentliche Veranstaltung – sie ging die ganze Stadt an, und jeder Bürger hatte ein Recht auf Teilnahme. So war es von Anfang an geplant gewesen, bis eine Entwicklung einige Tage zuvor alles auf den Kopf gestellt hatte.

Ein Serienmörder, der sich selbst Eumenides nannte, hatte im Internet eine Todesanzeige veröffentlicht, die Qian Yaomin als sein nächstes Opfer auswies. Er sollte am Tag der Zeremonie getötet werden. Natürlich hatten sich die Medien sofort darauf gestürzt. Qian sollte vom Bürgermeister eine Medaille verliehen bekommen. Schnell waren allerlei Spekulationen in Umlauf, und die gesamte Stadt fragte sich: Konnte dieser »Undercover-Polizeistar« wirklich schuldig sein? Was würde passieren, wenn es der bislang unbezwingbare Eumenides mit einem Helden der Polizei aufnahm?

Die Polizei änderte nichts an der grundlegenden Ausrichtung der Veranstaltung, traf aber eine Reihe spezieller Maßnahmen. Erstens setzte sie die Medien ein, um Eumenides als Kriminellen zu brandmarken, der dem Gesetz entwischt war und nun die Polizei verhöhnte und bedrohte. Zweitens wurde das an der Zeremonie beteiligte Personal sorgfältig ausgewählt und sehr genau instruiert. Als Prozedur zur Beschränkung der Teilnahme wurde ein Auswahlsystem per Stadtteil eingerichtet – wer einen Platz im Saal haben wollte, musste sich bei seinem lokalen Bürgerkomitee darum bewerben. Die örtliche Polizei würde jede Bewerbung mit Ausweis überprüfen, ehe eine Eintrittskarte ausgestellt wurde, die ebenfalls nur in Kombination mit dem Ausweis gültig war.

Als die Absperrung geöffnet wurde, musste demnach jeder in der Menge einen weiteren Checkpoint passieren, ehe der Einlass genehmigt wurde. Abgesehen vom Abgleich der Eintrittskarte mit dem Ausweis mussten die Männer zusätzlich die linke Hand vorstrecken, um zu beweisen, dass alle fünf Finger intakt waren.

Zheng Jia und Ming Ming stellten sich in die Schlange. Ming Ming fiel auf, dass die Beamten die Hände der Männer untersuchten. »Was machen die da?«, murmelte sie neugierig.

Zheng Jia kannte die Antwort. In den letzten Monaten, seit sie wieder sehen konnte, hatte sie sich das Aussehen ihres Todfeindes bis ins letzte Detail eingeprägt. »Es geht um den Mörder Eumenides«, erklärte sie. »Ihm fehlt ein Fingerglied an der linken Hand.«

Ming Ming nickte – das ergab Sinn. Ein fehlendes Fingerglied war nur schwer zu verbergen, also würde der Mörder kaum durch die Sicherheitsschleuse schlüpfen können.

Die Schlange kroch vorwärts, bis die beiden Frauen schließlich vorne standen. Zheng Jia setzte eine dunkle Brille auf und flüsterte Ming Ming zu: »Denke daran, was ich gesagt habe.«

»Keine Sorge«, sagte Ming Ming und ergriff Zheng Jias linken Arm. In der rechten Hand hielt Zheng Jia Niunius Leine.

Sie traten langsam vor, bis ein junger Polizist ihnen mit erhobener Hand Einhalt gebot.

»Hier sind unsere Eintrittskarten«, sagte Ming Ming und reichte ihm beide. Zheng Jia hatte die ehemaligen Kollegen ihres verstorbenen Vaters um die Karten gebeten, sie waren also über jeden Zweifel erhaben. Der Beamte überprüfte sie sorgfältig, dann fiel sein Blick auf den Hund. »Keine Haustiere zugelassen.«

»Das ist ein Blindenhund«, erklärte Ming Ming hastig. »Sie kann nicht sehen. Sie braucht den Hund, um sich bewegen zu können.«

Zheng Jia nahm folgsam die dunkle Brille ab und präsentierte ihren leeren Blick. Die Blinde zu spielen, war für sie nun wirklich kein Problem.

Der Beamte schenkte ihr Glauben, zumal die Behinderung auch in ihrem Ausweis vermerkt war. Ohne ein weiteres Wort wandte er sich Ming Ming zu.

»Nehmen Sie die Maske ab.« Er hielt ihren Ausweis hoch, um sie mit ihrem Lichtbild zu vergleichen.

Ming Ming nahm die Maske ab und enthüllte ihr entsetzliches Gesicht. Der Beamte stieß unwillkürlich ein leises Keuchen aus und musste sich einen Moment sammeln, ehe er stammelte: »Was ... Was ist Ihnen zugestoßen?«

Ming Ming stand ruhig da und erwiderte nur: »Ich habe einen Brand überlebt.«

Einige umstehende Polizisten hatten Ming Mings Gesicht entdeckt und erschraken lautstark. Sie drohten eine Unruhe auszulösen.

»Legen Sie die Maske wieder an, schnell.« Der Beamte drückte ihr die Ausweise zurück in die Hand, sichtlich bemüht, nicht noch mehr Aufsehen zu erregen. Er winkte sie in die Halle, nachdem er offenbar entschieden hatte, dass die beiden Frauen zwar einen sehr seltsamen Eindruck erweckten, aber bestimmt nichts mit Eumenides zu tun hatten.

Und so fanden sich Zheng Jia, Ming Ming und Niuniu bald in der Volkshalle wieder. Dies war der größte Zuschauerraum der Stadt, 50 Meter breit und 60 Meter tief, mit Platz für fast 5.000 Menschen. Ganz vorne befand sich die Bühne, auf der die heutige Zeremonie stattfinden sollte.

Auch in der Halle sorgten Polizisten für Ordnung. Da Ming Ming und Zheng Jia zu den Ersten im Publikum gehörten, wurden ihnen Plätze in der Mitte der achten Reihe zugewiesen. Die vordersten fünf Reihen waren sämtlich mit uniformierten Polizisten besetzt.

Ming Ming setzte sich und nahm den Hut ab, behielt die Maske aber auf.

Zheng Jia fiel auf, dass ihre Freundin heute anders aussah.

»Was hat es mit der neuen Frisur auf sich?« Sie streckte die Hand aus, um den Haarknoten zu befühlen.

Ming Ming stieß einen kleinen spitzen Schrei aus und drehte ihr Haar weg. »Nicht!«

Zheng Jia erstarrte mit halb erhobener Hand. »Was ist los?«

»Du darfst die Haarnadel nicht berühren«, sagte Ming Ming mit Nachdruck.

Da erst bemerkte Zeng Jia die stählerne Haarnadel. Sie sah allerdings völlig normal aus und erklärte Ming Mings merkwürdiges Benehmen keineswegs.

Ming Ming schien zu begreifen, dass sie überreagiert hatte, und lächelte beschämt. »Sie ist sehr spitz. Ich hatte Angst, dass du dir wehtust.«

Zheng Jia schaute genauer hin. Ein Ende sah tatsächlich spitz aus. Trotzdem, warum die Aufregung?

Ming Ming setzte den Hut wieder auf. Zheng Jia wollte ihre Freundin nicht länger belästigen und widmete ihre Aufmerksamkeit daher stattdessen der Bühne.

In der Mitte stand ein Tisch mit Namensschildchen, dahinter mehrere Stühle. Dort sollten offenbar die teilnehmenden Funktionäre Platz nehmen. Vorne links stand ein Multimedia-Podest mit Mikrofon und Knöpfen für den Projektor, der auf die große Leinwand hinter der Bühne ausgerichtet war. Momentan prangten dort Weiß auf Schwarz mehrere Schriftzeichen: »Bandenkriminalitätspräventionsprogramm der Stadt Chengdu – Belobigung des Kameraden Qian Yaomin sowie Urteilsverkündung.«

Direkt vor der Bühne war ein kleines Areal durch eine Barriere vom Zuschauerraum getrennt. Zheng Jia vermutete, dass dort die Angeklagten bei der Urteilsverkündung stehen würden. Sie würden zu den Rednern auf der Bühne emporschauen müssen, was offenbar symbolisieren sollte, wie die mächtige Regierung sie zermalmte.

Direkt vor dieser Absperrung befand sich der Bereich, von dem aus man die Zeremonie am besten verfolgen konnte, und dort standen natürlich alle Reporter versammelt, dazu eine Menge Kameras in verschiedenen Größen, mit langen und kurzen Objektiven. Die Zeremonie wurde unter anderem deshalb abends abgehalten, um sie zur besten Sendezeit live übertragen zu können. Nach Eumenides' Ankündigung hatten die Veranstalter lange debattiert, ob man an diesem Plan festhalten sollte. Die meisten waren der Ansicht gewesen, die Polizei müsse ihre Autorität zur Schau stellen und dürfe sich von einem Blatt Papier keine Angst einjagen lassen. Die Liveübertragung würde wie geplant stattfinden, wenn auch unter zusätzlichen Sicherheitsvorkehrungen.

Pei Tao, der für ebendiese verantwortlich war, stimmte zu, die Vertreter der Medien weiterhin in den Saal zu lassen. Auf seinen Vorschlag hin sollten sich allerdings Polizisten in Zivil unter die Reporter mischen, um die Polizeipräsenz in unmittelbarer Nähe der Bühne zu erhöhen. So würden sie zur Not nicht nur schneller reagieren, sondern auch kontrollieren können, welche Bilder gezeigt wurden. Der Plan wanderte einmal die Hierarchie hinauf und wurde abgesegnet. Pei Tao sollte alle nötigen Vorkehrungen treffen.

Natürlich hatten normale Bürger und Bürgerinnen wie Zheng Jia keine Ahnung, was hinter den Kulissen vor sich ging. Sie ließen sich brav zu ihren Sitzplätzen bringen und warteten geduldig auf den Beginn der Veranstaltung. Nachdem Zheng Jia die Bühne ausgiebig betrachtet hatte, widmete sie sich dem Publikum. Ihr Blick huschte über die

Gesichter, als suchte sie etwas. Was immer es war, sie schien es nicht zu finden, senkte schließlich wieder den Kopf und schaute Niuniu an.

Die Hündin lag reglos zu ihren Füßen, die Augenlider halb geschlossen, sichtlich bereit für ein Nickerchen.

*

Um 17:30 Uhr betraten die Funktionäre die Bühne und nahmen ihre Plätze ein. Die Zeremonie stand unmittelbar bevor. Polizeichef Song würde die Veranstaltung moderieren; er stellte nun auch jene Personen vor, die sprechen sollten. Die Führung des Büros für Öffentliche Sicherheit war vollständig vertreten. Der ranghöchste Offizier war Provinzkommandant Xiao Hua, der damals Unternehmen »Ernte« geleitet hatte.

Qian Yaomin war allerdings nicht unter ihnen. Als Vorsichtsmaßnahme würde er die Bühne erst später betreten. Momentan wartete er mit Pei Tao und einigen anderen Kollegen in einem Ankleidezimmer im Backstage-Bereich. Dieser kleine Raum war wesentlich besser abzusichern als der riesige Saal.

Auf der Bühne ging Song den Ablauf durch. Zuerst sollten die Kameraden von der Abteilung für Öffentlichkeitsinformation die Rahmenbedingungen des Bandenkriminalitätspräventionsprogramms und dessen glorreiches Ergebnis mit dem Publikum teilen. Danach würden die Vertreter des Volksgerichts die Urteile der dafür anwesenden Verdächtigen verkünden. Und zuletzt sollte Qian Yaomin die Bühne betreten, um persönlich davon zu berichten, was er durchgemacht hatte, und danach vom Bürgermeister geehrt zu werden.

Songs klangvolle Stimme war auch im Ankleidezimmer zu hören. Qian rechnete knapp durch. »Sagen wir eine halbe Stunde für Öffentlichkeitsinformation und eine Stunde für die Urteilsverkündungen. Dann bin ich gegen acht Uhr an der Reihe.« Er drehte sich zu Pei Tao um, als wollte er ihn ermahnen, wachsam zu sein.

Pei reagierte nicht sofort. Er brütete eine Weile stumm, dann verkündete er abrupt: »Sie dürfen nicht auf die Bühne.«

»Warum nicht?«, fragte Qian verwirrt.

»Sie dürfen nicht auf die Bühne«, wiederholte Pei. »Sobald Sie dort oben sind, können wir nicht mehr für Ihre Sicherheit garantieren.«

Qian legte die Stirn in Falten. »Warum nicht? Was hat sich geändert?«

»Nichts. Wir wissen nur immer noch nicht, wie der Mörder vorgehen könnte. Unter diesen Umständen ist es viel zu riskant, Sie vor Publikum auftreten zu lassen.«

Qian schnaubte. »Wird das Publikum nicht sehr gründlich überprüft?«

»Ja, schon. Aber der Mörder könnte einen anderen Weg ins Gebäude finden oder sich längst irgendwo im Saal versteckt haben.« Pei zögerte kurz. »Ort und Zeit dieser Veranstaltung wurden lange im Voraus bekannt gegeben, er hatte also eine Menge Zeit, sich vorzubereiten. Die Tatsache, dass er Ihre Todesanzeige veröffentlicht hat, weist darauf hin, dass er irgendeinen besonderen Plan ...«

»Was für einen Plan?«, fuhr Qian dazwischen. »Die Halle ist mit Kollegen vollgestopft. Selbst wenn er sich unter sie gemischt hat, er ist nur ein Mann. Was soll er schon ausrichten können?«

Qian klang abgeklärt, aber Pei spürte die Furcht, die sich hinter der selbstbewussten Fassade verbarg. Momentan ging es ihm weniger darum, mit Pei zu diskutieren, als vielmehr um den Versuch, sich selbst Mut zuzusprechen.

Pei wollte keine überflüssigen Worte machen und erwiderte bloß: »Er hat Ye Shaohong und Deng Hua getötet, die beide unter schwerstem Polizeischutz standen.«

»Das muss noch lange nicht heißen, dass er mich töten kann«, sagte Qian beleidigt und starrte Pei böse an.

»Ich weiß, dass Sie auf sich aufpassen können«, sagte Pei ernst. »Aber Sie begeben sich in eine extrem brisante Situation.«

»Warum?«, fragte Qian.

»Weil der Mörder vielleicht eine Schusswaffe mit sich führt.«

Eine Schusswaffe? Qians Herz zog sich schmerzhaft zusammen. Dagegen würde er sich auf der Bühne kaum verteidigen können. Aber wie kam Pei überhaupt darauf? »Er hat doch bis jetzt noch nie eine benutzt, oder?«

»Das stimmt. Eine Schusswaffe hätte uns zu viele Anhaltspunkte geliefert. Als er im Herbst aus dem Gefängnis ausgebrochen ist, hat er aber unterwegs einem der Beamten die Dienstwaffe abgenommen. Was die Polizei längst weiß, also muss er sich keine Gedanken darüber machen, man könnte die Tatwaffe zurückverfolgen. Deshalb gehe ich ziemlich fest davon aus, dass er heute mit einer Schusswaffe auftaucht.«

Qian schwieg. Die Argumentation war schlüssig, und auf solch ein Szenario hatte er sich absolut nicht vorbereitet. »Was sollten wir dann Ihrer Meinung nach tun?«, fragte er nach einer Weile.

»Wir müssen seinen Plan aktiv stören, statt passiv als Zielscheibe zu warten.« Pei kniff die Augen zusammen. »Gehen Sie nicht auf die Bühne. So wird er seinen eigentlichen Plan nicht durchführen können, was immer er ursprünglich vorgehabt haben mag.«

»Das ist Ihr Plan?«, fragte Qian und betrachtete ihn mit unergründlichem Blick.

Pei nickte.

Qian schnaubte verächtlich, schaute auf und musterte die übrigen Kollegen im Raum. »Das ist Ihr Plan?«, wiederholte er deutlich lauter.

Niemand antwortete. Pei, Yin Jian und die anderen starrten ihn einfach an. Niemand hielt es für nötig, das Wort zu ergreifen.

Qian ertrug es nicht länger. Er schlug mit der Faust auf seine Armlehne. »Was für ein beschissener Plan soll das sein? Wenn ich mich sowieso hier hinten verstecken soll, wozu brauche ich dann euch?«

Pei betrachtete ihn kalt. Er wusste sehr wohl, warum Qian sich derart echauffierte. Er wollte sich lieber in Lebensgefahr bringen, als wie eine Schildkröte den Kopf einzuziehen. Wenn er jetzt den Rückzug antrat, würde ihn niemand mehr einen Helden nennen. Die ganze Stadt würde ihn auslachen. Für jemanden mit Qians Ambitionen ein inakzeptabler Ausgang.

Und erwartungsgemäß verkündete Qian nach ein paar tiefen Atemzügen lautstark: »Ich muss auf die Bühne. Davon wird mich niemand abhalten. Weder der Mörder noch einer von euch nutzlosen Dreckskerlen.«

Pei sah ihn geringschätzig an. »Ich bin Ihr befehlshabender Offizier, und Sie haben sich nach meinen Anweisungen zu richten. Sie müssen verstehen – alles, was wir tun, dient nur zu Ihrer Sicherheit.« Während er sprach, zogen Yin Jian und die anderen leise den Ring um Qian enger. Er würde den Raum nicht verlassen können.

Qian verlor den Mut. Er wusste, dass sämtliche anwesenden Kollegen enge Vertraute von Pei Tao waren, die er niemals davon überzeugen konnte, sich dessen Anweisungen zu widersetzen. Er atmete schwer und starrte Pei verächtlich an. »Wenn Sie nie vorhatten, mich auf die Bühne zu lassen, warum haben Sie mich überhaupt hergebracht? Warum nicht gleich die Medaillenverleihung absagen? Hätten Sie mir das rechtzeitig mitgeteilt, hätte ich mir eine Ausrede einfallen lassen können, um das den Medien und der Öffentlichkeit zu erklären. Wie stehe ich jetzt da?«

Pei hatte für Qians Wut nur ein Seufzen übrig. »So lautet mein Plan. Und Sie müssen anwesend sein – das ist wesentlicher Bestandteil des Plans.« Er erhob sich und winkte seinen Leuten, die Sache ins Rollen zu bringen.

*

Die Zeremonie verlief wie vorgesehen. Nach Songs einleitenden Worten stellte sich eine Offizierin für Öffentlichkeitsinformation ans Rednerpult und gab einen Überblick über das Unternehmen Ernte. Sie las von einem Dokument ab, das offenkundig sorgfältig vorbereitet worden war – säuberlich konstruierte Sätze und ausgiebige Statistiken ergänzten die Diagramme, die sie auf die Leinwand warf, zu einem Gesamtbild dieser polizeilichen Erfolgsgeschichte.

Das Publikum war an alldem nicht sonderlich interessiert – die Medien hatten im Lauf der letzten Monate ausführlich über die Einzelheiten berichtet, es war also nichts

Neues mehr. Für die meisten würde die eigentliche Show erst mit dem nächsten Tagesordnungspunkt beginnen: der Urteilsverkündung.

Um kurz nach sieben war die Offizierin mit ihrem Vortrag fertig. Während sie zu ihrem Stuhl zurückging, verkündete Song: »Im Folgenden werden einige der Kriminellen, die im Rahmen des Unternehmens angeklagt wurden, öffentlich abgeurteilt. Wenn die Kollegen bitte Rao Donghua und die übrigen zwölf Verdächtigen hereinbringen würden?«

Sobald er seinen Satz beendet hatte, führten mehrere Polizisten die Gefangenen in einer Reihe durch einen Seiteneingang in den Saal.

Das Publikum reckte die Hälse, um zu schauen, wie diese berüchtigten Gangmitglieder aussahen. Ming Ming konnte sich nicht davon abhalten aufzustehen. Anders als die meisten Anwesenden agierte sie nicht nur aus reiner Neugier, sondern kämpfte mit sehr viel komplizierteren Gefühlen. Ihr Blick schwankte, dann heftete er sich an ihr Ziel.

Den Mann am Kopf der Prozession. Obwohl auch er zu den Verdächtigen gehörte, hatte er etwas an sich, das ihn vom Rest der Häftlinge abhob. In seinem Gesicht waren weder Furcht noch Traurigkeit zu lesen, noch gab er sich Mühe, Leiden oder Reue vorzutäuschen. Trotz der schweren Ketten hatte er den Kopf hocherhoben und den Rücken durchgestreckt.

Ming Ming konzentrierte sich ganz auf diesen Mann. Sie wollte schreien, konnte es nur mit Mühe unterdrücken und zitterte am ganzen Leib.

Zheng Jia nahm ihre Hand und zog sie sanft auf den Sitz zurück. Ming Ming vergrub das Gesicht in ihren Armen, die Schultern bebten. Zheng Jia beugte sich zu ihr hinüber, umarmte sie und flüsterte ihr ins Ohr: »Was immer er getan hat, er ist kein schlechter Mensch.«

»Natürlich ist er kein schlechter Mensch«, sagte Ming Ming mit Nachdruck und blickte auf. »Er ist bloß meinetwegen ...«, murmelte sie flehentlich.

Zheng Jia wusste, was sie meinte. Huas Showdown mit Gao Desen war in der Tat hauptsächlich dadurch motiviert gewesen, für Ming Ming Rache zu nehmen. Eine Schande, dass der Mensch, der in Wahrheit für diesen Angriff verantwortlich war, ungestraft davonkommen sollte. Nur konnte sie nichts anderes dagegen unternehmen, als hilflos zu seufzen. Ihr Blick wanderte wieder zu den Funktionären auf der Bühne. Wussten sie, dass der »Held«, dem sie eine Medaille verleihen wollten, das Blut einer Unschuldigen an den Händen hatte?

Hua und die anderen wurden in den abgetrennten Bereich vor der Bühne gebracht und mussten sich nebeneinander aufstellen. Der Staatsanwalt verlas die Anklagepunkte; Hua wurden drei Morde zur Last gelegt – als derjenige mit den schwersten Vergehen sollte sein Urteil zuallererst verkündet werden.

Und es bestand kaum Zweifel daran, wie es ausfallen würde. Da Ming Ming wusste, dass es sich um einen reinen Schauprozess handelte und sie die Stimmung im Saal nicht länger ertragen konnte, röteten sich ihre Augen, ehe der Staatsanwalt die Klageschrift verlesen hatte. »Ich muss auf die Toilette«, sagte sie.

Zheng Jia nickte verständnisvoll. Ming Ming schob sich an den Sitznachbarn vorbei in Richtung der Toiletten an der Ostseite des Saals.

Unterdessen nahm die Veranstaltung ihren Lauf. Hua wurde wenig überraschend zum Tod durch Erschießung verurteilt. Die übrigen Angeklagten erhielten ebenfalls die Todesstrafe oder unterschiedlich lange Haftstrafen. Nach fast vierzig Minuten neigte sich die Urteilsverkündung ihrem Ende zu, aber Ming Ming war noch immer verschwunden. Zheng Jia hatte das ungute Gefühl, dass etwas nicht stimmte, und begab sich ihrerseits auf die Toilette.

Auf dem Gang vor den Waschräumen standen mehrere Polizisten Wache. Zheng Jia gab abermals vor, blind zu sein, passierte die Sperre in Begleitung von Niuniu und wurde nach einem knappen Kontrollblick durchgelassen.

Sie betrat die Damentoilette und zog die Tür hinter sich zu. »Ming Ming? Ming Ming?«, rief sie, bekam aber keine Antwort. Sie nahm die Brille ab und sah sich um, entdeckte jedoch niemanden. Nur die Holztür der hintersten Kabine war geschlossen.

Konnte Ming Ming dort drin sein? Zheng Jia ging zur Tür und rief abermals. Wieder keine Antwort, aber irgendetwas bewegte sich – Zheng Jias Gehör war scharf. Sie schaute zu Niuniu hinab, die den Kopf unter der Tür durchgestreckt hatte und fröhlich mit dem Schwanz wedelte.

Niuniu hatte jemanden gewittert, den sie kannte. Ming Ming war dort drin. Zheng Jia zog an der Tür, aber sie war verriegelt.

»Ming Ming?«, rief sie leise und besorgt. »Bist du da drin? Sag doch was.«

Endlich kam eine Antwort. »Alles in Ordnung.« Es war ihre Stimme.

»Mach bitte die Tür auf, damit ich dich sehen kann«, sagte Zheng Jia.

»Nein, das mache ich nicht. Du solltest gehen.« Ihre Stimme klang seltsam.

Zheng Jia verzog das Gesicht. Was trieb Ming Ming nur? Irgendetwas stimmte definitiv nicht. Wieder klopfte sie. »Ming Ming, mach bitte die Tür auf.«

»Geh weg. Lass mich in Ruhe.« Ihre Stimme zitterte.

Zheng Jia bekam es mit der Angst zu tun. Ob Ming Ming vorhatte, sich ein Leid anzutun oder sonst irgendwie in Gefahr war? »Wenn du nicht aufmachst, rufe ich die Polizisten rein«, sagte sie entschlossen.

Das saß. »Nein!«, jaulte Ming Ming. Kurz darauf ertönte ein Klicken.

Zheng Jia zog die Tür auf und entspannte sich sofort ein wenig. Ming Ming saß allein und angezogen auf der Toilette. »Was treibst du da?«

Ming Ming biss sich auf die Lippe, ohne zu antworten. Sie war blass und wollte Zheng Jias Blick nicht erwidern.

Zheng Jia war sich sicher, dass ihre Freundin etwas im Schilde führte, und betrachtete sie genauer. Ming Ming hielt die Hände fest verschränkt – versteckte sie etwas?

»Was hast du da in der Hand?« Ming Ming zuckte heftig zusammen und ließ den Gegenstand fallen, den sie umklammert hatte. Mit einem metallischen Klang landete er auf den Fliesen, und Zheng Jia erkannte die Haarnadel, die Ming Ming in ihrem Knoten getragen hatte.

Ming Ming hatte sich von ihrem Schrecken erholt und griff nach der Nadel, doch Zheng Jia war schneller.

Ming Ming sprang auf. »Gib sie wieder her!«, rief sie ängstlich.

Zheng Jia erinnerte sich daran, dass Ming Ming sie vorhin davon abgehalten hatte, die Nadel zu berühren. Sie hielt die Nadel in die Höhe, untersuchte sie und stellte fest, dass die Spitze nicht bloß spitz war, sondern auch in einer Art

Schutzkappe steckte, die nicht ganz schloss. Mit der freien Hand drückte sie die Kappe und wollte feststellen, ob sie sich lösen ließ.

»Nicht anfassen«, sagte Ming Ming hastig. »Die ist vergiftet.«

Zheng Jia zog die Hand zurück. »Das ... was soll das? Was hast du vor?«

»Egal. Gib sie wieder her.«

»Nein.« Zheng Jia verspürte ein mulmiges Gefühl und hielt die Haarnadel noch fester umschlossen. »Wenn du mir nicht sagst, was du vorhast, behalte ich sie.«

Ming Ming sah sie flehentlich an, aber Zheng Jia ließ sich nicht erweichen. Endlich seufzte Ming Ming. »Ich will dieses Schwein umbringen.«

»Wen?«

»Du weißt genau, wen«, sagte sie mit zusammengebissenen Zähnen. »Ich will Rache für Bruder Hua – und für mich selbst.«

Zheng Jia starrte sie an. »Bist du wahnsinnig? Das ist gegen das Gesetz.«

»Na und? Hat er nicht auch das Gesetz gebrochen? Wieso kommt er ungeschoren davon?«

»Was hast du davon, dich mit ihm zu vergleichen? Wenn er das Gesetz gebrochen hat, solltest du ihn bei der Polizei melden.«

Jetzt starrte Ming Ming sie an. »Glaubst du im Ernst, das würde etwas bewirken?«

Zheng Jia hatte darauf keine Antwort. Sie selbst war in den vergangenen zwei Monaten wieder und wieder bei der Polizei gewesen, um Gerechtigkeit für Ming Ming zu erwirken. Was hatte sie erreicht? Sie redete sich immer noch ein, nicht aufzugeben, aber gab es wirklich noch Hoffnung?

Nach kurzem Schweigen versuchte Zheng Jia es mit einem anderen Ansatz. »Wie willst du das überhaupt schaffen? Der ganze Saal ist voller Polizisten, das kann niemals funktionieren.«

»Die Polizei hält nach dem Internet-Mörder Ausschau. Einer schmächtigen Frau wie mir werden sie keine Beachtung schenken. Wenn der Bastard auf die Bühne kommt, renne ich zu ihm und steche ihn mit der Haarnadel ab. Die Spitze zieht sich bei Gegendruck zurück und gibt die Flüssigkeit frei. Wenn auch nur ein Tropfen davon in seinen Blutkreislauf gerät, ist er geliefert.«

Zheng Jia schauderte, hielt die Haarnadel hinter ihrem Rücken verborgen und schüttelte vehement den Kopf. »Du bist wirklich verrückt geworden. Ich kann das nicht zulassen – du machst dich nur selbst kaputt.«

Ming Ming lächelte traurig. »Schau mich doch an. Was soll noch kaputtgehen? Ich habe kein Problem damit, ihn mit in den Abgrund zu reißen.«

Ihre Freundin so fatalistisch reden zu hören versetzte Zheng Jias Herz einen Stich. Sie wusste nicht, wie sie noch zu ihr durchdringen konnte. Tränen liefen ihre Wangen herab.

Ming Ming war ein sensibler Mensch. Als sie sah, was für Sorgen Zheng Jia sich ihretwegen machte, taute sie ein wenig auf. Sie betupfte Zheng Jias Augen mit ihrem Ärmel, kehrte ihre Rollen um und tröstete nun ihrerseits die Freundin. »Warum weinst du? Mein Leben ist völlig bedeutungslos. Kein Grund zur Trauer.«

»Was soll aus mir werden?«, schluchzte Zheng Jia. »Du bist meine beste Freundin. Wer soll mir Gesellschaft leisten, wenn dir etwas zustößt? Wer macht mit mir Musik?«

Ihre Worte ließen Ming Ming zögern. Sie hatte ihre Existenz für überflüssig gehalten und daher beschlossen, ihr durch den Mord an Qian ein Ende zu setzen. Jetzt hauchte Zheng Jia ihrer Seele einen Funken neuen Lebens ein. Sie hatte nicht verstanden, dass es auf dieser Welt jemanden gab, dem sie so viel bedeutete, der sie vielleicht gar brauchte.

Zheng Jia konnte sehen, dass Ming Mings Entschlossenheit wankte. Sie wischte sich die Augen. »Hua hat sein Leben weggeschmissen, um dich zu rächen. Wie kannst du ihm das antun? Glaubst du, er würde zufrieden sterben können, wenn er zuvor mitansehen muss, wie du jemanden umbringst?«

Das saß. Ming Mings Nase zuckte, auch ihre Augen wurden feucht.

»Schau nur, Niuniu will auch nicht, dass du gehst«, sagte Zheng Jia.

Die Hündin stand hechelnd direkt vor Ming Ming und starrte liebevoll zu ihr hinauf. Das Eis in ihrem Herzen brach, und sie lächelte. Plötzlich ging die Tür auf, und eine Polizistin betrat die Toilette.

Ming Ming und Zheng Jia wechselten einen erschrockenen Blick. Hatte sie etwas gehört?

Die Beamtin musterte die beiden Frauen. »Alles in Ordnung bei Ihnen?«

»Ja«, sagten sie gleichzeitig.

Die Polizistin schaute argwöhnisch. »Die Posten im Flur sagen, Sie wären schon sehr lange hier drin. Was ist los?«

»Wir wollten uns ungestört unterhalten«, sagte Zheng Jia. »Und dabei niemanden stören.«

Die Polizistin wirkte wenig überzeugt. Ihr war aufgefallen, dass Zheng Jia die rechte Hand hinter dem Rücken versteckt hielt. »Was haben Sie da?«

»Meine Haarnadel.« Zheng Jia zeigte sie ihr.

»Mhm.« Die Beamtin sah sich um, konnte aber nichts Verdächtiges entdecken. Sie trat einen Schritt zurück, dann fiel ihr etwas ein. »Die Posten sagen, eine von Ihnen sei blind?«

»Ja, ich.« Zheng Jia setzte sich eilig die dunkle Brille auf und zog an Niunius Leine. »Bis vor Kurzem konnte ich gar nicht sehen. Ich habe gerade erst eine Operation hinter mir, und jetzt kann ich ein bisschen was erkennen, benötige aber noch Hilfe, um mich in der Öffentlichkeit zu bewegen.«

»Dann passen Sie auf sich auf«, sagte die Polizistin und ging hinaus.

Zheng Jia nahm Ming Ming bei der Hand. »Verschwinden wir. Du darfst nicht noch länger hier sitzen und über derartigen Unsinn nachdenken.«

Ming Ming folgte ihr auf den Gang und schien ihre Mordpläne aufgegeben zu haben, obwohl ihr Blick mehr als einmal zur Haarnadel wanderte.

»Ich behalte sie zur Sicherheit bei mir. Du kannst sie nach der Veranstaltung wiederhaben.« Zheng Jia verstaute die Haarnadel vorsichtig in ihrer Jackentasche und legte die Hand darauf, als hätte sie Angst, die Nadel könnte sich von selbst davonmachen.

Ming Ming schürzte die Lippen und wusste nicht recht, ob sie verärgert oder dankbar sein sollte. Hand in Hand gingen die beiden Frauen in die Halle zurück.

Mittlerweile hatte der Staatsanwalt alle dreizehn Urteile verlesen. Als Ming Ming und Zheng Jia sich durch die Reihe zu ihren Sitzen zwängten, sagte Polizeichef Song gerade: »Und damit sind wir am Ende der Urteilsverkündung angelangt. Bitte entfernen Sie die Gefangenen aus dem Saal.«

Die Beamten führten seinen Befehl aus. In dem Moment betrat jemand aus dem Backstage-Bereich die Bühne, sprang zum Leiter der Polizisten hinab und flüsterte ihm etwas ins Ohr. Der machte kehrt und beorderte die Gefangenen in den abgetrennten Bereich zurück. Polizeichef Song verfolgte den Vorgang verdutzt, bis er sah, dass es sich bei dem Mann um Yin Jian handelte, Pei Taos rechte Hand. Gab es ein Sicherheitsrisiko, dessentwegen die Verurteilten in der Halle bleiben mussten? Yin Jian war ein verlässlicher Mann und beging keine Fehler. Statt ihn zur Rede zu stellen, setzte Song also die Zeremonie fort.

»Unsere Operation gegen die städtischen Banden war ein voller Erfolg, den wir der langjährigen harten Arbeit unserer Polizeibeamten zu verdanken haben. Wie Sie mittlerweile alle wissen, war einer unserer Leute seit 1992 in der größten Organisation als verdeckter Ermittler tätig. Er hat uns mit einer Menge wichtiger Informationen über den Aufbau der Organisation versorgt und darüber hinaus hart daran gearbeitet, belastendes Material zusammenzutragen. In seinen elf Jahren undercover musste dieser Kamerad nicht nur in einem sehr gefährlichen Umfeld bestehen, sondern auch den Argwohn der braven Bürger unserer Stadt auf sich ziehen, ja sogar den seiner Freunde und Verwandten. Man mag sich kaum vorstellen, wie viel Leid und Einsamkeit er für uns alle auf sich genommen hat. Und doch hat er seinen großen Dienst im Namen der Partei und des Volkes beharrlich verrichtet. Er ist der ganze Stolz unserer Truppe, ein wahrer Kämpfer des Volkes.«

Song unterbrach seine überschwängliche Rede kurz. Alle wussten, warum, und bald rollten warme Wellen aus Applaus über ihn hinweg. Jedes Klatschen stach Ming Ming schmerzvoll in die Ohren. Mit großen Augen saß sie da und hörte empört zu. Zheng Jia hielt ihre Hand fest umschlungen vor Angst, die Freundin könnte doch noch eine Dummheit begehen. Vor dem Zuschauerraum stand Hua hoch aufgerichtet da und machte aus seiner Abscheu für dieses Theater keinen Hehl.

Der Polizeichef ließ den Applaus eine ganze Weile laufen, ehe er mit erhobenen Händen um Ruhe bat. »Der Kamerad, von dem ich spreche, weilt heute unter uns. Ich bitte Sie nun, unseren Undercover-Helden zu begrüßen: Qian Yaomin!«

Wieder brandete Applaus auf. Alles hielt nach dem Mann der Stunde Ausschau, der gleich auf die Bühne kommen musste. Die Journalisten richteten ihre Kameras aus, um den denkwürdigen Moment zu verewigen.

In diesem Augenblick voller Erwartung, Heldenverehrung, Neugier und Wut betrat endlich ein Mann die Bühne. Er war durchschnittlich groß, gab aber in seiner schneidigen Uniform ein stattliches Bild ab.

Der Applaus wurde noch lauter, verebbte dann aber, als immer mehr Leute begriffen, dass es sich nicht um Qian Yaomin handelte.

Der Mann trat ans Rednerpult. »Bitte, klatschen Sie nicht. Ich bin nicht der Held, auf den Sie alle warten. Hauptmann Pei Tao ist mein Name.«

Das Publikum schaute verblüfft drein. Was war hier los? Der Polizeichef stellte die Frage, die alle im Kopf hatten: »Wo ist Kamerad Qian Yaomin?«

Pei wandte sich an den Polizeichef. »Er wird uns heute leider nicht beehren können.« Dann wandte er sich wieder ans Publikum und die versammelten Medienvertreter. »Als Leiter der städtischen Kriminalpolizei muss ich Ihnen bedauerlicherweise mitteilen, dass Kamerad Qian Yaomin wegen eines Verbrechens festgenommen wurde.«

Sofort herrschte Chaos, im Publikum wie auf der Bühne. Niemand konnte diese plötzliche Wendung nachvollziehen. Hatten sie sich verhört?

Song war nicht minder fassungslos. Er hatte von Pei Taos Vorbehalten Qian Yaomin gegenüber gewusst, aber niemals damit gerechnet, sie könnten sich auf solch spektakuläre Weise manifestieren. Nach dem anfänglichen Schock zischte er ihm zu: »Was tun Sie? Sie sind nur für seine Sicherheit zuständig, halten Sie sich gefälligst an den Plan!«

Das Mikrofon fing die Worte des Polizeichefs auf und trug sie ins Publikum, wo sie noch mehr Chaos verursachten. Alle sahen, dass es sich um einen handfesten Streit zwischen zwei ranghohen Offizieren handelte und der Polizeichef seinen Untergebenen gerade des Ungehorsams bezichtigt hatte. Was da wohl vor sich ging?

Song erkannte, dass er die Kontrolle über die Situation verloren hatte, und ließ sich hastig etwas einfallen. »Kamerad Qian Yaomin hat sich in seiner Zeit im Untergrund viele Feinde bei diversen Banden gemacht, und einige von denen, die wir nicht ergreifen konnten, versuchen jetzt, sich zu rächen, indem sie ihn auf diese Weise attackieren. Wir müssen die Wahrheit erkennen und dürfen uns nicht von unseren Feinden blenden lassen.« In einem gänzlich anderen Tonfall wandte er sich an seinen Kollegen. »Pei Tao, seien Sie nicht so impulsiv. Sie kennen den wahren Sachverhalt nicht. Es ist vollkommen unangemessen, dass Sie sich auf diese Weise gegen Ihren Kameraden wenden.«

»Sie irren, Sir. Wir müssen den ganzen Sachverhalt kennen, bevor wir irgendetwas anderes unternehmen können«, sagte Pei unbeeindruckt. »Deshalb bin ich heute auf die Bühne gekommen. Ich wollte mir die nötige Zeit nehmen, mit den Funktionären zu sprechen, mit meinen Mitarbeitern, mit diesem wunderbaren Publikum und natürlich mit all den Menschen, die von daheim zugeschaltet sind. Lassen Sie uns gemeinsam herausfinden, was wirklich passiert ist.«

Die Erwähnung der Menschen vor den Bildschirmen riss Song aus seinem Zögern. Hastig winkte er den Presseleuten zu. »Übertragung abbrechen! Das ist alles ein großes Missverständnis.«

Die Journalisten waren nicht weniger verwirrt. Als sie ihre Kameras ausschalten wollten, sagten die Polizisten in Zivil, die unter ihnen waren, ein paar Worte, die sie dazu brachten, weiter zu filmen und alle Kameras auf Pei Tao zu richten.

Song hatte ein sehr ungutes Gefühl. Diese Beamten in Zivil waren von Pei Tao handverlesen für die Journalisten abgestellt worden – angeblich, um zusätzlichen Schutz für Qian Yaomin zu gewährleisten. Offenkundig hatte Pei von Anfang an andere Pläne verfolgt. Jetzt, wo Song darüber nachdachte, bestand der gesamte Sicherheitsapparat – die Beamten in Zivil, die uniformierten Polizisten und die Sondereinheiten der SEP – aus Leuten, die Pei kannte und denen er vertrauen konnte. Er hatte sich eindeutig bestens vorbereitet, und wenn er nicht sehr bald gestoppt wurde, wäre die Situation kaum noch zu retten. Entschlossen schlug der Polizeichef mit der Faust aufs Rednerpult und brüllte: »Pei Tao, haben Sie jedes Pflichtgefühl vergessen? Rufen Sie Ihre Leute zurück, oder ich entziehe Ihnen mit sofortiger Wirkung Ihren Posten!«

Pei hörte gefasst zu und antwortete seelenruhig: »Um mich zu feuern, müssten Sie zuerst die Genehmigung des Parteikomitees einholen, und der Polizeirat müsste den

Beschluss bestätigen. Bis zu dem Moment bin ich weiterhin Leiter der städtischen Kriminalpolizei und habe nicht nur das Recht, verdächtige Personen festnehmen zu lassen, sondern sogar die Pflicht dazu.«

Das Publikum verfolgte die Konfrontation mit offenen Mündern, viele Menschen tuschelten miteinander. Zheng Jia hatte Ming Ming am Arm gepackt und schaute sie begeistert an. »Was ist Hauptmann Pei Tao für ein feiner Mann. Am Ende findest du doch noch Gehör!«

Ming Ming starrte Pei mit angehaltenem Atem an. Sie hatte das Gefühl, als müsste gleich etwas Wegweisendes passieren. Auch Hua im abgetrennten Bereich vorne starrte Pei an. Er wirkte verblüfft, vielleicht sogar etwas bewegt.

Song machte den Mund auf, um noch etwas zu brüllen, aber jemand zupfte an seinem Ärmel. Er drehte sich um und sah seinen eigenen Vorgesetzten, Xiao Hua vom Provinzbüro für Öffentliche Sicherheit, der den Kopf schüttelte und eindringlich flüsterte: »Lassen Sie ihn reden. Sobald er sich eine Blöße gibt, können Sie dagegenhalten.«

Song sah ein, dass er die Kontrolle verloren hatte und weitere Streitereien lediglich verdeutlichen würden, wie machtlos er war. Lieber einen Schritt zurücktreten und sein Pulver trocken halten. Sichtlich beleidigt setzte er sich mit versteinerter Miene auf seinen Platz.

Nun hatte Pei das Rednerpult für sich allein. Das Publikum verstummte und wartete gespannt auf seine nächsten Worte.

Pei zog einen USB-Stick aus der Tasche und steckte ihn in das Multimedia-Pult. Während die Projektion geladen wurde, erhob er die Stimme.

»Letztes Jahr am 21. April ist um 22:43 Uhr ein Feuer in einem Wohnblock in Shuixiang ausgebrochen. Die nachfolgende Untersuchung ergab als Ursache ein Gasleck, das durch eine kleine Explosion entstand. Drei Wohnungen wurden unterschiedlich schwer beschädigt, eine Person schwer verletzt.«

Er drückte einen Knopf, und das Foto einer zerstörten Wohnung erschien auf der großen Leinwand. Sie war vollkommen ausgebrannt.

Kurz darauf verschwand das Bild und wurde durch die Nahaufnahme einer zierlichen jungen Frau ersetzt. »Dies war das Opfer – eine attraktive junge Dame. Aber dieses Foto stammt von vor der Explosion. Sie hat schwere Verbrennungen am ganzen Körper erlitten und ist nicht mehr wiederzuerkennen. Aus Rücksicht auf die sensibleren Menschen im Publikum habe ich lediglich ein Foto ihres verletzten Rückens beigefügt.«

Auf der Leinwand erschien der Rücken der Frau. Die Haut war schwarz und großflächig vernarbt – ein grässlicher Anblick. In dem Moment stand im Publikum jemand auf und schrie: »Warum zeigen Sie nicht mein Gesicht? Sollen doch alle sehen, was er mir angetan hat!«

Alles starrte die verhüllte Sprecherin an. Als sie sich der Aufmerksamkeit aller gewiss war, zog sie mit einem Ruck Maske und Perücke ab und enthüllte ihr schrecklich entstelltes Gesicht. Viele Menschen schrien laut, einige Leute in ihrer Nähe sprangen sogar auf und rannten davon.

Die Filmcrews hatten ihre Kameras auf die Frau gerichtet, zoomten nun aber panisch heraus, aus Angst, die Zuschauer könnten sich später über die drastischen Bilder beschweren.

Auch Pei Tao war überrumpelt, fing sich aber schnell und deutete auf Ming Ming. »Ja, dies ist die Frau auf dem Bild. Ich hatte nicht erwartet, sie heute hier zu sehen.«

Er drückte einen Knopf, und das Foto ihres unversehrten Gesichts kehrte zurück.

Der Kontrast zwischen Schönheit und Grauen war so vollkommen, dass das Publikum kollektiv erschauderte. Allenthalben wurden Mitleid und Trauer bekundet.

Pei sah Ming Ming an und sagte ernst: »Ich verspreche, ich werde für Gerechtigkeit sorgen.«

Ming Ming nickte, setzte sich und streifte sich Maske und Perücke über. Langsam kehrten die Leute ringsum zu ihren Plätzen zurück, das Publikum konzentrierte sich wieder auf Pei.

»Dieses Feuer hätte durchaus wie ein Unfall ausgesehen, wären da nicht einige verdächtige Einzelheiten gewesen. Der Besitzer der Wohnung war Rao Donghua, der heute Abend als Erster verurteilt worden ist. Die schwer verletzte Frau war seine Freundin.« Pei deutete auf Hua, der den Bericht mit einem Nicken bestätigte.

»Mehrere Hinweise ließen darauf schließen, dass am Tag dieses Zwischenfalls jemand in die Wohnung eingebrochen war, das Gas aufgedreht und so die Explosion herbeigeführt hatte.«

Diese eine Frage schien nun jeden im Publikum zu beschäftigen: Wer war der Schuldige?

»Meine Forensiker haben den Ort des Geschehens genauestens untersucht und ein einzelnes menschliches Haar im Spülbecken gefunden.« Das nächste Foto blitzte an der Leinwand auf: ebenjenes Haar an der Fundstelle. Gleichzeitig hielt Pei eine Asservatentüte hoch. »Hier ist es – ein unverwechselbares Exemplar.«

Die Kameras zoomten heran – ein golden gelocktes, langes Haar.

Die meisten Polizisten in den ersten Reihen wussten sofort, zu wem das Haar gehören musste, und tuschelten untereinander.

Pei hatte allerdings keine Eile, die Antwort zu enthüllen; er hatte weitere Beweise vorzubringen.

»Jede einzelne Überwachungskamera im Gebäude wurde an dem Tag beschädigt, was deutlich macht, dass der Täter unter keinen Umständen erkannt werden wollte. Wir haben jedoch das Material der Kameras der umliegenden Straßen und des Ausgangsbereichs durchsucht und sind auf mehrere mögliche Verdächtige gestoßen. Der Mann auf diesen Bildern ist einer von ihnen. Er hat das Gebäude vor und nach dem Zwischenfall betreten und verlassen, wohnt aber weder dort, noch hat er einem der Bewohner einen Besuch abgestattet.«

Das folgende Video zeigte einen stämmigen Mann. Hut und Maske verbargen sein Gesicht, aber Körperbau und Gang waren markant.

Es gab eine ganze Menge Material. Pei ließ es bis zum Ende laufen, ehe er sich abrupt Hua zuwandte. »Rao Donghua, erkennen Sie diesen Mann?«

»Ja«, erwiderte Hua ohne Zögern.

»Wer ist er?«

»Leopardenkopf.«

Pei nickte. Er wandte sich an einen weiteren Verurteilten. »Ge Xinxin, erkennen Sie die Person im Video?«

Ge Xinxin, der soeben als einer von Gao Desens wichtigsten Schlägern verurteilt worden war, schaute auf. »Ich glaube, das ist Leopardenkopf.«

»Ge Xinxin, hat Gao Desen Sie am 21. April letzten Jahres darum gebeten, etwas zu tun?«

»Ja.«

»Und was genau sollten Sie tun?«

»Er wollte, dass ich Hua töte.« Da auch Ge Xinxin zum Tode verurteilt worden war, hatte er kein Problem damit, dies zu gestehen, vor allem, da es bereits länger zurücklag.

»Weswegen?«

»Der Vorsitzende Gao wollte ein Stück Land an sich bringen, das aber Hua gehört, der sich geweigert hat, es aufzugeben. Also schien es das Einfachste, ihn zu beseitigen.«

»Und haben Sie ihn beseitigt?«

»Nein.«

»Warum nicht?«

»Weil Leopardenkopf gesagt hat, er würde es gern übernehmen, also hat der Vorsitzende Gao ihn geschickt.«

»Er hat das von sich aus angeboten?«

»Ja.«

»Warum, glauben Sie, wollte er es unbedingt tun?«

»Er wollte zeigen, wozu er fähig ist. Er war gerade erst von Huas Leuten zu uns übergelaufen und dachte, Gao würde ihm noch nicht richtig vertrauen.«

»Wie hat er es angestellt?«

»Er hat es nicht geschafft. Er hat nicht Hua erwischt, sondern eine Frau schwer verletzt.«

Pei nickte und wandte sich wieder ans Publikum sowie die versammelte Presse. »Leopardenkopf hat lange unter Rao Donghua gedient, sich dann aber schließlich Gao Desen und dessen Bande verschrieben. Natürlich ist ›Leopardenkopf‹ nur der Name, den er in der Unterwelt benutzte. Seinen richtigen Namen kennen wir alle ...«

Das Publikum hielt den Atem an – obwohl viele es bereits ahnten, wollten sie es doch aus Peis Mund hören.

Peis Blick wanderte durch die Menge. Er beugte sich zum Mikrofon vor und fauchte: »Qian – Yao – Min!«

Die Anspannung im Saal löste sich mit einem Schlag. Mit großem Getöse brachen von einer Sekunde zur nächsten überall hitzige Diskussionen aus. Es war mehr als eindeutig, wer für die Explosion verantwortlich gewesen war.

Polizeichef Song saß mit finsterer Miene da. Er wusste genau, was Pei tat. Als Leiter des Sicherheitsapparats war er für den Ablauf der Veranstaltung verantwortlich, was ihm die Möglichkeit gab, die Ehrung eines Kollegen in eine Pressekonferenz zu verwandeln, um streng geheime polizeiliche Informationen zu enthüllen. Der Polizeichef hatte die ganze Veranstaltung organisiert und sich als Gastgeber präsentiert, dementsprechend düpiert fühlte er sich.

Nach reiflicher Überlegung drehte er sich um und flüsterte Xiao Hua etwas zu, der zunächst ausdruckslos zuhörte und dann nickte.

Pei hielt abermals die Asservatentüte in die Höhe. »Dieses Haar stimmt mit Qian Yaomins Haaren überein. Zur Not lässt sich das per DNA-Test verifizieren. Nehmen wir die übrigen Beweise und Zeugenaussagen hinzu, sehe ich es als erwiesen an, dass Qian Yaomin vorsätzlich einen Menschen schwer verletzt und die öffentliche Sicherheit gefährdet hat. Daher habe ich seine Verhaftung veranlasst.«

Manche im Publikum stimmten lautstark zu, andere schüttelten den Kopf. Pei wandte sich an Song und wartete auf dessen Reaktion.

Der Polizeichef erwiderte seinen Blick, erhob sich und nahm sein eigenes Mikrofon zur Hand.

Das Publikum verstummte, alle Kameras richteten sich auf ihn.

Song räusperte sich. »Angesichts dieser neuen Beweislage habe ich mich mit Kommandant Xiao Hua besprochen. Wir sind uns einig, dass Kamerad Pei Tao die Untersuchung im Fall des Kollegen Qian Yaomin übernehmen soll. Wir werden die Öffentlichkeit über den Ausgang informieren, wie auch immer er sich gestalten mag. Die Medaillenverleihung wird dementsprechend verschoben. Ob die Medaille überhaupt verliehen wird ... hängt vom Ausgang der Ermittlungen ab.«

Pei nickte. Ein erwartbarer Sieg. Die Details vor dem Publikum und den versammelten Medien ans Licht zu bringen, hatte es für Song praktisch unmöglich gemacht, die Sache weiterhin zu vertuschen. Nachdem der Fall jetzt von öffentlichem Interesse war, würde er mit Sicherheit Gerechtigkeit walten lassen können.

»Alles klar, damit sind wir am Ende der Veranstaltung angelangt.« Song starrte Pei kalt an. »Dürfen wir dann gehen?«

Pei schüttelte den Kopf. »Ich fürchte, ich muss Sie alle noch ein paar Minuten hierbehalten. Ich bin noch nicht ganz fertig.«

Song setzte sich wieder, war aber sichtlich ungehalten.

Pei nahm sich sein Mikrofon und ließ den Blick durch den Saal schweifen. »Obwohl der Polizeichef meiner Bitte stattgegeben hat, löst das bei mir keine Freude aus. Weil ich weiß, dass es mich teuer zu stehen kommen wird. Ich habe einen Kollegen verhaftet und vertrauliche Informationen an die Öffentlichkeit getragen. Nicht nur habe ich sämtliche hier auf der Bühne versammelten Funktionäre beleidigt, ich bin mir sicher, dass mich jeder Polizist der Stadt nun für einen Verräter hält. Auch die Leute in meinem Team werden keinen leichten Weg vor sich haben. Ihnen gegenüber fühle ich mich schuldig – ich habe eure Ehre besudelt.«

Aus der ersten Reihe rief jemand: »Sagen Sie so etwas nicht, Hauptmann – wir verstehen alle, warum Sie das getan haben.«

Pei suchte nach dem Sprecher. Es war Yin Jian. Ihm wurde warm ums Herz, und er lächelte seinem Assistenten dankbar zu. »Mir blieb keine Wahl. Wie der Polizeichef bereits sagte, ist meine Rolle bei der heutigen Veranstaltung die des Sicherheitschefs, ich hätte mich also nicht in den Fall einmischen sollen. Ich komme eigentlich aus Longzhou und bin nur in Ihre Stadt versetzt worden, um bei der Jagd nach dem Mörder zu helfen, der sich Eumenides nennt. Selbst heute bin ich seinetwegen hier; er hat Qian Yaomin eine Todesanzeige geschickt. Der Polizeichef mag der Meinung sein, ich hätte Qian Yaomin lediglich beschützen sollen, ohne die Wunden in meinem eigenen Apparat offenzulegen. Warum sollte ich etwas so Unangenehmes tun, wofür ich sicherlich noch Konsequenzen zu spüren bekomme?«

Pei wandte sich dem Polizeichef zu, der nun aufmerksam lauschte.

»Vor einer Woche hatte ich ein Treffen mit meinen Mitarbeitern, bei dem es zu einer hitzigen Diskussion kam. Manche Kameraden waren überzeugt davon, unsere Aufgabe sei lediglich, die Sicherheit von Qian Yaomin zu gewährleisten, aber diesbezüglich konnte ich ihnen nicht zustimmen. Zuallererst sind wir dafür da, Eumenides zu besiegen. Qian Yaomin zu beschützen würde das Gegenteil bewirken.«

Das verwirrte die meisten Zuschauer. Wenn Eumenides Qian Yaomin töten wollte, wäre es dann nicht eine Niederlage für Eumenides, Qian Yaomin am Leben zu halten? Wie konnte das Gegenteil zutreffen?

»Eumenides hat sich von Anfang an als einzig wahrer Verteidiger der Gerechtigkeit inszeniert. Warum will er Qian Yaomin töten? Weil Qian Yaomin das Gesetz gebrochen hat und ungestraft davongekommen ist. Wenn wir Qian Yaomin weiterhin schützen, untergraben wir Recht und Ordnung. Wir könnten vielleicht den Plan des Mörders vereiteln oder ihn sogar fangen, aber das wäre kaum mit einem Sieg vergleichbar. Die Würde des Gesetzes hätten wir mit Füßen getreten, Eumenides würde an Größe hinzugewinnen. Es geht hier nicht nur um einen einzelnen Mörder, sondern um den Schatten, den jeder von uns im Herzen trägt. Und der einzige Weg, diesen Schatten loszuwerden, besteht darin, die Sonne einzulassen.«

Das Publikum nickte, bewegt von seinen tiefgründigen Ausführungen. Song betrachtete ihn nachdenklich mit zusammengekniffenen Augen.

»Jetzt haben wir Qian Yaomin festgenommen und werden die Explosion genau untersuchen. So werden wir Eumenides besiegen. Qian Yaomin einen fairen Prozess zu machen, ist gleichzeitig der beste Weg, ihn zu beschützen.« Pei wandte sich an Song. »Sir, Han Haos Absturz muss Sie tief getroffen haben. Wäre er tapfer genug gewesen, die Strafe für sein ursprüngliches Verbrechen auf sich zu nehmen, statt sich ein immer tieferes Loch zu schaufeln, hätte diese ganze Geschichte viel früher enden können.«

Diesmal erwiderte Song seinen Blick nicht, sondern starrte stumm zu Boden.

Pei richtete sich wieder ans Publikum. »Manche Leute glauben vielleicht, dass Qian Yaomin einen verständlichen Fehler gemacht hat. Es ging immerhin um das Oberhaupt einer Bande, an dessen Händen eine Menge Blut klebt, und es war reiner Zufall, dass eine unschuldige Person dabei verletzt wurde. Sollten wir jemanden wirklich dafür verurteilen, beim Streben nach einem hehren Ziel einen kleinen Fehler gemacht zu haben?«

Ein Raunen ging durch die Menge – nicht wenige schienen diesem Gedankengang zuzustimmen.

Pei schnaubte. »Wenn wir aber die Handlungen der Menschen nur nach ihren Motiven bewerten, wie sollen wir dann mit Eumenides' Mordserie umgehen? Jede einzelne seiner Todesanzeigen war von einem starken Gerechtigkeitssinn motiviert. Es ist eigentlich eine gute Sache, sich für Gerechtigkeit einzusetzen. Sollen wir ihn also fröhlich weiter morden lassen?«

Wieder brachen Diskussionen los. Tatsächlich hatte Eumenides von Beginn an für heftige öffentliche Debatten gesorgt. Manche fanden ihn abscheulich und bedrohlich, aber es gab viele Leute, die jeden seiner Morde bejubelten und im Internet aufmunternde Botschaften verfassten, die ihn dafür lobten, unerbittlich für Gerechtigkeit zu sorgen. Eindeutig saßen auch im Publikum genug Menschen, die diese Sichtweise teilten.

Pei wartete, bis sich der Lärm ein wenig gelegt hatte. »Die Polizei hat die Pflicht, die Einhaltung der Gesetze durchzusetzen und Verbrechen zu bestrafen – aber genau das sagt Eumenides auch über sich selbst. Und als Qian Yaomin seinen Mord an Rao Donghua geplant hat, sah er sich sicherlich auch auf der Seite des Gesetzes stehen. Was ist dann Gerechtigkeit? Was ist der fundamentale Unterschied zwischen unserem Verhalten und dem der anderen?«

Manche Leute dachten sichtlich angestrengt nach,

andere machten eifrig Handzeichen – aber Pei hatte sich bereits Hua zugewandt.

»Rao Donghua, ich habe ein paar Fragen an Sie. Ich hoffe, Sie antworten wahrheitsgemäß.«

Hua nickte.

»Der Mörder, der sich Eumenides nennt – hassen Sie ihn?«

»Selbstverständlich.« In Huas Augen blitzte es auf. »Er hat den Vorsitzenden Deng ermordet. Wie könnte ich ihn nicht hassen?«

»Vorausgesetzt, Sie hätten die Gelegenheit, würden Sie sich an ihm rächen?«

»Ja«, sagte Hua ohne Zögern.

»Was ist mit Qian Yaomin? Hassen Sie auch ihn?«

»Ja!« Hua fuhr herum und suchte in der Menge nach Ming Ming, was den Grund für seinen Hass noch einmal für alle verdeutlichte.

Mit diesen Antworten hatte Pei gerechnet. Ernst sah er Hua an, als er seine dritte Frage stellte. »Und hassen Sie auch mich?«

Diese plötzliche Wendung ließ Hua stocken.

»Ich habe Sie festgenommen«, sagte Pei bedächtig. »Um das zu tun, habe ich Sie ein ganzes Jahr lang observiert und Ihnen sogar die eine oder andere Falle gestellt. Gerade eben wurden Sie deswegen zum Tod verurteilt. Hassen Sie mich?«

Hua lächelte. »Nein, ich hasse Sie nicht. Obwohl es mich schon ein wenig ärgert, gegen Sie verloren zu haben.«

Pei erwiderte sein Lächeln. »Was ist mit Ihren Freunden, Ihrer Familie? Werden die nach Rache sinnen?«

Hua schüttelte den Kopf. »Ich habe mehrere Morde begangen. Was hat das mit Ihnen zu tun? Sie setzten nur die Gesetze des Landes durch. Ich glaube sogar, wir hätten unter anderen Umständen Freunde werden können.«

»Aber warum ist das so? Sie geben zu, schuldig zu sein; warum hassen Sie Eumenides und Qian dafür, Sie bestrafen zu wollen? Ich bin derjenige, der für Ihre Todesstrafe verantwortlich ist, aber nicht nur hassen Sie mich nicht, Sie wollen auch noch mein Freund sein?«

»Weil Sie zum Wohle der Allgemeinheit handeln. Deren Ziele sind eigennützig«, sagte Hua laut. »Ich habe Verbrechen begangen und bin dafür rechtmäßig verurteilt worden. Darüber kann ich mich nicht beschweren. Aber welches Recht hat irgendwer, mich auf eigene Faust angreifen zu wollen? Wer das wagt, muss natürlich damit rechnen, dass ich mich wehre. Auge um Auge.«

»Sie haben völlig recht«, sagte Pei. »Sie hassen mich nicht, weil ich Sie nicht aus persönlichen Beweggründen festgenommen habe. Meine Handlungen werden vom Buchstaben des Gesetzes geleitet. Nur so kann die Würde der Gerechtigkeit gewahrt bleiben. Und nur, wenn die Rechtmäßigkeit respektiert wird, kann die Gesellschaft den Schutz der Gesetze ohne Bedenken annehmen und Verbrecher ihre Strafe ohne Murren. Ich kann mir nicht vorstellen, Eumenides zu sein und andere Menschen nur anhand meiner persönlichen Wahrnehmung von richtig und falsch zu bestrafen. Wo soll das hinführen? Ich wäre zwar immer noch in der Lage zu behaupten, dass ich die Gerechtigkeit verteidige, aber was wäre der Sinn einer solchen Form von Gerechtigkeit? Vergossenes Blut führt nur zu Hass und Rache, lässt die Gemüter hochkochen und vertieft die Gräben in der Gesellschaft. Wollen wir das wirklich?«

Pei schaute sich im Publikum um und beantwortete seine

eigene Frage. »Nein, auf keinen Fall! Wahre Gerechtigkeit sollte Hass überwinden und die Wunden in unseren Herzen und Köpfen heilen. Jetzt, wo Qian Yaomin festgenommen ist, kann die Frau, die er verletzt hat, endlich Ruhe finden. Sie wird dankbar für unsere Gesetze sein und den Glauben zurückgewinnen, dass unsere Gesellschaft am Ende doch gerecht ist. Was aber sollte sie sich denken, wenn es Eumenides ist, der Qian bestraft? Sie wäre dankbar für Gewalt und Selbstjustiz, und dieses Gefühl der Ungerechtigkeit würde nicht nur tief in ihrem Herzen verbleiben, sondern sich auch in der Gesellschaft fortpflanzen und schließlich unser aller Leben beeinflussen.«

Zheng Jia starrte Pei Tao an. Sie verstand seine Worte in diesem Moment vielleicht besser als jeder andere im Saal. Die vergiftete Haarnadel steckte noch immer in ihrer Tasche, ein stummer Beweis für die Richtigkeit von Peis Argumenten. Ming Ming sah erst Pei an, dann Zheng Jia. Ganz leise und sehr ernsthaft murmelte sie: »Ich sollte euch beiden danken.«

Zheng Jia lächelte und nahm ihre Hand. Endlich ließ ihre Sorge nach.

»Das mag alles ein wenig langatmig sein, aber ein paar letzte Dinge habe ich noch zu sagen.« Pei schaute auf, und seine Augen wirkten feucht. »Weil ich mir sicher bin, dass Eumenides mich in diesem Moment hören kann.«

Das Publikum hatte sich gerade erst einigermaßen beruhigt, doch sofort brach neue Unruhe aus. Köpfe drehten sich nach links und rechts. War der Mörder mitten unter ihnen?

Pei seufzte. »Ich hoffe, er begreift, dass die Gesetze manchmal nicht perfekt funktionieren und es ein paar Verbrecher gibt, die ihrer gerechten Strafe entgehen, aber das ist kein Grund, dem Gesetz den Rücken zu kehren. Ganz im Gegenteil, wir sollten umso härter daran arbeiten, es zu verbessern und zu verteidigen. Auch wenn das bedeutet, uns selbst opfern zu müssen – denn das wäre ein sinnvolles Opfer.«

Aus einer Ecke des Saals brandete Applaus auf, der langsam das gesamte Publikum erfasste. Es klang ein wenig abgehackt und war definitiv nicht mit dem tosenden Beifall zu vergleichen, den Song vor wenigen Minuten erhalten hatte, aber es steckten echte Gefühle darin, und Pei war durchaus bewegt. Als er sah, wie immer mehr Polizisten aus den ersten Reihen einfielen, fühlte er sich endgültig bestätigt. Nichts aber interessierte ihn in diesem Moment so sehr wie die Reaktion einer bestimmten Person im Saal.

Eumenides.

Pei war sich der ungeteilten Aufmerksamkeit des Mörders gewiss, weil er an exakt der Stelle stand, an der Qian Yaomin hätte stehen sollen, um von seinen Taten zu berichten.

Falls Eumenides wirklich geplant hatte, seine Todesanzeige während der Veranstaltung in die Tat umzusetzen, musste er sich mit dem Ablauf der Zeremonie beschäftigt haben. Er musste wissen, dass Qian Yaomin auf die Bühne gekommen wäre, um die Erfolgsgeschichte seiner langen Mission zu erzählen. Dies wäre der perfekte Moment zum Zuschlagen gewesen – obwohl die Polizei mit einem Angriff rechnete, hätten sie ihn kaum verhindern können, denn die Bewegungen der Polizei waren in den Medien breitgetreten worden, während niemand wusste, was genau Eumenides vorhatte. Es war wie ein Schachspiel, bei dem einer der beiden Kontrahenten eine Augenbinde trug – so wasserdicht seine Spielzüge auch sein mochten, der Gegner würde ihn ausmanövrieren. Der Sieger stand vor Beginn der Partie so gut wie fest.

Deshalb hatte Pei die Zeremonie unterbrechen müssen. Indem er mit der Verhaftung bis zum Beginn der Veranstaltung gewartet hatte, konnte er nicht nur auf die Anwesenheit der Medien zählen, sondern auch Eumenides auf dem falschen Fuß erwischen. Indem er die Vorgehensweise der Polizei ähnlich unberechenbar gestaltete, hatte er wieder für Chancengleichheit gesorgt.

Trotzdem würde er, um Eumenides festnehmen zu können, erst noch herausfinden müssen, was genau dieser plante. Nachdem er Qian Yaomins Platz auf der Bühne eingenommen hatte, hatte er seine lange Rede gehalten, dabei die ganze Zeit das Publikum im Auge behalten und versucht zu ergründen, was Eumenides vorhatte.

Beide Seiten wussten, dass die Bühne der Ort des Mordes sein sollte, und obwohl Pei keine Ahnung hatte, wie genau Eumenides seine Tat durchführen wollte, würde dieser definitiv die Zeremonie genau im Blick haben und bereit sein, jederzeit zuzuschlagen.

Wenn man weiß, dass der Gegner einen Angriff plant, ist die beste Strategie, sich an den gefährlichsten Ort zu begeben und auf die kleinsten Veränderungen in der Umgebung zu achten, um rechtzeitig zu erkennen, von wo aus der Angriff geführt wird. Genau das hatte Pei getan.

Er stand am Podium, ließ den Blick wieder und wieder durch die Halle schweifen, suchte nach Anzeichen seines Gegners und Lücken in der eigenen Verteidigung.

Die Menschen auf der Bühne waren allesamt hochrangige Funktionäre, unter ihnen konnte Eumenides sich unmöglich versteckt haben. Im Backstage-Bereich wachten zu viele Polizisten über Qian Yaomin, als dass er sich dort hätte einschleichen können. Von den bewaffneten Polizisten, die die dreizehn Verurteilten begleiteten, war definitiv keiner Eumenides. Etwas weiter entfernt standen ein paar Journalisten, die er noch nie gesehen hatte, und obwohl es möglich war, dass sich Eumenides unter ihnen befand, hatte Pei so viele Kollegen in Zivil zwischen ihnen postiert, dass sie ihn im Zweifelsfall sofort unschädlich machen konnten.

Das Publikum bereitete ihm größere Sorgen. Es waren derart viele Leute versammelt, dass Eumenides sich unerkannt verbergen konnte. Obwohl jeder hier strengste Einlasskontrollen über sich hatte ergehen lassen müssen, war Eumenides äußerst geschickt und wandelbar und hätte sie sicher trotzdem überwinden können. Vielleicht war er aber auch schon vorher eingebrochen und hatte sich irgendwo versteckt. Der Saal war gewaltig, und allein die Rohre, die verzweigt unter der Decke entlangliefen, waren breit genug, um einen Mann zu verstecken.

Doch welchen Vorteil sollte es ihm verschaffen, sich irgendwo versteckt zu halten? Wie wollte er den Mord durchführen – einfach auf die Bühne stürmen? So gut wie unmöglich. Mit einer Schusswaffe? Würde er Gelegenheit haben, einen Schuss abzugeben? Überall standen Polizisten, die wachsam auf die kleinste Gefahr lauerten. Und selbst wenn es ihm gelang, müsste er dadurch seine Position preisgeben. Wie wollte er danach fliehen? Er hatte doch sicherlich nicht vor, ausgerechnet mit Qian Yaomin unterzugehen?

Nachdem er all diese Möglichkeiten ausgeschlossen hatte, war Pei zu der Überzeugung gelangt, sein Gegner müsse irgendeine andere, ausgefeilte, unvorhersehbare Strategie verfolgen, wie er es auch beim Mord an Deng Hua gehandhabt hatte.

Pei brauchte mehr Zeit, um die Situation zu analysieren. Deshalb hielt er eine derart lange Rede, denn er wusste, dass Eumenides nun keinen zwingenden Grund mehr hatte, seine Tat durchzuführen, und er wäre wohl auch schon lange spurlos verschwunden, es sei denn, er konnte ihn mit Worten fesseln.

Pei ordnete seine Notizen, hob das Mikrofon und wollte fortfahren. In dem Moment bemerkte er endlich etwas Ungewöhnliches.

Dies war das fünfte Mal, dass er an dem Mikrofon gezogen hatte, seit er auf der Bühne stand. Es war ins Multimedia-Pult eingesteckt, aber das Kabel war nicht lang genug, sodass man als Sprecher gezwungen war, immer wieder daran zu zerren.

Obwohl es wie eine Nichtigkeit daherkam, besaß Pei die Gabe, sich auf ebensolche Details zu konzentrieren. Er betrachtete das Mikrofon genauer. Es war ein relativ neues Modell, ein kleiner Kopf mit einem kurzen Aluminiumgriff. Pei hatte wiederholt versucht, es seiner Größe gemäß höher zu justieren, aber das Kabel war einfach zu kurz für eine entspannte Sprechposition.

Pei fuhr mit der Linken das Kabel entlang und stellte fest, dass es sich spaltete. Ein Strang war ins Schaltpult des Multimedia-Podiums eingesteckt, ein zweiter Strang hingegen verschwand durch ein Loch in der Rückwand des Podiums, sodass man nicht erkennen konnte, wo er endete. Dieser zweite Strang verhinderte die bequeme Handhabung.

Mikrofone brauchten normalerweise nur ein Kabel, das

war also ungewöhnlich. Peis Herz tat einen kleinen Satz, denn sein erster Gedanke war: Konnte im Podium eine Bombe verborgen sein? Aber nein, unmöglich. Unmittelbar vor Beginn der Zeremonie hatte die SEP die Bühne noch einmal mit Spürhunden untersucht, es gab hier keinen Sprengstoff.

Kurz war Pei verwirrt. Er hielt das Mikrofon in der Rechten, seine Linke umfasste die Kante des Rednerpults – die gängigste Körperhaltung bei Rednern. Durch die Anspannung waren seine Sinne derart geschärft, dass er jetzt die kaum merkliche Kälte unter seiner linken Hand spürte.

Sein Blick heftete sich an die Metallkante des Rednerpults. Sie war blank poliert und sollte offenbar nicht nur dekorativ wirken, sondern auch das Podium vor Abnutzung schützen.

Nur war die Kante *zu* blank poliert. Keinerlei Abnutzungserscheinungen zu sehen. Sofort schloss Pei, dass sie erst kürzlich ausgewechselt worden war und wohl noch einem anderen Zweck diente, als es den Anschein hatte.

Seine Gedanken machten einen wagemutigen Sprung. Er senkte den Kopf und sprach in das versteckte schnurlose Mikrofon in seinem Hemdkragen. »Alle Ausgänge zur Tiefgarage abriegeln und den Kontrollraum untersuchen. Sofort!«

»Jawohl!«, ertönte die Stimme des SEP-Leiters Liu Song aus seinem unsichtbaren Ohrhörer. Nun würden Beamte aus den wartenden Wagen springen und die unterirdische Parkgarage stürmen.

Es waren nur wenige Sekunden vergangen, seit Pei das letzte Mal an dem Kabel gezerrt hatte. Niemand im Publikum schien etwas von seinen zwischenzeitlichen Aktivitäten bemerkt zu haben – alles wartete noch immer darauf, dass er seine packende Rede fortsetzte.

Pei Taos Nemesis aber, der junge Mann, war aufmerksamer.

Er saß seit den frühen Morgenstunden im Kontrollraum verborgen und verfolgte die Vorgänge im Saal über ein tragbares Fernsehgerät.

Vor einem halben Monat, als die Zeremonie in den Medien angekündigt worden war, hatte er begonnen, diesen Mord zu planen. Die Volkshalle musste für den Festakt den Wünschen der Veranstalter entsprechend ausgestattet und aufgerüstet werden. Als diese ein Multimedia-Podium anfragten, suchte man nach einem entsprechenden Anbieter, der das Gerät liefern und einbauen konnte.

Die Medienfirma, die den Auftrag erhielt, traf entsprechende Vorbereitungen und schickte einen Techniker, der den Einbau überwachte. All dies fand der junge Mann heraus, und am Tag der Installation legte er eine neue Verkleidung an, fuhr mit einem Mietwagen zum Büro des Anbieters und gab vor, vom Veranstaltungsort geschickt worden zu sein, um den Techniker abzuholen. Dort machte er sich nützlich und half dem Techniker bei der Arbeit, sodass alle davon ausgingen, er sei dessen Assistent. Nachdem die Arbeit abgeschlossen war, hinterließ er seine Kontaktdaten bei beiden Parteien. Die Medienfirma hielt ihn für den Vertreter des Veranstaltungsorts, die Volkshalle für den Vertreter der Medienfirma. Woraus resultierte, dass sämtliche Kommunikation zwischen den Parteien nun über ihn lief.

Am folgenden Tag kehrte der junge Mann allein in den Saal zurück und verkündete, er müsse noch einige Anpassungen vornehmen. Er versah das Mikrofon mit einem zweiten Kabel und brachte ein paar Metallstreifen an den Kanten des Podiums an. Beides waren nur kleine Änderungen, die keinen Einfluss auf die Funktionsweise der Technik hatten, weshalb niemand ihnen große Beachtung schenkte.

Später am Abend kehrte der junge Mann abermals zurück und nahm einige weitere Änderungen vor. Diesmal widmete er sich der Verkabelung des Podiums selbst, fügte einen neuen Schaltkreis ein und benutzte ein zusätzliches Kabel, um den Griff des Mikrofons in einen Erdungsleiter zu verwandeln und die Metallkanten unter Spannung zu setzen. Die komplette Technik war im Korpus des Podiums versteckt. Angeschlossen an die Leitung des Podiums, liefen auch diese Zusatzfunktionen in den Kontrollraum im Keller. Von dort aus konnte der junge Mann den Strom regulieren.

Außerdem verkürzte er das Mikrofonkabel, sodass man als Sprecher sehr dicht am Rednerpult stehen musste. Er achtete darauf, dass auf den ersten Blick alles normal aussah, nur eben ein wenig unbequem zu nutzen sein würde.

Sobald Qian Yaomin die Bühne betrat, würde der junge Mann seinen gesonderten Schaltkreis aktivieren, wodurch Mikrofongriff und Metallkante unter Strom standen. Durch das kurze Kabel würde Qian Yaomin das Mikrofon während seiner Rede immer wieder neu justieren müssen, dabei natürlich mit der anderen Hand die Kante umfassen und so den Stromkreis schließen. Der Strom würde durch seine Arme und sein Herz fließen und ihn binnen Sekunden töten.

Der Plan war fehlerfrei, nur hatte der junge Mann niemals damit gerechnet, dass nicht Qian Yaomin ans Podium treten würde, sondern Hauptmann Pei Tao.

Als Pei nun zuletzt erneut an dem Mikrofon zog, verzog er argwöhnisch das Gesicht, und der junge Mann begriff sofort, dass der Hauptmann das Geheimnis des Podiums entschlüsselt hatte. Das Flüstern in den Hemdkragen bildete die endgültige Bestätigung. Unverzüglich stürmte der junge Mann aus dem Kontrollraum in Richtung Ausgang.

Es war zu spät. Lange Schatten kamen die Rampe der Tiefgarage hinab und bewegten sich in seine Richtung. Pei hatte begriffen, wo er sich versteckte, und die Ausgänge abgeriegelt. Sie würden das gesamte Untergeschoss durchsuchen.

Obwohl Pei ihn gründlich überrumpelt hatte, war der junge Mann auch auf diese Eventualität vorbereitet. Er eilte ein paar schnelle Schritte zurück in Deckung, zog seine Fernbedienung aus dem Gürtel und drückte auf einen Knopf.

Mit lautem Knall detonierte die selbst gebaute Bombe, die er oben in der südwestlichen Ecke der Halle in einem Lüftungsschacht versteckt hatte. Die Explosion war nicht besonders stark, reichte aber aus, um ein Loch von über einem Meter in die Saaldecke zu reißen und das Publikum mit Lärm und einer Trümmerwolke in Panik zu versetzen. Als die Rauchbomben, die ebenfalls in dem Schacht gelegen hatten, zusätzlich hochgingen, sprang auch noch der Alarm im Gebäude an, und eine kreischende Sirene vervollständigte das Chaos.

Pei begriff sofort, dass es sich um Eumenides' Notfallplan handeln musste. Er wusste nicht, wie schwer die Explosion ausgefallen war oder ob noch weitere Bomben im Saal versteckt waren. Die dichten Rauchwolken und der gellende Alarm versetzten auch ihn kurzzeitig in Panik; der Saal war randvoll besetzt, und ein Feuer würde unzählige Menschenleben fordern.

Ohne auf Peis Reaktion zu warten, packte Polizeichef Song sein Mikrofon. »Kameraden, Versammlung sofort auflösen!« Sofort fingen SEP-Beamte, Uniformierte, Polizisten in Zivil und Wachleute an, die Menge mit größtmöglicher Ruhe zu den Ausgängen zu schleusen.

Der Rauch aus der Ventilation wurde immer dichter und hatte bald den südlichen Ausgang erreicht. Die Menschen aus den hinteren Reihen waren bereits dort, konnten die Augen aber nicht mehr offen halten. Hustend und blind tasteten sie sich aus dem Saal.

Pei sprang von der Bühne und fuhr die Wachleute an: »Bewachen Sie die Verurteilten! Sie dürfen sich auf keinen Fall dem Publikum nähern!« Dann rannte er zu einer kleinen Tür in der Ostwand, die zum Gang mit den Toiletten und der zwei Meter breiten Treppe zur Tiefgarage führte.

Er war sich jetzt ganz sicher, dass Eumenides noch im Keller steckte. Da Liu Songs Leute die Ausgänge bewachten, hatte er die Bombe entzündet, um in dem Chaos verschwinden zu können. Pei rannte die Treppe hinunter, um Liu Song zu helfen und Eumenides den Weg abzuschneiden.

Keine zehn Sekunden später hatte er die Tiefgarage erreicht. Er blieb im Eingang stehen, zog seine Dienstwaffe und schaute sich aufmerksam um.

Totale Stille. Niemand in Sichtweite. Liu Songs Leute standen an den Ausgängen, hatten ihre Suche aber noch nicht begonnen. Eumenides konnte kaum entkommen sein.

Pei machte sich auf den Weg zu einem nahen Betonpfeiler und richtete die Pistole ruckartig in verschiedene Richtungen. Gut möglich, dass sein Gegner ebenfalls eine Schusswaffe bei sich trug. Er wollte sich nicht unnötig in Gefahr bringen. Der Pfeiler würde ihm als Schutzschild dienen.

Mit dem Rücken zum Pfeiler holte Pei tief Luft und beglückwünschte sich dazu, diese strategische Position gesichert zu haben. Der Pfeiler war fast einen Meter breit und befand sich in einer Ecke der Tiefgarage; er würde also seinen Körper aus der Schusslinie halten und gleichzeitig die Treppe ins Erdgeschoss bewachen können. Besser noch, direkt neben ihm hing ein Verkehrsspiegel, sodass er sogar einsehen konnte, was sich hinter dem Pfeiler abspielte. Eine ideale Position – solange er die verteidigte, würde Eumenides auf keinen Fall in die Halle entkommen. Sobald Liu Song und seine Leute die Maschen enger zogen, würde der Mörder wie ein Fisch im Netz zappeln.

Pei hatte sich gerade an seinem Pfeiler eingerichtet, die Augen fest auf die Tür zur Treppe gerichtet, als plötzlich sämtliche Lichter erloschen. Die Tiefgarage versank in Finsternis.

Das konnte nur Eumenides' Werk sein. Pei rümpfte die Nase. Wenn er jetzt die Taschenlampe anknipste, machte er sich zur Zielscheibe. Tat er es nicht, konnte er den Ausgang nicht mehr bewachen – und sobald Eumenides in den Saal entkam, würde er in der fliehenden Menschenmenge verschwinden und nicht mehr zu fassen sein.

Die unerwartete Entwicklung ließ Pei keine Zeit zum Nachdenken. Hastig traf er eine Entscheidung. Er atmete durch, zog die Taschenlampe aus dem Gürtel und schaltete sie ein.

Als Pei in die Tiefgarage gestürmt war, hatte der junge Mann keine zwanzig Meter von ihm entfernt gestanden. Beim Klang der Schritte hatte er sich eilig um eine Ecke geduckt. Als Pei mit der Waffe im Anschlag zum Pfeiler gepirscht war, hatte er den Kopf unten gehalten und nicht gewagt, nach dem Polizisten Ausschau zu halten. Er wusste, dass Pei über ausgezeichnete Reflexe verfügte. Eine falsche Bewegung hätte sein Ende bedeuten können.

Um doch noch zu entwischen, würde er den Strom im Gebäude kappen müssen.

In weiser Voraussicht hatte der junge Mann einen kleinen Sprengsatz an der Hauptsicherung angebracht. Nur ein weiterer Druck auf einen Knopf auf der Fernbedienung, und die Lichter im Gebäude würden erlöschen und den fensterlosen Keller in Dunkelheit hüllen.

Auch er hatte eine Taschenlampe dabei, wagte aber nicht, sie zu benutzen. Er befand sich in einer wesentlich besseren Lage als Pei, denn die Wand, an die er sich drückte, führte direkt zum Treppenhaus, er würde sich also problemlos bis in den Saal vortasten können. Pei mochte eine gute Position eingenommen haben, stand aber an seinem Pfeiler schräg gegenüber der Tür und würde sich erst einmal durch offenes Gelände zur Treppe tasten müssen. In der Dunkelheit mochte er durchaus die Orientierung verlieren und ziellos umherirren.

Der junge Mann hatte genau diesen Vorteil im Blick. Sobald die Lampen ausgingen, stand er auf und huschte lautlos an der Wand entlang auf die Treppe zu. Unterwegs griff er nach der Waffe, die im Gürtelholster steckte – Zhang Haifengs Dienstwaffe, die er beim Gefängnisausbruch erbeutet hatte.

Der junge Mann schob sich lautlos vorwärts. Er hielt die Augen offen und den Finger am Abzug. Natürlich durfte er nur schießen, wenn ihm absolut keine andere Wahl mehr blieb, sonst verriet er seine Position und machte sich selbst zur Zielscheibe.

Er spürte die nahe Treppe. Alles war totenstill. Er entspannte sich ein wenig und dachte, Pei müsse wohl unschlüssig in der Dunkelheit gefangen sein. Wenn er nur noch ein bisschen durchhielt, nur bis zum Treppenhaus, konnte er hinaufrennen und in der Menge untertauchen.

In diesem Moment ergoss sich ein Lichtstrahl vom Pfeiler aus in seine Richtung. Ohne Zögern feuerte der junge Mann auf die Quelle. Ein Knall, gefolgt vom Klang splitternden Glases. Der Lichtstrahl wechselte die Richtung und glitt von der Wand ab. Der junge Mann warf sich nach vorne, war aber einen Sekundenbruchteil zu langsam. Als er den Boden berührte, löste sich ein weiterer Schuss. Er spürte Taubheit in der rechten Schulter und wusste, er war getroffen. Das Mündungsfeuer der Waffe hatte ihm allerdings die Position des Schützen verraten. Er vollführte eine Flugrolle, wechselte die Schusshand und feuerte ein zweites Mal.

Natürlich war es Pei gewesen, der auf den jungen Mann geschossen hatte. Er hatte die Taschenlampe allerdings nicht direkt auf die Treppe gerichtet, sondern auf den Verkehrsspiegel hinter ihm, in einem Winkel, sodass der Lichtkegel zur Treppe reflektiert wurde. Eumenides hatte auf den Spiegel geschossen und dadurch seine Position verraten. Pei hatte das Feuer erwidert und lautlos frohlockt, als er keinen Querschläger hörte. Die Kugel musste ihr Ziel getroffen haben. Aber der junge Mann reagierte blitzschnell, und die zweite Kugel folgte, ehe Pei sich wegducken konnte. Sie bohrte sich in seine rechte Wade. Pei konnte nicht mehr stehen, ging in die Hocke, rollte sich zur Seite und warf die verräterische Taschenlampe fort.

In wenigen Augenblicken waren drei Schüsse gefallen und beide Kontrahenten verletzt. Wieder senkte sich Stille über das Parkhaus; eine neue Pattsituation.

Nachdem nun Schüsse gefallen waren, würden die übrigen Polizisten sehr schnell dazustoßen. Der junge Mann konnte es sich nicht leisten, länger zu verweilen. Er biss die Zähne zusammen, stand auf, die Pistole noch immer in der Linken, und schob sich mit der verletzten rechten Schulter weiter die Wand entlang. Die Pistole blieb auf den Lichtschein gerichtet, denn er wusste, Pei würde die Taschenlampe aufsammeln müssen, um sich zu orientieren. Solange er sie im Auge behielt, stellte Pei keine Gefahr dar.

Ein paar Schritte weiter, und die Wand an seiner Seite gab plötzlich nach – er hatte das Treppenhaus erreicht. Erleichtert huschte er in den Durchgang und rannte die Treppe hinauf.

Pei stand in der Dunkelheit, hörte die Schritte und wusste, dass sein Gegner den Ausgang erreicht hatte. Er hatte nichts mehr zu verlieren, hob die Taschenlampe auf und versuchte, zur Treppe zu humpeln, kam aber nur einen Schritt weit, bevor der Schmerz im Bein so scharf stach, dass er beinahe abermals hingefallen wäre. Er holte tief Luft, kämpfte ums Gleichgewicht und fragte sich, ob vielleicht sogar der Knochen getroffen war.

Da hörte er Liu Songs Stimme in seinem Ohr. »Was ist passiert, Sir? Wir haben Schüsse gehört.«

»Wo sind Sie?«, fragte Pei drängend.

»Haben gerade den Kontrollraum betreten. Eumenides hat seine Ausrüstung zurückgelassen, ist aber nicht mehr hier.«

Pei erinnerte sich an den letzten Befehl, den er gegeben hatte – danach war keine Gelegenheit mehr gewesen, seine Untergebenen auf den neuesten Stand zu bringen. »Eumenides ist in den Saal entkommen. Gehen Sie zum Ausgang am Treppenhaus im Osten der Garage. Da sind Blutspritzer auf dem Boden – folgen Sie denen.«

»Verstanden«, gab Liu Song zurück. Er befahl seinen Leuten, den Kontrollraum wieder zu verlassen, aber Pei wusste, dass die Tiefgarage groß und verwinkelt war. Sie würden ihn in frühestens drei Minuten erreichen. Statt zu warten, humpelte er unter großen Schmerzen in Richtung Treppe.

Anders als Pei wurde der junge Mann durch seine Schusswunde nicht verlangsamt. Als er das Erdgeschoss erreichte, fand er sich in dem raucherfüllten Saal wieder, umgeben von Menschen, die sich noch immer vor den Ausgängen drängten. Die Polizisten hatten ihre Taschenlampen eingeschaltet, und Mondlicht drang durch die hohen Fenster hinein, sodass überall Schemen zu sehen waren. Er ließ die Pistole im Holster verschwinden und verschmolz mit der Menge. Er wusste, Pei würde ihm bald auf den Fersen sein und ihn anhand der Blutspur verfolgen können. Er zog sich die dicke Winterjacke aus, rollte sie zusammen und drückte sie auf die Wunde.

Nach Explosion, Feuer und den Schüssen aus dem Keller lagen endgültig die Nerven blank. Die Massenpanik verstärkte das Gedränge vor den Ausgängen zusätzlich. Unter keinen Umständen würden die Wachen in dieser Situation Ausweise oder Ähnliches kontrollieren können.

Der junge Mann ließ sich von der Menge treiben und hielt das Gesicht halb in der Jacke versteckt. Es sah aus, als versuche er, nicht an den Rauchschwaden zu ersticken, tatsächlich aber ging es ihm in erster Linie darum, sein Äußeres zu verbergen.

Als er sich gerade aus dem Dickicht der Leiber herausschälen wollte, packte eine Hand von hinten seinen Kragen. Das war niemand, der ihn beiseiteschieben wollte – die Hand wollte ihn herumreißen.

Ohne nachzudenken, packte er das Handgelenk mit der Linken und streckte die Rechte nach der dazugehörigen Kehle aus. Seine nächste Aktion wäre gewesen, den Griff zu verstärken und der Person das Genick zu brechen – oder sie zumindest auszuschalten. Stattdessen erstarrte er. Nicht nur seine Bewegungen, auch sein Hirn war wie eingefroren, selbst sein Atem stockte. Der Anblick der Person reichte aus, um ihn vollständig zu lähmen.

Es war eine junge Frau. Sie warf den Kopf herum und sah den jungen Mann an. Ihre Augen waren groß und leuchtend, die Pupillen schwarz wie der Nachthimmel.

Es war das erste Mal, dass er Zheng Jia aus der Nähe sah, nachdem sie ihr Augenlicht zurückgewonnen hatte. Ihr Blick schien sich direkt in sein Herz zu fressen, ihn in einen Abgrund unvorstellbarer Qualen zu stürzen. Sein Körper schien zu brennen, obwohl seine Seele zu Eis erstarrt war.

Die wunderschönsten Augen auf der ganzen Welt, erfüllt von unversöhnlichem Hass.

Der junge Mann wusste nicht, was er tun sollte. Seine zitternde Hand verharrte auf ihrer Kehle, aber er brachte keinen Ton heraus. Er fürchtete sich nicht davor, sie könnte um Hilfe rufen und ihn enttarnen, sondern vor dem, was sie möglicherweise sagen würde.

Als der Mann sie am Arm gepackt hatte, bemerkte sie mit ihren durch lange Jahre der Blindheit geschärften Sinnen, dass ihm das dritte Glied des Mittelfingers fehlte. Das bestätigte endgültig seine Identität. Ihre rechte Hand fuhr zu seiner Hand, um sie von ihrer Kehle zu lösen, aber er war viel stärker als sie, und trotz seiner Verletzung konnte sie nichts gegen ihn ausrichten.

Andere Leute schoben sich links und rechts an ihnen vorbei, aber im dunstigen Zwielicht bemerkte niemand diese dramatische Szene. Selbst Niuniu stand ängstlich ein Stückchen abseits und half ihrer Herrin nicht.

Die Frau wünschte sich verzweifelt, nicht so vorschnell gehandelt zu haben. Sie hätte um Hilfe rufen oder einen Polizisten verständigen sollen, war aber beim Anblick des Mannes zu aufgewühlt gewesen, um daran zu denken, dass sie ihm wenig entgegenzusetzen hatte. Und jetzt würde er sie töten, um sie zum Schweigen zu bringen. Es würde ihm nicht einmal schwerfallen.

Da durchfuhr sie plötzlich ein Gedanke, und sie schob die Hand in die Tasche, in der sich noch immer Ming Mings Haarnadel befand. Sie packte fest zu und rammte sie dem jungen Mann in den Hals.

Er war noch immer in Trance und völlig unvorbereitet. Die scharfe Spitze der Haarnadel bohrte sich in seine Haut. Er spürte stechenden Schmerz, gefolgt von Taubheit, die sich in seinem ganzen Körper ausbreitete. Binnen weniger Sekunden war alle Kraft aus seinem Leib geflossen. Er brach zusammen.

Plötzlich befreit, stolperte die junge Frau ein paar Schritte weiter. Sie brauchte einen Moment, um Luft zu holen. »Hilfe! Hilfe!«

Die hysterische Menge schenkte ihr keinerlei Beachtung, und sowieso konnte niemand sehen, was passiert war. Endlich richtete sich der Lichtkegel einer Taschenlampe auf sie und linderte ihren Schrecken.

Die Gestalt mit der Taschenlampe humpelte stark, das rechte Bein war eindeutig verletzt. Der Mann sah zuerst die junge Frau, dann den jungen Mann neben ihr am Boden an. Als er näher kam, erkannte sie Hauptmann Pei Tao und entspannte sich. Tränen traten ihr in die Augen.

»Das ist der Mörder. Er ist der Mörder«, schluchzte sie und zeigte auf den jungen Mann.

Verblüfft kniete Pei sich nieder und richtete die Taschenlampe auf den Mann. Er sah die Haarnadel und begriff, was geschehen war. »Ihre?«, fragte er die junge Frau.

Sie nickte, dann schüttelte sie den Kopf. »Sie ist vergiftet«, sagte sie, ohne die Frage zu beantworten.

Pei untersuchte die Wunde und sah, dass sich die Haut ringsum bereits schwarz verfärbt hatte. Der junge Mann hatte sichtliche Schwierigkeiten, Atemluft zu schöpfen. Er sah Zheng Jia an, dann Pei. Streckte die Hand aus und schien nach etwas greifen zu wollen.

Pei nahm seine Hand. Der junge Mann stieß einen langen Atemzug aus. Er starrte Pei an, als wollte er etwas sagen, hielt den Mund jedoch geschlossen.

Pei wusste, warum. Er wollte nicht, dass Zheng Jia seine Stimme hörte. Er wollte sein großes trauriges Geheimnis mit ins Grab nehmen.

»Ich verstehe«, sagte Pei und drückte seine Hand.

Der junge Mann lächelte dankbar.

Was hatte er sagen wollen? Was verstand Pei? Das alles war jetzt unwichtig.

Der Atem des jungen Mannes stockte, seine Augenlider wurden schwer. Bevor er sie endgültig schloss, zwang er sich noch einmal, sie zu heben, um einen letzten Blick auf die junge Frau zu werfen.

Ihre Blicke trafen sich. Sie stolperte einen halben Schritt zurück, das Gesicht von Furcht und Zorn verzogen. Sein Blick schweifte ab, und als er diesmal die Augen schloss, schloss er sie für immer.

Pei hielt nach wie vor seine Hand ergriffen und spürte ein

saures Prickeln im Rachen. Eine schwere Last schien auf seinem Herzen zu liegen. Nach einer ganzen Weile drehte er sich endlich um und fragte Zheng Jia: »Wie haben Sie ihn gefunden?«

»Niuniu hat ihn gefunden.« Sie deutete auf ihre Hündin. »Sie hat die letzten Monate fleißig trainiert. Am Ende hat es sich ausgezahlt.«

»Trainiert?«, fragte Pei verständnislos.

»Ich hatte jemanden gebeten, mir die Kleidung zu überlassen, die er im Gefängnis trug. Niuniu hat gelernt, seine Fährte zu suchen. Als ich gehört habe, er könnte heute hierherkommen, habe ich sie mitgenommen, und sie hat ihn tatsächlich in der Menge aufgespürt.«

Pei nickte. Zheng Jia beugte sich hinab und streichelte ihren Hund. »Aber Niuniu, warum hast du mir nicht geholfen?«, fragte sie streng. »Der böse Mann wollte mir wehtun.«

Die Hündin jaulte leise, aber wer weiß, ob sie ihre Herrin verstand. Sie löste sich aus der Umarmung der Frau und ging zu dem jungen Mann, legte ihm eine Pfote auf die Brust und beschnüffelte sein Gesicht. Sie sah aus, als wollte sie ihn nicht im Stich lassen.

Die Hündin und der junge Mann hatten einander gut gekannt. Sie hätte ihn sogar als Herrchen angenommen. Und jetzt konnte sie nicht verstehen, warum er einfach nur dalag ...

EPILOG

Sonnenlicht kitzelte Pei Taos Gesicht und weckte ihn aus einem Traum. Er schlug die Augen auf und fand sich in seinem Krankenbett wieder, das rechte Bein in einen starren Gips gehüllt.

»Die Operation ist gut verlaufen. Dein Bein wird wieder heilen«, flüsterte ihm eine sanfte Frauenstimme ins Ohr. Mu Jianyun. Pei lächelte und drehte den Kopf, um sie anzusehen. »Sonst noch Verletzte?«

Sie schüttelte den Kopf. »Nein. Es war nur eine kleine Explosion, und die Rauchbomben waren ebenfalls handgemacht: Salpeter und Zucker.«

Pei zog sich in eine Sitzposition und starrte aus dem Fenster.

»Du solltest dich noch ausruhen. Ich wärme dir das Frühstück auf.« Mu ging zur Mikrowelle. Während Pei dem Surren der Maschine lauschte, zogen die Erinnerungen der letzten zwanzig Jahre durch seinen Kopf, bis er zu schweben glaubte.

Als die Mikrowelle klingelte, hatte er sich genug gesammelt, um leise zu seufzen. »Endlich ist alles vorbei«, murmelte er.

»Nein, es fängt gerade erst an.« Ohne dass er es bemerkt hatte, war Mu wieder an seine Seite getreten. Sie hielt ihm eine heiße Schüssel mit Sojamilch und einer gedämpften Teigtasche unter die Nase. Ein breites Lächeln erblühte auf ihrem Gesicht, wie eine Blume im Frühjahr.